宁夏调查年鉴 2016

Ningxia Survy Yearbook

国家统计局宁夏调查总队 编

Compiled by
Survey Office of the National Bureau of Statistics in Ningxia

中国统计出版社
China Statistics Press

图书在版编目（CIP）数据

宁夏调查年鉴. 2016 : 汉英对照 / 国家统计局宁夏调查总队编. -- 北京 : 中国统计出版社, 2016.10
ISBN 978-7-5037-7801-8

Ⅰ. ①宁… Ⅱ. ①国… Ⅲ. ①统计资料—宁夏—2016—年鉴—汉、英 Ⅳ. ①C832.43-54

中国版本图书馆 CIP 数据核字(2016)第 131695 号

宁夏调查年鉴-2016

作　　者/ 国家统计局宁夏调查总队
责任编辑/ 佘竞雄　李　冲
装帧设计/ 黄　晨
出版发行/ 中国统计出版社
地　　址/ 北京市丰台区西三环南路甲 6 号　邮政编码/100073
电　　话/ 邮购（010）63376909　书店（010）68783171
网　　址/ http://www.zgtjcbs.com
印　　刷/ 河北鑫宏源印刷包装有限责任公司
经　　销/ 新华书店
开　　本/ 890mm×1240mm　1/16
字　　数/ 800 千字
印　　张/ 22.5　0.75 彩页
版　　别/ 2016 年 10 月第 1 版
版　　次/ 2016 年 10 月第 1 次印刷
定　　价/ 380.00 元

本书附同版本 CD-ROM 一张，光盘内容以书面文字为准。

The Changes of Grain Output

2010–2015年粮食产量变化

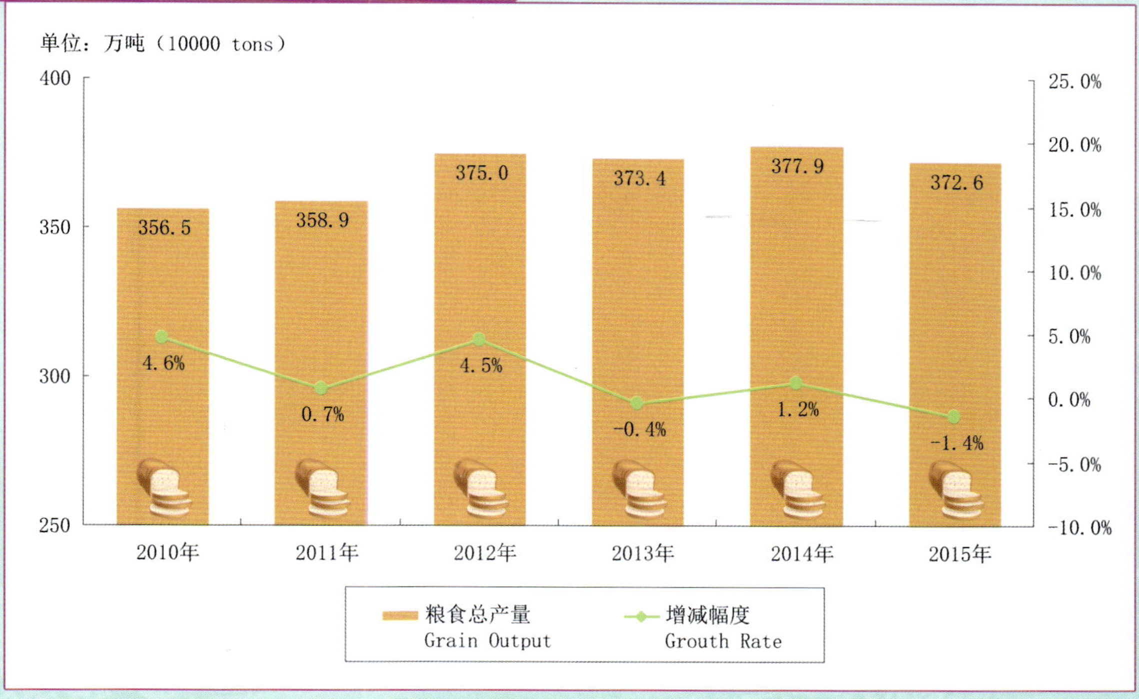

The Changes of Summer and Autumn Grain Output

2010–2015年夏、秋粮产量变化

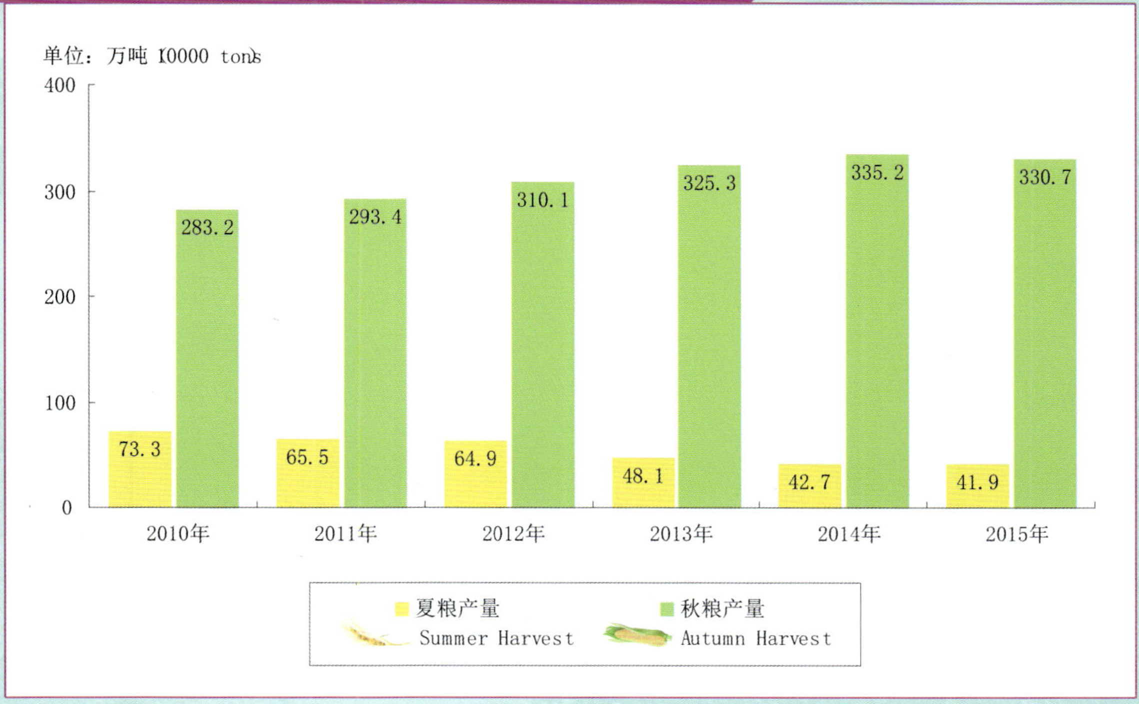

2010-2015年主要牲畜存栏变化

Number of Livestock in Stock

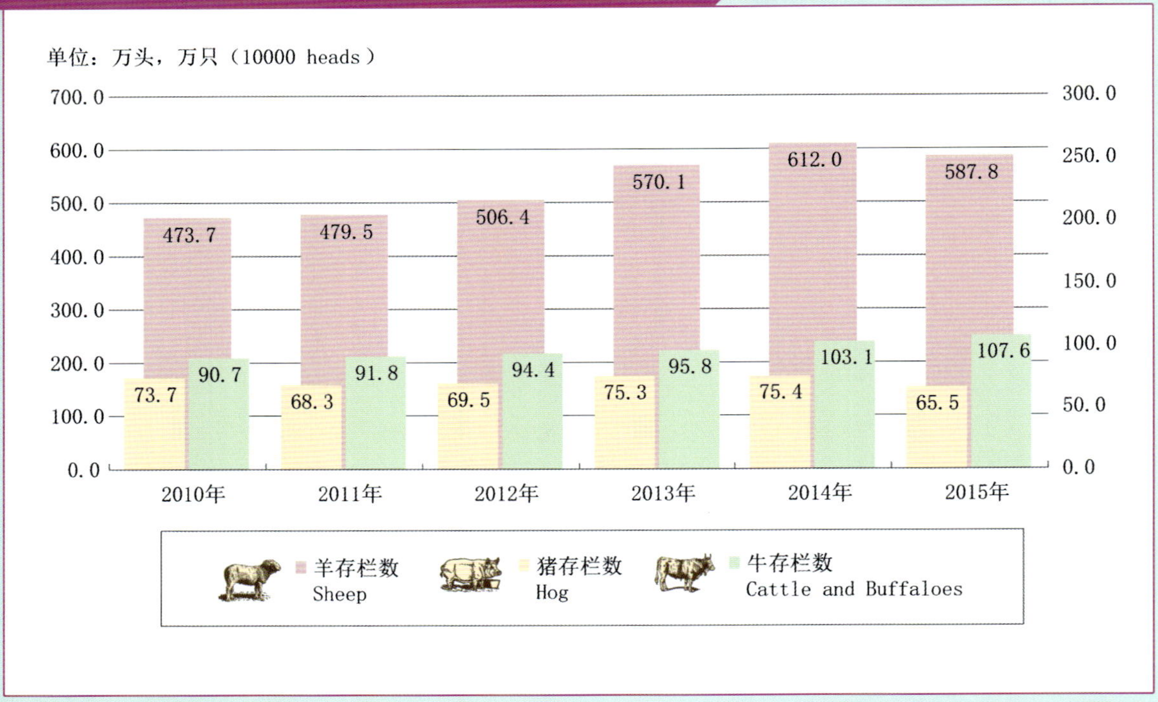

2010-2015年主要牲畜出栏变化

Number of Slaughtered Livestock

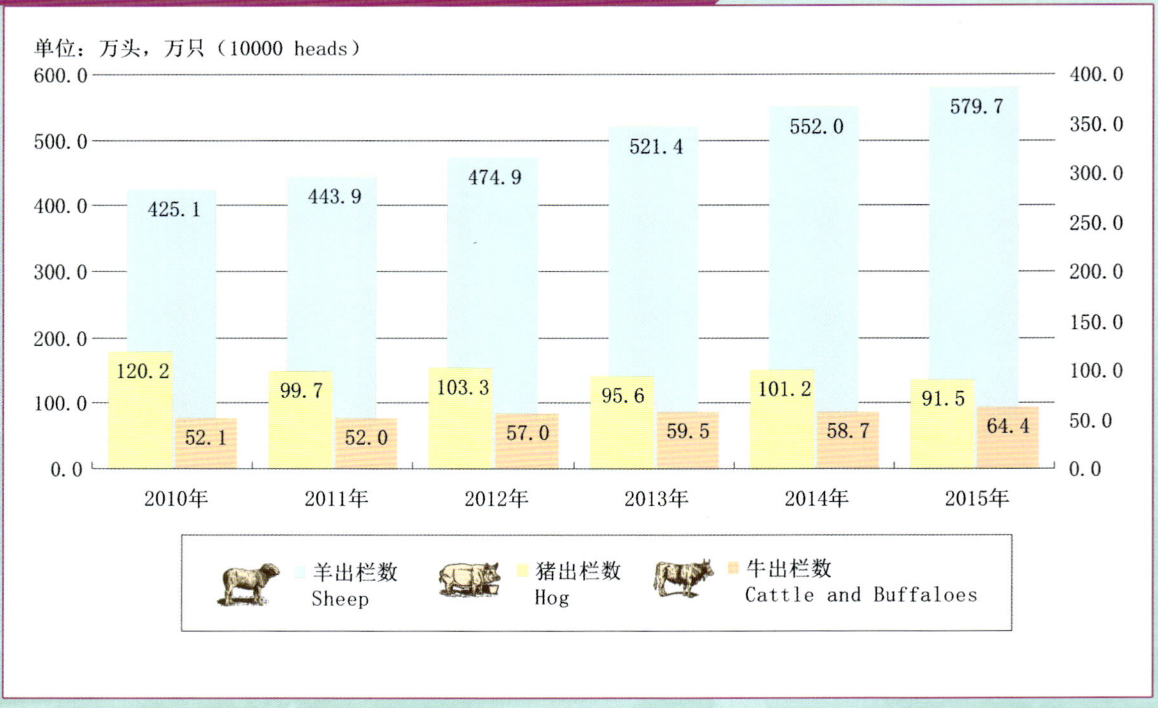

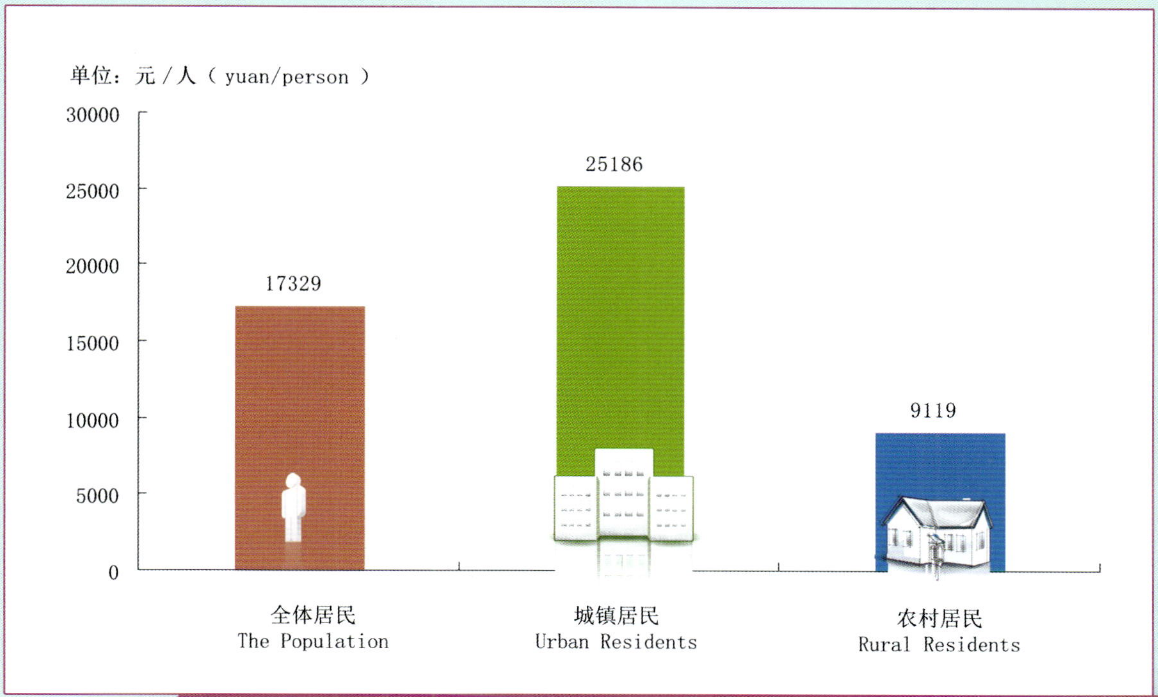

2015年宁夏全体居民人均可支配收入

Per Capita Disposable Income of All Residents in Ningxia

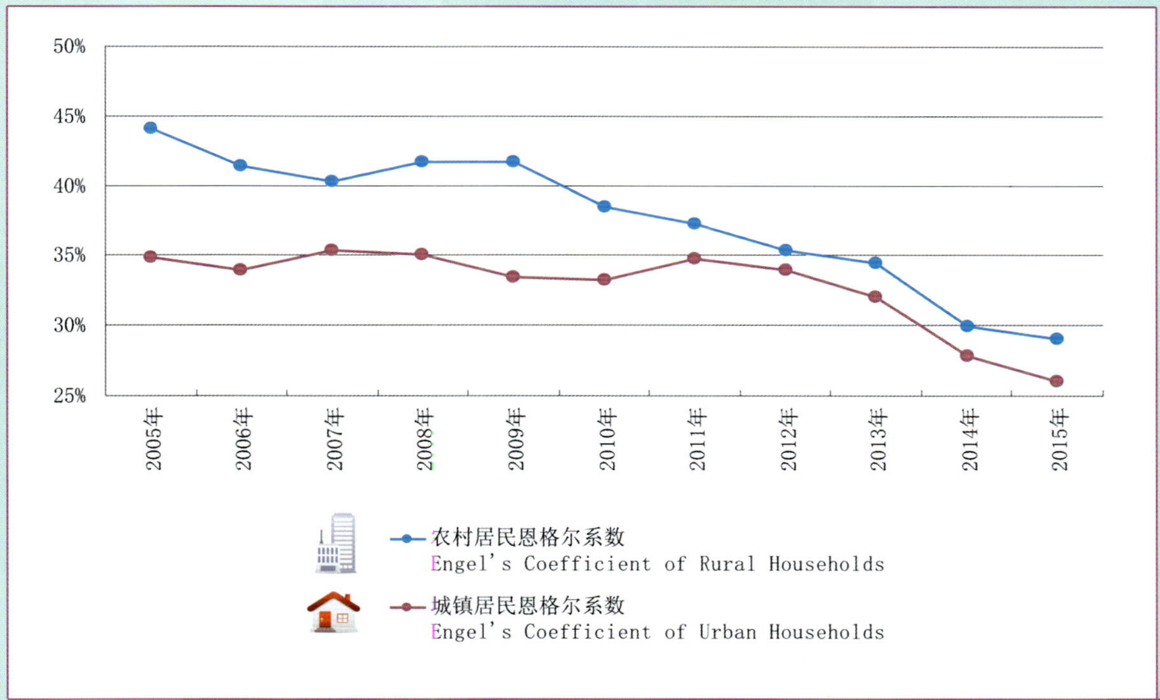

主要年份居民家庭恩格尔系数变化

The Changes of Household's Engel's Coefficient

2010–2015年城镇居民人均可支配收入

Per Capita Disposable Income of Urban Households

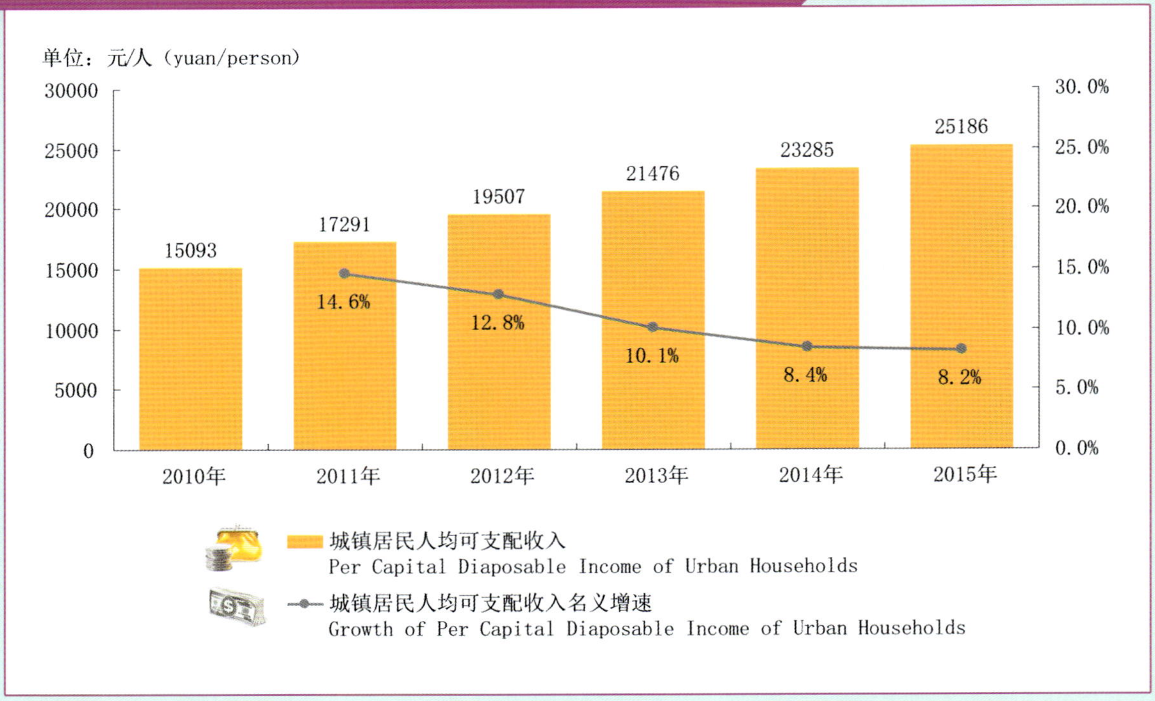

2010–2015年农村居民人均可支配收入

Per Capita Disposable Income of Rural Households

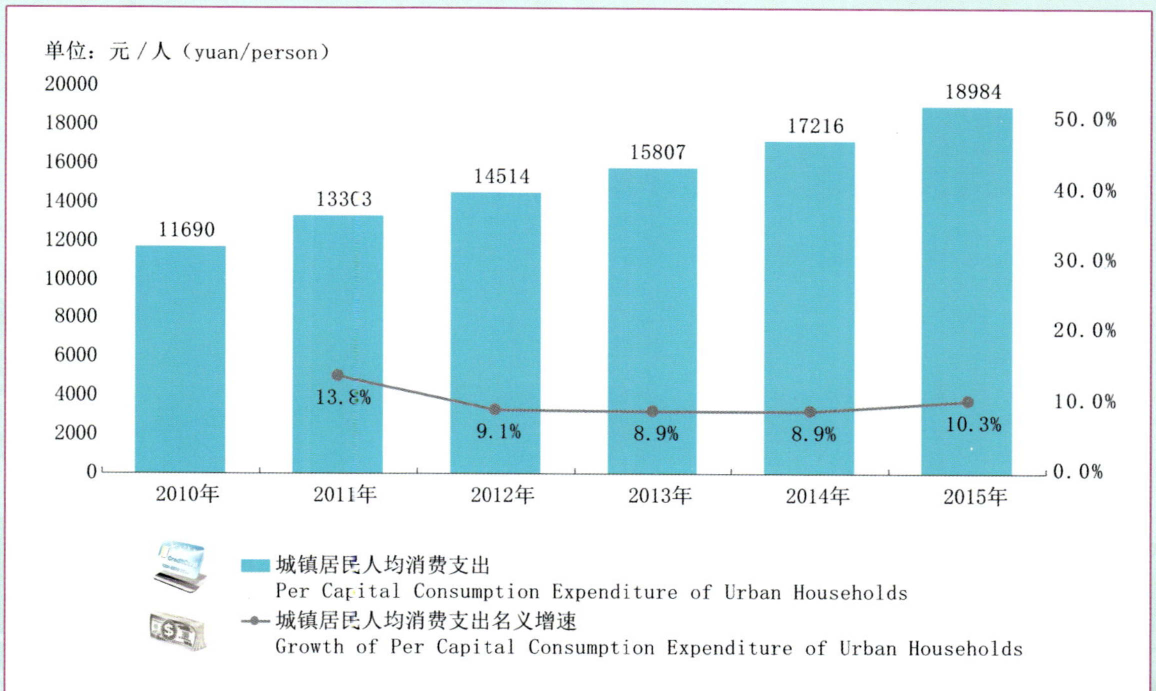

2010–2015年城镇居民人均消费支出

Per Capita Consumption Expenditure of Urban Households in Main Years

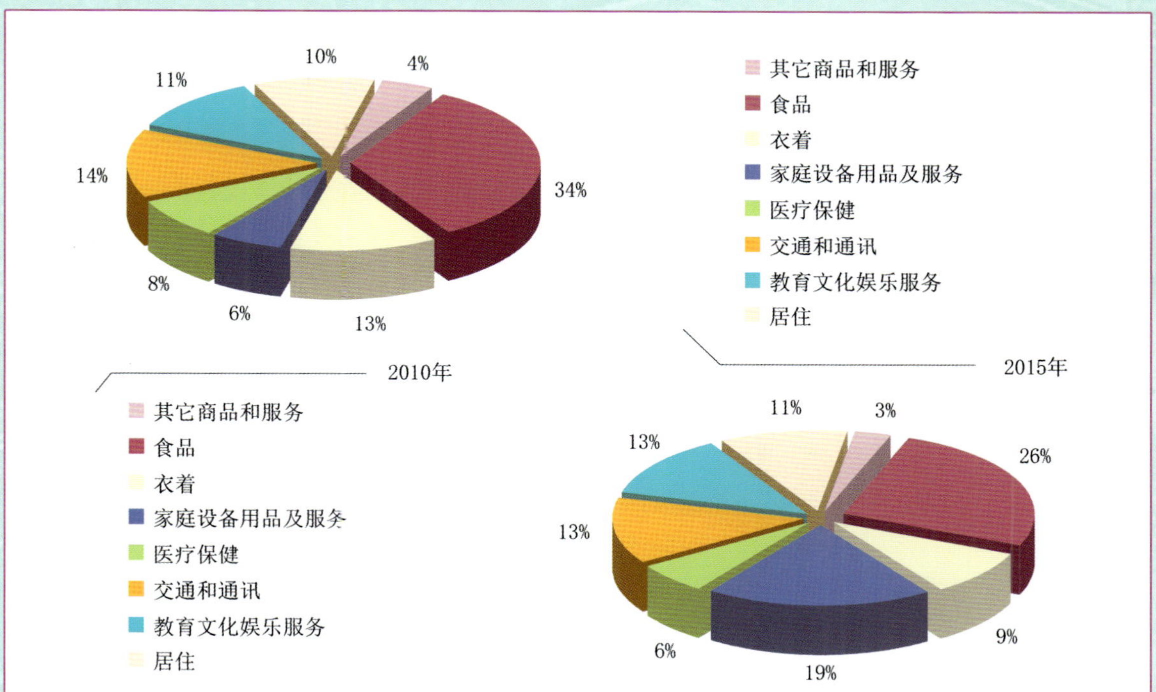

城镇居民生活消费支出构成变化

The Changes of Composition of Expenditure of Urban Households

2010–2015年农村居民人均消费支出

Per Capita Consumption Expenditure of Rural Households

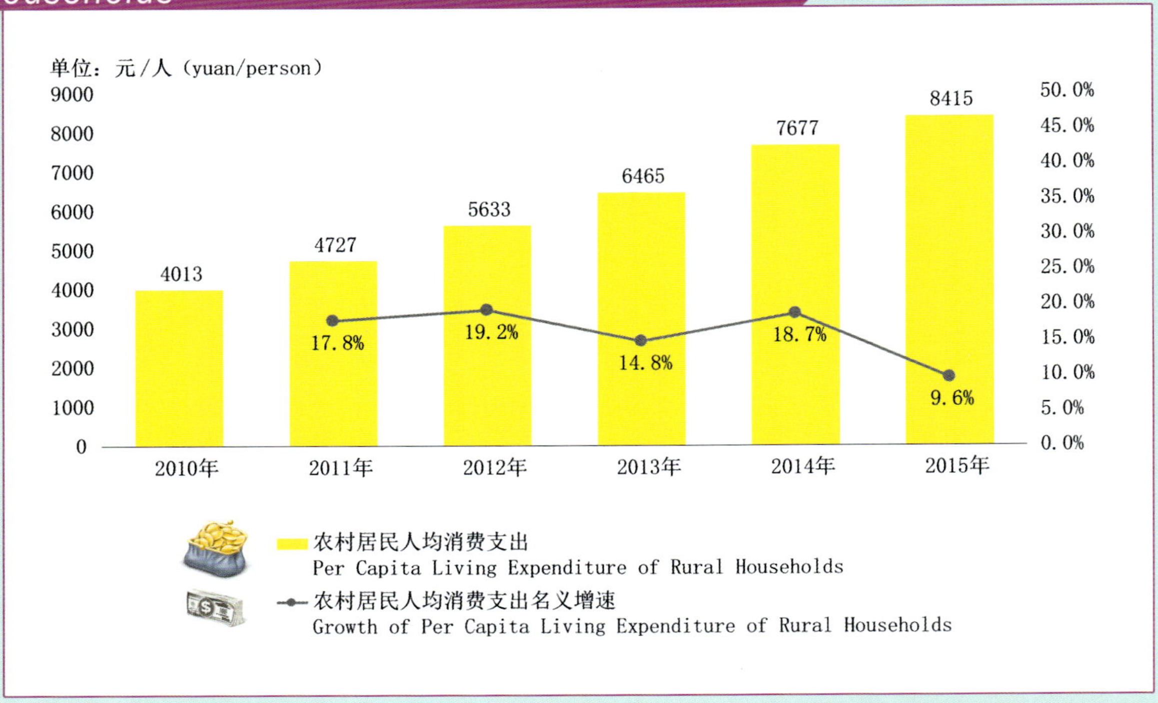

农村居民生活消费支出构成变化

The Changes of Composition of Expenditure of Rural Households

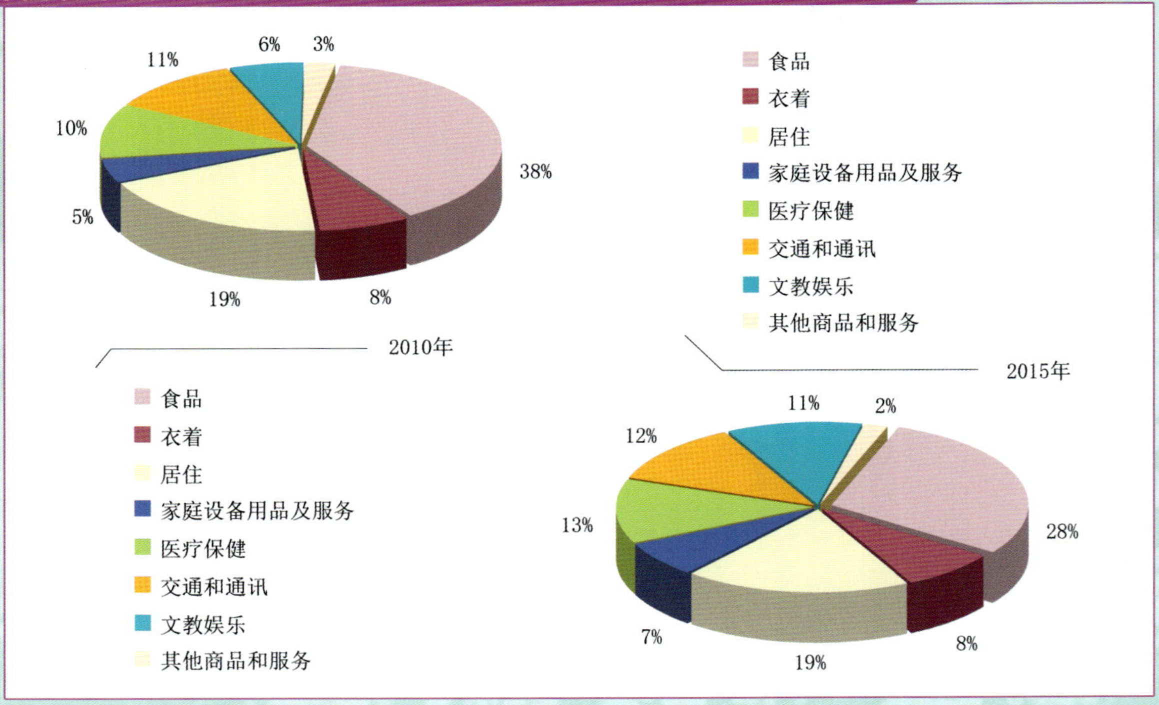

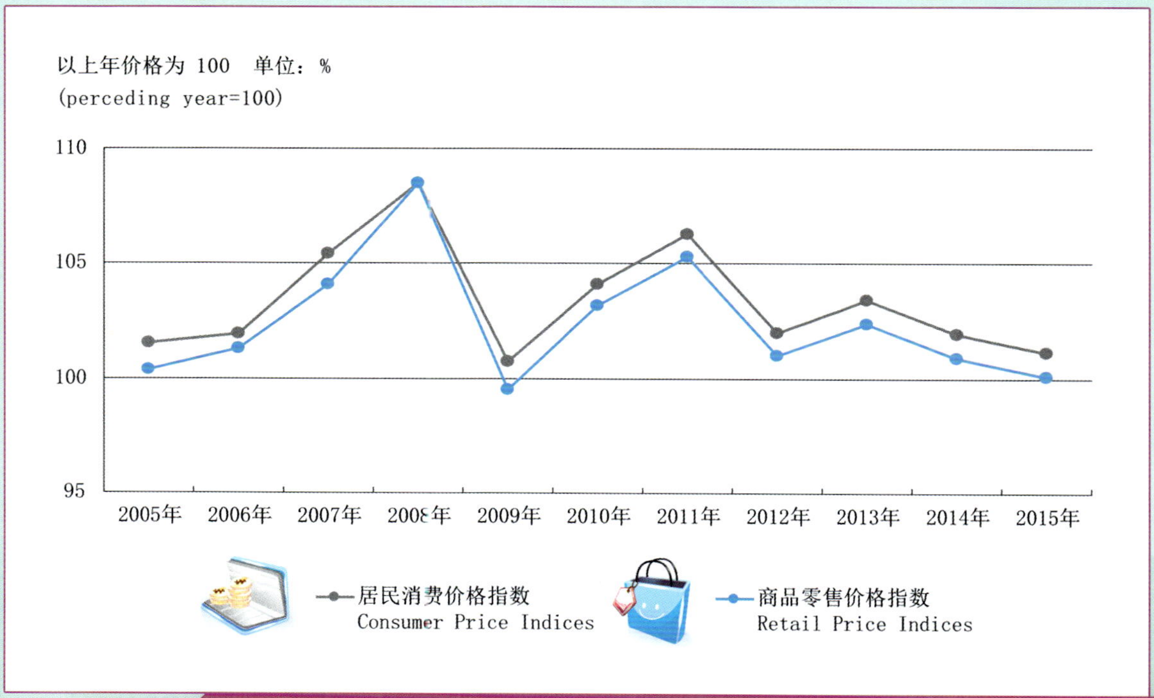

主要年份市场物价走势

Trend of Goods Price of Market in Main Years

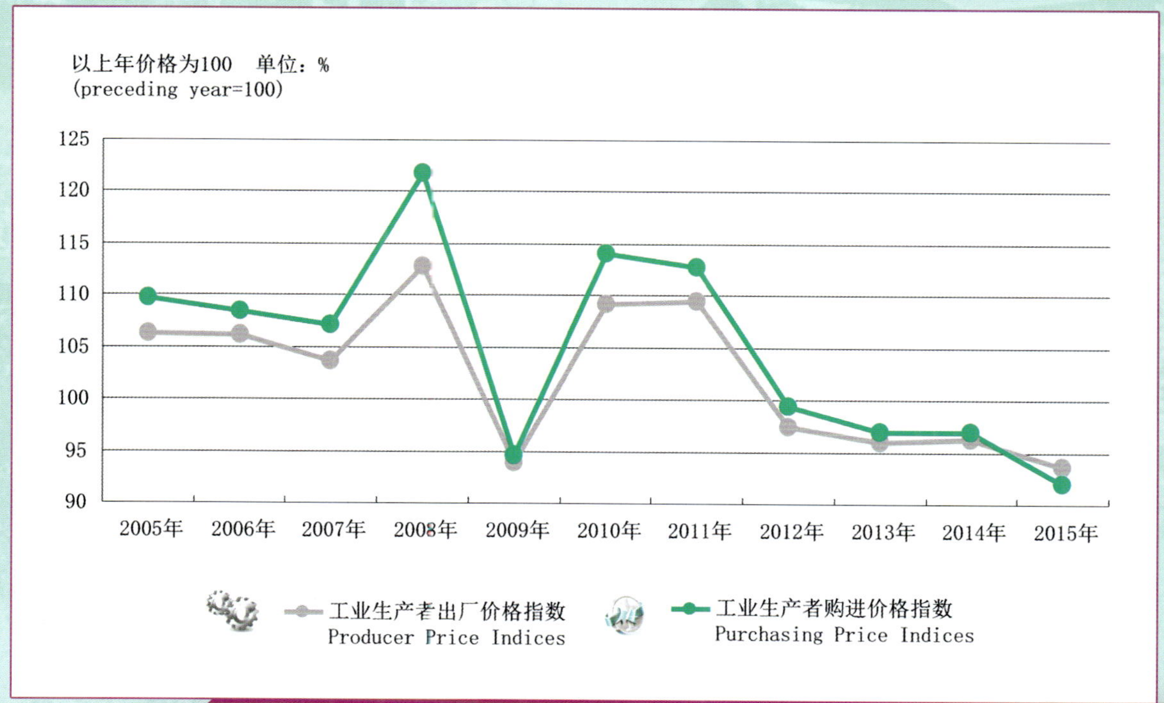

主要年份工业生产价格变化

The Changes of Producer Price Indices for Industrial in Main Years

主要年份固定资产投资价格变化

The Changes of Price Indices for Investment in Fixed Assets in Main Years

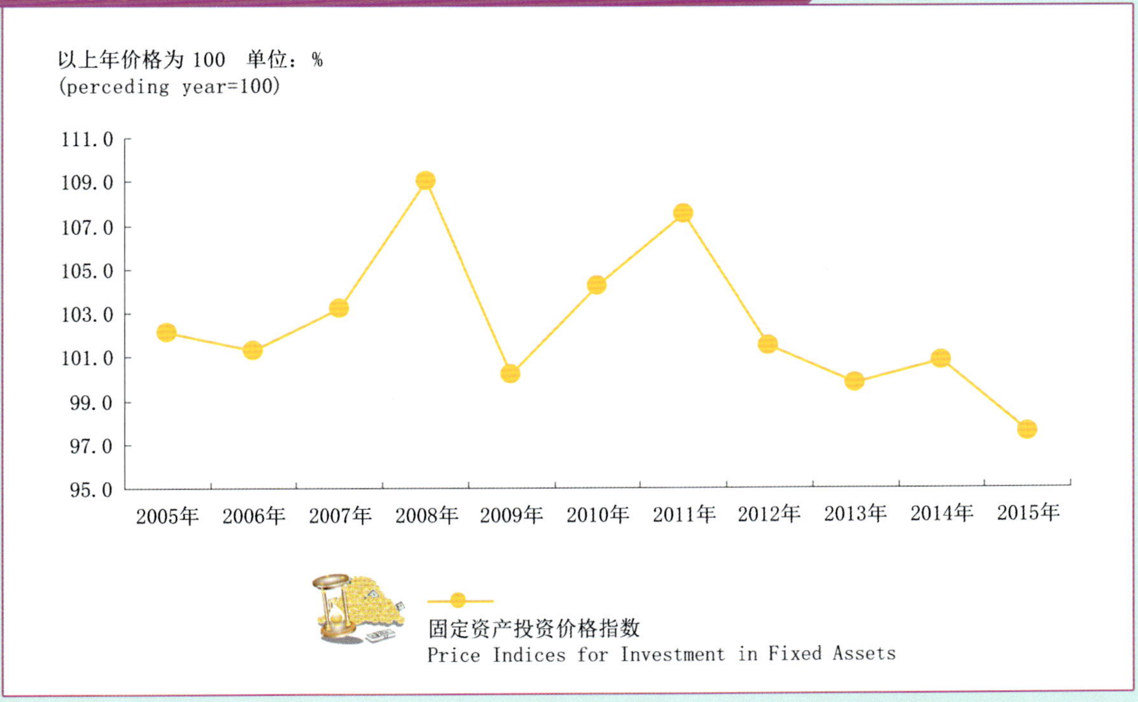

主要年份农产品生产价格与农资价格变化

Producer Price Indices for Farm Products and Agricultural Production Materials Price Indices in Main Years

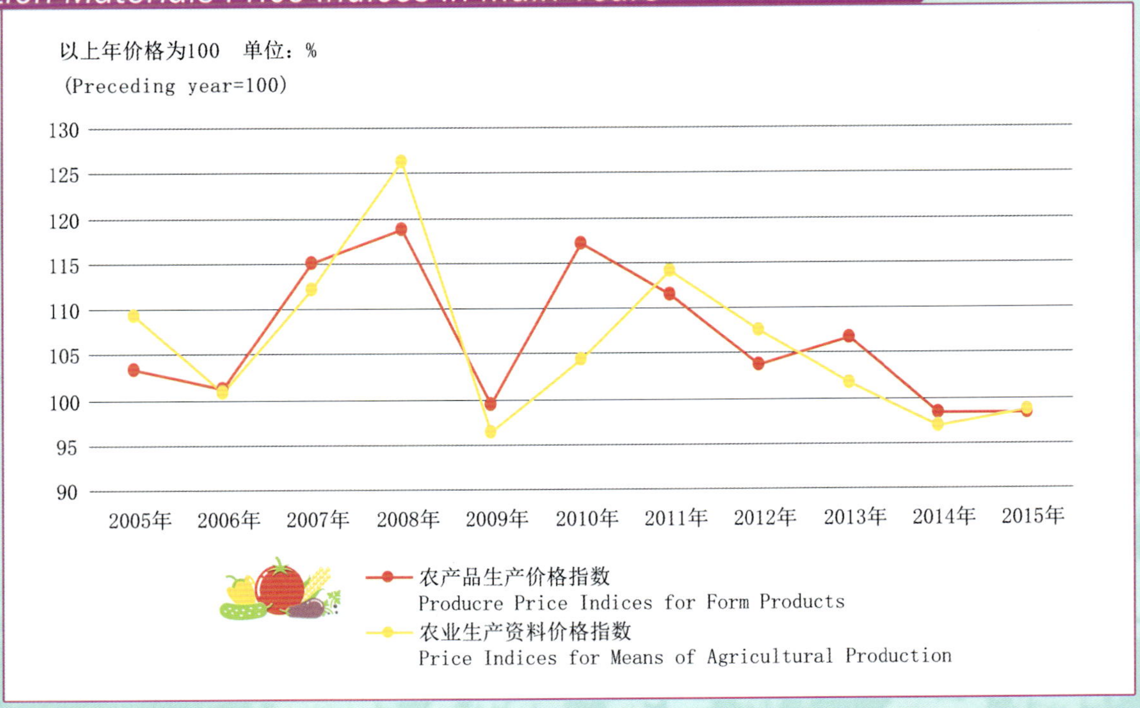

《宁夏调查年鉴-2016》

编委会和编辑人员

编 委 会

主　　任：李　强　胡宁生

副 主 任：赵　川　叶光军　黄自义　王旭明

编　　委：王振权　王亚娟　权淑霞　刘晓冰　李清和　李振弼　朱光灵　吴宗信　陈慧珍　张　坚　罗占廷　周孝宁　哈金才　潘　勤　姬博文　刘　虹

编辑工作人员

主　　编：王旭明

副 主 编：权淑霞

编辑校对人员：(以姓氏笔画为序)

马志明　王明珠　王振权　王亚娟　王　娟　牛海莉　白文娟

权淑霞　朱光灵　朱幼平　刘晓鹏　刘春水　孙惠玲　乔亚庆

苏玉英　苏春燕　陈景丽　闵艳芳　吴宗信　张兰天　张　明

杨民贵　赵　艳　倪秀红　哈金才　胡　明　胡卫忠　郭　檪

姬博文　徐志慧　龚淑玲　黄亚萍　韩茹茹　潘　勤　潘　瑜

潘　晶

执行编辑：权淑霞　徐志慧

制　　图：贺俊峰

英文翻译：龚淑玲　赵　艳

NINGXIA SURVEY YEARBOOK-2016
EDITORIAL BOARD AND EDITORIAL STAFF

Editorial Board

Editorial Staff

编者说明

一、《宁夏调查年鉴—2016》是国家统计局宁夏调查总队编辑的集调查分析报告和统计调查数据于一体的资料性书籍。

二、《宁夏调查年鉴—2016》系统收录了宁夏全区及沿黄地区、中南部地区和各市、县（区）2015年城乡居民收入、物价、粮食产量、畜禽产品产量、规模以下工业、农民工就业、农村贫困等统计调查数据，同时还整理了历史重要年份全国、全区主要统计调查数据，是一部从不同侧面反映宁夏经济和社会发展情况的资料性年刊。

三、本书正文内容分为七大篇章，即，1. 综合篇；2. 住户调查篇；3. 价格调查篇；4. 农业调查篇；5. 企业调查篇；6. 农民工调查篇；7. 农村贫困调查篇。为方便读者使用，每篇调查数据前后分别附简要说明和主要指标解释，对本项调查的数据来源、主要指标口径变动情况、主要指标涵义等作了说明和解释。

四、本书所涉及的调查数据有的是调查样本数据超级汇总的结果，有的是根据调查样本数据计算的平均数，有的是根据调查样本数据计算的结构数，有的是根据调查样本数据加权推算的总体数据，在每篇数据前附有具体说明。

五、根据宁夏区情特点，本书除提供全区、市、县（市、区）调查数据外，还根据调查样本数据推算出沿黄地区、中南部地区汇总数据。沿黄地区包括兴庆区、西夏区、金凤区、永宁县、贺兰县、灵武市、大武口区、惠农区、平罗县、利通区、青铜峡市、沙坡头区、中宁县。中南部地区包括红寺堡区、盐池县、同心县、原州区、西吉县、隆德县、泾源县、彭阳县、海原县。银川市辖区包括：兴庆区、金凤区、西夏区。石嘴山市辖区包括：大武口区、惠农区。

六、本书中有些历史数据由于制度方法的改革，调查指标口径、范围、涵义等发生变化，为了便于可比，有的指标按现行方案规定作了调整，有的指标口径无法调整仍沿用过去口径。有的指标最近几年有，而过去没有；有的指标过去有，而现行指标体系已经取消。使用时要注意。

七、本书所使用的度量衡单位，均采用国际统一标准计量单位。

八、本书中部分数据合计数或相对数由于单位取舍不同而产生的计算误差，均未作机械调整。

九、符号使用说明：表中的“空格”表示该项统计指标数据不足本表最小单位数、不详或无该项数据；“#”表示其中的主要项；“*”或“①”表示本表下有注解。

Editor’s Notes

Ⅰ. *Ningxia Survey Yearbook 2016* is an annual statistical compiled by Survey Office of the National Bureau of Statistics in Ningxia, which reflects comprehensively investigation analysis report and statistical data.

Ⅱ. *Ningxia Survey Yearbook 2016* covers income of urban and rural residents, price, grain yield, livestock and poultry yield, industrial enterprises below designated size, employment in migrant, rural poverty, etc of Ningxia, Plain Area, Mountain Area and Counties in 2015. It digested statistical data from historically important years at the national and the district, is an informative publication yearly which reflected Ningxia economic and social development from different aspects.

Ⅲ.The Yearbook contains 7 chapters: 1.General Survey; 2.Household Survey; 3.Price Survey; 4.Agriculture Survey; 5.Enterprise Survey; 6.Migrant Workers Survey; 7.Rural Poverty Survey. Brief description and explanatory note on main statistical indicators before and after each chapter is attached to the readers to use, it elaborates on the data source, the main indicators caliber changes in meaning, main index of the survey.

Ⅳ. The survey data of the Yearbook have a plenty of the super summary results, have a plenty of the average, have a plenty of the sample data structure, have a plenty of the weighted overall data, with details before each data.

Ⅴ. According to provincial characteristics of Ningxia, the Yearbook provide the survey data in addition to district, city and county (city, area), and calculated the summary data according to the sample data of Plain Areas and Mountain Areas. Plain Areas include Xingqing, Xixia, Jinfeng, Yongning, Helan, Lingwu, Dawukou, Huinong, Pingluo, Litong, Qingtongxia, Shapotou, Zhongning. Mountain Areas include Hongsipu, Yanchi, Tongxin, Yuanzhou, Xiji, Longde, Jingyuan, Pengyang, Haiyuan. Yinchuan area includes Xingqing, Jinfeng, Xixia district. Shizuishan area includes Dawukou, Huinong district.

Ⅵ. Some historical data as the reform of the system method, survey indicators caliber, scope, meaning, etc, in order to facilitate comparable, some indexes has adjusted on the current system, some indicators caliber is still using the past as failing adjust. Some indicators are in recent years, but not in the past; some index in the past and the current index system has been cancelled. To pay attention to when using.

Ⅶ. The units of measurement used in this Yearbook are internationally standard measurement units.

Ⅷ. Statistical discrepancies on total and relative figures due to rounding are not adjusted in the Yearbook.

Ⅸ. Notations used in the Yearbook: (blank space) indicates that the figure is not large enough to be measured with the smallest unit in the table, or data are unknown, or are not available; “#” indicates a major breakdown of the total; and “*”or“①” indicates footnotes at the end of the table.

目　　录

Contents

第一篇　综合

General Survey

宁夏回族自治区 2015 年国民经济和社会发展统计公报 ………… 3

Ningxia Statistic Bulletin of National Economy and Social Development（2015）

第二篇　住户调查

Household Survey

简要说明 ………… 19

2015 年宁夏城镇居民收入增速继续放缓 ………… 20

2015 年宁夏农民收入稳定增长 增速放缓增收难度加大 ………… 23

2-1　2015 年全体居民家庭基本情况 ………… 26

Basic Statistics of Urban and Rural Households (2015)

2-2　2015 年全体居民家庭房屋基本情况 ………… 27

Basic Statistics of House of Urban and Rural Households (2015)

2-3　2015 年全体居民家庭就业年龄及学历构成情况 ………… 29

Composition Statistics of Employment Age and Education of Urban and Rural Households (2015)

2-4　2015 年宁夏全体居民家庭主要食品消费数量 ………… 30

Consumption of Major Foods by Urban and Rural Households (2015)

2-5　2015 年全区及各市县全体居民人均可支配收入及来源 ………… 31

Per C apita Disposable Income of Urban and Rural Residents by Sources and City and County (2015)

2-6　2015 年全区及各市县全体居民人均消费支出情况 ………… 32

Basic Statistics of Consumption Expenditure of Urban and Rural Residents by City and County (2015)

2-7　主要年份全区农村居民家庭基本情况 ………… 33

Basic Statistics of Rural Households in Main Years

2-8　主要年份全区农村居民家庭主要产品出售情况 ………… 35

Basic Statistics of Production and Sale of Major Products of Rural Households in Main Years

2-9　主要年份全区农村居民家庭总收入来源情况 ………… 37

Basic Statistics of Total Income of Rural Households by Sources in Main Years

2-10　主要年份全区农村居民家庭分行业人均纯收入情况 ………… 39

Basic Statistics of Net Income of Rural Households by Sector in Main Years

2-11 主要年份全区农村居民家庭总支出情况 …… 41
Basic Statistics of Total Expenditure of Rural Households in Main Years
2-12 主要年份全区农村居民家庭现金收支情况 …… 44
Basic Statistics of Cash Income and Expenditure of Rural Households in Main Years
2-13 主要年份全区农村居民家庭粮食收支情况 …… 48
Basic Statistics of Grain Income and Expenditure of Rural Households in Main Years
2-14 主要年份全区农村居民家庭主要食物消费情况 …… 49
Basic Statistics of Major Foods Consumption of Rural Households in Main Years
2-15 主要年份全区农村居民家庭主要耐用物品百户拥有情况 …… 51
Ownership of Major Durable Consumer Goods Per 100 Rural Households in Main Years
2-16 2015 年各市县农村居民家庭主要从业类型和参加医疗情况 …… 52
Type of Employed and Joined New-type Cooperative Medical Service of Rural Households by City and County (2015)
2-17 2015 年各市县农村居民家庭人口及劳动力就业情况 …… 53
Household Size and Statistics of Employed Labour Force of Rural Households by City and County (2015)
2-18 2015 年各市县农村居民家庭拥有生产性固定资产情况 …… 55
Ownership of Productive Fixed Assets of Rural Households by City and County (2015)
2-19 2015 年各市县农村居民家庭住房及经营土地情况 …… 57
Basic Statistics of Residence and Area of Land Managed of Rural Households by City and County (2015)
2-20 2015 年各市县农村居民家庭农作物种植情况 …… 58
Basic Statistics of Farm Crop Planting of Rural Households by City and County (2015)
2-21 2015 年各市县农村居民家庭农业生产情况 …… 60
Basic Statistics of Agricultural Production of Rural Households by City and County (2015)
2-22 2015 年各市县农村居民家庭农林牧渔业产品出售情况 …… 61
Basic Statistics of Agriculture, Forestry, Animal Husbandry and Fishery Products Sales of Rural Households by City and County(2015)
2-23 2015 年各市县农村居民家庭总收入来源情况 …… 66
Basic Statistics of Total Income of Rural Households by Sources and City and County (2015)
2-24 2015 年各市县农村居民家庭总支出情况 …… 69
Basic Statistics of Total Expenses of Rural Households by City and County (2015)
2-25 2015 年各市县农村居民可支配收入来源情况 …… 77
Basic Statistics of Disposable Income of Rural Households by Sources and City and County (2015)
2-26 2015 年各市县农村居民家庭现金收入来源情况 …… 79
Basic Statistics of Cash Income of Rural Households by Sources and City and County (2015)
2-27 2015 年各市县农村居民家庭现金支出情况 …… 82
Basic Statistics of Cash Expenditure of Rural Households by City and County (2015)
2-28 2015 年各市县农村居民家庭主要食物消费情况 …… 87
Consumption of Major Foods of Rural Households by City and County (2015)
2-29 2015 年各市县农村居民家庭耐用消费品拥有情况 …… 89
Ownership of Durable Consumer Goods of Rural Households by City and County (2015)

2-30 2015年全区农村居民家庭按住户经营情况分组资料……92
Basic Statistics Grouped by Business Condition of Rural Households (2015)
2-31 2015年全区农村居民家庭按人均可支配收入五等份分组资料……96
Basic Statistics Grouped by Per Capita Disposable Income Quintile of Rural Households (2015)
2-32 2015年全区农村居民家庭按人均可支配收入分组资料……100
Basic Statistics Grouped by Per Capita Disposable Income of Rural Households (2015)
2-33 2015年全区农村居民家庭按就业劳动力最高文化程度分组资料……108
Basic Statistics Grouped by the Highest Cultural Level of Employed Labours of Rural Households (2015)
2-34 主要年份各市县农村居民人均可支配收入……112
Per Capita Annual Disposable Income of Rural Households by City and Country in Main Years
2-35 主要年份各市县农村居民家庭人均纯收入……114
Per Capita Annual Net Income of Rural Households by City and County in Main Years
2-36 主要年份各市县农村居民家庭平均每人生活消费支出……116
Per Capita Living Expenditure of Rural Households by City and Country in Main Years
2-37 主要年份全区城镇居民家庭人口和收支情况……117
Household Size and Income and Expenditure of Urban Households in Main Years
2-38 主要年份全区城镇居民家庭消费支出构成情况……119
Composition of Consumption Expenditure of Urban Households in Main Years
2-39 主要年份全区城镇居民家庭居住情况……120
Housing Conditions of Urban Households in Main Years
2-40 主要年份全区城镇居民家庭分类平均每人全年消费性支出……122
Per Capita Annual Expenditure for Consumption of Urban Households in Main Years
2-41 主要年份全区城镇居民家庭平均每人购买主要商品数量……124
Per Capita Annual Purchases of Major Commodities of Urban Households in Main Years
2-42 主要年份全区城镇居民家庭主要耐用消费品百户期末拥有情况……126
Ownership of Major Durable Consumer Goods Per 100 Urban Households in Main Years
2-43 2015年各市县城镇居民家庭基本情况……130
Basic Statistics of Urban Households by City and County (2015)
2-44 2015年各市县城镇居民家庭主要耐用消费品百户拥有情况……132
Ownership of Major Durable Consumer Goods Per 100 Urban Households by City and Country (2015)
2-45 2015年各市县城镇居民家庭收支基本情况……135
Basic Statistics of Income and Expenditure of Urban Households by City and County (2015)
2-46 2015年各市县城镇居民家庭消费支出情况……144
Basic Statistics of Consumption Expenditure of Urban Households by City and County (2015)
2-47 2015年调查市县城镇居民家庭住房情况……151
Basic Statistics of Housing Conditions of Urban Households by City and County (2015)
2-48 2015年各市县城镇居民主要消费品购买情况……158
Purchases of Major Consumer Goods of Urban Households by City and County (2015)
2-49 2015年全区城镇居民家庭按可支配收入不等距九组分组资料……164
Basic Statistics Grouped by Disposable Income Percentile of Urban Households (2015)

2-50　2015 年全区城镇居民家庭按可支配收入等距五组分组资料 ……176
Basic Statistics Grouped by Disposable Income Quintile of Urban Households (2015)
2-51　2015 年各市县城镇居民人均可支配收入 ……188
Per Capita Annual Disposable Income of Urban Households by City and Country (2015)
2-52　主要年份各市县城镇居民人均可支配收入……189
Per Capita Annual Disposable Income of Urban Households by City and Country in Main Years
主要指标解释 ……191

第三篇　价格调查

Price Survey

简要说明……196
2015 年宁夏物价形势综述……197
2015 年宁夏工业生产者价格低位运行 ……199
2015 年宁夏农产品生产者价格震荡回落 ……202
3-1　主要年份全区居民消费价格总指数 ……205
Consumer Price Indices in Main Years
3-2　主要年份全区城市居民消费价格总指数 ……206
Consumer Price Indices of Urban Households in Main Years
3-3　主要年份全区农村居民消费价格总指数 ……207
Consumer Price Indices of Rural Households in Main Years
3-4　主要年份全区商品零售价格总指数 ……208
Retail Price Indices in Main Years
3-5　主要年份全区城市商品零售价格总指数 ……209
Retail Price Indices of Urban in Main Years
3-6　主要年份全区农村商品零售价格总指数 ……210
Retail Price Indices of Rural in Main Years
3-7　主要年份全区农业生产资料价格总指数 ……211
Price Indices for Means of Agricultural Production in Main Years
3-8　2015 年城乡居民消费价格分类指数 ……212
Consumer Price Indices by Category (2015)
3-9　2015 年城乡商品零售价格分类指数 ……220
Retail Price Indices by Category of Commodities (2015)
3-10　2015 年全区农业生产资料价格分类指数 ……227
Price Indices for Means of Agricultural Production by Category (2015)
3-11　2015 年全区各月居民消费价格指数 ……228
Monthly Consumer Price Indices (2015)
3-12　2015 年全区各月商品零售及农业生产资料价格指数 ……229
Monthly Price Indices for Retail and Agricultural Production (2015)
3-13　2015 年调查市县居民消费价格指数 ……230
Consumer Price Indices by City and Country (2015)

3-14 2015 年调查市县商品零售价格指数……238
Retail Price Indices by City and Country (2015)
3-15 2015 年调查市县农业生产资料价格指数……245
Price Indices for Means of Agricultural Production by City and Country (2015)
3-16 主要年份全区农产品生产者价格指数……246
Producer Price Indices for Farm Products in Main Years
3-17 主要年份全区工业生产者出厂价格指数……248
Producer Price Indices for Industrial Products in Main Years
3-18 主要年份全区固定资产投资价格指数……252
Price Indices for Investment in Fixed Assets in Main Years
主要指标解释……253

第四篇 农业调查

Agriculture Survey

简要说明……257
2015 年宁夏粮食产量减 5.2 万吨……258
2015 年宁夏主要畜禽生产运行情况分析……260
4-1 主要年份全区粮食生产情况……263
Basic Statistics of Grain Production in Main Years
4-2 主要年份各市县粮食产量……265
Output of Grain by City and County in Main Years
4-3 2015 年各市县粮食生产情况……267
Basic Statistics of Grain Production by City and County (2014)
4-4 2015 年各市县夏收粮食生产情况……268
Basic Statistics of Summer Harvest Production by City and County (2014)
4-5 2015 年各市县秋收粮食生产情况……269
Basic Statistics of Autumn Harvest Production by City and County (2014)
4-6 2015 年各市县小麦生产情况……270
Basic Statistics of Wheat Production by City and County (2014)
4-7 2015 年各市县水稻生产情况……271
Basic Statistics of Rice Production by City and County (2014)
4-8 2015 年各市县玉米生产情况……272
Basic Statistics of Corn Production by City and County (2014)
4-9 2015 年各市县马铃薯生产情况……273
Basic Statistics of Tubers Production by City and County (2014)
4-10 2015 年各市县猪、牛、羊、禽存栏情况……274
Breeding Stock of Livestock by City and County (2014)
4-11 2015 年各市县猪、牛、羊、禽出栏情况……276
Slaughtered of Livestock by City and County (2014)

4-12　2015 年各市县猪、牛、羊、禽肉产量 ……277
Output of Livestock Products by City and Country (2014)
4-13　主要年份各市县猪、牛、羊、禽肉产量 ……278
Output of Livestock Products by City and Country in Main Years
4-14　主要年份各市县牛奶产量 ……280
Output of Milk by City and Country in Main Years
主要指标解释 ……282

第五篇　企业调查

Enterprise Survey

简要说明 ……287
2015 年宁夏规下工业累计完成工业总产值 90.4 亿元 ……288
5-1　2015 年全区规模以下工业主要经济指标 ……290
Main Indicators of Industrial Enterprises Below Designated Size (2015)
5-2　2015 年各市、县(区)规模以下工业主要经济指标 ……291
Main Indicators of Industrial Enterprises Below Designated Size by City and County (2015)
主要指标解释 ……292

第六篇　农民工调查

Migrant Workers Survey

简要说明 ……297
2015 年宁夏农民工总量减少 收入增速放缓 ……298
6-1　2015 年全区农民工监测调查资料 ……301
Migrant Workers Monitoring Survey Data (2015)

第七篇　农村贫困调查

Rural Poverty Survey

简要说明 ……309
7-1　2015 年扶贫重点县住户基本情况 ……310
Basic Statistics of Key Poverty Alleviation County (2015)
7-2　2015 年扶贫重点县耐用消费品拥有情况 ……315
Ownership of Durable Consumer Goods of Key Poverty Alleviation County (2015)
7-3　2015 年扶贫重点县社区基础设施和基本社会服务情况 ……316
Base Installation and Community Service of the Community in 2015

附　录

Appendix

附-1　主要年份全国各省、直辖市、自治区农村居民家庭人均纯收入……323
Per Capita Annual Net Income of Rural Households by Region in Main Years

附-2　主要年份全国各省、直辖市、自治区农村居民家庭平均每人生活消费支出……327
Per Capita Living Expenditure of Rural Households by Region in Main Years

附-3　主要年份全国各省、直辖市、自治区城镇居民人均可支配收入……331
Per Capita Annual Disposable Income of Urban Households by Region in Main Years

附-4　主要年份全国各省、直辖市、自治区城镇居民人均生活消费支出……335
Per Capita Annual Consumption Expenditure of Urban Households by Region in Main Years

附-5　主要年份全国各省、直辖市、自治区全体居民人均可支配收入（新口径）……339
Per Capita Disposable Income of Urban and Rural Households by Region in Main Years

附-6　主要年份全国各省、直辖市、自治区农村居民人均可支配收入（新口径）……340
Per Capita Disposable Income of Rural Households by Region in Main Years

附-7　主要年份全国各省、直辖市、自治区城镇居民人均可支配收入（新口径）……341
Per Capita Disposable Income of Urban Households by Region in Main Years

附-8　2015 年全国各省、直辖市、自治区居民消费和商品零售价格指数……342
Price Indices for Consumer and Retail by Region (2015)

附-9　2015 年全国居民消费、商品零售和农业生产资料价格指数……343
Price Indices for Consumer and Retail and Means of Agricultural Production of Nation (2015)

附-10　2015 年全国各省、直辖市、自治区工业生产者价格指数……344
Producer Price Indices for Manufactured Goods by Region (2015)

附-11　2015 年全国各省、直辖市、自治区粮食生产情况……345
Basic Statistics of Grain Production by Region (2015)

附-12　2015 年全国 70 个大中城市新建住宅价格指数……346
Price Indices for Newly Built House by 70 Large and Medium-Sized Cities (2015)

附-13　2015 年全国 70 个大中城市新建商品住宅价格指数……347
Price Indices for Newly Built Commercial House by 70 Large and Medium-Sized Cities (2015)

附-14　2015 年全国 70 个大中城市二手住宅价格指数……348
Price Indices for Second-Hand House by 70 Large and Medium-Sized Cities (2015)

第一篇

综合

General Survey

宁夏回族自治区2015年国民经济和社会发展统计公报[1]

宁夏回族自治区统计局　国家统计局宁夏调查总队

2015年4月22日

2015年，自治区党委、政府牢牢把握稳中求进工作总基调，主动适应引领经济新常态，立足于转型升级和培育新动能，着力稳增长、促改革、调结构、惠民生、防风险，及时化解经济运行中的不利因素，在复杂严峻的国内外经济形势和持续加大的下行压力下，经济运行呈现“总体平稳、稳中有进、稳中向好”的发展态势。

一、综合

年末全区常住人口667.88万人，比上年末增加6.34万人。其中，城镇人口368.90万人，占常住人口比重55.23%，比上年提高1.6个百分点。人口出生率为12.62‰，死亡率为4.58‰，人口自然增长率为8.04‰，比上年下降0.53个千分点。

表1　2015年年末人口数及其构成

指　标	年末数（万人）	比重（%）
年末总人口	667.88	100.00
其中：城镇	368.90	55.23
乡村	298.98	44.77
其中：回族	240.74	36.05
其中：男性	340.37	50.96
女性	327.51	49.04
其中：0-15周岁（含不满16周岁）[2]	146.00	21.86
16-59周岁（含不满60周岁）	439.80	65.85
60周岁及以上	82.08	12.29
其中：65周岁及以上	51.29	7.68

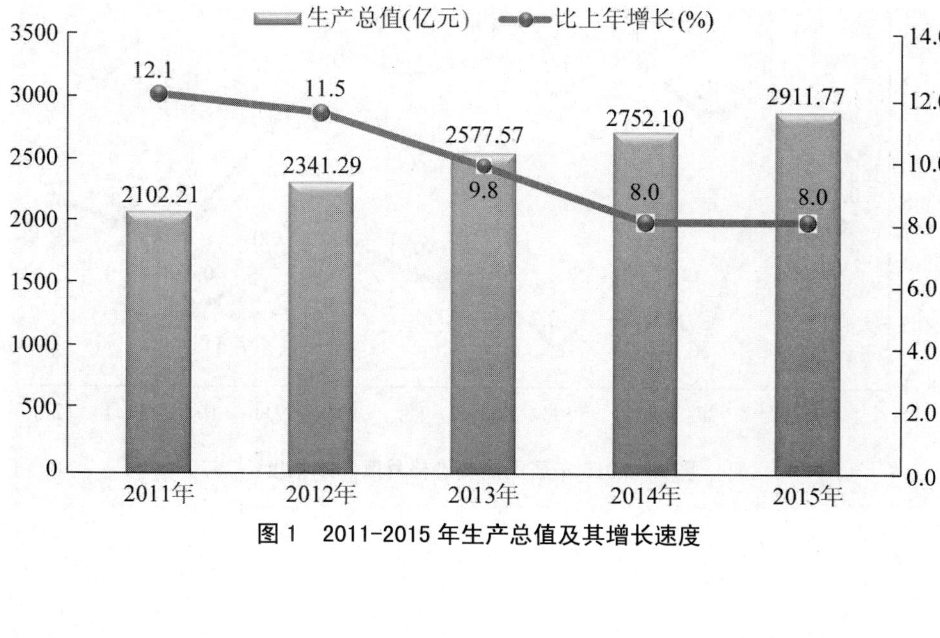

图1　2011-2015年生产总值及其增长速度

初步核算，全区实现生产总值[3]2911.77 亿元，按可比价格计算，比上年增长 8.0%。其中，第一产业增加值 238.47 亿元，增长 4.6%；第二产业增加值 1379.04 亿元，增长 8.5%；第三产业增加值 1294.26 亿元，增长 7.9%。按常住人口计算，全区人均生产总值 43805 元，增长 6.9%。三次产业增加值构成由 2014 年的 7.9∶48.7∶43.4 调整为 2015 年的 8.2∶47.4∶44.4。三次产业对经济增长的贡献率分别由 2014 年的 5.2%、61.6%和 33.2%转变为 2015 年的 4.2%、57.9%和 37.9%。

表 2　2015 年生产总值及其增长速度

指　　标	绝对值（亿元）	比上年增长（%）
全区生产总值	2911.77	8
农林牧渔业	252.42	4.8
工业	979.72	7.4
建筑业	399.98	12.1
批发和零售业	137.61	-0.9
交通运输、仓储和邮政业	200.66	-2.3
住宿和餐饮业	51.95	6.5
金融业	261.6	15.3
房地产业	97.63	-10.2
其他服务业	530.2	16.4
第一产业	238.47	4.6
第二产业	238.47	4.6
第三产业	238.47	4.6

全区居民消费价格总水平比上年上涨 1.1%，城市、农村分别上涨 1.2%和 1.0%。其中，食品价格上涨 0.4%，非食品价格上涨 1.6%，消费品价格上涨 0.6%，服务项目价格上涨 3.3%。

全年商品零售价格总水平上涨 0.1%，固定资产投资价格下降 2.5%，农业生产资料价格下降 1.3%。工业生产者出厂价格下降 6.3%；工业生产者购进价格下降 7.9%。

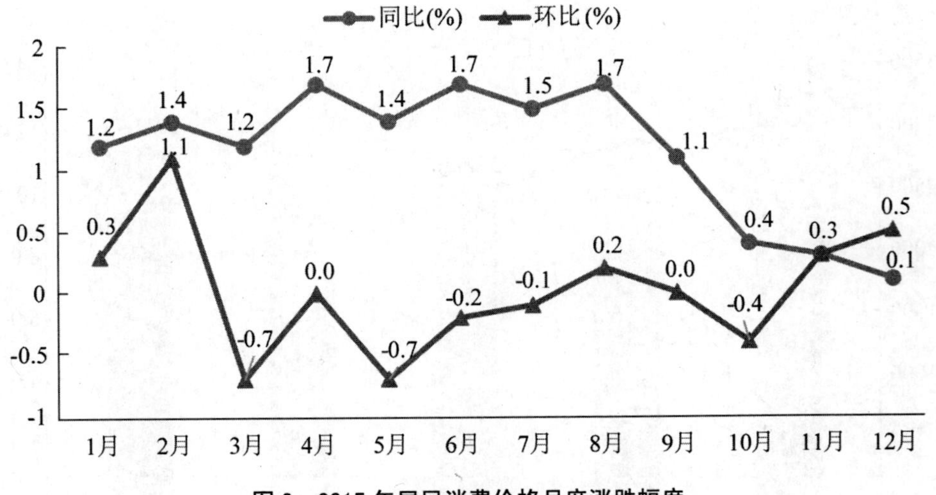

图 2　2015 年居民消费价格月度涨跌幅度

表 3　2015 年 12 月居民消费价格指数

指　　标	环比	同比	1-12 月累计比
居民消费价格总指数	100.5	100.1	101.1
食　品	102.0	100.1	100.4
其中：粮食	100.1	101.9	101.9
烟酒	100.0	104.4	102.6
衣着	98.2	99.8	102.8
家庭设备用品及服务	99.9	100.1	101.4
医疗保健及个人用品	100.1	100.7	101.0
交通和通信	100.0	98.8	98.6
娱乐教育文化用品及服务	99.5	102.4	105.7
居住	99.9	98.6	100.3

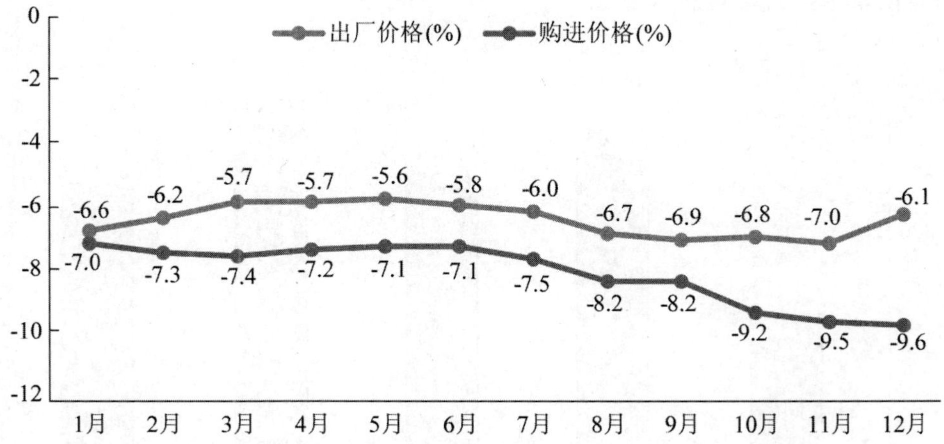

图 3　2015 年工业生产者出厂价格和购进价格同比涨跌幅度

全年完成公共财政预算总收入 610.48 亿元，比上年增长 12.0%，完成地方公共财政预算收入 373.74 亿元，增长 10.0%。其中完成税收收入 257.32 亿元，增长 2.8%；完成非税收收入 116.41 亿元，增长 30.0%。增值税、营业税、企业所得税和个人所得税等主体税种分别完成 35.73 亿元、99.83 亿元、24.55 亿元和 8.97 亿元，增长-7.3%、-5.0%、-13.3%和 20.2%。

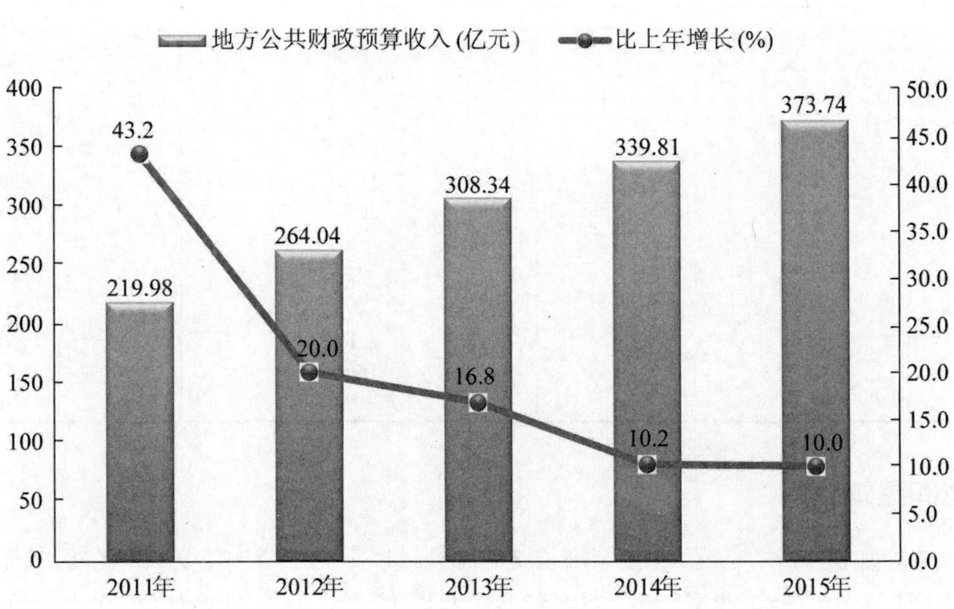

图 4　2011-2015 年地方公共财政预算收入及增长速度[4]

全年公共财政预算支出1138.18亿元，比上年增长13.8%。其中，一般公共服务支出67.75亿元，增长9.8%；教育支出143.11亿元，增长16.7%；社会保障和就业支出147.54亿元，增长26.7%；医疗卫生与计划生育支出75.75亿元，增长16.1%；城乡社区支出156.90亿元，增长50.8%；农林水支出160.74亿元，增长2.4%；交通运输支出97.52亿元，增长33.6%；住房保障支出63.99亿元，下降21.4%。

二、农业

全年完成农林牧渔业总产值487.02亿元，比上年增长4.5%。其中，种植业产值313.65亿元，增长5.4%；林业产值12.16亿元，增长4.1%；畜牧业产值124.04亿元，增长1.8%；渔业产值15.36亿元，增长5.0%；农林牧渔服务业产值21.80亿元，增长8.7%。全区优势特色农业产值420.1亿元，占农林牧渔业总产值的比重达到86.3%。

全年粮食种植面积1155.6万亩，比上年减少1.4万亩。粮食总产量372.6万吨，比上年减产5.2万吨，减少1.4%，实现连续十二年丰收。油料种植面积113.06万亩，减少6.0%。瓜菜种植面积322.93万亩，增长2.4%。葡萄种植面积48.64万亩，减少4.8%。

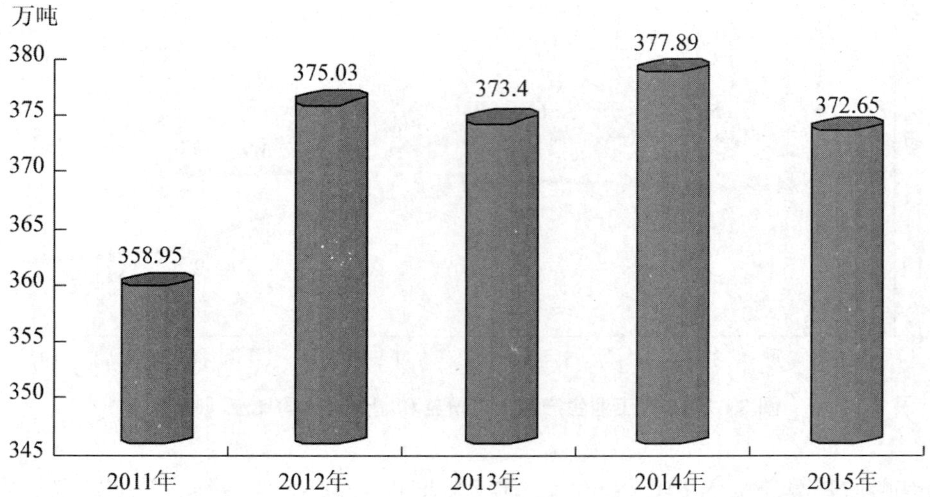

图5　2011-2015年粮食产量

表4　2015年主要农林牧渔业产品产量

指　　标	产量（万吨）	比上年增长（%）
粮食	372.6	-1.4
小麦	39.6	-2.3
水稻	60.8	-1.7
玉米	226.9	1.3
油料	15.3	-7.6
蔬菜	575.8	6.5
瓜果	205.1	3.0
枸杞	8.7	2.4
葡萄	21.6	12.2
肉类总产量	29.2	2.5
禽蛋	8.8	5.7
牛奶	136.5	0.6
水产品	17.0	4.4

三、工业和建筑业

全年全部工业增加值979.7亿元，比上年增长7.4%。规模以上工业增加值972.2亿元，比上年增长7.8%。在规模以上工业增加值中，轻工业增加值173.8亿元，增长15.7%；重工业增加值798.3亿元，增长6.4%。

分经济类型看，国有企业下降 6.6%，股份制企业增长 6.6%，外商及港澳台商投资企业增长 45.4%；国有控股企业增长 2.1%；私营企业增长 15.7%。非公有制工业完成工业增加值 424.9 亿元，比上年增长 10.6%，对规模以上工业的贡献率达到 56.8%。

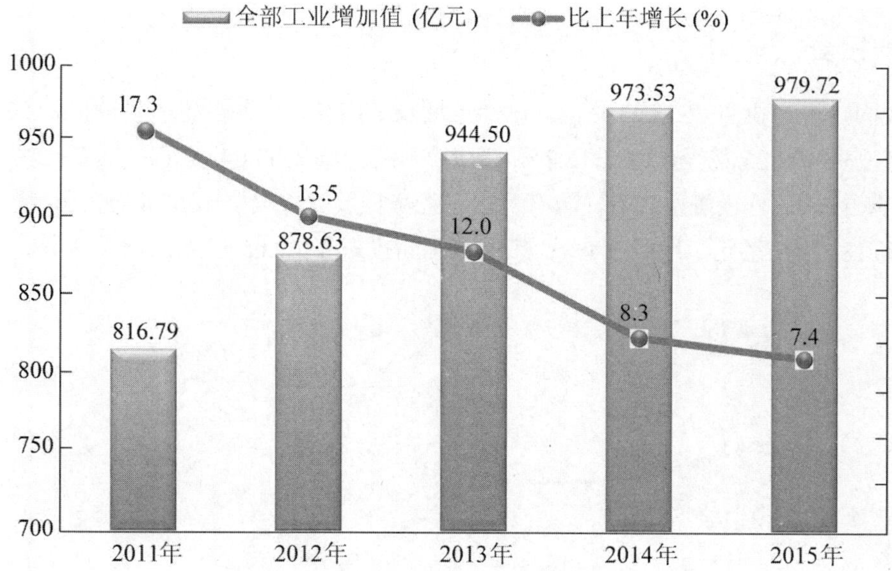

图 6　2011-2015 年全部工业增加值及期增长速度

全区 10 大工业产业 7 增 3 降的格局较为稳定。其中，煤炭增长 11.0%、电力下降 3.7%、化工增长 27.7%、冶金下降 21.9%、有色增长 3.3%、轻纺增长 15.4%、机械增长 23.6%、建材下降 9.2%、医药增长 28.2%、其他工业增长 7.3%。六大高耗能行业[5]实现增加值 511.0 亿元，比上年增长 4.7%；高技术产业增加值比上年增长 25.0%。在重点监测的 40 种工业产品中，有 15 种产品增速在 10%以上。工业产品销售率为 94.3%。

表 5　2015 年主要工业产品产量及其增长速度

指　标	单 位	产　量	比上年增长（%）
原　煤	万吨	7975.8	-6.9
发电量	亿千瓦时	1154.7	-0.2
焦　炭	万吨	756.6	-3.2
原铝（电解铝）	万吨	120.0	-13.7
橡胶轮胎外胎	万条	192.3	25.0
农用化肥（折纯）	万吨	82.4	77.6
精甲醇	万吨	510.1	74.0
电石（碳化钙）	万吨	310.7	-6.6
钢　材[6]	万吨	201.6	21.1
水　泥	万吨	1742.5	-9.2
铁合金	万吨	345.9	19.1
乳制品	万吨	77.3	2.8
葡萄酒	万千升	3.0	42.9
金属切削机床	台	1950	-31.0
滚动轴承	万套	1591.4	1.5 倍

全年规模以上工业企业实现利润总额 79.3 亿元，比上年下降 6.3%。分经济类型看，国有控股企业实现利润总额 19.3 亿元，同比下降 49.1%；股份制企业 47.2 亿元，下降 28.7%；外商及港澳台商投资企业 21.6 亿元，增长 2.6 倍；私营企业 28.5 亿元，下降 7.3%。实现主营业务收入 3403.9 亿元，同比下降 3.8%，主营业务收入利润率（以利润总额计算）为 2.3%，同比下降 0.1 个百分点。实现税金总额 178.11 亿元，比上年增长 8.5%。

全区具有资质的总承包和专业承包建筑业企业 553 家，全年完成建筑业总产值 524.53 亿元，比上年下降 16.1%。建筑业企业房屋建筑施工面积 3284.95 万平方米，下降 24.6%；房屋竣工面积 1226.58 万平方米，下降 17.9%；竣工产值为 403.95 亿元，下降 7.6%。按建筑业总产值计算的劳动生产率 26.69 万元/人，比上年增长 1.7%。

四、固定资产投资

全年全社会完成固定资产投资 3532.93 亿元，比上年增长 10.4%。其中，基本建设投资 2393.53 亿元，增长 14.8%；更新改造投资 408.25 亿元，增长 12.2%；房地产开发投资 633.64 亿元，下降 3.2%；农村农户投资完成 79.02 亿元，下降 1.1%。分投资主体看，国有及国有经济控股完成投资 1663.47 亿元，增长 19.4%；非国有经济控股完成投资 1869.46 亿元，增长 3.4%，其中，民间投资 1849.05 亿元，增长 3.4%。

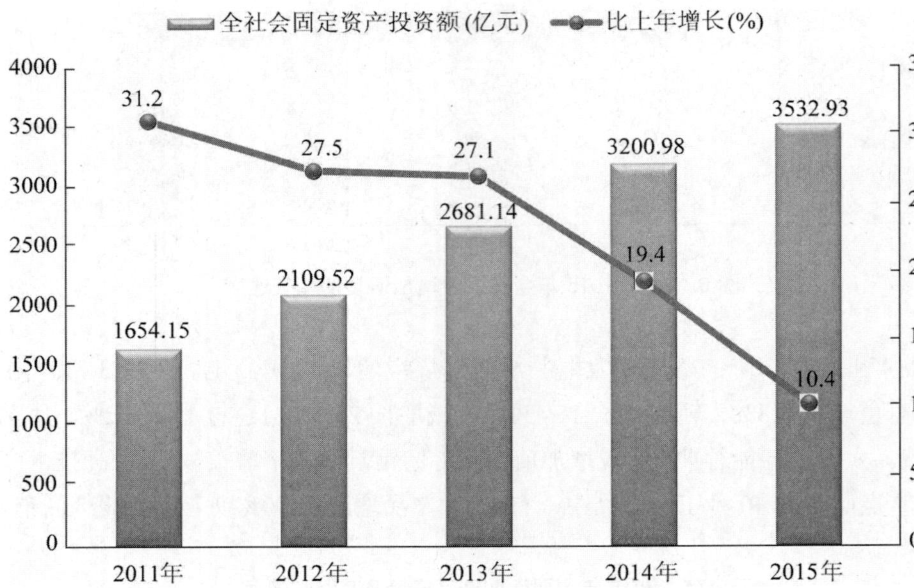

图 7 2011-2015 年全社会固定资产投资额及其增长速度

表 6 2015 年分行业全社会固定资产投资及其增长速度

指　　标	投资额（亿元）	比上年增长（%）
全社会固定资产投资	3532.93	10.4
农、林、牧、渔业	166.45	29.3
采矿业	120.95	-37.8
制造业	824.75	4.4
电力、热力、燃气及水的生产和供应业	702.59	59.6
建筑业	14.08	-8.9
批发和零售业	32.97	-37.9
交通运输、仓储和邮政业	269.58	24.1
住宿和餐饮业	16.02	8.5
信息传输、软件和信息技术服务业	51.41	66.6
金融业	5.93	1.1 倍
房地产业	880.07	-3.1
租赁和商务服务业	23.26	18.5
科学研究和技术服务业	10.71	52.6
水利、环境和公共设施管理业	269.68	3.7
居民服务和其他服务业	7.04	13.7
教育	53.03	83.0
卫生和社会工作	28.88	1.2
文化、体育和娱乐业	20.72	-7.9
公共管理和社会组织	34.82	5.9

从投资结构看，第一产业投资166.45亿元，增长29.3%。第二产业投资1662.37亿元，增长15.4%。其中，工业投资1648.28亿元，增长15.7%。第三产业投资1704.11亿元，增长4.4%。

全年固定资产投资施工项目4256个，增长0.8%，施工项目计划总投资12044.85亿元，增长9.6%。全区亿元以上项目完成固定资产投资2157.20亿元，增长14.4%。

全年房地产开发投资633.64亿元，比上年下降3.2%。其中，住宅投资396.68亿元，下降3.6%；办公楼投资34.29亿元，增长62.0%；商业营业用房投资129.52亿元，下降10.2%。

表7　2015年房地产开发和销售主要指标完成情况及其增长速度

指　　标	单 位	绝对数	比上年增长(%)
房地产开发投资	亿元	633.64	-3.2
房屋施工面积	万平方米	7045.68	0.4
其中：住宅	万平方米	4550.38	-1.6
其中：本年新开工面积	万平方米	1391.12	-32.3
房屋竣工面积	万平方米	1168.98	-2.9
其中：住宅	万平方米	746.78	-8.8
商品房销售面积	万平方米	839.16	-25.7
其中：住宅	万平方米	708.12	-24.6
商品房待售面积	万平方米	1207.15	24.8
其中：住宅	万平方米	733.43	17.0
商品房销售额	亿元	370.30	-20.4
其中：住宅	亿元	283.98	-19.3
房地产开发资金	亿元	737.39	-0.7
其中：国内贷款	亿元	96.59	-19.5
其他资金来源	亿元	317.12	-8.7

五、国内贸易

全年实现社会消费品零售总额789.57亿元，比上年增长7.1%，扣除价格因素，实际增长7.0%。按经营地统计，城镇消费品零售额726.72亿元，增长6.6%；乡村消费品零售额62.85亿元，增长13.7%。按消费类型统计，商品零售额661.74亿元，增长5.2%；餐饮收入额127.83亿元，增长18.3%。

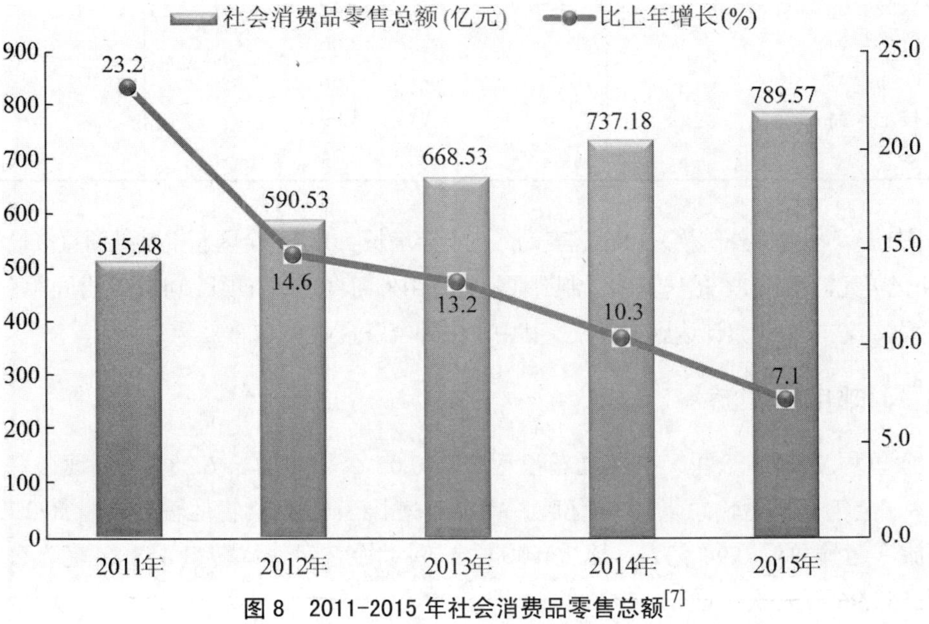

图8　2011-2015年社会消费品零售总额[7]

在限额以上企业商品零售额中，22大类商品零售额呈现"10增12降"态势，其中：通讯器材类增长11.4%，粮油、食品类零售额增长9.4%，服装、鞋帽、针纺织品类增长1.5%，化妆品类增长4.5%，日用品类增长2.0%，建筑及装潢材料类增长1.9%，家用电器和音像器材类增长1.5%，文化办公用品类增长1.5%，汽车类下降1.1%，金银珠宝类下降4.6%，家具类下降35.9%，煤炭及制品类下降44.8%，机电产品及设备类下降44.9%。

根据国家统计局反馈的数据显示，2015年我区网上零售额[8]12.2亿元，比上年增长39.3%，其中实物商品零售额9.5亿元，增长35.8%。

六、对外经济

据海关统计，全年实现进出口总额37.91亿美元，比上年下降30.3%。其中，出口29.76亿美元，下降30.8%；进口8.14亿美元，下降28.1%。全年累计实现贸易顺差21.62亿美元。重点出口产品保持增长，其中，轮胎增长7.6倍、红霉素16.8%、泰乐菌素增长16.0%、羊绒纱线增长15.6%。

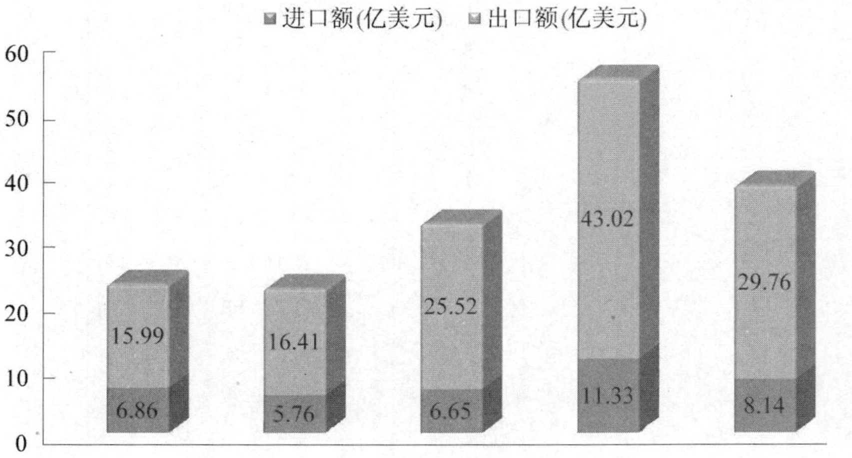

图9 2011-2015年进出口额

表8 2015年宁夏进出口总额及其增长速度

指 标	金额（亿美元）	比上年增长（%）
进出口总值	37.91	-30.3
出口	29.76	-30.8
其中：一般贸易	27.59	-28.8
加工贸易	2.06	46.7
其中：机电产品	7.66	-41.1
其中：高新技术产品	5.09	-26.1
进口	8.14	-28.1

全年实际使用外资（不含境外借款）1.86亿美元，比上年增长1.0倍。全区新批准外商直接投资项目37个，合同外资金额13.59亿美元，增长1.6倍。其中，制造业签订利用外商直接投资项目14个，合同额9.35亿美元。年末全区注册登记外商投资法人企业累计达到209家。其中，中外合资企业占47.8%。

七、交通[9]、邮电和旅游

年末铁路营业里程1029.3公里。公路通车里程33240.05公里，增长6.28%。高速公路里程1527.33公里，增长13.64%。全年货物运输总量4.38亿吨，比上年增长3.1%。货物运输周转量872.72亿吨公里，下降0.53%。全年旅客运输总量0.94亿人，比上年增长1.7%；旅客运输周转量153.84亿人公里，增长4.8%。机场旅客吞吐量553.96万人次，增长15.6%。

表 9　2015 年全区各种运输方式完成运输量及其增长速度

运输方式	货物				旅客			
	运输总量		运输周转量		运输总量		运输周转量	
	绝对数(万吨)	比上年增长(%)	绝对数(亿吨公里)	比上年增长(%)	绝对数(万人次)	比上年增长(%)	绝对数(亿人公里)	比上年增长(%)
总 计	43769.47	3.12	872.72	-0.53	9371.59	1.72	153.84	4.76
铁 路	5631.08	-19.44	245.08	-20.04	661.07	0.69	47.37	-2.26
公 路	36994.83	7.80	571.85	7.80	8443.98	1.60	68.04	3.60
航 空	1.27	6.89	0.20	9.25	266.55	8.52	38.42	17.51
管 道	1142.3	0.40	55.59	38.39	—	—	—	—

年末全区民用汽车保有量达到 105.38 万辆，比上年末增长 9.1%，其中私人汽车保有量 92.78 万辆，增长 12.4%。民用轿车保有量 49.42 万辆，增长 14.5%，其中私人轿车 46.47 万辆，增长 16.4%。

全年完成邮电业务总量 135.54 亿元，比上年增长 32.1%。其中，邮政业务总量 12.19 亿元，增长 13.3%；电信业务总量 123.35 亿元，增长 34.2%。邮政业全年完成邮政函件业务 574.81 万件，包裹业务 16.51 万件，快递业务量 2231.93 万件；快递业务收入 4.84 亿元。电信业全年局用交换机总容量 129.4 万门，减少 39.6 万门；移动电话交换机容量 1224 万户，比上年增加 78 万户。年末全区固定电话用户达 84.4 万户，比上年下降 17.8%。移动电话用户 661 万户，比上年下降 3.96%，其中 3G 移动电话用户 205.46 万户，每百人拥有移动电话 99.9 部，减少 5.3 部。电话普及率达到 112.7 部/百人。固定互联网宽带接入用户 86.1 万户，移动互联网用户 534.9 万户。互联网普及率达到 49.3%。

全年接待国内外旅游者 1839.48 万人次，比上年增长 9.8%。其中，国内游客 1835.75 万人次，增长 9.8%；过夜入境旅游者 37315 人次，增长 10.9%。其中，外国人 18409 人次，增长 22.0%。接待过夜国内游客 890.82 万人次，增长 1.6%。实现旅游总收入 161.30 亿元，增长 13.0%。其中，国内旅游收入 160.01 亿元，增长 13.0%。全区实现旅游外汇收入 2083.86 万美元。

八、金融、证券和保险

年末全区金融机构本外币各项存款余额 4822.96 亿元，比年初增加 600.33 亿元。其中，人民币各项存款余额 4805.15 亿元，外汇存款余额 2.74 亿美元。金融机构本外币各项贷款余额 5150.32 亿元，比年初增加 542.04 亿元。其中，人民币各项贷款余额 5117.82 亿元，外汇贷款余额 5.01 亿美元。

表 10　2015 年年末金融机构存贷款余额及其增长速度

指　　标	年末数（亿元）	比年初增减（亿元）	比上年末增长（%）
各项存款余额	4822.96	600.33	14.0
人民币存款余额	4805.15	602.32	14.1
其中：住户存款	2357.71	186.06	8.2
非金融企业存款	1244.64	213.82	21.6
广义政府存款	1191.76	197.47	19.0
各项贷款余额	5150.32	542.04	11.8
人民币贷款余额	5117.82	539.33	11.8
其中：短期贷款	1796.64	132.76	7.9
中长期贷款	3007.10	286.27	10.5
票据融资	305.21	121.31	66.0

年末上市公司 12 家，总股本 63.90 亿股，总市值 817.34 亿元，比上年增长 66.8%。其中，流通市值 685.20 亿元，比上年增长 66.8%。全年证券交易额 8937.41 亿元，比上年增长 276.5%。

全区省级营业性保险分公司19家，实现保费收入103.31亿元，比上年增长23.1%。其中，财产险收入41.01亿元，增长12.8%；寿险收入47.43亿元，增长31.6%；健康险收入11.90亿元，增长30.9%；意外伤害险收入2.97亿元，增长23.2%。支付各类赔款和给付34.21亿元，增长16.7%。其中，财产险赔款20.87亿元，增长7.6%；寿险给付8.00亿元，增长36.5%；健康险给付4.58亿元，增长35.8%；意外伤害险赔款0.77亿元，增长13.2%。

九、人民生活和社会保障

全年城镇新增就业7.7万人，农村劳动力转移就业71.3万人；年末城镇登记失业率4.02%。

根据城乡一体化住户调查结果，全年全体居民人均可支配收入17329元，同比名义增长8.9%，扣除价格因素影响，实际增长7.7%。

全年农村常住居民人均可支配收入9119元，比上年增加709元，名义增长8.4%，扣除价格因素，影响实际增长7.3%。人均生活消费支出8415元，增长9.6%，扣除价格因素，实际增长8.5%。农村居民人均居住面积30.41平方米，增长6.5%。

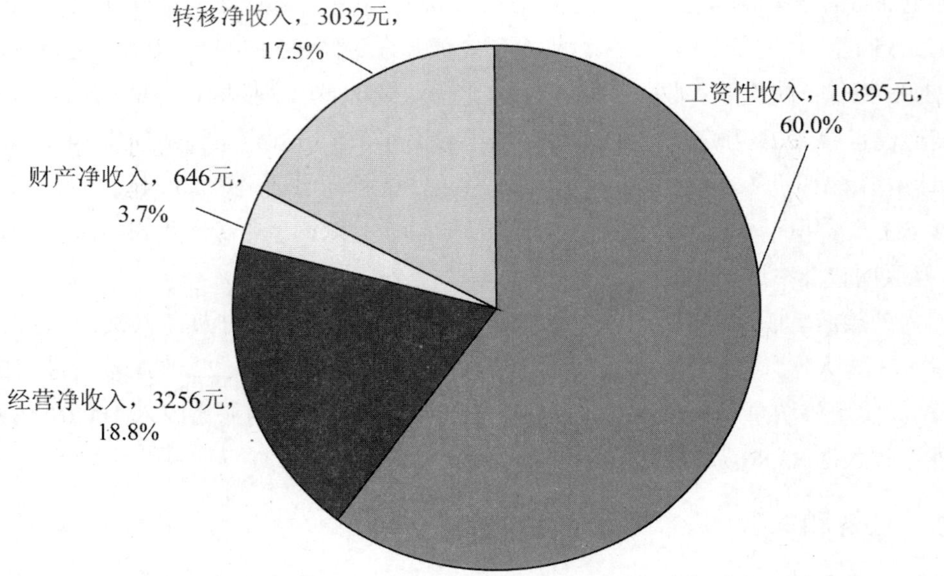

图10　2015年按收入来源分的全体居民人均可支配收入及占比

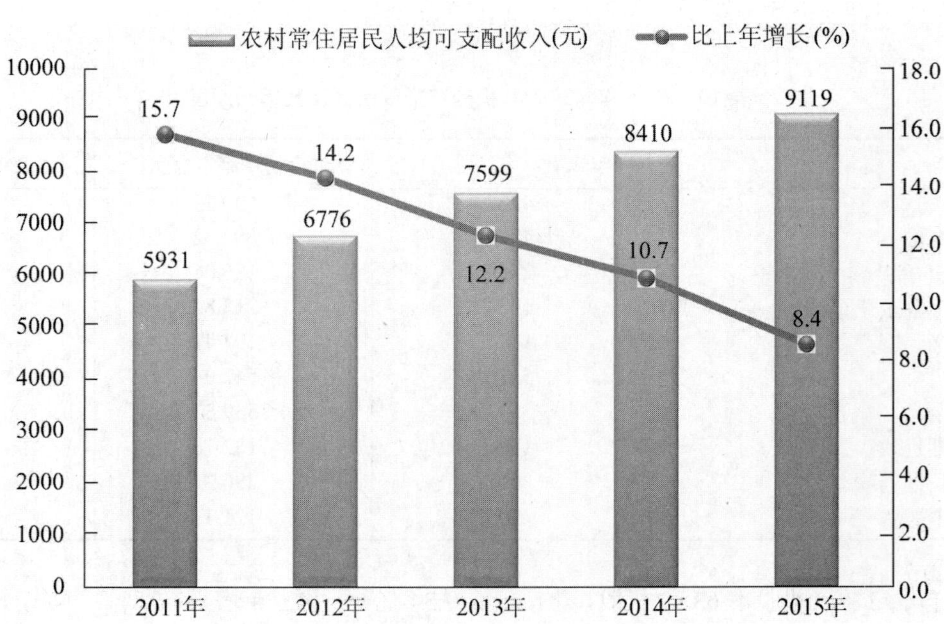

图11　2011-2015年农村居民人均可支配收入[10]及其增长速度

全年城镇常住居民人均可支配收入25186元，比上年增加1901元，名义增长8.2%，扣除价格因素，影响实际增长6.9%。人均消费支出18984元，增长10.3%，扣除价格影响，实际增长9.0%。城镇居民人均居住建筑面积30.65平方米，下降1.1%。

年末全区参加城镇职工基本养老保险人数为178.75万人，比上年末增加27.25万人，其中，参保职工111.1万人，参保离退休人员46.4万人，机关事业单位养老保险参保21.25万人。参加城乡居民基本养老保险人数183.1万人，增长0.8万人。参加基本医疗保险人数584.77万人，增加6.17万人，其中，参加城镇职工基本医疗保险114.77万人，参加城乡居民基本医疗保险470万人。参加失业保险人数75.6万人，参加工伤保险人数80.83万人，参加生育保险人数73.67万人。2015年末全区五项保险基金收入273.02亿元。年末五项社保基金累计结余293.91亿元，较上年末增加21.16亿元，增长7.76%。

年末全区享受城市居民最低生活保障154320人，享受农村居民最低生活保障417384人，农村五保供养12878人。

年末全区各类提供住宿的社会服务机构120个，养老服务机构98个。社会服务床位16207张，其中养老床位14454张(注：不包括社区养老床位)。社区服务机构1001个，其中社区服务中心70个，社区服务站669个。

十、教育与科技

年末全区各级各类学校3125所，教职工96068人。学前教育毛入园率71.44%，小学学龄人口入学率99.98%，初中阶段毛入学率102.21%，高中阶段毛入学率90.99%，高等教育毛入学率31.48%。

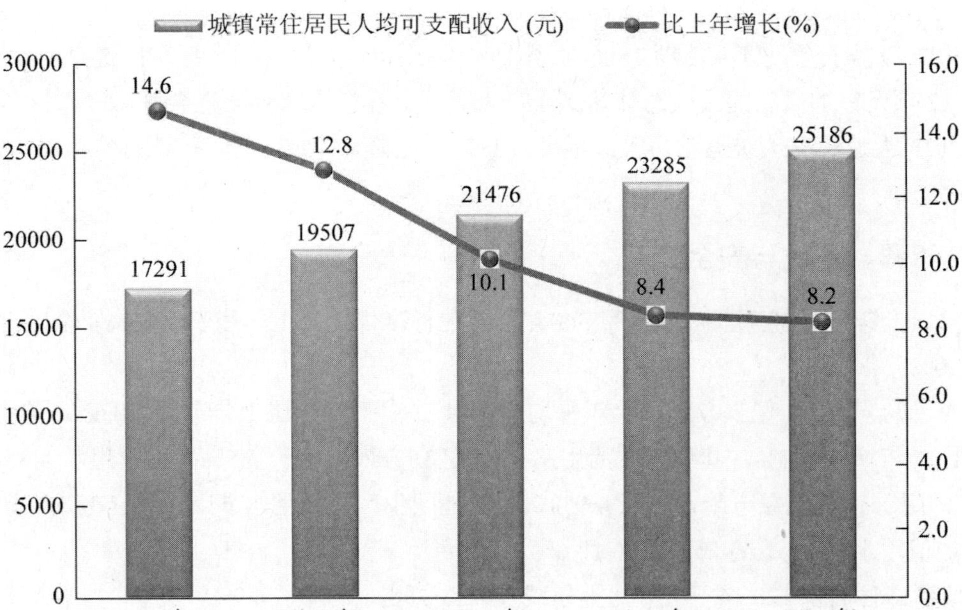

图12 2011-2015年城镇居民人均可支配收入及其增长速度

全年登记自治区级科技成果244项，比上年增长18.4%。其中，基础理论成果38项，应用技术成果181项，软科学成果25项。全年申请专利量4394件，比上年增长24.5%，其中，发明专利2626件，增长20.3%。专利授权量1865件，增长30.9%。其中，发明专利授权量442件，增长81.9%。全年共签订技术合同662项，技术合同成交金额35400万元。

年末全区拥有国家级工程技术研究中心3个，自治区级工程技术研究中心36个；国家重点实验室2个，省部共建重点实验室4个，国家重点培育基地3个，自治区级重点实验室14个；国家级企业（集团）技术中心14个，自治区级企业（集团）技术中心60个，技术创新中心143个。

表 11　2015 年各级教育招生、在校、毕业生人数

类 别	校数（所）	招生数(人)	在校学生数(人)	毕业学生数(人)
普通高等学校	18	34699	119410	29645
# 研究生	—	1703	4403	1410
成人高等学校	1	11439	29172	11607
中等职业教育学校	31	30832	82117	25942
普通中学	299	144447	433996	144253
# 高 中(含完全中学)	62	50825	159663	55417
初 中(含完全中学)	257	93622	274333	88836
普通小学	1693	94170	583509	96119
幼儿园	788	97900	192892	83913
特殊教育学校	12	811	3900	352

十一、文化、卫生和体育

年末全区共有博物馆[11]12 个，国家综合档案馆 27 个，公共图书馆 26 个，文化馆 26 个，各类艺术表演团体 13 个。全年地方出版报纸 19 种，出版期刊 37 种，出版图书 2560 种。有线数字电视用户 102.36 万户。年末广播节目综合人口覆盖率为 96.62%；电视节目综合人口覆盖率为 99.24%。

年末全区共有医疗卫生机构[12]4289 个，其中医院 168 个，卫生院 219 个，疾病预防控制中心 25 个，妇幼保健机构 22 个。医疗卫生机构床位 3.2 万张。卫生技术人员 41505 人，其中执业(助理)医师 15860 人，注册护师、护士 16135 人。

全年举办县级以上全民健身活动 1500 余场次，其中 1000 人以上的大型全民健身活动 33 次，举办青少年单项比赛 12 项，参加活动的人数总计达到 150 万人次。在全国比赛取得金牌 16 枚、银牌 17 枚、铜牌 16 枚；全年有 123 人达国家一级运动员等级标准，332 人达国家二级运动员等级标准，81 人获得国家一级裁判员等级称号。

十二、资源、环境与安全生产

初步核算，全年全区能源消费总量为 5404.70 万吨标准煤，比上年增长 9.27%。全区万元地区生产总值能耗增长 1.20%。

全年水资源总量 6.96 亿立方米。全年平均降水量 289 毫米，比上年下降 20.6%。全年总用水量 70.37 亿立方米，比上年增长 0.1%。其中，生活用水 2.33 亿立方米，增长 5.8%；工业用水 4.35 亿立方米，下降 12.6%；农业用水 61.47 亿立方米，增长 0.9%。万元地区生产总值用水量[13]260 立方米，比上年下降 7.3%；万元工业增加值用水量 39 立方米，下降 18.6%。

全区完成营造林面积 120.16 万亩，比上年减少 6.13 万亩，下降了 4.9%；其中，其中人工造林 65.04 万亩，年末实有封山（沙）育林面积 566.23 万亩。

城市污水处理率达到 88.97%，比上年提高 2.19 个百分点。城市生活垃圾无害化处理率达到 83.85%。全区建成区绿地率达到 34.50%，比上年提高 2.5 个百分点。人均公园绿地面积 17.22 平方米。

全年累计发生各类生产安全事故 2744 起，同比下降 9.05%；造成死亡人数 453 人，同比下降 3.0%。亿元地区生产总值生产安全事故死亡率为 0.156。发生煤矿事故 1 起，造成死亡人数 1 人，煤矿百万吨死亡率为 0.013；发生道路交通事故 1693 起，造成死亡人数 394 人，道路交通万车死亡率为 2.244；发生工矿商贸安全事故 43 起，造成死亡人数 53 人，工矿商贸就业人员[14]十万人生产安全事故死亡率为 1.933。

注释：

[1] 本公报中数据均为初步统计数，正式数据以《宁夏统计年鉴-2016》为准。部分数据因四舍五入的原因，存在着与分项合计不等的情况。

[2]考虑到我国劳动年龄下限为16周岁，从2013年开始公布16-59岁（含不满60周岁）人口数据。2015年末，0-14岁（含不满15周岁）人口为137.76万人，15-59岁（含不满60周岁）人口为448.04万人。

[3]全区生产总值及各产业和各行业增加值指标绝对数按现价计算，增长速度按可比价格计算；根据第三次全国经济普查结果和国家统计局2012年制定的《三次产业划分规定》对相关数据进行了修订。

[4]2011年至2014年数据为公共财政预算收入决算数，2015年为执行数。

[5]六大高耗能行业分别为：化学原料和化学制品制造业、非金属矿物制品业、黑色金属冶炼和压延加工业、有色金属冶炼和压延加工业、石油加工炼焦和核燃料加工业、电力热力生产和供应业。

[6]钢材产量数据中含使用钢材加工成其他钢材的重复计算因素。

[7]2011年至2014年数据根据第三次经济普查结果进行修订。

[8]网上零售额是指通过公共网络交易平台（包括自建网站和第三方平台）实现的商品和服务零售额。

[9]公路交通运输货运、客运数据按2013年交通运输统计专项调查之前口径核算。

[10]图11、图12数据是按新口径计算的城乡可比的可支配收入。

[11]指文化系统管理的博物馆，属财政拨款的行政事业单位。

[12]医疗卫生机构包括村卫生室。

[13]万元地区生产总值用水量、万元工业增加值用水量按2010年不变价计算。

[14]工矿商贸就业人员十万人生产安全事故死亡率以2014年就业人员计算。

第二篇

住户调查

Household Survey

简要说明

长期以来，中国的住户调查一直分城乡分别开展。城镇住户调查居民可支配收入，农村住户调查农民纯收入，至今没有全国统一的居民收入和消费支出数据。由于城乡分别组织开展调查，农村与城镇居民收入、支出等指标的统计口径有所不同，数据也不完全可比。为此，国家统计局对城乡住户调查实施了一体化改革，建立了统一的调查体系，并改进和完善住户调查方法和手段。从 2014 年开始，本年鉴中增加了宁夏全区、5 个地级市及 22 个县（市、区）全体居民可支配收入及来源数据，增加了全体居民消费情况数据。同时为了和历史数据对比，在城乡一体化住户调查改革完成后，再统一对指标口径和历史数据进行调整。

城乡居民收支调查数据是根据抽样方法随机抽取的，分布在全区 22 个市县（区）范围的 340 个调查小区，3400 户城乡居民家庭记帐资料得到的。全区及银川市、石嘴山市、吴忠市、固原市、中卫市 5 个地级市、22 个县（市、区）城乡可比的全体居民可支配收入与消费等数据是根据城乡住户收支与生活状况调查记帐数据和城镇化率加权汇总计算得出，住户人口特征、就业情况、住房情况、耐用消费品拥有情况等数据通过问卷方式获取。

Brief Description

For a long time, urban and rural household survey carried out respectively in China. Urban household survey residents disposable income. Rural household survey net income of the farmers. So far there is no unified national household income and consumer spending data. Because of the urban and rural carry out the investigation respectively, Statistical caliber of income and expenditure Indicators such as is different of rural and urban residents, the data is not entirely comparable. For this, the national bureau of statistics carried out reform on the integration of urban and rural household survey, set up a unified survey system, and improved and perfected household survey methods and means. Since 2014, has increased all the residents' disposable income and the source data of Ningxia district, 5 cities and 22 counties (city, area) in this yearbook, has increased all the residents' consumption data. At the same time in order to contrast the historical data, after the completion of the integration of urban and rural household survey, uniformly adjust indicators caliber and historical data.

The survey data of urban and rural residents is based on random sampling method, distributed in 22 counties (districts) range of 340 survey area, from accounting information of 3400 urban and rural residents families. All the residents' disposable income and consumption data is weighted and summed according to the urban and rural residents and living conditions and urbanization rate of Ningxia district and 5 cities, 22 counties (cities, districts), the data of resident population characteristics, employment, housing, consumer durables are obtained through the questionnaire survey.

2015年宁夏城镇居民收入增速继续放缓

2015年，宁夏积极适应经济发展新常态，出台一系列稳增长、惠民生政策措施，着力提高经济发展的质量和效益，促进经济持续健康发展和社会和谐稳定，为城镇居民收入的稳定增长创造有利条件。但在宏观经济下行压力较大的背景下，城镇居民收入增速呈逐渐放缓的态势。

一、城镇居民可支配收入增长特点及原因

2015年，宁夏城镇居民人均可支配收入25186元，比上年增加1901元，名义增长8.2%，扣除价格上涨因素实际增长6.9%。从收入来源看，工资性收入、经营净收入、财产净收入和转移净收入四项都稳步增加。

（一）工资性收入贡献最大

2015年，宁夏城镇居民人均工资性收入16885元，比上年增加1149元，增长7.3%，占可支配收入的67.0%，对可支配收入增长的贡献率为60.4%，拉动可支配收入增长4.9个百分点，是城镇居民收入的主体和增收主要因素。

增资政策到位促进了工资性收入的增长。2015年，自治区提高了机关事业单位在职人员的津补贴标准，全区继续发放民族团结进步奖和效能奖，银川地区继续发放文明城市奖，机关事业单位工资改革、政策性增资为城镇居民工资增长提供了保障。

（二）经营净收入持平略增

2015年，宁夏城镇居民人均经营净收入2700元，比上年增长0.5%，占可支配收入的10.7%。其中，第一产业下降9.8%，第二三产业增长1.8%。

经营净收入增长的原因，一是宁夏各地出台政策，积极引导和推动第三产业、实施扶助小微企业专项行动；二是改善创业环境，开辟创业服务“绿色通道”，推进大学生创业规划，提供项目信息、政策咨询、开业指导等服务，推动城镇居民大力发展三产经营；三是各地不同程度地出台了扶持政策，在财政资金、税收减免、免费培训、小额贴息贷款、扶持创业企业成长等方面出台多项措施，对居民经营净收入增长促进作用明显。

（三）财产净收入稳步增长

2015年，宁夏城镇居民人均财产净收入1081元，比上年增长5.6%，占可支配收入的4.3%。出租房屋收入、转让承包土地经营权租金净收入和红利收入是财产性收入增长的主要来源；从绝对量看，房屋虚拟租金和出租房屋净收入比重较大，两者之和占财产净收入的90%以上。

财产净收入增长主要原因：一是房租不断上涨是财产性净收入增长的重要原因；二是灵活多样的理财产品不断涌现，随着城镇居民可支配收入的增长，更多的资金用于理财，获得较多的利息收益。

（四）转移净收入增长点多面广，受政策影响大

2015年，宁夏城镇居民人均转移净收入4520元，比上年增加680元，增长17.7%，拉动可支配收入增长2.9个百分点，对可支配收入增长的贡献率35.8%，仅次于工资性收入。转移净收入增长点多面广，其中养老金或离退休金比上年增长19.4%，占转移性收入的89.2%，是转移性收入增长的主要原因；报销医疗费351元，增长24.1%；政策性的生活补贴及社会救济收入97元，增长4.3%；从政府得到的实物产品和服务及政策性惠农补贴51元，增长10.9%。

（五）实际增速高于全国平均水平

从全国看，宁夏城镇居民人均可支配收入25186元，比全国平均水平31195元低6009元，排全国第26位，名义增速8.2%，与全国平均水平持平，居全国17位，扣除价格因素实际增速6.9%，高于全国平均水平0.3个百分点。从西部十二省看，宁夏城镇居民人均可支配收入排在第9位，收入水平仅高于贵州（24580元）、青海（24542元）和甘肃（23767元）；增幅居西部十二省第9位，西部十二省、市（区）增幅依次为：西藏15.6%、新疆13.2%、青海10.0%、甘肃和贵州9.0%、云南8.5%、陕西8.4%、重庆8.3%、宁夏8.2%、四川8.1%、内蒙7.9%、广西7.1%。

（六）城镇居民可支配收入增幅逐渐回落趋稳

"十二五"以来，随着经济增速的放缓，城镇居民可支配收入增幅也呈现逐渐放缓、缓中趋稳的态势。从各年度看，增速由2011年最高的14.6%逐渐回落到2013年的10.1%，然后从2015年一季度的8.6%，逐渐缓慢下降到2015年的8.2%，总体呈下降趋缓的态势。

二、收入增长存在的主要问题

近年来，宁夏经济社会发展实现平稳较快增长，城乡居民收入稳步增加，但也面临着一些问题：

（一）从机关事业单位工资性收入看，国家一方面出台了机关事业单位人员新的津贴补贴的增资政策，另一方面严控奖金、津补助和年节福利费的发放，仅以自然晋级增加收入难以带动社会工资的持续增长。

（二）从企业单位工资看，经济下行压力阻碍居民收入快速上涨。2015年国内经济下行压力大，经济增速进一步放缓，宁夏2015年GDP增速为8.0%，比2010年回落了5.5个百分点。在劳动力成本持续上升，企业生产或面临困境的情况下，尤其是一些小微企业经营困难，采取减员增效的措施，这将影响居民收入的增长，并抑制消费。

（三）房屋出售、出租价格增长的不确定性，存款利率和金融产品收益的下降，给城镇居民财产性收入的快速增长带来不利影响。

（四）离退休人员收入继续大幅提升压力较大。近年来，离退休人员不断增加，老龄化呈明显上升趋势。从收入增加的角度看，离退休人员的收入主要靠离退休金，随着离退休人员数量的不断上升会使政府支付压力加大，大幅度提高离退休金就会更加困难。2015年，宁夏已经连续第十一年调高企业离退休人员工资待遇。随着企业离退休人员的不断增加和标准的不断提高，特别是2014年10月起机关事业单位工作人员开始缴纳养老保险，今后离退休金收入再保持高速增长的压力显而易见。

三、促进城镇居民增收建议

（一）建立工资正常增长机制，确保工资性收入增长同经济发展相匹配。一是建立与经济社会发展和物价水平相适应的工资增长机制，提高企业职工最低工资标准，适当提高在职在岗人员工资水平，使得工资水平和津补贴标准与经济发展、物价上涨保持同步。二是增加就业岗位，进一步实施积极的就业扶持政策，提高就业率，提高劳动者工资收入水平。

（二）优化创业环境，扶持民营经济发展，促进居民经营净收入增长。在可支配收入来源中，经营性净收入增速较慢，仍是宁夏城镇居民收入增长的短板。一是要加大政策扶持力度，扶持私营经济的发展，进一步优化创业环境，打造良好的融资环境，鼓励居民创业经营，减轻创业者税费负担，帮助创业者进一步发展。二是要着力扶持民营企业发展，探索产业转型，发展集生产、制造、销售一体的龙头企业。三是要切实落实各项政策，把财政投入、小额贷款、税收政策和免费培训等政策落到实处，大力推动创业创新。

（三）加强宣传，引导居民投资理财，提高财产净收入。一是加大城镇居民金融投资知识宣传力度，增强投资意识和风险意识，引导居民参与合理投资理财；二是防范打击虚假理财和金融投机行为，保障居民金融财产安全，降低居民投资理财风险。

（四）完善社保体系，建立转移性收入增长的机制，促进转移净收入稳步增长。一是提高退休人员退休金和城镇居民养老金标准，能快速的提高转移净收入。二是进一步提高社会救济和补助、政策性生活补贴的标准，确保城镇居民低收入群体生活水平不断提高。三是进一步提高报销医疗费标准和报销比例，防止因病致贫的出现。四是加强监督管理，保障居民享有的社会保障等合法权益；规范惠民补贴的落实，让更多的低收入群体享受到经济发展带来的红利。

（龚淑玲）

2015 年宁夏农民收入稳定增长 增速放缓增收难度加大

2015 年是“十二五”收官之年，宁夏各级政府着力落实稳增长、促改革、调结构、惠民生的各项措施，努力克服经济增速放缓、市场需求低迷等不利因素，以提高农民收入为核心，推进“三农”发展，农村经济取得一定实效，农民收入稳步提高，但增速下降，农民增收难度加大。

一、宁夏农民可支配收入情况

2015 年，宁夏农民人均可支配收入 9119 元，比上年增加 709 元，增长 8.4%，扣除价格因素实际增长 7.3%，收入水平在各省（市）区中居 25 位，在西部 12 省（市）区中居 7 位；增幅较全国水平低 0.5 个百分点，位列全国 25 位，位列西部 12 省份中第 10 位。农民收入水平虽保持稳定增长态势，但受经济环境影响，收入增长幅度自 2006 年以来首次跌破两位数，农民收入增速放缓。

表 1　2006-2015 年农民收入情况

年　份	2006 年	2007 年	2008 年	2009 年	2010 年	2011 年	2012 年	2013 年	2014 年	2015 年
收入（元）	3025	3486	4035	4437	5125	5930	6774	7597	8410	9119
增幅（%）	10.0	15.2	15.7	10.0	15.5	15.7	14.2	12.1	10.7	8.4

二、收入增长因素分析

农民人均可支配收入包括工资性收入、经营净收入、财产净收入和转移净收入四部分，由于各因素在可支配收入中所占份额不尽相同，其对可支配收入的影响各不相同。

表 2　宁夏 2015 年农村居民收入情况

指 标 名 称	单位	2015 年	2014 年	增量	增幅(%)	拉动增长百分比%	贡献率%	占比%
可支配收入	元	9119	8410	709	8.4	--		
一、工资性收入	元	3614	3391	223	6.6	2.6	31.5	39.6
二、经营净收入	元	3837	3645	192	5.3	2.3	27.1	42.1
三、财产净收入	元	190	149	41	27.5	0.5	5.8	2.1
四、转移净收入	元	1477	1225	252	20.6	3	35.6	16.2

（一）工资收入影响大，增幅明显缩水

工资收入作为农民收入的重要来源之一，对农民增收的作用举足轻重，但由于近两年来国内经济运行中的一些突出矛盾和问题尚未得到根本缓解，经济下行压力仍在持续。宁夏占比高、吸纳农民工多的高耗能产业，如煤炭、水泥、有色金属冶炼等行业产能过剩，部分企业难以维持过高的劳动力成本，纷纷降薪、减员降低成本支出，农民工资性收入增幅明显降低。2015 年，农民人均工资性收入 3614 元，比上年增加 223 元，增长 6.6%，增幅比上年回落 5.3 个百分点，也是 10 年间首次降为个位数,成为影响农民可支配收入增幅收窄的主要因素。

（二）经营收入仍是主要来源，但份额逐年下降

2015 年，农民人均经营净收入 3837 元，比上年增加 192 元，增长 5.3%，其中，第一产业经营净收入 2743 元，增长 4.5%；二、三产业经营净收入 1094 元，增长 7.2%。宁夏农民经营净收入主要依托第一产业发展，随着城镇化、工业化、现代化的发展，传统农业发展份额逐步降低，加之部分农产品价格下降，

特别是种植面积较大的玉米价格降幅明显，农民的第一产收入受影响，二、三产业发展因整体经济回落也不景气，加之受规模限制，其所占份额有限，拉动收入增长贡献较低，因此，经营收入在农民可支配收入中的占比逐渐降低。

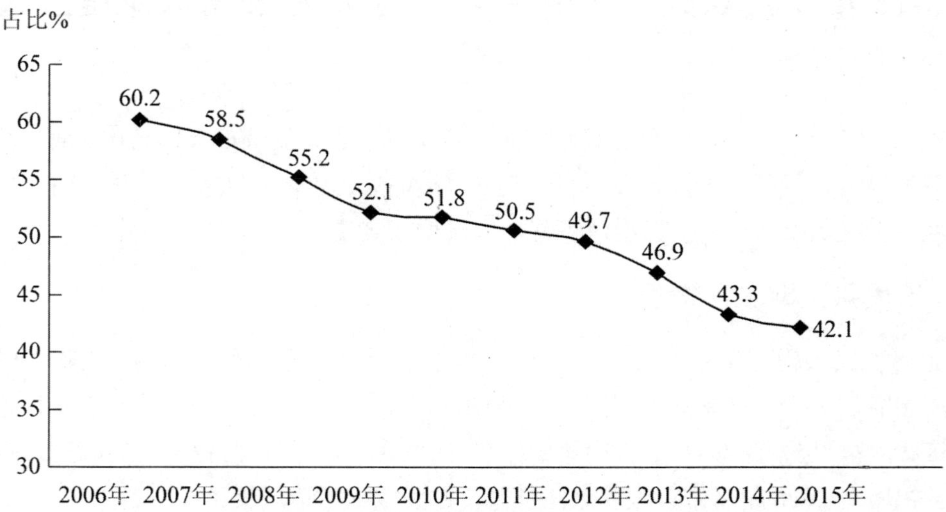

2006 年-2015 年农民人均经营收入占农民收入比重

(三)转移收入异军突起，对农民增收影响扩大

近年，各级政府不断出台各类支农、惠农政策，政策的落实范围、补贴力度逐步加大，增加了农民的转移收入，为农民增收提供了另一条途径。如良种补贴和农机具购置补贴政策进一步落实，标准不断提高；自治区贯彻中央"精准扶贫"政策，对贫困地区、贫困人口通过建档立卡、整村推进、双到扶贫等措施，增加了农民转移性收入；居民基本养老保险基础养老金标准由每人每月 100 元提高到 115 元；城乡居民医保全面整合，提高医疗报销比例；全区农村危房危窑改造项目实施，特别是南部山区实施力度加大，覆盖面更广，补助标准较高，对完成危房改造的农户给予补助。2015 年，农民人均转移净收入 1477 元，比上年增加 252 元，增长 20.6%。

（四）财产收入增长快，但对农民增收贡献有限

宁夏农民的财产收入主要来源于转让承包土地经营权租金收入和出租房屋财产收入。随着农村经济的不断发展，农民出租、出售手中的各类有形资产，财产收入大幅提高。但由于农民财产收入基数低、起步晚，在农民总收入中所占份额较小，对收入增长的贡献率低。2015 年，农民人均财产净收入 190 元，比上年增加 41 元，增长 27.5%，对农民可支配收入增长的贡献率仅为 5.8%。

三、农民增收面临的突出问题

（一）工资持续增长，动力不足

工资性收入作为农民可支配收入的主要来源之一，对农民增收的贡献最大，但在目前的经济新常态下，农民务工形势有所改变，务工机会有所减少，务工工资水平有所降低，同时，由于受农民工自身条件限制，如知识水平低、技术技能弱等因素，制约农民务工领域，工资水平的持续增长动力不足。

（二）农业收入比重降低，贡献逐步降低

农业是农民增收的传统产业，随着生产技术的不断革新、机械化水平的提高，农业连续多年丰收，以及国家不断提高粮食收购价，让农民的种植业收入随着增加，到 2014 年，粮食产量、粮食收购价格基本达到最高点，而种植成本也在不断增加，挤压农民的种植业收入，农业收入对农民可支配收入的贡献率逐步降低。

（三）非农产业发展慢，对农民增收作用尚不明显

非农产业在农村经济中尚为新兴产业，起步迟、发展慢、发展途径单一等仍是这领域经济发展的制约因素，对农民增收的贡献率有限。2015 年，农民人均二、三产业收入仅为 1094 元，对农民增收的贡献率仅为一成。作为日后农民增收的重点领域，非农产业的发展规模、发展速度以及发展途径仍有待提升。

四、增收建议

（一）促进就业，提高农民工资性收入

出台、落实扩大就业的各项政策、措施。一方面，鼓励发展中小企业，落实各项扶持政策，发挥其投入小、见效快、吸纳劳动力多的行业优势，解决劳动力供需矛盾。另一方面，加强农民技能培训，提高农民自身综合素质，使其在激烈的劳动力市场竞争中处于优势地位。

（二）推动创业，提高农民经营收入

引导农民创业致富，以创业带动就业，从而有效推进农民增收。推进规模化种植，提高土地产出率，加快产业化经营，提高农产品附加值，加大对农民增收的带动能力。加快中心城市建设，增强其辐射带动能力，提供高质量就业机会，推动农民扩展增收途径，积极发展二、三产业经营，实现农民收入多元化。

（三）提升农民转移、财产收入

近几年，农民的转移性收入和财产性收入逐步提高，对农民增收的贡献率也与日俱增。一是加快推进土地经营权流转机制改革，完善农田出租、承包、转租机制，让农民从土地中获得更多收益。二是进一步增加财政的转移支付，提高农民各类补贴标准，加快建设城乡协调的社会保障制度，提升农民的转移收入。

（韩茹茹）

2-1 2015年全体居民家庭基本情况

Basic Statistics of Urban and Rural Households (2015)

指标名称	Item	单位	Unit	总计 (Total)
一、调查样本住户数	**Number of Households Surveyed**	户	**household**	**2010**
(一)城镇住户	Number of Urban Households	户	household	999
(二)农村住户	Number of Rural Households	户	household	1011
二、户主文化程度	**Cultural Level of Head of a Household**	--	--	--
(一)未上过学	No Schooling	户	household	118
(二)小学	Primary School	户	household	481
(三)初中	Junior Secondary School	户	household	785
(四)高中	Senior Secondary School	户	household	313
(五)大学专科	Junior College	户	household	178
(六)大学本科	Undergraduate College	户	household	132
(七)研究生	Postgraduate	户	household	3
三、住户经营情况	**Business Condition of Households**	--	--	--
(一)生产经营户	Production Business Households	户	household	1190
(二)非生产经营户	Non-production Business Households	户	household	814
四、按家庭规模分的住户类型	**Households Type Devided by Family Size**	--	--	--
(一)一人户	One Person	户	household	39
(二)二人户	Two Persons	户	household	352
(三)三人户	Three Persons	户	household	516
(四)四人户	Four Persons	户	household	550
(五)五人户	Five Persons	户	household	311
(六)六人及以上户	Six Persons and Over	户	household	239
五、按世代分的住户类型	**Households Type Devided by Generation**	--	--	--
(一)一代户	One-Generation Households	户	household	413
(二)二代户	Two-Generation Households	户	household	1210
(三)三代户	Three-Generation Households	户	household	376
(四)四代及以上户	Four-Generation Households and Over	户	household	11
六、住户特征	**Household Characteristics**	--	--	--
(一)纯老人户	Households of only the Old	户	household	156
(二)家中有未成年子女户	Households of Couple with Minor Children	户	household	1007
(三)年轻夫妻无子女户	Households of Young Couple without Children	户	household	11
(四)无劳动力户	Households without Labour Force	户	household	58

2-2 2015年全体居民家庭房屋基本情况

Basic Statistics of House of Urban and Rural Households (2015)

指标名称	Item	单位	Unit	总计 (Total)
一、期末拥有住房情况	**Owning House Condition of Term End**			
(一)期末拥有房屋面积	House Floor Space of Term End	平方米/人	sq.m	32.8
其中：自有现住房面积	Floor Space of Current Housing	平方米/人	sq.m	29.3
(三)期末拥有房屋市场价月租金	The Market Rent Per Month of House of Term End	元/人	yuan	172.3
其中：自有现住房市场价月租金	The Market Rent Per Month of Current Housing	元/人	yuan	154.0
二、期内新购建住房情况	**Newly Bought or Built Residential Buildings Condition During Period**	--		
(一)期内新购住房建筑面积	House Floor Space of Newly Bought Residential Buildings	平方米/人	sq.m	1.0
(二)新购住房总金额	Amount of Newly Bought Residential Buildings	元/人	yuan	3376.0
(三)新建住房竣工建筑面积	Completing Floor Space of Newly Built Residential Buildings	平方米/人	sq.m	0.7
(三)新建住房总费用	Total Cost of Newly Built Residential Buildings	元/人	yuan	585.0
三、期末现住房构成	**Housing Constitute of Term End**	--		
(一)本住户居住类型	Residence Type	%	%	100.0
其中：普通住宅	General Residence	%	%	98.8
(二)本住户居住空间样式	House Construction Space Style	%	%	100.0
1.单栋楼房	Single Building	%	%	2.7
2.单栋平房	Single Bungalow	%	%	46.6
3.四居室及以上单元房	House With Four Bedrooms and Above	%	%	1.0
4.三居室单元房	House With Three Bedrooms	%	%	17.7
5.二居室单元房	House With Two Bedrooms	%	%	28.8
6.一居室单元房	House With One Bedrooms	%	%	2.1
7.其他	Others	%	%	1.1
(三)主要建筑材料	Main Building Materials	%	%	100.0
1.钢筋混凝土	Reinforced Concrete	%	%	11.5
2.砖混材料	Brick and Concrete	%	%	51.0
3.砖瓦砖木	Brick and Wood	%	%	33.0
4.竹草土坯	Bamboo Grass Adobe	%	%	3.7
5.其他	Others	%	%	0.8
(四)现住房房屋来源	Source of Current Housing	%	%	100.0
1.租赁公房	Public House Leasing	%	%	0.9
2.租赁私房	Private House Leasing	%	%	3.2
3.自建住房	Self-Built housing	%	%	44.4
4.购买商品房	Commercial Residential Building	%	%	33.1
5.购买房改住房	Reformed housing	%	%	8.4
6.购买保障性住房	Security housing	%	%	2.9
7.拆迁安置房	Removal settlement housing	%	%	3.9
8.继承或获赠住房	Inheritance or Gift Housing	%	%	0.6
9.免费借用房	Borrow Housing for Free	%	%	1.2
10.其他	Others	%	%	1.4
(五)现住房建筑面积	Floor Space of Current Residential Buildings	%	%	100.0
1.10平方米以内	Less than 10sq.m	%	%	
2.10-20平方米	10-20sq.m	%	%	1.3
3.20-30平方米	20-30sq.m	%	%	0.4
4.30-60平方米	30-60sq.m	%	%	11.7
5.60-90平方米	60-90sq.m	%	%	31.2
6.90-120平方米	90-120sq.m	%	%	34.0
7.120-200平方米	120-200sq.m	%	%	18.1
8.200平方米以上	200sq.m Above	%	%	3.3

2-2 续表 continued

指 标 名 称	Item	单位	Unit	总计 (Total)
(六)住宅有管道供水情况	Pipeline Water Supplying of Residential Buildings	%	%	100.0
1.管道供水入户	Pipeline Water Supplying in the Home	%	%	86.7
2.管道供水至公共取水点	Pipeline Water Supplying to Public Water Intaking Spot	%	%	0.1
3.没有管道设施	No Pipeline Infrastructure	%	%	13.2
(七)住户厕所类型	Residence Toilet Type	%	%	100.0
1.水冲式卫生厕所	Water Flushing Sanitary Toilet	%	%	54.2
2.水冲式非卫生厕所	Water Flushing Insanitary Toilet	%	%	0.4
3.卫生旱厕	Sanitary Pit Latrine	%	%	4.0
4.普通旱厕	General Pit Latrine	%	%	41.0
5.无厕所	No Toilet	%	%	0.4
(八)住户厕所使用情况	Using Condition of Residence Toilet	%	%	100.0
1.本住户独用	Exclusive Use	%	%	96.6
2.几户合用	Sharing with Several households	%	%	2.4
3.公用厕所	Public Toilet	%	%	1.0
(九)住户洗澡设施情况	Residence Shower Equipment Condition	%	%	100.0
1.统一供热水	Unified Supply Hot Water	%	%	2.7
2.家庭自装热水器	House Self-Installing Water Heater	%	%	63.6
3.其他	Others	%	%	6.1
4.无洗澡设施	No Shower Equipment	%	%	27.6
(十)住户主要取暖设备状况	Residence Main Heating Equipment Condition	%	%	100.0
1.由市政或小区集中供暖	Central Heating by Government or Housing Estate	%	%	49.8
2.自行供暖	Self Heating	%	%	47.6
3.无取暖设备	No Heating Equipment	%	%	2.6
(十一)住户主要取暖用能源状况	Residence Main Heating Energy Condition	%	%	100.0
1.柴草	Firewood	%	%	0.9
2.煤炭	Coal	%	%	47.8
3.罐装液化石油气	Liquefied Petroleum Gas of Can Pack	%	%	0.1
4.管道液化石油气	Liquefied Petroleum Gas of Pipeline	%	%	0.0
5.管道煤气	Coal Gas of Pipeline	%	%	0.0
6.管道天然气	Natural Gas of Pipeline	%	%	3.5
7.电	Electricity	%	%	0.4
8.燃料用油	Fuel Oils	%	%	
9.沼气	Biogas	%	%	
10.其他	Others	%	%	5.6
11.无取暖行为	No Heating Behavior	%	%	41.7
(十二)主要炊用能源状况	Main Condition of Cooking Energy	%	%	100.0
1.柴草	Firewood	%	%	5.4
2.煤炭	Coal	%	%	18.1
3.罐装液化石油气	Liquefied Petroleum Gas of Can Pack	%	%	12.3
4.管道液化石油气	Liquefied Petroleum Gas of Pipeline	%	%	0.2
5.管道煤气	Coal Gas of Pipeline	%	%	0.1
6.管道天然气	Natural Gas of Pipeline	%	%	35.4
7.电	Electricity	%	%	28.4
8.其他	Others	%	%	0.1

2-3 2015年全体居民家庭就业年龄及学历构成情况

Composition Statistics of Employment Age and Education of Urban and Rural Households (2015)

指标名称	Item	单位	Unit	总计 (Total)
一、基本情况	**Basic Statistics of Households Surveyed**	--	--	
(一)户均常住人口	Average Number of Permanent Residents per Household	人/户	person/household	3.4
(二)户均常住从业人口	Average Number of Employed Persons per Household	人/户	person/household	1.7
(三)平均每户家庭从业人口比重	Average Number of Employed Persons Percentage per Household	%	%	57.9
(四)平均每一从业人口负担人数	Average Number of Dependency Coefficient per Employed Persons	人	person	1.9
二、常住从业人员年龄构成	**Age Composition of Permanent Employed Persons**	**%**	**%**	**100.0**
(一)16-19岁	Aged 16-19	%	%	1.7
(二)20-24岁	Aged 20-24	%	%	5.4
(三)25-29岁	Aged 25-29	%	%	8.4
(四)30-34岁	Aged 30-34	%	%	9.4
(五)35-40岁	Aged 35-40	%	%	17.9
(六)41-50岁	Aged 41-50	%	%	35.3
(七)51-60岁	Aged 51-60	%	%	17.3
(八)61-65岁	Aged 61-65	%	%	2.8
(九)66岁及以上	Aged 66 and over	%	%	1.8
三、常住从业人员文化程度	**Degree of Education of Permanent Employed Persons**	--	--	
(一)未上过学	No Schooling	%	%	7.0
(二)小学	Primary School	%	%	20.9
(三)初中	Junior Secondary School	%	%	37.5
(四)高中	Senior Secondary School	%	%	15.1
(五)大学专科	Junior College	%	%	11.6
(六)大学本科及以上	Bachelor Degree or Above	%	%	7.9
四、常住从业人员就业类型	**Type of Employment of Permanent Employed Persons**	--	--	
(一)雇主	Employer	%	%	0.4
(二)公职人员	Civil Servants	%	%	2.3
(三)事业单位人员	Institution Officers	%	%	5.5
(四)国有企业雇员	State-owned Enterprises Employees	%	%	6.9
(五)其他雇员	Other Employees	%	%	45.4
(六)农业自营	Self-employed of Agriculture	%	%	27.9
(七)非农自营	Self-employed of Non-Agriculture	%	%	11.6
五、常住从业人员从事主要行业	**Type of Industry of Permanent Employed Persons**	--	--	
(一)第一产业	Primary Industry	%	%	30.5
(二)第二产业	Secondary Industry	%	%	25.7
(三)第三产业	Tertiary Industry	%	%	43.8
五、常住户家庭收入与支出	**Income and Expenditure of Permanent Household**	--	--	
(一)居民可支配收入	Disposable Income of Residents	元/人	yuan/per.	17329.1
(二)居民现金可支配收入	Disposable Cash Income of Residents	元/人	yuan/per	16549.0
现金可支配收入占可支配收入比重	Percentage of Disposable Cash Income as Disposable Income	%	%	95.5
(三)居民消费支出	Consumer Expenditure of Residents	元/人	yuan/per	13815.6
(四)居民现金消费支出	Consumer Cash Expenditure of Residents	元/人	yuan/per	12074.6
居民现金消费支出占消费支出比重	Percentage of Consumer Cash Expenditure as Consumer Expenditure	%	%	87.4

2-4 2015年宁夏全体居民家庭主要食品消费数量

Consumption of Major Foods by Urban and Rural Households (2015)

单位：公斤/人 (kg)

指标名称	Item	总计
一、粮食消费量	**Grain**	**131.1**
(一)谷物消费量	Cereal	123.9
1.小麦	Wheat	76.4
2.稻谷	Rice	44.3
3.玉米	Corn	1.1
4.其他谷物	Others	2.1
(二)薯类消费量	Tubers	3.0
1.红薯	Sweet Potato	0.3
2.马铃薯	Potato	2.2
3.其他薯类	Others	0.5
(三)豆类消费量	Beans	4.2
1.大豆	Soybeans	0.1
2.其他豆类	Others	4.1
二、蔬菜及菜制品消费量	**Vegetables and Processed Products**	**87.6**
其中：鲜菜	Fresh Vegetables	85.8
三、肉禽及其制品	**Meat,Poultry and Processed Products**	**23.2**
1.猪肉	Pork	7.1
2.牛肉	Beef	3.5
3.羊肉	Mutton	5.4
4.家禽	Poultry	6.0
5.其他肉禽及制品	Others	1.2
四、蛋类及蛋制品	**Eggs and Processed Products**	**6.0**
五、奶和奶制品	**Milk and Processed Products**	**15.5**
六、水产品	**Aquatic Products**	**2.6**
其中：鱼类	Fish	1.9
七、油脂类消费量	**Grease**	**8.7**
1.植物油	Vegetable Oil	8.6
2.动物油	Animal Oil	0.1
八、糖果糕点类	**Confection and Pastry**	**4.10**
九、干鲜瓜果类	**Melon and Fruits**	**64.9**
1.鲜瓜果	Melons	60.3
2.瓜果制品	Watermelon	0.9
3.坚果类	Nuts	3.7
十、消费茶叶	**Tea Leaves**	**0.2**
十一、酒	**Liquor**	**4.0**
1.白酒	White Spirit	0.7
2.啤酒	Beer	3.1
3.果酒	Fruit Wine	0.2

2-5　2015年全区及各市县全体居民人均可支配收入及来源

Per Capita Disposable Income of Urban and Rural Residents by Sources and City and County (2015)

单位：元 (yuan)

省/直辖市/自治区	Region	可支配收入 Disposable Income	工资性收入 Income from Wages and Salaries	经营净收入 Net Business Income	财产净收入 Net Income from Property	转移净收入 Net Income from Transfer	消费支出 Consumption Expenditure
全　区	**Total**	**17329.1**	**10395.5**	**3255.8**	**645.5**	**3032.3**	**13815.6**
沿黄地区	**Plain**	**20803.0**	**12980.1**	**3115.2**	**942.5**	**3765.2**	**15943.0**
中南部地区	**Mountain Area**	**10499.3**	**6138.8**	**2847.5**	**252.3**	**1260.7**	**8579.2**
银川市	**Yinchuan**	**23551.0**	**14777.6**	**3231.1**	**1305.2**	**4237.1**	**18507.9**
兴庆区	Xingqing	29541.9	18101.6	3043.2	2031.3	6365.8	23333.5
西夏区	Xixia	21322.3	13978.5	1610.7	888.4	4844.7	17944.9
金凤区	Jinfeng	25960.3	17129.9	2178.6	1829.2	4822.6	21000.1
永宁县	Yongning	16017.3	8827.0	4528.3	793.5	1868.4	12182.6
贺兰县	Helan	16955.2	10516.6	3327.9	437.5	2673.2	13859.5
灵武市	Lingwu	18460.4	13258.8	3750.2	317.6	1133.8	13195.7
石嘴山市	**Shizuishan**	**20220.3**	**12126.4**	**2971.1**	**624.6**	**4498.3**	**13370.5**
大武口区	Dawukou	25081.6	16028.0	2110.8	892.6	6050.2	15425.5
惠农区	Huinong	19306.2	12037.6	2247.0	441.2	4580.4	11768.5
平罗县	Pingluo	14973.8	7196.4	4615.7	439.4	2722.3	12083.3
吴忠市	**Wuzhong**	**13373.3**	**7731.3**	**3616.3**	**359.8**	**1665.9**	**10626.6**
利通区	Litong	16840.7	10303.8	3181.5	489.0	2866.5	13015.3
红寺堡区	Hongsipu	9306.9	6034.8	2548.3	92.6	631.3	7871.4
盐池县	Yanchi	12719.8	5917.7	4518.8	481.3	1802.0	10111.4
同心县	Tongxin	9459.8	5114.1	3412.3	203.6	729.7	8359.1
青铜峡市	Qingtongxia	15024.3	8967.2	4182.4	428.1	1446.6	11510.1
固原市	**Guyuan**	**10409.2**	**5955.0**	**2841.2**	**211.4**	**1401.6**	**8287.0**
原州区	Yuanzhou	12792.1	7683.1	2714.6	315.1	2079.3	10600.0
西吉县	Xiji	9016.6	4878.6	3152.6	147.3	838.2	6851.1
隆德县	Longde	9102.2	5379.8	2266.6	120.3	1335.5	7983.2
泾源县	Jingyuan	9107.4	5392.9	2628.8	170.0	915.7	7393.2
彭阳县	Pengyang	9360.9	5165.0	3068.2	158.5	969.2	7060.4
中卫市	**Zhongwei**	**12011.0**	**7059.0**	**2926.0**	**411.8**	**1614.2**	**10349.7**
沙坡头区	Shapotou	14912.3	9267.3	2834.3	397.9	2412.8	12149.8
中宁县	Zhongning	13900.4	7910.6	3987.8	681.5	1320.4	11970.9
海原县	Haiyuan	8284.3	4688.6	2135.3	239.6	1220.8	7740.9

2-6 2015年全区及各市县全体居民人均消费支出情况

Basic Statistics of Consumption Expenditure of Urban and Rural Residents by City and County (2015)

单位：元　　　　(yuan)

省/直辖市/自治区	Region	消费支出 Consumption Expenditure	1.食品烟酒 Food Tobacco Liquor	2.衣着 Clothing	3.居住 Residence	4.生活用品及服务 Household Facilities Article and Service	5.交通通信 Transport and Telecommunication	6.教育文化娱乐 Educational, Cultural, Recreational	7.医疗保健 Medicine and Health Care	8.其他用品和服务 Other Commodities and Services
全　区	**Total**	**13815.6**	**3694.8**	**1237.9**	**2607.3**	**885.4**	**1806.1**	**1707.9**	**1482.9**	**393.4**
沿黄地区	**Plain**	**15943.0**	**4433.8**	**1514.8**	**2939.3**	**992.3**	**2175.3**	**1974.7**	**1425.8**	**487.0**
中南部地区	**Mountain Area**	**8579.2**	**2630.9**	**785.5**	**1555.9**	**509.8**	**1115.0**	**1047.3**	**776.5**	**158.3**
银川市	**Yinchuan**	**18507.9**	**5066.4**	**1767.6**	**3539.1**	**1134.5**	**2520.0**	**2318.2**	**1568.2**	**594.0**
兴庆区	Xingqing	23333.5	6009.5	2309.7	4410.7	1463.4	3325.2	3107.6	1784.6	922.8
西夏区	Xixia	17944.9	5692.6	1577.7	3044.5	1008.0	2271.7	2249.8	1683.0	417.7
金凤区	Jinfeng	21000.1	5558.6	1975.4	4402.9	1145.8	2622.5	2997.1	1493.0	804.8
永宁县	Yongning	12182.6	3434.7	1201.3	2241.0	866.6	1740.6	1248.7	1179.2	270.4
贺兰县	Helan	13859.5	4123.2	1229.6	2890.8	604.0	1769.6	1298.0	1631.6	312.8
灵武市	Lingwu	13195.7	3420.6	1341.2	2560.6	1096.6	1948.5	1300.7	1271.8	255.6
石嘴山市	**Shizuishan**	**13370.5**	**4099.7**	**1202.5**	**2496.2**	**777.8**	**1898.4**	**1520.9**	**1114.1**	**260.8**
大武口区	Dawukou	15425.5	4571.4	1413.6	3007.4	951.2	2446.8	1679.1	1077.3	278.8
惠农区	Huinong	11768.5	4159.8	1084.3	1786.6	554.9	1561.0	1312.9	1086.3	222.8
平罗县	Pingluo	12083.3	3464.1	1028.0	2417.7	742.3	1490.2	1474.2	1200.6	266.2
吴忠市	**Wuzhong**	**10626.6**	**3085.0**	**1062.3**	**1831.6**	**714.7**	**1501.6**	**1183.3**	**987.3**	**260.9**
利通区	Litong	13015.3	3723.9	1340.2	2109.7	1013.5	1714.1	1393.0	1285.2	435.7
红寺堡区	Hongsipu	7871.4	2480.8	843.6	1171.0	593.8	1225.5	867.1	599.0	90.6
盐池县	Yanchi	10111.4	3108.1	1064.5	1749.7	459.5	1646.3	1161.6	759.1	162.6
同心县	Tongxin	8359.1	2666.0	882.4	1676.9	571.9	1015.3	812.3	568.2	166.1
青铜峡市	Qingtongxia	11510.1	2967.7	992.5	2044.9	666.1	1888.1	1343.6	1328.7	278.5
固原市	**Guyuan**	**8287.0**	**2649.4**	**680.6**	**1415.5**	**483.0**	**1003.1**	**1086.2**	**817.1**	**152.0**
原州区	Yuanzhou	10600.0	3118.6	841.1	1934.8	524.4	1506.1	1272.4	1186.6	216.0
西吉县	Xiji	6851.1	2496.6	598.8	1063.4	411.3	698.5	1043.8	425.5	113.3
隆德县	Longde	7983.2	2580.9	633.0	1232.7	469.9	727.3	1264.6	913.8	160.8
泾源县	Jingyuan	7393.2	2390.5	639.6	1573.6	575.0	900.5	531.9	686.9	95.3
彭阳县	Pengyang	7060.4	2225.8	563.3	1124.3	464.8	871.0	950.2	764.8	96.2
中卫市	**Zhongwei**	**10349.7**	**2826.0**	**945.2**	**1849.7**	**630.9**	**1313.7**	**1345.3**	**1110.6**	**328.1**
沙坡头区	Shapotou	12149.8	3372.0	1119.4	2117.3	746.1	1413.0	1553.3	1384.3	444.4
中宁县	Zhongning	11970.9	3218.7	1138.2	1922.0	780.8	1523.7	1760.7	1213.8	412.9
海原县	Haiyuan	7740.9	2101.5	667.0	1580.0	429.5	1081.0	905.5	808.2	168.2

2-7 主要年份全区农村居民家庭基本情况

Basic Statistics of Rural Households in Main Years

年 份 Year	调查户数 (户) Number of Households Surveyed (household)	调查户常住人口 (人) Number of Permanent Residents in the Households Surveyed (person)	平均每户常住人口 Average Number of Permanent Residents per Household (person)	平均每户整半劳动力 (人) Average Number of Able-bodied and Semi-able per Household (person)	整半劳动力占常住人口比重 (%) Able-bodied Labours as Percentage of Permanent Residents (%)	就业劳动力中 Culture Level of Employed Labours: 不识字或识字很少比重(%) Illiterate or Semi-illiterate (%)	小学程度比重 (%) Primary School (%)	初中程度比重 (%) Junior Middle School (%)	高中程度比重 (%) Senior Middle School (%)	大中专及以上程度比重 (%) Technical Secondary School and above (%)
1983	480	2983	6.21	2.95	47.54					
1984	480	2939	6.12	2.91	47.60					
1985	1090	6588	6.04	3.02	49.92	43.36	27.58	23.75	5.17	0.14
1986	1090	6557	6.02	2.93	48.73	41.28	29.42	24.13	5.10	0.07
1987	1090	6454	5.92	2.88	48.56	40.14	30.86	23.90	5.07	0.03
1988	1090	6407	5.88	2.91	49.45	38.76	30.74	25.00	5.46	0.04
1989	1090	6286	5.77	2.92	50.62	37.02	30.80	26.34	5.81	0.03
1990	990	5753	5.80	3.00	50.90	37.30	30.20	27.10	5.35	0.05
1991	990	5561	5.60	3.00	52.60	35.20	30.90	27.50	5.95	0.45
1992	990	5434	5.50	2.90	53.10	34.40	30.50	28.80	6.03	0.27
1993	990	5358	5.40	3.00	56.20	32.30	30.50	30.20	6.57	0.43
1994	990	5377	5.40	3.10	57.70	31.20	30.60	31.20	6.52	0.48
1995	1050	5517	5.30	3.10	58.20	26.60	32.30	33.10	7.50	0.50
1996	1050	5398	5.14	3.06	59.48	23.98	32.64	36.16	6.88	0.34
1997	1050	5302	5.00	3.00	59.70	23.50	31.78	37.05	6.98	0.69
1998	1050	5118	4.87	2.86	58.60	21.57	31.24	38.21	8.47	0.51
1999	1050	5036	4.80	2.82	58.76	20.82	30.15	38.90	9.83	0.30
2000	600	2850	4.75	2.81	59.05	19.48	30.30	39.10	9.10	2.02
2001	600	2826	4.71	2.81	59.70	17.84	30.05	41.20	9.07	1.84
2002	600	2813	4.69	2.82	60.18	16.89	30.30	41.94	8.74	2.13
2003	600	2769	4.62	2.80	60.67	16.31	30.54	42.14	8.93	2.08
2004	600	2759	4.59	2.78	60.46	15.77	28.84	44.72	8.69	1.98
2005	600	2720	4.53	2.79	61.43	21.13	31.90	40.04	5.03	1.90
2006	600	2703	4.51	2.80	62.20	20.24	31.49	40.95	6.19	1.13
2007	600	2642	4.40	2.78	63.21	20.00	30.84	39.82	7.72	1.62
2008	600	2648	4.41	2.79	63.26	18.69	31.16	40.36	8.18	1.61
2009	600	2587	4.31	2.75	63.86	17.98	29.96	42.13	8.29	1.64
2010	600	2559	4.27	2.76	64.63	18.5	28.48	41.29	9.01	2.72
2011	800	3417	4.27	2.76	64.65	15.28	33.27	41.42	6.81	3.22
2012	800	3416	4.27	2.75	64.31	14.35	32.67	41.81	7.34	3.83
2013	891	3903	4.38	2.62	59.90	12.06	33.83	39.86	9.30	4.95
2014	998	3962	3.97	2.44	61.46	11.76	34.28	41.43	8.94	3.59
2015	1011	3962	3.92	2.40	61.36	11.44	32.73	43.14	9.70	2.99

注：2014年就业劳动力中文化程度分组指标中取消了“中专”，所以将以前年份的“中专”比重汇总到“大中专及以上”比重。

Note: In 2014,“secondary”has been cancelled by the Cultural level of employed labors, so “technical secondary school and above” already contains “secondary” before 2014.

2-7 续表 continued

年 份 Year	年内新建房屋价值 (元/平方米) Value of Newly-built Houses (yuan/sq.m)	年末住房面积 (平方米/人) Floor Space of Lliving Houses at Year-end (sq.m/person)	砖木结构面积 Brick and Wood Structure	钢筋混泥土结构面积 Reinforced Concrete Structure	年末生产固定资产原 值 (元/户) Original Value of Productive Fixed Assets at Year-end (yuan/household)	农业原值 Agriculture	工业原值 Industry	建筑业原 值 Construction	交 通 运输业原值 Transport
1983	14.29	10.35			742.67	563.51	16.28		99.94
1984	14.44	10.98			818.92	655.69	37.67		34.19
1985	21.83	11.83	0.03		1170.70	732.92	37.30		250.43
1986	24.88	12.50	0.21		1361.33	772.34	51.75		353.68
1987	32.48	12.98	0.24		1508.53	745.04	64.05		488.70
1988	36.03	13.22	0.47	0.02	1707.75	803.73	74.08		599.56
1989	56.94	13.73	0.91	0.02	1974.56	836.57	77.74		823.86
1990	61.70	13.62	1.04	0.02	2128.90	924.24	84.51		849.10
1991	63.08	13.97	1.60	0.02	2354.70	1212.29	69.02		703.88
1992	70.29	14.64	1.94	0.02	2482.90	1245.45	90.64		778.41
1993	102.85	15.42	2.87	0.13	2757.10	1415.81	95.98		744.42
1994	62.84	16.33	3.32	0.06	3366.40	1767.70	112.19		863.06
1995	149.15	19.67	5.91	0.17	5153.02	2991.02	111.06		1236.99
1996	156.02	16.12	5.32		5426.09	3146.21	226.61		1102.58
1997	212.34	16.76	6.14	0.34	6824.99	3487.40	122.58		1290.86
1998	175.00	17.30	7.57	0.31	6722.50	3704.03	121.34		1399.85
1999	185.13	18.18	8.94	0.17	7086.46	3849.89	134.43		1552.03
2000	218.02	17.98	7.15	0.64	10168.09	6051.06	480.93	4.50	1658.58
2001	190.02	18.84	8.47	0.54	11069.85	6270.36	520.44	1.67	2199.25
2002	218.55	19.23	8.46	0.59	12024.13	6983.16	576.17	4.00	2288.58
2003	226.18	20.12	9.20	0.71	13058.17	7925.36	554.65	1.11	2388.79
2004	203.57	21.38	10.72	0.56	13735.07	9743.20	822.65	1.28	2430.17
2005	286.49	21.03	11.15	0.95	14811.19	7296.87	604.72	21.05	3527.30
2006	264.75	21.64	11.90	0.90	15368.15	7492.11	466.25	76.88	3806.57
2007	311.27	23.04	13.38	0.78	16917.74	8154.97	485.40	20.85	4717.09
2008	484.98	23.06	13.45	0.87	18244.68	9359.18	475.70	20.85	4366.96
2009	343.37	24.46	14.92	1.28	21310.13	10642.49	575.45	24.30	5253.33
2010	486.61	24.89	15.4	1.81	23405.21	10745.15	544.09	24.3	7676.17
2011	668.04	24.38	16.59	1.73	21417.95	10333.78	286.88	220.1	5212.56
2012	649.68	25.86	17.19	2.96	24266.19	11192.61	221.80	445.88	5323.59
2013	949.27	22.66	15.67	3.84	27985.95	11601.73	601.22	55.42	6326.62
2014	686.60	28.27	19.14	3.43	29649.28	18382.82	94.10	110.28	7242.41
2015	797.10	30.15	19.71	3.96	33112.04	16549.50	144.09	619.59	11432.99

2-8 主要年份全区农村居民家庭主要产品出售情况

Basic Statistics of Production and Sale of Major Products of Rural Households in Main Years

单位：公斤/人 (kg/person)

年 份 Year	出售粮食 Sale Grain	出售油料 Sale Oil-bearing	出售蔬菜 Sale Vegetable	出售水果 Sale Fruit	出售肉猪（头/户） Sale Hog (head/household)	出售肉牛（头/户） Sale Cattle and Buffaloes (head/household)
1983	123.98	7.49	113.72	0.15	0.30	
1984	134.52	4.82	141.44	0.17	0.29	
1985	238.70	4.87	212.04	3.97	0.46	0.02
1986	196.96	8.67	172.99	3.29	0.55	0.01
1987	176.79	3.98	141.75	4.33	0.53	
1988	217.26	3.26	156.60	4.43	0.35	
1989	272.84	5.35	183.04	4.06	0.37	
1990	258.52	5.81	170.14	3.13	0.51	0.01
1991	277.55	7.83	127.89	5.09	0.56	0.01
1992	222.52	3.91	157.74	11.83	0.55	0.02
1993	219.64	7.29	122.14	7.18	0.53	0.04
1994	250.91	7.29	115.92	10.85	0.64	0.05
1995	241.79	5.13	139.16	12.99	0.50	0.09
1996	270.05	4.91	153.74	19.60	0.49	0.07
1997	442.19	6.05	149.18	18.33	0.58	0.11
1998	430.43	10.26	173.60	16.98	0.64	0.11
1999	429.02	11.64	188.30	37.01	0.88	0.10
2000	381.95	4.99	164.20	18.22	1.35	0.11
2001	323.52	5.12	203.79	13.99	1.21	0.24
2002	407.01	10.62	183.09	19.22	1.27	0.18
2003	340.26	18.64	243.08	40.18	0.92	0.15
2004	434.09	19.36	242.94	31.31	0.76	0.13
2005	492.09	19.00	244.37	118.84	1.03	0.32
2006	476.89	14.50	243.80	56.89	1.43	0.40
2007	439.26	19.06	248.88	83.83	0.71	0.39
2008	417.15	26.65	251.48	61.52	0.54	0.31
2009	432.11	22.16	185.22	83.40	0.81	0.34
2010	401.35	17.26	151.67	49.88	0.85	0.31
2011	443.89	10.94	279.51	70.23	0.76	0.33
2012	504.04	10.99	299.20	40.90	0.67	0.30
2013	642.77	3.6	297.4	26.48	0.57	0.38
2014	758.11	7.31	181.92	43.83	0.67	0.28
2015	764.52	6.98	262.76	33.17	0.53	0.25

2-8 续表 continued

单位：公斤/人 (kg/person)

年 份 Year	出售菜羊 (只/户) Sale Sheep (head/household)	出售家禽 (公斤/户) Sale Poultry (kg/household)	出售牛、羊奶 (公斤/户) Sale Milk (kg/household)	出售禽蛋 (公斤/户) Sale Egg (kg/household)	出售羊毛 (公斤/户) Sale Wool (kg/household)	出售水产品 (公斤/户) Sale Aquatic Products (kg/household)
1983	1.40	1.49		6.43	5.89	1.00
1984	1.13	1.11		13.09	7.14	1.11
1985	0.97	1.45	3.51	6.44	5.70	1.05
1986	0.99	2.47	6.90	8.83	5.79	3.27
1987	1.47	1.75	29.56	8.13	5.22	3.53
1988	1.16	1.55	54.14	6.76	5.18	3.75
1989	0.74	1.98	88.28	6.05	3.28	2.98
1990	1.21	3.39	128.34	5.51	4.41	3.75
1991	2.10	5.77	34.27	8.93	4.34	3.76
1992	2.04	4.65	46.52	12.53	3.06	3.63
1993	1.16	2.44	72.55	8.70	2.32	2.22
1994	0.93	1.83	99.12	25.37	2.91	1.12
1995	1.26	7.31	155.92	10.89	3.15	1.50
1996	1.67	5.06	265.66	16.20	3.36	8.83
1997	2.13	12.57	359.62	36.43	3.09	10.64
1998	1.90	10.70	338.20	49.80	2.90	21.87
1999	2.06	13.68	367.21	87.47	2.82	46.35
2000	2.32	16.04	416.62	70.02	2.32	30.20
2001	2.89	12.89	359.66	91.19	1.42	34.64
2002	2.69	18.96	368.68	99.03	1.78	36.12
2003	2.01	15.09	445.95	92.22	3.69	14.35
2004	1.81	20.50	436.48	72.58	2.98	6.00
2005	2.13	20.94	455.33	0.44	2.98	43.18
2006	2.13	36.15	556.96	0.19	3.93	54.40
2007	2.49	51.34	416.88	0.09	2.00	42.51
2008	2.00	56.55	348.42	2.25	1.89	38.97
2009	1.69	44.42	256.84	0.60	1.08	46.93
2010	1.81	37.19	226.9	0.03	1.81	26.25
2011	2.03	9.06	280.42	8.55	2.82	12.25
2012	1.99	10.13	401.19	12.63	3.98	14.06
2013	2.49	3.84	517.64	52.06	2.77	9.79
2014	1.15	1.56	427.05	0.41	2.26	
2015	1.91	1.81	21.95	4.55	2.73	0.58

2-9 主要年份全区农村居民家庭总收入来源情况

Basic Statistics of Total Income of Rural Households by Sources in Main Years

单位：元/人 (yuan/person)

年份 Year	全年总收入 Total Revenue	1.工资性收入 Wages Income	2.经营性收入 Household Business Income	农业收入 Farming	林业收入 Forestry	牧业收入 Animal Husbandry	渔业收入 Fishery
1983	366.00	43.18	301.77	240.28	2.28	37.49	0.40
1984	396.00	53.62	318.33	246.67	3.78	39.27	0.51
1985	449.31	62.62	360.74	259.08	5.09	56.53	0.58
1986	526.44	77.09	425.88	307.49	4.58	68.89	2.27
1987	562.40	73.03	458.78	307.98	3.61	89.14	2.82
1988	693.64	85.44	581.69	387.84	5.78	125.99	2.77
1989	803.57	87.40	690.44	491.67	5.37	123.40	2.63
1990	860.01	73.88	754.32	565.11	4.78	121.45	2.63
1991	907.50	95.86	782.86	558.33	8.03	134.28	2.65
1992	952.23	114.25	806.06	557.47	7.14	150.47	2.60
1993	1010.70	134.38	843.40	592.33	6.55	141.98	1.94
1994	1414.69	145.35	1224.88	868.65	6.97	219.14	1.09
1995	1798.61	178.28	1567.80	1063.03	7.66	338.75	1.94
1996	2301.92	208.51	2031.31	1433.63	11.43	382.90	12.03
1997	2448.08	262.64	2127.17	1365.57	7.92	520.14	14.61
1998	2731.78	367.66	2281.84	1463.08	6.52	496.72	32.77
1999	2754.54	422.97	2228.22	1366.70	8.53	504.49	48.54
2000	2819.79	484.02	2169.98	1097.59	6.86	581.36	35.47
2001	2987.78	527.63	2304.90	1132.40	17.10	691.19	41.11
2002	3110.86	526.68	2396.83	1205.04	20.74	695.59	45.18
2003	3268.02	592.30	2446.45	1223.00	28.44	693.70	18.27
2004	3684.80	618.37	2853.50	1589.78	5.79	761.67	6.70
2005	4179.65	702.10	3200.77	1747.61	6.83	915.90	49.42
2006	4565.42	823.09	3444.22	1868.57	5.13	1013.65	76.92
2007	5245.19	1021.37	3896.23	2081.67	8.47	1171.14	83.04
2008	6173.85	1260.04	4503.28	2365.59	7.08	1511.76	89.11
2009	6627.25	1518.94	4656.15	2428.55	9.17	1489.85	97.38
2010	7330.78	1788.28	5034.63	2834.38	7.64	1407.21	53.58
2011	8388.90	2164.24	5650.76	3153.42	33.86	1678.73	37.13
2012	9485.76	2510.53	6302.30	3553.63	33.18	1838.67	34.52
2013	10666.77	2878.36	6912.60	3542.92	55.45	2254.57	17.07
2014	12862.67	3391.04	7809.48	3880.25	47.84	2356.80	
2015	13790.16	3614.27	8030.13	4126.33	95.06	1661.29	13.82

2-9 续表 continued

单位：元/人 (yuan/person)

年 份 Year	工业收入 Industry	建筑业收入 Construction	交通运输业收入 Transport, Post and Telecommunication	批发零售贸易餐饮业收入 Wholesale, Retail Trade and Catering	社会服务业收入 Social Service	其他家庭经营收入 Others	3.财产及转移性收入 Property and Transfer Income
1983	5.25	7.59	4.21	2.49	0.91	0.88	21.06
1984	4.23	8.03	7.91	2.57	2.61	2.76	19.06
1985	3.79	7.12	17.78	3.08	3.14	4.56	25.95
1986	4.65	3.26	21.57	4.59	3.50	5.08	23.47
1987	5.54	4.13	25.64	6.00	7.34	6.58	24.19
1988	7.62	4.62	29.94	7.41	5.81	3.93	25.56
1989	8.36	3.65	35.41	9.24	5.67	5.04	25.04
1990	9.33	3.78	29.28	8.34	3.52	6.09	26.80
1991	9.47	5.89	35.73	11.62	4.82	12.04	27.77
1992	10.75	7.87	38.99	15.94	6.07	8.76	31.93
1993	8.90	6.56	41.50	27.70	6.53	9.42	32.92
1994	13.30	4.57	45.30	40.40	9.34	16.11	43.46
1995	19.42	7.45	71.22	36.24	6.73	15.36	52.53
1996	23.15	6.99	91.72	38.04	7.35	24.08	62.10
1997	33.68	15.11	98.06	45.23	8.79	18.06	58.27
1998	25.33	9.00	139.56	64.64	21.28	22.94	82.29
1999	35.52	14.05	128.34	71.19	23.71	27.15	103.36
2000	51.67	14.59	191.80	123.51	25.48	41.66	165.78
2001	54.78	6.33	202.26	104.66	19.62	35.45	155.24
2002	58.46	4.50	214.30	96.07	20.64	36.32	187.35
2003	69.21	7.89	252.63	109.20	16.46	24.26	229.26
2004	78.52	5.68	252.40	115.02	18.46	19.48	212.94
2005	85.81	13.71	203.71	148.74	19.19	9.66	276.79
2006	79.03	11.92	234.11	129.63	24.58	0.42	298.11
2007	125.48	7.65	278.32	103.47	30.09	6.92	327.59
2008	110.75		253.79	118.48	44.21	2.51	410.53
2009	123.54	0.17	313.99	141.34	46.72	5.44	452.17
2010	111.57		364.01	173.23	73.66	9.35	507.88
2011	42.01	10.12	371.55	266.66	47.25	10.03	573.89
2012	25.29	44.25	419.31	297.79	48.46	7.20	672.93
2013	29.24	54.06	414.92	441.79	86.36	16.22	875.82
2014	31.48	60.12	681.02	492.02	257.17	2.78	1662.15
2015	61.53	110.84	943.52	684.99	317.71	15.03	2145.76

2-10 主要年份全区农村居民家庭分行业人均纯收入情况

Basic Statistics of Net Income of Rural Households by Sector in Main Years

单位：元/人 (yuan/person)

年 份 Year	纯收入 Net Income	1.工资性收 入 Wage Income	2.家庭经营纯收入 Business Net Income	农业收入 Farming	林业收入 Forestry	牧业收入 Animal Husbandry	渔业收入 Fishery
1983	273.78	43.18	212.44				
1984	298.71	58.62	224.12				
1985	325.88	62.62	241.15	176.29	4.22	34.35	
1986	378.82	77.09	283.55	212.16	3.59	39.22	1.17
1987	387.01	78.03	289.14	197.25	3.39	54.76	0.58
1988	480.22	86.44	373.91	255.9	5.44	76.94	1.31
1989	538.3	87.4	431.17	326.3	4.9	62.45	0.93
1990	594.28	78.88	494.31	386.17	4.65	66.94	0.17
1991	608.13	96.86	489.23	351.87	6.87	82.27	1.41
1992	618.72	114.25	477.39	325.42	6.12	89.45	0.94
1993	667.04	134.38	504.32	363.27	5.05	70.27	0.92
1994	910.45	146.35	725.81	558.75	6.39	81.19	0.26
1995	1037	178.28	810.45	619.38	6.81	80.88	-1.73
1996	1415.78	208.51	1151.72	902.76	10.22	108.66	
1997	1545.08	262.64	1230.4	874.08	6.77	195.98	3.39
1998	1756.11	367.66	1313.86	942.6	4.28	170.56	3.15
1999	1790.7	422.97	1277.79	857.87	6.72	187.76	7.98
2000	1724.3	484.02	1121.38	617.16	-1.69	218.65	14.42
2001	1823.13	527.63	1179.93	658.71	12.91	241.68	9.95
2002	1917.36	526.68	1265.29	707.65	17.31	254.94	9.09
2003	2043.3	592.3	1255.35	685.95	24.52	244.49	3.76
2004	2320.05	618.37	1506.06	948.36	3.85	226.03	0.98
2005	2508.89	702.1	1561.94	1002.32	6.12	272.74	16
2006	2760.14	823.09	1662.07	1067.72	4.07	298.14	16.02
2007	3180.84	1021.37	1862.11	1197.65	4.36	338.38	17.54
2008	3681.42	1260.04	2032.01	1287.43	5.41	404.93	19.41
2009	4048.33	1518.94	2111.6	1376.36	6.36	359.91	21.44
2010	4674.89	1788.28	2421.5	1663.2	6.07	362.49	26.34
2011	5409.95	2164.24	2730.43	1808.97	12.94	463.15	25.23
2012	6180.32	2510.53	3071.52	2039.59	15.69	498.89	24.75
2013	6930.97	2878.36	3250.01	2047.31	18.93	547.07	17.07
2014	8410.02	3391.04	3644.63	2025.86	20.30	578.47	-0.02
2015	9118.69	3614.27	3837.00	2139.11	71.59	530.92	1.89

注：从2014年开始按照城乡一体化改革后计算新的口径为农村居民人均可支配收入。
Note: According to the integration of urban and rural reform in 2014 calculated the new diameter for the rural residents per capita disposable income.

2-10 续表 continued

单位：元/人 (yuan/person)

年 份 Year	工业收入 Industry	建筑业收入 Construction	交通运输业收入 Transport, Post and Telecommunication	批发零售贸易餐饮业收入 Wholesale, Retail Trade and Catering	社会服务业收入 Social Service	其他家庭经营收入 Others	3.财产及转移纯收入 Property and Transfer Net Income
1983							18.16
1984							15.97
1985	2.53	7.12	8.16	3.02	2.88	2.58	34.3
1986	3.23	3.26	10.07	4.22	2.83	3.79	22.11
1987	3.59	4.13	10.94	4.91	5.26	5.43	18.18
1988	4.547	4.62	11.34	5.48	4.75	2.59	19.84
1989	4.98	3.64	12.81	7.48	3.21	4.47	19.73
1990	6.41	3.53	10.82	7.8	3.13	4.69	21.09
1991	5.54	5.79	9.57	10.88	4.28	10.75	22.04
1992	6.58	7.83	12.56	15.49	5.19	7.81	27.08
1993	5.79	5.64	15.79	23.59	5.9	7.9	28.34
1994	7.66	4.27	10.99	34.51	7.79	14	38.29
1995	11.89	6.69	37.65	31.2	5.28	12.35	48.27
1996	14.16	5.25	52.08	32.96	6.39	19.24	55.55
1997	21.81	12.71	59.43	35.78	7.67	12.78	52.04
1998	15.32	7.83	84.82	53.39	16.59	15.32	74.59
1999	22.33	10.6	85.5	59.43	19.89	19.71	89.94
2000	25.32	14.03	109.3	105.63	21.94	-3.38	118.9
2001	21.92	5.18	124.76	96.06	16.51	-7.76	115.57
2002	29.61	4.23	139.14	89.79	17.92	-4.39	125.39
2003	32.1	7.71	161.27	96.72	14.74	-15.9	195.64
2004	34.11	5.03	167.57	102.47	14.15	3.52	195.62
2005	31.72	11.62	104.69	101.07	16.28	-0.25	244.86
2006	40.28	9.49	118.4	96.92	21.83	-9.31	274.98
2007	52.15	6.88	135.15	87.84	25.83	-3.66	297.36
2008	49.02	-0.68	137.67	105.14	30.1	-6.43	389.37
2009	54.65	-0.27	152.29	113.81	31	-3.95	417.79
2010	46.43	-0.44	153.99	126.29	36.96	0.17	465.11
2011	23.89	1.28	188.79	173.29	26.13	6.76	515.28
2012	14.84	2.47	234.72	202.28	32.95	5.34	598.28
2013	18.52	44.91	212.96	271.31	62.67	9.26	802.60
2014	23.66	51.03	379.20	381.59	186.80	-2.26	1374.35
2015	29.81	58.77	444.18	371.94	188.02	0.79	1667.42

注：从2014年开始按照城乡一体化改革后计算新的口径为农村居民人均可支配收入。
Note: According to the integration of urban and rural reform in 2014 calculated the new diameter for the rural residents per capita disposable income.

2-11 主要年份全区农村居民家庭总支出情况

Basic Statistics of Total Expenditure of Rural Households in Main Years

单位：元/人 (yuan/person)

年 份 Year	全年总支出 Total Expenditure	1.生产经营费用支出 Expenditure for Household Business	农业生产支出 Farming	林业生产支出 Forestry	牧业生产支出 Animal Husbandry	渔业生产支出 Fishery	工业生产支出 Industry	建筑业支出 Construction
1983	327.58	74.58	60.91	0.12	11.71	0.04	0.68	
1984	348.76	77.87	59.61	0.48	13.85	0.35	0.92	
1985	409.45	97.57	67.31	0.87	19.98	0.64	1.26	
1986	468.92	117.11	78.1	1	27.21	1.1	1.42	
1987	523.4	140.28	90.19	1.32	31.44	2.24	1.95	
1988	645.97	174.86	108.89	0.34	45.76	1.46	3.07	
1989	772.24	217.91	136.42	0.47	56.81	1.7	3.38	0.01
1990	781.85	215.38	147.71	0.13	50.05	2.46	2.92	0.25
1991	843.77	245.91	173.06	1.15	47.24	1.24	3.93	0.09
1992	920.86	273.71	193.58	1.02	55.52	1.66	4.17	0.04
1993	987.2	278.99	186.97	1.5	65.71	1.02	3.11	0.62
1994	1395.2	421.77	255.79	0.58	130.22	0.83	5.64	0.3
1995	1945.87	652.57	372.61	0.35	235.23	3.53	6.21	0.26
1996	2190.49	741.53	432.44	0.43	248.22	12.21	7.42	1.26
1997	2246.95	732.84	386.26	0.54	284.07	10.1	9.27	1.23
1998	2422.71	786.23	403.94	1.72	286.59	27.01	7.99	0.45
1999	2374.68	762.19	393.38	1.09	274.12	36.45	10.18	2.26
2000	2582.63	837.85	380.13	7.89	319.74	19.43	18.55	0.46
2001	2672.12	911.23	378.95	3.94	405.07	29.28	24.58	1.08
2002	2777.58	918.48	400.5	3.28	401.04	34.49	20.08	0.2
2003	3029.84	969.58	429.83	7.04	410.41	14.27	29.08	0.16
2004	3535.51	1121.96	533.65	1.68	477.15	5.6	32.44	0.63
2005	4126.92	1418.44	636.99	0.71	607.31	32.71	44.88	1.78
2006	4358.59	1551.22	689	1.06	678.4	60.15	31.85	1.29
2007	5050.69	1769.91	754.87	4.09	795.05	64.47	65.95	0.45
2008	6095.02	2194.4	935.83	1.67	1069.04	68.71	54.54	0.37
2009	6410.99	2214.17	887.12	2.82	1092.49	66.95	60.05	0.06
2010	7191.59	2244.63	1002.27	1.57	1011.03	18.09	56.59	0.07
2011	8669.94	2584.47	1182.76	20.82	1163.48	11.02	13.64	4.45
2012	9988.75	2851.18	1338.77	17.49	1264.29	8.89	6.98	34.82
2013	10988.79	3275.69	1317.79	36.22	1630.40		2.41	8.39
2014	16883.75	3666.23	1637.65	25.97	1689.25	0.02	6.24	7.24
2015	18280.72	3628.55	1782.98	23.18	1065.72	11.93	29.27	41.51

注：从2014年开始按照一体化改革后计算的新口径人均全年总支出。

Note: According to the integration of urban and rural reform in 2014 calculated the new diameter for the rural residents per capita total expenditure.

2-11 续表 1 continued

单位：元/人 (yuan/person)

年 份 Year	交通运输业支出 Transport, Post and Telecommunication	商业饮食业 Wholesale, Retail Trade and Catering	社会服务业支出 Social Service	其他经营支出 Others	2.购置生产性固定资产支出 Expenditure for Purchasing Productive Fixed Assets	3.税费支出 Expenditure for Taxes and Fees	4.生活消费支出 Living Expenditure	食品 Food
1983				0.01	21.58	6.75	208.85	126.54
1984					14.85	7.4	231.59	135.47
1985	5.22	0.06	0.26	1.98	30.79	9.12	264.46	154.55
1986	6.62	0.3	0.69	1.29	33.15	9.8	300.86	169.8
1987	8.83	1.08	2.08	1.15	30.55	12.46	330.05	187.39
1988	12.02	0.92	1.06	1.34	47.24	13.56	397.77	205.86
1989	14.33	1.76	2.46	0.57	61.67	18.47	458.9	240.23
1990	9.54	0.53	0.39	1.4	43.32	20.2	486.32	275.25
1991	16.62	0.74	0.54	1.29	44.19	19.76	518.79	292.81
1992	15.44	0.45	0.88	0.95	45.27	24.81	561.37	323.03
1993	13.71	4.11	0.73	1.52	57.71	26.13	605.93	341.78
1994	18.85	5.89	1.55	2.12	66.63	35.98	831.32	486.2
1995	28.81	2.6	0.99	1.99	132.24	39.4	1057.78	608.6
1996	33.41	2.48	0.46	3.2	90.41	67.7	1233.63	729.68
1997	31.07	5.96	0.45	3.88	120.18	73.82	1282.46	688.18
1998	43.63	6.1	3	5.79	126.58	89.82	1350.18	713.36
1999	32	5.75	1.82	5.14	114.1	89.72	1330.18	675.86
2000	55.39	15.16	2.76	18.33	118.86	68.04	1417.13	691.31
2001	44.09	5.97	1.4	16.87	138.8	57.06	1380.75	643.76
2002	40.85	3.97	0.92	13.15	190.17	42.08	1418.12	633.16
2003	56.48	6.7	0.48	15.13	195.29	32.88	1637.13	680.15
2004	49.17	6.29	3.3	12.32	243.83	26.35	1926.82	808.54
2005	46.75	41.43	1.52	3.99	316.97	2.58	2094.48	922.54
2006	59.09	25.48	1.37	2.27	256.07	3.5	2246.97	929.15
2007	71.47	9.33	2.62	1.6	377.76	8.08	2528.76	1019.35
2008	50.15	7.39	6.52	0.17	393.8	1.28	3094.86	1288.47
2009	80.47	12.29	11.3	0.2	376.71	0.88	3347.94	1395.42
2010	88.83	32.52	33.47	0.19	346.59	2.64	4013.17	1541.77
2011	101.41	65.73	18.98	2.18	409.12	1.62	4726.64	1762.53
2012	101.41	64.43	13.56	0.54	465.32	0.74	5633.01	1990.92
2013	114.53	130.84	13.57	0.12	491.86	0.14	6464.75	2223.90
2014	180.02	68.87	50.27	0.70	690.48	1.01	7676.48	2296.00
2015	304.40	258.95	97.28	13.32	667.41	0.78	8414.87	2452.68

2-11 续表 2 continued

单位：元/人 (yuan/person)

年 份 Year	衣着 Clothing	居住 Residence	家庭设备、用品及服务 Household Facilities, Article and Service	医疗保健 Medicine and Health Care	交通和通讯 Transport, Post and Telecommunications	文教娱乐 Cultural, Educational, Recreational Article and Services	其他商品和服务 Other Commodities and Services	5.财产及转移性支出 Property and Transfer Expenditure
1983	28.80	23.31	15.72	4.92	1.15	7.30	1.12	15.83
1984	30.89	28.78	19.07	6.25	1.52	8.48	0.83	17.05
1985	32.71	30.95	20.53	8.16	1.34	14.58	1.63	7.50
1986	38.65	38.63	21.95	9.00	1.73	16.98	4.12	7.40
1987	39.69	44.10	24.78	10.90	2.44	16.85	3.90	10.06
1988	48.77	48.13	41.88	12.67	2.83	34.59	3.04	12.55
1989	53.11	68.69	37.52	16.01	3.43	37.34	2.57	15.29
1990	50.71	65.86	28.95	17.01	12.10	34.11	2.33	16.62
1991	58.26	62.57	36.51	21.08	10.23	33.25	3.79	15.11
1992	53.23	73.84	32.08	23.41	9.95	40.32	5.51	15.69
1993	55.16	80.16	37.09	26.76	15.47	42.32	7.19	18.44
1994	66.92	106.38	46.60	29.36	26.35	51.42	18.09	39.50
1995	83.86	146.30	59.26	44.31	31.29	70.87	13.29	63.87
1996	94.44	156.20	66.72	55.42	31.32	78.77	21.08	57.22
1997	105.17	201.21	64.00	67.82	39.14	96.81	20.12	37.65
1998	104.88	216.69	69.17	76.84	52.98	97.10	19.17	69.91
1999	103.17	199.46	76.43	75.07	52.69	120.66	26.84	78.49
2000	96.70	227.35	62.10	88.53	79.79	144.98	26.38	140.73
2001	97.49	222.51	60.73	98.21	96.00	132.35	29.69	184.28
2002	97.52	203.75	69.80	123.32	111.00	148.20	31.38	208.73
2003	109.19	286.09	56.09	116.31	170.52	178.34	40.44	190.80
2004	122.49	325.21	65.30	186.90	155.26	217.06	46.05	215.85
2005	143.09	345.93	77.16	198.84	178.47	177.90	50.55	289.13
2006	159.10	414.65	104.32	187.60	226.41	168.85	56.89	299.20
2007	184.26	450.55	109.27	239.40	265.76	192.00	68.17	366.19
2008	217.17	582.47	123.91	318.77	299.29	192.57	72.20	404.56
2009	256.26	501.75	169.01	356.39	365.59	217.21	86.32	464.30
2010	302.61	776.44	188.12	417.92	444.02	241.08	101.22	581.42
2011	380.00	935.22	264.64	444.69	483.40	324.36	131.79	945.53
2012	487.74	1087.54	321.00	518.05	653.47	393.01	181.28	1031.32
2013	453.35	1347.50	382.84	652.00	800.80	400.98	203.40	749.72
2014	602.02	1388.07	496.14	856.93	961.45	866.64	209.23	288.08
2015	664.04	1561.22	571.82	925.95	1070.92	995.36	172.87	478.40

2-12 主要年份全区农村居民家庭现金收支情况

Basic Statistics of Cash Income and Expenditure of Rural Households in Main Years

单位：元/人 (yuan/person)

年 份 Year	一、全年现金收入 Annual Cash Income	1.工资性收入 Wage Income	2.家庭经营收入 Household Business Income	农业收入 Farming	林业收入 Forestry	牧业收入 Animal Husbandry	渔业收入 Fishery	工业收入 Industry	建筑业收 入 Construction	交通运输、邮电业收入 Transport, Post and Telecommunication	批发零售贸易餐饮业 收 入 Wholesale, Retail Trade and Catering
1983	211.14	43.18	141.73	98.13	1.71	25.91	0.36		7.59	4.12	2.21
1984	241.36	58.04	158.72	104.21	3.27	28.20	0.51		8.03	7.91	2.57
1985	285.35	50.03	206.04	121.16	4.85	40.56	0.54	3.43	7.12	17.57	3.08
1986	360.63	77.09	253.97	158.36	4.01	47.20	2.24	4.32	3.26	21.57	4.52
1987	396.10	78.03	288.56	166.93	3.13	61.04	2.63	5.49	4.13	25.64	5.66
1988	498.55	86.44	376.39	218.59	5.23	90.58	2.66	7.61	4.62	29.94	7.41
1989	576.77	87.40	456.33	296.39	5.07	85.23	2.49	8.36	3.65	35.25	9.19
1990	580.93	78.88	449.35	295.75	4.77	86.20	2.46	9.26	3.78	29.22	8.29
1991	637.59	96.86	486.63	301.03	8.03	95.60	2.65	9.47	5.89	35.73	10.88
1992	659.84	113.89	489.55	284.35	6.94	107.38	2.50	10.75	7.86	38.99	15.94
1993	692.07	132.94	493.47	275.49	5.30	108.41	1.89	8.90	6.56	41.50	23.59
1994	942.60	146.35	719.09	402.88	5.80	177.18	1.09	13.30	4.57	45.30	40.40
1995	1252.20	178.28	996.16	544.05	7.66	279.61	1.94	19.41	7.45	71.22	36.24
1996	1453.69	208.51	1152.39	620.03	8.60	312.48	11.93	23.15	6.99	91.72	38.04
1997	1808.10	262.64	1425.60	731.73	7.76	436.90	14.22	33.68	15.11	98.06	45.23
1998	1988.04	367.66	1468.23	722.11	6.01	413.01	32.09	25.33	9.00	139.56	64.64
1999	2111.77	422.97	1504.93	710.56	6.40	424.17	48.12	35.52	14.05	128.34	71.19
2000	2169.24	484.02	1535.14	551.98	6.42	482.88	34.18	51.67	14.59	191.80	123.51
2001	2295.15	527.63	1623.15	538.21	16.83	586.48	39.73	54.78	6.33	202.26	104.66
2002	2456.79	525.65	1760.06	644.08	20.52	606.37	40.90	58.45	4.50	214.30	96.07
2003	2624.54	592.30	1862.19	703.21	28.56	632.66	18.11	69.21	7.89	252.63	109.20
2004	2979.34	618.37	2224.32	1032.99	5.65	689.50	6.63	78.52	5.68	252.40	115.02
2005	3463.38	702.10	2546.35	1170.56	6.38	839.41	48.99	85.81	13.71	203.71	148.74
2006	3728.62	822.95	2673.40	1172.50	3.96	940.63	76.36	79.03	11.92	234.11	129.63
2007	4316.84	1020.61	3061.37	1356.95	7.38	1063.34	81.78	125.48	7.65	278.32	103.47
2008	5004.06	1259.94	3392.64	1420.46	6.46	1346.97	89.00	110.75		253.79	118.48
2009	5379.87	1518.94	3496.87	1426.97	9.17	1334.02	95.52	123.71	0.17	313.99	141.34
2010	5879.2	1788.14	3655.07	1590.91	7.61	1271.95	52.79	111.57		364.01	173.23
2011	7034.28	2164.13	4370.13	1991.92	33.84	1559.95	36.81	42.01	10.12	371.55	266.66
2012	8247.04	2510.53	5092.48	2368.09	33.69	1814.16	34.24	25.29	44.25	419.31	297.79
2013	9629.88	2873.56	5987.36	2774.79	58.36	2094.54	17.07	29.24	54.06	414.92	441.79
2014	11405.10	3387.67	6636.79	2879.34	46.71	2186.15		31.48	60.12	681.02	492.02
2015	12517.37	3602.87	7087.61	3321.79	76.22	1542.15	13.82	61.53	110.84	943.52	684.99

注：从2014年开始按照城乡一体化改革后计算新口径为全年现金收入。

Note: According to the integration of urban and rural reform in 2014 calculated the new diameter for the rural residents per capita cash income.

2-12 续表 1 continued

单位：元/人 (yuan/person)

年 份 Year	社会服务业收入 Social Service	其他家庭经营收入 Others	3.财产及转移性收入 Property and Transfer Income	4.非收入所得 Non-income Gain	5.借贷性所得 Credit Income	银行信用社得到的贷款 Repayment of Loans from Bank and Credit Association	借入款 Borrowed	收回借出款 Recover Loans	从银行信用社取回存款 Draw Saving Deposits	二、全年现金支出 Annual Cash Expenditure	1.生产费用支出 Expenditure for Production	家庭经营费用支出 Expenditure for Household Business
1983	0.83	0.87	26.35	-	37.32	11.97	9.21	2.13	5.66	196.71	63.13	41.82
1984	2.61	1.20	24.61	-	47.88	15.79	12.22	3.32	7.36	215.88	64.19	49.38
1985	3.14	4.61	29.28	-	65.31	24.94	16.38	3.66	10.86	274.84	94.73	64.29
1986	3.50	4.99	29.92	-	72.27	22.78	19.51	7.39	13.00	325.89	110.05	76.99
1987	7.34	6.57	29.51	-	84.93	23.74	26.22	6.80	15.00	379.71	132.21	101.65
1988	5.81	3.93	35.75	-	108.51	24.90	29.12	8.26	24.73	489.05	175.22	127.98
1989	5.67	5.03	32.37	-	111.53	19.89	49.38	10.76	31.15	666.40	226.75	165.08
1990	3.52	6.09	53.23	-	103.47	26.70	39.48	11.68	25.61	553.50	191.95	148.63
1991	4.82	11.93	54.19	-	136.02	32.73	58.05	20.30	24.90	604.29	218.19	174.00
1992	6.07	8.76	56.39	-	161.83	37.66	56.35	17.35	35.47	650.79	240.38	195.10
1993	6.53	15.30	65.65	-	172.48	39.63	54.36	28.35	45.51	714.26	257.05	199.34
1994	9.34	19.23	77.33	-	220.17	39.59	81.32	41.28	53.75	946.80	352.00	285.37
1995	6.73	22.51	77.80	-	336.94	80.91	120.13	54.79	80.80	1353.71	580.72	448.48
1996	7.35	32.12	92.87	-	338.15	76.05	131.80	41.52	88.76	1496.55	601.17	510.76
1997	8.79	34.11	119.84	-	381.30	90.74	130.30	31.84	128.42	1655.83	654.56	534.38
1998	21.28	35.19	152.40	-	410.55	92.83	157.04	40.86	119.81	1821.76	704.22	577.64
1999	23.71	42.88	183.88	-	477.56	106.09	181.97	38.84	149.67	1895.02	714.42	600.32
2000	25.48	41.66	150.12	-	564.89	152.08	155.10	73.67	141.33	2032.23	813.31	694.45
2001	19.62	35.56	145.44	-	528.19	132.80	160.25	38.37	84.95	2167.72	896.21	757.41
2002	20.64	36.32	171.07	-	605.24	167.84	166.93	77.91	112.05	2262.21	938.56	748.39
2003	16.46	24.26	170.12	-	836.71	299.61	188.51	55.89	97.31	2457.34	963.15	763.70
2004	18.46	19.48	136.65	-	651.54	144.71	204.86	45.98	135.16	2861.32	1132.03	887.49
2005	19.19	9.66	214.93	-	1064.35	348.74	272.62	73.89	223.85	3426.76	1489.12	1166.84
2006	24.58	0.42	232.27	-	794.84	250.76	268.85	28.40	117.82	3643.83	1517.66	1259.96
2007	30.09	6.92	234.87	-	1030.41	264.77	327.24	47.95	147.71	4306.87	1820.35	1442.59
2008	44.21	2.51	351.48	-	1153.70	249.38	416.70	62.34	183.43	5114.45	2151.68	1751.76
2009	46.72	5.26	364.05	-	1110.44	259.46	328.23	54.45	156.52	5423.53	2180.84	1797.13
2010	73.66	9.34	435.99	-	1567.75	378.27	561.6	32.28	198.41	6129.54	2100.71	1750.97
2011	47.25	10.00	500.02	-	3048.51	540.28	885.94	126.77	399.92	7795.07	2642.47	2230.79
2012	48.46	6.79	644.03	-	2230.64	376.61	721.83	141.70	419.66	9219.40	3015.68	2543.18
2013	86.36	16.22	768.96	-	3866.10	442.54	746.42	174.88	1407.49	10105.66	3438.64	2940.15
2014	257.17	2.78	1380.64	893.05	2672.49	676.65	772.80	224.65	998.39	15382.17	3309.45	3309.45
2015	317.71	15.03	1826.90	1582.39	3526.47	1114.33	864.87	234.23	1313.03	16788.66	3383.47	3383.47

2-12 续表 2 continued

单位：元/人 (yuan/person)

年 份 Year	农业生产支出 Farming	牧业生产支出 Animal Husbandry	购置生产用固定资产支出 Expenditure for Purchasing Productive Fixed Assets	2.税费支出 Expenditure for Taxes and Fees	3.生活消费支出 Living Expenditure	食品 Food	衣着 Clothing	居住 Residence	家庭设备、用品及服务 Household Facilities, Article and Service	医疗保健 Medicine and Health Care
1983	34.13	6.46	21.30	2.52	115.36	39.18	28.47	17.57	15.67	4.92
1984	36.14	8.85	14.81	3.91	130.95	41.22	30.56	22.71	19.07	6.25
1985	42.26	11.90	30.44	7.65	152.88	47.67	32.65	26.41	20.53	8.16
1986	50.22	14.75	33.06	8.91	184.06	57.86	38.22	34.25	21.94	9.00
1987	64.41	18.99	30.55	12.17	206.04	68.28	39.58	39.35	24.73	10.90
1988	79.24	28.82	47.24	13.05	269.21	81.92	48.77	43.54	43.71	12.67
1989	104.96	35.47	61.67	17.25	308.64	95.12	53.08	63.57	37.52	16.01
1990	104.78	26.34	43.32	19.86	300.11	93.84	50.69	61.09	28.95	17.01
1991	121.83	26.69	44.19	19.26	320.10	100.43	58.10	56.42	36.51	21.08
1992	137.21	33.29	45.27	24.32	335.38	102.08	52.31	69.72	32.08	23.41
1993	137.90	35.36	57.71	25.74	375.80	119.07	55.16	72.80	37.04	26.76
1994	180.76	68.93	66.63	33.28	484.85	150.38	66.92	95.80	46.53	29.36
1995	276.17	127.64	132.24	35.87	654.37	215.03	83.80	136.52	59.26	44.31
1996	311.18	138.70	90.41	60.99	737.16	242.70	94.43	146.78	66.66	55.42
1997	286.54	185.90	120.18	65.64	820.95	238.33	105.17	189.56	64.00	67.82
1998	298.17	179.62	126.58	81.26	893.30	269.92	104.88	203.24	69.17	76.84
1999	304.92	196.01	114.10	83.15	922.00	276.81	103.17	190.35	76.42	75.07
2000	305.04	248.89	118.86	65.77	1017.35	302.72	96.70	216.17	62.10	88.53
2001	303.29	323.91	138.80	54.84	1036.33	306.93	97.49	214.92	60.73	98.21
2002	320.15	311.38	190.17	39.05	1079.43	304.48	97.52	193.74	69.80	123.32
2003	345.56	289.71	195.29	31.48	1273.04	323.90	109.11	278.33	56.09	116.31
2004	441.88	335.59	243.83	26.35	1488.81	379.60	122.49	316.15	65.28	186.90
2005	555.00	438.20	316.97	2.58	1648.53	484.11	143.05	338.45	77.16	198.84
2006	584.11	492.87	256.07	3.50	1824.87	523.86	159.10	397.84	104.32	187.60
2007	649.82	572.77	377.76	8.08	2115.92	621.64	184.26	435.46	109.27	239.40
2008	797.95	764.96	393.80	1.28	2559.67	768.44	217.17	567.30	123.91	318.77
2009	772.55	791.10	376.71	0.88	2782.18	834.16	256.26	497.25	169.01	356.39
2010	867.64	652.06	346.59	2.64	3446.81	975.41	302.61	776.44	188.12	417.92
2011	1053.65	938.92	409.12	1.62	4209.55	1245.44	380	935.22	264.64	444.69
2012	1255.15	1039.92	465.32	0.74	5172.21	1530.12	487.74	1087.54	321.00	518.05
2013	1221.52	1395.33	491.86	0.14	5917.16	1565.54	452.93	1407.04	370.96	701.39
2014	1523.91	1446.20	690.48	1.01	6531.69	1894.40	602.00	886.59	476.54	675.22
2015	1722.17	881.46	667.41	0.78	7167.88	2111.00	663.99	957.59	554.88	678.18

2-12 续表 3 continued

单位：元/人 (yuan/person)

年 份 Year	交通和通 讯 Transport, Post and Telecommunications	文教娱乐 Cultural, Educational, Recreational Article and Service	其他商品和 服 务 Other Commodities and Services	4.财产及转移性支出 Property and Transfer Expenditure	5.部分商业保险支出 Commercial Insurance	6.购置财产及非经常性转移支出 Asset Acquisition and Non-recurring Transfer Expenditure	7.借贷性支出 Credit Expenditure	归还银行信用社贷 款 Repayment Loans to Bank and Credit Association	归还借款 Repayment of Loans	存入银行信用社款 Deposit
1983	1.15	7.43	0.98	15.72	-	-	33.67	12.21	7.04	11.16
1984	1.52	9.88	0.75	16.82	-	-	44.22	15.98	6.65	18.61
1985	1.34	14.59	1.53	19.00	-	-	55.04	17.60	11.60	22.84
1986	1.73	16.98	4.03	22.50	-	-	54.33	18.09	11.59	21.91
1987	2.44	16.85	3.89	29.16	-	-	66.70	15.34	14.95	32.33
1988	2.83	34.59	1.19	31.52	-	-	81.79	16.59	16.01	46.91
1989	3.43	37.34	2.56	39.02	-	-	74.49	19.31	20.34	30.37
1990	12.10	34.11	2.33	41.58	-	-	84.67	14.78	21.12	44.43
1991	10.53	33.25	3.79	46.74	-	-	87.85	24.38	24.40	35.18
1992	9.95	40.32	5.51	50.71	-	-	116.35	26.16	28.94	50.18
1993	15.47	42.32	7.19	55.67	-	-	121.69	24.49	29.78	63.08
1994	26.35	51.42	18.09	76.69	-	-	152.80	28.76	29.17	87.36
1995	31.29	70.87	13.29	82.76	-	-	157.57	36.23	43.97	65.22
1996	31.32	78.77	21.08	97.24	-	-	215.21	32.77	49.03	118.67
1997	39.14	96.81	20.12	115.29	-	-	245.17	48.23	55.60	126.52
1998	52.98	97.10	19.17	142.99	-	-	372.52	52.52	89.50	208.02
1999	52.69	120.66	26.84	175.46	-	-	386.68	44.02	87.08	227.64
2000	79.79	144.98	26.38	135.80	-	-	282.17	48.49	77.39	138.16
2001	96.00	132.35	29.69	180.34	-	-	332.21	50.22	105.01	148.62
2002	111.00	148.20	31.38	205.17	-	-	383.32	109.43	120.91	142.07
2003	170.52	178.34	40.44	189.66	-	-	435.09	114.24	103.88	135.68
2004	155.26	217.06	46.05	214.14	-	-	459.99	115.99	124.07	101.23
2005	178.47	177.90	50.55	286.53	-	-	613.56	184.13	162.46	52.26
2006	226.41	168.85	56.89	297.80	-	-	661.58	202.60	171.45	72.85
2007	265.76	192.00	68.13	362.52	-	-	616.87	148.93	199.68	63.42
2008	299.29	192.57	72.20	401.82	-	-	804.60	149.39	191.71	77.58
2009	365.59	217.21	86.32	459.63	-	-	846.50	148.31	240.18	105.31
2010	444.02	241.08	101.22	579.38	-	-	1177.35	159	244.57	82.38
2011	483.4	324.36	131.79	941.44	-	-	1613.57	319	441.59	107.06
2012	653.47	393.01	181.28	1030.76	-	-	1649.24	275.08	412.11	101.88
2013	840.20	400.22	178.90	749.72	-	-	2337.94	285.79	362.54	616.61
2014	961.45	866.28	169.21	288.08	57.98	3581.17	1613.80	375.28	452.35	712.88
2015	1066.52	995.25	140.46	478.40	91.77	4264.21	1402.93	481.42	482.13	402.56

2-13 主要年份全区农村居民家庭粮食收支情况

Basic Statistics of Grain Income and Expenditure of Rural Households in Main Years

单位：公斤/人 (kg/person)

年 份 Year	家庭经营生产 Household Business Income	购入 Purchased	主食用粮 Staple Food	出售 Sale	饲料 Feed
1983	489.44	7.49	246.9	34.12	42.46
1984	522.68	9.35	241.65	25.98	38.29
1985	480.89	14.98	254.23	142.58	46.33
1986	560.97	21.02	254.69	198.34	52.79
1987	513.9	26.26	253.21	176.78	50.27
1988	598.79	33.71	245.45	217.26	55.94
1989	622.67	20.46	252.51	238.7	64.13
1990	704.05	17.07	253.28	258.52	67.67
1991	660.99	24.71	268.82	277.38	77.01
1992	579.75	25.67	264.49	222.52	73.05
1993	618.05	27.33	264.36	219.64	66.84
1994	618.31	28.77	260.21	250.91	77.71
1995	643.12	39.73	274.67	241.79	96.76
1996	810.07	44.39	277.4	270.05	98.13
1997	810.2	41.89	254.98	442.19	97.61
1998	961.95	40.1	262.94	430.43	97.23
1999	911.66	67.56	250.6	429.02	125.65
2000	782.45	165.19	247.98	381.95	206.31
2001	806.43	120.76	234.69	323.52	159.36
2002	872.45	128.18	233.96	407.01	195.24
2003	765.78	100.91	224.59	340.26	188.22
2004	819.41	89.24	226.94	434.09	162.47
2005	826.68	132.73	233.68	492.09	188.67
2006	843.09	127.74	212.87	476.89	179.38
2007	841.08	125.28	202.58	439.26	168.73
2008	874.67	130.13	209.55	417.15	214.04
2009	906.46	156.52	202.34	432.11	233.12
2010	962.47	110.19	203.56	401.35	154.48
2011	865.21	139.82	201.96	443.89	152.03
2012	932.53	134.14	180.50	506.62	134.03
2013	939.03	100.50	165.73	642.77	111.23
2014	1192.90	70.70	156.05	758.11	—
2015	1212.15	120.34	148.74	764.52	

注：2014年城乡一体化新口径报表指标中取消了“粮食收支平衡表”，所以没有“饲料”这项数据。

Note: In 2014, “food balance sheet”, has been cancelled in the statements of urbon and rural intergration, so there is no “feed”.

2-14 主要年份全区农村居民家庭主要食物消费情况

Basic Statistics of Major Foods Consumption of Rural Households in Main Years

单位：公斤/人 (kg/person)

年 份 Year	谷物和薯类 Cereal and tubers	细粮 Flour and Rice	蔬菜及制品 Vegetables and Related Products	豆类及制品 Soybeans and Related Products	植物油 Vegetable Oil	动物油 Animal Fat	猪肉 Pork	牛羊肉 Beef and Mutton
1983	246.89	193.41	101.85		3.04	0.82	4.61	2.33
1984	241.65	203.88	103.61		3.51	0.85	4.72	2.26
1985	261.07	229.45	102.99		3.77	0.89	5.39	1.86
1986	261.1	232.56	94.49		4.2	0.74	6.01	1.98
1987	258.44	233.06	84.96		4.3	0.62	6.11	2.17
1988	250.08	223.65	90.39		4.66	0.6	5.01	2.06
1989	253.61	231.47	96.38		4.75	0.52	4.97	2.24
1990	254.88	217.78	83.49	0.89	4.94	0.59	5.89	2.84
1991	272.7	233.8	76.36		5.13	0.46	6.87	3.32
1992	267.87	233.37	93.79		5.9	0.45	6.23	2.53
1993	264.36	234.76	70.97		6.11	0.45	5.56	2.09
1994	260.21	236.41	63.63		5.67	0.41	5.4	1.96
1995	274.67	234.68	76.27	0.58	6.78	0.39	5.45	2.01
1996	277.4	236.73	72.47		6.38	0.4	6.24	2.66
1997	255.53	225.37	70.27	0.53	6.46	0.13	6.84	3.13
1998	262.94	236.33	97.32	0.77	6.94	0.72	6.85	3.53
1999	250.6	223.88	83.08	1.02	7.08	0.94	7.93	3.51
2000	248.63	223.44	91.19	1.2	6.55	0.55	8.29	3.27
2001	236.54	216.21	82.64	0.94	7.2	0.85	7.16	3.11
2002	235.25	216.85	74.59	1.07	7.27	0.61	8.01	3.01
2003	224.09	212.89	84.38	1.25	7.14	0.08	7.81	3.52
2004	226.67	215.74	79.82	0.87	6.99	0.19	7.42	4.42
2005	233.18	220.95	82.68	0.91	7.8	0.09	7.74	5.5
2006	212.12	199.75	76.53	0.75	6.37	0.09	8.01	5.4
2007	202.58	192.81	76.5	0.8	6.14	0.14	7.83	4.53
2008	213.64	195.36	74.77	0.74	7.83	0.12	7.39	4.71
2009	202.05	190.03	75.86	0.76	9.47	0.11	7.86	6.24
2010	203.42	192.76	73.67	0.69	8.92	0.08	7.5	5.98
2011	201.62	191.4	77.64	1.15	8.43	0.13	6.04	6.69
2012	180.14	172.27	69.95	1.31	8.53	0.07	6.02	5.62
2013	164.67	155.34	66.19	2.06	7.79	0.06	8.44	4.73
2014	154.28	146.70	71.91	1.76	11.77	0.05	9.18	5.84
2015	146.47	139.66	75.38	2.26	8.52	0.04	6.76	7.68

2-14 续表 continued

单位：公斤/人 (kg/person)

年 份 Year	奶及奶制品 Milk and Dairy Products	家 禽 Poultry	水产品 Aquatic Products	食 糖 Sugar	酒 Liquor	水 果 Fruit
1983	0.07	0.28	0.03	0.93	0.39	
1984	0.09	0.19	0.05	0.99	0.42	
1985	0.23	0.29	0.06	1.29	0.69	
1986	0.14	0.43	0.08	1.52	0.08	
1987	0.08	0.48	0.12	1.64	0.85	
1988	0.15	0.36	0.18	1.48	0.79	7.04
1989	0.09	0.43	0.14	1.62	0.85	8.44
1990	0.02	0.33	0.23	1.58	0.86	3.05
1991	0.61	0.44	0.24	1.47	0.87	4.03
1992	0.95	0.57	0.29	1.61	0.79	4.25
1993	0.21	0.71	0.27	1.44	0.93	8.97
1994	0.28	0.6	0.29	1.52	0.81	8.35
1995	0.29	0.81	0.35	1.32	0.92	10.09
1996	0.46	0.79	0.39	1.47	1.02	19.24
1997	0.57	0.98	0.37	1.56	1.02	23.96
1998	0.61	1.45	0.4	1.7	1.08	46.77
1999	0.78	1.43	0.54	2.08	1.16	37.69
2000	0.88	1.85	0.51	1.57	1.63	39.01
2001	0.87	2.26	0.63	1.5	1.65	40.95
2002	1.41	2.74	0.77	1.75	1.83	40.9
2003	2.22	2.81	0.51	1.62	2.02	26.36
2004	2.77	2.37	0.33	1.56	2.12	22.07
2005	2.92	2.5	0.45	1.38	2.97	21.82
2006	2.61	2.78	0.58	1.32	3.08	16.9
2007	5	3.48	0.67	1.47	3.12	23.92
2008	6.52	4.52	0.7	1.46	3.04	20.19
2009	4.98	4.45	0.77	1.54	3.09	29.97
2010	4.48	4.51	0.74	1.38	3.22	21.61
2011	6.17	5.49	0.61	1.13	3.18	21.79
2012	7.01	5.98	0.74	1.06	3.20	25.27
2013	6.92	5.00	0.73	0.66	2.79	19.57
2014	8.98	6.56	1.07	2.60	4.26	50.48
2015	8.22	5.82	1.16	2.63	4.29	52.38

2-15 主要年份全区农村居民家庭主要耐用物品百户拥有情况

Ownership of Major Durable Consumer Goods Per 100 Rural Households in Main Years

单位：百户均

年 份 Year	洗衣机 (台) Washing Machine (set)	电冰箱 (台) Refrigerator (set)	摩托车 (辆) Motorcycle (unit)	彩色电视机 (台) Color TV set (set)	照相机 (台) Camera (unit)
1983	0.42				
1984	1.46				
1985	3.67		1.10	2.94	0.28
1986	8.17		0.73	6.15	0.09
1987	11.93		1.28	8.17	0.37
1988	16.97	0.09	2.75	11.74	0.55
1989	19.72	0.37	2.57	15.41	0.28
1990	19.6	0.2	2.70	17.9	0.5
1991	24.1	0.7	2.30	22.6	0.4
1992	24.1	0.7	1.80	25.8	0.5
1993	25.5	1.3	2.50	31.1	0.9
1994	27.3	1.4	3.20	35.6	1.1
1995	29.43	2.48	5.81	35.71	0.95
1996	30	2.76	7.43	39.71	1.52
1997	31.24	3.33	8.38	47.24	1.43
1998	31.62	4.19	12.00	49.71	1.52
1999	31.62	5.14	15.14	54.48	1.33
2000	37.55	6	25.83	67	3.33
2001	40	7.17	29.17	71.17	3.17
2002	42.33	9.5	36.50	78.17	3.5
2003	44.33	8.83	45.50	84.33	3
2004	48.33	10	50.67	91	5.67
2005	44.5	10.17	63.50	92.67	3.17
2006	49.33	12.33	67.33	98.67	2.33
2007	56.67	14.67	71.50	107.83	2.83
2008	63.17	18.67	78.33	115.17	2.67
2009	70.33	27.67	83.67	120.33	2.67
2010	76.17	35.33	85.83	118.83	5.83
2011	84.75	52.13	86.50	119.13	2.13
2012	91.63	61.13	85.25	123.25	2.63
2013	90.66	64.86	90.71	117.54	3.09
2014	94.88	77.19	85.87	116.76	3.02
2015	98.17	85.19	83.00	117.45	2.47

2-16 2015年各市县农村居民家庭主要从业类型和参加医疗情况

Type of Employed and Joined New-type Cooperative Medical Service of Rural Households by City and County (2015)

单位：户 (household)

市 县	Region	调查户数 Number of Households Surveyed	从业类型(按从业劳动力比重分) Type of Employed (by percentage of employed labour)				新型合作医疗 New-type Cooperative Medical Service	
			农业生产经营户 Agricultural Production	非农业生产经营户 Non-Agricultural Production	兼业户 Concurrent	非生产经营户 Non-production	参加的户数 Joined Household	未参加的户数 Non-joined Household
全 区	**Total**	**1011**	**868**	**152**	**116**	**107**	**1011**	
沿黄地区	**Plain**	**1068**	**875**	**144**	**110**	**159**	**1068**	
中南部地区	**Mountain Area**	**916**	**840**	**119**	**93**	**50**	**916**	
银川市	**Yinchuan**	**453**	**347**	**83**	**59**	**82**	**453**	
兴庆区	Xingqing	51	42	10	5	4	51	
西夏区	Xixia	49	17	14	3	21	49	
金凤区	Jinfeng	44	24	6	3	17	44	
永宁县	Yongning	98	90	15	14	7	98	
贺兰县	Helan	110	83	12	10	25	110	
灵武市	Lingwu	101	91	26	24	8	101	
石嘴山市	**Shizuishan**	**188**	**146**	**18**	**13**	**37**	**188**	
大武口区	Dawukou	39	23	3	1	14	39	
惠农区	Huinong	50	31	5	3	17	50	
平罗县	Pingluo	99	92	10	9	6	99	
吴忠市	**Wuzhong**	**492**	**451**	**71**	**60**	**29**	**492**	
利通区	Litong	106	89	14	13	16	106	
红寺堡区	Hongsipu	95	91	13	13	4	95	
盐池县	Yanchi	58	45	9	2	6	58	
同心县	Tongxin	122	118	20	18	2	122	
青铜峡市	Qingtongxia	111	109	15	14	1	111	
固原市	**Guyuan**	**502**	**447**	**72**	**55**	**38**	**502**	
原州区	Yuanzhou	112	88	23	13	14	112	
西吉县	Xiji	110	98	8	5	9	110	
隆德县	Longde	110	103	18	18	7	110	
泾源县	Jingyuan	77	69	18	15	5	77	
彭阳县	Pengyang	93	89	5	4	3	93	
中卫市	**Zhongwei**	**350**	**324**	**19**	**17**	**24**	**350**	
沙坡头区	Shapotou	102	80	4	4	22	102	
中宁县	Zhongning	108	104	10	8	2	108	
海原县	Haiyuan	140	140	5	5		140	

2-17 2015年各市县农村居民家庭人口及劳动力就业情况

Household Size and Statistics of Employed Labour Force of Rural Households by City and County (2015)

单位：人 (person)

市 县	Region	家庭常住人口 Number of Permanent Residents in the Households	由本户供养的在校学生 Number of Students in School	整半劳动力数 Number of Able-bodied and Semi-able-bodied Labours	整劳动力 Number of Able-bodied Labours	男劳动力人数 Number of Male Labours	就业劳动力人数 Number of Employed	男劳动力人数 Number of Male Labour	就业整劳动力人数 Number of Employed Able-bodied Labour
全 区	**Total**	**3962**	**987**	**2431**	**1538**	**1262**	**2179**	**1194**	**2125**
沿黄地区	**Plain**	**3735**	**798**	**2528**	**1508**	**1310**	**2235**	**1230**	**2178**
中南部地区	**Mountain Area**	**3942**	**1084**	**2272**	**1452**	**1185**	**2028**	**1122**	**1978**
银川市	**Yinchuan**	**1634**	**326**	**1123**	**707**	**589**	**994**	**555**	**971**
兴庆区	Xingqing	181	28	129	72	66	114	64	112
西夏区	Xixia	207	61	125	81	64	106	60	105
金凤区	Jinfeng	153	42	101	62	52	93	49	93
永宁县	Yongning	322	54	234	150	120	204	110	200
贺兰县	Helan	345	59	269	151	149	246	144	233
灵武市	Lingwu	427	82	265	191	138	231	128	228
石嘴山市	**Shizuishan**	**572**	**120**	**379**	**196**	**197**	**330**	**181**	**318**
大武口区	Dawukou	156	42	92	62	47	68	41	66
惠农区	Huinong	149	31	101	51	57	84	50	84
平罗县	Pingluo	267	47	186	83	93	178	90	168
吴忠市	**Wuzhong**	**1908**	**469**	**1189**	**762**	**616**	**1035**	**577**	**1014**
利通区	Litong	418	110	260	188	131	223	124	218
红寺堡区	Hongsipu	430	116	247	182	131	228	128	224
盐池县	Yanchi	170	33	122	59	62	106	58	104
同心县	Tongxin	527	149	290	194	147	217	127	213
青铜峡市	Qingtongxia	362	61	270	139	146	261	141	255
固原市	**Guyuan**	**2135**	**604**	**1228**	**779**	**644**	**1104**	**613**	**1080**
原州区	Yuanzhou	467	109	272	172	141	239	135	236
西吉县	Xiji	503	168	265	168	137	247	130	244
隆德县	Longde	448	134	248	143	131	228	125	219
泾源县	Jingyuan	336	88	209	140	112	174	105	173
彭阳县	Pengyang	381	105	234	156	123	216	118	208
中卫市	**Zhongwei**	**1428**	**363**	**882**	**516**	**448**	**801**	**426**	**774**
沙坡头区	Shapotou	362	87	245	138	121	202	111	197
中宁县	Zhongning	387	95	252	140	126	226	119	220
海原县	Haiyuan	680	181	385	238	201	373	196	357

2-17 续表 continued

单位：人 (person)

市 县	Region	就业劳动力文化程度 Culture Level of Labors					就业行业 Employed Sector	
		不识字或识字很少 Illiterate and Semi-illiterate	小学程度 Primary School	初中程度 Junior Middle School	高中程度 Senior Middle School	大专及以上 College and Higher	一产业就业劳动力 Primary Industry	非农产业就业劳动力 Non-agriculture
全 区	**Total**	**245**	**723**	**924**	**202**	**85**	**1162**	**1017**
沿黄地区	**Plain**	**140**	**561**	**1227**	**234**	**73**	**1055**	**1180**
中南部地区	**Mountain Area**	**331**	**780**	**697**	**164**	**57**	**1210**	**818**
银川市	**Yinchuan**	**53**	**271**	**525**	**107**	**38**	**415**	**579**
兴庆区	Xingqing	5	33	61	10	5	73	41
西夏区	Xixia	3	24	49	24	6	30	76
金凤区	Jinfeng	7	32	38	15	1	52	41
永宁县	Yongning	12	52	114	20	6	56	148
贺兰县	Helan	8	67	136	21	14	136	110
灵武市	Lingwu	18	63	127	17	6	68	163
石嘴山市	**Shizuishan**	**22**	**96**	**175**	**33**	**5**	**196**	**134**
大武口区	Dawukou	5	24	31	4	4	8	60
惠农区	Huinong	2	10	62	10		51	33
平罗县	Pingluo	15	62	82	19	1	137	41
吴忠市	**Wuzhong**	**129**	**346**	**443**	**84**	**33**	**534**	**501**
利通区	Litong	22	45	131	16	9	83	140
红寺堡区	Hongsipu	59	91	63	10	5	156	72
盐池县	Yanchi	9	49	39	8	2	79	27
同心县	Tongxin	14	109	75	12	7	104	113
青铜峡市	Qingtongxia	25	52	136	38	10	112	149
固原市	**Guyuan**	**193**	**375**	**405**	**103**	**28**	**625**	**479**
原州区	Yuanzhou	45	80	87	23	4	134	105
西吉县	Xiji	41	80	88	27	11	183	64
隆德县	Longde	38	73	84	27	6	140	88
泾源县	Jingyuan	44	61	56	10	3	51	123
彭阳县	Pengyang	25	81	90	16	4	117	99
中卫市	**Zhongwei**	**74**	**253**	**376**	**72**	**26**	**495**	**306**
沙坡头区	Shapotou	13	46	121	18	4	98	104
中宁县	Zhongning	5	51	140	23	7	151	75
海原县	Haiyuan	56	156	115	31	15	246	127

2-18 2015年各市县农村居民家庭拥有生产性固定资产情况

Ownership of Productive Fixed Assets of Rural Households by City and County (2015)

单位：元/人 (yuan/person)

市 县	Region	生产性固定资产原值 Original Value of Productive Fixed Assets	农 业 Farming	牧 业 Animal Husbandry	制造业 Manufacturing	交通运输业、仓储和邮政业 Transport, Storage and Post	批发和零售贸易业 Wholesale and Retail Trade	主要资产数量 Number of Major Assets: 房屋及建筑物（平米/百户） House and Building (sq.m/100 household)	大中型拖拉机（辆/百户） Large and Medium Tractor (unit/100 household)
全 区	**Total**	**8468.75**	**3063.70**	**969.69**	**36.85**	**2924.11**	**811.49**	**8293.81**	**4.82**
沿黄地区	**Plain**	**10031.72**	**3414.51**	**870.00**	**15.74**	**3853.82**	**889.45**	**9253.25**	**5.25**
中南部地区	**Mountain Area**	**8062.34**	**2724.86**	**572.38**	**108.01**	**1236.69**	**681.30**	**6395.03**	**3.70**
银川市	**Yinchuan**	**27765.69**	**2326.22**	**1795.85**	**29.76**	**4055.97**	**1050.66**	**9344.52**	**4.43**
兴庆区	Xingqing	37765.69	7326.22	6795.85		9729.09	1244.26	7727.90	5.40
西夏区	Xixia	9900.67	581.96	277.14	364.43	3573.57	3077.42	446.02	
金凤区	Jinfeng	10856.34	3465.79	849.68		4108.28	2432.59	61403.63	
永宁县	Yongning	10578.73	4917.67	76.05		4906.83	339.39	2566.98	3.12
贺兰县	Helan	9096.55	5213.40	27.59		3420.96	351.46	2403.77	7.69
灵武市	Lingwu	7206.98	1392.59	1833.31	5.16	2694.73	1098.33	2334.22	5.21
石嘴山市	**Shizuishan**	**7749.91**	**4046.92**	**882.15**	**12.32**	**583.81**	**1413.70**	**11210.21**	**6.05**
大武口区	Dawukou	2210.14	753.61	84.92		1363.05		8469.28	
惠农区	Huinong	7333.92	5047.69	556.80	68.38	1661.05		31113.48	
平罗县	Pingluo	8895.96	4408.08	1113.90		159.95	2043.42	6800.75	8.20
吴忠市	**Wuzhong**	**11854.94**	**2279.52**	**2153.11**	**15.81**	**5710.06**	**766.77**	**10648.57**	**3.48**
利通区	Litong	10574.00	1344.52	5767.02	22.05	2499.11	533.31	23501.30	1.41
红寺堡区	Hongsipu	5398.17	1321.02	566.19		2885.35	170.87	6013.73	6.90
盐池县	Yanchi	12230.49	4864.82	1775.22		3020.10	2337.07	12682.93	6.18
同心县	Tongxin	4948.04	1593.72	1129.98	30.52	189.39	857.36	5358.29	2.48
青铜峡市	Qingtongxia	21463.95	3820.50	454.94	5.41	14622.39	538.80	4472.47	3.81
固原市	**Guyuan**	**7138.64**	**3361.16**	**1836.58**	**191.38**	**758.00**	**755.54**	**6204.80**	**3.68**
原州区	Yuanzhou	7268.92	2830.68	1817.43	246.68	1416.43	331.34	6627.05	1.26
西吉县	Xiji	7137.52	4896.95	1160.46		254.49	809.19	6870.53	3.93
隆德县	Longde	8862.02	3173.61	2713.24	42.26	723.52	1832.12	5032.41	7.45
泾源县	Jingyuan	3428.77	844.69	627.77		1714.06	218.46	2379.67	5.47
彭阳县	Pengyang	7322.11	2834.09	2892.17	639.85	332.96	623.03	7208.32	2.86
中卫市	**Zhongwei**	**7037.29**	**3302.52**	**967.45**		**1872.67**	**451.99**	**4058.77**	**10.75**
沙坡头区	Shapotou	4081.78	2456.27	1625.52				3115.12	3.81
中宁县	Zhongning	13115.82	5796.80	685.99		3258.65	1657.34	3556.34	13.68
海原县	Haiyuan	5703.81	2534.77	711.79		2301.48	103.34	5282.59	14.41

2-18 续表 continued

单位: 元/人 (yuan/person)

市 县	Region	小型农用拖拉机 (辆/百户) Mini and Walking Tractor (unit/100 household)	机动脱粒机 (台/百户) Motorized Threshing Machine (unit/100 household)	收割机 (台/百户) Harvester (unit/100 household)	农用动力机械 (台/百户) Motor Machine (unit/100 household)	役畜 (头/百户) Draught Animal (unit/100 household)	产品畜 (头/百户) Commodity Animal (unit/100 household)
全 区	**Total**	**55.25**	**3.95**	**4.13**	**1.15**	**7.77**	**21.87**
沿黄地区	**Plain**	**57.06**	**3.10**	**2.68**	**0.63**	**0.34**	**32.31**
中南部地区	**Mountain Area**	**55.18**	**8.22**	**5.04**	**3.01**	**15.93**	**20.63**
银川市	**Yinchuan**	**44.91**	**2.92**	**1.67**	**1.18**		**28.85**
兴庆区	Xingqing	45.15		5.27			21.01
西夏区	Xixia	43.45	11.07	4.16			
金凤区	Jinfeng	1.84					
永宁县	Yongning	52.12	1.13	2.33	4.45		33.17
贺兰县	Helan	56.62	6.38	1.62			
灵武市	Lingwu	43.54	0.83				82.71
石嘴山市	**Shizuishan**	**64.92**	**2.35**	**9.57**	**0.69**	**2.18**	**23.55**
大武口区	Dawukou	11.28	1.98				9.65
惠农区	Huinong	57.49					
平罗县	Pingluo	73.01	2.94	12.98	0.94	2.95	30.72
吴忠市	**Wuzhong**	**54.42**	**7.69**	**0.73**	**0.24**	**0.26**	**53.01**
利通区	Litong	35.12	0.86				144.97
红寺堡区	Hongsipu	48.07					
盐池县	Yanchi	80.84	42.86		1.74		92.18
同心县	Tongxin	31.02	1.63	1.00		1.00	12.71
青铜峡市	Qingtongxia	89.45	5.08	2.03			5.48
固原市	**Guyuan**	**64.16**	**8.78**	**8.96**	**5.20**	**21.92**	**35.60**
原州区	Yuanzhou	56.08	10.39		9.24	16.96	5.14
西吉县	Xiji	105.31	4.40	24.05	6.48	54.22	23.15
隆德县	Longde	55.52	8.93	1.75	1.79	0.82	48.33
泾源县	Jingyuan	22.51					
彭阳县	Pengyang	52.41	17.27	7.41	3.19	6.15	64.35
中卫市	**Zhongwei**	**61.98**	**2.47**	**0.82**	**0.29**	**9.95**	**0.30**
沙坡头区	Shapotou	58.25	1.04				0.90
中宁县	Zhongning	72.50	7.44	2.89	1.02		
海原县	Haiyuan	57.65			0.00	25.66	

2-19 2015年各市县农村居民家庭住房及经营土地情况

Basic Statistics of Residence and Area of Land Managed of Rural Households by City and County (2015)

市 县	Region	住房面积（平方米/人）Floor Space of Living Houses (sq.m/person)	住房价值（元/人）Value of Living Houses (yuan/person)	期末实际经营的土地面积（亩/人）Area of Cultivated Land at Year-end (mu/person)	耕 地（亩/人）Area of Permanent Crops (mu/person)	有效灌溉面积（亩/人）Area of Irrigable (mu/person)	林地、园地（亩/人）Area of Forest and Garden and Grassland (mu/person)	牧草地（亩/人）Area of Grassland (mu/person)	养殖水面（亩/人）Water Area for Fishery (mu/person)
全 区	**Total**	**30.15**	**24165.00**	**4.42**	**3.51**	**1.88**	**0.32**	**0.58**	**0.01**
沿黄地区	**Plain**	**35.75**	**34633.31**	**4.03**	**3.06**	**2.94**	**0.78**	**0.19**	**0.01**
中南部地区	**Mountain Area**	**24.92**	**19925.25**	**5.80**	**3.78**	**1.09**	**1.02**	**1.00**	
银川市	**Yinchuan**	**36.44**	**42519.46**	**3.66**	**3.61**	**3.56**	**0.05**		**0.01**
兴庆区	Xingqing	44.13	73721.00	4.42	4.41	3.98			0.01
西夏区	Xixia	41.05	53612.02	1.79	1.74	1.74	0.05		
金凤区	Jinfeng	31.94	31217.78	1.03	0.84	0.84	0.19		
永宁县	Yongning	36.18	31538.75	4.12	4.11	4.11	0.01		
贺兰县	Helan	37.41	63542.53	5.37	5.37	5.37	0.01		
灵武市	Lingwu	34.26	27935.10	3.08	3.02	2.95	0.06		
石嘴山市	**Shizuishan**	**36.98**	**41397.21**	**6.17**	**6.16**	**6.09**	**0.01**		
大武口区	Dawukou	32.12	12326.62	0.57	0.53	0.53	0.04		
惠农区	Huinong	33.94	28823.46	2.62	2.62	2.62			
平罗县	Pingluo	38.75	50182.23	8.14	8.14	8.04		0.01	
吴忠市	**Wuzhong**	**31.99**	**27319.03**	**6.49**	**3.66**	**2.28**	**1.41**	**1.42**	
利通区	Litong	30.18	25969.36	1.37	1.23	1.22	0.14		
红寺堡区	Hongsipu	28.85	21390.99	2.85	2.71	2.68	0.14	0.01	
盐池县	Yanchi	41.78	32486.29	30.02	4.27	2.95	12.22	13.53	
同心县	Tongxin	26.89	24265.18	6.01	6.01	1.91			
青铜峡市	Qingtongxia	39.01	35352.02	3.98	3.63	3.63	0.35		
固原市	**Guyuan**	**24.31**	**15788.91**	**4.58**	**3.36**	**0.50**	**0.74**	**0.48**	
原州区	Yuanzhou	26.83	23223.07	3.02	2.69	0.85	0.01	0.32	
西吉县	Xiji	23.02	12896.36	6.35	4.45	0.48	1.46	0.44	
隆德县	Longde	22.88	17509.89	2.92	2.68	0.12	0.01	0.24	
泾源县	Jingyuan	21.30	17484.82	1.84	0.77	0.76	0.76	0.32	
彭阳县	Pengyang	25.46	12681.43	6.08	4.09	0.23	0.98	1.01	
中卫市	**Zhongwei**	**28.24**	**20545.28**	**4.52**	**2.53**	**1.12**	**1.43**	**0.56**	
沙坡头区	Shapotou	30.65	32985.96	5.31	1.46	0.85	3.85		
中宁县	Zhongning	42.09	15705.48	4.34	1.49	1.47	1.28	1.58	
海原县	Haiyuan	19.70	15382.50	4.12	3.73	1.10	0.01	0.37	

2-20 2015年各市县农村居民家庭农作物种植情况

Basic Statistics of Farm Crop Planting of Rural Households by City and County (2015)

单位：亩/人 (mu/person)

市 县	Region	粮食播种面积 Sown Area of Grain Crops	小麦播种面积 Wheat	水稻播种面积 Rice	玉米播种面积 Corn	豆类播种面积 Soybeans	薯类播种面积 Tubers
全　区	**Total**	**2.60**	**0.38**	**0.44**	**1.54**	**0.03**	**0.21**
沿黄地区	**Plain**	**2.85**	**0.30**	**1.04**	**1.46**	**0.05**	
中南部地区	**Mountain Area**	**2.35**	**0.41**		**1.49**	**0.01**	**0.44**
银川市	**Yinchuan**	**3.31**	**0.33**	**1.41**	**1.56**	**0.01**	
兴庆区	Xingqing	3.85	0.21	3.51	0.13		
西夏区	Xixia	1.62	0.11	0.64	0.87		
金凤区	Jinfeng	0.53			0.53		
永宁县	Yongning	3.31	0.37	0.25	2.69		
贺兰县	Helan	5.34	0.91	2.19	2.24		
灵武市	Lingwu	2.95	0.01	2.07	0.85	0.02	
石嘴山市	**Shizuishan**	**6.02**	**0.88**	**3.05**	**1.80**	**0.29**	
大武口区	Dawukou	0.48	0.28		0.20		
惠农区	Huinong	1.89	0.26		1.63		
平罗县	Pingluo	8.12	1.15	4.41	2.15	0.41	
吴忠市	**Wuzhong**	**2.41**	**0.25**	**0.14**	**1.94**		**0.08**
利通区	Litong	1.20	0.10	0.22	0.87		
红寺堡区	Hongsipu	2.65	0.11		2.53		0.01
盐池县	Yanchi	3.72			3.29		0.43
同心县	Tongxin	2.40	0.50		1.79		0.11
青铜峡市	Qingtongxia	3.15	0.29	0.42	2.44		
固原市	**Guyuan**	**2.22**	**0.44**		**1.23**	**0.02**	**0.53**
原州区	Yuanzhou	2.09	0.24		1.51		0.34
西吉县	Xiji	2.32	0.55		0.69		1.08
隆德县	Longde	2.16	0.46		1.24	0.08	0.38
泾源县	Jingyuan	0.72	0.24		0.28		0.20
彭阳县	Pengyang	2.94	0.59		2.15	0.05	0.15
中卫市	**Zhongwei**	**1.81**	**0.27**	**0.10**	**1.13**	**0.01**	**0.29**
沙坡头区	Shapotou	1.31	0.10	0.12	1.02	0.05	0.02
中宁县	Zhongning	1.45	0.02	0.27	1.16		
海原县	Haiyuan	2.29	0.50		1.18		0.61

2-20 续表 continued

单位：亩/人 (mu/person)

市 县	Region	经济作物播种面积 Sown Area of Economy Crops	油料播种面积 Oil-bearing	蔬菜播种面积 Vegetable	水果播种面积 Fruits	机耕面积 Plough Area by Machine	机播面积 Sown Area by Machine	机收面积 Reap Area by Machine	机电灌溉面积 Irrigate Area by Machine
全 区	**Total**	**0.26**	**0.12**	**0.07**	**0.07**	**2.65**	**2.21**	**1.41**	**0.28**
沿黄地区	**Plain**	**0.38**	**0.04**	**0.14**	**0.20**	**2.77**	**2.46**	**2.27**	**0.29**
中南部地区	**Mountain Area**	**0.26**	**0.20**	**0.05**		**2.45**	**1.91**	**0.61**	**0.41**
银川市	**Yinchuan**	**0.40**	**0.04**	**0.22**	**0.13**	**3.18**	**2.96**	**2.79**	**0.74**
兴庆区	Xingqing	0.36		0.36		4.01	3.99	3.89	4.30
西夏区	Xixia					1.53	1.53	1.53	1.64
金凤区	Jinfeng	0.32		0.10	0.22	0.35	0.35	0.35	
永宁县	Yongning	0.48		0.31	0.17	3.51	3.23	3.09	0.87
贺兰县	Helan	0.79	0.17	0.43	0.19	4.92	4.33	3.88	0.40
灵武市	Lingwu	0.13	0.01	0.04	0.09	2.73	2.70	2.60	0.11
石嘴山市	**Shizuishan**	**0.46**	**0.13**	**0.20**	**0.13**	**5.94**	**4.82**	**5.25**	**0.13**
大武口区	Dawukou	0.09	0.01	0.02	0.05	0.48	0.46	0.42	0.16
惠农区	Huinong	0.64	0.10	0.38	0.16	2.18	2.16	2.14	0.22
平罗县	Pingluo	0.48	0.15	0.19	0.13	7.95	6.34	6.97	0.10
吴忠市	**Wuzhong**	**0.15**	**0.02**	**0.05**	**0.07**	**2.56**	**2.38**	**1.54**	**0.02**
利通区	Litong	0.21		0.10	0.11	1.20	1.19	1.06	
红寺堡区	Hongsipu	0.05	0.03	0.01	0.01	2.65	2.39	0.77	
盐池县	Yanchi	0.25	0.12	0.11	0.01	3.98	3.17	0.79	0.16
同心县	Tongxin	0.01	0.01			2.74	2.71	1.82	
青铜峡市	Qingtongxia	0.28		0.07	0.20	3.31	3.04	2.67	
固原市	**Guyuan**	**0.33**	**0.24**	**0.09**	**0.00**	**2.39**	**1.85**	**0.27**	**0.34**
原州区	Yuanzhou	0.29	0.24	0.04		1.61	0.71	0.39	0.73
西吉县	Xiji	0.45	0.33	0.12		2.81	2.56	0.10	0.43
隆德县	Longde	0.42	0.23	0.19		2.65	2.14	0.09	0.13
泾源县	Jingyuan	0.06	0.06			0.75	0.55	0.36	
彭阳县	Pengyang	0.26	0.20	0.06		3.29	2.54	0.52	
中卫市	**Zhongwei**	**0.39**	**0.16**	**0.02**	**0.21**	**1.55**	**1.02**	**0.56**	
沙坡头区	Shapotou	0.37	0.04	0.08	0.26	1.29	0.97	0.18	
中宁县	Zhongning	0.55	0.00	0.01	0.54	1.09	1.03	0.99	
海原县	Haiyuan	0.31	0.31			1.94	1.04	0.56	

2-21 2015年各市县农村居民家庭农业生产情况

Basic Statistics of Agricultural Production of Rural Households by City and County (2015)

单位：公斤/人 (kg/person)

市 县	Region	谷物产量 Output of Cereal	小麦产量 Output of Wheat	稻谷产量 Output of Rice	玉米产量 Output of Corn	薯类产量 Output of Tubers	豆类产量 Output of Soybeans	油料产量 Output of Oil-bearing
全 区	**Total**	**1150.96**	**90.11**	**195.42**	**839.05**	**50.24**	**10.95**	**13.92**
沿黄地区	**Plain**	**1310.82**	**74.05**	**382.78**	**853.39**	**0.00**	**1.63**	**4.15**
中南部地区	**Mountain Area**	**935.39**	**81.55**	**0.11**	**814.09**	**104.67**	**24.64**	**21.11**
银川市	**Yinchuan**	**1283.89**	**114.85**	**485.76**	**682.66**		**1.98**	**8.89**
兴庆区	Xingqing	2096.36	119.71	1914.60	62.05		1.28	
西夏区	Xixia	1023.91	40.45	295.70	687.76			0.17
金凤区	Jinfeng	391.51			391.51			
永宁县	Yongning	1063.58	185.55	149.04	728.98		0.07	
贺兰县	Helan	1920.99	241.34	789.35	890.30			34.77
灵武市	Lingwu	1149.96	3.29	431.82	712.54		7.92	2.29
石嘴山市	**Shizuishan**	**2218.21**	**94.09**	**980.03**	**1144.09**		**0.24**	**5.31**
大武口区	Dawukou	130.32	41.82		88.50			1.36
惠农区	Huinong	914.92	92.12		822.80			28.50
平罗县	Pingluo	2945.61	105.23	1416.56	1423.82		0.35	
吴忠市	**Wuzhong**	**1370.41**	**67.04**	**88.31**	**1205.97**	**2.98**	**0.55**	**1.85**
利通区	Litong	600.94	36.69	129.90	434.34		0.30	
红寺堡区	Hongsipu	1300.36	20.47		1276.53	2.90	3.60	4.92
盐池县	Yanchi	759.72	5.22		754.50	17.04		9.40
同心县	Tongxin	1691.57	105.88		1556.89	2.68		0.69
青铜峡市	Qingtongxia	2262.73	115.55	272.71	1874.47			
固原市	**Guyuan**	**696.55**	**99.37**		**544.98**	**157.22**	**26.47**	**29.41**
原州区	Yuanzhou	658.61	44.13		596.31	85.90	1.26	28.79
西吉县	Xiji	628.46	133.25		351.18	352.15	55.61	41.09
隆德县	Longde	682.09	127.78		554.31	80.28	38.23	26.60
泾源县	Jingyuan	136.29	51.11		77.55	57.84	11.82	4.14
彭阳县	Pengyang	1141.07	117.65		1021.45	27.84	9.17	25.03
中卫市	**Zhongwei**	**907.49**	**35.68**	**51.68**	**801.96**	**48.91**	**30.18**	**11.72**
沙坡头区	Shapotou	647.97	16.72	74.89	553.73		5.00	1.63
中宁县	Zhongning	1104.12	9.43	123.21	971.48		0.49	0.81
海原县	Haiyuan	963.78	60.86		865.77	104.29	61.01	23.56

2-22 2015年各市县农村居民家庭农林牧渔业产品出售情况

Basic Statistics of Agriculture, Forestry, Animal Husbandry and Fishery Products Sales of Rural Households by City and County (2015)

单位：公斤/人、元/人 (kg/person,yuan/person)

市 县	Region	谷物 Cereal							
		数量 Quantity	金额 Amount	小麦 Wheat		稻谷 Rice		玉米 Corn	
				数量 Quantity	金额 Amount	数量 Quantity	金额 Amount	数量 Quantity	金额 Amount
全 区	**Total**	**713.53**	**1617.29**	**24.48**	**68.92**	**190.81**	**550.20**	**481.84**	**945.69**
沿黄地区	**Plain**	**892.35**	**2063.73**	**42.07**	**117.43**	**268.37**	**775.07**	**581.45**	**1169.95**
中南部地区	**Mountain Area**	**383.16**	**748.87**	**8.43**	**21.26**			**353.27**	**658.50**
银川市	**Yinchuan**	**868.42**	**2078.00**	**53.48**	**149.64**	**338.69**	**975.41**	**475.92**	**952.19**
兴庆区	Xingqing	1116.54	3116.70	13.70	35.98	971.74	2814.81	131.10	265.91
西夏区	Xixia	554.66	1288.21	5.06	13.88	172.63	486.38	376.97	787.95
金凤区	Jinfeng	129.47	264.72					129.47	264.72
永宁县	Yongning	736.62	1606.77	76.85	217.82	46.59	131.92	612.61	1254.74
贺兰县	Helan	1447.70	3464.83	135.74	379.49	572.40	1657.34	739.57	1427.99
灵武市	Lingwu	793.34	1963.48	3.72	8.82	427.64	1225.07	361.26	728.87
石嘴山市	**Shizuishan**	**1732.88**	**4050.94**	**139.52**	**381.82**	**752.46**	**2126.59**	**839.09**	**1538.61**
大武口区	Dawukou	106.60	268.37	51.36	157.81			41.45	80.74
惠农区	Huinong	351.56	742.40	46.41	137.95			305.16	604.46
平罗县	Pingluo	2402.04	5623.82	179.81	485.96	1087.63	3073.84	1134.60	2064.01
吴忠市	**Wuzhong**	**700.79**	**1441.59**	**12.12**	**35.07**	**41.39**	**123.64**	**640.89**	**1258.57**
利通区	Litong	209.39	500.65	0.38	1.14	60.15	188.07	148.85	311.44
红寺堡区	Hongsipu	791.58	1517.17	12.09	39.76			779.47	1477.38
盐池县	Yanchi	285.36	642.01	11.23	22.98			246.72	511.75
同心县	Tongxin	837.50	1536.30	9.10	27.03			817.25	1466.43
青铜峡市	Qingtongxia	1326.36	2970.61	33.12	96.63	133.12	386.76	1159.85	2486.38
固原市	**Guyuan**	**222.15**	**475.07**	**8.79**	**19.96**			**190.65**	**385.10**
原州区	Yuanzhou	218.94	447.20					215.32	432.90
西吉县	Xiji	158.85	384.40	10.37	23.32			82.93	163.44
隆德县	Longde	225.07	453.78	12.99	29.39			211.20	422.69
泾源县	Jingyuan	64.19	131.85	34.25	76.06			29.44	54.79
彭阳县	Pengyang	404.94	841.17	2.68	7.29			400.01	822.54
中卫市	**Zhongwei**	**544.58**	**1132.25**	**4.93**	**14.59**	**53.00**	**162.71**	**471.36**	**905.99**
沙坡头区	Shapotou	414.26	890.29	8.60	26.70	39.62	116.19	366.04	747.40
中宁县	Zhongning	1012.67	2246.16	0.16	0.49	170.58	530.11	841.35	1712.24
海原县	Haiyuan	379.82	698.72	5.12	14.37			342.37	581.66

2-22 续表 1 continued

单位：公斤/人、元/人 (kg/person,yuan/person)

市 县	Region	薯类 Tubers		豆类 Soybeans		油料 Oil-bearing		蔬菜 Vegetable		瓜类 Melons	
		数量 Quantity	金额 Amount	数量 Quantity	金额 Amount	数量 Quantity	金额 Amount	数量 Quantity	金额 Amount	数量 Quantity	金额 Amount
全 区	**Total**	**40.41**	**163.77**	**10.58**	**32.32**	**6.98**	**34.11**	**262.76**	**539.01**	**208.77**	**215.00**
沿黄地区	**Plain**			**3.64**	**12.00**	**6.61**	**30.43**	**482.48**	**871.89**	**498.33**	**596.66**
中南部地区	**Mountain Area**	**69.95**	**277.96**	**19.66**	**58.10**	**4.13**	**20.15**	**146.09**	**226.72**	**8.77**	**33.10**
银川市	**Yinchuan**			**4.48**	**14.63**	**9.59**	**45.21**	**866.81**	**1508.28**	**190.95**	**210.68**
兴庆区	Xingqing			1.68	5.77			1623.19	2634.65	30.24	122.98
西夏区	Xixia										
金凤区	Jinfeng			0.14	0.68			612.95	1103.05	19.86	75.71
永宁县	Yongning			8.05	26.93			1206.69	2285.96	24.22	65.55
贺兰县	Helan			2.07	8.71	36.65	179.09	1284.13	2024.59	431.08	403.58
灵武市	Lingwu			6.99	20.38	3.27	9.82	341.66	639.92	291.62	306.23
石嘴山市	**Shizuishan**			**8.17**	**19.52**	**20.53**	**93.92**	**448.70**	**734.33**	**221.57**	**582.57**
大武口区	Dawukou							95.77	228.11		
惠农区	Huinong					13.33	59.03	1440.32	1790.37	301.56	2155.51
平罗县	Pingluo			11.80	28.22	26.21	120.38	255.14	551.66	241.71	280.54
吴忠市	**Wuzhong**	**0.29**	**1.94**	**0.46**	**2.18**	**1.80**	**7.81**	**192.76**	**353.07**	**26.77**	**67.71**
利通区	Litong			0.45	1.76			529.26	884.28	5.69	20.91
红寺堡区	Hongsipu			1.64	7.75			0.15	0.15		
盐池县	Yanchi	0.05	0.52	0.90	5.38	10.66	43.66	271.91	652.99	116.41	433.48
同心县	Tongxin	0.96	6.29			2.27	10.72	10.37	23.69	10.50	13.78
青铜峡市	Qingtongxia			0.15	0.70			136.51	269.93	50.59	64.71
固原市	**Guyuan**	**103.55**	**410.42**	**19.30**	**57.18**	**1.61**	**9.17**	**238.77**	**344.86**	**2.58**	**17.19**
原州区	Yuanzhou	30.62	122.74	0.72	2.63	1.84	10.18	218.37	210.56		
西吉县	Xiji	252.85	999.97	44.57	124.91	2.36	13.35	393.47	599.24		
隆德县	Longde	78.91	307.05	25.96	94.82	0.44	2.99	260.16	392.82	4.59	5.37
泾源县	Jingyuan	28.22	122.79	10.70	29.33	0.20	0.53	0.21	0.13		
彭阳县	Pengyang	2.97	12.56	0.60	1.38	1.60	9.49	106.61	225.74	10.04	85.03
中卫市	**Zhongwei**	**38.38**	**152.14**	**26.86**	**80.34**	**6.90**	**32.05**	**64.66**	**195.13**	**794.31**	**874.74**
沙坡头区	Shapotou			2.03	9.23	2.89	13.30	177.08	596.02	1703.73	1950.26
中宁县	Zhongning			5.14	21.74	0.97	2.26	39.41	56.90	1236.74	1273.86
海原县	Haiyuan	81.84	324.44	53.36	154.33	12.43	58.95	8.12	18.67	0.08	0.16

2-22 续表 2 continued

单位：公斤/人、元/人 (kg/person,yuan/person)

市 县	Region	园林水果 Fruits		中药材 Medicinal Materials		林木种苗 Wood and Germchit		肉猪 Hog		
		数量 Quantity	金额 Amount	数量 Quantity	金额 Amount	数量 Quantity	金额 Amount	头数(头) Count (head)	毛 重 Gross Weight	金 额 Amount
全 区	**Total**	**33.17**	**99.07**	**13.17**	**405.42**	**26.38**	**54.66**	**0.13**	**15.37**	**228.95**
沿黄地区	**Plain**	**98.24**	**206.98**	**29.96**	**487.71**	**10.35**	**15.58**	**0.34**	**26.13**	**391.37**
中南部地区	**Mountain Area**	**1.52**	**3.45**	**2.50**	**61.17**	**64.34**	**100.80**	**0.04**	**4.23**	**69.08**
银川市	**Yinchuan**	**92.57**	**268.18**	**6.82**	**225.03**	**21.39**	**34.07**	**0.07**	**7.83**	**137.46**
兴庆区	Xingqing	0.35	0.35	0.74	18.62	0.71	21.43	0.01	1.05	18.90
西夏区	Xixia	0.11	1.12	13.36	513.66	0.78	23.53	0.01	0.70	16.80
金凤区	Jinfeng	173.69	1016.49			11.15	157.83			
永宁县	Yongning	144.94	492.68	8.10	357.45	80.54	47.46	0.01	0.94	20.55
贺兰县	Helan	8.58	7.69	1.14	38.52	0.51	3.58	0.01	1.00	20.87
灵武市	Lingwu	132.55	121.86	12.89	322.21	0.31	3.35	0.24	26.95	464.71
石嘴山市	**Shizuishan**	**5.37**	**19.11**	**10.54**	**225.42**	**0.01**	**2.06**	**0.72**	**89.73**	**1286.56**
大武口区	Dawukou	8.88	70.29			0.10	15.63	0.12	14.27	242.32
惠农区	Huinong	23.33	54.88					0.09	11.07	164.10
平罗县	Pingluo			15.24	325.84			0.99	124.10	1770.83
吴忠市	**Wuzhong**	**39.77**	**131.01**	**1.67**	**58.32**	**5.16**	**6.05**	**0.02**	**2.42**	**35.10**
利通区	Litong	47.98	293.35			0.07	2.76			
红寺堡区	Hongsipu	0.78	2.37	12.34	435.06	0.05	0.52	0.01	0.80	13.00
盐池县	Yanchi	0.11	0.45					0.10	12.23	190.03
同心县	Tongxin	2.21	6.14	0.09	1.87					
青铜峡市	Qingtongxia	128.75	177.34			26.13	26.91	0.05	5.22	68.25
固原市	**Guyuan**	**0.61**	**1.48**	**2.25**	**18.84**	**114.67**	**169.54**	**0.06**	**6.59**	**108.40**
原州区	Yuanzhou	1.85	3.99	0.95	38.23	0.07	0.82	0.01	0.64	15.28
西吉县	Xiji	0.11	0.46			8.80	16.78	0.01	1.26	26.02
隆德县	Longde	0.22	0.22	0.19	0.82	0.01	0.77	0.40	43.25	690.78
泾源县	Jingyuan			3.22	12.10	192.81	1261.81			
彭阳县	Pengyang	0.42	1.55	8.78	41.66	466.94	129.14			
中卫市	**Zhongwei**	**90.84**	**103.94**	**53.58**	**810.30**	**10.24**	**51.28**	**0.42**	**22.01**	**332.84**
沙坡头区	Shapotou	89.35	165.11	4.88	158.24	0.02	0.42	0.44	53.41	828.23
中宁县	Zhongning	259.25	215.61	209.96	2935.87			1.21	26.91	382.39
海原县	Haiyuan	3.96	7.78	2.24	105.92	21.82	109.10			

2-22 续表 3 continued

单位：公斤/人、元/人 (kg/person,yuan/person)

市 县	Region	菜羊 Sheep			肉牛 Cattle			家禽 Poultry		蛋类 Eggs	
		只数(只) Count (head)	毛 重 Gross Weight	金 额 Amount	头数(头) Count (head)	毛 重 Gross Weight	金 额 Amount	重 量 Weight	金 额 Amount	数 量 Quantity	金 额 Amount
全 区	**Total**	**0.49**	**14.03**	**299.53**	**0.06**	**22.44**	**610.60**	**0.46**	**5.75**	**1.16**	**7.39**
沿黄地区	**Plain**	**0.18**	**5.46**	**116.63**	**0.06**	**21.14**	**616.27**	**10.18**	**153.42**	**45.47**	**328.94**
中南部地区	**Mountain Area**	**0.95**	**25.68**	**568.11**	**0.09**	**30.08**	**831.38**	**0.10**	**1.79**	**0.03**	**0.30**
银川市	**Yinchuan**	**0.18**	**4.72**	**121.81**	**0.05**	**18.51**	**591.84**	**1.57**	**20.20**	**1.55**	**9.26**
兴庆区	Xingqing	0.19	3.76	131.84	0.09	30.97	1113.58	2.12	46.74	22.39	140.11
西夏区	Xixia	0.09	2.36	81.03				0.63	12.51		
金凤区	Jinfeng	0.07	0.84	29.11	0.18	65.70	2338.84	0.05	0.97		
永宁县	Yongning	0.18	7.13	140.90	0.01	5.62	135.43	1.47	23.26		
贺兰县	Helan	0.34	6.32	200.14	0.02	6.63	229.78	0.65	12.88		
灵武市	Lingwu	0.11	3.49	79.93	0.07	23.46	647.35	3.20	27.20	0.39	0.78
石嘴山市	**Shizuishan**	**0.26**	**8.71**	**192.34**	**0.01**	**3.97**	**112.76**	**10.19**	**168.14**	**0.03**	**0.28**
大武口区	Dawukou	0.00	0.12	2.91						0.07	0.82
惠农区	Huinong	0.54	16.85	383.00	0.01	4.97	124.29	55.09	907.86		
平罗县	Pingluo	0.23	8.17	177.69	0.01	4.45	130.61	0.37	6.53	0.03	0.28
吴忠市	**Wuzhong**	**1.11**	**31.23**	**687.27**	**0.08**	**33.91**	**925.72**	**7.90**	**114.10**	**0.06**	**0.69**
利通区	Litong	0.16	3.88	87.57	0.23	91.40	2557.26	0.29	6.00		
红寺堡区	Hongsipu	0.03	0.70	12.18	0.02	9.60	262.26				
盐池县	Yanchi	2.42	81.17	1559.75				0.70	12.09	0.36	4.63
同心县	Tongxin	2.58	66.56	1562.59	0.06	28.94	751.48	0.06	1.41		
青铜峡市	Qingtongxia	0.17	7.02	130.80	0.01	3.89	84.89	39.35	563.56	0.14	1.02
固原市	**Guyuan**	**0.45**	**10.93**	**239.27**	**0.13**	**40.08**	**1130.52**	**0.10**	**1.75**	**0.01**	**0.09**
原州区	Yuanzhou	0.41	8.33	221.95	0.13	43.76	1312.12				
西吉县	Xiji	0.27	6.93	129.26	0.11	39.83	975.26	0.11	1.30		
隆德县	Longde	0.47	11.59	200.08	0.05	15.53	406.88	0.20	3.87		
泾源县	Jingyuan	0.91	27.48	560.21	0.20	65.61	1696.07	0.16	3.28		
彭阳县	Pengyang	0.60	12.90	326.27	0.18	41.97	1425.77	0.11	2.53	0.07	0.47
中卫市	**Zhongwei**	**0.34**	**10.76**	**214.13**	**0.03**	**10.13**	**271.18**	**7.96**	**124.42**	**90.10**	**653.19**
沙坡头区	Shapotou	0.16	5.58	76.91	0.01	2.38	70.77	25.76	388.09	311.24	2256.27
中宁县	Zhongning	0.17	4.51	89.98	0.01	4.28	125.00	2.06	49.36	0.03	0.30
海原县	Haiyuan	0.54	17.16	362.44	0.05	17.91	469.71	0.00	0.15	0.01	0.07

2-22 续表 4 continued

单位：公斤/人、元/人　　(kg/person,yuan/person)

市　县	Region	畜支 Fur		毛绒 Wool		奶类 Milk		鱼类 Fish	
		数量(张) Quantity (piece)	金额 Amount	数量 Quantity	金额 Amount	数量 Quantity	金额 Amount	数量 Quantity	金额 Amount
全　区	**Total**	**0.05**	**1.44**	**0.70**	**4.42**	**5.61**	**16.74**	**1.65**	**13.82**
沿黄地区	**Plain**	**0.02**	**2.00**	**0.41**	**7.14**	**162.40**	**330.65**	**1.54**	**13.49**
中南部地区	**Mountain Area**	**0.10**	**3.36**	**1.37**	**10.97**	**0.02**	**0.06**		
银川市	**Yinchuan**	**0.02**	**0.96**	**0.14**	**0.86**	**43.09**	**90.70**	**4.16**	**30.99**
兴庆区	Xingqing			0.08	0.40				
西夏区	Xixia			0.06	0.39				
金凤区	Jinfeng	0.01	0.41						
永宁县	Yongning	0.05	1.20	0.33	1.39	0.19	0.74		
贺兰县	Helan	0.01	0.15	0.22	1.79			17.51	130.39
灵武市	Lingwu	0.03	2.19	0.00	0.13	160.13	336.75		
石嘴山市	**Shizuishan**	**0.03**	**1.84**	**1.35**	**43.16**	**11.64**	**37.25**	**0.64**	**19.96**
大武口区	Dawukou	0.02	0.68	0.59	116.03				
惠农区	Huinong	0.06	6.73	3.84	135.51	64.58	206.67		
平罗县	Pingluo	0.03	0.77	0.83	5.03			0.92	28.84
吴忠市	**Wuzhong**	**0.14**	**6.54**	**2.06**	**19.12**	**262.05**	**527.34**		
利通区	Litong	0.02	8.26	0.28	1.50	1033.11	2078.97		
红寺堡区	Hongsipu	0.06	2.97	1.26	45.89				
盐池县	Yanchi	0.90	30.82	12.91	92.78				
同心县	Tongxin	0.10	2.10	1.00	5.88				
青铜峡市	Qingtongxia	0.03	0.93	0.82	5.73				
固原市	**Guyuan**	**0.04**	**1.17**	**0.53**	**2.79**	**0.04**	**0.11**		
原州区	Yuanzhou	0.11	3.40	1.00	5.56				
西吉县	Xiji	0.01	0.31	0.05	0.33				
隆德县	Longde		0.08	0.33	1.57				
泾源县	Jingyuan		0.38	0.09	0.53				
彭阳县	Pengyang	0.05	0.92	1.08	5.31	0.19	0.58		
中卫市	**Zhongwei**	**0.05**	**1.90**	**0.60**	**3.03**	**1.13**	**3.51**		
沙坡头区	Shapotou	0.01	0.35	0.19	1.09	3.90	12.11		
中宁县	Zhongning	0.03	0.85	0.25	1.23				
海原县	Haiyuan	0.09	3.40	1.03	5.16				

2-23 2015年各市县农村居民家庭总收入来源情况

Basic Statistics of Total Income of Rural Households by Sources and City and County (2015)

单位：元/人 (yuan/person)

市 县	Region	总收入 Total Revenue	一、工资性收入 Wages Income	二、家庭经营收入 Household Business	1.第一产业收入 Primary Industry	(1)农业收入 Farming	(2)林业收入 Forestry	(3)牧业收入 Animal Husbandry	(4)渔业收入 Fishery
全 区	**Total**	**13790.16**	**3614.27**	**8030.13**	**5896.50**	**4126.33**	**95.06**	**1661.29**	**13.82**
沿黄地区	**Plain**	**16488.38**	**4899.41**	**9952.46**	**7525.57**	**5188.04**	**28.57**	**2295.46**	**13.50**
中南部地区	**Mountain Area**	**9720.21**	**2731.73**	**5758.02**	**4864.79**	**2608.48**	**126.58**	**2129.73**	
银川市	**Yinchuan**	**16423.32**	**5059.88**	**9779.92**	**6856.44**	**5442.87**	**50.74**	**1331.84**	**30.99**
兴庆区	Xingqing	20899.56	5309.60	14350.41	10165.84	8559.37	21.43	1585.05	
西夏区	Xixia	11572.70	3863.51	6399.21	2960.41	2771.49	23.95	164.97	
金凤区	Jinfeng	15764.11	5669.28	7754.57	5433.02	2867.92	165.46	2399.64	
永宁县	Yongning	16614.16	4007.16	10789.90	7602.37	6612.02	47.46	942.89	
贺兰县	Helan	18125.60	5723.40	10518.24	8032.04	7045.10	4.79	851.77	130.39
灵武市	Lingwu	15402.82	5545.33	8816.44	5927.91	3942.62	61.06	1924.23	
石嘴山市	**Shizuishan**	**17234.74**	**4009.05**	**10846.53**	**9161.44**	**6665.58**	**22.34**	**2453.56**	**19.96**
大武口区	Dawukou	10660.41	7139.14	2788.40	1125.17	600.02	15.63	509.52	
惠农区	Huinong	16342.31	4347.39	10550.39	8608.31	6045.98		2562.33	
平罗县	Pingluo	18748.84	3306.64	12429.80	10790.73	7950.45	29.32	2782.12	28.84
吴忠市	**Wuzhong**	**13884.03**	**4184.83**	**8605.86**	**6260.61**	**3262.31**	**18.58**	**2979.72**	
利通区	Litong	18213.46	6664.52	10467.76	7941.03	2743.81	5.31	5191.91	
红寺堡区	Hongsipu	8918.17	3733.35	4354.84	3734.75	2773.91	65.32	895.52	
盐池县	Yanchi	11632.38	1054.43	9295.96	7230.02	2487.80		4742.22	
同心县	Tongxin	10125.68	2534.05	6616.41	5766.09	2983.02	3.60	2779.48	
青铜峡市	Qingtongxia	16635.35	5246.77	10274.50	6161.68	5082.36	37.96	1041.36	
固原市	**Guyuan**	**9848.17**	**2811.55**	**5754.18**	**4859.23**	**2589.24**	**205.92**	**2064.07**	
原州区	Yuanzhou	10454.68	3228.16	5934.08	4533.60	1909.50	3.05	2621.05	
西吉县	Xiji	9542.18	2558.13	5828.83	5270.98	3679.64	29.24	1562.10	
隆德县	Longde	9286.09	2822.20	4896.49	3874.94	2258.46	4.55	1611.94	
泾源县	Jingyuan	9061.68	2721.16	5270.46	4373.54	801.70	1279.93	2291.91	
彭阳县	Pengyang	10144.36	2831.98	6129.32	5445.32	2733.94	282.32	2429.05	
中卫市	**Zhongwei**	**12047.66**	**3382.12**	**7073.31**	**6007.87**	**4034.08**	**60.53**	**1913.16**	
沙坡头区	Shapotou	15421.66	4543.03	8960.24	8112.23	4187.67	20.61	3903.95	
中宁县	Zhongning	14764.28	3442.35	9687.70	7670.35	6858.26		812.10	
海原县	Haiyuan	8646.20	2656.99	4525.53	3824.36	2459.56	116.37	1248.42	

2-23 续表 1 continued

单位：元/人 (yuan/person)

市 县	Region	2.第二产业收入 Secondary Industry	工业收入 Industry	建筑业收入 Construction	3.第三产业收入 Tertiary Industry	交通、运输、邮电业收入 Transport, Post and Telecommunication	批零贸易业、饮食业收入 Wholesale, Retail Trade and Catering	社会服务业收入 Social Service	其他行业收入 Others
全 区	**Total**	**172.38**	**61.54**	**110.84**	**1961.25**	**943.52**	**684.99**	**317.71**	**15.03**
沿黄地区	**Plain**	**183.05**	**19.32**	**163.73**	**2243.85**	**1168.59**	**758.40**	**311.64**	**5.21**
中南部地区	**Mountain Area**	**63.42**	**31.15**	**32.28**	**829.81**	**361.10**	**283.94**	**171.43**	**13.35**
银川市	**Yinchuan**	**271.88**	**18.84**	**253.05**	**2651.60**	**1374.58**	**963.48**	**301.10**	**12.44**
兴庆区	Xingqing	2284.63		2284.63	1899.94	1499.47	231.14	169.34	
西夏区	Xixia	478.51	25.97	452.54	2960.29	1438.14	1017.90	504.26	
金凤区	Jinfeng	174.41	12.99	161.43	2147.13	637.11	1510.02		
永宁县	Yongning	210.26		210.26	2977.26	1835.59	851.21	290.46	
贺兰县	Helan				2486.20	1743.44	273.25	469.51	
灵武市	Lingwu	59.47	57.23	2.24	2829.06	938.09	1592.66	252.03	46.28
石嘴山市	**Shizuishan**	**338.67**	**4.23**	**334.44**	**1346.43**	**505.75**	**685.50**	**151.97**	**3.21**
大武口区	Dawukou	82.61		82.61	1580.62	1527.84	23.50	29.28	
惠农区	Huinong	23.45	23.45		1918.62	1436.43	343.26	125.26	13.68
平罗县	Pingluo	467.71		467.71	1171.37	91.86	896.96	181.46	1.08
吴忠市	**Wuzhong**	**92.75**	**31.72**	**61.03**	**2252.50**	**1426.56**	**468.34**	**330.49**	**27.12**
利通区	Litong	237.22	78.75	158.47	2289.44	1056.78	848.46	384.20	
红寺堡区	Hongsipu	27.59		27.59	592.50	300.92	101.77	189.81	
盐池县	Yanchi				2065.94	889.89	728.74	447.31	
同心县	Tongxin	96.32	39.13	57.19	753.99	183.21	245.83	237.16	87.79
青铜峡市	Qingtongxia				4112.82	3198.00	454.40	456.48	3.93
固原市	**Guyuan**	**88.36**	**47.15**	**41.22**	**806.58**	**317.63**	**315.59**	**171.98**	**1.38**
原州区	Yuanzhou	48.05	7.92	40.13	1352.43	703.98	164.14	478.78	5.53
西吉县	Xiji	96.38		96.38	461.47	84.97	319.07	57.42	
隆德县	Longde	12.28	12.28		1009.26	305.05	630.17	74.04	
泾源县	Jingyuan				896.92	415.58	408.36	72.97	
彭阳县	Pengyang	224.74	224.74		459.26	170.38	210.24	78.64	
中卫市	**Zhongwei**	**19.54**	**2.20**	**17.35**	**1045.90**	**453.73**	**404.15**	**188.02**	
沙坡头区	Shapotou	7.59	7.59		840.42	165.99	335.89	338.54	
中宁县	Zhongning	71.24		71.24	1946.11	736.44	932.87	276.80	
海原县	Haiyuan				701.17	482.74	170.16	48.27	

2-23 续表 2 continued

单位：元/人 (yuan/person)

市 县	Region	三、财产性收入 Property Income	转让承包土地经营权租金净收入 Rental Income for Land Contractual Management Right	四、转移性收入 Transfer Income	养老金或离退休金 Pensions and Retirement Pay	报销医疗费 medical fee for reimbursement	政策性惠农补贴 Policy-related subsidies
全 区	**Total**	**242.47**	**142.63**	**1903.29**	**644.47**	**246.60**	**379.50**
沿黄地区	**Plain**	**288.69**	**156.52**	**1347.81**	**664.74**	**172.85**	**204.12**
中南部地区	**Mountain Area**	**89.11**	**53.78**	**1141.29**	**231.01**	**120.94**	**333.46**
银川市	**Yinchuan**	**368.22**	**102.10**	**1215.30**	**565.01**	**178.23**	**216.70**
兴庆区	Xingqing	760.48	72.40	479.07	161.61	39.46	150.65
西夏区	Xixia	441.45	27.94	868.54	474.76	61.77	15.57
金凤区	Jinfeng	609.32	3.94	1730.94	754.97	271.49	153.71
永宁县	Yongning	658.49	197.24	1158.61	385.55	75.57	315.98
贺兰县	Helan	254.90	158.50	1629.06	717.82	336.05	399.96
灵武市	Lingwu	99.13	31.80	941.92	627.77	157.91	59.13
石嘴山市	**Shizuishan**	**411.02**	**305.24**	**1968.14**	**1020.08**	**116.13**	**379.95**
大武口区	Dawukou	76.79	46.11	656.08	261.60	68.59	7.23
惠农区	Huinong	495.26	488.90	949.28	607.97	75.50	62.39
平罗县	Pingluo	454.61	305.34	2557.79	1351.34	135.16	531.57
吴忠市	**Wuzhong**	**91.02**	**75.55**	**1002.30**	**312.18**	**120.37**	**250.42**
利通区	Litong	50.42	34.30	1030.76	508.16	114.18	28.26
红寺堡区	Hongsipu	20.81	19.16	809.17	130.50	90.64	372.69
盐池县	Yanchi	122.50	61.66	1159.50	71.38	153.51	715.45
同心县	Tongxin	50.73	50.04	924.49	172.65	83.43	227.54
青铜峡市	Qingtongxia	241.13	218.02	872.96	259.42	169.69	256.03
固原市	**Guyuan**	**101.08**	**47.35**	**1181.36**	**251.83**	**118.25**	**300.39**
原州区	Yuanzhou	78.75	56.07	1213.68	317.06	167.09	320.35
西吉县	Xiji	112.88	65.70	1042.34	136.49	96.94	200.24
隆德县	Longde	107.63	32.71	1459.77	347.54	153.24	425.58
泾源县	Jingyuan	59.34	39.59	1010.72	99.53	76.90	251.59
彭阳县	Pengyang	63.65	18.70	1119.42	271.06	85.29	375.39
中卫市	**Zhongwei**	**167.63**	**142.79**	**1424.59**	**563.50**	**196.83**	**273.10**
沙坡头区	Shapotou	111.46	83.84	1806.93	1052.77	130.71	265.26
中宁县	Zhongning	366.25	327.81	1267.98	599.95	343.68	65.37
海原县	Haiyuan	98.50	82.54	1364.98	336.07	160.61	389.51

2-24 2015年各市县农村居民家庭总支出情况

Basic Statistics of Total Expenses of Rural Households by City and County (2015)

单位：元/人 (yuan/person)

市 县	Region	总支出 Total Expenditure	一、生产经营费用支出 Expenditure for Household Business	第一产业生产费用支出 Primary Industry	农业生产费用支出 Farming	林业生产费用支出 Forestry	牧业生产费用支出 Animal Husbandry	渔业生产费用支出 Fishery	第二产业生产费用支出 Secondary Industry	工业生产费用支出 Industry
全 区	**Total**	**18280.72**	**3628.55**	**2883.81**	**1782.98**	**23.18**	**1065.72**	**11.93**	**70.78**	**29.27**
沿黄地区	**Plain**	**21175.40**	**4513.58**	**3846.23**	**2308.73**	**10.50**	**1514.95**	**12.04**	**59.72**	**4.66**
中南部地区	**Mountain Area**	**13172.50**	**2239.68**	**1967.81**	**982.54**	**38.66**	**946.58**		**18.46**	**8.84**
银川市	**Yinchuan**	**21248.45**	**4099.49**	**3222.22**	**2465.12**	**28.67**	**694.08**	**34.35**	**99.77**	**11.29**
兴庆区	Xingqing	19026.40	5376.33	3885.52	2913.83	5.58	966.12		843.05	
西夏区	Xixia	16367.50	1375.25	740.11	631.87	3.98	104.26		70.28	0.91
金凤区	Jinfeng	20009.69	4454.41	3247.29	1469.37	143.49	1634.42		88.59	
永宁县	Yongning	21933.40	4588.56	3654.01	3242.68	9.31	390.31	11.71	76.03	
贺兰县	Helan	22685.64	5361.36	4378.54	3875.48	3.20	367.56	132.29		
灵武市	Lingwu	21987.48	2807.37	2292.84	1291.53	33.93	967.29	0.09	42.18	41.73
石嘴山市	**Shizuishan**	**20448.04**	**5169.27**	**4749.59**	**3114.41**	**0.68**	**1634.46**	**0.04**	**162.19**	**0.18**
大武口区	Dawukou	13137.73	602.32	375.44	170.13	3.12	202.19		12.85	
惠农区	Huinong	18465.57	4474.97	3984.69	2061.67	1.51	1921.51		1.03	1.03
平罗县	Pingluo	22362.67	6201.06	5762.05	3937.97		1824.03	0.05	231.73	
吴忠市	**Wuzhong**	**17820.43**	**3634.59**	**2960.50**	**1250.30**	**0.95**	**1709.26**		**11.82**	**6.19**
利通区	Litong	24559.88	5485.57	4599.23	1248.75	0.57	3349.92		20.42	4.61
红寺堡区	Hongsipu	13088.88	2056.82	1916.56	1330.89	3.22	582.45		3.11	
盐池县	Yanchi	17057.60	2923.31	2491.25	1066.32		1424.94			
同心县	Tongxin	14372.10	2767.89	2431.17	873.82		1557.35		20.55	16.52
青铜峡市	Qingtongxia	17397.22	3730.72	2720.99	1915.85	1.92	803.22		0.32	0.32
固原市	**Guyuan**	**13094.25**	**2156.35**	**1863.18**	**923.93**	**58.12**	**881.06**		**28.29**	**11.95**
原州区	Yuanzhou	14986.83	2422.16	1825.83	710.89	8.26	1106.43		12.83	0.57
西吉县	Xiji	11828.64	2026.54	1905.61	1261.86	24.92	618.84		41.06	
隆德县	Longde	14810.26	1717.83	1415.08	801.57	1.95	611.57		4.48	4.48
泾源县	Jingyuan	12015.96	2169.68	1820.28	277.17	410.69	1132.43			
彭阳县	Pengyang	11827.74	2311.37	2161.31	1011.59	34.65	1115.07		57.81	57.81
中卫市	**Zhongwei**	**16552.62**	**3272.39**	**3055.38**	**1800.01**	**21.01**	**1234.37**		**0.89**	
沙坡头区	Shapotou	23157.86	5062.20	5018.89	2035.63	0.47	2982.79			
中宁县	Zhongning	18666.45	3930.56	3417.03	2862.84	0.11	554.08		3.66	
海原县	Haiyuan	11409.40	1814.51	1645.12	1097.22	44.45	503.45			

2-24 续表 1 continued

单位：元/人 (yuan/person)

市 县	Region	建筑业生产费用支出 Construction	第三产业生产费用支出 Tertiary Industry	交通运输邮电业生产费用支出 Transport, Post and Telecommunication	批零贸易餐饮业生产费用支出 Wholesale, Retail Trade and Catering	社会服务业生产费用支出 Social Service	其他行业生产费用支出 Others	二、购置生产性固定资产支出 Expenditure for Purchasing Productive Fixed Assets
全 区	**Total**	**41.51**	**673.96**	**304.40**	**258.95**	**97.28**	**13.32**	**667.41**
沿黄地区	**Plain**	**55.06**	**607.64**	**316.42**	**188.52**	**92.94**	**9.77**	**657.37**
中南部地区	**Mountain Area**	**9.63**	**253.40**	**129.31**	**54.26**	**64.47**	**5.37**	**561.61**
银川市	**Yinchuan**	**88.49**	**777.49**	**425.10**	**230.14**	**94.37**	**27.89**	**572.95**
兴庆区	Xingqing	843.05	647.76	556.39		91.37		58.21
西夏区	Xixia	69.37	564.86	429.81	81.37	53.68		653.55
金凤区	Jinfeng	88.59	1118.54	150.19	966.69	1.66		131.24
永宁县	Yongning	76.03	858.52	419.63	213.31	116.89	108.70	605.04
贺兰县	Helan		982.82	743.34	37.41	202.07		53.65
灵武市	Lingwu	0.45	472.36	233.79	207.41	27.06	4.11	1272.36
石嘴山市	**Shizuishan**	**162.01**	**257.49**	**149.73**	**18.07**	**89.69**		**387.45**
大武口区	Dawukou	12.85	214.03	197.09	14.19	2.76		227.14
惠农区	Huinong		489.25	484.96	4.29			532.95
平罗县	Pingluo	231.73	207.28	55.85	22.30	129.12		378.01
吴忠市	**Wuzhong**	**5.63**	**662.27**	**357.85**	**174.52**	**119.00**	**10.90**	**548.94**
利通区	Litong	15.81	865.92	328.18	500.17	37.57		737.62
红寺堡区	Hongsipu	3.11	137.16	32.41	8.49	96.25		136.38
盐池县	Yanchi		432.06	325.79	56.53	49.74		246.60
同心县	Tongxin	4.03	316.17	63.09	65.53	151.22	36.32	552.59
青铜峡市	Qingtongxia		1009.40	668.26	106.50	234.64		759.33
固原市	**Guyuan**	**16.34**	**264.87**	**136.98**	**71.15**	**56.46**	**0.28**	**820.43**
原州区	Yuanzhou	12.25	583.50	338.02	38.96	206.51		529.69
西吉县	Xiji	41.06	79.87	29.34	42.36	7.29	0.88	938.10
隆德县	Longde		298.27	145.67	152.07	0.53		737.15
泾源县	Jingyuan		349.40	162.54	181.78	5.08		841.31
彭阳县	Pengyang		92.25	38.55	44.11	9.59		1061.84
中卫市	**Zhongwei**	**0.89**	**216.11**	**118.88**	**54.35**	**42.88**		**478.19**
沙坡头区	Shapotou		43.31	26.12	15.66	1.53		551.25
中宁县	Zhongning	3.66	509.88	193.71	176.04	140.13		1149.38
海原县	Haiyuan		169.39	136.81	14.84	17.74		82.69

2-24 续表 2 continued

单位：元/人 (yuan/person)

市 县	Region	三、生活消费支出 Living Expenditure	1.食品烟酒 Food Tobacco Liquor	A.食品 Food	谷物 Grain	薯类 Tubers	豆类 Soybeans	食用油 Edible Oil
全 区	**Total**	**8414.87**	**2452.68**	**1997.69**	**449.34**	**75.09**	**13.92**	**138.76**
沿黄地区	**Plain**	**9430.91**	**2820.35**	**2240.17**	**489.06**	**21.57**	**21.72**	**151.27**
中南部地区	**Mountain Area**	**6646.26**	**2231.59**	**1909.55**	**473.99**	**123.20**	**7.20**	**134.23**
银川市	**Yinchuan**	**10118.50**	**2970.27**	**2343.07**	**486.81**	**26.86**	**20.44**	**155.00**
兴庆区	Xingqing	10184.23	3136.69	2440.91	303.92	34.16	47.89	151.55
西夏区	Xixia	9142.10	2726.70	1816.72	282.05	52.62	14.25	110.85
金凤区	Jinfeng	9873.08	2942.70	2525.53	471.15	73.23	20.95	201.10
永宁县	Yongning	8554.32	2602.82	2088.04	387.17	13.40	28.78	161.42
贺兰县	Helan	11865.48	3636.86	2642.78	533.54	21.43	20.14	200.60
灵武市	Lingwu	10475.30	2783.06	2391.70	651.81	15.42	7.66	103.99
石嘴山市	**Shizuishan**	**9550.93**	**3147.93**	**2546.36**	**509.69**	**21.14**	**28.58**	**185.84**
大武口区	Dawukou	8359.47	2539.52	1950.43	392.70	23.13	21.28	125.84
惠农区	Huinong	8697.53	2912.81	2230.97	378.24		24.58	149.90
平罗县	Pingluo	10035.54	3326.48	2741.57	564.79	26.22	30.91	207.61
吴忠市	**Wuzhong**	**8022.24**	**2551.68**	**2171.74**	**491.79**	**40.13**	**9.51**	**151.90**
利通区	Litong	9706.50	2967.80	2411.66	402.33	34.89	11.12	156.14
红寺堡区	Hongsipu	6593.91	2178.25	1915.78	424.88	84.95	6.02	138.67
盐池县	Yanchi	7850.16	2942.30	2391.17	458.63	97.21	9.94	127.77
同心县	Tongxin	6898.58	2349.21	2142.56	611.32	20.60	3.52	167.40
青铜峡市	Qingtongxia	8211.22	2329.76	1929.24	489.64	16.99	18.72	139.49
固原市	**Guyuan**	**6520.73**	**2268.26**	**1875.54**	**417.48**	**177.44**	**9.11**	**123.93**
原州区	Yuanzhou	7760.35	2524.86	2084.28	524.95	84.70	11.02	138.85
西吉县	Xiji	5780.61	2231.14	1920.95	397.55	332.10	4.43	98.32
隆德县	Longde	6883.55	2251.20	1733.81	368.47	127.04	17.69	118.96
泾源县	Jingyuan	6013.64	2104.00	1868.82	376.88	202.58	14.49	169.84
彭阳县	Pengyang	6129.79	2089.58	1637.29	368.19	63.89	5.78	129.41
中卫市	**Zhongwei**	**7676.44**	**2238.78**	**1839.48**	**530.10**	**38.12**	**16.39**	**131.73**
沙坡头区	Shapotou	8996.65	2650.30	1899.73	447.24	13.12	34.88	129.38
中宁县	Zhongning	8483.76	2474.78	2069.12	619.55	5.70	17.65	132.67
海原县	Haiyuan	6469.07	1873.34	1691.46	535.36	70.35	4.38	132.44

2-24 续表 3 continued

单位：元/人 (yuan/person)

市 县	Region	蔬菜和食用菌 Vegetables and Related Products	肉类 Meat	禽类 Poultry	水产品 Aquartic Products	蛋类 Eggs	奶类 Milk	干鲜瓜果类 Dried and Fresh Melon and Fruit	糖果糕点类 Candy and Pastry	其它类食品 Other Food	B.烟酒 Tobacco and Liquor	C.饮料 Beverage	D.饮食服务 Service for Food	在外饮食 Dinning Outer
全 区	**Total**	**211.23**	**505.82**	**99.86**	**19.12**	**42.60**	**88.08**	**213.05**	**35.32**	**105.51**	**208.35**	**52.80**	**193.83**	**149.90**
沿黄地区	**Plain**	**276.99**	**577.59**	**101.07**	**29.08**	**36.27**	**108.23**	**247.64**	**45.60**	**134.08**	**234.12**	**51.27**	**294.78**	**241.74**
中南部地区	**Mountain Area**	**160.01**	**489.35**	**100.72**	**11.03**	**47.25**	**71.02**	**178.37**	**23.36**	**89.81**	**179.62**	**53.52**	**88.90**	**73.27**
银川市	**Yinchuan**	**280.52**	**615.56**	**114.34**	**34.58**	**36.86**	**115.14**	**271.53**	**45.78**	**139.65**	**238.90**	**57.69**	**330.61**	**307.31**
兴庆区	Xingqing	329.69	655.20	158.26	34.69	46.89	152.36	316.89	75.18	134.23	220.91	91.55	383.33	374.20
西夏区	Xixia	184.72	420.06	120.54	27.31	39.86	103.39	285.04	43.55	132.48	383.79	66.07	460.12	443.99
金凤区	Jinfeng	346.41	628.90	121.23	51.37	55.21	128.66	281.64	28.95	116.72	130.75	59.65	226.78	222.87
永宁县	Yongning	280.86	533.17	99.58	36.53	31.20	88.40	259.53	50.42	117.59	230.66	53.31	230.81	217.46
贺兰县	Helan	312.99	629.55	141.20	29.40	40.32	113.05	300.42	64.91	235.21	388.67	69.30	536.11	502.96
灵武市	Lingwu	248.90	728.82	90.47	32.30	28.43	128.94	240.05	24.75	90.16	116.53	39.83	235.00	197.83
石嘴山市	**Shizuishan**	**331.50**	**638.28**	**100.25**	**22.14**	**40.95**	**131.20**	**293.51**	**80.04**	**163.25**	**340.53**	**56.74**	**204.30**	**187.49**
大武口区	Dawukou	273.87	403.65	83.11	32.42	58.61	116.20	264.11	46.79	108.71	374.96	43.99	170.15	159.24
惠农区	Huinong	319.28	630.92	68.08	28.92	29.11	104.56	258.42	76.84	162.12	401.20	42.52	238.12	176.21
平罗县	Pingluo	345.68	685.64	111.41	18.32	40.47	140.44	308.54	87.01	174.53	316.45	62.71	205.75	199.48
吴忠市	**Wuzhong**	**218.79**	**664.51**	**115.98**	**19.11**	**38.08**	**88.81**	**213.23**	**28.06**	**91.85**	**155.11**	**41.57**	**183.26**	**160.17**
利通区	Litong	243.40	842.95	141.49	33.57	41.27	90.73	284.55	34.10	95.12	143.53	41.68	370.92	319.73
红寺堡区	Hongsipu	175.32	475.62	150.95	11.61	41.53	91.56	209.47	21.25	83.96	100.00	69.06	93.41	86.43
盐池县	Yanchi	228.24	885.94	85.53	23.55	51.88	65.38	203.42	34.35	119.33	305.61	50.59	194.93	190.22
同心县	Tongxin	194.95	641.15	109.24	6.09	40.50	93.26	157.55	13.51	83.47	114.88	34.91	56.86	53.22
青铜峡市	Qingtongxia	240.66	454.85	83.60	22.48	21.59	93.82	213.23	43.33	90.84	195.41	29.85	175.26	153.41
固原市	**Guyuan**	**153.11**	**444.13**	**99.54**	**12.56**	**49.27**	**71.15**	**192.87**	**27.75**	**97.21**	**229.32**	**60.32**	**103.09**	**80.16**
原州区	Yuanzhou	175.22	535.39	105.05	12.06	47.99	123.14	205.89	25.16	94.85	208.98	46.27	185.33	149.51
西吉县	Xiji	114.15	528.94	90.07	14.37	43.50	44.39	160.44	26.21	66.47	193.59	63.54	53.06	34.29
隆德县	Longde	212.12	249.22	81.35	13.34	50.75	73.24	227.37	52.07	142.19	358.39	67.20	91.81	68.75
泾源县	Jingyuan	204.25	221.34	135.78	17.62	52.83	107.87	234.42	21.00	109.93	84.49	60.86	89.83	83.53
彭阳县	Pengyang	123.05	432.75	103.30	7.34	57.70	28.24	186.54	18.10	112.99	290.77	67.80	93.72	72.68
中卫市	**Zhongwei**	**206.63**	**400.57**	**77.06**	**17.05**	**41.51**	**77.40**	**164.58**	**26.75**	**111.62**	**170.48**	**48.92**	**179.90**	**108.72**
沙坡头区	Shapotou	275.99	410.79	62.81	22.34	34.14	103.92	193.35	43.50	128.26	269.70	69.04	411.83	191.88
中宁县	Zhongning	272.61	394.79	76.71	29.57	39.39	101.61	179.13	25.73	174.00	206.31	36.22	163.14	152.53
海原县	Haiyuan	129.62	402.20	86.95	7.39	47.13	48.91	140.33	17.18	69.23	90.68	45.46	45.75	35.24

2-24 续表 4 continued

单位：元/人 (yuan/person)

市 县	Region	2.衣着 Clothing	A.衣类 Clothing	B.鞋类 Footwear	3.居住 Residence	A.住房维修管理 Maintenance Management	B.水电燃料及其他 Water, Electricity, Fuel and Others	C.自有住房折算租金 Imputed Rent for Home-ownership	4.生活用品及服务 Household Facilities, and Service
全 区	**Total**	**664.04**	**494.65**	**169.39**	**1561.22**	**400.69**	**540.90**	**584.65**	**571.82**
沿黄地区	**Plain**	**796.41**	**599.28**	**197.13**	**1710.30**	**410.19**	**540.50**	**725.93**	**597.64**
中南部地区	**Mountain Area**	**525.23**	**381.81**	**143.41**	**1159.51**	**188.65**	**457.07**	**486.22**	**393.81**
银川市	**Yinchuan**	**871.47**	**649.81**	**221.67**	**2076.68**	**532.80**	**607.96**	**887.69**	**594.11**
兴庆区	Xingqing	1189.59	896.46	293.13	2602.78	103.39	678.60	1764.78	560.99
西夏区	Xixia	735.36	535.18	200.18	1832.52	190.35	560.19	972.15	564.36
金凤区	Jinfeng	1128.41	745.08	383.32	1783.62	154.85	717.80	896.54	690.00
永宁县	Yongning	736.30	533.55	202.75	1606.04	391.88	569.59	641.00	669.12
贺兰县	Helan	917.07	707.81	209.26	2630.02	713.91	824.61	1006.26	414.60
灵武市	Lingwu	836.49	653.03	183.46	2089.84	855.64	413.03	771.58	679.15
石嘴山市	**Shizuishan**	**746.77**	**559.16**	**187.61**	**1949.38**	**396.31**	**757.98**	**723.02**	**574.77**
大武口区	Dawukou	652.52	482.96	169.55	1504.08	241.69	650.76	611.63	565.00
惠农区	Huinong	766.09	581.68	184.41	1669.95	100.44	727.03	786.49	295.72
平罗县	Pingluo	756.44	565.35	191.09	2102.77	500.81	785.70	726.67	654.83
吴忠市	**Wuzhong**	**753.04**	**559.57**	**193.47**	**1375.26**	**256.20**	**443.52**	**669.01**	**550.88**
利通区	Litong	982.24	735.05	247.20	1359.82	305.81	503.71	536.21	775.46
红寺堡区	Hongsipu	627.49	459.91	167.58	969.08	78.37	310.28	580.43	497.68
盐池县	Yanchi	659.72	463.80	195.92	1383.29	158.76	506.35	712.36	314.50
同心县	Tongxin	690.12	507.72	182.41	1394.58	271.66	431.49	688.60	481.07
青铜峡市	Qingtongxia	683.65	525.41	158.23	1659.20	356.53	445.97	849.14	538.72
固原市	**Guyuan**	**467.37**	**341.41**	**125.96**	**1036.10**	**126.30**	**436.72**	**434.06**	**379.90**
原州区	Yuanzhou	588.70	433.10	155.60	1336.08	223.05	466.81	581.88	347.25
西吉县	Xiji	401.35	297.62	103.73	870.87	51.86	469.66	341.34	318.42
隆德县	Longde	480.29	344.23	136.06	1031.69	139.57	395.98	454.95	459.44
泾源县	Jingyuan	434.44	303.96	130.47	1102.61	228.48	394.37	479.75	457.58
彭阳县	Pengyang	427.63	312.56	115.07	904.60	67.60	394.89	366.69	428.46
中卫市	**Zhongwei**	**578.61**	**429.72**	**148.89**	**1311.82**	**339.87**	**470.75**	**478.97**	**449.34**
沙坡头区	Shapotou	653.97	499.22	154.74	1426.91	303.60	461.58	644.69	530.32
中宁县	Zhongning	671.92	515.93	155.99	1172.74	370.26	321.52	464.46	542.23
海原县	Haiyuan	487.83	346.32	141.52	1312.03	345.12	553.70	384.89	350.67

2-24 续表 5 continued

单位：元/人 (yuan/person)

市 县	Region	5.交通和通信 Transport and Communication	A.交通 Transport	交通工具 Transport Vehicle	交通费 Car Fare	交通工具用燃料 Fuel for Transport Vehicle	交通工具使用及维修 Use and maintenance for Transport Vehicle	B.通信 Communication	通信工具 Communication Tools	通信服务 Service for Communication
全 区	**Total**	**1070.92**	**722.33**	**284.62**	**126.67**	**179.05**	**131.99**	**348.59**	**143.20**	**205.40**
沿黄地区	**Plain**	**1217.91**	**823.41**	**330.98**	**121.43**	**220.46**	**150.54**	**394.50**	**138.94**	**255.56**
中南部地区	**Mountain Area**	**801.34**	**532.81**	**203.71**	**108.90**	**143.25**	**76.95**	**268.53**	**98.03**	**170.49**
银川市	**Yinchuan**	**1362.92**	**930.43**	**354.48**	**121.91**	**256.55**	**197.49**	**432.49**	**136.84**	**295.65**
兴庆区	Xingqing	1384.75	989.19	146.58	77.25	509.26	256.10	395.56	95.15	300.42
西夏区	Xixia	941.22	673.52	126.79	113.59	238.02	195.13	267.69	77.16	190.54
金凤区	Jinfeng	1127.31	648.64	164.16	122.81	225.70	135.97	478.67	164.50	314.17
永宁县	Yongning	999.84	536.53	37.21	113.98	203.58	181.76	463.31	110.22	353.09
贺兰县	Helan	1634.72	1116.93	537.67	160.78	252.73	165.76	517.78	143.25	374.54
灵武市	Lingwu	1688.41	1315.71	677.28	106.53	278.46	253.44	372.70	170.67	**202.04**
石嘴山市	**Shizuishan**	**1106.41**	**667.59**	**198.00**	**160.12**	**192.95**	**116.51**	**438.83**	**127.47**	**311.36**
大武口区	Dawukou	1361.64	902.08	486.34	149.55	139.31	126.88	459.56	112.74	346.82
惠农区	Huinong	884.83	505.35	91.63	141.07	158.09	114.56	379.48	110.50	268.97
平罗县	Pingluo	1113.33	662.87	169.88	166.80	211.35	114.84	450.46	134.15	**316.31**
吴忠市	**Wuzhong**	**1000.29**	**641.54**	**226.24**	**110.08**	**197.53**	**107.69**	**358.75**	**143.09**	**215.66**
利通区	Litong	1432.89	927.92	449.85	91.55	261.20	125.32	504.97	191.34	313.63
红寺堡区	Hongsipu	994.41	725.38	133.40	188.45	218.31	185.22	269.03	128.22	140.80
盐池县	Yanchi	805.57	475.45	93.31	126.70	177.81	77.64	330.12	79.43	250.69
同心县	Tongxin	838.62	504.69	137.35	82.82	187.03	97.49	333.93	162.97	170.95
青铜峡市	Qingtongxia	833.75	534.63	219.92	116.85	127.88	69.98	299.12	103.20	**195.92**
固原市	**Guyuan**	**783.56**	**533.92**	**234.89**	**116.26**	**119.72**	**63.05**	**249.64**	**68.57**	**181.08**
原州区	Yuanzhou	1202.12	947.68	562.33	166.31	134.69	84.35	254.44	76.23	178.21
西吉县	Xiji	531.03	314.36	85.12	86.17	104.26	38.81	216.67	75.83	140.84
隆德县	Longde	597.56	327.74	84.44	145.17	68.76	29.37	269.82	58.78	211.04
泾源县	Jingyuan	878.53	608.64	249.53	105.82	150.16	103.13	269.89	65.10	204.79
彭阳县	Pengyang	744.90	477.69	159.03	85.89	150.17	82.60	267.22	56.94	**210.27**
中卫市	**Zhongwei**	**951.33**	**671.15**	**289.36**	**100.53**	**170.94**	**110.31**	**280.18**	**130.59**	**149.58**
沙坡头区	Shapotou	957.58	624.93	160.49	119.93	204.31	140.21	332.65	146.95	185.70
中宁县	Zhongning	1308.01	1046.13	573.87	119.38	189.87	163.01	261.88	120.76	141.12
海原县	Haiyuan	760.45	503.38	220.04	79.08	140.13	64.13	257.07	125.09	**131.98**

2-24 续表 6 continued

单位：元/人 (yuan/person)

市 县	Region	6.教育文化娱乐 Educational, Cultural, Recreational	A.教育 Education	学前教育 Preschool	小学教育 Elementary	初中教育 Junior High School	高中教育 Senior High School	中专职高教育 Technical and Professional High School	大专及以上教育 College Degree or Above	成人教育 Adult Education	B.文化娱乐 Culture Recreation
全　区	**Total**	**995.36**	**779.41**	**53.34**	**32.18**	**88.21**	**203.89**	**32.15**	**314.93**	**54.71**	**215.96**
沿黄地区	**Plain**	**956.29**	**701.42**	**61.34**	**41.58**	**80.16**	**159.59**	**33.02**	**264.77**	**60.96**	**254.87**
中南部地区	**Mountain Area**	**781.74**	**624.74**	**27.95**	**24.87**	**85.27**	**199.12**	**29.68**	**213.13**	**44.73**	**157.00**
银川市	**Yinchuan**	**930.05**	**688.56**	**74.66**	**48.46**	**123.19**	**198.93**	**39.94**	**130.63**	**72.75**	**241.49**
兴庆区	Xingqing	615.24	439.44	271.72	52.69	13.83	25.96	2.04	59.63	13.57	175.80
西夏区	Xixia	1334.32	1083.78	94.32	119.92	64.61	515.19	67.43	153.87	68.44	250.54
金凤区	Jinfeng	1262.95	1030.25	25.64	53.55	203.67	199.27	127.82	269.95	150.36	232.69
永宁县	Yongning	885.76	654.60	82.14	60.61	115.04	154.19	11.33	153.60	77.69	231.16
贺兰县	Helan	928.56	677.92	54.91	39.34	144.05	184.26	61.87	112.11	81.38	250.64
灵武市	Lingwu	797.81	532.33	50.78	26.48	123.24	201.69	11.03	76.41	42.70	265.47
石嘴山市	**Shizuishan**	**1009.15**	**796.07**	**71.74**	**51.64**	**75.38**	**237.96**	**38.93**	**237.56**	**82.86**	**213.08**
大武口区	Dawukou	939.76	691.69	69.39	15.42	45.78	344.39	35.61	145.47	35.63	248.07
惠农区	Huinong	1277.15	1117.34	19.40	32.84	163.77	270.22	60.64	462.91	107.57	159.80
平罗县	Pingluo	947.78	728.48	85.45	63.15	57.91	208.15	33.70	195.13	84.98	219.30
吴忠市	**Wuzhong**	**794.50**	**569.53**	**30.45**	**26.43**	**72.26**	**153.29**	**25.08**	**232.17**	**29.86**	**224.97**
利通区	Litong	779.92	506.89	53.28	41.30	72.41	111.72	8.01	203.91	16.25	273.03
红寺堡区	Hongsipu	783.24	643.61	17.75	12.47	125.80	249.97	25.32	143.81	68.49	139.63
盐池县	Yanchi	896.79	675.95	10.81	59.97	133.72	308.62	5.83	138.85	18.14	220.84
同心县	Tongxin	578.63	435.06	22.51	15.06	44.99	137.02	29.98	156.48	29.02	143.57
青铜峡市	Qingtongxia	808.77	545.90	34.04	17.67	49.07	88.80	42.20	283.45	30.66	262.87
固原市	**Guyuan**	**837.36**	**696.50**	**37.72**	**26.99**	**90.30**	**205.12**	**37.84**	**251.22**	**47.31**	**140.87**
原州区	Yuanzhou	846.69	691.67	60.55	34.35	125.15	160.97	47.33	209.06	54.26	155.02
西吉县	Xiji	949.70	772.68	16.68	25.60	88.05	251.24	28.55	336.80	25.74	177.02
隆德县	Longde	1117.66	946.00	44.79	26.73	81.40	281.48	70.04	380.66	60.90	171.66
泾源县	Jingyuan	325.95	211.40	8.69	24.84	55.45	70.71	4.59	26.05	21.08	114.55
彭阳县	Pengyang	695.30	642.78	52.45	21.41	75.82	202.43	34.06	179.02	77.60	52.52
中卫市	**Zhongwei**	**928.11**	**694.77**	**34.80**	**29.87**	**57.70**	**150.88**	**19.94**	**341.14**	**60.46**	**233.34**
沙坡头区	Shapotou	1225.69	863.43	40.10	42.09	41.47	91.26	33.46	567.96	47.11	362.26
中宁县	Zhongning	990.03	811.32	70.16	28.22	42.94	161.90	27.56	380.72	99.82	178.71
海原县	Haiyuan	728.12	527.38	13.03	23.06	75.16	181.35	7.55	179.22	48.02	200.74

2-24 续表 7 continued

单位：元/人 (yuan/person)

市 县	Region	7.医疗保健 Medicine and Health Care	A.医疗器具及药品 Medical Treatment and Drug	B.医疗服务 Service for Medical Treatment	8.其他用品和服务 Other Commodities and Services	四、财产性支出 Property Expenditure	五、转移性支出 Transfer Expenditure
全 区	**Total**	**925.95**	**272.41**	**653.55**	**172.87**	**52.53**	**425.87**
沿黄地区	**Plain**	**1094.17**	**320.03**	**774.14**	**237.84**	**49.31**	**381.01**
中南部地区	**Mountain Area**	**657.22**	**211.12**	**446.10**	**95.83**	**22.29**	**195.75**
银川市	**Yinchuan**	**1127.29**	**325.62**	**801.67**	**185.71**	**59.80**	**378.30**
兴庆区	Xingqing	569.10	181.69	387.41	125.09	26.72	353.84
西夏区	Xixia	825.67	289.82	535.85	181.94	36.12	166.85
金凤区	Jinfeng	637.90	308.14	329.77	300.19	0.12	644.54
永宁县	Yongning	880.26	291.52	588.74	174.17	39.28	286.51
贺兰县	Helan	1481.26	371.03	1110.24	222.40	113.75	415.75
灵武市	Lingwu	1460.31	381.76	1078.54	140.24	68.93	396.45
石嘴山市	**Shizuishan**	**833.44**	**322.73**	**510.71**	**183.06**	**48.77**	**504.59**
大武口区	Dawukou	688.39	260.61	427.78	108.56	18.54	329.02
惠农区	Huinong	749.63	356.62	393.01	141.36	4.85	299.62
平罗县	Pingluo	926.42	340.34	586.08	207.48	65.70	589.15
吴忠市	**Wuzhong**	**845.99**	**230.96**	**615.04**	**150.59**	**30.96**	**286.62**
利通区	Litong	1183.43	265.55	917.88	224.94	73.43	361.92
红寺堡区	Hongsipu	493.29	210.69	282.60	50.48	8.59	84.40
盐池县	Yanchi	779.55	271.16	508.39	68.45	14.25	205.35
同心县	Tongxin	454.83	139.90	314.93	111.52	27.53	289.70
青铜峡市	Qingtongxia	1122.62	256.13	866.49	234.76	7.30	310.12
固原市	**Guyuan**	**666.82**	**215.30**	**451.52**	**81.37**	**27.30**	**186.56**
原州区	Yuanzhou	800.62	260.93	539.68	114.03	44.91	206.92
西吉县	Xiji	399.92	136.64	263.28	78.18	17.54	165.15
隆德县	Longde	861.67	272.45	589.22	84.06	39.41	168.61
泾源县	Jingyuan	641.20	216.56	424.64	69.33	20.82	267.59
彭阳县	Pengyang	789.23	240.77	548.45	50.09	13.98	172.37
中卫市	**Zhongwei**	**969.01**	**300.99**	**668.02**	**249.43**	**27.79**	**276.17**
沙坡头区	Shapotou	1195.79	357.92	837.87	356.10	46.03	372.11
中宁县	Zhongning	1003.25	355.42	647.84	320.80	34.38	345.10
海原县	Haiyuan	810.74	237.82	572.92	145.88	13.01	180.45

2-25 2015年各市县农村居民可支配收入来源情况

Basic Statistics of Disposable Income of Rural Households by Sources and City and County (2015)

单位：元/人 (yuan/person)

市 县	Region	一、可支配收入 Disposable Income	(一)工资性收入 Income from Wages and Salaries	(二)经营净收入 Net Business Income	1.第一产业 Primary Industry	农业 Farming	林业 Forestry	牧业 Animal Husbandry	渔业 Fishery	2.非农产业 Non-agriculture	工业 Industry
全 区	**Total**	**9118.69**	**3614.27**	**3837.00**	**2743.50**	**2139.11**	**71.59**	**530.92**	**1.89**	**1093.50**	**29.81**
沿黄地区	**Plain**	**10820.58**	**4899.41**	**4714.86**	**3333.30**	**2645.00**	**17.71**	**669.17**	**1.42**	**1381.55**	**13.61**
中南部地区	**Mountain Area**	**6817.85**	**2731.73**	**3073.74**	**2610.25**	**1434.44**	**87.83**	**1087.97**		**463.49**	**15.11**
银川市	**Yinchuan**	**11148.24**	**5059.88**	**4942.95**	**3313.52**	**2729.42**	**21.19**	**566.27**	**-3.36**	**1629.42**	**5.57**
兴庆区	Xingqing	12624.95	5309.60	6456.36	5338.84	5157.13	15.85	165.87		1117.52	
西夏区	Xixia	9334.44	3863.51	4363.92	2163.02	2100.82	19.97	42.24		2200.89	0.76
金凤区	Jinfeng	9941.28	5669.28	2576.40	1898.04	1167.49	21.97	708.57		678.36	12.99
永宁县	Yongning	10994.56	4007.16	5496.09	3615.45	3041.50	38.15	547.51	-11.71	1880.64	
贺兰县	Helan	11628.31	5723.40	4550.45	3304.11	2822.06	1.59	482.36	-1.91	1246.34	
灵武市	Lingwu	11649.61	5545.33	5528.60	3416.74	2558.25	23.86	834.72	-0.09	2111.85	15.16
石嘴山市	**Shizuishan**	**10995.46**	**4009.05**	**5160.60**	**4082.93**	**3281.38**	**21.66**	**760.29**	**19.61**	**1077.67**	**3.22**
大武口区	Dawukou	9563.20	7139.14	2038.74	693.83	379.65	12.51	301.67		1344.90	
惠农区	Huinong	11073.95	4347.39	5586.49	4249.99	3647.80	-1.51	603.70		1336.50	17.87
平罗县	Pingluo	11299.86	3306.64	5635.68	4660.10	3718.61	29.32	883.83	28.34	975.58	
吴忠市	**Wuzhong**	**9150.35**	**4184.83**	**4189.55**	**3004.52**	**1860.05**	**17.54**	**1126.92**	**0.02**	**1185.03**	**24.48**
利通区	Litong	11588.57	6664.52	4277.26	2867.77	1405.43	4.75	1457.52	0.07	1409.49	72.67
红寺堡区	Hongsipu	6408.48	3733.35	1938.14	1692.38	1354.95	62.11	275.32		245.76	
盐池县	Yanchi	7674.10	1054.43	5557.28	4296.10	1097.16		3198.93		1261.19	
同心县	Tongxin	6710.69	2534.05	3518.66	3153.34	2002.95	3.60	1146.79		365.31	20.58
青铜峡市	Qingtongxia	11200.00	5246.77	5156.57	3155.14	2911.81	35.52	207.81		2001.43	-0.68
固原市	**Guyuan**	**7002.06**	**2811.55**	**3121.92**	**2649.36**	**1441.23**	**147.62**	**1060.57**		**472.56**	**22.44**
原州区	Yuanzhou	7296.10	3228.16	3027.33	2397.90	1009.90	-5.20	1393.46		629.44	-9.10
西吉县	Xiji	6857.12	2558.13	3326.46	2961.54	2091.32	4.32	865.90		364.92	
隆德县	Longde	6769.43	2822.20	2587.85	2066.76	1245.32	1.96	819.49		521.10	4.99
泾源县	Jingyuan	6375.00	2721.16	2872.19	2454.18	468.22	868.32	1117.64		418.02	
彭阳县	Pengyang	7158.50	2831.98	3329.81	2902.27	1533.42	247.68	1121.17		427.54	124.27
中卫市	**Zhongwei**	**8002.16**	**3382.12**	**3331.78**	**2667.83**	**2013.90**	**39.53**	**614.30**		**663.95**	**2.20**
沙坡头区	Shapotou	9669.20	4543.03	3625.92	2821.22	1988.29	20.13	812.80		804.70	7.59
中宁县	Zhongning	9579.84	3442.35	4882.75	3821.14	3608.96	-0.11	212.28		1061.61	
海原县	Haiyuan	6257.98	2656.99	2330.97	1963.01	1193.36	71.92	697.52		367.96	

2-25 续表 continued

单位：元/人 (yuan/person)

市 县	Region	建筑业收入 Construction	交通、运输、邮电业收入 Transport, Post and Telecommunication	批零贸易业、饮食业收入 Wholesale, Retail Trade and Catering	社会服务业收入 Social Service	其他行业收入 Others	(三)财产净收入 Net Income from Property	(四)转移净收入 Net Income from Transfer	二、现金可支配收入 Cash Disposable Income	三、实物可支配收入 Matter Disposable Income
全 区	**Total**	**58.77**	**444.18**	**371.94**	**188.02**	**0.79**	**189.95**	**1477.48**	**8655.50**	**463.19**
沿黄地区	**Plain**	**80.91**	**595.26**	**510.59**	**186.41**	**-5.22**	**239.37**	**966.94**	**10669.99**	**150.58**
中南部地区	**Mountain Area**	**14.57**	**149.34**	**184.26**	**92.46**	**7.76**	**66.83**	**945.55**	**6057.44**	**760.41**
银川市	**Yinchuan**	**104.55**	**679.08**	**663.30**	**194.25**	**-17.32**	**308.42**	**836.99**	**10978.85**	**169.39**
兴庆区	Xingqing	621.58	294.48	148.18	53.79	-0.51	733.76	125.22	12531.30	93.65
西夏区	Xixia	300.03	770.09	731.36	398.66		405.33	701.69	9011.29	323.15
金凤区	Jinfeng	72.84	213.04	381.16	-1.66		609.20	1086.40	9936.84	4.44
永宁县	Yongning	131.97	1088.84	615.28	153.26	-108.70	619.20	872.10	11042.76	-48.20
贺兰县	Helan		772.04	212.41	261.89		141.15	1213.31	11117.95	510.36
灵武市	Lingwu	1.79	524.65	1312.03	222.90	35.32	30.20	545.48	11536.78	112.82
石嘴山市	**Shizuishan**	**139.08**	**317.10**	**573.19**	**41.87**	**3.21**	**362.25**	**1463.55**	**10644.38**	**351.08**
大武口区	Dawukou	69.19	1239.89	9.31	26.52		58.26	327.06	9603.81	-40.61
惠农区	Huinong		840.73	338.97	125.26	13.68	490.41	649.67	10797.20	276.76
平罗县	Pingluo	187.88	25.35	738.43	22.85	1.08	388.91	1968.63	10866.46	433.40
吴忠市	**Wuzhong**	**36.17**	**688.04**	**242.70**	**177.89**	**15.76**	**60.05**	**715.92**	**8597.71**	**552.64**
利通区	Litong	126.05	561.99	312.74	336.04		-23.02	669.81	11217.50	371.07
红寺堡区	Hongsipu	16.36	76.15	81.88	71.37		12.22	724.77	5917.94	490.55
盐池县	Yanchi		362.76	516.40	382.02		108.24	954.15	6967.07	707.03
同心县	Tongxin	6.73	107.49	123.14	57.43	49.93	23.20	634.79	5553.57	1157.12
青铜峡市	Qingtongxia		1554.91	311.98	131.28	3.93	233.83	562.84	10991.75	208.26
固原市	**Guyuan**	**23.20**	**130.12**	**194.07**	**101.63**	**1.10**	**73.78**	**994.80**	**6374.07**	**627.99**
原州区	Yuanzhou	22.05	271.53	103.09	236.33	5.53	33.84	1006.76	6879.85	416.25
西吉县	Xiji	54.66	38.67	222.76	49.70	-0.88	95.34	877.19	5905.14	951.98
隆德县	Longde		111.14	355.96	49.01		68.22	1291.17	6408.91	360.52
泾源县	Jingyuan		138.78	212.01	67.23		38.51	743.13	6295.27	79.73
彭阳县	Pengyang		109.63	124.59	69.05		49.67	947.04	6323.93	834.57
中卫市	**Zhongwei**	**16.45**	**210.01**	**319.67**	**115.63**		**139.83**	**1148.42**	**7648.53**	**353.63**
沙坡头区	Shapotou		139.87	320.23	337.01		65.43	1434.82	9435.79	233.41
中宁县	Zhongning	67.58	325.48	646.35	22.20		331.86	922.89	10249.02	-669.18
海原县	Haiyuan		192.50	148.43	27.03		85.49	1184.53	5299.51	958.48

2-26 2015年各市县农村居民家庭现金收入来源情况

Basic Statistics of Cash Income of Rural Households by Sources and City and County (2015)

单位：元/人 (yuan/person)

市 县	Region	一、现金收入 Total Cash Income	(一)工资性收入 Income from Wages and Salaries	(二)现金经营性收入 Household Business Income	第一产业现金收入 Primary Industry	农业现金收入 Farming	林业现金收入 Forestry	牧业现金收入 Animal Husbandry	渔业现金收入 Fishery
全 区	**Total**	**12517.37**	**3602.87**	**7087.61**	**4953.98**	**3321.79**	**76.22**	**1542.15**	**13.82**
沿黄地区	**Plain**	**15463.63**	**4887.18**	**9139.50**	**6712.60**	**4470.28**	**24.04**	**2204.79**	**13.49**
中南部地区	**Mountain Area**	**8207.33**	**2731.55**	**4433.08**	**3539.84**	**1473.96**	**117.67**	**1948.17**	
银川市	**Yinchuan**	**15408.52**	**5053.72**	**8975.50**	**6052.02**	**4693.29**	**48.76**	**1278.98**	**30.99**
兴庆区	Xingqing	18244.24	5288.12	11810.83	7626.25	6065.30	21.43	1539.53	
西夏区	Xixia	10585.06	3860.18	5562.64	2123.84	1936.76	23.95	163.13	
金凤区	Jinfeng	15035.91	5669.28	7309.59	4988.04	2460.89	157.83	2369.32	
永宁县	Yongning	15891.13	4000.33	10160.23	6972.70	6016.47	47.46	908.77	
贺兰县	Helan	16801.95	5719.78	9561.22	7075.03	6186.75	4.79	753.10	130.39
灵武市	Lingwu	14663.29	5537.99	8262.04	5373.51	3446.68	56.84	1869.99	
石嘴山市	**Shizuishan**	**16149.55**	**4003.33**	**9883.77**	**8198.67**	**5941.78**	**2.06**	**2234.88**	**19.96**
大武口区	Dawukou	10512.78	7137.43	2714.02	1050.79	567.74	15.63	467.42	
惠农区	Huinong	15228.49	4345.62	9514.18	7572.10	5063.24		2508.86	
平罗县	Pingluo	17506.53	3299.16	11330.31	9691.24	7174.43		2487.97	28.84
吴忠市	**Wuzhong**	**12383.90**	**4168.82**	**7279.32**	**4934.07**	**2142.06**	**9.36**	**2782.64**	
利通区	Litong	16833.45	6620.73	9337.31	6810.65	1836.66	2.76	4971.23	
红寺堡区	Hongsipu	7799.60	3733.35	3336.16	2716.07	1980.55	0.95	734.57	
盐池县	Yanchi	10104.08	1054.43	7923.16	5857.22	1819.78		4037.43	
同心县	Tongxin	8539.60	2534.05	5151.11	4300.80	1626.71	3.60	2670.49	
青铜峡市	Qingtongxia	14947.31	5239.38	8764.94	4652.13	3630.45	37.96	983.71	
固原市	**Guyuan**	**8308.06**	**2811.21**	**4384.16**	**3489.22**	**1393.22**	**197.41**	**1898.58**	
原州区	Yuanzhou	8997.23	3227.98	4686.76	3286.28	843.22	2.46	2440.60	
西吉县	Xiji	7570.58	2557.33	4038.26	3480.41	2137.58	17.72	1325.11	
隆德县	Longde	8113.00	2822.20	3932.24	2910.70	1318.37	0.77	1591.56	
泾源县	Jingyuan	8649.80	2721.16	4987.69	4090.77	546.82	1279.93	2264.02	
彭阳县	Pengyang	8404.59	2831.79	4481.76	3797.76	1305.40	261.04	2231.31	
中卫市	**Zhongwei**	**11065.91**	**3377.38**	**6379.98**	**5314.53**	**3426.90**	**58.42**	**1829.11**	
沙坡头区	Shapotou	14822.46	4538.99	8526.88	7678.87	3798.54	15.01	3865.32	
中宁县	Zhongning	14416.59	3427.69	9698.35	7681.01	6871.65		809.36	
海原县	Haiyuan	7100.27	2656.99	3306.41	2605.24	1395.27	115.32	1094.44	

2-26 续表 1 continued

单位：元/人 (yuan/person)

市 县	Region	第二产业现金收入 Secondary Industry	工业收入 Industry	建筑业收入 Construction	第三产业现金收入 Tertiary Industry	交通、运输、邮电业收入 Transport, Post and Telecommunication	批零贸易业、饮食业收入 Wholesale, Retail Trade and Catering
全 区	**Total**	**172.38**	**61.53**	**110.84**	**1961.25**	**943.52**	**684.99**
沿黄地区	**Plain**	**183.05**	**19.32**	**163.73**	**2243.85**	**1168.59**	**758.40**
中南部地区	**Mountain Area**	**63.42**	**31.15**	**32.28**	**829.81**	**361.10**	**283.94**
银川市	**Yinchuan**	**271.88**	**18.84**	**253.05**	**2651.60**	**1374.58**	**963.48**
兴庆区	Xingqing	2284.63		2284.63	1899.94	1499.47	231.14
西夏区	Xixia	478.51	25.97	452.54	2960.29	1438.14	1017.90
金凤区	Jinfeng	174.41	12.99	161.43	2147.13	637.11	1510.02
永宁县	Yongning	210.26		210.26	2977.26	1835.59	851.21
贺兰县	Helan				2486.20	1743.44	273.25
灵武市	Lingwu	59.47	57.23	2.24	2829.06	938.09	1592.66
石嘴山市	**Shizuishan**	**338.67**	**4.23**	**334.44**	**1346.43**	**505.75**	**685.50**
大武口区	Dawukou	82.61		82.61	1580.62	1527.84	23.50
惠农区	Huinong	23.45	23.45		1918.62	1436.43	343.26
平罗县	Pingluo	467.71		467.71	1171.37	91.86	896.96
吴忠市	**Wuzhong**	**92.75**	**31.72**	**61.03**	**2252.50**	**1426.56**	**468.34**
利通区	Litong	237.22	78.75	158.47	2289.44	1056.78	848.46
红寺堡区	Hongsipu	27.59		27.59	592.50	300.92	101.77
盐池县	Yanchi				2065.94	889.89	728.74
同心县	Tongxin	96.32	39.13	57.19	753.99	183.21	245.83
青铜峡市	Qingtongxia				4112.82	3198.00	454.40
固原市	**Guyuan**	**88.36**	**47.15**	**41.22**	**806.58**	**317.63**	**315.59**
原州区	Yuanzhou	48.05	7.92	40.13	1352.43	703.98	164.14
西吉县	Xiji	96.38		96.38	461.47	84.97	319.07
隆德县	Longde	12.28	12.28		1009.26	305.05	630.17
泾源县	Jingyuan				896.92	415.58	408.36
彭阳县	Pengyang	224.74	224.74		459.26	170.38	210.24
中卫市	**Zhongwei**	**19.54**	**2.20**	**17.35**	**1045.90**	**453.73**	**404.15**
沙坡头区	Shapotou	7.59	7.59		840.42	165.99	335.89
中宁县	Zhongning	71.24		71.24	1946.11	736.44	932.87
海原县	Haiyuan				701.17	482.74	170.16

2-26 续表 2 continued

单位：元/人 (yuan/person)

市 县	Region	社会服务业收入 Social Service	其他行业收入 Other	(三)财产性收入 Property Income	(四)转移性收入 Transfer Income	二、非收入所得 Non-income Cash	三、借贷性所得 Loans from Bank and Credit Association
全 区	**Total**	**317.71**	**15.03**	**242.47**	**1584.42**	**1582.39**	**3526.47**
沿黄地区	**Plain**	**311.64**	**5.21**	**288.69**	**1148.27**	**2210.93**	**4476.10**
中南部地区	**Mountain Area**	**171.43**	**13.35**	**89.11**	**953.59**	**934.76**	**2191.02**
银川市	**Yinchuan**	**301.10**	**12.44**	**368.22**	**1011.08**	**2464.03**	**5659.06**
兴庆区	Xingqing	169.34		760.48	384.81	1530.74	2222.84
西夏区	Xixia	504.26		441.45	720.79	2172.46	4404.12
金凤区	Jinfeng			609.32	1447.72	550.54	2401.95
永宁县	Yongning	290.46		658.49	1072.08	4396.90	10823.22
贺兰县	Helan	469.51		254.90	1266.04	1688.21	938.57
灵武市	Lingwu	252.03	46.28	99.13	764.13	2571.90	7527.36
石嘴山市	**Shizuishan**	**151.97**	**3.21**	**411.02**	**1851.43**	**1793.29**	**1929.44**
大武口区	Dawukou	29.28		76.79	584.54	1586.96	449.54
惠农区	Huinong	125.26	13.68	495.26	873.44	2082.51	1056.11
平罗县	Pingluo	181.46	1.08	454.61	2422.44	1749.09	2428.30
吴忠市	**Wuzhong**	**330.49**	**27.12**	**91.02**	**844.75**	**1682.18**	**2373.87**
利通区	Litong	384.20		50.42	824.99	4159.70	5314.98
红寺堡区	Hongsipu	189.81		20.81	709.28	950.23	904.85
盐池县	Yanchi	447.31		122.50	1003.99	2400.31	2778.23
同心县	Tongxin	237.16	87.79	50.73	803.71	499.18	545.16
青铜峡市	Qingtongxia	456.48	3.93	241.13	701.85	482.34	2259.02
固原市	**Guyuan**	**171.98**	**1.38**	**101.08**	**1011.60**	**852.70**	**3107.79**
原州区	Yuanzhou	478.78	5.53	78.75	1003.74	1258.86	5333.15
西吉县	Xiji	57.42		112.88	862.10	470.10	1453.74
隆德县	Longde	74.04		107.63	1250.94	745.16	4015.24
泾源县	Jingyuan	72.97		59.34	881.61	1879.47	1445.23
彭阳县	Pengyang	78.64		63.65	1027.40	572.34	3077.91
中卫市	**Zhongwei**	**188.02**		**167.63**	**1140.92**	**1431.50**	**3016.35**
沙坡头区	Shapotou	338.54		111.46	1645.12	1391.67	3339.50
中宁县	Zhongning	276.80		366.25	924.30	2121.77	6200.01
海原县	Haiyuan	48.27		98.50	1038.37	1092.32	1152.39

2-27 2015年各市县农村居民家庭现金支出情况

Basic Statistics of Cash Expenditure of Rural Households by City and County (2015)

单位：元/人 (yuan/person)

市 县	Region	一、现金支出 Annual Cash Expenditure	(一)生产经营费用支出 Expenditure for Business	第一产业生产费用支出 Primary Industry	农业生产费用 Farming	林业生产费用 Forestry	牧业生产费用 Animal Husbandry	渔业生产费用 Fishery
全 区	**Total**	**16788.66**	**3383.47**	**2638.73**	**1722.17**	**23.18**	**881.46**	**11.93**
沿黄地区	**Plain**	**19773.47**	**4363.31**	**3695.96**	**2282.99**	**10.50**	**1390.44**	**12.03**
中南部地区	**Mountain Area**	**11802.20**	**1931.86**	**1659.99**	**892.62**	**38.66**	**728.68**	
银川市	**Yinchuan**	**19730.67**	**3991.57**	**3114.30**	**2409.84**	**28.67**	**641.47**	**34.33**
兴庆区	Xingqing	16929.00	5332.37	3841.56	2888.20	5.58	947.79	
西夏区	Xixia	15234.44	1370.80	735.66	631.87	3.98	99.80	
金凤区	Jinfeng	18787.08	4454.41	3247.29	1469.37	143.49	1634.42	
永宁县	Yongning	20948.55	4522.58	3588.03	3209.06	9.31	357.95	11.71
贺兰县	Helan	20680.49	5154.50	4171.68	3700.41	3.20	335.78	132.29
灵武市	Lingwu	20327.03	2661.12	2146.59	1277.64	33.93	835.02	
石嘴山市	**Shizuishan**	**18889.47**	**4951.82**	**4532.13**	**3082.23**	**0.68**	**1449.19**	**0.04**
大武口区	Dawukou	12294.47	561.41	334.53	156.74	3.12	174.67	
惠农区	Huinong	17101.86	4126.83	3636.56	2000.06	1.51	1634.98	
平罗县	Pingluo	20621.81	5985.21	5546.20	3910.05		1636.11	0.05
吴忠市	**Wuzhong**	**16461.56**	**3468.60**	**2794.52**	**1238.80**	**0.95**	**1554.77**	
利通区	Litong	23071.41	5180.60	4294.26	1247.72	0.57	3045.98	
红寺堡区	Hongsipu	11795.93	1788.67	1648.41	1327.10	3.22	318.10	
盐池县	Yanchi	15286.43	2917.40	2485.35	1064.33		1421.02	
同心县	Tongxin	13309.40	2668.80	2332.08	849.35		1482.73	
青铜峡市	Qingtongxia	15974.24	3638.14	2628.42	1899.66	1.92	726.84	
固原市	**Guyuan**	**11564.79**	**1720.13**	**1426.97**	**806.54**	**58.12**	**562.24**	
原州区	Yuanzhou	13260.28	1865.55	1269.23	673.72	8.26	586.99	
西吉县	Xiji	10035.80	1482.75	1361.83	991.85	24.92	345.06	
隆德县	Longde	13507.95	1496.07	1193.33	767.54	1.95	423.84	
泾源县	Jingyuan	11085.85	2066.11	1716.72	208.74	410.69	1097.29	
彭阳县	Pengyang	10532.56	1894.30	1744.24	961.08	34.65	748.51	
中卫市	**Zhongwei**	**15448.40**	**3113.42**	**2896.42**	**1743.07**	**21.01**	**1132.34**	
沙坡头区	Shapotou	22012.81	4968.53	4925.22	2034.16	0.47	2890.58	
中宁县	Zhongning	17576.77	3788.09	3274.56	2862.84	0.11	411.61	
海原县	Haiyuan	10324.40	1607.31	1437.92	976.71	44.45	416.76	

2-27 续表 1 continued

单位：元/人 (yuan/person)

市 县	Region	第二产业生产费用支出 Secondary Industry	工业生产费用 Industry	建筑业生产费用 Construction	第三产业生产费用支出 Tertiary Industry	交通运输邮电业生产费用 Transport, Post and Telecommunication	批零贸易餐饮业生产费用 Wholesale, Retail Trade and Catering	社会服务业生产费用 Social Service	其他行业生产费用支出 Others
全 区	**Total**	**70.78**	**29.27**	**41.51**	**673.96**	**304.40**	**258.95**	**97.28**	**13.32**
沿黄地区	**Plain**	**59.72**	**4.66**	**55.06**	**607.64**	**316.42**	**188.52**	**92.94**	**9.77**
中南部地区	**Mountain Area**	**18.46**	**8.84**	**9.63**	**253.40**	**129.31**	**54.26**	**64.47**	**5.37**
银川市	**Yinchuan**	**99.77**	**11.29**	**88.49**	**777.49**	**425.10**	**230.14**	**94.37**	**27.89**
兴庆区	Xingqing	843.05		843.05	647.76	556.39		91.37	
西夏区	Xixia	70.28	0.91	69.37	564.86	429.81	81.37	53.68	
金凤区	Jinfeng	88.59		88.59	1118.54	150.19	966.69	1.66	
永宁县	Yongning	76.03		76.03	858.52	419.63	213.31	116.89	108.70
贺兰县	Helan				982.82	743.34	37.41	202.07	
灵武市	Lingwu	42.18	41.73	0.45	472.36	233.79	207.41	27.06	4.11
石嘴山市	**Shizuishan**	**162.19**	**0.18**	**162.01**	**257.49**	**149.73**	**18.07**	**89.69**	
大武口区	Dawukou	12.85		12.85	214.03	197.09	14.19	2.76	
惠农区	Huinong	1.03	1.03		489.25	484.96	4.29		
平罗县	Pingluo	231.73		231.73	207.28	55.85	22.30	129.12	
吴忠市	**Wuzhong**	**11.82**	**6.19**	**5.63**	**662.27**	**357.85**	**174.52**	**119.00**	**10.90**
利通区	Litong	20.42	4.61	15.81	865.92	328.18	500.17	37.57	
红寺堡区	Hongsipu	3.11		3.11	137.16	32.41	8.49	96.25	
盐池县	Yanchi				432.06	325.79	56.53	49.74	
同心县	Tongxin	20.55	16.52	4.03	316.17	63.09	65.53	151.22	36.32
青铜峡市	Qingtongxia	0.32	0.32		1009.40	668.26	106.50	234.64	
固原市	**Guyuan**	**28.29**	**11.95**	**16.34**	**264.87**	**136.98**	**71.15**	**56.46**	**0.28**
原州区	Yuanzhou	12.83	0.57	12.25	583.50	338.02	38.96	206.51	
西吉县	Xiji	41.06		41.06	79.87	29.34	42.36	7.29	0.88
隆德县	Longde	4.48	4.48		298.27	145.67	152.07	0.53	
泾源县	Jingyuan				349.40	162.54	181.78	5.08	
彭阳县	Pengyang	57.81	57.81		92.25	38.55	44.11	9.59	
中卫市	**Zhongwei**	**0.89**		**0.89**	**216.11**	**118.88**	**54.35**	**42.88**	
沙坡头区	Shapotou				43.31	26.12	15.66	1.53	
中宁县	Zhongning	3.66		3.66	509.88	193.71	176.04	140.13	
海原县	Haiyuan				169.39	136.81	14.84	17.74	

2-27 续表 2 continued

单位：元/人 (yuan/person)

市 县	Region	(二)购置资产支出 Expenditure for Purchasing Fixed Assets	建造住房支出 Expenditure for Building Housing	购建第一产业生产性固定资产 Purchasing and Construction for Primary Industry Productive Fixed Assets	购建第二三产业生产性固定资产 Purchasing and Construction for Secondary and Service Industry Productive Fixed Assets	购建其他资产 Other Productive Fixed Assets
全 区	**Total**	**2299.54**	**679.49**	**542.55**	**124.86**	**0.56**
沿黄地区	**Plain**	**2313.51**	**223.19**	**546.06**	**111.31**	**6.70**
中南部地区	**Mountain Area**	**1575.00**	**946.10**	**464.70**	**96.90**	**0.42**
银川市	**Yinchuan**	**1881.42**	**188.82**	**493.20**	**79.74**	**1.35**
兴庆区	Xingqing	399.08	25.60	50.59	7.62	17.38
西夏区	Xixia	1842.65	1014.65	402.64	250.91	
金凤区	Jinfeng	276.94	145.70	131.24		
永宁县	Yongning	3665.55	320.35	605.04		0.92
贺兰县	Helan	1308.17	42.63	53.65		
灵武市	Lingwu	1739.42	11.26	1050.21	222.15	
石嘴山市	**Shizuishan**	**1257.33**	**11.70**	**323.82**	**63.62**	
大武口区	Dawukou	261.24	34.11	156.34	70.80	
惠农区	Huinong	2618.95		231.61	301.34	
平罗县	Pingluo	1085.46	10.43	378.01		
吴忠市	**Wuzhong**	**2315.31**	**582.14**	**374.95**	**173.99**	**1.34**
利通区	Litong	4005.34	38.39	575.79	161.83	5.27
红寺堡区	Hongsipu	1124.84	988.46	136.38		
盐池县	Yanchi	1446.58	159.58	246.60		
同心县	Tongxin	1970.15	1413.86	347.09	205.50	
青铜峡市	Qingtongxia	2056.15		396.39	362.94	
固原市	**Guyuan**	**1914.43**	**1064.22**	**696.17**	**124.26**	**0.77**
原州区	Yuanzhou	1431.84	899.08	484.75	44.94	3.07
西吉县	Xiji	2308.18	1330.68	805.39	132.71	
隆德县	Longde	2830.49	2031.12	717.14	20.01	
泾源县	Jingyuan	1008.05	117.12	101.21	740.10	
彭阳县	Pengyang	1658.73	596.70	1061.84		
中卫市	**Zhongwei**	**1682.95**	**537.84**	**452.33**	**25.86**	**11.01**
沙坡头区	Shapotou	2950.90	938.29	540.84	10.41	15.17
中宁县	Zhongning	2272.72	121.47	1056.76	92.62	27.19
海原县	Haiyuan	587.39	504.70	82.06	0.63	

2-27 续表 3 continued

单位：元/人 (yuan/person)

市 县	Region	(三)生活消费支出 Living Expenditure	1.食品烟酒 Food Tobacco Liquor	2.衣着 Clothing	3.居住 Residence	4.生活用品及服务 Household Facilities, and Service	5.交通通信 Transport and Communication	6.教育文化娱乐 Educational, Cultural, Recreational
全　区	**Total**	**7167.88**	**2111.00**	**663.99**	**957.59**	**554.88**	**1066.52**	**995.25**
沿黄地区	**Plain**	**8179.24**	**2497.16**	**796.36**	**979.73**	**579.17**	**1214.39**	**956.18**
中南部地区	**Mountain Area**	**5583.78**	**1828.49**	**525.18**	**664.38**	**386.44**	**801.34**	**781.70**
银川市	**Yinchuan**	**8708.64**	**2647.11**	**871.47**	**1186.95**	**584.58**	**1357.94**	**930.01**
兴庆区	Xingqing	8130.79	2929.29	1189.59	838.00	526.03	1384.75	615.24
西夏区	Xixia	8013.49	2713.28	735.36	860.37	483.09	941.22	1334.32
金凤区	Jinfeng	8650.47	2905.60	1128.41	879.45	690.00	1117.46	1262.95
永宁县	Yongning	7635.46	2401.27	736.30	964.99	668.60	999.84	885.60
贺兰县	Helan	10067.18	3208.61	917.07	1623.76	413.56	1618.51	928.56
灵武市	Lingwu	8961.09	2209.66	836.49	1313.83	677.04	1688.26	797.81
石嘴山市	**Shizuishan**	**8209.82**	**2667.82**	**746.54**	**1206.07**	**574.77**	**1106.41**	**1009.15**
大武口区	Dawukou	7557.12	2417.77	652.13	892.45	565.00	1361.64	939.76
惠农区	Huinong	7681.96	2759.23	766.09	883.46	295.72	884.83	1277.15
平罗县	Pingluo	8510.53	2694.80	756.18	1346.78	654.83	1113.33	947.78
吴忠市	**Wuzhong**	**6829.36**	**2194.00**	**753.02**	**696.61**	**526.40**	**1000.29**	**794.50**
利通区	Litong	8523.00	2528.52	982.24	820.52	697.98	1432.89	779.92
红寺堡区	Hongsipu	5569.21	1898.00	627.49	324.28	488.70	994.41	783.24
盐池县	Yanchi	6084.90	2042.28	659.72	670.94	314.50	805.57	896.79
同心县	Tongxin	5934.96	2194.97	690.12	705.97	471.49	838.62	578.63
青铜峡市	Qingtongxia	6880.81	2018.75	683.51	810.06	538.41	833.75	808.77
固原市	**Guyuan**	**5427.49**	**1761.36**	**467.27**	**593.53**	**372.62**	**783.56**	**837.29**
原州区	Yuanzhou	6590.41	2147.91	588.70	753.61	347.07	1202.12	846.69
西吉县	Xiji	4531.55	1454.14	401.05	518.02	318.42	531.03	949.47
隆德县	Longde	5802.99	1828.10	480.29	572.96	413.94	597.56	1117.66
泾源县	Jingyuan	5187.09	1842.02	434.44	622.85	449.67	878.53	325.95
彭阳县	Pengyang	5251.58	1686.83	427.63	516.63	427.53	744.90	695.30
中卫市	**Zhongwei**	**6731.18**	**2037.57**	**578.61**	**830.74**	**438.16**	**947.76**	**927.92**
沙坡头区	Shapotou	7945.27	2410.72	653.97	776.62	501.17	957.58	1225.01
中宁县	Zhongning	7536.55	2344.23	671.92	708.28	542.23	1293.35	990.03
海原县	Haiyuan	5591.27	1659.67	487.83	926.10	344.83	760.45	728.12

2-27 续表 4 continued

单位：元/人 (yuan/person)

市 县	Region	7.医疗保健 Medicine and Health Care	8.其他用品和服务 Other Commodities and Services	(四)财产性支出 Property Expenditure	(五)转移性支出 Transfer Expenditure	(六)非经常性转移及借贷性支出 Expenditure for Occasional and Lending	婚丧嫁娶礼金支出 Marriage and Funeral	归还贷款 Repayment Loans	存款 Deposit
全 区	**Total**	**678.18**	**140.46**	**52.53**	**425.87**	**3367.60**	**1528.64**	**481.42**	**402.56**
沿黄地区	**Plain**	**920.04**	**236.21**	**49.31**	**381.01**	**4321.18**	**1730.25**	**760.49**	**473.66**
中南部地区	**Mountain Area**	**536.26**	**60.00**	**22.29**	**195.75**	**2475.78**	**1321.71**	**431.87**	**95.30**
银川市	**Yinchuan**	**948.99**	**181.59**	**59.80**	**378.30**	**4569.84**	**2019.75**	**632.94**	**223.97**
兴庆区	Xingqing	529.64	118.25	26.72	353.84	2574.51	1815.21	56.87	
西夏区	Xixia	763.90	181.94	36.12	166.85	3742.17	1969.59	237.25	1.68
金凤区	Jinfeng	366.41	300.19	0.12	644.54	4757.67	743.84	1351.85	792.50
永宁县	Yongning	804.69	174.17	39.28	286.51	4518.04	1369.02	801.97	229.46
贺兰县	Helan	1145.22	211.89	113.75	415.75	3556.13	2161.65	463.23	
灵武市	Lingwu	1302.14	135.87	68.93	396.45	6331.01	3210.82	595.70	297.29
石嘴山市	**Shizuishan**	**717.31**	**181.75**	**48.77**	**504.59**	**3756.06**	**1880.63**	**859.53**	**172.56**
大武口区	Dawukou	619.80	108.56	18.54	329.02	3479.22	2544.23	130.01	48.85
惠农区	Huinong	674.12	141.36	4.85	299.62	2230.46	1637.67	236.77	59.16
平罗县	Pingluo	791.26	205.57	65.70	589.15	4205.70	1814.59	1155.99	224.73
吴忠市	**Wuzhong**	**722.33**	**142.21**	**30.96**	**286.62**	**3451.95**	**1863.19**	**505.27**	**115.24**
利通区	Litong	1056.00	224.94	73.43	361.92	4776.21	2008.56	846.29	86.53
红寺堡区	Hongsipu	402.64	50.34	8.59	84.40	3217.73	1828.78	621.18	
盐池县	Yanchi	626.65	68.45	14.25	205.35	4539.26	2949.85	99.85	758.14
同心县	Tongxin	371.40	83.76	27.53	289.70	2407.14	1843.91	156.87	
青铜峡市	Qingtongxia	952.93	234.64	7.30	310.12	2937.71	1167.43	766.80	69.27
固原市	**Guyuan**	**548.47**	**63.38**	**27.30**	**186.56**	**2270.73**	**815.76**	**630.08**	**105.62**
原州区	Yuanzhou	633.14	71.17	44.91	206.92	3072.52	1064.88	709.67	326.01
西吉县	Xiji	302.98	56.43	17.54	165.15	1530.62	557.61	308.27	58.62
隆德县	Longde	708.43	84.06	39.41	168.61	3155.89	672.92	1640.90	36.05
泾源县	Jingyuan	564.30	69.33	20.82	267.59	2516.85	1344.11	769.82	
彭阳县	Pengyang	703.94	48.91	13.98	172.37	1529.48	703.51	151.02	
中卫市	**Zhongwei**	**773.39**	**197.03**	**27.79**	**276.17**	**3496.50**	**1522.29**	**500.10**	**693.19**
沙坡头区	Shapotou	1064.10	356.10	46.03	372.11	5514.11	1534.65	1283.19	1842.57
中宁县	Zhongning	665.71	320.80	34.38	345.10	3381.65	1041.63	293.59	715.99
海原县	Haiyuan	650.13	34.14	13.01	180.45	2333.48	1760.45	121.98	

2-28 2015年各市县农村居民家庭主要食物消费情况

Consumption of Major Foods of Rural Households by City and County (2015)

单位：公斤/人 (kg/person)

市 县	Region	粮 食 消费量 Grain	谷 物 消费量 Cereal	小麦 Wheat	稻谷 Rice	薯 类 消费量 Tubers	豆 类 消费量 Beans	油脂类 消费量 Grease	蔬菜及 菜制品 消费量 Vegetable and Processed Products	干鲜 瓜果类 Dried and Fresh Melons and Fruits	饮料 Beverage	糖果 糕点类 Candy and Pastry
全 区	**Total**	**148.74**	**142.40**	**92.05**	**47.61**	**4.08**	**2.26**	**8.57**	**75.38**	**52.38**	**0.24**	**2.63**
沿黄地区	**Plain**	**145.76**	**141.17**	**74.32**	**64.44**	**1.13**	**3.46**	**8.14**	**97.46**	**61.92**	**0.19**	**3.73**
中南部地区	**Mountain Area**	**164.70**	**156.48**	**118.04**	**35.62**	**7.09**	**1.14**	**11.15**	**58.74**	**46.88**	**0.30**	**1.73**
银川市	**Yinchuan**	**151.32**	**146.52**	**78.83**	**63.59**	**1.67**	**3.13**	**8.75**	**91.10**	**60.71**	**0.21**	**3.78**
兴庆区	Xingqing	101.79	92.82	40.44	49.98	2.07	6.90	9.36	86.26	51.39	0.56	6.91
西夏区	Xixia	119.57	113.42	77.02	34.06	3.96	2.19	6.61	53.06	55.86	0.21	2.73
金凤区	Jinfeng	151.46	140.79	87.28	51.91	7.00	3.66	9.40	77.24	46.49	0.34	2.44
永宁县	Yongning	121.68	117.73	56.37	60.11	0.28	3.67	9.08	71.42	47.53	0.16	3.92
贺兰县	Helan	191.48	187.53	110.61	75.11	0.71	3.24	10.27	105.14	67.04	0.22	4.87
灵武市	Lingwu	201.53	199.08	101.62	86.85	0.82	1.63	7.27	115.78	77.35	0.11	2.72
石嘴山市	**Shizuishan**	**157.47**	**152.32**	**109.62**	**40.16**	**0.69**	**4.47**	**9.39**	**106.72**	**72.53**	**0.42**	**7.00**
大武口区	Dawukou	117.55	113.60	81.00	30.45	0.70	3.25	7.20	95.20	57.66	0.23	3.00
惠农区	Huinong	129.16	125.23	92.81	30.25		3.93	8.89	96.76	68.54	0.20	6.05
平罗县	Pingluo	180.98	175.29	123.73	48.86	0.86	4.82	10.89	111.40	76.42	0.51	7.98
吴忠市	**Wuzhong**	**156.74**	**152.58**	**80.32**	**70.78**	**2.46**	**1.69**	**10.67**	**76.92**	**59.41**	**0.13**	**2.13**
利通区	Litong	130.58	126.64	44.37	80.97	2.12	1.81	9.49	83.93	76.37	0.28	3.20
红寺堡区	Hongsipu	136.81	129.99	85.84	41.72	5.87	0.95	12.24	66.49	70.71	0.20	1.75
盐池县	Yanchi	134.74	127.65	65.55	60.46	5.46	1.63	16.14	85.49	50.66	0.02	1.98
同心县	Tongxin	185.73	183.66	116.61	65.74	1.47	0.59	10.63	63.17	44.51	0.08	1.00
青铜峡市	Qingtongxia	171.99	167.69	75.49	91.00	0.58	3.72	8.12	89.87	57.20	0.03	2.81
固原市	**Guyuan**	**160.38**	**149.41**	**128.36**	**17.20**	**9.60**	**1.38**	**11.00**	**55.81**	**46.54**	**0.41**	**2.13**
原州区	Yuanzhou	180.46	174.60	145.34	22.95	4.20	1.67	12.92	73.15	56.55	0.28	1.97
西吉县	Xiji	175.20	156.49	136.30	18.76	18.01	0.70	11.95	35.47	37.66	0.49	2.27
隆德县	Longde	143.30	133.97	124.16	8.05	7.00	2.33	10.04	86.85	48.84	0.54	3.12
泾源县	Jingyuan	125.10	110.64	91.73	17.56	12.03	2.43	10.62	56.11	54.87	0.42	1.99
彭阳县	Pengyang	139.48	135.24	114.30	13.65	3.28	0.97	11.00	44.57	42.81	0.33	1.38
中卫市	**Zhongwei**	**170.55**	**165.34**	**97.48**	**66.47**	**2.61**	**2.61**	**8.31**	**84.30**	**47.29**	**0.15**	**1.99**
沙坡头区	Shapotou	145.14	139.22	69.38	68.60	0.46	5.46	10.83	106.78	54.60	0.05	2.79
中宁县	Zhongning	195.92	193.08	104.00	87.87	0.18	2.66	8.05	116.28	49.55	0.04	2.62
海原县	Haiyuan	173.21	167.20	111.51	54.12	5.20	0.81	9.29	53.75	41.66	0.27	1.18

2-28 续表 1 continued

单位：公斤/人 (kg/person)

市 县	Region	肉类 Meat and Processed Products	猪肉 Pork	牛肉 Beef	羊肉 Mutton	其他肉类及制品 Others	禽类 Poultry and Processed Products	蛋类及蛋制品 Eggs and Processed Products	奶和奶制品 Milk and Dairy Products	水产品 Aquatic Products	酒类 Liquor
全 区	**Total**	**14.98**	**6.76**	**3.02**	**4.66**	**0.53**	**5.82**	**4.75**	**8.22**	**1.16**	**4.29**
沿黄地区	**Plain**	**16.44**	**6.59**	**2.71**	**6.43**	**0.71**	**6.03**	**4.10**	**11.69**	**1.86**	**3.97**
中南部地区	**Mountain Area**	**14.33**	**6.84**	**3.42**	**3.78**	**0.29**	**5.80**	**4.86**	**5.66**	**0.63**	**4.37**
银川市	**Yinchuan**	**16.52**	**5.68**	**3.34**	**6.93**	**0.57**	**6.52**	**4.01**	**11.80**	**2.12**	**2.86**
兴庆区	Xingqing	15.20	4.29	3.74	6.69	0.48	8.56	5.11	18.33	2.06	1.80
西夏区	Xixia	10.40	4.14	2.45	2.92	0.89	6.20	4.16	10.37	1.37	5.68
金凤区	Jinfeng	15.88	4.04	6.38	5.39	0.07	6.54	5.87	13.37	2.39	2.16
永宁县	Yongning	14.77	7.76	1.66	4.50	0.85	5.20	3.24	8.92	1.98	3.13
贺兰县	Helan	18.26	9.78	1.76	6.05	0.67	8.61	4.39	11.85	1.86	5.00
灵武市	Lingwu	19.12	1.63	5.28	11.84	0.37	5.49	3.34	12.45	2.56	0.40
石嘴山市	**Shizuishan**	**19.74**	**8.69**	**2.02**	**8.49**	**0.54**	**5.84**	**4.80**	**16.60**	**1.36**	**6.50**
大武口区	Dawukou	13.79	8.66	0.45	2.98	1.71	4.70	6.56	9.22	1.65	9.69
惠农区	Huinong	16.80	7.19	2.38	7.11	0.12	2.89	3.14	11.97	1.49	6.55
平罗县	Pingluo	21.65	9.12	2.22	9.88	0.43	6.80	4.87	19.14	1.27	5.85
吴忠市	**Wuzhong**	**16.72**	**5.55**	**4.39**	**6.49**	**0.28**	**7.34**	**4.05**	**9.35**	**1.31**	**2.46**
利通区	Litong	19.85	1.59	6.85	11.12	0.29	9.81	4.85	11.39	2.46	0.57
红寺堡区	Hongsipu	14.77	5.80	3.40	4.89	0.69	8.96	4.42	8.15	0.71	5.06
盐池县	Yanchi	30.97	18.83	0.10	11.75	0.30	4.89	5.49	4.98	1.31	6.48
同心县	Tongxin	15.55	3.48	6.41	5.62	0.03	6.51	3.88	7.85	0.38	0.95
青铜峡市	Qingtongxia	14.61	9.43	0.90	3.90	0.37	5.35	2.37	12.48	1.54	3.37
固原市	**Guyuan**	**14.83**	**8.73**	**2.79**	**2.93**	**0.38**	**5.71**	**5.10**	**4.91**	**0.74**	**5.46**
原州区	Yuanzhou	17.28	9.05	4.17	3.48	0.57	6.10	5.03	7.70	0.74	4.23
西吉县	Xiji	19.02	13.62	3.04	2.20	0.16	5.51	4.07	4.42	0.83	5.61
隆德县	Longde	8.64	6.17	0.73	1.20	0.55	4.57	5.29	5.24	0.77	8.42
泾源县	Jingyuan	4.76	0.48	2.77	1.05	0.46	7.19	5.43	7.82	0.99	1.02
彭阳县	Pengyang	13.95	5.91	2.09	5.61	0.34	5.61	6.62	0.28	0.45	6.82
中卫市	**Zhongwei**	**12.38**	**5.68**	**2.16**	**3.78**	**0.76**	**4.23**	**4.52**	**7.29**	**1.00**	**4.93**
沙坡头区	Shapotou	13.99	8.59	0.46	3.86	1.08	3.46	3.99	10.05	1.33	6.14
中宁县	Zhongning	13.05	7.78	1.08	2.57	1.62	4.07	4.41	7.79	1.91	6.41
海原县	Haiyuan	11.15	2.79	3.80	4.44	0.11	4.81	4.90	5.40	0.32	3.42

2-29 2015年各市县农村居民家庭耐用消费品拥有情况
Ownership of Durable Consumer Goods of Rural Households by City and County (2015)

单位：百户均 (per 100 household)

市 县	Region	洗衣机（台）Washing Machine (unit)	电冰箱（台）Refrigerator (unit)	空调机（台）Air Conditioner (unit)	抽油烟机（台）Ventilator (unit)	微波炉（台）Microwave Oven (unit)
全 区	**Total**	**98.17**	**85.19**	**0.79**	**9.84**	**9.01**
沿黄地区	**Plain**	**100.95**	**90.16**	**1.20**	**13.53**	**13.14**
中南部地区	**Mountain Area**	**94.52**	**74.68**	**0.61**	**3.49**	**5.34**
银川市	**Yinchuan**	**101.45**	**95.40**	**0.82**	**19.21**	**15.94**
兴庆区	Xingqing	105.83	106.69	5.67	32.33	45.42
西夏区	Xixia	106.37	98.38		25.23	13.04
金凤区	Jinfeng	101.84	99.24		4.50	13.24
永宁县	Yongning	99.03	91.97		22.20	16.27
贺兰县	Helan	96.71	92.92		8.08	10.21
灵武市	Lingwu	107.70	96.39	1.99	31.04	15.63
石嘴山市	**Shizuishan**	**96.69**	**83.18**	**0.84**	**9.96**	**6.05**
大武口区	Dawukou	95.35	90.69	1.83	5.55	5.94
惠农区	Huinong	97.97	93.10			4.13
平罗县	Pingluo	96.58	80.00	0.91	12.81	6.48
吴忠市	**Wuzhong**	**99.39**	**87.24**	**1.47**	**9.86**	**5.03**
利通区	Litong	104.56	107.24		11.39	3.41
红寺堡区	Hongsipu	90.22	67.88	0.21	5.84	2.53
盐池县	Yanchi	96.72	87.82		10.92	3.37
同心县	Tongxin	97.64	85.92	2.34	3.06	3.39
青铜峡市	Qingtongxia	101.81	75.40	2.00	17.90	11.15
固原市	**Guyuan**	**94.80**	**67.96**	**0.47**	**3.26**	**7.56**
原州区	Yuanzhou	96.19	82.74	0.39	3.52	9.41
西吉县	Xiji	98.23	67.68		5.17	8.66
隆德县	Longde	96.16	57.55	0.80	3.44	5.19
泾源县	Jingyuan	98.28	69.57	2.79	1.28	8.20
彭阳县	Pengyang	85.33	56.11		0.95	4.97
中卫市	**Zhongwei**	**97.20**	**84.61**	**1.33**	**4.69**	**12.68**
沙坡头区	Shapotou	100.74	80.55	2.08	9.19	20.11
中宁县	Zhongning	100.42	91.85	2.24	4.96	18.50
海原县	Haiyuan	91.84	82.88		0.62	1.95

2-29 续表 1 continued

单位：百户均 (per 100 household)

市 县	Region	热水器 (台) Water Heater (unit)	助力车 (辆) Moped (unit)	摩托车 (辆) Motorcycle (unit)	家用汽车 (辆) Car (unit)	电话机 (部) Telephone (set)
全 区	**Total**	**54.33**	**54.50**	**83.00**	**18.42**	**13.13**
沿黄地区	**Plain**	**59.87**	**76.15**	**82.30**	**19.60**	**12.62**
中南部地区	**Mountain Area**	**46.32**	**32.70**	**89.83**	**17.88**	**13.65**
银川市	**Yinchuan**	**67.40**	**67.39**	**79.11**	**26.86**	**20.17**
兴庆区	Xingqing	96.78	98.65	47.00	60.77	10.97
西夏区	Xixia	83.85	76.54	62.94	40.54	10.09
金凤区	Jinfeng	34.98	72.85	57.08	32.62	19.05
永宁县	Yongning	73.06	55.33	71.82	22.85	16.66
贺兰县	Helan	46.28	62.43	82.10	13.70	21.92
灵武市	Lingwu	90.18	72.29	108.94	31.96	27.98
石嘴山市	**Shizuishan**	**53.89**	**73.10**	**70.77**	**11.80**	**6.52**
大武口区	Dawukou	20.04	100.56	64.95	14.01	8.37
惠农区	Huinong	97.97	90.87	56.47	11.92	10.01
平罗县	Pingluo	47.43	65.61	74.41	11.46	5.41
吴忠市	**Wuzhong**	**55.48**	**64.54**	**86.44**	**18.43**	**8.21**
利通区	Litong	82.09	89.03	76.92	22.61	11.70
红寺堡区	Hongsipu	19.86	70.58	85.69	15.95	3.08
盐池县	Yanchi	49.93	46.59	90.40	22.45	5.06
同心县	Tongxin	65.59	36.85	91.84	17.25	5.16
青铜峡市	Qingtongxia	32.92	74.30	92.11	13.55	12.79
固原市	**Guyuan**	**50.60**	**28.06**	**87.30**	**17.99**	**18.37**
原州区	Yuanzhou	32.05	49.77	88.24	14.06	8.10
西吉县	Xiji	44.19	23.03	97.98	23.46	29.66
隆德县	Longde	71.09	17.60	77.89	11.48	24.20
泾源县	Jingyuan	96.36	13.36	64.15	22.48	25.38
彭阳县	Pengyang	46.75	22.07	87.99	16.99	5.86
中卫市	**Zhongwei**	**42.95**	**61.24**	**94.07**	**16.13**	**9.20**
沙坡头区	Shapotou	62.28	83.64	79.53	15.24	10.35
中宁县	Zhongning	45.81	85.28	106.62	15.93	2.78
海原县	Haiyuan	24.76	24.28	97.15	16.89	12.84

2-29 续表 2 continued

单位：百户均 (per 100 household)

市　县	Region	移动电话（部）Mobile Telephone (set)	彩色电视机（台）Color TV Set (unit)	摄像机（台）Video Camera (unit)	照相机（台）Camera (unit)	家用计算机（台）Computer (set)
全　区	**Total**	**281.53**	**117.45**	**0.26**	**2.47**	**21.98**
沿黄地区	**Plain**	**281.96**	**119.17**	**0.41**	**2.50**	**24.48**
中南部地区	**Mountain Area**	**277.35**	**116.87**	**0.37**	**2.87**	**16.08**
银川市	**Yinchuan**	**275.00**	**115.45**	**0.48**	**3.38**	**26.41**
兴庆区	Xingqing	274.83	126.72		21.15	62.86
西夏区	Xixia	314.70	127.58	4.58	10.09	39.46
金凤区	Jinfeng	286.96	112.12		1.84	24.68
永宁县	Yongning	265.31	111.14		2.01	21.24
贺兰县	Helan	249.13	101.20			15.72
灵武市	Lingwu	302.99	132.75	0.83	2.58	33.77
石嘴山市	**Shizuishan**	**250.26**	**107.13**	**1.58**	**2.63**	**16.58**
大武口区	Dawukou	304.62	111.33		1.83	48.95
惠农区	Huinong	238.57	101.96		5.72	17.67
平罗县	Pingluo	245.85	107.77	2.15	1.99	12.12
吴忠市	**Wuzhong**	**282.96**	**117.32**	**0.24**	**2.58**	**19.93**
利通区	Litong	266.79	122.73		2.06	25.19
红寺堡区	Hongsipu	247.61	107.49		0.21	8.40
盐池县	Yanchi	302.38	109.42		3.80	15.89
同心县	Tongxin	259.65	101.66	0.91	0.91	17.40
青铜峡市	Qingtongxia	331.22	136.87		2.50	21.70
固原市	**Guyuan**	**281.70**	**120.45**	**0.34**	**3.93**	**17.03**
原州区	Yuanzhou	279.84	124.02		2.71	21.46
西吉县	Xiji	288.57	133.26	0.51	7.19	18.51
隆德县	Longde	293.85	121.97		2.34	19.52
泾源县	Jingyuan	298.22	105.55		6.07	14.76
彭阳县	Pengyang	257.68	103.09	0.95	1.22	8.59
中卫市	**Zhongwei**	**281.51**	**122.49**	**0.12**	**1.45**	**22.32**
沙坡头区	Shapotou	280.41	117.77		2.04	36.98
中宁县	Zhongning	287.16	126.41		0.77	15.46
海原县	Haiyuan	277.65	124.24	0.30	1.44	14.65

2-30 2015年全区农村居民家庭按住户经营情况分组资料

指 标 名 称	Item	单位	unit
农村住户家庭基本情况（绝对数）	**Basic Statistics of Rural Households(absolute)**	--	
一、调查户数	Number of Households Surveyed	户	household
调查户经营情况	Basic Statistics of Business of Households Surveyed	*	
(一)生产经营户	Production and Business	户	household
1.农业生产经营户	Agriculture	户	household
2.非农业生产经营户	Non-agriculture	户	household
3.兼业户	Households with Combined Occupations	户	household
(二)非生产经营户	Non-production and Business	户	household
二、生产性固定资产原值(人均)	Original Value of Productive Fixed Assets (per person)	元	yuan
农村住户居住情况（人均）	**Basic Statistics of Residence of Rural Households (per person)**	--	
(一)自有现住房面积	Floor Space of Living Houses	平方米	sq.m
(二)自有现住房市场估值	Value of Living Houses	元	yuan
调查户人口与劳动力情况（绝对数）	**Number of Households Surveyed and Basic Statistics of Labours (absolute)**	*	
一、农村住户人口与劳动力状况	Number of Households and Basic Statistics of Labours of Rural Households	*	
(一)家庭常住人口	Number of Permanent Residents in the Households	人	person
(二)整半劳动力数	Number of Able-bodied and Semi-able-bodied Labours	人	person
其中：男劳动力人数	Number of Male Labours	人	person
其中：整劳动力	Number of Able-bodied Labours	人	person
(三)就业劳动力人数	Number of Employed	人	person
其中：男劳动力人数	Number of Male Labour	人	person
一产业就业劳动力	Primary Industry	人	person
非农产业就业劳动力	Non-agriculture	人	person
(四)就业劳动力文化程度	Culture Level of Employed Labours	--	
1.不识字或识字很少	Illiterate and Semi-illiterate	人	person
2.小学程度	Primary School	人	person
3.初中程度	Junior Middle School	人	person
4.高中程度	Senior Middle School	人	person
5.大专及以上	College and Higher	人	person
农村住户食品消费情况（人均）	**Basic Statistics of Consumption of Major Foods of Rural Households (per person)**	*	
一、粮食消费量	Grain Crops	公斤	kg
(一)谷物消费量	Cereal	公斤	kg
#1.小麦	Wheat	公斤	kg
2.稻谷	Rice	公斤	kg
(二)薯类消费量	Tubers	公斤	kg
(三)豆类消费量	Soybeans	公斤	kg
二、油脂类消费量	Oil and Fat	公斤	kg
三、蔬菜及菜制品消费量	Vegetables and Related Products	公斤	kg
四、干鲜瓜果类	Dried and Fresh Melons and Fruits	公斤	kg
五、肉类	Meat and Related Products	公斤	kg
1.猪肉	Pork	公斤	kg
2.牛肉	Beef	公斤	kg
3.羊肉	Mutton	公斤	kg
4.其他肉类及制品	Others	公斤	kg
六、禽类	Poultry	公斤	kg
七、蛋类及蛋制品	Eggs and Related Products	公斤	kg
八、奶和奶制品	Milk and Dairy Products	公斤	kg
九、水产品	Aquatic Products	公斤	kg
十、糖果糕点类	Sugar and Pastry	公斤	kg
十一、饮料	Beverage	公斤	kg
十二、酒	Liquor	公斤	kg

Basic Statistics Grouped by Business Condition of Rural Households (2015)

总　计 Total	1.生产经营户 Production and Business	其中：农业生产经营户 Agriculture	非农业生产经营户 Non-agriculture	兼业户 Households with Combined Occupations	2.非生产经营户 Non-production and Business
1011.2	903.5	867.8	151.5	115.8	107.3
903.5	903.5	867.8	151.5	115.8	
867.8	867.8	867.8	115.8	115.8	
151.5	151.5	115.8	151.5	115.8	
115.8	115.8	115.8	115.8	115.8	
107.3					107.3
8468.8	**9261.2**	**8950.6**	**24292.6**	**26432.3**	**946.73**
30.1	29.7	29.4	33.8	32.2	34.0
20146.7	19653.1	19256.3	25671.3	24512.3	28767.7
3962.0	**3596.3**	**3458.3**	**605.5**	**467.5**	**364.1**
2431.0	2212.3	2125.8	393.3	306.8	217.7
1261.8	1151.6	1107.8	206.8	163.0	109.6
1538.2	1402.0	1348.3	279.5	225.8	135.2
2178.8	2016.3	1950.8	346.3	280.8	161.8
1193.6	1096.1	1058.3	190.8	153.0	97.2
1162.3	1134.3	1130.5	81.8	78.0	28.0
530.1	452.9	399.2	211.5	157.8	76.8
244.8	235.8	232.8	33.0	30.0	9.0
723.4	691.5	674.0	86.5	69.0	31.9
924.4	860.3	831.3	175.8	146.8	63.5
201.8	176.8	167.8	31.0	22.0	25.0
84.4	52.0	45.0	20.0	13.0	32.4
148.7	151.1	152.8	135.5	144.0	117.6
142.4	144.7	146.4	130.4	138.7	111.7
92.0	94.9	96.4	77.1	82.8	67.1
47.6	47.0	47.2	51.8	54.7	41.0
4.1	4.3	4.5	2.8	3.2	1.8
2.3	2.0	2.0	2.3	2.1	4.1
8.6	8.7	8.7	8.1	8.4	8.3
75.4	74.7	74.7	79.2	80.5	86.6
52.4	53.2	52.9	64.6	65.3	65.7
15.0	15.0	14.9	16.4	16.2	15.8
6.8	6.6	6.5	6.9	6.5	6.5
3.0	3.1	3.1	3.4	3.7	3.2
4.7	4.8	4.8	5.4	5.4	5.0
0.5	0.5	0.5	0.7	0.6	1.1
5.8	6.0	6.0	5.8	5.9	5.7
4.8	4.8	4.8	4.3	4.2	4.8
8.2	8.2	8.2	8.7	9.0	12.7
1.2	1.1	1.1	1.5	1.4	1.5
2.6	2.6	2.6	2.5	2.4	3.9
0.2	0.2	0.2	0.2	0.2	0.2
4.3	4.4	4.4	3.8	3.6	4.2

2-30 续表

指标名称	Item	单位	unit
农村住户总收入与总支出(人均)	**Total Revenue and Expenditure of Rural Households (per person)**	*	
一、总收入	Total Revenue	元	yuan
(一)工资性收入	Wage Income	元	yuan
(二)经营性收入	Household Business Income	元	yuan
1.第一产业经营收入	Primary Industry	元	yuan
(1)农业收入	Farming	元	yuan
(2)林业收入	Forestry	元	yuan
(3)牧业收入	Animal Husbandry	元	yuan
(4)渔业收入	Fishery	元	yuan
2.第二产业经营收入	Secondary Industry	元	yuan
3.第三产业经营收入	Tertiary Industry	元	yuan
(三)财产性收入	Property Income	元	yuan
(四)转移性收入	Transfer Income	元	yuan
二、总支出	Total Expenditure	元	yuan
(一)生产经营费用支出	Expenditure for Household Business	元	yuan
1.第一产业生产费用支出	Primary Industry	元	yuan
(1)农业生产费用支出	Farming	元	yuan
(2)林业生产费用支出	Forestry	元	yuan
(3)牧业生产费用支出	Animal Husbandry	元	yuan
(4)渔业生产费用支出	Fishery	元	yuan
2.第二产业生产费用支出	Secondary Industry	元	yuan
3.第三产业生产费用支出	Tertiary Industry	元	yuan
(二)购置生产性固定资产支出	Expenditure for Purchasing Productive Fixed Assets	元	yuan
(三)生活消费支出	Living Expenditure	元	yuan
1.食品消费支出	Food	元	yuan
2.衣着消费支出	Clothing	元	yuan
3.居住消费支出	Residence	元	yuan
4.家庭设备.用品消费支出	Household Facilities,Article and Service	元	yuan
5.交通和通讯消费支出	Transport and Telecommunication	元	yuan
6.文化教育.娱乐消费支出	Cultural,Educational,Recreational Article and Services	元	yuan
7.医疗保健消费支出	Medicine and Health Care	元	yuan
8.其他商品和服务消费支出	Other Commodities and Services	元	yuan
(四)财产性支出	Property Expenditure	元	yuan
(五)转移性支出	Transfer Expenditure	元	yuan
农村住户可支配收入来源(人均)	**Basic Statistics of Disposable Income of Rural Households (per person)**	*	
一、全年可支配收入	Annual Disposable Income	元	yuan
(一)工资性收入	Wage Income	元	yuan
(二)经营净收入	Net Household Business Income	元	yuan
1.第一产业经营净收入	Primary Industry	元	yuan
(1)农业收入	Farming	元	yuan
(2)林业收入	Forestry	元	yuan
(3)牧业收入	Animal Husbandry	元	yuan
(4)渔业收入	Fishery	元	yuan
2.非农产业经营净收入	Non-agriculture	元	yuan
A.第二产业经营净收入	Secondary Industry	元	yuan
B.第三产业经营净收入	Tertiary Industry	元	yuan
(三)财产净收入	Net Income from Property	元	yuan
(四)转移净收入	Net Income from Transfer	元	yuan
二、全年现金可支配收入	Annual Cash Disposable Income	元	yuan
三、全年实物可支配收入	Annual Disposable Income in Kind	元	yuan

continued

总　计 Total	1.生产经营户 Production and Business	其中：农业生产经营户 Agriculture	非农业生产经营户 Non-agriculture	兼业户 Households with Combined Occupations	2.非生产经营户 Non-production and Business
13790.2	14624.1	14437.1	20584.8	20960.6	15420.0
3614.3	3534.0	3507.5	3434.2	3209.0	10384.1
8030.1	9085.0	8944.6	15447.9	16287.3	1260.7
5896.5	6633.4	6892.1	4360.3	5603.4	980.6
4126.3	4713.8	4896.2	2901.7	3715.9	540.0
95.1	116.4	121.1	43.9	56.8	9.9
1661.3	1789.7	1860.9	1414.7	1830.7	430.7
13.8	13.4	13.9			
172.4	254.9	150.0	1081.1	548.5	13.7
1961.3	2196.7	1902.5	10006.5	10135.4	266.4
242.5	270.5	254.3	548.7	511.4	295.6
1903.3	1734.6	1730.6	1153.9	952.9	3479.6
18280.7	18387.2	18175.0	23985.0	24067.6	18674.2
3628.5	4004.1	4039.2	6388.1	7352.2	756.4
2883.8	3135.3	3253.3	2296.9	2922.4	678.2
1783.0	1886.2	1956.9	1045.2	1320.0	429.7
23.2	31.5	30.7	29.1	23.0	11.2
1065.7	1206.4	1254.0	1222.6	1579.4	237.2
11.9	11.2	11.7			
70.78	81.1	70.5	297.8	283.2	19.3
674.0	787.7	715.5	3793.4	4146.7	58.9
667.4	754.3	717.2	1273.9	1153.4	101.8
8414.9	8285.1	8101.6	10072.0	9242.2	
2452.7	2441.7	2409.1	2751.3	2601.3	3207.8
664.0	654.8	635.9	893.7	824.1	1008.0
1561.2	1530.6	1492.4	1982.8	1833.4	1938.5
571.8	570.1	557.6	750.3	711.2	631.2
1070.9	1072.0	1056.9	1478.5	1487.0	1282.4
995.4	920.9	905.1	1122.8	1065.4	1252.0
926.0	926.4	878.8	919.0	564.3	1489.6
172.9	168.4	165.8	173.7	155.5	241.7
52.5	47.3	47.0	58.7	59.9	120.5
425.9	365.2	347.9	554.5	483.0	1014.4
9118.7	9594.5	9406.2	11989.6	11303.3	13465.4
3614.3	**3534.0**	**3507.5**	**3434.2**	3209.0	10384.1
3837.0	**4467.8**	**4308.6**	**7465.8**	7173.0	441.2
2743.5	3201.2	3330.6	1873.6	2439.2	284.0
2139.1	2606.6	2710.1	1722.2	2226.1	93.5
71.6	84.7	90.0	14.8	33.8	-1.4
530.9	507.7	528.3	136.6	179.3	191.8
1.9	2.2	2.3			
1093.5	1266.6	978.0	5592.2	4733.7	157.2
88.6	155.8	68.9	685.3	198.8	-5.6
1004.9	1110.8	909.1	4906.9	4535.0	162.8
189.9	223.2	207.3	490.1	451.5	175.1
1477.5	1369.5	1382.7	599.4	469.9	2465.0
8655.5	9130.9	8896.1	12748.8	12080.1	13118.5
463.2	463.6	510.1	-759.2	-776.8	346.8

2-31 2015年全区农村居民家庭按人均可支配收入五等份分组资料

指 标 名 称	Item	单位	unit
农村住户家庭基本情况(绝对数)	**Basic Statistics of Rural Households(absolute)**	--	
一、调查户数	Number of Households Surveyed	户	household
调查户经营情况	Basic Statistics of Business of Households Surveyed	*	
(一)生产经营户	Production and Business	户	household
1.农业生产经营户	Agriculture	户	household
2.非农业生产经营户	Non-agriculture	户	household
3.兼业户	Households with Combined Occupations	户	household
(二)非生产经营户	Non-production and Business	户	household
二、生产性固定资产原值(人均)	Original Value of Productive Fixed Assets (per person)	元	yuan
农村住户居住情况(人均)	**Basic Statistics of Residence of Rural Households (per person)**	--	
(一)自有现住房面积	Floor Space of Living Houses	平方米	sq.m
(二)自有现住房市场估值	Value of Living Houses	元	yuan
调查户人口与劳动力情况(绝对数)	**Number of Households Surveyed and Basic Statistics of Labours (absolute)**	*	
一、农村住户人口与劳动力状况	Number of Households and Basic Statistics of Labours of Rural Households	*	
(一)家庭常住人口	Number of Permanent Residents in the Households	人	person
(二)整半劳动力数	Number of Able-bodied and Semi-able-bodied Labours	人	person
其中：男劳动力人数	Number of Male Labours	人	person
其中：整劳动力	Number of Able-bodied Labours	人	person
(三)就业劳动力人数	Number of Employed	人	person
其中：男劳动力人数	Number of Male Labour	人	person
一产业就业劳动力	Primary Industry	人	person
非农产业就业劳动力	Non-agriculture	人	person
(四)就业劳动力文化程度	Culture Level of Employed Labours	--	
1.不识字或识字很少	Illiterate and Semi-illiterate	人	person
2.小学程度	Primary School	人	person
3.初中程度	Junior Middle School	人	person
4.高中程度	Senior Middle School	人	person
6.大专及以上	College and Higher	人	person
农村住户食品消费情况(人均)	**Basic Statistics of Consumption of Major Foods of Rural Households (per person)**	*	
一、粮食消费量	Grain Crops	公斤	kg
(一)谷物消费量	Cereal	公斤	kg
#1.小麦	Wheat	公斤	kg
2.稻谷	Rice	公斤	kg
(二)薯类消费量	Tubers	公斤	kg
(三)豆类消费量	Soybeans	公斤	kg
二、油脂类消费量	Oil and Fat	公斤	kg
三、蔬菜及菜制品消费量	Vegetables and Related Products	公斤	kg
四、干鲜瓜果类	Dried and Fresh Melons and Fruits	公斤	kg
五、肉类	Meat and Related Products	公斤	kg
1.猪肉	Pork	公斤	kg
2.牛肉	Beef	公斤	kg
3.羊肉	Mutton	公斤	kg
4.其他肉类及制品	Others	公斤	kg
六、禽类	Poultry	公斤	kg
七、蛋类及蛋制品	Eggs and Related Products	公斤	kg
八、奶和奶制品	Milk and Dairy Products	公斤	kg
九、水产品	Aquatic Products	公斤	kg
十、糖果糕点类	Sugar and Pastry	公斤	kg
十一、饮料	Beverage	公斤	kg
十二、酒	Liquor	公斤	kg

Basic Statistics Grouped by Per Capita Disposable Income Quintile of Rural Households (2015)

总计 Total	20%低收入户 20% Low Income	20%中低收入户 20% Lower-middle Income	20%中等收入户 20% Middle Income	20%中上收入户 20% Upper-middle Income	20%高收入户 20% High Income
1011.2	201.7	202.9	203.1	201.8	201.7
903.5	188.8	185.0	180.1	179.3	170.3
867.8	185.8	184.0	170.1	170.3	157.5
151.5	21.0	16.0	31.0	42.0	41.5
115.8	18.0	15.0	21.0	33.0	28.8
107.3	12.5	17.9	23.0	22.5	31.4
8468.8	9645.5	4502.4	6031.3	11754.6	12386.1
30.1	23.1	25.8	28.1	36.1	43.8
20146.7	16327.8	15384.5	19051.1	23634.0	31065.2
3962.0	943.5	922.0	824.3	680.8	591.3
2431.0	511.7	499.7	509.2	466.0	444.5
1261.8	261.0	258.8	266.1	241.7	234.3
1538.2	365.7	358.7	330.2	268.2	215.5
2178.8	455.3	454.8	438.2	422.3	408.3
1193.6	246.2	245.9	249.6	231.7	220.3
1162.3	271.8	251.0	200.8	213.4	225.3
530.1	82.2	75.8	117.0	120.1	135.0
244.8	65.0	67.0	37.8	45.0	30.0
723.4	197.8	161.9	139.5	122.4	101.8
924.4	147.5	181.0	213.8	199.8	182.3
201.8	37.0	39.0	37.0	45.0	43.8
84.4	8.0	5.9	10.0	10.0	50.5
148.7	143.1	145.5	135.6	150.8	179.4
142.4	138.1	138.5	129.2	143.9	172.4
92.0	88.8	93.6	84.6	93.4	104.0
47.6	47.0	40.7	42.7	48.2	65.8
4.1	3.4	5.3	4.2	4.0	3.2
2.3	1.6	1.7	2.2	2.8	3.7
8.6	7.9	7.0	7.6	10.1	11.7
75.4	64.0	59.7	73.9	83.7	110.1
52.4	41.6	48.3	46.6	60.8	74.1
15.0	11.4	12.4	13.9	16.8	24.1
6.8	4.2	5.9	6.4	8.5	10.6
3.0	2.8	2.7	2.9	2.7	4.6
4.7	4.1	3.4	4.1	4.8	8.1
0.5	0.3	0.4	0.5	0.8	0.9
5.8	5.4	5.8	5.0	6.2	7.3
4.8	5.0	4.1	4.6	5.1	5.2
8.2	6.6	6.6	8.6	7.9	13.1
1.2	0.8	0.8	1.1	1.4	2.0
2.6	2.1	2.1	2.3	3.2	4.1
0.2	0.2	0.2	0.2	0.3	0.3
4.3	2.5	4.2	4.0	5.9	5.8

2-31 续表

指标名称	Item	单位	unit
农村住户总收入与总支出(人均)	**Total Revenue and Expenditure of Rural Households (per person)**	*	
一、总收入	Total Revenue	元	yuan
(一)工资性收入	Wage Income	元	yuan
(二)经营性收入	Household Business Income	元	yuan
1.第一产业经营收入	Primary Industry	元	yuan
(1)农业收入	Farming	元	yuan
(2)林业收入	Forestry	元	yuan
(3)牧业收入	Animal Husbandry	元	yuan
(4)渔业收入	Fishery	元	yuan
2.第二产业经营收入	Secondary Industry	元	yuan
3.第三产业经营收入	Tertiary Industry	元	yuan
(三)财产性收入	Property Income	元	yuan
(四)转移性收入	Transfer Income	元	yuan
二、总支出	Total Expenditure	元	yuan
(一)生产经营费用支出	Expenditure for Household Business	元	yuan
1.第一产业生产费用支出	Primary Industry	元	yuan
(1)农业生产费用支出	Farming	元	yuan
(2)林业生产费用支出	Forestry	元	yuan
(3)牧业生产费用支出	Animal Husbandry	元	yuan
(4)渔业生产费用支出	Fishery	元	yuan
2.第二产业生产费用支出	Secondary Industry	元	yuan
3.第三产业生产费用支出	Tertiary Industry	元	yuan
(二)购置生产性固定资产支出	Expenditure for Purchasing Productive Fixed Assets	元	yuan
(三)生活消费支出	Living Expenditure	元	yuan
1.食品消费支出	Food	元	yuan
2.衣着消费支出	Clothing	元	yuan
3.居住消费支出	Residence	元	yuan
4.家庭设备.用品消费支出	Household Facilities,Article and Service	元	yuan
5.交通和通讯消费支出	Transport and Telecommunication	元	yuan
6.文化教育.娱乐消费支出	Cultural,Educational,Recreational Article and Services	元	yuan
7.医疗保健消费支出	Medicine and Health Care	元	yuan
8.其他商品和服务消费支出	Other Commodities and Services	元	yuan
(四)财产性支出	Property Expenditure	元	yuan
(五)转移性支出	Transfer Expenditure	元	yuan
农村住户可支配收入来源(人均)	**Basic Statistics of Disposable Income of Rural Households (per person)**	*	
一、全年可支配收入	Annual Disposable Income	元	yuan
(一)工资性收入	Wage Income	元	yuan
(二)经营净收入	Household Business Income	元	yuan
1.第一产业经营净收入	Primary Industry	元	yuan
(1)农业收入	Farming	元	yuan
(2)林业收入	Forestry	元	yuan
(3)牧业收入	Animal Husbandry	元	yuan
(4)渔业收入	Fishery	元	yuan
2.非农产业经营净收入	Non-agriculture	元	yuan
A.第二产业经营净收入	Secondary Industry	元	yuan
B.第三产业经营净收入	Tertiary Industry	元	yuan
(三)财产净收入	Net Income from Property	元	yuan
(四)转移净收入	Net Income from Transfer	元	yuan
二、全年现金可支配收入	Annual Cash Disposable Income	元	yuan
三、全年实物可支配收入	Annual Disposable Income in Kind	元	yuan

continued

总计 Total	20%低收入户 20% Low Income	20%中低收入户 20% Lower-middle Income	20%中等收入户 20% Middle Income	20%中上收入户 20% Upper-middle Income	20%高收入户 20% High Income
13790.2	7866.4	8593.6	11730.7	17140.9	30280.8
3614.3	2245.3	3017.6	3918.7	4371.1	5374.8
8030.1	4652.7	4219.3	6148.7	10048.6	19651.5
5896.5	3516.9	3581.4	4344.9	6704.4	14567.5
4126.3	2063.3	2426.9	3067.1	5215.2	10282.3
95.1	25.7	54.6	42.1	94.6	345.6
1661.3	1427.9	1095.7	1179.8	1394.6	3932.9
13.8		4.2	56.0		6.7
172.4	77.9	38.7	48.3	92.9	806.2
1961.3	1057.9	599.2	1755.5	3251.3	4277.8
242.5	63.3	105.4	183.3	387.1	653.2
1903.3	905.2	1251.3	1480.1	2334.2	4601.3
18280.7	15681.1	13266.2	15591.1	22671.6	28868.5
3628.5	4411.7	2047.9	2308.5	3627.6	6768.4
2883.8	3423.1	1861.8	1819.2	2703.2	5381.9
1783.0	1489.8	1072.1	1182.4	2035.9	3924.3
23.2	4.5	24.2	11.3	29.9	60.3
1065.7	1928.9	765.5	569.2	637.4	1397.3
11.9			56.3		
70.78	39.8	29.4	23.5	46.4	282.3
674.0	948.8	156.6	465.8	878.0	1104.2
667.4	785.4	316.5	445.2	1026.5	919.2
8414.9	6431.0	6782.2	8094.5	10069.4	12597.0
2452.7	2017.1	2039.7	2334.4	2814.4	3527.2
664.0	578.7	556.1	621.5	735.5	944.3
1561.2	1249.0	1161.7	1418.4	1957.7	2412.5
571.8	389.6	407.5	585.7	749.4	885.5
1070.9	697.9	839.8	1013.4	1501.1	1591.1
995.4	687.6	1012.1	1128.4	1024.1	1231.3
926.0	657.6	598.5	869.6	1073.3	1769.8
172.9	153.4	166.9	123.0	214.0	235.4
52.5	45.6	39.8	53.9	31.6	106.7
425.9	575.5	249.3	297.3	466.6	601.7
9118.7	2190.7	5956.4	8669.2	12231.4	21978.3
3614.3	2245.3	3017.6	3918.7	4371.1	5374.8
3837.0	-402.1	1871.2	3438.1	5637.4	12057.4
2743.5	-145.1	1522.8	2309.9	3701.9	8715.7
2139.1	412.0	1220.3	1719.8	2932.0	5971.5
71.6	21.2	30.3	30.8	64.7	283.3
530.9	-579.4	268.0	559.6	705.1	2454.3
1.9		4.2	-0.3		6.7
1093.5	-256.0	348.4	1128.2	1935.5	3341.7
88.6	13.8	9.2	21.0	28.6	501.3
1004.9	-269.7	339.2	1107.3	1906.9	2840.4
189.9	17.7	65.6	129.4	355.5	546.5
1477.5	329.7	1001.9	1183.0	1867.5	3999.6
8655.5	2035.6	5478.4	8030.9	12030.7	20906.6
463.2	105.1	477.9	638.3	200.7	1071.7

2-32 2015年全区农村居民家庭按人均可支配收入分组资料

指标名称	Item	单位	unit
农村住户家庭基本情况(绝对数)	**Basic Statistics of Rural Households(absolute)**	--	
一、调查户数	Number of Households Surveyed	户	household
调查户经营情况	Basic Statistics of Business of Households Surveyed	*	
(一)生产经营户	Production and Business	户	household
1.农业生产经营户	Agriculture	户	household
2.非农业生产经营户	Non-agriculture	户	household
3.兼业户	Households with Combined Occupations	户	household
(二)非生产经营户	Non-production and Business	户	household
二、生产性固定资产原值(人均)	Original Value of Productive Fixed Assets (per person)	元	yuan
农村住户居住情况(人均)	**Basic Statistics of Residence of Rural Households (per person)**	--	
(一)自有现住房面积	Floor Space of Living Houses	平方米	sq.m
(二)自有现住房市场估值	Value of Living Houses	元	yuan
调查户人口与劳动力情况(绝对数)	**Number of Households Surveyed and Basic Statistics of Labours (absolute)**	*	
一、农村住户人口与劳动力状况	Number of Households and Basic Statistics of Labours of Rural Households	*	
(一)家庭常住人口	Number of Permanent Residents in the Households	人	person
(二)整半劳动力数	Number of Able-bodied and Semi-able-bodied Labours	人	person
其中：男劳动力人数	Number of Male Labours	人	person
其中：整劳动力	Number of Able-bodied Labours	人	person
(三)就业劳动力人数	Number of Employed	人	person
其中：男劳动力人数	Number of Male Labour	人	person
一产业就业劳动力	Primary Industry	人	person
非农产业就业劳动力	Non-agriculture	人	person
(四)就业劳动力文化程度	Culture Level of Employed Labours	--	
1.不识字或识字很少	Illiterate and Semi-illiterate	人	person
2.小学程度	Primary School	人	person
3.初中程度	Junior Middle School	人	person
4.高中程度	Senior Middle School	人	person
6.大专及以上	College and Higher	人	person
农村住户食品消费情况(人均)	**Basic Statistics of Consumption of Major Foods of Rural Households (per person)**	*	
一、粮食消费量	Grain Crops	公斤	kg
(一)谷物消费量	Cereal	公斤	kg
#1.小麦	Wheat	公斤	kg
2.稻谷	Rice	公斤	kg
(二)薯类消费量	Tubers	公斤	kg
(三)豆类消费量	Soybeans	公斤	kg
二、油脂类消费量	Oil and Fat	公斤	kg
三、蔬菜及菜制品消费量	Vegetables and Related Products	公斤	kg
四、干鲜瓜果类	Dried and Fresh Melons and Fruits	公斤	kg
五、肉类	Meat and Related Products	公斤	kg
1.猪肉	Pork	公斤	kg
2.牛肉	Beef	公斤	kg
3.羊肉	Mutton	公斤	kg
4.其他肉类及制品	Others	公斤	kg
六、禽类	Poultry	公斤	kg
七、蛋类及蛋制品	Eggs and Related Products	公斤	kg
八、奶和奶制品	Milk and Dairy Products	公斤	kg
九、水产品	Aquatic Products	公斤	kg
十、糖果糕点类	Sugar and Pastry	公斤	kg
十一、饮料	Beverage	公斤	kg
十二、酒	Liquor	公斤	kg

Basic Statistics Grouped by Per Capita Disposable Income of Rural Households (2015)

总计 Total	2000元以下 2000 yuan and Blow	2000–3000元 2000-3000 yuan	3000–4000元 3000-4000 yuan	4000–5000元 4000-5000 yuan	5000–6000元 5000-6000 yuan
1011.2	55.3	21.0	57.8	70.5	84.0
903.5	53.0	21.0	53.8	64.0	79.0
867.8	52.0	20.0	53.8	63.0	78.0
151.5	12.0	1.0	5.0	3.0	9.0
115.8	11.0		5.0	2.0	8.0
107.3	2.0		4.0	6.5	5.0
8468.8	**25710.5**	**3873.2**	**5357.9**	**3612.2**	**4568.3**
30.1	27.9	19.8	20.4	24.2	24.8
20146.7	19460.1	13048.0	16621.5	14608.1	13490.8
3962.0	**224.4**	**107.3**	**286.1**	**344.8**	**401.8**
2431.0	125.0	62.0	147.7	185.0	209.0
1261.8	68.7	32.0	72.8	91.5	109.0
1538.2	93.0	38.0	113.7	127.0	147.0
2178.8	114.7	53.0	128.7	166.0	187.0
1193.6	64.3	30.0	68.8	87.0	101.0
1162.3	64.0	37.0	82.8	94.0	106.0
530.1	50.7	16.0	45.8	72.0	81.0
244.8	13.0	8.0	25.0	21.0	29.0
723.4	53.0	27.0	51.8	69.0	74.0
924.4	37.7	16.0	37.8	58.0	71.0
201.8	10.0	1.0	11.0	15.0	11.0
84.4	1.0	1.0	3.0	3.0	2.0
148.7	167.2	142.8	131.7	140.4	141.2
142.4	162.1	138.2	126.4	135.9	133.7
92.0	102.1	92.5	81.5	88.4	92.5
47.6	58.8	43.8	41.8	43.7	35.1
4.1	3.1	3.2	3.6	3.2	5.9
2.3	1.9	1.4	1.7	1.2	1.7
8.6	8.4	6.7	7.8	8.0	6.1
75.4	68.8	50.7	65.8	62.4	57.4
52.4	44.4	30.7	43.1	42.5	44.1
15.0	15.7	6.3	9.1	13.2	11.1
6.8	5.7	0.5	3.3	5.7	4.9
3.0	3.4	3.1	2.2	2.5	3.0
4.7	6.3	2.4	3.4	4.7	2.7
0.5	0.3	0.3	0.2	0.3	0.5
5.8	5.4	6.0	5.3	5.1	5.2
4.8	4.1	3.7	5.4	5.4	4.2
8.2	4.9	5.8	6.2	7.9	5.8
1.2	0.5	0.9	0.8	1.0	0.5
2.6	2.6	1.2	2.0	2.0	1.7
0.2	0.2	0.2	0.3	0.2	0.2
4.3	2.4	0.9	2.7	3.7	3.5

2-32 续表 1

指标名称	Item	单位	unit
农村住户总收入与总支出(人均)	**Total Revenue and Expenditure of Rural Households (per person)**	*	
一、总收入	Total Revenue	元	yuan
(一)工资性收入	Wage Income	元	yuan
(二)经营性收入	Household Business Income	元	yuan
1.第一产业经营收入	Primary Industry	元	yuan
(1)农业收入	Farming	元	yuan
(2)林业收入	Forestry	元	yuan
(3)牧业收入	Animal Husbandry	元	yuan
(4)渔业收入	Fishery	元	yuan
2.第二产业经营收入	Secondary Industry	元	yuan
3.第三产业经营收入	Tertiary Industry	元	yuan
(三)财产性收入	Property Income	元	yuan
(四)转移性收入	Transfer Income	元	yuan
二、总支出	Total Expenditure	元	yuan
(一)生产经营费用支出	Expenditure for Household Business	元	yuan
1.第一产业生产费用支出	Primary Industry	元	yuan
(1)农业生产费用支出	Farming	元	yuan
(2)林业生产费用支出	Forestry	元	yuan
(3)牧业生产费用支出	Animal Husbandry	元	yuan
(4)渔业生产费用支出	Fishery	元	yuan
2.第二产业生产费用支出	Secondary Industry	元	yuan
3.第三产业生产费用支出	Tertiary Industry	元	yuan
(二)购置生产性固定资产支出	Expenditure for Purchasing Productive Fixed Assets	元	yuan
(三)生活消费支出	Living Expenditure	元	yuan
1.食品消费支出	Food	元	yuan
2.衣着消费支出	Clothing	元	yuan
3.居住消费支出	Residence	元	yuan
4.家庭设备.用品消费支出	Household Facilities,Article and Service	元	yuan
5.交通和通讯消费支出	Transport and Telecommunication	元	yuan
6.文化教育.娱乐消费支出	Cultural,Educational,Recreational Article and Services	元	yuan
7.医疗保健消费支出	Medicine and Health Care	元	yuan
8.其他商品和服务消费支出	Other Commodities and Services	元	yuan
(四)财产性支出	Property Expenditure	元	yuan
(五)转移性支出	Transfer Expenditure	元	yuan
农村住户可支配收入来源(人均)	**Basic Statistics of Disposable Income of Rural Households (per person)**	*	
一、全年可支配收入	Annual Disposable Income	元	yuan
(一)工资性收入	Wage Income	元	yuan
(二)经营净收入	Household Business Income	元	yuan
1.第一产业经营净收入	Primary Industry	元	yuan
(1)农业收入	Farming	元	yuan
(2)林业收入	Forestry	元	yuan
(3)牧业收入	Animal Husbandry	元	yuan
(4)渔业收入	Fishery	元	yuan
2.非农产业经营净收入	Non-agriculture	元	yuan
A.第二产业经营净收入	Secondary Industry	元	yuan
B.第三产业经营净收入	Tertiary Industry	元	yuan
(三)财产净收入	Net Income from Property	元	yuan
(四)转移净收入	Net Income from Transfer	元	yuan
二、全年现金可支配收入	Annual Cash Disposable Income	元	yuan
三、全年实物可支配收入	Annual Disposable Income in Kind	元	yuan

continued

总计 Total	2000元以下 2000 yuan and Blow	2000-3000元 2000-3000 yuan	3000-4000元 3000-4000 yuan	4000-5000元 4000-5000 yuan	5000-6000元 5000-6000 yuan
13790.2	12974.6	4726.0	6069.1	7114.5	7798.6
3614.3	1587.9	1286.8	2471.1	2681.2	2740.3
8030.1	10430.6	2116.8	2688.5	3373.6	3719.6
5896.5	7167.5	1969.4	2139.0	2884.7	3169.0
4126.3	2671.5	1588.1	1757.0	2098.8	2072.5
95.1	56.9	10.6	15.9	33.8	70.4
1661.3	4439.1	370.7	366.1	752.2	1026.0
13.8					
172.4	207.9	77.2	43.6	105.9	
1961.3	3055.2	70.3	505.8	383.0	550.7
242.5	38.0	10.4	102.8	96.3	105.5
1903.3	918.2	1312.0	806.7	963.3	1233.1
18280.7	28476.4	9555.3	12933.1	11283.4	12763.2
3628.5	13183.9	1689.9	1487.0	1830.5	1797.5
2883.8	9544.6	1601.2	1301.9	1641.8	1612.9
1783.0	2859.7	1285.1	827.9	1143.9	900.9
23.2	17.6	0.5	0.2	4.7	4.5
1065.7	6667.3	315.6	473.8	493.1	707.5
11.9					
70.78	**86.8**	**12.4**	**14.8**	**104.5**	
674.0	3552.6	76.3	170.3	84.3	184.6
667.4	2354.8	215.2	548.5	124.0	354.5
8414.9	7629.5	4910.6	6167.9	6458.7	6461.0
2452.7	2298.5	1604.1	1867.6	2125.2	1861.6
664.0	622.1	523.4	584.1	531.5	508.4
1561.2	1530.9	1029.6	1223.9	1131.6	1171.2
571.8	505.5	357.0	347.3	369.0	416.5
1070.9	922.7	430.4	627.0	788.9	678.7
995.4	872.3	450.0	666.7	742.4	1076.6
926.0	750.0	360.4	698.7	609.0	589.4
172.9	127.5	155.6	152.6	161.0	158.6
52.5	35.7	43.2	83.6	21.1	17.0
425.9	700.9	200.6	645.3	459.7	202.8
9118.7	-2660.0	2534.1	3496.3	4562.4	5476.7
3614.3	1587.9	1286.8	2471.1	2681.2	2740.3
3837.0	-4467.4	168.7	844.3	1302.3	1617.6
2743.5	-2816.5	110.9	706.1	1058.2	1353.7
2139.1	-442.7	97.6	847.8	806.8	1035.1
71.6	39.3	10.1	15.7	29.0	65.9
530.9	-2413.1	3.2	-157.4	222.4	252.7
1.9					
1093.5	-1650.9	57.8	138.3	244.1	263.9
88.6	21.4	63.9	28.9	0.6	-0.3
1004.9	-1672.4	-6.0	109.4	243.5	264.2
189.9	2.3	-32.7	19.1	75.2	88.5
1477.5	217.2	1111.3	161.7	503.6	1030.3
8655.5	-2020.0	2370.3	3083.8	4208.0	5025.3
463.2	-640.0	163.8	412.5	354.5	451.3

2-32 续表 2

指 标 名 称	Item	单位	unit
农村住户家庭基本情况(绝对数)	**Basic Statistics of Rural Households(absolute)**	--	
一、调查户数	Number of Households Surveyed	户	household
调查户经营情况	Basic Statistics of Business of Households Surveyed	*	
(一)生产经营户	Production and Business	户	household
1.农业生产经营户	Agriculture	户	household
2.非农业生产经营户	Non-agriculture	户	household
3.兼业户	Households with Combined Occupations	户	household
(二)非生产经营户	Non-production and Business	户	household
二、生产性固定资产原值(人均)	Original Value of Productive Fixed Assets (per person)	元	yuan
农村住户居住情况(人均)	**Basic Statistics of Residence of Rural Households (per person)**	--	
(一)自有现住房面积	Floor Space of Living Houses	平方米	sq.m
(二)自有现住房市场估值	Value of Living Houses	元	yuan
调查户人口与劳动力情况(绝对数)	**Number of Households Surveyed and Basic Statistics of Labours (absolute)**	*	
一、农村住户人口与劳动力状况	Number of Households and Basic Statistics of Labours of Rural Households	*	
(一)家庭常住人口	Number of Permanent Residents in the Households	人	person
(二)整半劳动力数	Number of Able-bodied and Semi-able-bodied Labours	人	person
其中：男劳动力人数	Number of Male Labours	人	person
其中：整劳动力	Number of Able-bodied Labours	人	person
(三)就业劳动力人数	Number of Employed	人	person
其中：男劳动力人数	Number of Male Labour	人	person
一产业就业劳动力	Primary Industry	人	person
非农产业就业劳动力	Non-agriculture	人	person
(四)就业劳动力文化程度	Culture Level of Employed Labours	--	
1.不识字或识字很少	Illiterate and Semi-illiterate	人	person
2.小学程度	Primary School	人	person
3.初中程度	Junior Middle School	人	person
4.高中程度	Senior Middle School	人	person
6.大专及以上	College and Higher	人	person
农村住户食品消费情况(人均)	**Basic Statistics of Consumption of Major Goods of Rural Households (per person)**	*	
一、粮食消费量	Grain Crops	公斤	kg
(一)谷物消费量	Cereal	公斤	kg
#1.小麦	Wheat	公斤	kg
2.稻谷	Rice	公斤	kg
(二)薯类消费量	Tubers	公斤	kg
(三)豆类消费量	Soybeans	公斤	kg
二、油脂类消费量	Oil and Fat	公斤	kg
三、蔬菜及菜制品消费量	Vegetables and Related Products	公斤	kg
四、干鲜瓜果类	Dried and Fresh Melons and Fruits	公斤	kg
五、肉类	Meat and Related Products	公斤	kg
1.猪肉	Pork	公斤	kg
2.牛肉	Beef	公斤	kg
3.羊肉	Mutton	公斤	kg
4.其他肉类及制品	Others	公斤	kg
六、禽类	Poultry	公斤	kg
七、蛋类及蛋制品	Eggs and Related Products	公斤	kg
八、奶和奶制品	Milk and Dairy Products	公斤	kg
九、水产品	Aquatic Products	公斤	kg
十、糖果糕点类	Sugar and Pastry	公斤	kg
十一、饮料	Beverage	公斤	kg
十二、酒	Liquor	公斤	kg

continued

6000-7000元 6000- 7000 yuan	7000-8000元 7000- 8000 yuan	8000-9000元 8000- 9000 yuan	9000-10000元 9000- 10000 yuan	10000元以上 10000 yuan and Over
72.9	76.8	58.8	61.5	452.5
61.0	72.8	53.8	52.5	392.6
61.0	68.8	51.8	49.5	369.8
4.0	9.0	10.0	9.0	89.5
4.0	5.0	8.0	6.0	66.8
11.9	4.0	5.0	9.0	59.9
5612.8	4389.8	5873.4	6789.2	11797.6
26.3	27.6	31.5	26.3	38.9
17282.5	18542.6	19988.5	18835.2	26542.0
320.3	318.2	240.7	252.5	1466.2
183.7	178.7	146.5	154.0	1039.5
95.8	90.8	76.8	78.5	545.9
138.7	124.7	103.5	91.0	561.7
166.8	160.7	125.5	134.0	942.5
90.9	86.8	71.8	76.0	516.9
84.0	78.0	61.8	64.0	490.7
82.8	82.7	63.8	70.0	451.8
20.0	19.0	12.8	15.0	82.0
56.9	47.8	44.7	40.0	259.2
65.0	84.8	57.0	65.0	432.1
22.0	8.0	10.0	12.0	101.8
2.9	1.0	1.0	2.0	67.5
140.3	140.9	136.7	144.6	161.8
132.9	135.1	130.6	137.5	154.9
89.5	84.9	75.1	101.9	97.4
41.4	48.0	54.4	34.6	54.9
5.7	3.4	3.4	5.5	3.7
1.8	2.3	2.7	1.6	3.1
7.4	7.9	8.7	6.4	10.7
61.0	66.7	95.9	64.9	93.3
50.3	51.0	44.6	50.3	65.5
13.7	13.0	12.9	14.8	19.9
7.8	6.6	5.6	6.3	9.2
2.3	2.7	2.7	2.6	3.7
3.2	3.3	3.9	5.5	6.1
0.3	0.5	0.6	0.4	0.8
5.8	6.1	5.2	5.3	6.6
4.0	4.8	4.2	4.7	5.0
7.1	7.2	10.4	9.7	10.0
1.0	1.1	1.3	0.9	1.7
2.3	2.4	2.1	2.8	3.5
0.2	0.2	0.1	0.3	0.3
5.1	4.0	2.9	4.7	5.7

2-32 续表 3

指 标 名 称	Item	单位	unit
农村住户总收入与总支出(人均)	**Total Revenue and Expenditure of Rural Households (per person)**	*	
一、总收入	Total Revenue	元	yuan
(一)工资性收入	Wage Income	元	yuan
(二)经营性收入	Household Business Income	元	yuan
1.第一产业经营收入	Primary Industry	元	yuan
(1)农业收入	Farming	元	yuan
(2)林业收入	Forestry	元	yuan
(3)牧业收入	Animal Husbandry	元	yuan
(4)渔业收入	Fishery	元	yuan
2.第二产业经营收入	Secondary Industry	元	yuan
3.第三产业经营收入	Tertiary Industry	元	yuan
(三)财产性收入	Property Income	元	yuan
(四)转移性收入	Transfer Income	元	yuan
二、总支出	Total Expenditure	元	yuan
(一)生产经营费用支出	Expenditure for Household Business	元	yuan
1.第一产业生产费用支出	Primary Industry	元	yuan
(1)农业生产费用支出	Farming	元	yuan
(2)林业生产费用支出	Forestry	元	yuan
(3)牧业生产费用支出	Animal Husbandry	元	yuan
(4)渔业生产费用支出	Fishery	元	yuan
2.第二产业生产费用支出	Secondary Industry	元	yuan
3.第三产业生产费用支出	Tertiary Industry	元	yuan
(二)购置生产性固定资产支出	Expenditure for Purchasing Productive Fixed Assets	元	yuan
(三)生活消费支出	Living Expenditure	元	yuan
1.食品消费支出	Food	元	yuan
2.衣着消费支出	Clothing	元	yuan
3.居住消费支出	Residence	元	yuan
4.家庭设备.用品消费支出	Household Facilities,Article and Service	元	yuan
5.交通和通讯消费支出	Transport and Telecommunication	元	yuan
6.文化教育.娱乐消费支出	Cultural,Educational,Recreational Article and Services	元	yuan
7.医疗保健消费支出	Medicine and Health Care	元	yuan
8.其他商品和服务消费支出	Other Commodities and Services	元	yuan
(四)财产性支出	Property Expenditure	元	yuan
(五)转移性支出	Transfer Expenditure	元	yuan
农村住户可支配收入来源(人均)	**Basic Statistics of Disposable Income of Rural Households (per person)**	*	
一、全年可支配收入	Annual Disposable Income	元	yuan
(一)工资性收入	Wage Income	元	yuan
(二)经营净收入	Household Business Income	元	yuan
1.第一产业经营净收入	Primary Industry	元	yuan
(1)农业收入	Farming	元	yuan
(2)林业收入	Forestry	元	yuan
(3)牧业收入	Animal Husbandry	元	yuan
(4)渔业收入	Fishery	元	yuan
2.非农产业经营净收入	Non-agriculture	元	yuan
A.第二产业经营净收入	Secondary Industry	元	yuan
B.第三产业经营净收入	Tertiary Industry	元	yuan
(三)财产净收入	Net Income from Property	元	yuan
(四)转移净收入	Net Income from Transfer	元	yuan
二、全年现金可支配收入	Annual Cash Disposable Income	元	yuan
三、全年实物可支配收入	Annual Disposable Income in Kind	元	yuan

continued

6000–7000元 6000- 7000 yuan	7000–8000元 7000- 8000 yuan	8000–9000元 8000- 9000 yuan	9000–10000元 9000- 10000 yuan	10000元以上 10000 yuan and Over
9601.4	10410.7	11441.9	12454.6	22639.9
3678.5	3855.9	3945.2	3711.5	4762.0
4760.7	5021.6	6216.2	6685.2	14077.0
3975.6	3886.1	4695.3	4450.9	10005.7
2569.1	3100.6	3456.5	3040.1	7260.6
30.2	40.5	16.1	56.8	202.6
1363.9	745.0	1222.7	1354.0	2504.8
12.5				37.6
			151.2	395.8
785.1	1135.4	1520.9	2083.1	3675.6
57.1	136.5	162.8	279.2	486.7
1105.1	1396.7	1117.7	1778.8	3314.2
15271.8	12685.4	17663.0	15227.0	25017.3
2379.8	2271.4	2246.4	2245.0	4941.7
2293.2	1906.6	1861.5	1536.9	3840.3
1264.3	1391.6	1286.4	936.7	2791.3
3.8	57.5	0.8	16.6	43.0
1025.0	457.5	574.2	583.5	971.1
				35.0
			73.5	145.7
86.7	364.7	385.0	634.5	955.6
289.9	327.7	501.9	472.8	944.6
7384.6	6833.7	8625.2	8430.5	11080.8
2219.6	2206.9	2336.7	2432.6	3094.6
640.2	584.5	648.4	676.6	810.8
1161.1	1103.7	1472.3	1453.9	2172.1
436.8	433.8	643.9	553.6	811.0
1064.8	763.5	1148.4	1130.5	1500.9
1071.9	954.2	1043.8	1344.2	1096.7
576.4	682.7	1187.4	704.7	1379.2
213.8	104.3	144.1	134.4	215.6
77.4	38.4	96.2	15.0	65.2
308.8	321.6	294.4	266.1	518.3
6461.0	7487.0	8413.7	9476.0	16328.2
3678.5	3855.9	3945.2	3711.5	4762.0
2006.7	2457.6	3578.2	3987.6	8348.8
1480.5	1778.6	2561.6	2719.1	5800.8
1170.4	1560.1	1954.8	1956.4	4169.9
26.3	-17.0	15.2	40.1	158.8
271.3	235.6	591.6	722.6	1469.5
12.5				2.7
526.2	678.9	1016.6	1268.5	2548.0
			65.7	230.9
526.2	678.9	1016.6	1202.8	2317.1
-20.2	98.1	66.6	264.2	421.5
796.1	1075.4	823.7	1512.7	2795.9
5975.8	6601.7	7905.6	8915.2	15757.3
485.3	885.2	508.1	560.8	570.8

2-33　2015年全区农村居民家庭按就业劳动力最高文化程度分组资料

指 标 名 称	Item	单位	unit
农村住户家庭基本情况(绝对数)	**Basic Statistics of Rural Households(absolute)**	--	
一、调查户数	Number of Households Surveyed	户	household
调查户经营情况	Basic Statistics of Business of Households Surveyed	*	
(一)生产经营户	Production and Business	户	household
1.农业生产经营户	Agriculture	户	household
2.非农业生产经营户	Non-agriculture	户	household
3.兼业户	Households with Combined Occupations	户	household
(二)非生产经营户	Non-production and Business	户	household
二、生产性固定资产原值(人均)	Original Value of Productive Fixed Assets (per person)	元	yuan
农村住户居住情况(人均)	**Basic Statistics of Residence of Rural Households (per person)**	--	
(一)自有现住房面积	Floor Space of Living Houses	平方米	sq.m
(二)自有现住房市场估值	Value of Living Houses	元	yuan
调查户人口与劳动力情况(绝对数)	**Number of Households Surveyed and Basic Statistics of Labours (absolute)**	*	
一、农村住户人口与劳动力状况	Number of Households and Basic Statistics of Labours of Rural Households	*	
(一)家庭常住人口	Number of Permanent Residents in the Households	人	person
(二)整半劳动力数	Number of Able-bodied and Semi-able-bodied Labours	人	person
其中：男劳动力人数	Number of Male Labours	人	person
其中：整劳动力	Number of Able-bodied Labours	人	person
(三)就业劳动力人数	Number of Employed	人	person
其中：男劳动力人数	Number of Male Labour	人	person
一产业就业劳动力	Primary Industry	人	person
非农产业就业劳动力	Non-agriculture	人	person
(四)就业劳动力文化程度	Culture Level of Employed Labours	--	
1.不识字或识字很少	Illiterate and Semi-illiterate	人	person
2.小学程度	Primary School	人	person
3.初中程度	Junior Middle School	人	person
4.高中程度	Senior Middle School	人	person
6.大专及以上	College and Higher	人	person
农村住户食品消费情况(人均)	**Basic Statistics of Consumption of Major Foods of Rural Households (per person)**	*	
一、粮食消费量	Grain Crops	公斤	kg
(一)谷物消费量	Cereal	公斤	kg
#1.小麦	Wheat	公斤	kg
2.稻谷	Rice	公斤	kg
(二)薯类消费量	Tubers	公斤	kg
(三)豆类消费量	Soybeans	公斤	kg
二、油脂类消费量	Oil and Fat	公斤	kg
三、蔬菜及菜制品消费量	Vegetables and Related Products	公斤	kg
四、干鲜瓜果类	Dried and Fresh Melons and Fruits	公斤	kg
五、肉类	Meat and Related Products	公斤	kg
1.猪肉	Pork	公斤	kg
2.牛肉	Beef	公斤	kg
3.羊肉	Mutton	公斤	kg
4.其他肉类及制品	Others	公斤	kg
六、禽类	Poultry	公斤	kg
七、蛋类及蛋制品	Eggs and Related Products	公斤	kg
八、奶和奶制品	Milk and Dairy Products	公斤	kg
九、水产品	Aquatic Products	公斤	kg
十、糖果糕点类	Sugar and Pastry	公斤	kg
十一、饮料	Beverage	公斤	kg
十二、酒	Liquor	公斤	kg

Basic Statistics Grouped by the Highest Cultural Level of Employed Labours of Rural Households (2015)

总计 Total	小学以下 Illiterate and Semi-illiterate	小学 Primary School	初中 Junior Middle School	高中 Senior Middle School	大学专科以上 Junior College and above
1011.2	48.8	625.9	172.9	127.9	20.0
903.5	42.8	562.7	156.1	119.0	20.0
867.8	40.8	541.9	147.1	115.0	20.0
151.5	7.8	79.8	34.0	26.0	4.0
115.8	5.8	59.0	25.0	22.0	4.0
107.3	6.0	63.3	16.5	8.9	
8468.8	9978.8	8375.0	9660.3	7771.0	7800.5
30.1	43.4	31.6	31.2	22.0	20.2
20146.7	27010.9	20719.6	22181.2	14911.0	9684.7
3962.0	131.5	2275.9	719.8	681.8	118.5
2431.0	48.8	1251.8	518.8	511.7	100.0
1261.8	26.0	630.9	282.1	269.8	53.0
1538.2	26.8	773.6	347.2	322.7	68.0
2178.8	45.8	1167.1	450.2	423.8	92.0
1193.6	24.0	615.9	260.8	240.9	52.0
1162.3	30.0	695.1	200.2	198.0	39.0
530.1	15.8	472.0	250.0	225.8	53.0
244.8	4.0	123.8	45.0	58.0	14.0
723.4	18.0	422.3	120.2	145.9	17.0
924.4	19.8	491.7	193.0	172.0	48.0
201.8	4.0	100.8	61.0	28.0	8.0
84.4		28.5	31.0	19.9	5.0
148.7	153.3	155.0	133.8	138.6	159.8
142.4	146.5	148.2	127.9	133.2	155.5
92.0	94.6	95.9	78.9	89.2	103.8
47.6	48.8	49.5	47.9	39.6	50.0
4.1	3.3	4.4	3.6	4.0	3.3
2.3	3.5	2.4	2.4	1.4	1.1
8.6	9.6	8.9	7.8	8.0	6.7
75.4	95.5	76.9	80.4	60.6	58.2
52.4	53.6	54.3	52.0	46.3	39.9
15.0	17.9	16.2	13.5	11.9	10.6
6.8	8.2	7.7	6.6	3.9	3.1
3.0	3.0	3.0	2.7	3.1	3.3
4.7	6.0	4.9	3.7	4.5	3.9
0.5	0.6	0.6	0.5	0.3	0.3
5.8	7.[illegible]	6.1	5.4	5.2	4.8
4.8	6.2	4.9	4.6	4.1	4.0
8.2	10.3	7.2	7.8	11.9	5.4
1.2	1.5	1.2	1.2	0.9	0.5
2.6	3.3	2.8	2.6	1.7	1.3
0.2	0.4	0.2	0.2	0.2	0.2
4.3	6.2	4.7	3.8	3.3	1.5

2-33 续表

指标名称	Item	单位	unit
农村住户总收入与总支出(人均)	**Total Revenue and Expenditure of Rural Households (per person)**	*	
一、总收入	Total Revenue	元	yuan
(一)工资性收入	Wage Income	元	yuan
(二)经营性收入	Household Business Income	元	yuan
1.第一产业经营收入	Primary Industry	元	yuan
(1)农业收入	Farming	元	yuan
(2)林业收入	Forestry	元	yuan
(3)牧业收入	Animal Husbandry	元	yuan
(4)渔业收入	Fishery	元	yuan
2.第二产业经营收入	Secondary Industry	元	yuan
3.第三产业经营收入	Tertiary Industry	元	yuan
(三)财产性收入	Property Income	元	yuan
(四)转移性收入	Transfer Income	元	yuan
二、总支出	Total Expenditure	元	yuan
(一)生产经营费用支出	Expenditure for Household Business	元	yuan
1.第一产业生产费用支出	Primary Industry	元	yuan
(1)农业生产费用支出	Farming	元	yuan
(2)林业生产费用支出	Forestry	元	yuan
(3)牧业生产费用支出	Animal Husbandry	元	yuan
(4)渔业生产费用支出	Fishery	元	yuan
2.第二产业生产费用支出	Secondary Industry	元	yuan
3.第三产业生产费用支出	Tertiary Industry	元	yuan
(二)购置生产性固定资产支出	Expenditure for Purchasing Productive Fixed Assets	元	yuan
(三)生活消费支出	Living Expenditure	元	yuan
1.食品消费支出	Food	元	yuan
2.衣着消费支出	Clothing	元	yuan
3.居住消费支出	Residence	元	yuan
4.家庭设备.用品消费支出	Household Facilities,Article and Service	元	yuan
5.交通和通讯消费支出	Transport and Telecommunication	元	yuan
6.文化教育.娱乐消费支出	Cultural,Educational,Recreational Article and Services	元	yuan
7.医疗保健消费支出	Medicine and Health Care	元	yuan
8.其他商品和服务消费支出	Other Commodities and Services	元	yuan
(四)财产性支出	Property Expenditure	元	yuan
(五)转移性支出	Transfer Expenditure	元	yuan
农村住户可支配收入来源(人均)	**Basic Statistics of Disposable Income of Rural Households (per person)**	*	
一、全年可支配收入	Annual Disposable Income	元	yuan
(一)工资性收入	Wage Income	元	yuan
(二)经营净收入	Household Business Income	元	yuan
1.第一产业经营净收入	Primary Industry	元	yuan
(1)农业收入	Farming	元	yuan
(2)林业收入	Forestry	元	yuan
(3)牧业收入	Animal Husbandry	元	yuan
(4)渔业收入	Fishery	元	yuan
2.非农产业经营净收入	Non-agriculture	元	yuan
A.第二产业经营净收入	Secondary Industry	元	yuan
B.第三产业经营净收入	Tertiary Industry	元	yuan
(三)财产净收入	Net Income from Property	元	yuan
(四)转移净收入	Net Income from Transfer	元	yuan
二、全年现金可支配收入	Annual Cash Disposable Income	元	yuan
三、全年实物可支配收入	Annual Disposable Income in Kind	元	yuan

continued

总计 Total	小学以下 Illiterate and Semi-illiterate	小学 Primary School	初中 Junior Middle School	高中 Senior Middle School	大学专科 Junior College and above
13790.2	15159.7	13951.8	15995.6	10904.9	10045.4
3614.3	2276.6	3471.9	4115.9	3930.5	4132.2
8030.1	9838.0	8231.9	9968.1	5707.9	5070.3
5896.5	8218.4	6217.0	7193.2	3686.1	2550.7
4126.3	5741.6	4430.1	4900.9	2394.3	1903.5
95.1	32.8	134.3	41.1	47.9	20.9
1661.3	2415.3	1650.9	2185.4	1243.9	626.2
13.8	28.7	1.7	65.9		
172.4	26.7	157.0	146.9	324.2	21.6
1961.3	1592.9	1857.9	2628.0	1697.6	2498.1
242.5	160.4	245.1	362.1	120.7	160.3
1903.3	2884.7	2002.9	1549.5	1145.8	682.6
18280.7	20561.3	18624.2	19051.6	14073.0	23872.1
3628.5	5410.8	3722.8	4472.8	2200.6	3407.3
2883.8	5137.5	3001.6	3445.6	1704.2	1762.4
1783.0	2446.9	1939.2	2033.9	1022.2	976.9
23.2	12.7	30.1	11.3	16.5	17.5
1065.7	2677.9	1032.3	1334.1	665.5	767.9
11.9			66.3		
70.78		49.0	70.4	177.2	11.5
674.0	273.3	672.3	956.8	319.2	1633.4
667.4	31.0	755.1	286.1	824.1	1278.6
8414.9	9504.4	8823.7	8364.7	6801.5	6747.7
2452.7	2848.7	2552.0	2395.5	2072.0	1965.2
664.0	721.6	677.1	685.6	614.1	414.8
1561.2	1857.4	1580.4	1659.8	1211.2	1780.0
571.8	611.9	558.1	602.5	580.9	477.9
1070.9	1040.2	1075.0	1153.3	1018.0	859.8
995.4	1247.1	1211.3	817.3	472.2	508.2
926.0	947.7	990.8	844.8	726.9	654.3
172.9	229.9	179.0	205.8	106.2	87.7
52.5	105.3	32.6	70.0	71.8	159.5
425.9	970.6	443.5	383.7	298.7	293.9
9118.7	8007.7	9194.7	10425.1	7815.7	5664.6
3614.3	2276.6	3471.9	4115.9	3930.5	4132.2
3837.0	3762.0	3950.7	4851.3	2989.3	1143.0
2743.5	2640.2	2913.6	3514.7	1805.2	553.6
2139.1	3020.2	2255.7	2690.6	1251.2	730.1
71.6	20.1	104.2	28.1	31.5	3.4
530.9	-428.7	552.0	796.5	522.5	-180.0
1.9	28.7	1.7	-0.4		
1093.5	1121.7	1037.1	1336.6	1184.1	589.4
88.6	24.4	91.3	74.5	140.1	-47.4
1004.9	1097.3	945.8	1262.1	1044.0	636.8
189.9	55.1	212.5	292.1	48.9	0.8
1477.5	1914.1	1559.5	1165.7	847.0	388.7
8655.5	7980.4	8551.1	10275.7	7496.3	5381.5
463.2	27.3	643.5	149.4	319.4	283.2

2-34 主要年份各市县农村居民人均可支配收入

单位：元，%

地 区	Region	2010年 收入水平 Income	2010年 比上年增长 Growth	2011年 收入水平 Income	2011年 比上年增长 Growth
全 区	**Total**	**5125**	**15.5**	**5931**	**15.7**
沿黄地区	**Plain**	**6222**	**14.3**	**7149**	**14.9**
中南部地区	**Mountain Area**	**3612**	**17.1**	**4193**	**16.1**
银川市	**Yinchuan**	**6369**	**14.3**	**7309**	**14.8**
兴庆区	Xingqing	7363	12.9	8425	14.4
西夏区	Xixia	4970	18.7	5787	16.4
金凤区	Jinfeng	5691	13.2	6535	14.8
永宁县	Yongning	6247	15.0	7195	15.2
贺兰县	Helan	6585	13.4	7591	15.3
灵武市	Lingwu	6650	14.8	7649	15.0
石嘴山市	**Shizuishan**	**6298**	**14.0**	**7248**	**15.1**
大武口区	Dawukou	5537	13.3	6354	14.8
惠农区	Huinong	6344	14.9	7298	15.0
平罗县	Pingluo	6428	13.9	7420	15.4
吴忠市	**Wuzhong**	**5153**	**10.5**	**5921**	**14.9**
利通区	Litong	6736	16.0	7741	14.9
红寺堡区	Hongsipu	3443	15.5	3956	14.9
盐池县	Yanchi	4128	11.6	4668	13.1
同心县	Tongxin	3610	17.4	4159	15.2
青铜峡市	Qingtongxia	6464	12.3	7466	15.5
固原市	**Guyuan**	**3695**	**17.4**	**4297**	**16.3**
原州区	Yuanzhou	3857	18.0	4501	16.7
西吉县	Xiji	3613	17.5	4195	16.1
隆德县	Longde	3598	17.5	4174	16.0
泾源县	Jingyuan	3325	16.2	3861	16.1
彭阳县	Pengyang	3743	16.8	4363	16.6
中卫市	**Zhongwei**	**4510**	**15.2**	**5260**	**16.6**
沙坡头区	Shapotou	5628	14.0	6499	15.5
中宁县	Zhongning	5434	14.5	6243	14.9
海原县	Haiyuan	3304	17.8	3852	16.6

注：根据2013年城乡一体化住户调查新口径测算方法，按照年度间收入增幅不变的原则，对2010-2015年的农民人均纯收入统一调整为农民人均可支配收入。

Per Capita Annual Disposable Income of Rural Households by City and Country in Main Years

(yuan，%)

2012年		2013年		2014年		2015年	
收入水平 Income	比上年增长 Growth	收入水平 Income	比上年增长 Growth	收入水平 Income	比上年增长 Growth	收入水平 Income	比上年增长 Growth
6776	**14.2**	**7599**	**12.1**	**8410**	**10.7**	**9119**	**8.4**
8143	**13.9**	**9104**	**11.8**	**10023**	**10.1**	**10821**	**8.0**
4856	**15.8**	**5550**	**14.3**	**6227**	**12.2**	**6818**	**9.5**
8341	**14.1**	**9341**	**12.0**	**10275**	**10.0**	**11148**	**8.5**
9538	13.2	10663	11.8	11677	9.5	12625	8.1
6678	15.4	7827	17.2	8618	10.1	9334	8.3
7450	14.0	8359	12.2	9187	9.9	9941	8.2
8225	14.3	9223	12.1	10130	9.8	10995	8.5
8692	14.5	9694	11.5	10667	10.0	11628	9.0
8707	13.8	9752	12.0	10756	10.3	11650	8.3
8279	**14.2**	**9278**	**12.1**	**10215**	**10.1**	**10995**	**7.6**
7252	14.1	8124	12.0	8896	9.5	9563	7.5
8321	14.0	9325	12.1	10269	10.1	11074	7.8
8486	14.4	9530	12.3	10502	10.2	11300	7.6
6767	**14.3**	**7605**	**12.4**	**8442**	**11.0**	**9150**	**8.4**
8770	13.3	9823	12.0	10787	9.8	11589	7.4
4533	14.6	5211	14.9	5837	12.0	6408	9.8
5392	15.5	6211	15.2	6975	12.3	7674	10.0
4783	15.0	5457	14.1	6123	12.2	6711	9.6
8542	14.4	9457	10.7	10435	10.3	11200	7.3
4984	**16.0**	**5695**	**14.3**	**6395**	**12.3**	**7002**	**9.5**
5214	15.8	5944	14.0	6693	12.6	7296	9.0
4866	16.0	5539	13.8	6222	12.3	6857	10.2
4834	15.8	5535	14.5	6199	12.0	6769	9.2
4529	17.3	5176	14.3	5805	12.1	6375	9.8
5050	15.7	5807	15.0	6530	12.4	7158	9.6
6021	**14.5**	**6681**	**11.0**	**7403**	**10.8**	**8002**	**8.1**
7353	13.1	8146	10.8	8971	10.1	9669	7.8
7148	14.5	7945	11.1	8819	11.0	9580	8.6
4488	16.5	5139	14.5	5765	12.2	6258	8.5

Note: According to the integration of urban and rural household survey in 2013 new diameter measurement, according to the principle of annual revenue growth, from 2010 to 2015 per captta net income unified adjust per capita disposable income.

2-35 主要年份各市县农村居民家庭人均可支配收入

Per Capita Disposable Income of Rural Households by City and County in Main Years

单位：元 (yuan)

市 县	Region	1983	1984	1985	1986	1987	1988	1989	1990	1991	1992	1993	1994	1995	1996	1997	1998	1999
全 区	**Total**	**300**	**328**	**357**	**415**	**424**	**527**	**590**	**652**	**667**	**679**	**731**	**998**	**1137**	**1552**	**1694**	**1925**	**1963**
沿黄地区	**Plain**	**354**	**370**	**434**	**503**	**539**	**645**	**742**	**833**	**845**	**872**	**917**	**1238**	**1584**	**2056**	**2432**	**2701**	**2719**
中南部地区	**Mountain Area**	**188**	**214**	**211**	**244**	**215**	**290**	**317**	**383**	**407**	**376**	**454**	**626**	**634**	**967**	**948**	**1114**	**1171**
银川市	**Yinchuan**			**482**	**593**	**628**	**734**	**888**	**1012**	**1004**	**986**	**1050**	**1381**	**1740**	**2328**	**2666**	**2906**	**2747**
兴庆区	Xingqing																	
西夏区	Xixia																	
金凤区	Jinfeng																	
永宁县	Yongning	538	597	495	585	607	740	861	1035	1017	949	1002	1303	1746	2347	2666	2842	2645
贺兰县	Helan	432	446	432	545	621	690	927	1053	1043	998	1057	1304	1726	2328	2586	2841	2660
灵武市	Lingwu	348	373	438	481	514	606	697	777	798	803	898	1258	1529	1886	2355	2519	2567
石嘴山市	**Shizuishan**			**451**	**485**	**515**	**678**	**723**	**845**	**824**	**899**	**882**	**1186**	**1594**	**1893**	**2305**	**2679**	**2733**
大武口区	Dawukou																	
惠农区	Huinong	344	378	402	441	492	621	672	775	762	866	883	1143	1482	1798	2195	2586	2654
平罗县	Pingluo	388	378	478	507	518	687	735	871	817	864	821	1115	1542	1851	2224	2560	2598
吴忠市	**Wuzhong**			**377**	**452**	**471**	**583**	**629**	**689**	**716**	**771**	**814**	**1121**	**1289**	**1811**	**1990**	**2190**	**2261**
利通区	Litong	282	316	353	418	447	575	604	723	754	791	874	1101	1379	1870	2314	2617	2664
红寺堡区	Hongsipu																	
盐池县	Yanchi	275	347	411	477	467	682	578	601	576	799	718	1049	924	1394	1302	1512	1506
同心县	Tongxin	192	213	233	333	285	444	396	451	539	561	598	797	857	1467	1283	1396	1468
青铜峡市	Qingtongxia	436	437	409	506	534	578	720	743	729	777	816	1172	1509	2101	2360	2517	2667
固原市	**Guyuan**			**208**	**230**	**204**	**265**	**305**	**374**	**386**	**345**	**431**	**602**	**588**	**861**	**841**	**1009**	**1071**
原州区	Yuanzhou	179	237	270	291	226	300	351	429	425	379	481	637	683	909	887	1121	1134
西吉县	Xiji	201	227	174	223	200	244	275	353	367	308	431	587	467	863	785	924	1024
隆德县	Longde	206	183	193	213	261	274	314	396	410	380	461	645	653	908	897	1069	1072
泾源县	Jingyuan	111	135	226	166	150	177	204	259	273	249	320	488	480	646	734	812	993
彭阳县	Pengyang			164	185	201	260	303	388	367	369	429	634	691	888	916	1100	1096
中卫市	**Zhongwei**																	
沙坡头区	Shapotou	304	323	358	427	473	592	661	737	838	830	848	1160	1450	1964	2352	2579	2666
中宁县	Zhongning	362	385	380	440	485	527	603	650	688	733	843	1184	1510	1940	2228	2539	2639
海原县	Haiyuan	189	221	213	258	156	289	332	353	415	344	412	563	499	902	762	946	1048

注：1.2003年、2004年部分市县(区)数据按最新区划调整重新进行了测算，具体包括川区、山区、银川市、石嘴山市、吴忠市、固原市、中卫市、平罗县、中宁县、同心县。2003年以前市县(区)数是原区划数未作调整。

2.2008年，因区划调整，原州区黑城镇、甘城乡划归海原县；海原县兴隆乡划归同心县，徐套乡划归中宁县，兴仁乡划归沙坡头区，因此对原州区、海原县、同心县、中宁县、沙坡头区的数据进行了调整，同时对川区、山区、吴忠市、固原市、中卫市的数据也进行了相应调整。2009年以后数据按新区划调整口径。

3.2013年实施城乡一体化住户调查改革，按照年度间收入增速不变原则，将农民人均纯收入全部调整为新口径的农民人均可支配收入。

Note: a)2003 and 2004, data were adjusted according newly division of some county and city,include Plain,Mountain Area,Yinchuan,Shizuishan, Wuzhong, Guyuan,Zhongwei,Pingluo,Zhongning and Tongxin.data were not adjusted on original division before 2003.

b)2008，Leicheng town,Gancheng town of Country Yuanzhou were allocated Country Haiyuan,Xinlong town of Country Haiyuan were allocated Country Tongxin,Xutao town of Country Haiyuan were allocated Country Zhongning,Xingren town of Country Haiyuan were allocated Country Shapotou,data of Country Yuanzhou,Country Haiyuan,Country Tongxin,Country Zhongning and Country Shapotou were adjusted,at the same time,data of Plain,Mountain area,Wuzhong,Guyuan,Zhongwei were adjusted.From 2009,data are newly division.

c)According to the integration of urban and rural household survey in 2013 new diameter measurement, according to the principle of annual revenue growth , per capita net income unified adjust per capita disposable income.

2-35 续表 continued

单位：元 (yuan)

市 县	Region	2000	2001	2002	2003	2004	2005	2006	2007	2008	2009	2010	2011	2012	2013	2014	2015
全　区	**Total**	**1724**	**1823**	**1917**	**2043**	**2320**	**2509**	**2760**	**3181**	**3681**	**4048**	**4675**	**5410**	**6180**	**6931**	**8410**	**9119**
沿黄地区	**Plain**	**2701**	**2840**	**2930**	**3040**	**3408**	**3584**	**3883**	**4369**	**4864**	**5260**	**6011**	**6907**	**7871**	**8799**	**10023**	**10821**
中南部地区	**Mountain Area**	**987**	**1078**	**1205**	**1295**	**1487**	**1687**	**1883**	**2191**	**2582**	**2916**	**3416**	**3964**	**4591**	**5247**	**6227**	**6818**
银川市	**Yinchuan**	**2712**	**2852**	**2932**	**2984**	**3388**	**3493**	**3800**	**4302**	**4917**	**5389**	**6161**	**7070**	**8068**	**9036**	**10275**	**11148**
兴庆区	Xingqing					3873	4017	4439	4994	5618	6040	6820	7804	8834	9876	11677	12625
西夏区	Xixia					2260	2333	2552	2851	3308	3655	4337	5050	5828	6830	8618	9334
金凤区	Jinfeng					3407	3488	3767	4268	4887	5307	6008	6900	7866	8826	9187	9941
永宁县	Yongning	2543	2712	2831	2975	3453	3375	3678	4193	4747	5127	5896	6792	7764	8706	10130	10995
贺兰县	Helan	2561	2664	2778	2939	3371	3534	3880	4346	4911	5480	6214	7163	8202	9147	10667	11628
灵武市	Lingwu	2705	2837	2863	3009	3355	3597	3892	4426	5184	5733	6581	7570	8618	9652	10756	11650
石嘴山市	**Shizuishan**	**2719**	**2828**	**2905**	**3035**	**3454**	**3556**	**3857**	**4351**	**4883**	**5315**	**6060**	**6974**	**7967**	**8928**	**10215**	**10995**
大武口区	Dawukou							3112	3535	4040	4364	4944	5673	6476	7255	8896	9563
惠农区	Huinong	2760	2905	2980	3104	3509	3687	3993	4524	5007	5563	6390	7351	8382	9393	10269	11074
平罗县	Pingluo	2601	2741	2815	3017	3440	3640	3957	4456	5005	5431	6186	7141	8167	9172	10502	11300
吴忠市	**Wuzhong**	**2194**	**2342**	**2374**	**2372**	**2699**	**2891**	**3135**	**3611**	**4089**	**4391**	**5041**	**5573**	**6370**	**7159**	**8442**	**9150**
利通区	Litong	2853	3040	3150	3367	3774	3974	4316	4985	5613	5827	6761	7771	8804	9861	10787	11589
红寺堡区	Hongsipu												4028	4616	5305	5837	6408
盐池县	Yanchi	1136	1306	1429	1567	1763	2005	2238	2624	3002	3288	3669	4149	4793	5521	6975	7674
同心县	Tongxin	1194	1227	1316	1365	1565	1710	1900	2214	2604	2914	3421	3942	4533	5172	6123	6711
青铜峡市	Qingtongxia	2812	3009	3101	3260	3795	4019	4401	4938	5445	5831	6549	7565	8656	9582	10435	11200
固原市	**Guyuan**	**928**	**1034**	**1168**	**1290**	**1489**	**1715**	**1925**	**2215**	**2598**	**2962**	**3477**	**4044**	**4690**	**5359**	**6395**	**7002**
原州区	Yuanzhou	933	1059	1211	1336	1529	1727	1940	2241	2615	3005	3546	4138	4793	5464	6693	7296
西吉县	Xiji	902	1036	1141	1264	1481	1740	1940	2215	2590	2944	3459	4016	4658	5303	6222	6857
隆德县	Longde	1082	1129	1230	1300	1502	1696	1906	2175	2604	2959	3478	4034	4672	5350	6199	6769
泾源县	Jingyuan	971	1025	1075	1147	1306	1508	1738	2064	2424	2726	3168	3678	4315	4932	5805	6375
彭阳县	Pengyang	896	1084	1233	1326	1519	1764	1978	2266	2663	3046	3556	4146	4798	5518	6530	7158
中卫市	**Zhongwei**				**2146**	**2359**	**2537**	**2762**	**3124**	**3457**	**3853**	**4439**	**5178**	**5927**	**6577**	**7403**	**8002**
沙坡头区	Shapotou	2495	2716	2806	2940	3187	3349	3633	3956	4321	4700	5358	6187	7000	7756	8971	9669
中宁县	Zhongning	2648	2711	2812	2781	3039	3307	3601	3997	4148	4619	5288	6076	6957	7732	8819	9580
海原县	Haiyuan	877	915	1097	1154	1313	1446	1584	1920	2350	2640	3111	3627	4225	4838	5765	6258

2-36 主要年份各市县农村居民家庭平均每人生活消费支出
Per Capita Living Expenditure of Rural Households by City and Country in Main Years

单位：元 (yuan)

地 区	Region	1985	1990	1995	2000	2005	2006	2007	2008	2009	2010	2011	2012	2013	2014	2015
全 区	**Total**	**264.5**	**486.3**	**1057.8**	**1417.1**	**2094.5**	**2247.0**	**2528.8**	**3094.9**	**3347.9**	**4013.2**	**4726.6**	**5633.0**	**6464.8**	**7676.5**	**8414.9**
沿黄地区	**Plain**	**320.4**	**657.1**	**1395.4**	**1938.9**	**2711.9**	**2985.4**	**3396.6**	**4005.4**	**4473.6**	**4913.7**	**6008.3**	**6851.2**		**8650.9**	**9430.9**
中南部地区	**Mountain Area**	**185.9**	**295.4**	**743.3**	**906.3**	**1624.3**	**1761.8**	**2027.8**	**2410.9**	**2584.7**	**3002.6**	**3827.3**	**4315.6**		**5984.9**	**6646.3**
银川市	**Yinchuan**	**382.8**	**810.2**	**1449.5**	**1885.8**	**2835.9**	**2902.4**	**3376.7**	**4118.8**	**4817.0**	**5394.2**	**6707.0**	**7089.3**	**8637.1**	**9334.1**	**10118.5**
兴庆区	Xingqing					2698.7	3104.7	3630.4	4360.2	4695.6	5923.0	7007.4	7055.1	8877.7	9147.9	10184.2
西夏区	Xixia					2175.5	2279.4	2576.8	3442.9	4385.3	5020.7	6203.4	7168.8	8811.0	8362.0	9142.1
金凤区	Jinfeng					2749.0	3359.1	4009.9	4923.9	5799.9	6562.1	6922.1	8073.2	8972.5	10613.0	9873.1
永宁县	Yongning	384.3	887.0	1445.7	1665.8	2871.4	2552.5	3000.5	3973.0	4195.6	4520.1	5756.8	6391.6	7213.0	7772.7	8554.3
贺兰县	Helan	330.9	681.5	1619.9	2094.8	3164.4	3153.3	3798.2	4386.6	5104.9	6002.6	8005.6	8146.9	9688.1	10726.6	11865.5
灵武市	Lingwu	319.3	594.4	1373.5	1770.5	2757.3	2980.9	3267.8	3813.3	5063.0	5276.8	6504.3	6561.2	8535.1	9165.1	10475.3
石嘴山市	**Shizuishan**	**312.5**	**655.9**	**1438.2**	**2101.8**	**3186.9**	**3273.5**	**3628.5**	**4344.8**	**4542.5**	**4930.2**	**6041.3**	**7222.0**	**8210.3**	**8752.5**	**9550.9**
大武口区	Dawukou						3112.4	3653.3	4132.1	4984.9	5108.6	6061.4	7260.5	9144.3	7533.2	8359.5
惠农区	Huinong	298.9	735.4	1360.7	2468.9	3424.7	3253.7	3717.1	4330.2	4534.8	4753.1	5848.5	6463.8	7240.8	8088.8	8697.5
平罗县	Pingluo	324.5	655.5	1391.4	2027.1	3126.2	3307.7	3601.1	4387.6	4462.3	4940.5	6081.0	7389.0	8330.9	9273.9	10035.5
吴忠市	**Wuzhong**	**274.8**	**530.7**	**1201.1**	**1640.8**	**2107.1**	**2582.5**	**2804.1**	**3190.7**	**3410.5**	**3763.0**	**4603.7**	**5409.7**	**6573.8**	**7372.5**	**8022.2**
利通区	Litong	286.1	694.1	1310.1	2345.3	2494.3	2803.6	3353.2	3510.6	3763.6	4254.6	5099.5	6273.5	7674.1	9028.7	9706.5
红寺堡区	Hongsipu											5208.7	5699.3	6185.6	6197.2	6593.9
盐池县	Yanchi	317.4	468.7	1038.1	1230.6	2512.8	2610.1	2776.6	2978.9	3322.1	3495.9	4657.6	5121.6	5846.0	7334.1	7850.2
同心县	Tongxin	187.9	342.3	901.3	957.9	1384.2	1730.6	2179.0	2620.9	2723.5	3148.7	3770.2	4347.2	5003.0	6006.4	6898.6
青铜峡市	Qingtongxia	294.5	622.4	1565.7	1849.4	2470.3	3739.4	3174.7	3905.8	4185.2	4362.9	5499.0	6329.8	7146.0	7547.8	8211.2
固原市	**Guyuan**	**185.8**	**287.6**	**709.0**	**854.0**	**1680.0**	**1799.7**	**2070.4**	**2463.0**	**2563.3**	**3085.4**	**3793.2**	**4248.2**	**4731.0**	**5862.8**	**6520.7**
原州区	Yuanzhou	227.2	330.5	691.7	984.6	1716.4	1643.9	1917.3	2298.1	2518.9	3002.2	4160.0	4209.4	5075.1	6175.0	7760.3
西吉县	Xiji	181.1	270.3	622.1	965.3	1652.6	1856.9	2076.7	2370.1	2478.8	3331.5	3650.5	3869.2	4501.4	5507.1	5780.6
隆德县	Longde	185.5	324.5	856.6	1110.4	1679.9	1958.5	2191.1	2743.4	2793.1	2968.9	3801.9	4383.6	5181.5	6540.4	6883.5
泾源县	Jingyuan	163.9	220.5	540.0	804.1	1834.6	2192.3	2432.2	2940.1	2722.5	3202.2	4114.1	4982.4	3946.5	5439.1	6013.6
彭阳县	Pengyang	164.2	297.2	824.0	752.7	1591.6	1657.9	2073.1	2518.9	2560.2	2767.4	3469.4	4549.0	4672.9	5757.5	6129.8
中卫市	**Zhongwei**					**1985.9**	**2142.1**	**2586.6**	**3060.2**	**3589.9**	**3876.6**	**4915.9**	**5669.7**	**6286.1**	**7133.0**	**7676.4**
沙坡头区	Shapotou	255.9	495.3	1350.9	1600.2	2141.6	2353.1	2994.4	3781.1	4161.4	4775.5	6064.8	7034.9	7301.2	8387.2	8996.6
中宁县	Zhongning	281.8	471.7	1065.2	1982.4	2897.9	3141.6	3812.9	4099.9	4814.8	4932.1	5541.5	6573.5	7081.1	7512.4	8483.8
海原县	Haiyuan	176.1	253.9	683.4	677.7	1287.5	1340.6	1466.4	1828.9	2283.5	2422.0	3453.3	3797.1	4802.5	5957.4	6469.1

2-37 主要年份全区城镇居民家庭人口和收支情况

Household Size and Income and Expenditure of Urban Households in Main Years

年份 Year	平均每户家庭人口（人） Average Household Size (person)	平均每户就业人口（人） Average Number of Employed Persons per Household (person)	每一就业者负担系数 Number of Dependents per Employee	人均家庭总收入（元） Per Capita Total Income (yuan)	工资性收入（元） Income from Wages and Salaries (yuan)	经营性收入（元） Business Income (yuan)	财产性收入（元） Income from Properties (yuan)	转移性收入（元） Income from Transfer (yuan)	人均可支配收入（元） Per Capita Disposable Income (yuan)
1980	4.97	2.36	2.09	464					464
1985	4.16	2.16	1.92	735	639.96	4.2		90.8	735
1990	3.64	1.86	1.96	1434	1112.5	11.92	8.18	301.81	1421
1991	3.44	1.85	1.86	1574	1265.26	7.41	12.64	288.66	1565
1992	3.41	1.92	1.77	1821	1595.05	6.79	20.36	199.25	1821
1993	3.36	1.93	1.74	2171	1861.05	15.72	23.43	270.84	2171
1994	3.24	1.88	1.72	2986	2498.04	27.65	33.35	426.96	2986
1995	3.22	1.84	1.75	3383	2778.18	53.67	39.01	510.67	3383
1996	3.19	1.76	1.81	3612	2939.76	61.33	32.41	578.09	3612
1997	3.2	1.59	2.01	3855	2732.23	230.07	41.64	851.34	3837
1998	3.18	1.53	2.08	4144	2925.41	223.79	48.92	945.41	4112
1999	3.13	1.52	2.06	4505	3077.52	207.71	82.33	1137.9	4473
2000	3.08	1.50	2.05	4945	3458.61	305.24	41.2	1140.1	4912
2001	3.08	1.48	2.08	5566	3907.62	364.58	40.35	1253.08	5544
2002	3.02	1.40	2.16	6409	4366.82	404.91	41.03	1596.71	6067
2003	2.95	1.37	2.15	6991	4670.76	441.47	82.48	1796.54	6530
2004	2.91	1.35	2.16	7748.53	5166.44	495.12	60.03	2026.93	7218
2005	2.89	1.33	2.17	8744.6	5771.58	956.65	64.44	1952.2	8094
2006	2.85	1.32	2.16	10002	6450.79	978.99	89.19	2483.06	9177
2007	2.86	1.36	2.10	11793.08	7667.77	1182.9	147.42	2794.99	10859
2008	2.92	1.36	2.15	14118.64	8793.54	1856.94	182.67	3285.49	12931.53
2009	2.9	1.34	2.16	15550.75	9597.11	2036.14	281.15	3636.36	14024.7
2010	2.87	1.37	2.09	17536.78	10821.22	2238.13	189.52	4287.91	15344.49
2011	2.79	1.34	2.08	19654.59	12396.71	2367.47	198.48	4691.94	17578.92
2012	2.82	1.36	2.07	21902.2	13965.62	2522.84	160.88	5252.9	19831.41
2013	2.88	1.37	2.10	23766.75	15363.92	2626.08	196.43	5580.31	21833.33
2014	2.95	1.50	1.97	26369.48	15735.55	4219.78	1191.45	5222.70	23284.56
2015	2.97	1.43	2.07	28639.99	16884.69	4272.89	1301.75	6180.66	25186.01

注：2014年按照城乡一体化改革后计算新的口径为城镇居民人均可支配收入。

Note: According to the integration of urban and rural reform in 2014 calculated the new diameter for the urban residents per capita disposable income.

2-37 续表 continued

年 份 Year	人均消费性支出(元) per Capita Consumption Expenditure (yuan)	食 品(元) Food (yuan)	衣 着(元) Clothing (yuan)	家庭设备用品及服务(元) Household Facilities, Articles and Services (yuan)	医疗保健(元) Health Care and Medical (yuan)	交通和通 讯(元) Transport and Communi-cation (yuan)	教育文化娱乐服务(元) Education, Cultural and Recreation Service (yuan)	居 住(元) Residence (yuan)	其他商品和服务(元) Other Goods and Services (yuan)
1980	403								
1985	645	303.6	112.32	50.74	8.4	17.52	86.04	30.36	36
1990	1212	639.53	180.16	113.23	32.76	27.4	90.18	57.8	70.75
1991	1354	654.7	233.43	123.39	48.29	33.2	123.43	59.12	78.28
1992	1506	707.45	259.2	137.37	56.4	43.42	142.24	86.35	73.22
1993	1877	821.59	306.44	195.34	77.4	71.99	197.51	124.12	83.02
1994	2478	1131.18	444.8	180.61	125.29	145.63	222.87	127.71	99.66
1995	2866	1335.84	491.21	195.35	130.5	195.25	260.58	152.92	104.05
1996	3039	1384.19	526.53	194.59	171.76	228.83	275.39	152.39	105.25
1997	3271	1422.73	542.01	209.04	232.69	208.71	329.7	217.88	108.56
1998	3380	1419.8	514.43	186.52	245.14	248.95	393.54	261.98	109.45
1999	3548	1385.67	480.89	204.78	317.32	288.59	455.2	297.78	117.76
2000	4201	1509.31	561.93	290.43	327.05	407.46	565.4	381.44	157.47
2001	4595	1577.37	572.03	313.15	409.96	487.15	588.73	479.19	167.82
2002	5105	1774.37	578.19	343	452.99	556.66	711.03	482.77	205.88
2003	5330	1919.42	585.24	363.09	450.7	585.42	644.72	560.53	221.23
2004	5821	2156.34	636.81	364.07	440.77	646.97	651.14	660.19	265.08
2005	6404	2228.63	776.51	417.38	535.92	705.69	769.97	711.21	259
2006	7206	2444.98	874.39	480.70	578.75	774.57	846.72	890.97	314.49
2007	7817	2760.74	994.47	480.84	645.98	859.04	863.36	910.68	302.17
2008	9558.29	3352.83	1178.88	596.81	816.87	1096.32	1043.72	1069.15	403.71
2009	10280	3432.23	1260.58	636.88	921.86	1363.63	1075.88	1128.12	460.82
2010	11334.43	3768.09	1417.47	716.22	890.05	1574.57	1286.2	1181.71	500.12
2011	12896.04	4483.44	1701.73	885.36	978.12	1637.61	1441.18	1247.14	521.47
2012	14067.15	4768.91	1875.7	1193.37	929.01	1063.09	2110.41	1515.91	610.74
2013	15321.10	4895.20	1737.21	1001.82	1158.83	2503.65	1868.42	1497.98	657.99
2014	17216.23	4795.26	1728.97	1094.86	1616.88	2552.82	1957.52	3027.60	442.31
2015	18983.88	4883.35	1786.99	1185.42	2015.95	2509.59	2389.75	3608.31	604.52

2-38 主要年份全区城镇居民家庭消费支出构成情况

Composition of Consumption Expenditure of Urban Households in Main Years

年 份 Year	各项消费支出占消费支出的比重 (%) Each Consumption as Percentage Total Consumption Expenditure (%)	食 品 (%) Food (%)	衣 着 (%) Clothing (%)	家庭设备用品及服务 (%) Household Facilities, Articles and Services (%)	医疗保健 (%) Health Care and Medical (%)	交通和通信 (%) Transport and Communication (%)	教育文化娱乐服务 (%) Education, Culture and Recreation Service (%)	居 住 (%) Residence (%)	其他商品和服务 (%) Other Goods and Services (%)
1985	100	47.07	17.41	7.87	1.3	2.72	13.34	4.71	5.58
1990	100	52.77	14.86	9.34	2.7	2.26	7.44	4.77	5.84
1991	100	48.35	17.24	9.11	3.57	2.45	9.12	4.37	5.78
1992	100	46.98	17.21	9.12	3.75	2.88	9.44	5.73	4.86
1993	100	43.77	16.33	10.41	4.12	3.84	10.52	6.61	4.42
1994	100	45.65	17.95	7.29	5.06	5.88	8.99	5.15	4.02
1995	100	46.61	17.14	6.82	4.55	6.81	9.09	5.34	3.63
1996	100	45.55	17.33	6.4	5.65	7.53	9.06	5.01	3.46
1997	100	43.5	16.57	6.39	7.11	6.38	10.08	6.66	3.32
1998	100	42.01	15.22	5.52	7.25	7.37	11.64	7.75	3.24
1999	100	39.05	13.55	5.77	8.94	8.13	12.83	8.39	3.32
2000	100	35.93	13.38	6.91	7.79	9.7	13.46	9.08	3.75
2001	100	34.33	12.45	6.82	8.92	10.6	12.81	10.43	3.65
2002	100	34.76	11.33	6.72	8.87	10.9	13.93	9.46	4.03
2003	100	36.04	10.99	6.82	8.46	10.99	12.11	10.53	4.15
2004	100	37.04	10.94	6.25	7.57	11.11	11.19	11.34	4.55
2005	100	34.80	12.12	6.52	8.37	11.02	12.02	11.11	4.04
2006	100	33.93	12.13	6.67	8.03	10.75	11.75	12.37	4.36
2007	100	35.32	12.72	6.15	8.26	10.99	11.04	11.65	3.87
2008	100	35.08	12.33	6.24	8.55	11.47	10.92	11.19	4.22
2009	100	33.39	12.26	6.20	8.97	13.26	10.47	10.97	4.48
2010	100	33.24	12.51	6.32	7.85	13.89	11.35	10.43	4.41
2011	100	34.77	13.20	6.87	7.58	12.70	11.18	9.67	4.04
2012	100	33.90	13.33	8.48	6.60	7.56	15.00	10.78	4.34
2013	100	31.95	11.34	6.54	7.56	16.34	12.20	9.78	4.29
2014	100	27.85	10.04	6.36	9.39	14.83	11.37	17.59	2.57
2015	100	25.72	9.41	6.24	10.62	13.22	12.59	19.01	3.18

2-39 主要年份全区城镇居民家庭居住情况

指　标	Item	1985	1990	1995
平均每户住房面积(平方米/户)	Average Floor Space Per Household(sq.m/household)			
建筑面积	Building Space	69.58	66.56	66.36
使用面积	Living Space	52.20	49.93	49.78
按房屋产权分的家庭比重(%)	Percentage of Household by House Property Right(%)	100.00	100.00	100.00
租赁公房	Public House Leasing			
租赁私房	Private House Leasing			
原有私房	Inhered Private House			
房改私房	Reformed Private House			
商品房	Commercial Residential Building			
其他	Others			
按用水情况分的家庭比重(%)	Percentage of Household by Water Using(%)	100.00	100.00	100.00
无自来水	No Tap Water	8.25	3.82	1.64
独用自来水	Private Tap Water	82.75	90.18	94.91
公用自来水	Public Tap Water	9.00	6.00	3.65
按卫生设备分的家庭比重(%)	Percentage of Household by Sanitary Equipment(%)	100.00	100.00	100.00
无卫生设备	No Sanitary Equipment	33.75	48.36	18.91
有厕所浴室	Having Bathroom	2.00	8.36	20.36
有厕所无浴室	Having Toilet but No Shower	26.50	37.64	52.36
公有卫生设备	Public Sanitary Equipment	37.75	5.64	8.37
按取暖设备分的家庭比重(%)	Percentage of Household by Heating Installation(%)	100.00	100.00	100.00
#有取暖设备户(暖气)	Having Heating Installation(heater)	17.75	37.82	62.18
按炊用燃料使用情况分的家庭比重(%)	Percentage of Household by Fuel Using(%)	100.00	100.00	100.00
管道煤气(天然气)	Piped Gas(Natural Gas)			3.28
液化石油气	Liquefied Petroleum Gas	1.52	15.27	56.73
煤	Coal	98.48	83.82	37.09
其 他	Others		0.91	2.90
家庭通讯设备使用情况	Using of Household Communication Apparatus			
每百户拥有固定电话(部/百户)	Number of Fixed Phone Per 100 Households(set/100 households)			38.91
每百户拥有移动电话(部/百户)	Number of Mobile Phone Per 100 Households(set/100 households)			
每百户接入互联网的计算机(台/百户)	Number of Computers Accessed to Internet Per 100 Households (set/100 households)			

Housing Conditions of Urban Households in Main Years

2000	2004	2005	2006	2007	2008	2009	2010	2011	2012	2013	2014	2015
77.03	72.40	75.45	76.33	77.53	80.85	82.25	82.96	84.21	85.39	88.78	94.18	90.90
57.79	54.52	56.83	57.45									
100.00	100.00	100.00	100.00	100.00	100.00	100.00	100.00	100.00	100.00	100.00	100.00	100.00
	9.38	5.37	6.30	5.58	2.88	3.05	2.99	2.52	2.96	0.91	0.94	1.42
	1.79	3.67	2.44	2.83	8.72	7.56	6.78	7.25	6.74	8.98	6.70	4.75
	6.48	4.60	4.47	4.71	3.60	3.89	4.71	6.43	5.93	14.07	10.05	9.13
	60.57	53.26	51.83	45.98	35.32	33.70	30.19	22.1	20.33	15.92	14.69	14.37
	18.92	30.67	33.13	39.50	48.90	51.13	54.97	61.52	62.18	57.38	52.54	54.71
	2.85	2.42	1.83	1.41	0.58	0.66	0.37	0.19	1.86	2.74	15.08	15.63
100.00	100.00	100.00	100.00	100.00	100.00	100.00	100.00	100.00	100.00	100.00	100.00	100.00
1.80	1.15	0.69	0.60	1.15	1.21	1.01	1.02	1.35	1.52	1.30	3.89	2.11
97.20	98.31	99.03	99.04	98.68	98.67	98.94	98.93	98.59	98.42	98.56	95.94	97.89
1.00	0.54	0.29	0.36	0.17	0.12	0.05	0.05	0.06	0.06	0.14	0.17	
100.00	100.00	100.00	100.00	100.00	100.00	100.00	100.00	100.00	100.00	100.00	100.00	100.00
15.30	12.05	9.46	8.67	9.29	7.34	6.00	5.36	2.09	1.98	1.71	0.71	0.43
21.20	53.14	61.73	64.06	63.01	67.21	71.47	74.5	81.45	83.97	87.90	74.45	90.36
60.40	32.67	27.29	25.77	25.86	24.92	22.19	19.8	15.4	12.48	8.04	23.41	8.35
3.10	2.14	1.52	1.50	1.83	0.53	0.34	0.35	1.06	1.57	2.18	1.43	0.85
100.00	100.00	100.00	100.00	100.00	100.00	100.00	100.00	100.00	100.00	100.00	100.00	100.00
76.70	81.29	88.57	88.66	84.06	88.02	87.62	88.88	90.43	89.65	99.42	97.96	99.62
100.00	100.00	100.00	100.00	100.00	100.00	100.00	100.00	100.00	100.00	100.00	100.00	100.00
5.78	7.19	11.78	13.28	15.66	28.87	36.50	40.72	48.39	53.16	50.92	44.01	60.37
73.48	76.30	75.63	74.11	69.43	56.31	48.30	45.66	35.41	31.20	23.65	15.48	14.62
16.21	14.39	10.17	9.81	11.89	5.94	4.26	3.23	2.69	2.75	3.59	11.89	5.36
4.53	2.12	2.42	2.80	3.01	8.87	10.94	10.4	13.52	12.89	21.67	28.62	19.66
85.42	91.29	85.10	84.08	78.28	64.01	64.55	63	56.31	54.86	49.40	40.31	34.81
13.56	90.44	122.67	136.83	149.50	163.47	175.46	185.48	197.05	203.23	213.34	239.73	237.27
	0.25	14.49	18.14	21.00	27.32	36.66	39.67	45.78	51.70	53.71	44.18	53.22

2-40 主要年份全区城镇居民家庭分类平均每人全年消费性支出

单位：元

指　　标	Item	1996	1998	2000	2002
消费性支出	**Consumption Expenditure**	**3038.95**	**3379.82**	**4200.50**	**5104.90**
食 品	**Food**	**1384.19**	**1419.80**	**1509.31**	**1774.37**
#粮　食	Grain	246.89	226.10	186.86	183.67
油　脂	Oil and Fats	78.87	81.41	66.24	66.74
肉禽及制品	Meat,Poultry and Processed Products	281.02	278.07	282.42	307.90
蛋	Eggs	44.50	39.77	37.45	34.88
水产品	Aquatic Products	37.77	41.18	41.00	41.11
蔬　菜	Vegetables	164.42	162.59	158.59	190.75
烟　草	Tobacco	90.09	78.21	94.97	104.77
酒和饮料	Liquor and Beverages	55.48	60.58	69.13	75.29
奶及奶制品	Milk and Processed Products	26.43	35.70	58.53	86.23
衣 着	**Clothing**	**526.53**	**514.43**	**561.93**	**578.19**
#服装	Garments	301.18	326.00	377.03	406.28
家庭设备用品及服务	**Household Facilities,Articles and Services**	**214.49**	**240.47**	**389.45**	**343.00**
#耐用消费品	Durable Consumer Goods	108.07	120.22	228.34	192.13
室内装饰品	Articles for Interior Decoration	13.00	14.22	20.92	20.68
床上用品	Bed Articles	11.91	13.93	19.29	21.81
家庭日用杂品	Household Articles for Daily Use	57.35	56.15	74.21	89.78
医疗保健	**Health Care and Medical Services**	**171.77**	**245.14**	**327.05**	**452.99**
#药品费	Drug Charges	133.57	197.61	258.79	315.91
交通和通信	**Transport and Communications**	**209.98**	**231.51**	**371.83**	**556.66**
交通	Transport	78.67	38.26	143.47	232.62
通信	Communications	131.31	138.47	228.36	324.04
教育文化娱乐服务	**Education,Culture and Recreation Services**	**262.57**	**373.18**	**536.29**	**711.03**
#文化娱乐用品	Recreation Articles	53.54	132.72	168.17	205.63
教育	Education	136.91	151.00	255.99	385.53
居 住	**Residence**	**132.50**	**208.04**	**282.42**	**482.77**
#住房	Housing	33.66	56.64	72.66	148.05
水电燃料及其他	Water,Electricity,Fuels and Others	98.84	151.40	209.76	307.32
其他商品和服务	**Other Goods and Services**	**143.87**	**155.46**	**230.67**	**205.88**

Per Capita Annual Expenditure for Consumption of Urban Households in Main Years

(yuan)

2004	2005	2006	2007	2008	2009	2010	2011	2012	2013	2014	2015
5821.38	**6404.31**	**7205.57**	**7817.28**	**9558.29**	**10280.00**	**11334.43**	**12896.04**	**14067.15**	**15321.10**	**17216.23**	**18983.88**
2156.34	**2228.63**	**2444.98**	**2760.74**	**3352.83**	**3432.23**	**3768.09**	**4483.44**	**4768.91**	**4895.20**	**4795.26**	**4883.35**
245.43	237.05	243.36	269.48	306.16	305.51	343.1	394.84	389.07	389.88	525.97	516.90
80.80	77.67	79.98	109.35	142.50	122.58	111.58	126.31	124.26	138.63	148.46	140.57
358.73	361.94	370.83	454.31	590.53	573.86	626.04	782.52	981.53	903.97	843.43	864.70
41.95	42.66	40.09	52.88	54.25	53.02	56.92	65.62	65.78	62.51	65.63	69.31
46.34	53.22	53.98	58.17	62.10	59.19	70.21	80.01	81.17	90.07	80.37	81.53
220.91	198.03	230.35	257.64	294.19	332.98	370.71	402.09	422.65	502.17	427.54	414.34
127.66	125.60	141.25	165.33	203.84	195.76	239.6	267.59	259.75	259.40	231.74	254.56
81.38	98.46	111.44	125.18	139.37	141.35	165.73	187.33	193.38	209.43	189.61	101.02
116.89	124.17	135.05	154.82	199.40	179.24	176.87	218.14	243.08	262.03	252.60	249.49
636.81	**776.51**	**874.39**	**994.47**	**1178.88**	**1260.58**	**1417.47**	**1701.73**	**1875.7**	**1737.21**	**1728.97**	**1786.99**
448.03	567.43	631.94	731.47	868.50	929.59	1052.31	1265.75	1399.12	1279.62	1346.22	1419.49
364.07	**417.38**	**480.70**	**480.84**	**596.81**	**636.88**	**716.22**	**885.36**	**929.01**	**1001.82**	**1094.86**	**1185.42**
196.32	225.77	260.87	229.25	303.80	328.62	318.48	369.99	372.95	501.89	272.32	271.37
20.03	23.35	24.35	29.38	30.51	38.76	21.62	41.69	40.01	38.88	181.92	248.31
23.49	25.68	32.10	31.82	40.16	44.78	50.94	65.99	69.44	54.13	95.64	104.68
104.89	120.97	141.77	160.11	189.64	193.73	288.52	366.32	401.24	363.63	269.73	234.97
440.77	**535.92**	**578.75**	**645.98**	**816.87**	**921.86**	**890.05**	**978.12**	**1063.09**	**1158.83**	**1616.88**	**2015.95**
311.09	364.90	381.35	427.80	531.90	605.50	559.15	588.97	602.75	526.88	682.32	706.01
646.97	**705.69**	**774.57**	**859.04**	**1096.32**	**1363.63**	**1574.57**	**1637.61**	**2110.41**	**2503.65**	**2552.82**	**2509.59**
242.63	291.37	324.11	418.98	592.15	885.16	1030.01	1041.41	1468.29	1787.40	1842.56	1700.27
404.33	414.32	223.72	440.06	504.17	478.47	544.56	596.2	642.12	716.25	710.26	809.32
651.14	**769.97**	**846.72**	**863.36**	**1043.72**	**1075.88**	**1286.2**	**1441.18**	**1515.91**	**1868.42**	**1957.52**	**2389.75**
214.76	219.56	284.18	263.91	301.01	351.95	371.16	422.14	386.81	411.13	320.80	318.44
314.88	388.30	326.47	375.92	465.08	438.34	484.4	566.71	581.15	897.51	1079.88	1397.68
660.19	**711.21**	**890.97**	**910.68**	**1069.15**	**1128.12**	**1181.71**	**1247.14**	**1193.37**	**1497.98**	**3027.60**	**3608.31**
267.02	190.66	309.59	288.13	363.22	369.03	319.59	355.66	303.87	557.28	496.91	780.21
357.98	483.14	537.98	561.41	637.38	692.42	782.04	799.2	797.25	807.32	845.66	918.32
265.08	**259.00**	**314.49**	**302.17**	**403.71**	**460.82**	**500.12**	**521.47**	**610.74**	**657.99**	**442.31**	**604.52**

2-41 主要年份全区城镇居民家庭平均每人购买主要商品数量

品　种	Item	单位	Unit	1985	1990	2000	2002
粮食	Grain	公斤	kg	137.00	159.96	80.15	79.66
鲜菜	Fresh Vegetables	公斤	kg	152.00	164.16	114.90	120.33
食用植物油	Edible Vegetable Oil	公斤	kg	7.40	9.72	7.67	8.45
猪肉	Pork	公斤	kg	9.00	10.56	8.26	8.06
牛羊肉	Beef and Mutton	公斤	kg	7.10	10.44	10.22	11.25
禽类	Poultry	公斤	kg	1.40	2.28	4.51	5.98
鲜蛋	Fresh Eggs	公斤	kg	4.50	3.48	8.30	7.44
鱼	Fish	公斤	kg	2.90	4.92	3.51	4.33
食糖	Sugar	公斤	kg	3.60	3.36	1.70	
卷烟	Cigarette	盒	pack	47.00	52.68	33.35	
酒类	Liquor	公斤	kg	3.70	5.64	4.61	5.01
水	Water	吨	ton			22.34	25.45
电	Electricity	度	kwh			205.85	246.61
煤炭	Coal	公斤	kg	544.00	384.70	137.60	194.06
液化石油气	Liquefied Petroleum Gas	公斤	kg	0.70	5.27	13.22	14.62
管道天燃气	Pipeline Natural Gas	立方米	cm.q			2.32	3.53

注：1. 从2010年起粮食包括大米、面粉和其他粮食及制品。
2. 从2010年起禽类包括鸡、鸭和其他禽类及制品。
3. 从2010年起鲜蛋不包含蛋制品。
4. 从2010年起酒类包括白酒、果酒、啤酒和其他酒。

Per Capita Annual Purchases of Major Commodities of Urban Households in Main Years

2004	2005	2006	2007	2008	2009	2010	2011	2012	2013	2014	2015
84.48	77.34	76.78	56.65	56.72	50.60	79.49	81.84	77.09	77.38	94.03	114.25
126.37	115.47	112.75	113.10	113.95	111.61	110.87	110.96	101.75	107.92	101.80	99.30
8.57	8.17	8.31	8.94	8.17	8.58	7.75	7.88	7.57	8.62	9.00	8.81
7.65	6.88	7.97	6.86	6.51	7.06	7.28	6.51	7.26	8.09	7.24	7.37
12.53	12.44	12.79	9.12	8.93	9.15	9.43	10.27	9.48	9.14	8.28	9.93
5.34	5.74	4.83	4.22	4.66	4.78	6.62	7.14	6.6	6.23	5.99	6.18
7.58	7.23	7.62	4.22	7.25	6.88	6.67	6.47	7.26	6.15	6.26	7.21
3.70	4.23	4.26	4.27	3.82	3.34	3.64	3.63	3.26	3.93	3.15	3.92
	1.72									1.37	5.46
	27.39									22.21	20.08
4.84	3.95	4.43	4.18	4.34	4.23	4.35	4.44	4.01	3.59	3.53	3.55
23.71	21.63	23.10	19.80	18.89	20.21	22.27	22.31	21.51	26.28	28.25	29.82
264.18	278.22	311.63	353.50	388.65	362.28	408.85	432.98	450.37	499.84	489.17	488.97
143.86	110.88	107.80	125.64	70.24	48.03	46.05	38.61	35.21	25.56	74.84	77.51
14.30	12.23	10.64	10.05	7.90	6.70	6.77	5.26	3.82	4.47	3.36	3.51
7.33	8.14	12.09	16.07	4.17	3.74	3.84	1.41	0.65	35.52	38.18	42.21

Notes: a)Data in the table of Grain includes rice and flour in 2010.
b)Data in the table of Poultry includes chickens and ducks in 2010.
c)Data in the table of Fresh Eggs not includes egg products in 2010.
d)Data in the table of Liquor includes liquor, fruit wine and beer in 2010.

2-42 主要年份全区城镇居民家庭主要耐用消费品百户期末拥有情况

Ownership of Major Durable Consumer Goods Per 100 Urban Households in Main Years

年 份 Year	摩托车 (辆) Motorcycle (unit)	自行车 (辆) Bicycle (unit)	助力车 (辆) Powered Bicycle	家用汽车 (辆) Automobile (unit)	洗衣机 (台) Washing Machine (set)	电风扇 (台) Electric Fans (set)	电冰箱 (台) Refrigerator (set)
1997		195			88	61	65
1998		207			90	63	67
1999	11.21	202			90	65	69
2000	15.48	181			87	63	72
2001	17.6	183			90	67	75
2002	19.75	171.84	0.6	0.64	90.2	75.07	77.54
2003	16.24	176.64	1.73	0.52	91.82	77.88	79.53
2004	17.57	180.43	2.5	0.36	93.7	77.53	80.48
2005	18.59	130.34	2.83	1.27	89.61	64.19	79.48
2006	19.44	131.87	4.9	0.93	92.95	66.13	81.22
2007	20.77		7.08	1.6	93.74		81.04
2008	18.05		13.06	2.57	90.85		82.5
2009	20.35		19.99	5.3	93.92		86.22
2010	19.19		24.71	7	94.32		88.65
2011	20.86		26.68	12.4	93.32		89.64
2012	21.86		28.08	16.67	95.42		92.06
2013	14.83		32.02	18.48	93.48		89.33
2014	25.95		40.15	25.65	95.25		92.38
2015	21.38		42.57	30.04	95.30		93.43

2-42 续表 1 continued

年 份 Year	彩 色 电视机 (台) Color Television (set)	影碟机 (台) Video Disc Player (set)	录音机 (台) Recorder (set)	录放像机 (台) Video Tape Recorder (set)	家用电脑 (台) Computer (set)	组合音响 (套) Hi-Fi Stereo Component System (set)	摄像机 (架) Video Camera (set)	照相机 (架) Camera (set)	钢 琴 (架) Piano (unit)
1997	102	6	15	1	1	13		28	
1998	106	14	52	15	1	15		29	
1999	111	22	53	14	2	16		29	1
2000	109	34	37	10	4	19	0.5	28	0.7
2001	113	42	41	9	7	22	0.4	31	0.8
2002	110.72	44.94	38.11	8.2	10.07	20.62	0.62	27.4	0.99
2003	113.83	50	42.62	9.15	12.86	20.27	0.72	25.37	0.87
2004	116	53.78	43.55	8.65	15.04	20.59	1.12	26.94	0.7
2005	108.64	63.27	24.55	6.53	23.15	21.76	0.67	28.08	0.92
2006	109.75	64.18	25.04	5.70	26.41	19.89	1.34	28.68	1.32
2007	107.34				29.57	17.21	2.24	23.43	0.89
2008	104.14				38.56	19.19	4.17	19.01	0.76
2009	104.27				48.47	19.56	3.27	19.39	1.36
2010	105.24				51.32	17.81	3.24	20.31	1.31
2011	102.74				59.39	12.97	4.55	22.76	0.93
2012	102.11				64.43	12.52	5.49	22.58	1.11
2013	99.22				66.30	5.75	5.70	25.39	
2014	102.72				70.02	5.33	5.56	25.92	
2015	101.84				65.64	4.17	5.78	21.63	

2-42 续表 2 continued

年 份 Year	其他中高档乐器 (件) Secondary and Top Grade Musical Instrument (set)	微波炉 (台) Microwave Oven (unit)	空调器 (台) Air Conditioner (unit)	电炊具 (台) Electric Cooking Utensils (unit)	淋浴热水器 (台) Water Heater for Shower (unit)	排油烟机 (台) Ventilator (unit)	消毒碗柜 (台) Disinfection Cupboard (unit)	洗碗机 (台) Dishwasher (unit)
1997	5	1		120	29	35		
1998	7	1		126	30	40		
1999	7	3	1	130	30	41		
2000	4	7	1	137	40	44		
2001	4	9	2	136	39	47		
2002	4.51	15.64	1.52	126.67	48.09	54.38	1.29	
2003	5.64	20.63	2.58	136.37	50.88	57.4	1.26	
2004	6.32	23.05	2.95	144.44	55.32	60.46	1.89	0.1
2005	4.24	30.91	6.68	127.31	60.87	64.59	2.82	0.13
2006	4.92	33.07	5.86	135.63	64.74	67.48	3.43	
2007	4.67	35.7	7.23		63.94		3.06	0.12
2008	4.76	38.08	8.43		67.33		2.07	0.37
2009	5.18	40.35	10.47		71.47		2.05	0.31
2010	5.37	42.1	10.19		75.07		2.16	0.43
2011	3.1	43.83	12.04		81.56		3.67	0.55
2012	3.57	42.73	10.87		84.15		3.28	0.31
2013	4.39	47.20	12.28		86.84		2.32	0.37
2014	5.23	47.22	13.43		85.96	74.81	2.34	0.37
2015	4.03	48.21	13.10		87.41	74.54	1.87	0.19

2-42 续表 3 continued

年 份 Year	饮水机 (台) Machine for Drink (unit)	吸尘器 (台) Dust Collector (unit)	健身器材 (套) Body-building Apparatus (unit)	固定电话 (部) Telephone (unit)	移动电话 (部) Mobile Telephone (set)	接入有线电视网络的电视机 (台) Television of Lined Network (set)	接入互连网的计算机 (台) Internet Computer (set)	接入互连网的移动电话 (部) Internet Mobile Telephone (set)
1997		8		68				
1998		9	1	75	2			
1999		8	1	82	4			
2000		8	6	85	14			
2001		8	0.2	90	36			
2002	24.89	6.48	0.59	92.57	56.8			
2003	27.75	6.09	0.87	92.91	73.2			
2004	30.32	6.32	1	91.29	90.49			
2005	35.6	7.66	2.49	85.1	122.67	99.27	14.49	0.27
2006	36.10	7.10	1.67	84.08	136.83	94.24	18.28	0.14
2007			1.78	78.28	149.5	97.79	21	0.44
2008			2.67	64.01	163.47	94.58	27.32	0.25
2009			2.22	64.55	175.46	95.73	36.66	0.57
2010			1.52	63	185.48	95.88	39.67	1.36
2011			1.4	56.31	197.05	92.25	45.78	12.08
2012			1.25	54.86	203.23	92.89	51.7	26.69
2013			1.57	49.40	213.34	88.28	53.71	85.97
2014			2.15	46.04	230.36	73.04	50.01	106.41
2015			2.19	34.81	237.27	77.82	53.22	140.72

2-43 2015年各市县城镇居民家庭基本情况

Basic Statistics of Urban Households by City and County (2015)

单位：人 (person)

市 县	Region	家庭常住人口 Permanent Residents	就业人口数 Number of Employed	雇主 Employer	公职人员 Civil Servants	事业单位人员 Public Institution Officers	国有企业雇员 State-owned Enterprise Employees
全 区	**Total**	**3192.47**	**1548.75**	**8.00**	**70.50**	**178.25**	**171.92**
沿黄地区	**Plain**	**3159.68**	**1544.42**	**14.00**	**69.33**	**157.50**	**249.08**
中南部地区	**Mountain Area**	**1504.67**	**661.50**	**2.00**	**52.83**	**155.17**	**16.75**
银川市	**Yinchuan**	**1609.75**	**812.67**	**9.00**	**31.00**	**66.00**	**154.50**
兴庆区	Xingqing	517.50	242.00	3.00	8.00	14.00	54.50
西夏区	Xixia	270.00	139.00			16.00	28.00
金凤区	Jinfeng	292.25	155.50	6.00	2.00	10.00	31.00
永宁县	Yongning	184.75	108.67		4.00	18.00	2.00
贺兰县	Helan	142.75	77.50		14.00	2.00	2.00
灵武市	Lingwu	202.50	90.00		3.00	6.00	37.00
石嘴山市	**Shizuishan**	**712.06**	**334.42**	**2.00**	**22.50**	**18.00**	**51.92**
大武口区	Dawukou	337.00	157.42		13.50	9.75	48.92
惠农区	Huinong	213.31	91.50		3.00	3.25	3.00
平罗县	Pingluo	161.75	85.50	2.00	6.00	5.00	
吴忠市	**Wuzhong**	**855.63**	**398.17**	**2.00**	**19.67**	**66.50**	**27.67**
利通区	Litong	252.63	110.33	1.00	4.83	21.50	18.67
红寺堡区	Hongsipu	181.25	95.00	1.00	1.00	24.00	3.00
盐池县	Yanchi	170.50	79.33		4.83	9.00	
同心县	Tongxin	120.25	45.50		5.00	7.00	3.00
青铜峡市	Qingtongxia	131.00	68.00		4.00	5.00	3.00
固原市	**Guyuan**	**872.42**	**378.67**	**1.00**	**41.00**	**89.17**	**10.75**
原州区	Yuanzhou	264.17	104.92	1.00	3.00	18.92	5.00
西吉县	Xiji	191.75	77.00		18.00	15.50	5.00
隆德县	Longde	110.25	53.00		6.00	15.00	
泾源县	Jingyuan	131.00	65.75		4.00	21.25	
彭阳县	Pengyang	175.25	78.00		10.00	18.50	0.75
中卫市	**Zhongwei**	**614.50**	**282.00**	**2.00**	**8.00**	**73.00**	**21.00**
沙坡头区	Shapotou	299.00	144.00	2.00	5.00	18.00	15.00
中宁县	Zhongning	155.25	75.00		2.00	29.00	6.00
海原县	Haiyuan	160.25	63.00		1.00	26.00	

2-43 续表 continued

单位：人 (person)

市 县	Region	其他雇员 Other Employees	农业自营 Self-employed of Agriculture	非农自营 Self-employed of Non-Agriculture	由本户供养的在校学生 Number of Students in School	每一就业劳动力负担系数 Coefficient of Dependents
全 区	**Total**	**720.92**	**177.25**	**221.92**	**745.92**	**2.07**
沿黄地区	**Plain**	**303.33**	**39.00**	**212.17**	**639.00**	**2.05**
中南部地区	**Mountain Area**	**272.75**	**31.25**	**130.75**	**433.17**	**2.27**
银川市	**Yinchuan**	**416.17**	**27.00**	**109.00**	**313.00**	**1.98**
兴庆区	Xingqing	119.00	5.00	38.50	98.00	2.14
西夏区	Xixia	80.00		15.00	53.00	1.94
金凤区	Jinfeng	74.50	19.00	13.00	52.00	1.88
永宁县	Yongning	69.67		15.00	32.00	1.70
贺兰县	Helan	40.00		19.50	29.00	1.84
灵武市	Lingwu	33.00	3.00	8.00	49.00	2.25
石嘴山市	**Shizuishan**	**187.67**	**3.00**	**49.33**	**137.08**	**2.13**
大武口区	Dawukou	61.25	1.00	23.00	58.83	2.14
惠农区	Huinong	68.42		13.83	42.25	2.33
平罗县	Pingluo	58.00	2.00	12.50	36.00	1.89
吴忠市	**Wuzhong**	**161.75**	**33.00**	**87.58**	**210.50**	**2.15**
利通区	Litong	45.50	1.00	17.83	46.92	2.29
红寺堡区	Hongsipu	26.00	14.00	26.00	56.00	1.91
盐池县	Yanchi	32.75	11.00	21.75	37.58	2.15
同心县	Tongxin	18.50		12.00	40.00	2.64
青铜峡市	Qingtongxia	39.00	7.00	10.00	30.00	1.93
固原市	**Guyuan**	**173.50**	**6.25**	**57.00**	**244.58**	**2.30**
原州区	Yuanzhou	57.00	2.00	18.00	60.83	2.52
西吉县	Xiji	26.50	3.00	9.00	57.75	2.49
隆德县	Longde	18.00		14.00	34.00	2.08
泾源县	Jingyuan	35.25	0.25	5.00	33.50	1.99
彭阳县	Pengyang	36.75	1.00	11.00	58.50	2.25
中卫市	**Zhongwei**	**137.00**	**1.00**	**40.00**	**167.00**	**2.18**
沙坡头区	Shapotou	89.00	1.00	14.00	72.00	2.08
中宁县	Zhongning	26.00		12.00	40.00	2.07
海原县	Haiyuan	22.00		14.00	55.00	2.54

2-44 2015年各市县城镇居民家庭主要耐用消费品百户拥有情况

Ownership of Major Durable Consumer Goods Per 100 Urban Households by City and Country (2015)

单位：百户均 (per 100 household)

市 县	Region	家用汽车 Automobile (辆) unit	摩托车 Motorcycle (辆) unit	助力车 Powered Bicycle (辆) unit	洗衣机 Washing Machine (台) set	电冰箱 Refrigerator (台) set	微波炉 Microwave Oven (台) unit	彩色电视机 Color Television (台) set	空调器 Air Conditioner (台) unit
全 区	**Total**	**30.04**	**21.38**	**42.57**	**95.30**	**93.43**	**48.21**	**101.84**	**13.10**
沿黄地区	**Plain**	**29.71**	**16.09**	**38.51**	**95.90**	**96.44**	**55.68**	**101.05**	**16.51**
中南部地区	**Mountain Area**	**32.91**	**34.22**	**53.70**	**100.44**	**87.32**	**29.08**	**106.22**	**4.51**
银川市	**Yinchuan**	**33.85**	**13.27**	**28.44**	**95.58**	**96.23**	**63.65**	**101.12**	**20.62**
兴庆区	Xingqing	35.43	8.37	27.99	94.04	94.67	67.03	103.06	26.70
西夏区	Xixia	23.68	8.88	19.30	93.94	91.98	54.14	97.90	10.37
金凤区	Jinfeng	38.84	20.53	21.17	98.73	102.38	84.58	104.02	30.94
永宁县	Yongning	40.35	22.70	42.19	98.65	98.65	70.10	100.00	8.18
贺兰县	Helan	25.16	22.74	38.60	98.25	97.89	50.74	93.81	2.91
灵武市	Lingwu	42.20	20.14	57.64	98.08	101.05	35.34	99.44	11.69
石嘴山市	**Shizuishan**	**22.64**	**14.63**	**49.37**	**94.93**	**93.59**	**32.38**	**99.37**	**8.54**
大武口区	Dawukou	28.27	9.84	55.17	96.17	94.93	35.35	100.11	10.60
惠农区	Huinong	10.09	17.66	38.21	92.15	91.78	25.44	96.81	5.95
平罗县	Pingluo	29.32	24.01	52.59	96.32	92.83	36.81	101.83	6.76
吴忠市	**Wuzhong**	**30.14**	**35.83**	**56.05**	**95.09**	**96.06**	**42.28**	**105.17**	**11.02**
利通区	Litong	25.53	25.30	46.13	95.56	102.60	57.03	99.83	19.64
红寺堡区	Hongsipu	48.74	38.06	63.21	92.76	100.58	24.16	99.25	0.91
盐池县	Yanchi	44.89	45.87	77.09	99.54	88.88	38.90	112.93	8.38
同心县	Tongxin	24.13	67.02	68.77	94.38	75.29	19.62	106.89	3.13
青铜峡市	Qingtongxia	28.56	30.68	53.51	93.26	98.36	37.05	111.75	5.01
固原市	**Guyuan**	**31.86**	**20.96**	**41.40**	**102.85**	**85.83**	**31.82**	**103.91**	**5.87**
原州区	Yuanzhou	27.82	13.38	62.57	106.97	85.59	27.75	106.00	8.77
西吉县	Xiji	40.82	33.42	29.15	101.97	89.01	41.24	105.74	
隆德县	Longde	28.36	28.28	3.20	100.00	85.19	57.25	97.52	
泾源县	Jingyuan	27.36	42.35	10.23	96.09	78.11	21.64	100.00	12.55
彭阳县	Pengyang	37.13	12.21	28.06	94.76	86.43	12.28	101.10	
中卫市	**Zhongwei**	**26.11**	**28.98**	**65.82**	**101.09**	**98.40**	**53.80**	**103.00**	**9.83**
沙坡头区	Shapotou	19.49	22.30	64.82	100.00	97.33	48.63	101.02	12.07
中宁县	Zhongning	31.95	28.00	67.12	102.68	100.00	76.85	100.00	11.55
海原县	Haiyuan	30.46	46.48	67.72	100.97	98.14	25.03	114.00	0.94

2-44 续表 1 continued

单位：百户均 (per 100 household)

市 县	Region	淋浴热水器 Water Heater for Shower (台) unit	消毒碗柜 Disinfection Cupboard (台) set	洗碗机 Dishwasher (台) set	固定电话 Telephone (部) unit	移动电话 Mobile Telephone (部) set	家用电脑 Computer (台) set	摄像机 Video Camera (架) set	照相机 Camera (架) set
全 区	**Total**	**87.41**	**1.87**	**0.19**	**34.81**	**237.27**	**65.64**	**5.78**	**21.63**
沿黄地区	**Plain**	**90.91**	**3.20**	**0.39**	**40.06**	**234.62**	**69.58**	**6.44**	**24.52**
中南部地区	**Mountain Area**	**67.34**	**0.57**		**31.18**	**269.94**	**67.71**	**3.45**	**21.41**
银川市	**Yinchuan**	**91.91**	**2.98**	**0.41**	**41.06**	**231.22**	**73.41**	**8.85**	**29.88**
兴庆区	Xingqing	93.10	4.69	0.51	**39.95**	**229.85**	77.53	14.04	40.32
西夏区	Xixia	87.97			41.29	219.81	68.38	2.08	13.15
金凤区	Jinfeng	95.72	3.40	1.16	42.18	235.26	73.88	5.57	30.04
永宁县	Yongning	95.24	1.41		58.09	247.28	81.94	10.82	41.50
贺兰县	Helan	88.38	1.45		39.93	218.82	52.35	1.45	17.90
灵武市	Lingwu	87.58			35.20	255.60	68.65	6.76	16.50
石嘴山市	**Shizuishan**	**85.22**	**2.73**	**0.41**	**45.27**	**224.08**	**62.47**	**2.09**	**10.67**
大武口区	Dawukou	88.61	2.55	0.78	**55.31**	**223.86**	73.76	2.30	12.71
惠农区	Huinong	78.39	3.62		48.83	198.90	44.91	2.83	9.49
平罗县	Pingluo	87.52	1.61		7.05	272.28	60.08		7.39
吴忠市	**Wuzhong**	**80.16**	**4.27**	**0.39**	**27.34**	**255.80**	**59.44**	**3.35**	**19.17**
利通区	Litong	93.64	4.40	0.92	**37.15**	**226.54**	67.53	6.71	21.08
红寺堡区	Hongsipu	67.71	2.61		15.79	236.62	52.60	2.45	23.37
盐池县	Yanchi	73.21			31.10	318.34	69.33	2.69	24.00
同心县	Tongxin	54.19			10.13	261.88	54.35		6.26
青铜峡市	Qingtongxia	78.58	9.09		21.96	279.90	45.84		19.53
固原市	**Guyuan**	**70.84**	**0.66**		**36.15**	**262.00**	**69.46**	**3.24**	**22.87**
原州区	Yuanzhou	55.45	1.04		**25.20**	**263.45**	65.00	3.02	19.98
西吉县	Xiji	87.79			53.33	277.81	75.63	4.06	20.06
隆德县	Longde	77.18			35.77	252.45	74.82		31.07
泾源县	Jingyuan	95.34	1.99		62.98	254.24	55.81	3.66	24.19
彭阳县	Pengyang	81.84			33.26	243.32	78.56	5.69	26.96
中卫市	**Zhongwei**	**92.71**	**2.83**		**35.18**	**271.59**	**74.68**	**3.70**	**24.36**
沙坡头区	Shapotou	99.21	4.35		**30.81**	**259.21**	70.17	2.92	17.35
中宁县	Zhongning	100.00	2.26		38.03	274.17	77.23	2.01	31.85
海原县	Haiyuan	61.56			42.20	293.14	83.70	9.06	29.24

2-44 续表 2 continued

单位：百户均 (per 100 household)

市 县	Region	其他中高档乐器 Secondary and Top Grade Musical Instrument (件) set	健身器材 Body-building Apparatus (套) set	组合音响 Hi-Fi Stereo Component System (套) set	信息化调查 (每百户) Informationization Survey(Per 100 household)	接入互联网的移动电话 Internet Mobile Telephone (部) set	接入有线电视网络的电视机 Lined Netwok Television (台) set	接入互联网的计算机 Internet Computer (台) set
全 区	**Total**	**4.03**	**2.19**	**4.17**		**140.72**	**77.82**	**53.22**
沿黄地区	**Plain**	**4.31**	**2.12**	**4.54**		**139.27**	**81.08**	**57.26**
中南部地区	**Mountain Area**	**5.47**	**2.51**	**7.68**		**141.67**	**62.18**	**55.07**
银川市	**Yinchuan**	**5.11**	**1.81**	**4.19**		**159.05**	**80.09**	**61.26**
兴庆区	Xingqing	6.09	0.90	5.29		149.88	80.35	66.03
西夏区	Xixia	3.01	2.05	1.08		133.73	89.74	57.58
金凤区	Jinfeng	6.61	1.09	1.92		211.49	78.85	66.45
永宁县	Yongning	5.72	3.71	11.14		153.08	71.41	60.85
贺兰县	Helan	4.98	5.30	7.05		134.80	72.51	36.07
灵武市	Lingwu	2.09	4.19	1.82		190.30	64.03	53.81
石嘴山市	**Shizuishan**	**1.92**	**1.08**	**3.23**		**111.98**	**88.27**	**51.86**
大武口区	Dawukou	1.59	0.25	0.80		121.46	95.32	59.45
惠农区	Huinong	2.62		5.57		61.22	78.56	41.58
平罗县	Pingluo	1.61	5.77	6.53		176.67	84.30	47.63
吴忠市	**Wuzhong**	**2.11**	**2.27**	**7.61**		**94.81**	**78.50**	**44.79**
利通区	Litong	2.99	3.89	12.02		105.98	98.95	60.13
红寺堡区	Hongsipu	2.45	2.68	11.00		5.22	30.72	30.59
盐池县	Yanchi	2.22	3.52	4.45		183.08	66.66	54.31
同心县	Tongxin	2.86				90.62	85.42	45.49
青铜峡市	Qingtongxia			4.67		63.55	59.92	17.71
固原市	**Guyuan**	**5.30**	**3.13**	**10.72**		**160.26**	**59.36**	**59.24**
原州区	Yuanzhou	4.74	1.47	10.21		123.53	48.28	53.20
西吉县	Xiji	4.52	4.96	11.96		228.79	66.15	63.57
隆德县	Longde	7.67		9.12		214.10	94.81	72.34
泾源县	Jingyuan	2.66	8.98	12.97		161.82	57.39	55.81
彭阳县	Pengyang	8.66	1.10	11.38		139.85	59.53	63.40
中卫市	**Zhongwei**	**6.80**	**5.38**	**4.79**		**133.97**	**68.70**	**59.21**
沙坡头区	Shapotou	7.88	3.96	2.93		145.57	51.54	63.78
中宁县	Zhongning	2.01	8.20	8.40		107.61	92.22	50.93
海原县	Haiyuan	13.26	3.93	2.96		157.14	68.30	64.52

2-45 2015年各市县城镇居民家庭收支基本情况

Basic Statistics of Income and Expenditure of Urban Households by City and County (2015)

指标名称	Indicator	一、家庭总收入 Total Income	(一)工资性收入 Income from Wages and Salaries	工资 Wages	实物福利及其他 Benefit in kind and Other Income	(二)经营性收入 Business Income	(三)财产性收入 Income from Property	1.利息收入 Interest
全　区	**Total**	**28639.99**	**16884.69**	**15889.88**	**994.81**	**4272.89**	**1301.75**	**85.53**
沿黄地区	**Plain**	**28872.04**	**17312.17**	**16290.24**	**1021.93**	**3156.72**	**1479.84**	**101.69**
中南部地区	**Mountain Area**	**21839.86**	**14857.48**	**13979.28**	**878.20**	**3172.08**	**824.85**	**37.44**
银川市	**Yinchuan**	**31275.09**	**18468.17**	**17414.49**	**1053.68**	**3550.08**	**1903.11**	**100.61**
兴庆区	Xingqing	33317.31	18836.62	17652.98	1183.65	3408.11	2338.36	118.32
西夏区	Xixia	25200.53	15499.97	14708.77	791.20	1449.14	1320.65	132.11
金凤区	Jinfeng	35780.64	20278.60	19078.48	1200.12	4884.08	2334.90	49.51
永宁县	Yongning	27141.70	17534.65	16886.64	648.01	3800.45	1143.08	28.19
贺兰县	Helan	27757.62	17348.66	16852.75	495.91	3446.51	1144.45	136.15
灵武市	Lingwu	28660.10	22086.42	20768.05	1318.37	2390.11	649.22	55.90
石嘴山市	**Shizuishan**	**26695.64**	**15600.39**	**14603.36**	**997.02**	**2916.21**	**826.11**	**94.24**
大武口区	Dawukou	29905.48	16993.73	15671.04	1322.69	3151.73	1122.80	160.23
惠农区	Huinong	22729.32	14082.23	13269.74	812.49	1438.56	428.17	3.50
平罗县	Pingluo	24062.48	13805.34	13480.77	324.57	4642.31	612.47	48.05
吴忠市	**Wuzhong**	**23509.54**	**14600.67**	**13793.63**	**807.04**	**3352.73**	**986.48**	**95.68**
利通区	Litong	25134.71	14974.76	13984.09	990.67	1865.98	1179.76	103.32
红寺堡区	Hongsipu	20339.74	12838.53	11957.12	881.41	6011.54	432.82	3.13
盐池县	Yanchi	23031.92	13821.12	13114.94	706.18	4324.27	1149.80	11.64
同心县	Tongxin	20512.28	13840.53	13183.77	656.76	3965.94	830.37	64.67
青铜峡市	Qingtongxia	24565.78	15756.54	15129.23	627.31	3859.15	842.66	196.85
固原市	**Guyuan**	**23255.77**	**15859.17**	**14834.34**	**1024.83**	**2853.52**	**799.72**	**62.89**
原州区	Yuanzhou	25163.00	15522.26	14450.13	1072.14	3257.73	1061.60	129.25
西吉县	Xiji	21711.61	16643.00	15489.99	1153.01	3031.31	474.74	8.73
隆德县	Longde	19921.62	15827.86	15160.55	667.31	1428.78	409.32	7.59
泾源县	Jingyuan	21359.92	15784.95	14935.21	849.74	2540.67	744.57	20.18
彭阳县	Pengyang	21621.51	16486.50	15388.85	1097.65	2636.44	767.74	0.80
中卫市	**Zhongwei**	**23634.52**	**15857.86**	**14830.30**	**1027.56**	**2702.13**	**1116.40**	**76.21**
沙坡头区	Shapotou	25096.69	16286.68	15555.22	731.47	2763.07	933.72	23.08
中宁县	Zhongning	23537.42	15750.72	14114.27	1636.45	3054.36	1393.67	177.57
海原县	Haiyuan	20247.02	15478.20	14726.65	751.54	1209.90	1069.15	3.07

2-45 续表 1 continued

指标名称	Indicator	2.红利收入 Bonus	3.保险净收益 Insurance Profit	4.转让承包土地经营权租金净收入 Rental Income for Land Contractual Management Right	5.出租房屋收入 Lease House Income	6.出租其他资产净收入 Rent other Assets Income	7.其他财产性收入 Other Properties	8.房屋虚拟租金 Virtual Rent of House
全　区	**Total**	**26.90**	**1.91**	**26.57**	**198.63**	**5.17**	**11.57**	**945.47**
沿黄地区	**Plain**	**14.75**	**2.25**	**18.06**	**182.87**	**29.25**	**1.39**	**1129.58**
中南部地区	**Mountain Area**	**23.09**		**1.64**	**164.12**	**0.04**		**598.52**
银川市	**Yinchuan**	**12.17**	**1.17**	**10.17**	**277.15**	**75.97**	**2.34**	**1423.53**
兴庆区	Xingqing		2.71	9.95	447.80	27.95	4.86	1726.78
西夏区	Xixia	41.05			14.47			1133.03
金凤区	Jinfeng			19.07	208.89	39.85	1.59	2015.98
永宁县	Yongning			9.92	374.40			730.56
贺兰县	Helan	31.95		37.81	51.17	127.78		759.59
灵武市	Lingwu	21.92			58.24	100.32		412.84
石嘴山市	**Shizuishan**	**23.37**	**4.75**		**37.89**		**0.03**	**665.83**
大武口区	Dawukou	40.65	8.98		57.31			855.63
惠农区	Huinong							424.67
平罗县	Pingluo	10.64			42.82		0.16	510.80
吴忠市	**Wuzhong**	**34.30**	**3.54**	**61.68**	**102.58**	**49.73**		**638.97**
利通区	Litong	15.16	9.04	115.00	154.17	98.46		684.61
红寺堡区	Hongsipu				20.59			409.10
盐池县	Yanchi	220.99		3.29	145.14			768.73
同心县	Tongxin				105.87			659.82
青铜峡市	Qingtongxia			75.80	14.23			555.78
固原市	**Guyuan**			**2.33**	**198.57**	**0.08**		**535.85**
原州区	Yuanzhou				361.11			571.24
西吉县	Xiji				39.62	0.38		426.00
隆德县	Longde				40.41			361.32
泾源县	Jingyuan			19.66	9.41			695.31
彭阳县	Pengyang			6.31	150.56			610.07
中卫市	**Zhongwei**	**14.17**		**7.48**	**152.26**	**10.35**		**855.93**
沙坡头区	Shapotou	7.62		3.17	91.39	22.53		785.93
中宁县	Zhongning	32.64		18.42	160.96			1004.09
海原县	Haiyuan				276.99			789.09

2-45 续表 2 continued

单位：元/人

指标名称	Indicator	(四)转移性收入 Income from Transfer	1.养老金或离退休金 Annuities and Pension	2.社会救济收入 Social Relief	3.政策性生活补贴 Policy-related Subsidies	4.赡养收入 Maintenance Income	5.报销医疗费 Medical Fee for Reimbursement	6.其他转移性收入 Other Transfer
全　区	**Total**	**6180.66**	**5512.98**	**82.83**	**14.77**	**84.53**	**350.87**	**39.16**
沿黄地区	**Plain**	**6923.31**	**6353.30**	**87.06**	**11.16**	**71.38**	**292.29**	**47.89**
中南部地区	**Mountain Area**	**2985.46**	**2414.96**	**203.95**	**23.10**	**82.10**	**131.00**	**23.99**
银川市	**Yinchuan**	**7353.73**	**6755.64**	**88.78**	**5.31**	**56.46**	**327.61**	**43.95**
兴庆区	Xingqing	8734.22	8146.85	146.27	4.40	23.73	399.33	5.40
西夏区	Xixia	6930.77	6401.29	97.85	6.76	86.83	262.86	68.49
金凤区	Jinfeng	8283.06	7328.76	11.53	2.89	172.88	312.32	103.08
永宁县	Yongning	4663.52	4088.02	4.49	31.03	24.75	248.92	232.17
贺兰县	Helan	5817.99	5129.03	66.49		16.67	379.62	
灵武市	Lingwu	3534.34	3336.76				197.58	
石嘴山市	**Shizuishan**	**7352.93**	**6896.01**	**115.65**	**19.79**	**102.15**	**169.60**	**48.06**
大武口区	Dawukou	8637.22	8193.97	71.14	18.28	59.33	235.12	59.21
惠农区	Huinong	6780.36	6358.76	101.68	8.77	219.96	83.11	8.09
平罗县	Pingluo	5002.35	4448.95	269.93	42.38	32.17	119.22	80.88
吴忠市	**Wuzhong**	**4569.66**	**4023.59**	**53.12**	**15.28**	**94.78**	**203.45**	**27.91**
利通区	Litong	7114.21	6488.06	26.15	27.84	116.04	307.26	1.07
红寺堡区	Hongsipu	1056.85	747.86	47.88	12.81	6.95	128.11	2.56
盐池县	Yanchi	3736.74	3231.11	28.62	1.02	106.62	105.49	
同心县	Tongxin	1875.44	1124.11	169.93	17.57	79.53	149.25	97.54
青铜峡市	Qingtongxia	4107.43	3752.23	23.50		98.31	148.83	47.30
固原市	**Guyuan**	**3743.37**	**3128.96**	**264.40**	**35.02**	**105.80**	**128.74**	**18.67**
原州区	Yuanzhou	5321.40	4624.15	412.39		157.58	116.66	9.26
西吉县	Xiji	1562.57	1362.95	52.05		44.00	35.12	
隆德县	Longde	2255.66	1443.02	112.89	100.20	118.16	369.52	3.80
泾源县	Jingyuan	2289.73	1815.86	119.62	33.47	6.27	106.44	
彭阳县	Pengyang	1730.84	812.92	302.03	162.89	72.31	129.04	107.46
中卫市	**Zhongwei**	**3958.13**	**3365.45**	**110.04**	**16.10**	**45.07**	**312.86**	**78.32**
沙坡头区	Shapotou	5113.22	4463.48	85.45	25.84	86.43	294.18	147.11
中宁县	Zhongning	3338.67	2671.90	89.79	12.94	16.45	448.20	32.91
海原县	Haiyuan	2489.78	2123.46	199.10			149.77	

2-45 续表 3 continued

指标名称	Indicator	二、出售资产所得 Proceeds from Sales of Belongings	1.出售住房收入 Sale of Housing	2.出售其他物品收入 Sale of Other	三、借贷性所得 Credit Income	1.提取储蓄存款 Draw Saving Deposits	2.借入款 Borrowed	3.收回借出款 Recover Loans
全　区	**Total**	**592.33**		**130.38**	**2622.02**	**1673.78**	**291.41**	**42.37**
沿黄地区	**Plain**	**211.90**	**2.18**	**86.12**	**1915.61**	**1397.80**	**166.87**	**64.08**
中南部地区	**Mountain Area**	**1133.26**		**13.05**	**3224.53**	**1780.49**	**489.10**	**40.74**
银川市	**Yinchuan**	**224.13**	**3.70**	**83.72**	**1441.59**	**1018.19**	**101.79**	**54.91**
兴庆区	Xingqing	113.77		2.78	1490.53	1193.05	61.91	23.50
西夏区	Xixia	153.94		153.94	2106.60	1097.14	11.18	174.91
金凤区	Jinfeng	370.21		278.96	325.47	275.49	36.63	13.35
永宁县	Yongning	1271.70		154.17	1573.68	871.37	474.75	3.22
贺兰县	Helan				167.63	112.05		55.57
灵武市	Lingwu	232.74	41.10	10.44	2633.71	2115.90	470.55	47.26
石嘴山市	**Shizuishan**	**180.21**		**7.00**	**932.97**	**827.59**	**36.10**	**6.03**
大武口区	Dawukou	177.82		8.79	330.59	189.04	14.55	7.30
惠农区	Huinong				1399.98	1378.19	21.79	
平罗县	Pingluo	485.26		13.24	1935.43	1799.63	123.53	12.26
吴忠市	**Wuzhong**	**21.70**		**11.90**	**1712.12**	**996.66**	**345.05**	**76.28**
利通区	Litong	10.23		9.63	2358.24	2014.72	280.10	63.42
红寺堡区	Hongsipu	85.23		85.23	471.64	36.29	53.82	5.93
盐池县	Yanchi	50.15		2.50	1404.67	816.42	202.01	57.16
同心县	Tongxin				380.09		97.87	
青铜峡市	Qingtongxia	17.17		1.01	2335.19	462.94	877.54	204.05
固原市	**Guyuan**	**2009.00**		**11.88**	**5984.96**	**3400.07**	**894.50**	**61.51**
原州区	Yuanzhou	2516.87		1.38	11081.99	7073.93	1758.77	85.11
西吉县	Xiji	3943.21		12.87	404.67		15.59	8.20
隆德县	Longde	77.76		75.96	4804.88	8.98	246.19	151.93
泾源县	Jingyuan	31.90		0.52	507.63	15.69	394.05	31.37
彭阳县	Pengyang	0.19		0.19	1259.31	525.08	218.47	5.63
中卫市	**Zhongwei**	**316.77**		**253.93**	**5003.66**	**3844.62**	**374.16**	**133.22**
沙坡头区	Shapotou	549.75		549.75	1808.40	267.42	190.47	
中宁县	Zhongning	194.67		4.55	11496.83	10273.64	767.59	407.29
海原县	Haiyuan	3.16			246.76		171.23	

2-45 续表 4 continued

指标名称	Indicator	4.收回保险本金 Recouping Insurance Principal	5.住房贷款 Repayment of House Loan	6.汽车贷款 Repayment of Auto Loan	7.教育贷款 Repayment of Education Loan	8.其他贷款 Repayment of Other Loans	9.其他借贷收入 Other Credit Income
全　区	**Total**	**1.77**	**345.97**	**120.24**	**6.73**	**120.56**	**19.19**
沿黄地区	**Plain**	**0.52**	**140.69**	**87.74**	**4.03**	**42.00**	**11.88**
中南部地区	**Mountain Area**		**332.53**	**147.16**	**27.87**	**382.96**	**23.68**
银川市	**Yinchuan**	**0.33**	**97.95**	**97.19**		**71.23**	
兴庆区	Xingqing			198.14		13.92	
西夏区	Xixia	1.57	493.24			328.47	
金凤区	Jinfeng						
永宁县	Yongning			224.34			
贺兰县	Helan						
灵武市	Lingwu						
石嘴山市	**Shizuishan**		**2.42**				**60.83**
大武口区	Dawukou		4.58				115.12
惠农区	Huinong						
平罗县	Pingluo						
吴忠市	**Wuzhong**			**168.75**		**125.38**	
利通区	Litong						
红寺堡区	Hongsipu					375.60	
盐池县	Yanchi					329.08	
同心县	Tongxin					282.22	
青铜峡市	Qingtongxia			790.66			
固原市	**Guyuan**		**595.71**	**455.01**	**49.93**	**485.83**	**42.41**
原州区	Yuanzhou		770.76	867.35	64.53	461.54	
西吉县	Xiji			350.68	30.20		
隆德县	Longde		1519.27		89.81	2408.89	379.82
泾源县	Jingyuan				45.60	20.92	
彭阳县	Pengyang		510.13				
中卫市	**Zhongwei**	**2.39**	**604.06**		**29.49**	**15.72**	
沙坡头区	Shapotou		1315.50		35.02		
中宁县	Zhongning	7.31			41.00		
海原县	Haiyuan					75.52	

2-45 续表 5 continued

指标名称	Indicator	四、家庭总支出 Total Expenditure	(一)消费性支出 Consumption Expenditure	(二)生产费用支出 Expenditure for Household Business	(三)财产性支出 Property Expenditures	1.生活贷款利息支出 Interest of Life Loans	2.其它 Other	(四)转移性支出 Transfer Expenditures	1.交纳所得税 Individual Income-tax
全　区	**Total**	**30818.39**	**18983.88**	**1256.88**	**220.29**	**218.14**	**2.15**	**1660.50**	**51.27**
沿黄地区	**Plain**	**28953.36**	**19434.07**	**582.03**	**160.44**	**155.53**	**4.91**	**1658.02**	**51.83**
中南部地区	**Mountain Area**	**22318.71**	**13525.81**	**640.14**	**97.94**	**97.11**	**0.83**	**918.13**	**16.96**
银川市	**Yinchuan**	**30959.14**	**21694.03**	**553.00**	**219.32**	**210.03**	**9.29**	**1825.36**	**76.13**
兴庆区	Xingqing	31907.02	24089.05	107.53	232.47	231.90	0.57	2009.87	52.31
西夏区	Xixia	33654.31	19269.00	64.94	359.57	359.57		1462.96	63.43
金凤区	Jinfeng	32216.91	24057.17	2137.99	170.55	119.21	51.34	2433.97	196.19
永宁县	Yongning	30119.28	18737.42	817.54	34.56	34.56		995.21	27.04
贺兰县	Helan	24079.69	16701.67	1324.82	284.64	284.64		1064.33	3.37
灵武市	Lingwu	23386.24	16308.96	365.47	2.66	2.66		1727.20	77.98
石嘴山市	**Shizuishan**	**21990.03**	**15005.09**	**736.69**	**89.27**	**88.82**	**0.45**	**1555.90**	**5.14**
大武口区	Dawukou	23447.17	16193.24	961.21	139.55	138.70	0.85	1965.20	9.27
惠农区	Huinong	19604.07	12585.04	3.21				1154.85	0.05
平罗县	Pingluo	21785.65	15562.49	1281.82	87.39	87.39		999.46	1.29
吴忠市	**Wuzhong**	**22888.04**	**15671.13**	**593.05**	**46.00**	**44.98**	**1.02**	**1064.11**	**12.65**
利通区	Litong	23597.09	17262.07	74.28	33.53	33.53		1429.06	19.18
红寺堡区	Hongsipu	20356.30	11648.07	1211.93	102.80	102.80		702.06	6.93
盐池县	Yanchi	20694.28	13786.18	1069.33	62.35	60.80	1.55	556.93	2.02
同心县	Tongxin	19259.08	13299.05	822.46	16.48	11.82	4.66	824.60	0.52
青铜峡市	Qingtongxia	26979.66	17530.13	813.34	59.94	59.94		1048.18	19.51
固原市	**Guyuan**	**25057.48**	**13851.90**	**604.05**	**154.80**	**154.80**		**1059.89**	**39.34**
原州区	Yuanzhou	32350.86	15596.89	888.85	251.70	251.70		1354.58	53.48
西吉县	Xiji	19736.50	12278.55	156.00	63.97	63.97		921.96	25.24
隆德县	Longde	19611.50	12475.16	140.99	76.36	76.36		739.03	16.27
泾源县	Jingyuan	16022.52	12759.45	839.99	63.25	63.25		702.58	4.78
彭阳县	Pengyang	16523.62	11576.63	588.39	81.14	81.14		654.15	9.35
中卫市	**Zhongwei**	**31598.45**	**16746.75**	**572.56**	**53.72**	**53.59**	**0.13**	**1229.49**	**32.21**
沙坡头区	Shapotou	38263.46	16834.89	1084.99	41.75	41.46	0.29	1247.23	23.52
中宁县	Zhongning	29960.06	18089.42	196.65	98.72	98.72		1320.66	54.38
海原县	Haiyuan	19562.24	14495.11	35.57	10.85	10.85		1076.52	17.39

2-45 续表 6 continued

指标名称	Indicator	2.社会保障支出 Social Security Expenditures	个人交纳的养老保险 Annuities	个人交纳的医疗保险 Medical Accumulation Fund	个人交纳的失业保险 Disemployed Accumulation Fund	其他社会保障支出 Others	3.赡养支出 Support Expenditures	4. 其它转移性支出 Others
全　区	**Total**	**1489.23**	**1056.70**	**343.51**	**71.80**	**17.22**	**72.91**	**47.09**
沿黄地区	**Plain**	**1493.22**	**1029.83**	**362.00**	**83.90**	**17.49**	**72.59**	**40.38**
中南部地区	**Mountain Area**	**755.42**	**484.94**	**202.04**	**42.38**	**26.05**	**78.26**	**65.14**
银川市	**Yinchuan**	**1654.42**	**1111.04**	**413.68**	**111.48**	**18.22**	**62.74**	**32.08**
兴庆区	Xingqing	1842.11	1257.95	463.57	108.26	12.34	81.47	33.98
西夏区	Xixia	1322.93	894.25	299.90	122.54	6.24	66.18	10.42
金凤区	Jinfeng	2123.13	1397.54	544.40	117.57	63.62	68.48	46.17
永宁县	Yongning	884.33	548.71	261.61	60.87	13.15	25.88	57.96
贺兰县	Helan	1011.94	700.76	266.82	33.35	11.01	35.88	13.14
灵武市	Lingwu	1597.68	1015.97	405.48	175.90	0.33	3.04	48.50
石嘴山市	**Shizuishan**	**1359.94**	**1001.85**	**290.93**	**53.02**	**14.14**	**131.59**	**59.23**
大武口区	Dawukou	1675.64	1273.20	311.68	66.45	24.30	218.47	61.82
惠农区	Huinong	1056.64	723.75	281.20	50.53	1.16	34.09	64.07
平罗县	Pingluo	910.69	646.61	242.09	16.64	5.35	34.10	53.39
吴忠市	**Wuzhong**	**923.03**	**634.28**	**241.84**	**30.37**	**16.54**	**67.73**	**57.81**
利通区	Litong	1318.40	939.94	315.21	36.93	26.31	66.20	25.27
红寺堡区	Hongsipu	598.79	338.28	180.31	60.13	20.06	15.79	48.16
盐池县	Yanchi	469.06	252.45	160.60	54.37	1.63	40.33	45.52
同心县	Tongxin	538.33	370.06	165.35	2.22	0.69	89.31	196.44
青铜峡市	Qingtongxia	926.13	647.04	245.06	14.81	19.22	87.59	14.95
固原市	**Guyuan**	**868.31**	**604.75**	**209.58**	**37.27**	**16.71**	**110.65**	**41.59**
原州区	Yuanzhou	1109.85	869.65	206.81	28.75	4.64	150.15	41.10
西吉县	Xiji	790.81	454.60	222.00	63.30	50.91	61.57	44.33
隆德县	Longde	573.68	309.07	226.25	35.76	2.60	128.84	20.25
泾源县	Jingyuan	637.34	384.49	201.01	47.33	4.50	6.08	54.38
彭阳县	Pengyang	498.71	262.56	198.25	12.85	25.05	94.21	51.88
中卫市	**Zhongwei**	**1121.27**	**755.33**	**275.18**	**54.37**	**36.39**	**13.82**	**62.20**
沙坡头区	Shapotou	1151.64	875.03	220.56	52.91	3.14	7.32	64.75
中宁县	Zhongning	1166.81	745.28	360.17	28.94	32.42	30.92	68.56
海原县	Haiyuan	1009.24	525.22	268.04	99.03	116.94	1.66	48.24

2-45 续表 7 continued

指标名称	Indicator	(五)部分商业保险支出 Commercial Insurance	(六)购房与建房支出 Expenditures of Purchasing and Building Houses	1.购房 Purchasing Houses	2.建房 Building Houses	(七)借贷支出 Credit Expenditures	1.存入储蓄款 Saving Deposits	2.借出款 Lending	3.归还借款 Repayment of Loans
全　区	**Total**	**216.73**	**1695.19**	**1600.71**	**94.49**	**3802.55**	**2305.07**	**71.05**	**211.13**
沿黄地区	**Plain**	**306.03**	**1147.99**	**1142.63**	**5.36**	**2875.47**	**1696.25**	**73.92**	**170.86**
中南部地区	**Mountain Area**	**69.43**	**1095.21**	**980.23**	**114.98**	**2965.86**	**1296.79**	**71.49**	**269.54**
银川市	**Yinchuan**	**318.88**	**1296.71**	**1292.43**	**4.29**	**2371.24**	**1109.12**	**12.67**	**144.74**
兴庆区	Xingqing	361.72	830.71	820.77	9.94	1385.46	195.68	1.24	170.07
西夏区	Xixia	284.50	2806.88	2806.88		6614.03	5089.40	2.32	167.02
金凤区	Jinfeng	99.14	246.15	246.15		1058.37	3.92	4.77	124.28
永宁县	Yongning	451.56	3112.69	3112.69		2616.54	60.13		155.46
贺兰县	Helan	240.87	2112.50	2112.50		561.87	12.64		20.88
灵武市	Lingwu	341.27	501.77	501.77		1382.22	105.49	121.47	106.80
石嘴山市	**Shizuishan**	**197.94**	**106.19**	**91.70**	**14.48**	**1875.90**	**966.51**	**94.48**	**137.08**
大武口区	Dawukou	235.85	12.61	12.61		1419.84	327.56	162.88	155.50
惠农区	Huinong	85.24				3221.00	2631.50		109.96
平罗县	Pingluo	276.96	559.89	478.41	81.48	970.70	82.98	47.31	125.89
吴忠市	**Wuzhong**	**273.48**	**575.07**	**549.03**	**26.04**	**1211.95**	**59.11**	**80.44**	**217.55**
利通区	Litong	499.38				723.04	77.95	184.78	291.16
红寺堡区	Hongsipu	104.32	202.75		202.75	4121.07	6.01	7.78	546.54
盐池县	Yanchi	130.63				1134.33	218.33	51.35	171.31
同心县	Tongxin	47.12	45.32		45.32	179.22			52.92
青铜峡市	Qingtongxia	198.80	2572.38	2572.38		1794.41		3.36	103.89
固原市	**Guyuan**	**62.97**	**1906.65**	**1756.01**	**150.64**	**4794.88**	**2440.82**	**117.44**	**349.59**
原州区	Yuanzhou	75.47	2424.58	2424.58		7742.54	5027.82	149.40	643.06
西吉县	Xiji	1.60	2881.43	2162.74	718.68	1933.34		61.47	20.79
隆德县	Longde	0.35	585.80	585.80		3751.60			70.76
泾源县	Jingyuan	25.21				284.55			
彭阳县	Pengyang	195.06	829.70	826.29	3.41	1654.07		267.45	286.79
中卫市	**Zhongwei**	**312.37**	**1946.86**	**1931.14**	**15.72**	**7294.96**	**6211.39**	**254.88**	**265.24**
沙坡头区	Shapotou	285.58	4205.59	4205.59		11111.00	10343.22	36.07	37.90
中宁县	Zhongning	511.82				6343.11	4469.63	728.60	711.71
海原县	Haiyuan	49.23	75.52		75.52	568.00			72.28

2-45 续表 8 continued

指标名称	Indicator	4.购买有价证券 Purchase of Securities	5.其它投资支出 Other Investment Expenditure	6.归还住房贷款 Repayment of House Loan	7.归还汽车贷款 Repayment of Auto Loan	8.归还教育贷款 Repayment of Education Loan	9.归还其它贷款 Repayment of Other Loans	10.其它借贷支出 Other Credit Expenditures
全 区	**Total**	**46.94**	**1.14**	**718.49**	**94.75**		**329.02**	**24.98**
沿黄地区	**Plain**	**42.42**	**6.65**	**757.85**	**76.70**		**34.12**	**16.71**
中南部地区	**Mountain Area**		**0.87**	**681.06**	**7.87**	**2.21**	**631.62**	**4.43**
银川市	**Yinchuan**	**65.23**	**7.11**	**893.57**	**80.74**		**54.54**	**3.53**
兴庆区	Xingqing			945.59	72.89			
西夏区	Xixia	328.47	0.85	951.09			57.48	17.39
金凤区	Jinfeng		39.34	700.12	171.03		14.91	
永宁县	Yongning			1672.77	439.08		289.10	
贺兰县	Helan		13.78	514.57				
灵武市	Lingwu			762.30			285.35	0.82
石嘴山市	**Shizuishan**	**15.61**	**6.72**	**518.81**	**62.42**		**2.88**	**71.39**
大武口区	Dawukou	18.80	8.64	605.90			5.45	135.11
惠农区	Huinong			357.66	121.87			
平罗县	Pingluo	31.91	12.14	522.17	148.31			
吴忠市	**Wuzhong**	**1.63**	**7.41**	**504.01**	**62.32**		**273.25**	**6.24**
利通区	Litong		16.17	132.94			11.05	9.00
红寺堡区	Hongsipu			962.64	71.69		2526.42	
盐池县	Yanchi		8.30	355.53			329.51	
同心县	Tongxin			102.10			8.80	15.41
青铜峡市	Qingtongxia	7.62		1417.47	262.07			
固原市	**Guyuan**			**917.51**	**20.72**	**3.95**	**940.87**	**3.99**
原州区	Yuanzhou			432.41	38.25		1451.60	
西吉县	Xiji			1604.45			237.99	8.63
隆德县	Longde			1935.70			1745.14	
泾源县	Jingyuan			259.51			25.03	
彭阳县	Pengyang			883.21	36.58	30.27	133.06	16.72
中卫市	**Zhongwei**	**4.54**		**504.16**	**49.89**		**4.49**	**0.36**
沙坡头区	Shapotou			644.92	48.10			0.79
中宁县	Zhongning	13.89		320.55	85.02		13.71	
海原县	Haiyuan			495.73				

2-46 2015年各市县城镇居民家庭消费支出情况

Basic Statistics of Consumption Expenditure of Urban Households by City and County (2015)

单位：元/人

指标名称	Indicator	消费支出 Consumption Expenditure	一、食品烟酒 Food Tobacco Liquor	A.食品 Food	谷物 Grain	薯类 Tubers	豆类 Soybeans	食用油 Edible Oil	蔬菜和食用菌 Vegetables and Related Products
全　区	**Total**	**18983.88**	**4883.35**	**3146.66**	**440.08**	**38.44**	**38.37**	**140.57**	**414.34**
沿黄地区	**Plain**	**19434.07**	**5298.73**	**3342.11**	**461.72**	**38.05**	**44.69**	**142.36**	**448.82**
中南部地区	**Mountain Area**	**13525.81**	**3652.81**	**2682.16**	**484.58**	**44.70**	**22.12**	**153.69**	**326.51**
银川市	**Yinchuan**	**21694.03**	**5862.41**	**3529.51**	**424.80**	**47.04**	**43.02**	**147.02**	**475.83**
兴庆区	Xingqing	24089.05	6174.54	3539.73	378.32	50.80	43.13	124.53	478.36
西夏区	Xixia	19269.00	6138.68	3823.03	511.80	75.35	60.51	169.48	473.87
金凤区	Jinfeng	24057.17	6277.34	3581.63	468.84	37.62	40.13	177.89	480.79
永宁县	Yongning	18737.42	4937.71	3256.88	366.42	15.40	34.44	150.24	487.11
贺兰县	Helan	16701.67	4816.54	3511.66	338.17	25.01	39.39	167.86	516.18
灵武市	Lingwu	16308.96	4150.29	3070.08	491.23	20.18	20.09	143.00	423.80
石嘴山市	**Shizuishan**	**15005.09**	**4507.00**	**3051.41**	**468.22**	**21.88**	**46.61**	**137.12**	**411.65**
大武口区	Dawukou	16193.24	4792.11	3127.59	441.24	33.34	52.01	134.86	406.89
惠农区	Huinong	12585.04	4491.33	3144.78	504.93	0.05	41.54	148.55	452.43
平罗县	Pingluo	15562.49	3697.80	2674.11	490.45	25.05	38.63	124.33	356.88
吴忠市	**Wuzhong**	**15671.13**	**4117.99**	**2970.43**	**486.91**	**36.68**	**24.42**	**148.56**	**352.97**
利通区	Litong	17262.07	4694.30	3089.49	333.30	45.60	29.15	134.10	349.57
红寺堡区	Hongsipu	11648.07	3375.12	2551.98	511.22	61.96	19.65	117.91	295.81
盐池县	Yanchi	13786.18	3377.54	2459.12	373.36	32.21	18.07	88.68	275.41
同心县	Tongxin	13299.05	3737.64	3122.55	641.14	27.92	4.96	243.41	375.09
青铜峡市	Qingtongxia	17530.13	4131.80	3110.13	700.02	19.50	37.58	145.66	411.14
固原市	**Guyuan**	**13851.90**	**3850.12**	**2602.58**	**419.26**	**44.60**	**28.56**	**136.79**	**334.27**
原州区	Yuanzhou	15596.89	4163.28	2643.02	444.20	36.80	33.48	151.42	351.34
西吉县	Xiji	12278.55	3842.31	2779.20	416.79	76.51	22.62	156.00	311.98
隆德县	Longde	12475.16	3928.02	2617.24	262.33	53.97	31.34	86.16	393.56
泾源县	Jingyuan	12759.45	3505.08	2752.69	730.25	44.43	24.83	183.49	329.98
彭阳县	Pengyang	11576.63	2886.83	2052.46	288.02	14.50	18.81	70.42	257.93
中卫市	**Zhongwei**	**16746.75**	**4231.20**	**2998.95**	**654.99**	**27.97**	**52.80**	**144.42**	**412.01**
沙坡头区	Shapotou	16834.89	4444.29	2805.97	391.40	21.27	67.96	145.68	472.59
中宁县	Zhongning	18089.42	4524.11	3396.02	1013.51	15.46	54.06	109.16	401.24
海原县	Haiyuan	14495.11	3313.40	2797.48	664.57	62.83	18.39	196.97	295.37

2-46 续表 1 continued

单位：元/人

指标名称	Indicator	肉类 Meat	禽类 Poultry	水产品 Aquartic Products	蛋类 Eggs	奶类 Milk	干鲜瓜果类 Dried and Fresh Melon Fruits	糖果糕点类 Candy and Pastry	其它类食品 Other Food	B.烟酒 Tobacco and Liquor
全　区	**Total**	**725.92**	**138.78**	**81.53**	**69.31**	**249.49**	**506.57**	**104.98**	**198.28**	**355.59**
沿黄地区	**Plain**	**733.90**	**148.45**	**101.73**	**71.88**	**262.03**	**545.78**	**121.31**	**221.38**	**413.38**
中南部地区	**Mountain Area**	**661.25**	**97.43**	**29.23**	**54.99**	**151.81**	**417.60**	**65.01**	**173.25**	**304.98**
银川市	**Yinchuan**	**769.37**	**159.17**	**121.40**	**79.42**	**286.86**	**583.23**	**138.30**	**254.06**	**479.73**
兴庆区	Xingqing	760.94	154.60	123.36	78.59	313.73	629.59	154.68	249.11	396.06
西夏区	Xixia	813.65	183.71	183.51	99.92	275.71	593.61	159.39	222.51	629.90
金凤区	Jinfeng	810.59	146.48	123.57	86.86	236.90	533.52	139.81	298.63	717.18
永宁县	Yongning	717.12	180.71	70.42	52.12	273.87	606.25	106.88	195.89	248.13
贺兰县	Helan	785.35	172.31	52.81	60.60	221.93	584.64	102.78	444.63	370.04
灵武市	Lingwu	704.63	136.01	60.49	57.70	339.34	446.85	65.16	161.61	245.44
石嘴山市	**Shizuishan**	**697.42**	**124.81**	**98.13**	**71.53**	**228.34**	**489.96**	**117.81**	**137.95**	**373.49**
大武口区	Dawukou	698.34	128.52	106.46	75.08	251.40	518.73	127.78	152.93	401.08
惠农区	Huinong	819.74	140.58	121.33	81.69	196.20	447.46	112.49	77.80	394.83
平罗县	Pingluo	486.56	86.61	34.29	44.66	214.53	476.77	101.44	193.90	259.68
吴忠市	**Wuzhong**	**769.13**	**145.69**	**44.74**	**45.36**	**191.94**	**457.49**	**62.45**	**204.08**	**229.96**
利通区	Litong	850.73	176.19	64.29	56.11	219.80	525.81	60.75	244.09	212.49
红寺堡区	Hongsipu	610.16	96.90	29.33	43.26	179.19	375.03	56.32	155.24	238.98
盐池县	Yanchi	629.30	79.65	31.56	38.64	174.10	431.11	90.99	196.03	242.51
同心县	Tongxin	947.58	120.18	26.53	36.83	161.27	332.59	16.17	188.87	176.40
青铜峡市	Qingtongxia	623.63	171.16	37.80	37.46	182.25	485.75	89.24	168.94	295.60
固原市	**Guyuan**	**596.76**	**92.22**	**29.17**	**64.26**	**148.66**	**459.06**	**79.03**	**169.95**	**395.90**
原州区	Yuanzhou	594.46	88.35	27.85	72.83	147.26	455.69	98.96	140.38	497.08
西吉县	Xiji	723.72	116.49	35.83	62.74	171.17	474.86	59.17	151.32	323.83
隆德县	Longde	581.46	98.96	31.11	57.91	195.96	447.50	88.93	288.03	455.97
泾源县	Jingyuan	483.23	66.76	33.64	56.22	214.56	379.11	40.64	165.55	181.92
彭阳县	Pengyang	488.16	73.60	17.22	45.40	20.64	498.86	54.55	204.35	244.56
中卫市	**Zhongwei**	**584.64**	**103.43**	**39.64**	**52.96**	**216.72**	**443.53**	**73.95**	**191.89**	**292.72**
沙坡头区	Shapotou	550.94	114.96	42.71	47.32	211.10	464.03	86.88	189.11	384.13
中宁县	Zhongning	581.30	85.17	41.34	59.22	282.57	466.20	70.35	216.42	249.30
海原县	Haiyuan	671.90	109.36	30.82	55.81	130.75	349.76	50.72	160.21	164.24

2-46 续表 2 continued

单位：元/人

指标名称	Indicator	C.饮料 Beverage	D.饮食服务 Service for Food	在外饮食 Dinning Outer	2.衣着 Clothing	A.衣类 Clothing	B.鞋类 Footwear	3.居住 Residence	A.租赁房房租 Rent	B.住房维修管理 Maintenance Management
全　区	**Total**	**98.84**	**1282.27**	**1236.71**	**1786.99**	**1419.49**	**367.50**	**3608.31**	**151.75**	**780.21**
沿黄地区	**Plain**	**101.83**	**1441.41**	**1394.65**	**1899.92**	**1507.71**	**392.21**	**3598.10**	**147.91**	**538.72**
中南部地区	**Mountain Area**	**97.94**	**567.73**	**540.37**	**1451.69**	**1123.89**	**327.80**	**2570.26**	**77.56**	**459.66**
银川市	**Yinchuan**	**112.67**	**1740.50**	**1703.17**	**2107.92**	**1674.10**	**433.82**	**4094.56**	**200.76**	**619.77**
兴庆区	Xingqing	111.62	2127.12	2121.25	2374.08	1921.52	452.55	4514.63	267.27	685.09
西夏区	Xixia	107.92	1577.84	1481.88	1704.38	1310.42	393.97	3226.80	223.50	386.91
金凤区	Jinfeng	136.17	1842.36	1805.44	2208.05	1739.85	468.20	5122.51	167.11	353.56
永宁县	Yongning	85.85	1346.84	1283.84	2041.48	1603.24	438.24	3388.15		796.57
贺兰县	Helan	98.63	836.21	804.73	1674.97	1282.38	392.60	3262.43	56.30	573.12
灵武市	Lingwu	113.10	721.67	668.93	1918.77	1527.35	391.42	3099.45	130.73	1234.76
石嘴山市	**Shizuishan**	**78.57**	**1003.52**	**981.33**	**1397.56**	**1102.58**	**294.98**	**2730.18**	**84.10**	**399.55**
大武口区	Dawukou	76.89	1186.54	1172.76	1496.28	1177.25	319.04	3170.69	124.99	408.16
惠农区	Huinong	86.88	864.83	833.02	1168.86	919.16	249.70	1817.63	32.91	177.98
平罗县	Pingluo	69.37	694.63	663.76	1489.49	1190.51	298.98	2952.76	46.78	741.28
吴忠市	**Wuzhong**	**78.88**	**838.72**	**819.14**	**1661.33**	**1314.68**	**346.64**	**2715.45**	**87.31**	**363.05**
利通区	Litong	80.34	1311.97	1267.61	1799.54	1469.31	330.22	3072.15	83.40	402.07
红寺堡区	Hongsipu	86.32	497.84	493.58	1482.44	1127.49	354.95	1767.76	58.90	213.14
盐池县	Yanchi	88.33	587.59	586.10	1722.31	1401.34	320.96	2345.08	137.30	218.37
同心县	Tongxin	78.30	360.39	360.35	1532.72	1106.97	425.75	2631.73	113.62	448.60
青铜峡市	Qingtongxia	68.07	658.00	650.41	1556.14	1231.94	324.20	2748.74	55.01	371.12
固原市	**Guyuan**	**114.26**	**737.38**	**688.47**	**1352.48**	**1054.32**	**298.16**	**2611.01**	**62.70**	**551.89**
原州区	Yuanzhou	94.35	928.84	835.60	1285.21	990.48	294.73	2988.32	62.23	828.66
西吉县	Xiji	122.76	616.51	614.81	1599.76	1276.16	323.60	2039.24	19.87	269.33
隆德县	Longde	86.66	768.15	763.97	1257.10	959.89	297.21	2053.82	135.41	94.24
泾源县	Jingyuan	140.15	430.31	427.34	1437.44	1118.86	318.58	3405.42	15.38	1064.46
彭阳县	Pengyang	178.44	411.37	382.63	1221.64	972.26	249.38	2190.17	101.33	136.42
中卫市	**Zhongwei**	**99.84**	**839.69**	**715.20**	**1822.61**	**1422.48**	**400.13**	**3136.97**	**49.73**	**471.55**
沙坡头区	Shapotou	124.03	1130.15	943.57	1811.00	1406.40	404.61	3143.03	53.49	534.34
中宁县	Zhongning	89.86	788.92	670.46	1956.35	1533.96	422.39	3236.76	38.97	417.70
海原县	Haiyuan	64.28	287.41	287.07	1618.84	1270.71	348.13	3003.08	59.69	430.35

2-46 续表 3 continued

指标名称	Indicator	C.水电燃料及其他 Water, Electricity, Fuel and Others	D.自有住房折算租金 Imputed Rent for Home-ownership	4.生活用品及服务 Household Facilities, and Service	A.家具及室内装饰品 Furniture, Articles for Interior Decoration	B.家用器具 Implement	C.家用纺织品 Textile	D.家庭日用杂品 Household Articles for Daily Use	E.个人用品 Personal Articles	F.家庭服务 Family Services
全　区	**Total**	**918.32**	**1758.03**	**1185.42**	**248.31**	**271.37**	**104.68**	**234.97**	**290.46**	**35.61**
沿黄地区	**Plain**	**900.34**	**2011.13**	**1203.92**	**208.44**	**293.01**	**101.66**	**257.38**	**298.30**	**45.14**
中南部地区	**Mountain Area**	**804.88**	**1228.16**	**806.55**	**152.88**	**150.88**	**80.87**	**195.61**	**208.14**	**18.16**
银川市	**Yinchuan**	**913.17**	**2360.86**	**1339.76**	**233.66**	**341.48**	**113.51**	**285.41**	**329.26**	**36.42**
兴庆区	Xingqing	854.90	2707.36	1515.26	241.69	364.98	114.13	326.21	409.77	58.49
西夏区	Xixia	806.27	1810.12	1074.71	142.41	284.52	94.96	278.82	258.03	15.97
金凤区	Jinfeng	1208.53	3393.31	1271.01	126.24	410.09	143.82	272.56	292.69	25.61
永宁县	Yongning	873.88	1717.70	1223.30	293.39	290.26	96.73	239.87	285.18	17.86
贺兰县	Helan	1084.23	1548.79	873.88	177.78	202.58	76.95	215.18	190.32	11.07
灵武市	Lingwu	734.82	999.15	1574.32	610.06	311.49	119.61	212.31	295.80	25.05
石嘴山市	**Shizuishan**	**859.03**	**1387.49**	**864.73**	**164.55**	**173.69**	**55.57**	**210.00**	**226.09**	**34.82**
大武口区	Dawukou	937.69	1699.85	993.17	266.81	160.40	55.17	194.51	265.29	51.00
惠农区	Huinong	663.05	943.68	623.78	22.30	183.48	44.74	224.47	144.03	4.76
平罗县	Pingluo	955.99	1208.71	891.00	95.95	194.92	74.14	235.16	253.06	37.76
吴忠市	**Wuzhong**	**876.83**	**1388.28**	**1032.01**	**155.66**	**237.25**	**99.81**	**228.17**	**251.47**	**59.65**
利通区	Litong	962.58	1624.10	1319.12	232.35	375.31	104.89	265.25	291.34	49.98
红寺堡区	Hongsipu	638.71	857.00	878.06	252.15	97.03	79.52	216.12	220.11	13.13
盐池县	Yanchi	787.75	1201.66	695.24	95.44	145.96	77.06	175.86	179.68	21.23
同心县	Tongxin	798.44	1271.06	879.14	108.22	208.94	84.00	243.35	228.71	5.93
青铜峡市	Qingtongxia	937.16	1385.44	898.55	50.57	120.92	124.44	184.20	253.96	164.45
固原市	**Guyuan**	**773.83**	**1222.58**	**807.69**	**167.61**	**154.12**	**75.20**	**181.48**	**209.36**	**19.93**
原州区	Yuanzhou	797.12	1300.30	836.17	110.06	200.03	70.90	184.28	244.46	26.44
西吉县	Xiji	671.84	1078.20	882.34	285.64	139.28	90.18	201.92	146.42	18.90
隆德县	Longde	926.56	897.62	512.50	106.11	57.89	58.18	132.22	151.28	6.82
泾源县	Jingyuan	917.75	1407.84	1031.92	378.50	174.73	69.46	242.02	149.40	17.81
彭阳县	Pengyang	632.21	1320.21	641.40	123.68	95.88	76.37	142.41	191.58	11.48
中卫市	**Zhongwei**	**928.96**	**1686.72**	**1065.34**	**175.89**	**233.08**	**124.58**	**203.17**	**271.34**	**57.28**
沙坡头区	Shapotou	996.55	1558.65	1066.61	115.85	298.02	110.55	211.23	274.95	56.01
中宁县	Zhongning	762.78	2017.31	1199.40	288.46	215.01	138.62	189.96	289.72	77.63
海原县	Haiyuan	1060.94	1452.09	847.90	136.18	124.49	111.83	208.58	239.98	26.83

2-46 续表 4 continued

指标名称	Indicator	5.交通和通信 Transport and Communication	A.交通 Transport	交通工具 Transport Vehicle	交通费 Car Fare	交通工具用燃料 Fuel for Transport Vehicle	交通工具使用及维修 Use and maintenance for Transport Vehicle	B.通信 Communication	通信工具 Communication Tools	通信服务 Service for Communication
全　区	**Total**	**2509.59**	**1700.27**	**503.78**	**418.15**	**403.76**	**374.58**	**809.32**	**258.83**	**550.49**
沿黄地区	**Plain**	**2688.60**	**1828.83**	**638.87**	**447.56**	**397.24**	**345.16**	**859.77**	**257.45**	**602.33**
中南部地区	**Mountain Area**	**1917.66**	**1294.97**	**436.76**	**256.45**	**327.17**	**274.59**	**622.69**	**205.95**	**416.74**
银川市	**Yinchuan**	**2959.39**	**1966.84**	**522.80**	**559.93**	**499.17**	**384.94**	**992.55**	**298.88**	**693.67**
兴庆区	Xingqing	3436.74	2367.92	756.42	630.17	584.52	396.81	1068.82	349.89	718.93
西夏区	Xixia	2471.78	1539.83	338.91	461.69	379.70	359.53	931.95	301.80	630.15
金凤区	Jinfeng	3033.24	1939.25	225.63	838.04	505.77	369.81	1094.00	243.03	850.97
永宁县	Yongning	3078.86	2122.64	787.31	236.56	520.66	578.11	956.23	260.28	695.94
贺兰县	Helan	1961.90	1190.24	385.68	310.28	256.31	237.97	771.66	148.61	623.05
灵武市	Lingwu	2246.06	1498.09	314.55	298.07	495.86	389.60	747.97	275.99	471.98
石嘴山市	**Shizuishan**	**2237.33**	**1591.97**	**766.30**	**302.16**	**230.75**	**292.76**	**645.36**	**137.47**	**507.89**
大武口区	Dawukou	2564.67	1845.98	872.65	325.87	271.98	375.48	718.69	133.82	584.88
惠农区	Huinong	1740.82	1200.31	561.36	314.93	172.48	151.55	540.51	138.79	401.71
平罗县	Pingluo	2130.50	1525.54	782.46	212.77	214.70	315.61	604.96	144.74	460.22
吴忠市	**Wuzhong**	**2472.47**	**1783.64**	**903.82**	**236.06**	**311.22**	**332.53**	**688.83**	**249.86**	**438.98**
利通区	Litong	2075.03	1343.11	514.25	313.56	249.02	266.28	731.92	262.69	469.23
红寺堡区	Hongsipu	1908.85	1406.33	55.33	247.56	615.22	488.22	502.52	188.72	313.80
盐池县	Yanchi	3012.56	2375.82	1288.42	155.27	356.93	575.20	636.74	198.24	438.50
同心县	Tongxin	1613.03	844.70	53.72	184.02	284.76	322.20	768.33	335.39	432.95
青铜峡市	Qingtongxia	3812.04	3158.34	2448.08	179.46	293.81	236.99	653.70	212.39	441.31
固原市	**Guyuan**	**1694.97**	**1082.63**	**271.91**	**291.17**	**312.20**	**207.34**	**612.35**	**172.98**	**439.37**
原州区	Yuanzhou	2041.01	1372.75	477.23	337.95	305.58	251.99	668.27	200.01	468.25
西吉县	Xiji	1547.61	934.49	18.98	251.64	435.19	228.68	613.12	156.06	457.06
隆德县	Longde	1257.56	687.44	33.18	244.59	254.59	155.07	570.12	128.91	441.21
泾源县	Jingyuan	985.81	491.69	4.74	287.16	134.55	65.24	494.12	120.27	373.85
彭阳县	Pengyang	1483.04	1018.04	373.68	223.47	286.11	134.78	465.00	128.44	336.56
中卫市	**Zhongwei**	**2180.95**	**1526.90**	**653.47**	**286.55**	**292.61**	**294.27**	**654.05**	**241.22**	**412.82**
沙坡头区	Shapotou	2089.61	1430.44	766.95	160.98	241.36	261.15	659.17	223.66	435.51
中宁县	Zhongning	1902.21	1238.93	55.23	458.29	353.57	371.84	663.28	259.29	403.99
海原县	Haiyuan	2783.38	2162.31	1360.86	301.13	297.66	202.67	621.07	239.41	381.66

2-46 续表 5 continued

指标名称	Indicator	6.教育文化娱乐 Educational, Cultural, Recreational	A.教育 Education	学前教育 Preschool	小学教育 Elementary	初中教育 Junior High School	高中教育 Senior High School	中专职高教育 Technical and Professional High School	大专及以上教育 College Degree or Above	成人教育 Adult Education
全　区	**Total**	**2389.75**	**1397.68**	**124.69**	**99.68**	**178.66**	**229.73**	**24.05**	**656.94**	**83.91**
沿黄地区	**Plain**	**2520.60**	**1347.94**	**133.91**	**123.75**	**182.01**	**214.63**	**31.65**	**561.80**	**100.18**
中南部地区	**Mountain Area**	**1726.91**	**1216.29**	**75.33**	**52.91**	**67.47**	**192.35**	**38.69**	**669.44**	**120.10**
银川市	**Yinchuan**	**2845.35**	**1449.21**	**176.77**	**144.71**	**209.69**	**248.19**	**31.64**	**542.55**	**95.66**
兴庆区	Xingqing	3250.79	1633.59	198.77	146.78	269.21	361.84	11.64	602.50	42.84
西夏区	Xixia	2387.50	1131.83	62.58	163.92	163.94	152.24	51.65	439.41	98.09
金凤区	Jinfeng	3473.53	1878.04	300.79	161.60	223.15	154.22	31.78	820.02	186.47
永宁县	Yongning	1904.47	997.13	269.86	95.88	126.20	84.34	25.63	188.12	207.09
贺兰县	Helan	1824.63	1093.75	69.44	46.56	35.59	166.63	157.85	542.04	75.64
灵武市	Lingwu	1876.24	902.65	152.65	172.34	192.67	165.88	0.36	118.59	100.16
石嘴山市	**Shizuishan**	**1739.92**	**993.64**	**64.11**	**92.68**	**125.99**	**136.96**	**12.94**	**482.15**	**78.81**
大武口区	Dawukou	1759.47	913.20	61.03	100.50	155.81	126.29	23.98	379.81	65.78
惠农区	Huinong	1322.35	792.85	84.99	70.17	32.09	155.54	0.92	357.52	91.63
平罗县	Pingluo	2368.63	1555.57	37.78	105.81	192.21	136.15		988.34	95.28
吴忠市	**Wuzhong**	**1936.44**	**1080.32**	**76.18**	**72.72**	**134.27**	**149.28**	**57.24**	**479.60**	**111.03**
利通区	Litong	2179.95	961.66	83.48	111.54	109.65	127.67	33.22	371.31	124.79
红寺堡区	Hongsipu	1114.93	686.07	49.92	28.31	82.28	227.68	37.10	183.81	76.97
盐池县	Yanchi	1591.97	1123.21	67.17	67.36	36.25	145.23		705.52	101.67
同心县	Tongxin	1602.46	1205.07	126.63	31.82	99.15	250.96	53.70	514.12	128.70
青铜峡市	Qingtongxia	2319.70	1335.53	37.92	55.05	287.98	75.54	147.39	640.05	91.59
固原市	**Guyuan**	**1870.40**	**1295.22**	**78.17**	**63.69**	**64.83**	**133.12**	**24.75**	**793.79**	**136.87**
原州区	Yuanzhou	2021.54	1398.30	86.00	81.86	61.99	97.24	20.32	958.46	92.43
西吉县	Xiji	1520.70	993.85	44.03	40.24	90.91	67.47	14.90	546.53	189.76
隆德县	Longde	1865.11	1301.14	160.67	50.28	34.44	110.97		827.94	116.84
泾源县	Jingyuan	1332.72	979.27	34.49	72.00	68.01	266.38	36.60	372.50	129.28
彭阳县	Pengyang	2186.99	1647.08	63.37	45.77	60.27	313.03	71.62	854.70	238.32
中卫市	**Zhongwei**	**2343.66**	**1576.22**	**76.45**	**83.54**	**110.83**	**313.83**	**41.43**	**805.63**	**144.51**
沙坡头区	Shapotou	2040.18	1254.35	74.61	101.50	129.72	189.71	4.55	622.77	131.49
中宁县	Zhongning	3112.84	2224.12	114.58	94.52	111.46	443.22	48.38	1202.64	209.32
海原县	Haiyuan	1847.26	1310.56	22.65	28.91	71.15	392.79	112.96	606.82	75.28

2-46 续表 6 continued

指标名称	Indicator	B.文化娱乐 Culture Recreation	文娱耐用消费品 Durable Consumer Goods	其他文娱用品 Recreation Articles	文化娱乐服务 Recreation Services	7.医疗保健 Medicine and Health Care	A.医疗器具及药品 Medical Treatment and Drug	B.医疗服务 Service for Medical Treatment	8.其他用品和服务 Other Commodities and Services
全 区	**Total**	**992.08**	**155.44**	**163.00**	**673.64**	**2015.95**	**706.01**	**1309.94**	**604.52**
沿黄地区	**Plain**	**1172.67**	**181.61**	**188.42**	**802.65**	**1603.64**	**729.64**	**874.00**	**620.55**
中南部地区	**Mountain Area**	**510.62**	**149.47**	**140.33**	**220.81**	**1081.68**	**458.69**	**622.99**	**318.25**
银川市	**Yinchuan**	**1396.13**	**202.14**	**224.12**	**969.87**	**1735.62**	**827.88**	**907.75**	**749.02**
兴庆区	Xingqing	1617.19	173.76	257.61	1185.83	1854.42	919.15	935.27	968.60
西夏区	Xixia	1255.67	266.38	197.16	792.14	1811.98	1049.44	762.54	453.16
金凤区	Jinfeng	1595.49	220.68	259.28	1115.53	1727.99	683.30	1044.69	943.49
永宁县	Yongning	907.34	93.30	154.46	659.58	1719.17	522.23	1196.94	444.27
贺兰县	Helan	730.89	14.90	147.55	568.44	1845.77	594.24	1251.53	441.55
灵武市	Lingwu	973.59	339.27	168.15	466.17	1056.14	522.04	534.10	387.69
石嘴山市	**Shizuishan**	**746.29**	**158.80**	**125.23**	**462.26**	**1234.27**	**572.67**	**661.60**	**294.09**
大武口区	Dawukou	846.26	159.22	145.60	541.44	1119.51	561.95	557.56	297.34
惠农区	Huinong	529.50	135.57	110.53	283.40	1175.78	410.55	765.22	244.50
平罗县	Pingluo	813.06	194.73	89.72	528.62	1666.38	875.33	791.05	365.93
吴忠市	**Wuzhong**	**856.12**	**111.21**	**130.00**	**614.91**	**1261.01**	**421.87**	**839.15**	**474.43**
利通区	Litong	1218.29	120.24	114.38	983.68	1415.82	523.32	892.50	706.16
红寺堡区	Hongsipu	428.86	113.29	145.39	170.18	911.53	399.09	512.44	209.38
盐池县	Yanchi	468.76	78.35	115.56	274.85	725.91	306.01	419.90	315.57
同心县	Tongxin	397.39	77.47	157.29	162.62	951.77	307.43	644.34	350.56
青铜峡市	Qingtongxia	984.18	141.90	138.61	703.67	1704.75	410.62	1294.13	358.41
固原市	**Guyuan**	**575.18**	**182.70**	**129.06**	**263.42**	**1290.51**	**539.75**	**750.76**	**374.72**
原州区	Yuanzhou	623.24	196.80	113.33	313.11	1865.93	744.29	1121.64	395.43
西吉县	Xiji	526.85	166.19	181.85	178.81	555.20	315.62	239.58	291.39
隆德县	Longde	563.98	119.81	143.93	300.23	1126.76	408.66	718.10	474.28
泾源县	Jingyuan	353.46	141.89	91.28	120.29	864.50	274.96	589.55	196.55
彭阳县	Pengyang	539.91	150.68	108.81	280.42	646.34	255.04	391.29	320.23
中卫市	**Zhongwei**	**767.44**	**188.26**	**172.93**	**406.25**	**1449.52**	**685.87**	**763.65**	**516.49**
沙坡头区	Shapotou	785.83	123.51	176.66	485.66	1664.48	750.79	913.69	575.70
中宁县	Zhongning	888.72	268.69	159.98	460.05	1583.34	693.55	889.79	574.42
海原县	Haiyuan	536.70	209.81	187.76	139.13	794.63	543.91	250.72	286.62

2-47 2015年调查市县城镇居民家庭住房情况

Basic Statistics of Housing Conditions of Urban Households by City and County (2015)

市 县	Region	家庭常住人口 Permanent Residents 人/户 person/household	现住房建筑面积 Floor Space of Current Housing 平方米/人 sq.m/person	房屋来源 House Property Right (Total)			
					租赁公房 Public House Leasing %	租赁私房 Private House Leasing %	自建住房 Inhered Private House %
全 区	**Total**	**2.97**	**30.65**		**1.42**	**4.75**	**9.13**
沿黄地区	**Plain**	**2.84**	**30.88**		**0.89**	**5.13**	**2.26**
中南部地区	**Mountain Area**	**3.64**	**31.13**		**3.23**	**8.67**	**27.39**
银川市	**Yinchuan**	**2.81**	**30.85**		**0.71**	**6.96**	**2.37**
兴庆区	Xingqing	2.71	31.17		1.10	7.50	0.94
西夏区	Xixia	2.72	24.92		1.05	7.40	
金凤区	Jinfeng	2.78	39.46			6.16	5.30
永宁县	Yongning	3.14	33.85				13.48
贺兰县	Helan	2.78	28.59				
灵武市	Lingwu	3.45	26.22			15.51	4.06
石嘴山市	**Shizuishan**	**2.79**	**29.09**		**0.53**	**2.16**	**2.18**
大武口区	Dawukou	2.81	30.60		0.80	0.86	2.29
惠农区	Huinong	2.65	26.94		0.36	3.88	1.07
平罗县	Pingluo	3.02	28.21			2.99	3.94
吴忠市	**Wuzhong**	**3.16**	**33.23**		**2.56**	**7.68**	**11.90**
利通区	Litong	2.92	32.94		3.26	5.01	
红寺堡区	Hongsipu	3.57	28.43			19.70	15.33
盐池县	Yanchi	3.46	32.52		5.02	6.67	27.60
同心县	Tongxin	4.06	32.05			18.45	30.70
青铜峡市	Qingtongxia	2.79	37.19		2.46	2.86	13.42
固原市	**Guyuan**	**3.55**	**30.67**		**3.40**	**6.56**	**26.02**
原州区	Yuanzhou	3.39	36.13		1.11	6.79	42.34
西吉县	Xiji	3.81	25.94			1.97	4.93
隆德县	Longde	3.57	21.68		2.48	20.34	2.48
泾源县	Jingyuan	3.50	32.98			5.98	35.60
彭阳县	Pengyang	3.84	25.17		21.40	1.10	10.99
中卫市	**Zhongwei**	**3.24**	**31.59**		**1.42**	**1.25**	**6.38**
沙坡头区	Shapotou	3.14	29.63		0.76	1.52	
中宁县	Zhongning	3.10	33.83				
海原县	Haiyuan	3.75	32.41		5.92	2.96	35.46

2-47 续表 1 continued

市 县	Region	购买商品房 Commercial Residential Building %	购买房改住房 Reformed Private House %	购买保障性住房 Indemnificatory Housing %	拆迁安置房 Demolition Resettlement %	继承或获赠住房 Inheritance or Gift %	免费借用房 Borrowing House %	其他 Others %
全 区	**Total**	**54.71**	**14.37**	**4.95**	**5.60**	**1.01**	**2.00**	**2.07**
沿黄地区	**Plain**	**56.05**	**18.42**	**4.73**	**8.11**	**1.08**	**1.84**	**1.49**
中南部地区	**Mountain Area**	**49.50**	**7.34**	**0.44**	**1.29**		**2.14**	
银川市	**Yinchuan**	**48.06**	**24.62**	**5.42**	**5.57**	**1.45**	**2.42**	**2.42**
兴庆区	Xingqing	41.49	18.64	11.77	9.36	**0.63**	3.48	5.08
西夏区	Xixia	26.52	59.78			**3.22**	2.04	
金凤区	Jinfeng	64.71	16.70	1.03	6.09			
永宁县	Yongning	86.52						
贺兰县	Helan	77.78	10.67		4.91	**3.09**	3.56	
灵武市	Lingwu	58.85	10.54		1.75	**4.23**	2.97	2.09
石嘴山市	**Shizuishan**	**61.99**	**14.94**	**7.56**	**7.87**	**1.10**	**1.67**	
大武口区	Dawukou	63.84	9.42	14.48	5.11		3.20	
惠农区	Huinong	47.58	30.91		14.60	**1.60**		
平罗县	Pingluo	83.93	1.85		3.70	**3.58**		
吴忠市	**Wuzhong**	**58.24**	**6.96**		**11.89**		**0.77**	
利通区	Litong	60.47	3.97		26.41		0.88	
红寺堡区	Hongsipu	64.96						
盐池县	Yanchi	60.72						
同心县	Tongxin	19.62	28.37				2.86	
青铜峡市	Qingtongxia	72.70	5.71		2.86			
固原市	**Guyuan**	**53.37**	**4.52**	**0.78**	**2.25**		**3.10**	
原州区	Yuanzhou	40.35	1.11		3.85		4.44	
西吉县	Xiji	70.27	18.05				4.78	
隆德县	Longde	71.99	2.71					
泾源县	Jingyuan	46.46	1.99	9.97				
彭阳县	Pengyang	63.45			3.06			
中卫市	**Zhongwei**	**77.24**	**2.56**		**10.79**			**0.36**
沙坡头区	Shapotou	72.16	1.99		22.81			0.76
中宁县	Zhongning	100.00						
海原县	Haiyuan	46.71	8.96					

2-47 续表 2 continued

市 县	Region	居住空间样式(合计) House Construction Style (Total)	单栋楼房 Single Building %	单栋平房 Single Bungalow %	四居室 House With Four Bedrooms %	三居室 House With Three Bedrooms %	二居室 House With Two Bedrooms %	一居室 House With One Bedrooms %	平房及其他 Bungalow and Others %
全 区	**Total**		**2.94**	**12.33**	**1.68**	**29.83**	**49.06**	**3.47**	**0.68**
沿黄地区	**Plain**		**1.63**	**3.05**	**2.06**	**32.10**	**57.49**	**2.32**	**1.34**
中南部地区	**Mountain Area**		**10.54**	**37.11**	**1.51**	**31.96**	**12.04**	**2.70**	**4.14**
银川市	**Yinchuan**		**1.57**	**2.68**	**2.24**	**30.30**	**58.44**	**3.00**	**1.76**
兴庆区	Xingqing		0.55	1.29	0.50	33.61	57.79	6.26	
西夏区	Xixia		2.10			11.01	85.90	1.00	
金凤区	Jinfeng			6.34	11.17	33.94	48.55		
永宁县	Yongning		4.05	13.54		48.22	34.20		
贺兰县	Helan		7.93			33.79	49.38		8.89
灵武市	Lingwu			6.69	1.92	45.34	29.89		16.17
石嘴山市	**Shizuishan**		**2.41**	**4.02**	**2.48**	**34.58**	**54.44**	**1.25**	**0.82**
大武口区	Dawukou		2.89	3.44	4.75	46.38	40.16	0.80	1.58
惠农区	Huinong			7.06		4.53	86.81	1.60	
平罗县	Pingluo		5.43			55.20	37.39	1.97	
吴忠市	**Wuzhong**		**4.80**	**21.76**	**2.27**	**29.17**	**39.62**	**1.38**	**0.99**
利通区	Litong		4.85	1.00	4.59	25.11	61.19	3.26	
红寺堡区	Hongsipu		24.80	19.99		26.35	19.60		9.27
盐池县	Yanchi			53.56	2.79	38.63	2.79		2.22
同心县	Tongxin		5.73	74.65		16.75	2.86		
青铜峡市	Qingtongxia			13.42		39.83	46.76		
固原市	**Guyuan**		**13.95**	**25.66**	**1.45**	**33.69**	**17.49**	**4.07**	**3.68**
原州区	Yuanzhou		22.57	39.67	1.04	25.89	8.76	2.07	
西吉县	Xiji		6.63	7.41	4.03	39.02	28.38	1.97	12.56
隆德县	Longde		4.96	17.63		49.24	22.25		5.92
泾源县	Jingyuan		3.66	28.46	1.99	32.27	20.32	5.98	7.32
彭阳县	Pengyang		6.60	5.50		40.56	28.99	18.34	
中卫市	**Zhongwei**			**8.43**	**0.54**	**39.80**	**47.54**	**1.01**	**2.68**
沙坡头区	Shapotou			1.00		31.59	64.13	1.00	2.28
中宁县	Zhongning					49.75	50.25		
海原县	Haiyuan			44.26	2.99	40.89		2.96	8.90

2-47 续表 3 continued

市 县	Region	现有住房按市场价估计值 Estimate Value of Current Housing By Market Price 元/户 yuan/household	租赁房房租 Rent 元/户 yuan/household	租赁公房房租 Rent of Public 元/户 yuan/household	租赁私房房租 Rent of Private 元/户 year/household	现住房房租折算 Corrected Rent of Current Housing 元/户 yuan/household	购房总金额 Amount of Purchase 元/户 yuan/household
全 区	**Total**	**266209.40**	**43.38**	**7.71**	**34.16**	**725.03**	**123362.25**
沿黄地区	**Plain**	**291869.00**	**48.76**	**4.50**	**41.99**	**774.49**	**128159.99**
中南部地区	**Mountain Area**	**220758.98**	**35.88**	**5.26**	**28.33**	**636.92**	**119055.50**
银川市	**Yinchuan**	**338350.07**	**64.80**	**2.36**	**60.86**	**923.63**	**133192.96**
兴庆区	Xingqing	373100.41	88.95	1.43	85.01	1053.18	133290.61
西夏区	Xixia	249694.99	63.79	8.42	55.37	743.05	91893.13
金凤区	Jinfeng	478550.96	53.08		53.08	1087.31	194936.30
永宁县	Yongning	269338.58				843.45	146666.17
贺兰县	Helan	237847.97	7.06			578.41	113948.17
灵武市	Lingwu	184214.22	45.01		45.01	590.95	115961.39
石嘴山市	**Shizuishan**	**197050.09**	**20.78**	**3.77**	**14.06**	**474.12**	**103509.54**
大武口区	Dawukou	243538.60	20.86	6.74	8.51	490.43	123663.69
惠农区	Huinong	125514.89	22.81	0.71	22.10	475.05	68839.02
平罗县	Pingluo	185829.50	16.42		16.42	425.17	105354.27
吴忠市	**Wuzhong**	**221252.92**	**53.10**	**14.94**	**31.80**	**521.09**	**123193.36**
利通区	Litong	248548.72	64.16	23.90	29.52	648.22	145571.83
红寺堡区	Hongsipu	157354.32	118.84		114.19	501.63	83773.95
盐池县	Yanchi	200119.61	32.74	15.62	17.12	504.99	75818.32
同心县	Tongxin	231296.37	49.79		39.29	250.39	120121.76
青铜峡市	Qingtongxia	198794.45	24.20	12.32	11.88	465.23	121537.36
固原市	**Guyuan**	**218408.73**	**27.36**	**4.28**	**22.05**	**651.15**	**130240.09**
原州区	Yuanzhou	224036.89	14.40	1.39	13.01	728.72	128039.73
西吉县	Xiji	221505.92	11.80		11.80	350.49	152470.51
隆德县	Longde	137134.82	72.86	19.86	53.00	530.40	90144.70
泾源县	Jingyuan	241584.30	102.00		88.70	733.06	136357.86
彭阳县	Pengyang	247828.21	16.51	11.55	4.95	866.86	138673.52
中卫市	**Zhongwei**	**277803.29**	**7.16**	**3.39**	**3.77**	**787.71**	**139699.91**
沙坡头区	Shapotou	246066.78	10.63	3.80	6.83	687.13	124499.52
中宁县	Zhongning	321488.13				720.20	167772.18
海原县	Haiyuan	277660.58	11.84	8.88	2.96	1180.30	124170.82

2-47 续表 4 continued

市 县	Region	饮水情况（合计） Drinking Condition (Total)	自来水 Tap Water %	井、河水 Well and River Water %	其他 Others %	厕所使用情况（合计） Mode of Occupation of Toilet	本住户独用 Sole Use %	几户合用 Share %	公用 Public %
全 区	**Total**		**97.23**	**1.83**	**0.94**		**96.11**	**3.04**	**0.85**
沿黄地区	**Plain**		**98.50**	**1.05**	**0.45**		**96.97**	**2.07**	**0.96**
中南部地区	**Mountain Area**		**90.39**	**7.55**	**2.06**		**87.50**	**7.10**	**5.40**
银川市	**Yinchuan**		**98.84**	**0.87**	**0.29**		**95.49**	**3.28**	**1.23**
兴庆区	Xingqing		99.81	0.19			94.73	5.18	0.09
西夏区	Xixia		100.00				99.11	0.89	
金凤区	Jinfeng		95.36	4.64			100.00		
永宁县	Yongning		100.00				91.91	8.09	
贺兰县	Helan		100.00				100.00		
灵武市	Lingwu		95.10	0.88	4.02		78.33	5.50	16.17
石嘴山市	**Shizuishan**		**99.17**		**0.83**		**98.84**		**1.16**
大武口区	Dawukou		98.41		1.59		98.42		1.58
惠农区	Huinong		100.00				98.93		1.07
平罗县	Pingluo		100.00				100.00		
吴忠市	**Wuzhong**		**96.03**	**3.97**			**92.85**	**2.26**	**4.90**
利通区	Litong		100.00				99.00	1.00	
红寺堡区	Hongsipu		90.73	9.27			90.73		9.27
盐池县	Yanchi		100.00				73.21	2.22	24.57
同心县	Tongxin		100.00				79.17	11.45	9.38
青铜峡市	Qingtongxia		86.58	13.42			100.00		
固原市	**Guyuan**		**84.39**	**12.01**	**3.60**		**91.77**	**8.10**	**0.13**
原州区	Yuanzhou		70.36	23.40	6.24		90.39	9.61	
西吉县	Xiji		100.00				98.33	1.67	
隆德县	Longde		94.81	5.19			79.66	20.34	
泾源县	Jingyuan		100.00				100.00		
彭阳县	Pengyang		95.41		4.59		92.11	6.79	1.10
中卫市	**Zhongwei**		**99.07**		**0.93**		**97.48**	**1.45**	**1.07**
沙坡头区	Shapotou		98.03		1.97		99.24	0.76	
中宁县	Zhongning		100.00				100.00		
海原县	Haiyuan		100.00				87.96	6.07	5.97

2-47 续表 5 continued

市 县	Region	取暖设备（合计） Heating Equipment (Total)	集中供暖 Central Heating %	自行供暖 Self Heating %	无取暖设备 Without Heating Equipment %
全 区	**Total**		**84.81**	**14.81**	**0.38**
沿黄地区	**Plain**		**90.27**	**7.91**	**1.82**
中南部地区	**Mountain Area**		**55.62**	**43.52**	**0.86**
银川市	**Yinchuan**		**90.85**	**8.74**	**0.41**
兴庆区	Xingqing		98.16	1.84	
西夏区	Xixia		100.00		
金凤区	Jinfeng		94.70	5.30	
永宁县	Yongning		36.86	61.80	1.34
贺兰县	Helan		89.33	10.67	
灵武市	Lingwu		50.10	45.28	4.62
石嘴山市	**Shizuishan**		**84.08**	**7.92**	**8.00**
大武口区	Dawukou		96.85	3.15	
惠农区	Huinong		91.71	8.29	
平罗县	Pingluo		29.56	22.17	48.27
吴忠市	**Wuzhong**		**72.73**	**27.01**	**0.26**
利通区	Litong		91.19	8.81	
红寺堡区	Hongsipu		45.95	54.05	
盐池县	Yanchi		53.68	44.10	2.22
同心县	Tongxin		22.75	77.25	
青铜峡市	Qingtongxia		86.58	13.42	
固原市	**Guyuan**		**66.51**	**33.05**	**0.44**
原州区	Yuanzhou		49.92	50.08	
西吉县	Xiji		82.02	17.98	
隆德县	Longde		77.18	22.82	
泾源县	Jingyuan		65.07	29.28	5.65
彭阳县	Pengyang		97.80	2.20	
中卫市	**Zhongwei**		**90.10**	**9.37**	**0.53**
沙坡头区	Shapotou		98.15	1.85	
中宁县	Zhongning		100.00		
海原县	Haiyuan		49.83	47.22	2.95

2-47 续表 6 continued

市 县	Region	炊用能源状况(合计) Energy Using Condition for Cooking (Total)	罐装液化石油气 Liquefied Petroleum Gas of Can Pack %	管道液化石油气 Liquefied Petroleum Gas of Pipeline %	管道天然气 Natural Gas of Pipeline %	电 Electricity %	其它 Other %
全　区	**Total**		**14.33**	**0.29**	**60.15**	**19.29**	**5.94**
沿黄地区	**Plain**		**15.92**	**0.43**	**69.53**	**11.39**	**2.67**
中南部地区	**Mountain Area**		**22.56**		**3.99**	**60.58**	**12.87**
银川市	**Yinchuan**		**15.90**	**0.59**	**74.96**	**5.84**	**2.72**
兴庆区	Xingqing		15.47		77.10	7.43	
西夏区	Xixia		17.81	1.12	76.87	4.21	
金凤区	Jinfeng		3.11		90.83	1.20	4.86
永宁县	Yongning		6.74		77.39	2.70	5.45
贺兰县	Helan		57.03		31.45	8.43	3.09
灵武市	Lingwu		9.12		59.39	10.94	20.55
石嘴山市	**Shizuishan**		**15.92**		**76.18**	**4.33**	**2.90**
大武口区	Dawukou		10.94		84.20	2.04	2.03
惠农区	Huinong		5.54		81.31	7.28	5.86
平罗县	Pingluo		51.12		41.46	5.92	
吴忠市	**Wuzhong**		**12.69**		**49.28**	**29.18**	**8.85**
利通区	Litong		11.09		72.68	16.23	
红寺堡区	Hongsipu		23.43			68.13	8.44
盐池县	Yanchi				36.41	18.62	44.98
同心县	Tongxin					100.00	
青铜峡市	Qingtongxia		24.92		58.81	4.20	12.08
固原市	**Guyuan**		**35.79**			**52.26**	**11.95**
原州区	Yuanzhou		33.28			52.97	13.75
西吉县	Xiji		31.61			61.30	7.09
隆德县	Longde		26.92			70.37	2.71
泾源县	Jingyuan		47.35			15.80	36.85
彭阳县	Pengyang		55.91			38.40	5.69
中卫市	**Zhongwei**		**15.30**		**19.70**	**64.30**	**0.70**
沙坡头区	Shapotou		13.42		39.98	46.60	
中宁县	Zhongning		21.61			76.12	
海原县	Haiyuan		5.97			90.13	3.90

2-48 2015年各市县城镇居民主要消费品购买情况

Purchases of Major Consumer Goods of Urban Households by City and County (2015)

指标名称	Item	大米 Rice 公斤/人 kg/person	面粉 Flour 公斤/人 kg/person	食用植物油 Edible Vegetable Oil 公斤/人 kg/person	猪肉 Pork 公斤/人 kg/person	牛肉 Beef 公斤/人 kg/person	羊肉 Mutton 公斤/人 kg/person	鸡 Fowl 公斤/人 kg/person
全　区	**Total**	**26.96**	**24.62**	**8.71**	**7.22**	**3.82**	**5.89**	**4.58**
沿黄地区	**Plain**	**29.35**	**23.23**	**8.68**	**7.86**	**3.36**	**6.14**	**4.80**
中南部地区	**Mountain Area**	**30.63**	**37.26**	**9.13**	**4.75**	**5.92**	**3.74**	**3.84**
银川市	**Yinchuan**	**27.60**	**22.14**	**9.13**	**8.03**	**3.54**	**6.27**	**5.00**
兴庆区	Xingqing	20.96	16.03	7.63	8.21	3.24	5.68	4.45
西夏区	Xixia	28.95	21.18	10.51	11.41	2.93	4.70	5.63
金凤区	Jinfeng	38.67	31.04	12.07	5.60	5.44	7.58	4.61
永宁县	Yongning	28.23	19.26	8.63	8.10	2.82	6.41	6.86
贺兰县	Helan	27.20	31.12	9.34	8.09	2.81	8.42	7.90
灵武市	Lingwu	37.19	35.34	8.73	3.99	4.16	9.20	4.00
石嘴山市	**Shizuishan**	**22.21**	**22.44**	**8.50**	**8.95**	**2.48**	**5.81**	**3.89**
大武口区	Dawukou	22.77	22.63	7.95	9.24	2.01	5.60	3.55
惠农区	Huinong	24.89	22.38	10.36	10.39	3.86	6.49	5.42
平罗县	Pingluo	16.13	22.00	6.99	5.66	1.54	5.28	2.31
吴忠市	**Wuzhong**	**35.48**	**26.96**	**8.54**	**4.35**	**6.08**	**6.49**	**5.78**
利通区	Litong	21.61	13.68	7.13	2.73	6.80	8.75	6.35
红寺堡区	Hongsipu	24.43	43.65	7.46	4.82	4.68	3.75	4.73
盐池县	Yanchi	31.15	21.40	5.08	6.90	0.96	7.14	3.60
同心县	Tongxin	57.05	43.26	15.00	0.01	12.71	4.91	6.98
青铜峡市	Qingtongxia	50.33	34.34	8.32	9.15	2.95	4.40	5.51
固原市	**Guyuan**	**18.59**	**32.09**	**8.25**	**6.34**	**4.78**	**2.78**	**3.00**
原州区	Yuanzhou	20.76	30.30	9.03	7.10	4.67	1.90	2.37
西吉县	Xiji	22.40	38.16	9.62	3.85	7.12	4.97	4.98
隆德县	Longde	9.85	16.92	4.44	9.86	2.29	4.30	3.46
泾源县	Jingyuan	21.17	48.93	11.23	1.19	6.80	0.68	2.71
彭阳县	Pengyang	11.10	31.71	4.88	7.58	2.43	2.47	1.81
中卫市	**Zhongwei**	**51.57**	**38.92**	**8.28**	**6.45**	**3.12**	**4.60**	**3.94**
沙坡头区	Shapotou	27.47	19.13	8.93	6.65	2.22	4.96	4.69
中宁县	Zhongning	82.16	52.13	6.02	9.39	1.40	4.71	3.17
海原县	Haiyuan	55.47	61.34	10.43	1.35	7.89	3.73	3.61

2-48 续表 1 continued

指标名称	Item	鲜蛋 Fresh Egg 公斤/人 kg/person	鱼 Fish 公斤/人 kg/person	虾 Shrimp 公斤/人 kg/person	鲜菜 Fresh Vegetables 公斤/人 kg/person	白酒 White Spirit 公斤/人 kg/person	果酒 Fruit Wine 公斤/人 kg/person	啤酒 Beer 公斤/人 kg/person
全　区	**Total**	**6.92**	**2.81**	**0.37**	**94.74**	**0.87**	**0.24**	**2.43**
沿黄地区	**Plain**	**7.21**	**3.39**	**0.49**	**98.12**	**1.15**	**0.26**	**2.38**
中南部地区	**Mountain Area**	**5.55**	**1.21**	**0.09**	**79.14**	**0.50**	**0.10**	**2.83**
银川市	**Yinchuan**	**7.73**	**3.66**	**0.63**	**95.75**	**1.31**	**0.32**	**2.24**
兴庆区	Xingqing	7.47	3.22	0.65	90.40	1.08	0.32	1.87
西夏区	Xixia	9.36	4.65	0.95	82.92	1.47	0.32	3.40
金凤区	Jinfeng	8.90	4.90	0.70	103.27	2.27	0.53	2.50
永宁县	Yongning	5.52	3.16	0.25	110.36	0.38	0.08	1.83
贺兰县	Helan	6.18	2.21	0.32	116.41	0.98	0.37	1.27
灵武市	Lingwu	6.09	3.05	0.26	115.17	0.66	0.08	2.08
石嘴山市	**Shizuishan**	**7.41**	**3.79**	**0.43**	**100.08**	**1.21**	**0.20**	**2.67**
大武口区	Dawukou	7.79	4.05	0.39	96.91	1.31	0.16	3.09
惠农区	Huinong	8.26	4.76	0.70	103.00	1.17	0.33	2.61
平罗县	Pingluo	4.96	1.39	0.09	104.33	0.97	0.07	1.52
吴忠市	**Wuzhong**	**4.67**	**2.06**	**0.16**	**87.11**	**0.44**	**0.15**	**1.73**
利通区	Litong	6.00	2.91	0.21	84.03	0.42	0.18	1.09
红寺堡区	Hongsipu	4.70	1.06	0.08	70.06	0.52	0.02	3.88
盐池县	Yanchi	3.39	1.50	0.06	65.26	0.42	0.25	3.72
同心县	Tongxin	3.47	0.99	0.21	89.03	0.05		0.14
青铜峡市	Qingtongxia	3.97	2.10	0.13	111.06	0.75	0.18	2.14
固原市	**Guyuan**	**6.57**	**1.24**	**0.06**	**78.31**	**0.69**	**0.06**	**3.29**
原州区	Yuanzhou	7.54	1.06	0.05	83.14	0.77	0.07	4.19
西吉县	Xiji	5.98	1.75	0.06	70.80	0.59	0.06	1.65
隆德县	Longde	6.00	1.23	0.07	85.23	0.53	0.07	4.43
泾源县	Jingyuan	5.86	1.60	0.10	78.07	0.37		0.89
彭阳县	Pengyang	4.86	0.85	0.04	66.79	0.89	0.02	3.20
中卫市	**Zhongwei**	**5.80**	**1.72**	**0.10**	**106.64**	**0.74**	**0.19**	**3.27**
沙坡头区	Shapotou	5.08	1.81	0.08	122.06	1.17	0.21	4.97
中宁县	Zhongning	6.85	1.99	0.13	97.31	0.46	0.08	1.44
海原县	Haiyuan	5.75	1.13	0.10	87.44	0.24	0.32	2.43

2-48 续表 2 continued

指标名称	Item	茶叶 Tea 公斤/人 kg/person	鲜瓜果 Fresh Fruits and Melons 公斤/人 kg/person	糖果糕点 Candy and Cake 公斤/人 kg/person	鲜奶 Fresh Milk 公斤/人 kg/person	奶粉 Powdered Milk 公斤/人 kg/person	酸奶 Acidophilus Milk 公斤/人 kg/person	水 Water 吨/人 ton/person
全　区	**Total**	**0.23**	**70.50**	**5.44**	**14.67**	**0.38**	**5.92**	**29.82**
沿黄地区	**Plain**	**0.25**	**69.29**	**6.22**	**16.30**	**0.34**	**6.83**	**30.80**
中南部地区	**Mountain Area**	**0.28**	**68.41**	**3.49**	**8.64**	**0.23**	**3.88**	**19.14**
银川市	**Yinchuan**	**0.31**	**63.38**	**6.69**	**18.03**	**0.40**	**6.35**	**34.98**
兴庆区	Xingqing	0.31	60.31	6.50	18.07	0.47	6.17	28.52
西夏区	Xixia	0.35	55.11	7.47	24.69	0.18	4.83	30.03
金凤区	Jinfeng	0.36	63.46	7.84	19.87	0.26	11.48	58.31
永宁县	Yongning	0.17	87.17	5.82	14.90	0.32	6.91	33.85
贺兰县	Helan	0.35	80.05	6.63	18.91	0.03	7.46	39.03
灵武市	Lingwu	0.26	75.57	5.02	1.92	1.19	1.12	36.28
石嘴山市	**Shizuishan**	**0.19**	**79.56**	**6.58**	**15.57**	**0.28**	**6.98**	**24.49**
大武口区	Dawukou	0.14	80.45	6.67	19.09	0.38	8.76	25.44
惠农区	Huinong	0.29	71.00	6.38	9.44	0.07	6.58	24.34
平罗县	Pingluo	0.15	91.38	6.76	15.38	0.34	2.43	21.62
吴忠市	**Wuzhong**	**0.20**	**76.83**	**3.76**	**14.44**	**0.23**	**3.97**	**20.43**
利通区	Litong	0.27	79.10	3.93	11.90	0.46	3.88	26.30
红寺堡区	Hongsipu	0.21	69.36	3.08	0.00	0.26	6.10	19.93
盐池县	Yanchi	0.05	73.17	4.67	8.32	0.10	6.19	18.91
同心县	Tongxin	0.27	69.72	1.19	18.38	0.03	1.38	12.91
青铜峡市	Qingtongxia	0.11	83.80	5.28	25.50	0.04	4.08	17.04
固原市	**Guyuan**	**0.34**	**67.49**	**3.93**	**7.69**	**0.31**	**2.51**	**18.31**
原州区	Yuanzhou	0.31	69.20	4.60	9.66	0.27	2.71	16.14
西吉县	Xiji	0.46	69.35	3.35	10.35	0.41	3.61	13.39
隆德县	Longde	0.24	59.12	3.61	1.09	0.36	0.00	19.20
泾源县	Jingyuan	0.54	47.47	2.76	8.97	0.42	6.07	27.52
彭阳县	Pengyang	0.20	76.99	3.41	1.29	0.09	0.07	28.20
中卫市	**Zhongwei**	**0.10**	**70.06**	**4.30**	**7.49**	**0.14**	**11.41**	**27.78**
沙坡头区	Shapotou	0.05	66.64	4.94	12.94	0.11	4.71	33.80
中宁县	Zhongning	0.07	75.16	4.00	0.18	0.13	22.25	18.12
海原县	Haiyuan	0.27	66.31	3.34	7.15	0.23	9.38	30.32

2-48 续表 3 continued

指标名称	Item	电 Electricity 度/人 degree/person	煤炭 Coal 公斤/人 kg/person	罐装液化石油气 Liquefied Petroleum Gas of Can Pack 公斤/人 kg/person	管道天然气 Natural Gas of Pipeline 立方米/人 cub.m/person	汽油 Petrol 升/人 litre/person	柴油 Diesel Oil 升/人 litre/person
全　区	**Total**	**488.97**	**77.51**	**3.51**	**42.21**	**0.12**	
沿黄地区	**Plain**	**491.47**	**25.39**	**3.39**	**49.35**	**0.15**	
中南部地区	**Mountain Area**	**473.41**	**263.97**	**6.31**	**2.21**	**0.02**	**0.01**
银川市	**Yinchuan**	**546.40**	**35.00**	**3.14**	**56.29**	**0.12**	
兴庆区	Xingqing	523.05	10.23	1.48	42.66		
西夏区	Xixia	548.13		3.10	51.88		
金凤区	Jinfeng	701.14	27.02	2.40	57.04	0.78	
永宁县	Yongning	341.80	83.11	4.24	164.52		
贺兰县	Helan	641.80	71.37	14.74	33.29		
灵武市	Lingwu	435.04	117.16	3.76	86.40		
石嘴山市	**Shizuishan**	**394.74**	**31.93**	**4.09**	**55.50**	**0.14**	
大武口区	Dawukou	379.38	24.61	3.40	54.53	0.21	
惠农区	Huinong	431.64	53.07	0.79	35.15		
平罗县	Pingluo	383.34	18.16	11.58	93.36	0.19	
吴忠市	**Wuzhong**	**425.29**	**146.99**	**4.05**	**23.51**	**0.05**	
利通区	Litong	474.75	0.03	1.72	36.28	0.14	
红寺堡区	Hongsipu	423.88	227.37	5.42	0.94		
盐池县	Yanchi	351.81	402.88	1.41	18.73		
同心县	Tongxin	494.52	345.94	10.16			
青铜峡市	Qingtongxia	322.56	66.16	4.21	31.88		
固原市	**Guyuan**	**462.52**	**176.44**	**6.95**	**0.21**	**0.04**	**0.02**
原州区	Yuanzhou	487.25	276.94	6.15	0.31		
西吉县	Xiji	483.45	120.58	7.52		0.18	0.09
隆德县	Longde	371.71	40.80	4.64		0.02	
泾源县	Jingyuan	505.74	199.21	9.92	0.83		
彭阳县	Pengyang	397.11	17.36	9.17			
中卫市	**Zhongwei**	**483.15**	**93.55**	**4.31**	**11.13**	**0.27**	
沙坡头区	Shapotou	502.73	1.21	4.00	19.12	0.58	
中宁县	Zhongning	370.11		4.74	6.82		
海原县	Haiyuan	623.04	446.83	4.28	0.57		

2-48 续表 4 continued

指标名称	Item	洗衣机 Washing Machine 台/百户 set/ 100 household	电冰箱 Refrigerator 台/百户 set/ 100 household	微波炉 Microwave Oven 台/百户 set/ 100 household	空调器 Air Conditioner 台/百户 set/ 100 household	淋浴热水器 Water Heater for Shower 台/百户 set/ 100 household	摩托车 Motorcycle 辆/百户 unit/ 100 household
全　区	**Total**	**6.79**	**6.49**	**1.59**	**0.93**	**2.60**	**1.02**
沿黄地区	**Plain**	**5.03**	**6.07**	**2.11**	**1.29**	**2.97**	**1.02**
中南部地区	**Mountain Area**	**7.56**	**4.03**	**0.84**	**0.55**	**3.08**	**0.50**
银川市	**Yinchuan**	**5.41**	**7.49**	**2.05**	**1.28**	**3.08**	**0.89**
兴庆区	Xingqing	7.05	6.93	1.21	1.76	3.17	1.64
西夏区	Xixia	4.09	10.05	2.99		3.14	
金凤区	Jinfeng	3.22	4.68	3.95	2.31	2.11	1.04
永宁县	Yongning	1.73	4.10	1.69		7.18	
贺兰县	Helan	4.55		3.09		4.55	
灵武市	Lingwu	7.48	12.28		1.80	0.88	
石嘴山市	**Shizuishan**	**4.37**	**2.39**	**1.22**	**1.20**	**2.49**	**1.01**
大武口区	Dawukou	7.27	1.87		1.81	3.81	1.53
惠农区	Huinong	1.75	1.92	2.62		1.56	0.67
平罗县	Pingluo		4.96	2.46	1.49		
吴忠市	**Wuzhong**	**5.08**	**5.79**	**2.95**	**1.15**	**3.05**	**2.32**
利通区	Litong	6.35	6.59	4.43	2.71	6.43	2.60
红寺堡区	Hongsipu	3.59	4.65				
盐池县	Yanchi	7.19	3.67			2.79	0.88
同心县	Tongxin	9.23	6.63				3.13
青铜峡市	Qingtongxia		5.32	4.42			2.86
固原市	**Guyuan**	**6.28**	**3.38**	**1.47**	**0.96**	**4.00**	
原州区	Yuanzhou	7.20	1.47	2.48	1.97	5.01	
西吉县	Xiji	6.23	3.64			4.36	
隆德县	Longde	2.48	3.20				
泾源县	Jingyuan	7.24	6.57			2.66	
彭阳县	Pengyang	6.34	8.97	2.16		4.15	
中卫市	**Zhongwei**	**7.06**	**5.33**	**1.39**	**0.87**	**2.33**	
沙坡头区	Shapotou	6.25	6.82	2.93	1.84	1.97	
中宁县	Zhongning	3.61	4.02			2.01	
海原县	Haiyuan	15.95	4.05			3.93	

2-48 续表 5 continued

指标名称 Item	助力车 Moped 辆/百户 unit/ 100 household	家用汽车 Automobile 辆/百户 unit/ 100 household	电话机 Telephone 部/百户 unit/ 100 household	移动电话 Mobile Telephone 部/百户 set/ 100 household	彩色电视机 Color TV Set 台/百户 set/ 100 household	照相机 Camera 架/百户 set/ 100 household
全　区 Total	**3.96**	**3.42**	**0.92**	**46.40**	**6.04**	**0.19**
沿黄地区 Plain	**4.28**	**2.51**	**0.75**	**42.80**	**5.78**	**0.30**
中南部地区 Mountain Area	**3.72**	**2.68**	**0.25**	**57.38**	**5.50**	**0.81**
银川市 Yinchuan	**3.27**	**2.25**	**0.68**	**46.75**	**6.11**	**0.26**
兴庆区 Xingqing	1.77	1.71	1.32	42.49	6.61	
西夏区 Xixia	0.91	2.91		53.82	5.99	0.91
金凤区 Jinfeng	4.75	3.01		45.40	4.67	
永宁县 Yongning	3.69	3.71	2.01	52.67	4.03	
贺兰县 Helan	9.85	1.78		31.51		
灵武市 Lingwu	10.11	1.80		68.22	13.86	0.94
石嘴山市 Shizuishan	**3.70**	**2.32**	**1.73**	**26.25**	**4.70**	
大武口区 Dawukou	4.58	2.24	0.82	26.47	2.99	
惠农区 Huinong		1.39	4.18	23.75	5.22	
平罗县 Pingluo	7.89	4.29		30.00	9.13	
吴忠市 Wuzhong	**6.68**	**3.79**		**48.92**	**4.24**	**0.43**
利通区 Litong	8.52	2.73		45.29	3.00	
红寺堡区 Hongsipu	6.98			68.55	9.27	
盐池县 Yanchi	5.32	5.48		45.86	2.69	
同心县 Tongxin	5.99			65.11		3.13
青铜峡市 Qingtongxia	4.42	8.22		40.93	7.94	
固原市 Guyuan	**2.38**	**2.76**	**0.44**	**50.98**	**6.36**	**0.72**
原州区 Yuanzhou	3.44	3.50		47.96	5.46	1.47
西吉县 Xiji	2.13			55.39	7.14	
隆德县 Longde		5.42	2.71	43.25	3.20	
泾源县 Jingyuan	1.99			35.58	7.24	
彭阳县 Pengyang	1.10	4.15	1.15	70.95	6.34	
中卫市 Zhongwei	**7.65**	**2.78**		**56.40**	**7.51**	**1.25**
沙坡头区 Shapotou	10.54	3.55		59.43	6.39	1.00
中宁县 Zhongning	5.72			38.41	7.88	2.26
海原县 Haiyuan	3.90	6.10		81.46	9.97	

2-49　2015年全区城镇居民家庭按可支配收入不等距九组分组资料

指标名称	Indicator	单位	unit
调查户数	**Number of Households Surveyed**	**户**	**household**
家庭基本情况	**Basic Statistics of Urban Households**		
一、住房情况	Basic Statistics of Housing		
1.家庭常住人口	Permanent Residents	人/户	person/household
2.现住房总建筑面积	Floor Space of Current Housing	平方米/人	sq.m/person
3.房屋产权(合计)	House Property Right(Total)		
租赁公房	Public House Leasing	%	%
租赁私房	Private House Leasing	%	%
自建住房	Inhered Private House	%	%
购买商品房	Commercial Residential Building	%	%
购买房改住房	Reformed Private House	%	%
购买保障性住房	Indemnificatory House	%	%
拆迁安置房	Demolition Resettlement	%	%
继承或获赠住房	Inheritance or Gift	%	%
免费借用房	Borrowing House	%	%
其他	Others	%	%
4.住宅建筑式样(合计)	House Construction Style(Total)		
单栋楼房	Single Building	%	%
单栋平房	Single Bungalow	%	%
四居室	House With Four Bedrooms	%	%
三居室	House With Three Bedrooms	%	%
二居室	House With Two Bedrooms	%	%
一居室	House With One Bedrooms	%	%
平房及其他	Bungalow and Others	%	%
5.现有住房按市场价估计值	Estimate Value of Current Housing By Market Price	元/户	yuan/household
6.租赁房房租	Rent	元/户	yuan/household
(1)租赁公房房租	Rent of Public	元/户	yuan/household
(2)租赁私房房租	Rent of Private	元/户	yuan/household
7.自有房房租折算	Corrected Rent of Self-Housing	元/户	yuan/household
8.购房总金额	Amount of Purchase	元/户	yuan/household
9.饮水情况(合计)	Drinking Condition(Total)		
自来水	Tap Water	%	%
井、河水	Well and River Water	%	%
其他	Others	%	%
10.厕所使用情况(合计)	Health Equipment(Total)		
本住户独用	Sole Use	%	%
几户合用	Share	%	%
公用	Public Toilet	%	%

Basic Statistics Grouped by Disposable Income Percentile of Urban Households (2015)

总 计 Average	最 低 收入户 (10%) Lowest Income Households	更低收入户 (5%) Lower Income Households	低收入户 (10%) Low Income Households	中等偏下 收 入 户 (20%) Lower Middle Income Households	中 等 收入户 (20%) Middle Income Households	中等偏上 收入户 (20%) Upper Middle Income Households	高收入户 (10%) High Income Households	最 高 收入户 (10%) Highest Income Households	更高收入户 (5%) Higher Income Households
998.33	**99.42**	**49.17**	**99.17**	**199.83**	**200.58**	**198.42**	**100.33**	**100.58**	**50.25**
2.97	3.79	3.67	3.61	3.07	3.04	2.60	2.54	2.30	2.16
30.65	25.76	26.15	27.35	26.18	28.87	33.89	38.47	44.50	50.93
1.70	4.02	2.03	2.02	2.50	1.00	1.01	1.00	0.99	
4.39	11.06	12.20	6.05	5.92	1.99	2.14	3.99	2.73	1.99
22.95	50.54	56.44	50.25	34.03	16.45	9.07	4.98	4.97	5.97
48.25	21.88	14.24	25.29	40.53	50.35	57.03	68.61	70.42	76.12
11.56	3.44	4.91	3.03	6.01	13.46	20.16	13.95	15.91	13.93
4.08	1.01		1.01	3.00	4.86	6.05	5.98	4.97	1.99
4.82	6.04	6.10	10.34	5.50	8.39	2.02			
0.60				0.50	1.50	1.01			
1.35	2.01	4.07	2.02	2.00	1.00	1.51	0.50		
0.30					1.00		1.00		
2.93	6.04	6.10	2.86	3.92	2.91	1.34	2.33	1.74	1.99
26.02	65.63	66.61	61.01	34.53	18.45	9.07	4.98	4.97	5.97
2.00				1.50	1.50	2.02	1.99	7.95	9.95
28.24	8.80	10.17	11.34	19.56	25.55	36.16	46.85	52.53	48.26
36.78	10.48	6.95	19.75	34.99	47.61	49.26	41.86	31.82	31.84
1.73	1.01		3.03	3.00	2.49	1.13			
2.30	8.05	10.17	2.02	2.50	1.50	1.01	1.99	0.99	1.99
266209.40	161839.69	162914.97	228565.39	227599.27	259346.26	281030.99	367988.17	366338.59	370297.38
43.38	59.64	80.86	53.84	44.23	34.77	36.35	62.98	26.91	27.24
7.71	4.05	4.54	0.39	5.27	6.28	13.11	10.06	13.28	
34.16	43.77	76.32	53.45	38.95	26.78	23.24	52.92	13.63	27.24
725.03	450.75	448.26	637.52	639.50	713.31	779.98	939.59	953.61	888.83
123362.25	86514.80	89354.36	112900.97	120963.30	107842.86	122663.05	164347.78	166258.34	189163.03
92.69	86.92	85.76	82.85	88.49	93.52	98.49	97.01	99.01	98.01
6.11	11.06	12.20	15.13	9.51	5.48	1.01	1.99	0.99	1.99
1.20	2.01	2.03	2.02	2.00	1.00	0.50	1.00		
96.71	87.93	91.86	95.12	94.50	99.00	99.49	99.01	99.01	100.00
1.79	5.03	4.07	3.87	2.00	1.00	0.50	1.00	0.99	
1.50	7.04	4.07	1.01	3.50					

2-49 续表 1

指标名称	Indicator	单位	unit	总 计 Average
11.取暖设备(合计)	Heating Equipment(Total)			
集中供暖	Central Heating	%	%	70.19
自行供暖	Self Heating	%	%	28.81
无取暖设备	Without Heating Equipment	%	%	1.00
12.炊用能源使用情况(合计)	Fuel Using Condition for Cooking(Total)			
罐装液化石油气	Liquefied Petroleum Gas of Can Pack	%	%	14.94
管道液化石油气	Liquefied Petroleum Gas of Pipeline	%	%	0.30
管道天然气	Natural Gas of Pipeline	%	%	45.88
电	Electricity	%	%	23.91
其它	Other	%	%	14.97
二、人口情况	Basic Statistics of Population			
(一)家庭劳动力人数	Household Labor	人/户	person/household	2.01
1.就业人口数	Number of Employed	人/户	person/household	1.43
①雇主	Employer	%	%	0.77
②公职人员	Civil Servants	%	%	4.64
③事业单位人员	Institution Officers	%	%	10.44
④国有企业雇员	State-owned Enterprises Employees	%	%	14.03
⑤其他雇员	Other Employees	%	%	51.82
⑥农业自营	Self-employed of Agriculture	%	%	4.52
⑦非农业自营	Self-employed of Non-agriculture	%	%	13.78
(二)负担系数	Dependents Coefficient	-		2.07
三、耐用消费品	Durable Consumer Goods			
1.家用汽车	Automobile	辆/百户	unit/100 household	30.04
2.摩托车	Motorcycle	辆/百户	unit/100 household	21.38
3.助力车	Powered Bicycle	辆/百户	unit/100 household	42.57
4.洗衣机	Washing Machine	台/百户	set/100 household	95.30
5.电冰箱	Refrigerator	台/百户	set/100 household	93.43
6.微波炉	Microwave Oven	台/百户	set/101 household	48.21
7.彩色电视机	Color Television	台/百户	set/100 household	101.84
8.空调器	Air Conditioner	台/百户	unit/100 household	13.10
9.淋浴热水器	Water Heater for Shower	台/百户	unit/100 household	87.41
10.消毒碗柜	Disinfection Cupboard	台/百户	set/100 household	1.87
11.洗碗机	Dishwasher	台/百户	set/100 household	0.19

continued

最　低 收入户 (10%) Lowest Income Households	更低收入户 (5%) Lower Income Households	低收入户 (10%) Low Income Households	中等偏下 收 入 户 (20%) Lower Middle Income Households	中　等 收入户 (20%) Middle Income Households	中等偏上 收 入 户 (20%) Upper Middle Income Households	高收入户 (10%) High Income Households	最　高 收入户 (10%) Highest Income Households	更高收入户 (5%) Higher Income Households
23.30	23.22	37.14	60.97	75.57	90.93	92.03	94.04	92.04
72.67	72.71	61.85	37.03	23.93	9.07	7.97	5.97	7.96
4.02	4.07	1.01	2.00	0.50				
9.05	8.14	9.33	17.64	18.07	19.24	10.96	10.19	10.45
				1.00			0.99	1.99
12.24	11.02	19.75	33.32	52.51	61.11	64.29	68.19	65.67
31.94	30.00	38.65	30.03	18.45	15.62	23.75	16.65	15.92
46.77	50.84	32.27	19.02	9.97	4.03	1.00	3.98	5.97
2.22	2.10	2.22	1.97	2.10	1.84	1.85	1.98	2.01
1.55	1.33	1.53	1.46	1.67	1.17	1.29	1.37	1.46
				0.40	1.85	3.19	0.94	1.76
			1.73	2.14	7.34	11.51	16.16	18.23
		0.24	1.67	6.14	22.88	23.32	29.21	29.09
1.57		4.15	7.09	13.21	21.20	37.72	21.19	16.76
62.97	55.18	63.30	69.29	63.73	37.69	17.10	17.16	10.26
17.48	20.74	7.95	2.94	3.35	1.12		2.43	4.57
17.98	24.08	24.37	17.28	11.04	7.91	7.16	12.71	19.33
2.45	2.76	2.37	2.11	1.81	2.23	1.97	1.68	1.48
15.39	14.13	15.75	23.67	31.86	34.57	46.31	42.59	36.89
42.95	46.55	34.98	19.71	21.32	13.36	10.85	16.34	20.95
55.49	47.42	59.03	39.94	52.96	31.71	27.05	34.97	31.41
96.42	92.95	94.15	84.77	99.15	98.04	101.73	96.82	96.86
82.34	77.33	82.26	85.57	98.18	101.45	99.44	99.87	96.86
15.19	19.40	34.40	42.49	52.17	55.84	65.44	65.77	67.73
104.00	105.27	103.20	100.58	102.27	101.29	103.13	99.87	96.86
3.04	1.81	3.47	5.28	12.16	15.22	27.50	31.49	29.61
63.59	55.82	81.95	79.85	93.23	91.02	98.38	101.77	103.12
		1.18	0.66	1.91	2.48	1.41	5.98	6.15
				0.96				

2-49 续表 2

指标名称	Indicator	单位	unit	总 计 Average
11.固定电话	Telephone	部/百户	unit/100 household	34.81
12.移动电话	Mobile Telephone	部/百户	set/100 household	237.27
13.家用电脑	Computer	台/百户	set/100 household	65.64
14.摄像机	Video Camera	架/百户	set/100 household	5.78
15.照相机	Camera	架/百户	set/100 household	21.63
16.中高档乐器	Secondary and Top Grade Musical Instrument	件/百户	set/100 household	4.03
17.健身器材	Body-building Apparatus	套/百户	set/100 household	2.19
18.组合音响	Hi-Fi Stereo Component System	套/百户	set/100 household	4.17
四、信息化调查	Informationization Survey			
1.接入互联网的移动电话	Internet Mobile Telephone	部/百户	set/100 household	140.72
2.接入有线电视网络的电视机	Lined Netwok Television	台/百户	set/101 household	77.82
3.接入互联网的计算机	Internet Computer	台/百户	set/102 household	53.22
总收入与总支出(人均)	**Total Revenue and Expenditure (per person)**			
一、家庭总收入	Total Income	元/人	yuan/person	28639.99
(一)工资性收入	Income from Wages and Salaries	元/人	yuan/person	16884.69
1.工资	Laborage and Allowance Income	元/人	yuan/person	15889.88
2.实物福利及其他	Benefit in kind and Other	元/人	yuan/person	994.81
(二)经营净收入	Net Business Income	元/人	yuan/person	4272.89
(三)财产性收入	Income from Properties	元/人	yuan/person	1301.75
1.利息收入	Interest	元/人	yuan/person	85.53
2.红利收入	Bonus	元/人	yuan/person	26.90
3.保险净收益	Insurance Profit	元/人	yuan/person	1.91
4.转让土地承包经营权租金净收入	Rental Income for Land Contractual Management Right	元/人	yuan/person	26.57
5.出租房屋收入	Lease House Income	元/人	yuan/person	198.63
6.出租其他资产净收入	Rent other Assets Income	元/人	yuan/person	5.17
7.其他财产性收入	Other Properties	元/人	yuan/person	11.57
8.房屋虚拟租金	Virtual Rent of House	元/人	yuan/person	945.47
(四)转移性收入	Income from Transfer	元/人	yuan/person	6180.66
1.养老金或离退休金	Annuities and Pension	元/人	yuan/person	5512.98
2.社会救济收入	Social Relief	元/人	yuan/person	82.83
3.政策性的生活补贴	Policy-related Subsidies	元/人	yuan/person	14.77
4.赡养收入	Maintenance Income	元/人	yuan/person	84.53
5.报销医疗费	Medical Fee for Reimbursement	元/人	yuan/person	350.87
6.其他转移性收入	Other Transfer	元/人	yuan/person	39.16

continued

最 低 收入户 (10%) Lowest Income Households	更低收入户 (5%) Lower Income Households	低收入户 (10%) Low Income Households	中等偏下 收 入 户 (20%) Lower Middle Income Households	中 等 收入户 (20%) Middle Income Households	中等偏上 收 入 户 (20%) Upper Middle Income Households	高收入户 (10%) High Income Households	最 高 收入户 (10%) Highest Income Households	更高收入户 (5%) Higher Income Households
17.03	9.43	28.46	20.36	40.38	40.91	48.32	50.80	42.18
256.89	244.20	255.73	230.24	252.35	219.43	229.89	226.25	215.34
39.02	38.20	47.84	53.49	77.12	66.39	90.99	84.24	83.37
			3.22	7.48	10.29	6.03	9.78	8.65
4.01		7.16	10.60	27.87	25.85	36.42	39.84	35.41
		2.07	2.89	5.34	4.84	5.75	6.33	6.58
			0.89	2.67	1.43	2.41	9.39	11.70
2.23	0.34	6.40	3.70	5.38	3.93	5.17	1.90	3.81
120.07	102.91	157.75	140.05	153.36	127.40	147.60	139.83	118.60
53.31	59.60	67.49	75.88	80.08	84.34	87.69	88.89	84.52
27.07	26.62	42.01	43.01	64.31	49.64	79.45	69.43	65.20
9741.00	9853.82	13423.13	19119.58	29270.50	36445.99	49867.30	65944.85	78164.54
4596.17	2835.77	7443.29	12209.26	18353.29	21341.77	32174.18	33404.15	37492.71
4541.22	2804.63	7355.64	11857.43	17467.59	19787.60	29481.51	30585.90	34173.21
54.94	31.14	87.65	351.83	885.70	1554.17	2692.67	2818.25	3319.50
3580.37	5102.62	3642.27	3736.54	4979.09	2945.77	3480.37	9776.62	18095.65
609.24	729.68	794.89	783.20	1521.53	1440.91	2100.11	2830.16	2893.04
28.80	15.37	16.98	12.55	24.93	64.62	115.58	650.24	406.95
2.74	5.67		2.18	47.36	41.56	106.75		
				0.95	4.31		12.23	
16.35	5.93	21.26	27.00	60.15	22.68			
165.24	277.13	110.45	43.96	391.49	91.79	282.19	442.27	851.22
1.32	2.73		10.59			32.83		
14.16	29.25	2.60	3.97	42.08				
380.61	393.61	643.61	682.95	954.57	1215.94	1562.75	1725.42	1634.87
955.23	1185.75	1542.68	2390.57	4416.59	10717.55	12112.65	19933.92	19683.14
294.82	349.30	908.32	1993.70	3875.65	10064.79	11268.14	18312.41	17293.97
210.30	310.22	185.00	52.41	102.79	0.54	2.34	17.19	36.57
25.50	16.70	38.[illegible]2	8.88	10.29	3.66	9.64	18.83	39.75
145.41	147.38	72.71	43.93	59.02	86.68	203.68	43.75	
73.87	80.91	180.38	148.66	242.64	459.04	577.21	1396.21	2076.44
5.51	0.23	60.30	64.37	33.87	53.31	13.25	4.59	6.10

2-49 续表 3

指标名称	Indicator	单位	unit	总计 Average
二、出售资产所得	Proceeds from Sales of Belongings	元/人	yuan/person	592.33
1.出售住房收入	Sale of Housing	元/人	yuan/person	
2.出售其他物品收入	Sale of Other	元/人	yuan/person	130.38
三、借贷收入	Credit Income	元/人	yuan/person	2622.02
1.提取储蓄存款	Draw Saving Deposits	元/人	yuan/person	1673.78
2.借入款	Borrowed	元/人	yuan/person	291.41
3.收回借出款	Recover Loans	元/人	yuan/person	42.37
4.收回保险本金	Recover of Principal Insurance Savings	元/人	yuan/person	1.77
5.住房贷款	Repayment of House Loan	元/人	yuan/person	345.97
6.汽车贷款	Repayment of Auto Loan	元/人	yuan/person	120.24
7.教育贷款	Repayment of Education Loan	元/人	yuan/person	6.73
8.其他贷款	Repayment of Other Loans	元/人	yuan/person	120.56
9.其他借贷收入	Other Credit Income	元/人	yuan/person	19.19
四、家庭总支出	Total Expenditure	元/人	yuan/person	30818.39
(一)消费性支出	Consumption Expenditure	元/人	yuan/person	18983.88
(二)生产经营费用支出	Expenditure for Household Business	元/人	yuan/person	1256.88
(三)财产性支出	Property Expenditure	元/人	yuan/person	220.29
1.生活贷款利息支出	Interest of Life Loans	元/人	yuan/person	218.14
2.其它	Other	元/人	yuan/person	2.15
(四)转移性支出	Transfer Expenditures	元/人	yuan/person	1660.50
1.交纳所得税	Individual Income-tax	元/人	yuan/person	51.27
2.社会保障支出	Social Security Expenditure	元/人	yuan/person	1489.23
(1)个人交纳的养老保险	Annuities	元/人	yuan/person	1056.70
(2)个人交纳的医疗保险	Medical Accumulation Fund	元/人	yuan/person	343.51
(3)个人交纳的失业保险	Disemployed Accumulation Fund	元/人	yuan/person	71.80
(4)其它社会保障支出	Others	元/人	yuan/person	17.22
3.赡养支出	Support Expenditures	元/人	yuan/person	72.91
4. 其它转移性支出	Others	元/人	yuan/person	47.09
(五)部分商业保险支出	Commercial Insurance	元/人	yuan/person	216.73
(六)购房与建房支出	Expenditures of Purchasing and Building Houses	元/人	yuan/person	1695.19
1.购房	Purchasing Houses	元/人	yuan/person	1600.71
2.建房	Building Houses	元/人	yuan/person	94.49
(七)借贷支出	Credit Expenditures	元/人	yuan/person	3802.55
1.存入储蓄款	Saving Deposits	元/人	yuan/person	2305.07
2.借出款	Lending	元/人	yuan/person	71.05

continued

最低收入户 (10%) Lowest Income Households	更低收入户 (5%) Lower Income Households	低收入户 (10%) Low Income Households	中等偏下收入户 (20%) Lower Middle Income Households	中等收入户 (20%) Middle Income Households	中等偏上收入户 (20%) Upper Middle Income Households	高收入户 (10%) High Income Households	最高收入户 (10%) Highest Income Households	更高收入户 (5%) Higher Income Households
1994.62	563.19	21.78	570.85	15.43	684.40	127.76	1076.06	2205.85
18.95	20.54	1.03	111.82	9.57	557.20	5.71	61.31	130.45
2780.73	2429.85	2317.05	978.60	3526.16	3237.00	2972.49	3074.30	5579.70
1735.66	1061.18	996.72	814.38	1919.99	2269.43	2366.08	2175.65	3667.61
500.97	820.27	289.67	106.19	653.35	203.98	2.09	8.83	18.78
87.83	179.43	38.23	56.23	42.25	4.55	63.49		
				8.62				
30.13		958.60		755.58	403.11			
				43.95	78.85	540.83	653.94	1391.42
32.82	9.33		1.80		12.54			
391.82	356.52	33.83		102.42	261.52			
1.51	3.11				3.01		235.88	501.89
17013.85	19839.31	19179.95	22265.61	32613.48	37600.66	45672.24	57925.88	72563.70
8807.34	9583.87	10664.77	15541.83	19430.31	23371.99	31052.59	33410.26	37390.18
2393.20	4258.09	678.36	481.36	2035.22	316.50	2048.84	1567.23	3306.96
58.02	113.22	156.49	108.34	255.74	271.50	207.72	686.09	1053.23
57.66	112.48	156.49	104.66	249.19	271.50	207.72	686.09	1053.23
0.36	0.74		3.68	6.55				
528.28	565.32	851.48	1070.18	1796.16	2179.55	3207.77	3116.85	3514.11
0.08	0.14		10.37	20.54	79.03	128.39	256.72	217.35
472.85	511.30	798.86	977.24	1654.47	1965.46	2792.99	2649.48	3102.87
303.88	350.95	568.51	667.66	1175.30	1393.40	2048.01	1923.84	2323.63
159.64	153.45	215.79	255.93	381.55	425.83	557.49	555.51	614.48
8.93	6.04	14.24	50.41	84.97	111.37	139.03	123.78	126.20
0.42	0.86	0.31	3.24	12.66	34.85	48.46	46.35	38.56
14.85	2.89	33.19	60.02	56.82	84.66	243.40	92.84	59.53
40.49	50.99	19.43	22.55	64.33	50.40	42.99	117.81	134.36
103.95	184.48	197.71	108.00	235.03	315.59	254.12	408.03	615.51
1452.60	889.47	3671.64	186.07	2781.33	2252.68	307.65	442.13	903.56
976.45	481.45	3668.44	161.29	2642.30	2252.68	307.65	442.13	903.56
476.15	408.02	3.20	24.78	139.03				
1298.45	919.81	1425.52	2016.16	2991.05	6366.69	4856.22	11548.49	17704.20
393.71	534.97	724.22	1282.07	1760.51	4756.87	3489.16	5236.58	5705.06
133.51	2.29	1.38	40.22	68.22	51.41	249.39	16.43	1.88

2-49 续表 4

指标名称	Indicator	单位	unit	总 计 Average
3.归还借款	Repayment of Loans	元/人	yuan/person	211.13
4.购买有价证券	Purchase of Securities	元/人	yuan/person	46.94
5.其它投资支出	Other Investment Expenditure	元/人	yuan/person	1.14
6.归还住房贷款	Repayment of House Loan	元/人	yuan/person	718.49
7.归还汽车贷款	Repayment of Auto Loan	元/人	yuan/person	94.75
8.归还教育贷款	Repayment of Education Loan	元/人	yuan/person	
9.归还其它贷款	Repayment of Other Loans	元/人	yuan/person	329.02
10.其它借贷支出	Other Credit Expenditures	元/人	yuan/person	24.98
消费支出情况	**Consumption Expenditure**	**元/人**	**yuan/person**	**18983.88**
1.食品消费支出	Food	元/人	yuan/person	4883.35
2.衣着消费支出	Clothing	元/人	yuan/person	1786.99
3.居住消费支出	Residence	元/人	yuan/person	3608.31
4.家庭设备.用品消费支出	Household Facilities,Article and Service	元/人	kg/person	1185.42
5.交通和通讯消费支出	Transport and Telecommunication	元/人	yuan/person	2509.59
6.文化教育.娱乐消费支出	Cultural,Educational,Recreational Article and Services	元/人	kg/person	2389.75
7.医疗保健消费支出	Medicine and Health Care	元/人	yuan/person	2015.95
8.其他商品和服务消费支出	Other Commodities and Services	元/人	yuan/person	604.52
可支配收入来源	**Basic Statistics of Disposable Income**			
一、全年可支配收入	Annual Disposable Income	元/人	yuan/person	25186.01
(一)工资性收入	Wage Income	元/人	yuan/person	16884.69
(二)经营净收入	Household Business Income	元/人	yuan/person	2699.59
1.第一产业经营净收入	Primary Industry	元/人	yuan/person	258.51
2.第二产业经营净收入	Secondary Industry	元/人	yuan/person	488.71
3.第三产业经营净收入	Tertiary Industry	元/人	yuan/person	1952.36
(三)财产净收入	Net Income from Property	元/人	yuan/person	1081.46
(四)转移净收入	Net Income from Transfer	元/人	yuan/person	4520.28
二、全年现金可支配收入	Annual Cash Disposable Income	元/人	yuan/person	24102.59
三、全年实物可支配收入	Annual Disposable Income in Kind	元/人	yuan/person	1083.42

continued

最　低 收入户 (10%) Lowest Income Households	更低收入户 (5%) Lower Income Households	低收入户 (10%) Low Income Households	中等偏下 收　入　户 (20%) Lower Middle Income Households	中　等 收入户 (20%) Middle Income Households	中等偏上 收　入　户 (20%) Upper Middle Income Households	高收入户 (10%) High Income Households	最　高 收入户 (10%) Highest Income Households	更高收入户 (5%) Higher Income Households
669.52	285.43	117.96	42.99	236.05	196.28	38.61	215.04	400.13
					268.60			
			0.91		0.26		11.56	13.86
6.50	12.59	559.75	605.13	674.27	778.20	829.64	2281.35	3787.04
26.72	55.18		14.05	85.14	127.14	185.03	420.72	653.05
68.50	29.36	22.22	30.79	163.40	163.14	56.08	3121.29	6641.29
				3.46	24.80	8.32	245.53	501.89
8807.34	**9583.87**	**10664.77**	**15541.83**	**19430.31**	**23371.99**	**31052.59**	**33410.26**	**37390.18**
2668.93	2761.33	3145.10	4598.28	4946.27	5858.91	6808.64	7488.93	7592.53
790.92	874.85	1059.37	1518.32	1868.62	2132.70	3139.20	2784.35	2851.10
1964.21	2089.22	2269.33	2730.73	3948.22	4404.52	5304.78	6164.22	7825.48
530.70	487.98	578.30	907.95	1405.62	1317.16	2101.04	2056.59	2379.77
805.40	874.29	1197.62	2138.17	2430.86	3237.21	5262.83	3874.23	4304.30
778.97	738.53	1335.60	2333.68	2331.94	2848.38	4228.65	3909.56	3450.66
1076.75	1547.49	958.37	930.82	1893.38	2824.13	2698.45	5833.25	7796.88
191.46	210.19	121.08	383.88	605.38	748.98	1509.01	1299.13	1189.45
5972.02	3476.32	11318.11	17176.37	24996.93	33465.71	44358.91	60228.79	69579.36
4596.17	2835.77	7443.29	12209.26	18353.29	21341.77	32174.18	33404.15	37492.71
397.02	-596.34	2545.21	2971.74	2757.43	2416.65	1387.11	7863.49	14077.81
-284.14	-898.98	297.13	212.69	434.93	101.29	-1.93	1372.89	2924.95
38.36	15.69	195.94	712.93	469.87	750.12	668.83	348.93	742.43
642.80	286.95	2052.14	2046.11	1852.64	1565.24	720.22	6141.68	10410.43
551.22	616.46	638.41	674.86	1265.79	1169.40	1892.38	2144.08	1839.81
427.62	620.43	691.20	1320.52	2620.42	8537.89	8905.23	16817.07	16169.03
6218.41	4477.20	10835.55	16531.60	23892.77	31881.01	42111.80	57335.41	66420.25
-246.39	-1000.88	482.55	644.78	1104.16	1584.70	2247.11	2893.38	3159.11

2-49 续表 5

指标名称	Indicator	单位	unit	总 计 Average
食品消费情况	**Basic Statistics of Consumption of Major Goods**			
一、粮食消费量	Grain Crops	元/人	yuan/person	114.25
(一)谷物消费量	Cereal	元/人	yuan/person	106.26
#1.小麦	Wheat	元/人	kg/person	61.50
2.稻谷	Rice	元/人	yuan/person	41.18
(二)薯类消费量	Tubers	元/人	kg/person	1.92
(三)豆类消费量	Soybeans	元/人	yuan/person	6.07
二、油脂类消费量	Oil and Fat	元/人	yuan/person	8.81
三、蔬菜及菜制品消费量	Vegetables and Related Products	元/人	yuan/person	99.30
四、干鲜瓜果类	Dried and Fresh Melons and Fruits	元/人	yuan/person	76.88
五、肉类	Meat and Related Products	元/人	yuan/person	19.07
1.猪肉	Pork	元/人	yuan/person	7.37
2.牛肉	Beef	元/人	yuan/person	3.86
3.羊肉	Mutton	元/人	yuan/person	6.07
4.其他肉类及制品	Others	元/人	yuan/person	1.77
六、禽类	Poultry	元/人	yuan/person	6.18
七、蛋类及蛋制品	Eggs and Related Products	元/人	yuan/person	7.21
八、奶和奶制品	Milk and Dairy Products	元/人	yuan/person	22.43
九、水产品	Aquatic Products	元/人	yuan/person	3.92
十、糖果糕点类	Sugar and Pastry	元/人	yuan/person	5.46
十一、饮料	Beverage	元/人	yuan/person	0.23
十二、酒	Liquor	元/人	yuan/person	3.55

continued

最　低 收入户 (10%) Lowest Income Households	更低收入户 (5%) Lower Income Households	低收入户 (10%) Low Income Households	中等偏下 收 入 户 (20%) Lower Middle Income Households	中　等 收入户 (20%) Middle Income Households	中等偏上 收 入 户 (20%) Upper Middle Income Households	高收入户 (10%) High Income Households	最　高 收入户 (10%) Highest Income Households	更高收入户 (5%) Higher Income Households
122.87	124.29	100.91	107.61	112.42	118.29	115.06	133.47	154.62
116.82	118.55	93.89	99.85	105.41	109.07	105.73	121.85	142.86
69.58	70.08	54.67	56.40	58.99	64.91	59.16	74.04	89.07
43.78	45.77	36.41	40.71	43.42	39.57	42.27	42.20	48.48
1.98	1.75	1.54	1.87	1.60	2.15	2.17	2.58	2.59
4.07	3.99	5.48	5.88	5.41	7.07	7.15	9.04	9.17
8.31	8.52	6.98	7.96	9.10	9.72	10.18	10.44	13.14
90.40	91.71	91.34	86.33	94.75	111.12	108.44	136.07	158.45
59.74	59.06	65.51	68.53	74.84	94.89	91.86	93.31	100.51
12.60	12.15	14.00	15.77	19.65	23.71	24.72	28.20	30.34
5.15	5.54	5.83	6.55	7.86	8.33	8.83	10.54	11.54
2.98	2.11	2.80	3.10	3.42	5.13	5.50	5.47	6.39
3.77	3.81	4.30	4.98	6.48	7.99	7.36	8.73	9.17
0.70	0.69	1.07	1.13	1.89	2.26	3.03	3.47	3.24
4.69	5.14	4.81	5.47	5.93	7.46	7.82	8.62	9.83
5.51	5.65	6.45	6.37	6.87	8.74	8.60	9.29	8.89
12.38	9.69	17.54	19.86	23.48	28.58	27.06	31.63	31.04
1.76	2.05	2.75	2.96	3.97	5.75	5.77	5.59	5.67
3.50	3.76	4.09	4.89	5.65	6.66	8.33	5.96	6.04
0.15	0.15	0.12	0.29	0.26	0.25	0.27	0.20	0.24
2.31	2.62	3.49	3.06	3.71	3.99	4.39	4.67	3.09

2-50　2015年全区城镇居民家庭按可支配收入等距五组分组资料

指标名称	Indicator	单位	unit
调查户数	**Number of Households Surveyed**	**户**	**household**
家庭基本情况	**Basic Statistics of Urban Households**		
一、住房情况	Basic Statistics of Housing		
1.家庭常住人口	Permanent Residents	人/户	person/household
2.现住房总建筑面积	Floor Space of Current Housing	平方米/人	sq.m/person
3.房屋产权(合计)	House Property Right(Total)		
租赁公房	Public House Leasing	%	%
租赁私房	Private House Leasing	%	%
自建住房	Inhered Private House	%	%
购买商品房	Commercial Residential Building	%	%
购买房改住房	Reformed Private House	%	%
购买保障性住房	Indemnificatory House	%	%
拆迁安置房	Demolition Resettlement	%	%
继承或获赠住房	Inheritance or Gift	%	%
免费借用房	Borrowing House	%	%
其他	Others	%	%
4.住宅建筑式样(合计)	House Construction Style(Total)		
单栋楼房	Single Building	%	%
单栋平房	Single Bungalow	%	%
四居室	House With Four Bedrooms	%	%
三居室	House With Three Bedrooms	%	%
二居室	House With Two Bedrooms	%	%
一居室	House With One Bedrooms	%	%
平房及其他	Bungalow and Others	%	%
5.现有住房按市场价估计值	Estimate Value of Current Housing By Market Price	元/户	yuan/household
6.租赁房房租	Rent	元/户	yuan/household
(1)租赁公房房租	Rent of Public	元/户	yuan/household
(2)租赁私房房租	Rent of Private	元/户	yuan/household
7.自有房房租折算	Corrected Rent of Self-Housing	元/户	yuan/household
8.购房总金额	Amount of Purchase	元/户	yuan/household
9.饮水情况(合计)	Drinking Condition(Total)		
自来水	Tap Water	%	%
井、河水	Well and River Water	%	%
其他	Others	%	%
10.厕所使用情况(合计)	Health Equipment(Total)		
本住户独用	Sole Use	%	%
几户合用	Share	%	%
公用	Public Toilet	%	%

Basic Statistics Grouped by Disposable Income Quintile of Urban Households (2015)

合 计 Average	低收入户20% 20% Low Income Households	较低收入户20% 20% Lower Income Households	中等收入户20% 20% Middle Income Households	较高收入户20% 20% Higher Income Households	高收入户20% 20% High Income Households
998.33	**198.58**	**199.83**	**200.58**	**198.42**	**200.92**
2.97	3.70	3.07	3.04	2.60	2.42
30.65	26.54	26.18	28.87	33.89	41.35
1.70	1.52	1.17	1.11	1.64	1.67
4.39	8.46	5.70	3.09	3.17	3.32
22.95	25.55	7.85	5.99	3.92	2.39
48.25	38.64	50.64	56.62	57.35	70.17
11.56	6.99	11.35	17.17	22.94	13.41
4.08	2.52	2.90	5.12	5.94	8.28
4.82	12.68	7.81	5.95	1.59	
0.60		2.02	1.47	1.55	
1.35	3.63	1.01	3.48	1.90	
0.30		9.55			0.77
2.93	5.64	3.43	2.35	1.59	1.71
26.02	37.99	9.81	7.07	4.60	2.30
2.00	2.54	0.65	0.73	1.63	2.84
28.24	20.39	19.45	31.26	31.62	46.36
36.78	30.23	54.61	55.61	58.61	46.21
1.73	1.55	11.71	2.61	1.48	
2.30	1.65	0.34	0.37	0.47	0.59
266209.40	195333.18	227599.27	259346.26	281030.99	367159.30
43.38	56.73	44.23	34.77	36.35	44.85
7.71	2.22	5.27	6.28	13.11	11.68
34.16	48.63	38.95	26.78	23.24	33.18
725.03	544.50	639.50	713.31	779.98	946.64
123362.25	99759.54	120963.30	107842.86	122663.05	165307.78
92.69	92.57	97.10	98.44	99.12	98.93
6.11	5.31	1.95	1.27	0.33	0.30
1.20	2.12	0.95	0.29	0.55	0.77
96.71	92.23	89.76	100.00	99.41	99.18
1.79	4.15	9.61		0.59	0.82
1.50	3.62	0.63			

2-50 续表 1

指标名称	Indicator	单位	unit
11.取暖设备(合计)	Heating Equipment(Total)		
集中供暖	Central Heating	%	%
自行供暖	Self Heating	%	%
无取暖设备	Without Heating Equipment	%	%
12.炊用能源使用情况(合计)	Fuel Using Condition for Cooking(Total)		
罐装液化石油气	Liquefied Petroleum Gas of Can Pack	%	%
管道液化石油气	Liquefied Petroleum Gas of Pipeline	%	%
管道天然气	Natural Gas of Pipeline	%	%
电	Electricity	%	%
其它	Other	%	%
二、人口情况	Basic Statistics of Population		
(一)家庭劳动力人数	Household Labor	人/户	person/household
1.就业人口数	Number of Employed	人/户	person/household
①雇主	Employer	%	%
②公职人员	Civil Servants	%	%
③事业单位人员	Institution Officers	%	%
④国有企业雇员	State-owned Enterprises Employees	%	%
⑤其他雇员	Other Employees	%	%
⑥农业自营	Self-employed of Agriculture	%	%
⑦非农业自营	Self-employed of Non-agriculture	%	%
(二)负担系数	Dependents Coefficient	-	
三、耐用消费品	Durable Consumer Goods		
1.家用汽车	Automobile	辆/百户	unit/100 household
2.摩托车	Motorcycle	辆/百户	unit/100 household
3.助力车	Powered Bicycle	辆/百户	unit/100 household
4.洗衣机	Washing Machine	台/百户	set/100 household
5.电冰箱	Refrigerator	台/百户	set/100 household
6.微波炉	Microwave Oven	台/百户	set/101 household
7.彩色电视机	Color Television	台/百户	set/100 household
8.空调器	Air Conditioner	台/百户	unit/100 household
9.淋浴热水器	Water Heater for Shower	台/百户	unit/100 household
10.消毒碗柜	Disinfection Cupboard	台/百户	set/100 household
11.洗碗机	Dishwasher	台/百户	set/100 household

continued

合 计 Average	低收入户20% 20% Low Income Households	较低收入户20% 20% Lower Income Households	中等收入户20% 20% Middle Income Households	较高收入户20% 20% Higher Income Households	高收入户20% 20% High Income Households
70.19	56.68	90.48	88.66	93.36	94.74
28.81	42.16	8.93	11.19	6.64	5.26
1.00	1.16	0.59	0.15		
14.94	14.55	17.69	17.54	13.10	8.76
0.30		0.61	0.24		0.59
45.88	38.78	51.42	63.68	71.89	74.89
23.91	28.43	26.37	14.25	12.91	14.51
14.97	18.25	3.91	4.29	2.09	1.26
2.01	2.22	1.97	2.10	1.84	1.92
1.43	1.54	1.46	1.67	1.17	1.33
0.77			0.40	1.85	2.02
4.64		1.73	2.14	7.34	13.94
10.44	0.12	1.67	6.14	22.88	26.40
14.03	2.85	7.09	13.21	21.20	29.18
51.82	63.13	69.29	63.73	37.69	17.15
4.52	12.73	2.94	3.35	1.12	1.26
13.78	21.17	17.28	11.04	7.91	10.05
2.07	2.41	2.11	1.81	2.23	1.82
30.04	15.57	23.67	31.86	34.57	44.44
21.38	38.95	19.71	21.32	13.36	13.61
42.57	57.27	39.94	52.96	31.71	31.03
95.30	95.28	84.77	99.15	98.04	99.26
93.43	82.30	85.57	98.18	101.45	99.65
48.21	24.83	42.49	52.17	55.84	65.61
101.84	103.60	100.58	102.27	101.29	101.49
13.10	3.25	5.28	12.16	15.22	29.51
87.41	72.80	79.85	93.23	91.02	100.09
1.87	0.59	0.66	1.91	2.48	3.71
0.19			0.96		

2-50 续表 2

指标名称	Indicator	单位	unit
11.固定电话	Telephone	部/百户	unit/100 household
12.移动电话	Mobile Telephone	部/百户	set/100 household
13.家用电脑	Computer	台/百户	set/100 household
14.摄像机	Video Camera	架/百户	set/100 household
15.照相机	Camera	架/百户	set/100 household
16.中高档乐器	Secondary and Top Grade Musical Instrument	件/百户	set/100 household
17.健身器材	Body-building Apparatus	套/百户	set/100 household
18.组合音响	Hi-Fi Stereo Component System	套/百户	set/100 household
四、信息化调查	Informationization Survey		
1.接入互联网的移动电话	Internet Mobile Telephone	部/百户	set/100 household
2.接入有线电视网络的电视机	Lined Netwok Television	台/百户	set/101 household
3.接入互联网的计算机	Internet Computer	台/百户	set/102 household
总收入与总支出(人均)	**Total Revenue and Expenditure (per person)**		
一、家庭总收入	Total Income	元/人	yuan/person
(一)工资性收入	Income from Wages and Salaries	元/人	yuan/person
1.工资	Laborage and Allowance Income	元/人	yuan/person
2.实物福利及其他	Benefit in kind and Other	元/人	yuan/person
(二)经营净收入	Business Income	元/人	yuan/person
(三)财产性收入	Income from Properties	元/人	yuan/person
1.利息收入	Interest	元/人	yuan/person
2.红利收入	Bonus	元/人	yuan/person
3.保险净收益	Insurance Profit	元/人	yuan/person
4.转让土地承包经营权租金净收入	Rental Income for Land Contractual Management Right	元/人	yuan/person
5.出租房屋收入	Lease House Income	元/人	yuan/person
6.出租其他资产净收入	Rent other Assets Income	元/人	yuan/person
7.其他财产性收入	Other Properties	元/人	yuan/person
8.房屋虚拟租金	Virtual Rent of House	元/人	yuan/person
(四)转移性收入	Income from Transfer	元/人	yuan/person
1.养老金或离退休金	Annuities and Pension	元/人	yuan/person
2.社会救济收入	Social Relief	元/人	yuan/person
3.政策性的生活补贴	Policy-related Subsidies	元/人	yuan/person
4.赡养收入	Maintenance Income	元/人	yuan/person
5.报销医疗费	Medical Fee for Reimbursement	元/人	yuan/person
6.其他转移性收入	Other Transfer	元/人	yuan/person

continued

合 计 Average	低收入户20% 20% Low Income Households	较低收入户20% 20% Lower Income Households	中等收入户20% 20% Middle Income Households	较高收入户20% 20% Higher Income Households	高收入户20% 20% High Income Households
34.81	22.77	20.36	40.38	40.91	49.56
237.27	256.31	230.24	252.35	219.43	228.06
65.64	43.45	53.49	77.12	66.39	87.60
5.78		3.22	7.48	10.29	7.91
21.63	5.59	10.60	27.87	25.85	38.14
4.03	1.04	2.89	5.34	4.84	6.04
2.19		0.89	2.67	1.43	5.92
4.17	4.32	3.70	5.38	3.93	3.53
140.72	138.98	140.05	153.36	127.40	143.70
77.82	60.43	75.88	80.08	84.34	88.29
53.22	34.57	43.01	64.31	49.64	74.42
28639.99	11544.15	19119.58	29270.50	36445.99	57553.41
16884.69	5990.41	12209.26	18353.29	21341.77	32762.18
15889.88	5919.45	11857.43	17467.59	19787.60	30009.48
994.81	70.96	351.83	885.70	1554.17	2752.71
4272.89	3610.69	3736.54	4979.09	2945.77	6490.38
1301.75	700.15	783.20	1521.53	1440.91	2449.12
85.53	23.01	12.55	24.93	64.62	371.18
26.90	1.40	2.18	47.36	41.56	55.72
1.91			0.95	4.31	5.85
26.57	18.75	27.00	60.15	22.68	
198.63	138.41	43.96	391.49	91.79	358.71
5.17	0.67	10.59			17.14
11.57	8.50	3.97	42.08		
945.47	509.40	682.95	954.57	1215.94	1640.52
6180.66	1242.90	2390.57	4416.59	10717.55	15851.73
5512.98	595.25	1993.70	3875.65	10064.79	14635.76
82.83	197.91	52.41	102.79	0.54	9.44
14.77	31.68	8.88	10.29	3.66	14.03
84.53	109.81	43.93	59.02	86.68	127.22
350.87	126.03	148.66	242.64	459.04	968.74
39.16	32.34	64.37	33.87	53.31	9.11

2-50　续表 3

指标名称	Indicator	单位	unit
二、出售资产所得	Proceeds from Sales of Belongings	元/人	yuan/person
1.出售住房收入	Sale of Housing	元/人	yuan/person
2.出售其他物品收入	Sale of Other	元/人	yuan/person
三、借贷收入	Credit Income	元/人	yuan/person
1.提取储蓄存款	Draw Saving Deposits	元/人	yuan/person
2.借入款	Borrowed	元/人	yuan/person
3.收回借出款	Recover Loans	元/人	yuan/person
4.收回保险本金	Recover of Principal Insurance Savings	元/人	yuan/person
5.住房贷款	Repayment of House Loan	元/人	yuan/person
6.汽车贷款	Repayment of Auto Loan	元/人	yuan/person
7.教育贷款	Repayment of Education Loan	元/人	yuan/person
8.其他贷款	Repayment of Other Loans	元/人	yuan/person
9.其他借贷收入	Other Credit Income	元/人	yuan/person
四、家庭总支出	Total Expenditure	元/人	yuan/person
(一)消费性支出	Consumption Expenditure	元/人	yuan/person
(二)生产经营费用支出	Expenditure for Household Business	元/人	yuan/person
(三)财产性支出	Property Expenditure	元/人	yuan/person
1.生活贷款利息支出	Interest of Life Loans	元/人	yuan/person
2.其它	Other	元/人	yuan/person
(四)转移性支出	Transfer Expenditures	元/人	yuan/person
1.交纳所得税	Individual Income-tax	元/人	yuan/person
2.社会保障支出	Social Security Expenditure	元/人	yuan/person
(1)个人交纳的养老保险	Annuities	元/人	yuan/person
(2)个人交纳的医疗保险	Medical Accumulation Fund	元/人	yuan/person
(3)个人交纳的失业保险	Disemployed Accumulation Fund	元/人	yuan/person
(4)其它社会保障支出	Others	元/人	yuan/person
3.赡养支出	Support Expenditures	元/人	yuan/person
4. 其它转移性支出	Others	元/人	yuan/person
(五)部分商业保险支出	Commercial Insurance	元/人	yuan/person
(六)购房与建房支出	Expenditures of Purchasing and Building Houses	元/人	yuan/person
1.购房	Purchasing Houses	元/人	yuan/person
2.建房	Building Houses	元/人	yuan/person
(七)借贷支出	Credit Expenditures	元/人	yuan/person
1.存入储蓄款	Saving Deposits	元/人	yuan/person
2.借出款	Lending	元/人	yuan/person

continued

合　计 Average	低收入户20% 20% Low Income Households	较低收入户20% 20% Lower Income Households	中等收入户20% 20% Middle Income Households	较高收入户20% 20% Higher Income Households	高收入户20% 20% High Income Households
592.33	1028.52	570.85	15.43	684.40	581.11
130.38	10.18	111.82	9.57	557.20	32.29
2622.02	2553.66	978.60	3526.16	3237.00	3021.16
1673.78	1373.80	814.38	1919.99	2269.43	2275.04
291.41	397.49	106.19	653.35	203.98	5.31
42.37	63.54	56.23	42.25	4.55	33.14
1.77			8.62		
345.97	484.80		755.58	403.11	
120.24			43.95	78.85	594.90
6.73	16.75	1.80		12.54	
120.56	216.51		102.42	261.52	
19.19	0.77			3.01	112.77
30818.39	18074.60	22265.61	32613.48	37600.66	51530.28
18983.88	9716.93	15541.83	19430.31	23371.99	32179.71
1256.88	1553.44	481.36	2035.22	316.50	1818.60
220.29	106.24	108.34	255.74	271.50	436.41
218.14	106.06	104.66	249.19	271.50	436.41
2.15	0.18	3.68	6.55		
1660.50	686.55	1070.18	1796.16	2179.55	3164.30
51.27	0.04	10.37	20.54	79.03	189.74
1489.23	632.50	977.24	1654.47	1965.46	2724.38
1056.70	433.47	667.66	1175.30	1393.40	1988.65
343.51	187.13	255.93	381.55	425.83	556.55
71.80	11.53	50.41	84.97	111.37	131.74
17.22	0.37	3.24	12.66	34.85	47.45
72.91	23.83	60.02	56.82	84.66	171.42
47.09	30.18	22.55	64.33	50.40	78.76
216.73	149.87	108.00	235.03	315.59	327.70
1695.19	2539.27	186.07	2781.33	2252.68	371.94
1600.71	2294.73	161.29	2642.30	2252.68	371.94
94.49	244.55	24.78	139.03		
3802.55	1360.68	2016.16	2991.05	6366.69	8055.56
2305.07	555.56	1282.07	1760.51	4756.87	4324.54
71.05	68.80	40.22	68.22	51.41	138.02

2-50 续表 4

指标名称	Indicator	单位	unit
3.归还借款	Repayment of Loans	元/人	yuan/person
4.购买有价证券	Purchase of Securities	元/人	yuan/person
5.其它投资支出	Other Investment Expenditure	元/人	yuan/person
6.归还住房贷款	Repayment of House Loan	元/人	yuan/person
7.归还汽车贷款	Repayment of Auto Loan	元/人	yuan/person
8.归还教育贷款	Repayment of Education Loan	元/人	yuan/person
9.归还其它贷款	Repayment of Other Loans	元/人	yuan/person
10.其它借贷支出	Other Credit Expenditures	元/人	yuan/person
消费支出情况	**Consumption Expenditure**	**元/人**	**yuan/person**
1.食品消费支出	Food	元/人	yuan/person
2.衣着消费支出	Clothing	元/人	yuan/person
3.居住消费支出	Residence	元/人	yuan/person
4.家庭设备.用品消费支出	Household Facilities,Article and Service	元/人	kg/person
5.交通和通讯消费支出	Transport and Telecommunication	元/人	yuan/person
6.文化教育.娱乐消费支出	Cultural,Educational,Recreational	元/人	kg/person
7.医疗保健消费支出	Medicine and Health Care	元/人	yuan/person
8.其他商品和服务消费支出	Other Commodities and Services	元/人	yuan/person
可支配收入来源	**Basic Statistics of Disposable Income**		
一、全年可支配收入	Annual Disposable Income	元/人	yuan/person
(一)工资性收入	Wage Income	元/人	yuan/person
(二)经营净收入	Household Business Income	元/人	yuan/person
1.第一产业经营净收入	Primary Industry	元/人	yuan/person
2.第二产业经营净收入	Secondary Industry	元/人	yuan/person
3.第三产业经营净收入	Tertiary Industry	元/人	yuan/person
(三)财产净收入	Net Income from Property	元/人	yuan/person
(四)转移净收入	Net Income from Transfer	元/人	yuan/person
二、全年现金可支配收入	Annual Cash Disposable Income	元/人	yuan/person
三、全年实物可支配收入	Annual Disposable Income in Kind	元/人	yuan/person

continued

合　计 Average	低收入户20% 20% Low Income Households	较低收入户20% 20% Lower Income Households	中等收入户20% 20% Middle Income Households	较高收入户20% 20% Higher Income Households	高收入户20% 20% High Income Households
211.13	399.42	42.99	236.05	196.28	122.96
46.94				268.60	
1.14		0.91		0.26	5.53
718.49	277.42	605.13	674.27	778.20	1523.65
94.75	13.63	14.05	85.14	127.14	297.70
329.02	45.84	30.79	163.40	163.14	1521.45
24.98			3.46	24.80	121.72
18983.88	**9716.93**	**15541.83**	**19430.31**	**23371.99**	**32179.71**
4883.35	2902.11	4598.28	4946.27	5858.91	7133.86
1786.99	922.38	1518.32	1868.62	2132.70	2969.56
3608.31	2113.63	2730.73	3948.22	4404.52	5715.65
1185.42	554.01	907.95	1405.62	1317.16	2079.79
2509.59	997.47	2138.17	2430.86	3237.21	4598.99
2389.75	1051.55	2333.68	2331.94	2848.38	4076.10
2015.95	1018.78	930.82	1893.38	2824.13	4197.09
604.52	157.00	383.88	605.38	748.98	1408.67
25186.01	8590.02	17176.37	24996.93	33465.71	51945.74
16884.69	5990.41	12209.26	18353.29	21341.77	32762.18
2699.59	1448.99	2971.74	2757.43	2416.65	4483.24
258.51	0.51	212.69	434.93	101.29	655.32
488.71	115.53	712.93	469.87	750.12	515.90
1952.36	1332.96	2046.11	1852.64	1565.24	3312.03
1081.46	593.91	674.86	1265.79	1169.40	2012.71
4520.28	556.70	1320.52	2620.42	8537.89	12687.60
24102.59	8479.44	16531.60	23892.77	31881.01	49389.67
1083.42	110.58	644.78	1104.16	1584.70	2556.07

2-50 续表 5

指标名称	Indicator	单位	unit
食品消费情况	**Basic Statistics of Consumption of Major Goods**		
一、粮食消费量	Grain Crops	元/人	yuan/person
(一)谷物消费量	Cereal	元/人	yuan/person
#1.小麦	Wheat	元/人	kg/person
2.稻谷	Rice	元/人	yuan/person
(二)薯类消费量	Tubers	元/人	kg/person
(三)豆类消费量	Soybeans	元/人	yuan/person
二、油脂类消费量	Oil and Fat	元/人	yuan/person
三、蔬菜及菜制品消费量	Vegetables and Related Products	元/人	yuan/person
四、干鲜瓜果类	Dried and Fresh Melons and Fruits	元/人	yuan/person
五、肉类	Meat and Related Products	元/人	yuan/person
1.猪肉	Pork	元/人	yuan/person
2.牛肉	Beef	元/人	yuan/person
3.羊肉	Mutton	元/人	yuan/person
4.其他肉类及制品	Others	元/人	yuan/person
六、禽类	Poultry	元/人	yuan/person
七、蛋类及蛋制品	Eggs and Related Products	元/人	yuan/person
八、奶和奶制品	Milk and Dairy Products	元/人	yuan/person
九、水产品	Aquatic Products	元/人	yuan/person
十、糖果糕点类	Sugar and Pastry	元/人	yuan/person
十一、饮料	Beverage	元/人	yuan/person
十二、酒	Liquor	元/人	yuan/person

continued

合　计 Average	低收入户20% 20% Low Income Households	较低收入户20% 20% Lower Income Households	中等收入户20% 20% Middle Income Households	较高收入户20% 20% Higher Income Households	高收入户20% 20% High Income Households
114.25	112.12	107.61	112.42	118.29	123.86
106.26	105.59	99.85	105.41	109.07	113.44
61.50	62.28	56.40	58.99	64.91	66.28
41.18	40.17	40.71	43.42	39.57	42.24
1.92	1.77	1.87	1.60	2.15	2.37
6.07	4.76	5.88	5.41	7.07	8.05
8.81	7.66	7.96	9.10	9.72	10.31
99.30	90.86	86.33	94.75	111.12	121.65
76.88	62.57	68.53	74.84	94.89	92.56
19.07	13.28	15.77	19.65	23.71	26.38
7.37	5.48	6.55	7.86	8.33	9.64
3.86	2.89	3.10	3.42	5.13	5.48
6.07	4.03	4.98	6.48	7.99	8.02
1.77	0.88	1.13	1.89	2.26	3.24
6.18	4.75	5.47	5.93	7.46	8.20
7.21	5.97	6.37	6.87	8.74	8.93
22.43	14.90	19.86	23.48	28.58	29.24
3.92	2.24	2.96	3.97	5.75	5.68
5.46	3.79	4.89	5.65	6.66	7.20
0.23	0.13	0.29	0.26	0.25	0.24
3.55	2.89	3.06	3.71	3.99	4.52

2-51 2015年各市县城镇居民人均可支配收入

Per Capita Annual Disposable Income of Urban Households by City and Country (2015)

单位：元 (yuan)

地 区	Region	2015年	2014年	增 量 Increment	增 长 Growth(%)
全 区	**Total**	**25186.0**	**23284.6**	**1901.4**	**8.2**
沿黄地区	**Plain**	**26154.5**	**24159.6**	**1994.9**	**8.3**
中南部地区	**Mountain Area**	**19920.1**	**18449.0**	**1471.1**	**8.0**
银川市	**Yinchuan**	**28261.4**	**26117.7**	**2143.7**	**8.2**
兴庆区	Xingqing	30513.9	28246.5	2267.4	8.0
西夏区	Xixia	23125.5	21347.1	1778.3	8.3
金凤区	Jinfeng	30361.3	27957.0	2404.3	8.6
永宁县	Yongning	25091.4	23017.1	2074.3	9.0
贺兰县	Helan	24548.1	22790.9	1757.2	7.7
灵武市	Lingwu	26255.0	24309.8	1945.2	8.0
石嘴山市	**Shizuishan**	**24168.3**	**22379.7**	**1788.6**	**8.0**
大武口区	Dawukou	26767.6	24671.3	2096.4	8.5
惠农区	Huinong	21495.0	19913.7	1581.3	7.9
平罗县	Pingluo	21216.1	19735.7	1480.4	7.5
吴忠市	**Wuzhong**	**21552.9**	**19852.9**	**1700.1**	**8.6**
利通区	Litong	23581.9	21710.0	1871.9	8.6
红寺堡区	Hongsipu	17875.4	16488.6	1386.8	8.4
盐池县	Yanchi	20919.5	19156.7	1762.8	9.2
同心县	Tongxin	18758.0	17131.0	1627.0	9.5
青铜峡市	Qingtongxia	22003.2	20292.3	1710.9	8.4
固原市	**Guyuan**	**21144.0**	**19676.5**	**1467.5**	**7.5**
原州区	Yuanzhou	22463.2	20680.0	1783.2	8.6
西吉县	Xiji	19965.3	18601.0	1364.2	7.3
隆德县	Longde	18631.7	17440.9	1190.8	6.8
泾源县	Jingyuan	19735.4	18565.0	1170.3	6.3
彭阳县	Pengyang	20048.5	18591.0	1457.6	7.8
中卫市	**Zhongwei**	**21604.3**	**19930.6**	**1673.7**	**8.4**
沙坡头区	Shapotou	22702.7	20919.7	1783.0	8.5
中宁县	Zhongning	21481.2	19831.1	1650.1	8.3
海原县	Haiyuan	19045.7	17570.1	1475.6	8.4

2-52 主要年份各市县城镇居民人均可支配收入

Per Capita Annual Disposable Income of Urban Households by City and Country in Main Years

单位：元.%　　　　(yuan.%)

地　区	Region	2010年		2011年		2012年	
		收入水平 Income	比上年增长 Growth	收入水平 Income	比上年增长 Growth	收入水平 Income	比上年增长 Growth
全　区	**Total**	**15093**	**9.4**	**17291**	**14.6**	**19507**	**12.8**
沿黄地区	**Plain**	**15716**	—	**18011**	**14.6**	**20262**	**12.5**
中南部地区	**Mountain Area**	**11935**	—	**13618**	**14.1**	**15430**	**13.3**
银川市	**Yinchuan**	**16958**	**8.9**	**19335**	**14.0**	**21769**	**12.6**
兴庆区	Xingqing	18523	—	21120	14.0	23680	12.1
西夏区	Xixia	13660	—	15575	14.0	17641	13.3
金凤区	Jinfeng	17736	—	20222	14.0	22795	12.7
永宁县	Yongning	15023	—	16959	12.9	19252	13.5
贺兰县	Helan	14796	—	16890	14.2	19117	13.2
灵武市	Lingwu	15637	—	17867	14.3	20300	13.6
石嘴山市	**Shizuishan**	**14408**	**9.6**	**16702**	**15.9**	**18906**	**13.2**
大武口区	Dawukou	15871	—	18397	15.9	20800	13.1
惠农区	Huinong	12883	—	14934	15.9	16777	12.3
平罗县	Pingluo	13009	—	14769	13.5	16719	13.2
吴忠市	**Wuzhong**	**12940**	**9.5**	**14720**	**13.7**	**16674**	**13.3**
利通区	Litong	14084	—	16122	14.5	18206	12.9
红寺堡区	Hongsipu	10354	—	11879	14.7	13528	13.9
盐池县	Yanchi	12494	—	14217	13.8	16055	12.9
同心县	Tongxin	10867	—	12337	13.5	14127	14.5
青铜峡市	Qingtongxia	12874	—	15112	17.4	17107	13.2
固原市	**Guyuan**	**12556**	**10.6**	**14322**	**14.1**	**16223**	**13.3**
原州区	Yuanzhou	13136	—	15029	14.4	17001	13.1
西吉县	Xiji	11742	—	13425	14.3	15207	13.3
隆德县	Longde	11008	—	12605	14.5	14348	13.8
泾源县	Jingyuan	11668	—	13393	14.8	15189	13.4
彭阳县	Pengyang	11831	—	13521	14.3	15361	13.6
中卫市	**Zhongwei**	**12997**	**9.1**	**14750**	**13.5**	**16610**	**12.6**
沙坡头区	Shapotou	13596	—	15495	14.0	17487	12.9
中宁县	Zhongning	13303	—	14689	10.4	16487	12.2
海原县	Haiyuan	11062	—	12788	15.6	14348	12.2

注：1.根据2013年城乡一体化住户调查新口径测算方法，按照年度间收入增幅不变的原则，对2010-2015年的城镇居民收入统一调整为新口径的城镇居民人均可支配收入。

2.2010年以前城镇住户调查主要在五市开展，所辖县区没有开展城镇住户抽样调查，所以2010年各县、区与上年没有对比基数。

Note: 1.According to the integration of urban and rural household survey in 2013 new diameter measurment, according to the principle of annual revenue growth, from 2010 to 2015 urban residents income unified adjustment for the new urban per capita disposible income.

2.Before 2010 the urban household survey mainly carried out in five cities, didn't carry out in country area, so counties and districts base of no comparision with the previous year in 2010.

2-52 续表 continued

单位：元.% (yuan.%)

地 区	Region	2013年		2014年		2015年	
		收入水平 Income	比上年增长 Growth	收入水平 Income	比上年增长 Growth	收入水平 Income	比上年增长 Growth
全 区	**Total**	**21476**	**10.1**	**23285**	**8.4**	**25186**	**8.2**
沿黄地区	**Plain**	**22288**	**10.0**	**24160**	**8.4**	**26154**	**8.3**
中南部地区	**Mountain Area**	**17003**	**10.2**	**18449**	**8.5**	**19920**	**8.0**
银川市	**Yinchuan**	**23940**	**10.0**	**26118**	**9.1**	**28261**	**8.2**
兴庆区	Xingqing	25835	9.1	28246	9.3	30514	8.0
西夏区	Xixia	19563	10.9	21347	9.1	23125	8.3
金凤区	Jinfeng	25530	12.0	27957	9.5	30361	8.6
永宁县	Yongning	21177	10.0	23017	8.7	25091	9.0
贺兰县	Helan	20906	9.4	22791	9.0	24548	7.7
灵武市	Lingwu	22405	10.4	24310	8.5	26255	8.0
石嘴山市	**Shizuishan**	**20703**	**9.5**	**22380**	**8.1**	**24168**	**8.0**
大武口区	Dawukou	22734	9.3	24671	8.5	26768	8.5
惠农区	Huinong	18437	9.9	19914	8.0	21495	7.9
平罗县	Pingluo	18308	9.5	19736	7.8	21216	7.5
吴忠市	**Wuzhong**	**18298**	**9.7**	**19853**	**8.5**	**21553**	**8.6**
利通区	Litong	19953	9.6	21710	8.8	23582	8.6
红寺堡区	Hongsipu	15223	12.5	16489	8.3	17875	8.4
盐池县	Yanchi	17653	10.0	19157	8.5	20919	9.2
同心县	Tongxin	15774	11.7	17131	8.6	18758	9.5
青铜峡市	Qingtongxia	18713	9.4	20292	8.4	22003	8.4
固原市	**Guyuan**	**18085**	**11.5**	**19677**	**8.8**	**21144**	**7.5**
原州区	Yuanzhou	19009	11.8	20680	8.8	22463	8.6
西吉县	Xiji	17107	12.5	18601	8.7	19965	7.3
隆德县	Longde	15970	11.3	17441	9.2	18632	6.8
泾源县	Jingyuan	17027	12.1	18565	9.0	19735	6.3
彭阳县	Pengyang	17128	11.5	18591	8.5	20049	7.8
中卫市	**Zhongwei**	**18421**	**10.9**	**19931**	**8.2**	**21604**	**8.4**
沙坡头区	Shapotou	19293	10.3	20920	8.4	22703	8.5
中宁县	Zhongning	18395	11.6	19831	7.8	21481	8.3
海原县	Haiyuan	16223	13.1	17570	8.3	19046	8.4

主要指标解释

可支配收入　指城乡住户可用于最终消费支出和储蓄的总和，即住户可以用来自由支配的收入。可支配收入既包括现金，也包括实物收入。按照收入来源，可支配收入包含四项，分别为：工资性收入、经营净收入、财产净收入、转移净收入。计算公式为：

可支配收入=工资性收入+经营净收入+财产净收入+转移净收入

其中：经营净收入= 经营收入-经营费用-生产性固定资产折旧-生产税净额（生产税-生产补贴）

财产净收入=财产性收入-财产性支出

转移净收入=转移性收入-转移性支出

工资性收入　指就业人员通过各种途径得到的全部劳动报酬和各种福利，包括受雇于单位或个人、从事各种自由职业、兼职和零星劳动得到的全部劳动报酬和福利。

经营净收入　指住户或住户成员从事生产经营活动所获得的净收入，是全部经营收入中扣除经营费用、生产性固定资产折旧和生产税净额（生产税减去生产补贴）之后得到的净收入。

财产净收入　指住户或住户成员将其所拥有的金融资产和自然资源交由其他机构单位、住户或个人支配而获得的回报并扣除相关的费用之后得到的净收入。财产净收入包括利息净收入、红利收入、储蓄性保险净收益和转让承包土地经营权租金净收入等。

转移净收入　指住户或住户成员当年得到的转移性收入减去转移性支出后的净额。转移性收入指国家、单位、社会团体对住户的各种经常性转移支付和住户之间的经常性收入转移。包括政府、非行政事业单位、社会团体对居民转移的养老金或退休金、社会救济和补助、政策性生活补贴、救灾款、经常性捐赠和赔偿以及报销医疗费等；住户之间的赡养收入、经常性捐赠和赔偿以及农村地区（村委会）在外（含国外）工作的本住户非常住成员寄回带回的收入等。

消费支出　指住户用于满足家庭日常生活消费需要的全部支出，包括用于消费品的支出和用于服务性消费的支出。根据用途不同，消费支出可划分为食品烟酒、衣着、居住、生活用品及服务、交通通信、教育文化娱乐、医疗保健、其他用品及服务八大类。根据来源不同，消费支出可划分为现金消费支出、实物消费支出（含自产自用、来自单位、来自政府和其他社会组织）。

转移性支出　指调查户对国家、单位、住户或个人的经常性或义务性转移支付。包括缴纳的税款、各项社会保障支出、赡养支出、经常性捐赠和赔偿支出以及其他经常转移支出等。

个人所得税是指调查对象被扣缴的工资薪金所得、对企事业单位的承包经营承租经营所得、个体工商户的生产经营所得、劳务报酬所得、稿酬所得、特许权使用费所得、利息股息红利所得、财产租赁所得、财产转让所得、偶然所得、经国务院财政部门确定征税的其他所得等个人所得的税款。生产税、消费税不在其内。

社会保障支出是指调查户家庭成员参加国家法律、法规规定的社会保障项目中由单位和个人共同缴纳的保障支出。包括养老保险、医疗保险、失业保险、工伤保险、生育保险以及其他社会保障支出。

农村外来从业人员寄给家人的支出是指外地农业户籍的从业人员寄回带回其户口登记地家庭的支出。

赡养支出是指调查户因赡养和抚养义务而付给亲友的经常性现金和定期的实物支出。

其他经常转移支出是指除缴纳的税款、社会保障支出、赡养支出以外的其他经常性转移支出。如经常性捐赠、经常性赔偿、各种罚款及政府部门向居民提供服务收取的服务费等。

财产性支出　是指调查户支付的生活贷款利息以及其他财产性支出等。

住房贷款利息支出是指住户由于购买住房向金融机构贷款所支付的利息，包括商业贷款利息和公积金贷款利息。

其他生活贷款利息支出是指住户由于向金融机构申请汽车贷款、教育贷款以及其他消费贷款而支付的利息。

其他财产性支出是指住户支付的除生活贷款利息以外的其他财产性支出，如宅基地使用费等。

城镇居民人均可支配收入（老口径） 指城镇家庭总收入扣除交纳的个人所得税和个人交纳的各项社会保障支出之后，按照城镇居民家庭人口平均的收入水平。其中家庭总收入是指该家庭中生活在一起的所有家庭人员从各种渠道得到的所有收入之和。

农民纯收入（老口径） 指农村住户当年从各个来源得到的总收入相应地扣除所发生的费用后的收入总和。纯收入主要用于再生产投入和当年生活消费支出，也可用于储蓄和各种非义务性支出。“农民人均纯收入”按人口平均的纯收入水平，反映的是一个地区或一个农户农村居民的平均收入水平。计算方法：

纯收入＝总收入-家庭经营费用支出-税费支出-生产性固定资产折旧-赠送农村内部亲友

农民现金收入 指农村住户和住户成员在调查期内得到以现金形态表现的各项现金收入总和，是现金总收入的概念，未扣除费用性支出。按来源分成工资性收入、家庭经营现金收入、财产性收入、转移性收入。

Explanatory Notes on Main Statistical Indicators

Disposable Income means the total income of households earned in the survey period, which can be used for consumption and saving, including cash income and physical income. According to the source of income, it can be classified as income of wages and salaries, net business income, net income from property and net income from transfer.Calculation formula:

Disposable income=income of wages and salsries+net business income+net income from property+net income from transfer

Where:

Net business income=business income–business expenses depreciation of productive fixed assets –production taxes

Net income from property = property income –property expenses

Net income from transfer = transfer income–transfer expenses

Wages Income means the total remuneration and benefits earned by employees who are employed by units or individuals, freelances and part-time workers.

Net Business Income means net income earned by business activities, which are operated by households and their members. Business expenses, depreciation of productive fixed assets and production taxes should be deducted from income. It includes net income of primary, secondary and tertiary industries.

Net Income from Property means the net income obtained by authorizing other institutional units, households or individuals to dominate the financial assets, housing, other non-financial assets and natural resources owned by households and their members. Expenses should be deducted. Net income from property includes net interest income, bonus income, net income of saving insurance, net rent income from the transfer of land management right, net rent housing income, net rent other assets income and net conversion rental of private housing.

Net Income from Transfer means recurrent income transfers from the state, units, social groups and households. Including the pension, social benefits and subsidies, agricultural subsidies, policy living subsidies relief funds, regular donation and compensation and reimbursement of medical expenses from government, institutions, social groups; alimony, regular donation and compensation from other households, and the income sent back by non-permanent members working nonlocal.

Consumption Expenditure means all the expenditures of households for consumption in daily life, including expenditure on consumer goods and services consumption. It includes on eight categories by function: food; clothing; housing; householdappliances and services; transport and communication; education and culture, recreational activities; medical care; other commodities and servies. It includes expenditure in cash and in kinds(includes self-made and consumed products from units, government and other social organizations) by source.

Transferred Expenditure means regular or voluntary transfer payment from the Survey household to the nation, the unit, the household or the individual. Including the payment of the tax, the social security expenses, maintenance expenses, regular donations and compensation expenses, and other frequent transfer expenses, etc.

Personal income tax means the Survey object is the withholding of wages and salaries income, contracted leased operation of enterprises or institutions of income, individual industrial and commercial production income, labor remuneration, royalties, interest, dividends, bonuses, lease of property income, transfer of property income, contingent income, by the financial department of the state council shall determine the tax of individual income tax.The production tax, consumption tax are not.

Social security expenditure means residents' family members to participate in the national laws, rules and regulations of social security in the project by the unit and the safeguard of the individual is collective pay expenses.Including endowment insurance, medical insurance, unemployment insurance, industrial injury insurance, birth insurance and other social security.

Rural migrant workers sent to family expenses means employees outward of agricultural census register sent back to the account that the family expenses.

Support spending means residents paid to relatives and friends for support and provide for cash and in kind regularly.

Other regularly transfer spending means other regular payments in addition to the payment of taxes, social security expenditure and support spending. Such as regular donations, regular compensation, all kinds of fine and service fees of government departments provide service for residents , etc.

Property expenditure means residents pay interest on loans and other property, etc.

Interest expenditure of housing loan means residents paid interest to financial institutions for buying housing, including commercial loan interest and accumulation fund loan interest.

Other loan interest expenditure means residents paid interest to financial institutions due to apply for a car loan, education loans and other consumer loans.

Other property expenditure means residents paid other property expenditure in addition to life interest on loans, such as land use fees, etc.

Per Capita Disposable Income of Urban Households(old size) means the level of income averaged by population of urban households, it equals to total income minus income tax and personal contribution to various social security expenditure.Total income of households means the sum of income earned from various sources by the urban households and their members.

Net Income of Rural Households(old size) means the total income of rural households from all sources minus all corresponding expenses.Net income is mainly used as input for reproduction and as consumption expenditure of the year,and also used for saving and non-compulsory expenses of various forms."Per capita net income of farmers" is the level of net income averaged by population which reflects the average income level of rural households in a given area or a rural household.The formular for calculation is as follows:

Net income = total income – household operation expenses–taxes and fees-depreciation of fixed assets for production–present rural internal relatives and friends

Cash Income of Farmers means income received by rural households and their members in the form of cash during the reference period, it is the total cash income, not deduct costs. It is classified by source of income, wages income, business cash income, income from properties and income from transfers.

第三篇

价格调查

Price Survey

简要说明

居民消费价格指数是根据抽样方法抽取，在银川市、石嘴山市、吴忠市、固原市、中卫市、海原县、平罗县等7个市县选取1097个具有代表性的调查点（其中农贸市场20多个、商场超市零售商店570多个、服务网点500多个），共5698个代表规格品，由专人定期到调查点采集实际成交价加权计算得到的。

商品零售价格指数是根据抽样方法抽取，在银川市、石嘴山市、吴忠市、固原市、中卫市、海原县、平罗县7个市县选取941个调查点、4268个代表规格品，由专人定期到调查点采集实际成交价加权计算。

农业生产资料价格指数是根据抽样方法抽取，在固原市、中卫市、海原县、平罗县 4 个市县选取 66 个调查点、189个代表规格品由专人定期到调查点采集实际成交价加权计算。

农产品生产价格指数是根据抽样方法抽取的，在全区10个市县（区）的220家农产品生产大户和112个普通农户，选择16个大类37个代表规格品进行调查的资料计算。

工业生产者价格指数是根据分布在全区5个地级市500多家样本企业上报的月度统计报表资料加权计算得到。

固定资产投资价格指数是根据分布在全区5个地级市120多家样本企业上报的月度、季度统计报表资料加权计算得到。

Brief Introduction

Data of consumer price indices are collected according to the sampling method. This method chooses 1097 representative survey points at Yinchuan, Shizuishan, Wuzhong, Guyuan, Zhongwei, Haiyuan, Pingluo 7 cities and counties, which are including more than 20 agricultural market, 570 shopping malls, supermarkets and retail stores, 500 service stations. Representative commodities sum to 5698, which are taken the practical records of the prices from the survey point by specially-assigned person and weighting calculated.

Data of retail price indices are collected according to the sampling method. This method chooses 941 representative survey points at Yinchuan, Shizuishan, Wuzhong, Guyuan, Zhongwei, Haiyuan, Pingluo 7 cities and counties. Representative commodities sum to 4268, which are taken the practical records of the prices from the survey point by specially-assigned person and weighting calculated.

Data of price indices for means of agricultural production are collected according to the sampling method. This method chooses 66 representative survey points at Guyuan, Zhongwei, Haiyuan, Pingluo 4 cities and counties. Representative commodities sum to 189, which are taken the practical records of the prices from the survey point by specially-assigned person and weighting calculated.

Data of price indices for farm products are collected according to the sampling method. This method chooses 220 major agricultural producers and 112 ordinary agricultural producers at 10 cities and counties in Ningxia. Representative commodities sum to 37 of 16 major categories, which are surveyed and calculated.

Data of producer price indices for industrial products are taken from monthly statistical report of more than 500 Sample enterprises in 5 prefecture-level city and weighting calculated.

Data of price indices for investment in fixed assets are taken from monthly and quarterly statistical report of more than 120 Sample enterprises in 5 prefecture-level city and weighting calculated.

2015 年宁夏物价形势综述

受国际市场大宗商品价格下跌和国内经济增速趋缓的影响，自 2014 年宁夏市场物价开始在低位区间运行。

一、2015 年物价现状及特点

2015 年宁夏市场物价持续低位运行，全年 CPI 上涨 1.1%，比全国平均水平低 0.3 个百分点，比上年同期低 0.8 个百分点。分城乡看，农村上涨 1.0%，城市上涨 1.2%；从结构看，消费品上涨 0.6%，工业品上涨 0.8%，服务项目上涨 3.3%。分析宁夏物价形势有以下特点：

一是食品类价格平均上涨 0.4%，涨幅比上年同期低 2.3 个百分点，其中肉禽及其制品价格下降 1%，比上年同期低 1 个百分点；鲜菜价格上涨 8.5%，比上年同期高 16.4 个百分点；干鲜瓜果价格下降 5.4%，比上年同期低 21.1 个百分点。

二是居住类价格同比上涨 0.3%，比上年同期低 0.9 个百分点，其中，私房房租同比下降 6.7%，比上年同期低 14.4 个百分点。

三是汽柴油价格大幅下跌。受产能过剩、消费低迷、需求不足等因素影响，前几年价格上涨明显的汽、柴油，2015 年均同比下降，汽油价格下降 19.7%，柴油价格下降 22.5%，分别比上年同期低 19 个百分点和 18.5 个百分点。轿车价格下降 3.4%，比上年同期低 1.7 个百分点。

四是宁夏 CPI 低于全国平均水平。2015 年，宁夏 CPI 同比上涨 1.1%，比全国平均水平低 0.3 个百分点，其中食品价格上涨 0.4%，比全国平均水平低 1.9 个百分点，而食品中又以粮食、蔬菜、肉禽及蛋价格的上涨对 CPI 的影响最为重要。2015 年，宁夏粮食、蔬菜、肉禽及蛋同比价格指数分别为 101.9%、108.5%、99%和 89.7%。而同期全国粮食、蔬菜、肉禽及蛋同比价格指数分别为 102%、107.4%、105% 和 93%。纵观宁夏居民消费价格水平变动情况，从 2006 年开始，宁夏居民消费价格指数低于全国平均水平的只有 2012 年和 2014 年，而粮食、肉禽及蛋价格指数均低于全国平均水平的情况更是少见。

二、物价仍将继续低迷

一是从国际粮价来看，由于供应宽松，全球粮价陷入历史低位。据联合国粮农组织数据，2015 年食品价格指数平均值为 164.1，比 2014 年下跌近 19%，这也是全球粮食价格连续第四年下跌，同时创下 7 年来最大跌幅，未来粮食价格走势依然不明。相比国际粮价的大幅下跌，国内粮价特别是玉米价格也不乐观，由于下游需求持续疲软，以及国家下调玉米临储价格，业内人士预测玉米未来还将有幅度较大的下跌行情，这意味着养殖成本将继续降低，在需求增长有限甚至不足的背景下，肉禽蛋价格上涨缺乏市场支持。

二是由于全球经济增速放缓、以原油为原料的机械业、工业开工不足，国际油价已跌破 30 美元降至近 12 年来的新低。2015 年我国原油价格已经历了九次下调，近日国家发改委再次决定完善成品油价格形成机制，进一步推进价格市场化，第十次降低国内成品油价格。原油价格下降，必然导致中下游产品成本降低，致使工业品和农产品价格提升有限。

三是房地产市场不振，原材料价格持续低迷。从 2014 年下半年开始，宁夏房地产市场销售不振，市场竞争加剧，价格逐月走低。据统计，2015 年 1-11 月，银川市商品房待售面积 615.23 万平米，比上年同期增长 28.3%。为了去库存、促销售、保增长，银川市政府出台了一系列调控政策，但是楼市价格依然低迷，2015 年随着停止新建经济适用住房和限价商品住房，转为公租房政策的进一步实施，房地产市场将步入低投资、低速度的发展阶段，对钢材、水泥的需求会大幅减少，原材料价格将会持续低迷。

四是消费乏力和 PPI 继续下行的压力依然存在。2015 年宁夏社会消费品零售总额增长 7.1%，涨幅比上年缩小 3.2 个百分点，工业品出厂价同比下降 6.3%，降幅比上年扩大 3 个百分点，宁夏 PPI 已连续 40 多个月下降。

三、理性认识物价预期

国际上，一般采用 CPI 指标来观察某个国家或地区是否发生了通货膨胀或通货紧缩。CPI 全面地、持续地上涨就被认为是发生了通货膨胀，反之 CPI 持续低位运行就是通货紧缩。通货紧缩有：相对通货紧缩和绝对通货紧缩。相对通货紧缩是指物价水平在零值以上，在适合一国经济发展和充分就业的物价水平区间以下，在这种状态下，物价水平虽然还是正增长，但已经低于该国正常经济发展和充分就业所需要的物价水平，通货处于相对不足的状态。一般来说，适度的通货紧缩，有助于调整经济结构和挤去经济中的“泡沫”，对经济发展有积极作用的一面。但过度的通货紧缩，会导致物价总水平长时间、大范围下降、影响企业生产和投资的积极性，限制社会需求的有效增长，最终导致经济增长乏力，从 2013 年 12 月至今宁夏 CPI 涨幅已连续 25 个月低于 3%，连续 16 个月低于 2%，因此，对物价预期应有一个理性的认识，当前在投资增幅减少、消费、出口下滑的形势下，应通过加大政府投资的力度，刺激国内需求，抑制价格下滑，保持物价的基本稳定。

（苏玉英）

2015 年宁夏工业生产者价格低位运行

2015 年,受宏观经济环境下行、国际大宗商品价格波动等因素影响，宁夏工业生产者价格继续低位运行，出厂价格（PPI）同比下降 6.3%，购进价格（IPI）同比下降 7.9%。

一、工业生产者价格整体运行特点

（一）同比价格低位徘徊

从总体来看，宁夏 PPI 同比自 2012 年 4 月开始进入下降通道后持续走低，已连续 45 个月下降；IPI 同比价格走势基本相似于出厂价格，已连续 43 个月下降。

2015 年各月 PPI 同比降幅一直徘徊在 6%左右,呈波浪型走势，二季度同比降幅在全年最小，8-11 月份为全年低点。IPI 降幅在四季度呈扩大之势，表明宁夏工业经济下行的压力依然较大。

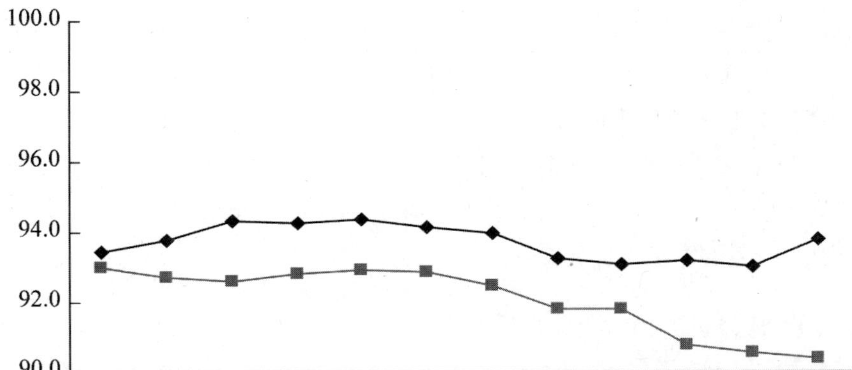

	1月	2月	3月	4月	5月	6月	7月	8月	9月	10月	11月	12月
出厂同比	93.4	93.8	94.3	94.3	94.4	94.2	94.0	93.3	93.1	93.2	93.0	93.9
购进同比	93.0	92.7	92.6	92.8	92.9	92.9	92.5	91.8	91.8	90.8	90.5	90.4

图 2015 年宁夏工业生产者价格同比走势图（%）

（二）环比价格持续震荡

一季度，出厂和购进环比价格降幅快速缩小，二、三季度则震荡下行，12 月又有回升。出厂和购进价格环比变动幅度最大的是 1 月份，分别下降 1.1%和 1.9%。

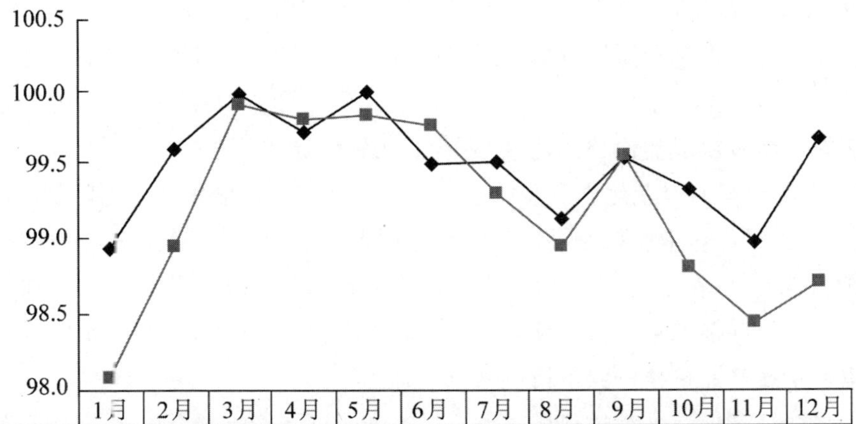

	1月	2月	3月	4月	5月	6月	7月	8月	9月	10月	11月	12月
出厂环比	98.9	99.6	99.9	99.7	100.	99.5	99.5	99.1	99.5	99.3	99.0	99.7
购进环比	98.1	98.9	99.9	99.8	99.8	99.7	99.3	98.9	99.5	98.8	98.4	98.7

图 2 2015 年宁夏工业生产者价格环比走势图（%）

（三）生产资料类价格降幅大于生活资料

2015 年，生产资料价格同比下降 6.6%，降幅比生活资料大 4.8 个百分点，影响 PPI 总水平下降 6.11 个百分点。生产资料中采掘、原料和加工类价格同比分别下降 7.8%、7.9%和 4.1%。生活资料中食品类、衣着类和一般日用品类分别下降 2.1%、4.9%和 0.6%，耐用消费品上涨 0.3%。从产品阶段看，初级产品、中间产品和最终产品价格同比分别下降 7.9%、6.3%和 4.5%，初级产品、中间产品价格降幅大于最终产品，由上游至下游，产品价格降幅递减。

（四）近六成工业行业价格下降

在调查的 32 个大类行业中，19 个大类行业产品出厂价格同比下降，下降面为 59.4%，9 个行业上涨，4 个行业持平。其中，降幅最大的是石油和天然气开采业下降 29%，石油加工炼焦业下降 21.2%，黑色金属冶炼及压延下降 12.2%，煤炭开采及洗选下降 8.9%，橡胶和塑料制品业下降 8.6%；对 PPI 拉动最大的行业分别是石油加工、煤炭开采洗选、黑色金属、有色金属、化学原料制品、电力热力及非金属矿物制品业等七大行业，其产品出厂价格影响出厂价格总指数下降 5.7 个百分点，对 PPI 的影响程度达 90.5%。

（五）九大类购进产品价格全面下降

九大类购进产品中燃料动力类和黑色金属材料类价格降幅最大，分别下降 11%和 11.3%，化工原料类下降 7.5%、建筑材料及非金属类下降 4.5%、其它工业原材料及半成品类下降 3.8%、有色金属材料及电线类产品和农副产品类购进价格均下降 3.7%，木材及纸浆类和纺织原料类产品购进价格分别下降 0.2%和 0.1%。

（六）宁夏 PPI 低于全国平均水平

2015 年，全国 PPI 总指数为 94.8%，宁夏比全国水平低 1.1 个百分点。31 个省、市、自治区的 PPI 均呈降势。降幅最大的是新疆，同比下降 11.6%，降幅最小的是重庆，下降 2.8%。在全国降幅排名（由大到小）中宁夏位列 11 位，在西北列第 5 位。

二、部分重点行业产品价格变动情况

（一）石油加工制品价格同比降幅波动起伏

2015 年,在国际原油价格起伏波动的影响下，国内成品油价格经历多次调整，石油加工制品价格降幅波动起伏。宁夏石油加工炼焦及核燃料加工业价格同比下降 21.2%，拉动宁夏 PPI 总水平下降 2.1 个百分点。其中，一季度价格同比下降 22.9%，二季度同比下降 20%，三季度下降 22.1，四季度下降 19.7%。

（二）煤炭价格同比降幅逐月有所收窄

自 2012 年 6 月以来，宁夏煤炭价格同比已经连续 43 个月下降。由于进口煤低价抢占国内市场，同时国内需求减少，库存高企，导致煤炭价格持续下跌。2015 年煤炭开采和洗选业产品价格同比下降 8.9%，拉动宁夏 PPI 总水平下降 1.3 个百分点。其中，1 月份价格同比下降 9.7%，4 月份宁夏供热采暖期结束，煤炭需求减少，企业下调部分煤炭价格，同比价格下降 12.5%，7 月份价格同比下降 8.5%，12 月价格降幅进一步缩减，下降 4.1%。

（三）化学原料及制品类价格同比跌幅呈倒“U”型走势

2015 年，宁夏化学原料及化学制品制造业同比价格变动幅度呈现出由降到涨、又由涨到降的倒“U”型走势。其中，1、2 月份化学原料制品价格同比分别下降 5.1%和 5.7%，3、4 月份降幅有所收窄，6、7 月份价格同比则上涨 0.4%和 0.3%，之后价格又开始下降，11、12 月价格同比分别下降 6.1%和 7.2%。2015 年化学原料及化学制品制造业价格同比下降 3.4%，拉动 PPI 总水平下降 0.4 个百分点。

（四）黑色金属产品价格一路下行

近年来，受房地产低迷、钢材市场需求不足、产能过剩影响，黑色金属冶炼及压延加工业产品同比价格一路下行。2015 年宁夏黑色金属产品出厂价格同比下降 12.2%，影响 PPI 总水平下降 0.7 个百分点。其中：一季度，降 10.1%，二季度下降 11.5%，三季度下降 13.3%，四季度下降 13.9%。

（五）有色金属产品价格先扬后抑

受近年来世界经济增长放缓对生产资料的需求下降影响，国际大宗商品价格持续低迷，如铁矿石、原油、有色金属、煤等主要大宗商品价格总体震荡走低，传导作用致使国内相关产品价格持续下行。2015 年，宁夏有色金属冶炼及压延业价格同比下降 6.3%，拉动 PPI 总水平下降 0.7 个百分点。1-4 月，价格变动幅度分别是-5.3%、-2.3%、0.2%和 0.9%，5 月以后则一路下探，最低点是 11 月份，同比下降 14.2%。

从总体看，宁夏工业结构性矛盾突出，煤炭、石油、黑色金属、有色金属等行业的生产经营形势严峻，预计 2016 年宁夏工业生产者价格总水平仍将低位运行。

（郭樑）

2015年宁夏农产品生产者价格震荡回落

据对宁夏331个农业生产经营单位和农户生产价格调查结果显示：2015年宁夏农产品生产者价格总水平继续回落，与2014年相比，下降1.6%，比全国平均水平低3.3个百分点，跌幅居全国第七位。分行业看，种植业、渔业产品生产者价格分别比上年上涨4.9%和0.7%，畜牧业产品比上年下降8.7%。

一、宁夏农产品生产者价格变动特点

（一）农产品生产者价格震荡回落

2015年，宁夏农产品生产者价格震荡走低（见图1）。分季度看，农产品生产者价格走势呈倒V字形，除三季度受蔬菜价格大幅"飙升"拉动，价格总水平比上年同期上涨5.7%外，一、二、四季度分别下降6.3%、4.0%和1.6%。

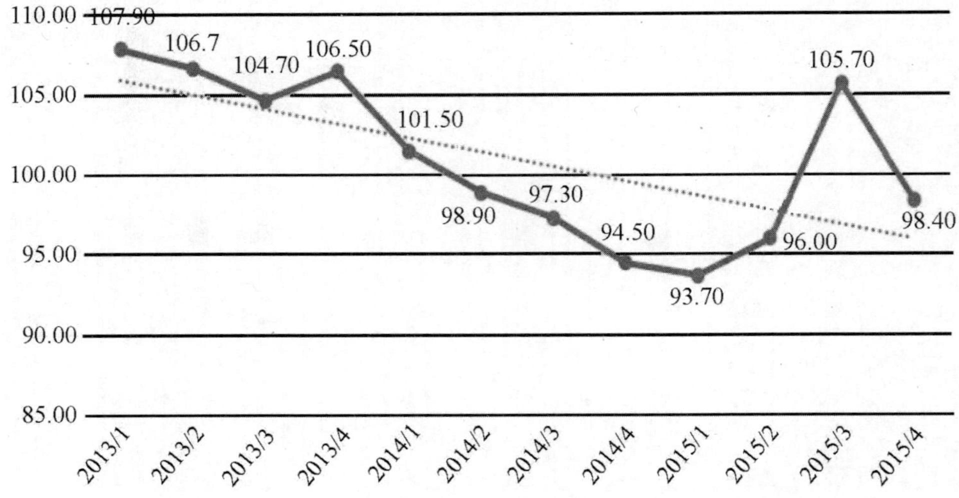

图1 2013年-2015年宁夏农产品生产者价格分季度走势图

（二）种植业产品价格稳步上涨，比上年上涨4.9%，各类别涨跌不一

1.谷物类价格比上年上涨0.8%。其中，稻谷、小麦价格比上年分别上涨7.5%、3.8%，玉米价格下降4.8%。分季度看，小麦、玉米价格高开低走，稻谷价格稳中有升（见表1）。

表1 2015年宁夏主要谷物类产品分季度价格指数表

种植业产品类别	一季度	二季度	三季度	四季度	全年累计
谷物	103.1	108.3	98.9	90.4	100.8
#稻谷	106.1	109.7	-	106.3	107.5
#小麦	104.6	112.0	99.3	99.6	103.8
#玉米	101.5	105.4	98.2	76.7	95.2

2.马铃薯价格"前跌后涨"，比上年下降23.4%。分季度看，一、二季度马铃薯价格比上年同期分别下降32.9%和35.4%，四季度价格大幅回升，上涨18.7%。

3.油料价格涨幅较大，比上年上涨12.2%。其中，油葵价格上涨12.7%，胡麻籽价格上涨9.2%。

4.蔬菜类价格大幅攀升，比上年上涨22.3%。叶菜类、白菜类、根茎类、瓜菜类、豆类、茄果类、葱蒜类七个类别的蔬菜价格整体上涨，比上年分别上涨27.6%、58.8%、6.8%、14.6%、9.7%、7.7%和9%。

5.水果、枸杞价格较快上涨，比上年分别上涨 14.7%和 12.8%。

（三）畜牧业产品价格持续低位运行

2015 年，宁夏畜牧业产品生产者价格比上年下降 8.7%，降幅在全国居第一位。其中，活羊、生牛奶、鸡蛋价格降幅最大，比上年分别下降 17.4%、17.6%和 14.3%；生猪价格恢复性增长，比上年上涨 11.5%；活牛、家禽、动物毛类产品价格小幅下降，比上年分别下降 4.6%、4.8%和 2.4%。

（四）渔业产品价格持平略长

2015 年，宁夏渔业产品价格比上年上涨 0.7%。其中，淡水鲤鱼、鲢鱼、鲫鱼价格比上年分别上涨 3.9%、3.8%和 2.1%，草鱼价格下降 5%。

二、影响农产品生产价格波动的主要因素

（一）供需失衡影响农产品生产者价格波动

2010 年以来，玉米价格连年上涨,种植户“只涨不跌”的预期增强，产量逐年上升，玉米库存不断加大。从需求看，2015 年受整体经济下行压力增大影响，玉米深加工及饲料需求不振，供需不平衡造成 10 月份新玉米集中入市后价格大幅跳水。

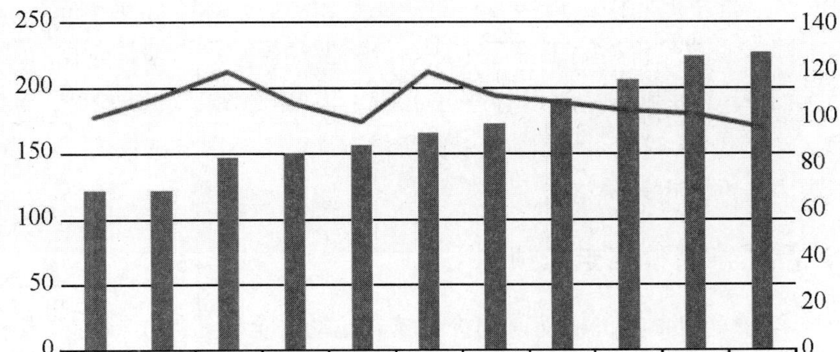

	2005年	2006年	2007年	2008年	2009年	2010年	2011年	2012年	2013年	2014年	2015年
产量（万吨）	121.4	121.5	146.6	149.9	156.4	165.8	172.4	191.2	206.2	224.1	226.9
指数（%）	99.4	108.0	118.9	105.4	97.4	118.6	108.6	105.6	102.5	101.0	95.2

产量（万吨） 指数（%）

图 2　2005 年-2015 年宁夏玉米产量与玉米生产者价格指数走势图

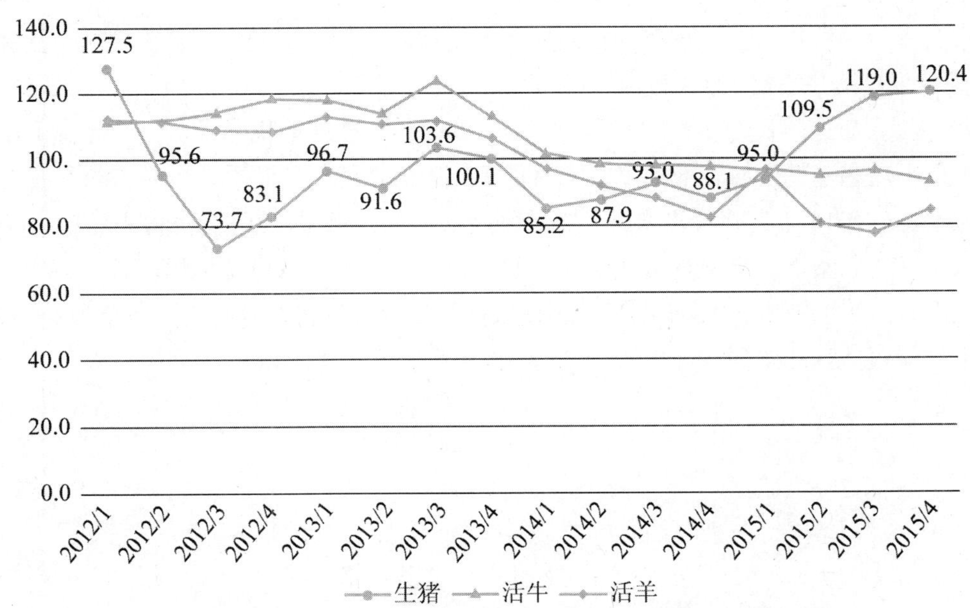

图 3　2013 年-2015 年宁夏生猪、活牛、活羊生产者价格指数走势图

市场供过于求也是活羊、活牛价格下降的主因。2012-2013 年牛、羊肉价格一路上涨，养殖户纷纷扩大养殖规模，一些工商资本也进入其中，由于供应量充足，本地销路有限，2014 年以来宁夏活羊价格进入低谷，2015 年三季度更是创近两年来的最大跌幅，活羊价格比上年下降 22.2%。生猪价格受供给减少影响，自 2015 年二季度以来进入快速上涨通道。据畜禽监测数据显示：2015 年宁夏生猪存出栏及能繁母猪数量同时减少，生猪养殖量萎缩，助推价格大幅飙升。

（二）政策因素对农产品生产者价格的导向作用

国家实施的小麦、水稻最低收购价和玉米临时收储政策是粮食价格稳定增长的重要原因。一方面，价格支持政策对维护粮食市场稳定、保障农民收益和粮食安全方面发挥了重要作用。另一方面，收储价格高于供求关系决定的均衡价格且高于国际市场价格，造成供需失衡加剧。在国内外粮价倒挂日益明显和玉米等粮食品种库存高企的背景下，2015 年 9 月 18 日国家下调临时存储玉米挂牌收购价格，这是 2008 年实施临储收购政策以来首次下调收购价。受政策调整影响，宁夏三、四季度小麦、玉米价格均出现不同程度下降，四季度玉米生产者价格平均为 1.68 元/公斤，低于最低收购价，与上年相比降幅达 23.3%。

（三）国际市场对农产品生产者价格的影响

随着我国经济与世界经济的融合进一步加强,国际农产品价格波动越来越直接或间接地影响国内农产品价格，国内农产品价格追随国际市场波动的特征更加明显。2015 年全球农产品期货、现货价格均出现了持续下滑，由于国内农产品价格高于国际市场，价格倒挂导致进口增加。据农业部公布的农产品进出口数据显示：2015 年 1-11 月我国谷物进口总量达 3063.2 万吨，比上年同期增长 78.7%；其中，玉米、大米进口数量分别增长 1.3 倍和 32.1%。在国内粮食产量实现“十二连增”的情况下，进口增加加大了市场供给，进一步冲击了国内农产品市场价格。

三、农产品生产者价格走势预判

1.虽然 2015 年宁夏粮食类价格受前期价格较高拉动，全年保持了稳定上涨态势，但受国际粮价下跌、国内主要粮食供需平衡略有余、库存充足和托市政策偏弱等不利因素影响，预计 2016 年粮食价格难现近两年来的持续上涨势头。以播种面积最大的玉米为例，前期种植户惜售心理较重，随着春节临近以及存储条件的限制，大量库存将在 2016 年一、二季度释放，这使得玉米价格回落的压力加大。

2015 年玉米价格下跌，水稻价格上涨，使得宁夏一些有条件种植水稻的种植户“弃玉米种水稻”的意愿增强。目前水稻种子价格明显上涨，市场供应偏紧，而水稻面积的扩增一定意义上意味着供给量的增加，水稻价格继续上涨的态势可能受到抑制。因此，2016 年粮食价格预计将偏弱运行。

蔬菜价格在农户因种粮效益低调整种植面积和市场需求旺盛的情况下，会出现季节性和品种间波动，2016 年价格受气候、病虫害等自然因素影响较大。

2.生猪价格在经历了三年多的猪周期“低谷”后，2015 年二季度趋稳回升，已经保持了连续三个季度的增长，受存栏量不足和基期价格较低，以及 2 月份是肉类消费的传统旺季，市场需求在有效供给不足的情况下将有大的增加，2016 年生猪价格将进入持续回暖的周期。活牛、活羊价格在经济下行压力尚未消除、内外市场需求不旺的因素下，供应量仍然偏高，预计价格短期内难以出现大幅增长。

综合以上因素，初步判断 2016 年上半年宁夏农产品生产者价格在没有有力政策和经济环境的支撑下，预计将保持平稳偏弱运行的态势。

（白文娟）

3-1 主要年份全区居民消费价格总指数
Consumer Price Indices in Main Years

年份 Year	以1957年价格为100 Year of 1957=100	以1965年价格为100 Year of 1965=100	以1970年价格为100 Year of 1970=100	以1978年价格为100 Year of 1978=100	以1980年价格为100 Year of 1980=100	以1985年价格为100 Year of 1985=100	以1990年价格为100 Year of 1990=100	以1995年价格为100 Year of 1995=100	以2000年价格为100 Year of 2000=100	以2005年价格为100 Year of 2005=100	以上年价格为100 preceding Year=100
1958	102.4										102.4
1959	105.4										102.9
1960	109.9										104.3
1961	132.1										120.2
1962	125.6										95.1
1963	111.7										88.9
1964	106.0										94.9
1965	103.5										97.7
1966	101.7	98.2									98.2
1967	104.2	100.7									102.5
1968	105.6	102.0									101.3
1969	108.2	104.5									102.5
1970	109.1	105.3									100.8
1971	108.9	105.1	99.8								99.8
1972	109.3	105.6	100.2								100.4
1973	109.6	105.9	100.5								100.3
1974	110.1	106.3	100.9								100.4
1975	110.7	106.9	101.5								100.6
1976	111.7	107.9	102.4								100.9
1977	120.9	116.7	110.8								108.2
1978	121.6	117.4	111.5								100.6
1979	123.6	119.3	113.3	101.6							101.6
1980	133.6	129.0	122.4	109.8							108.1
1981	136.4	131.7	125.0	112.1	102.1						102.1
1982	140.3	135.5	128.6	115.4	105.1						102.9
1983	142.6	137.7	130.7	117.2	106.7						101.6
1984	146.4	141.4	134.2	120.4	109.6						102.7
1985	159.0	153.6	145.8	130.8	119.1						108.6
1986	168.2	162.5	154.2	138.3	126.0	105.8					105.8
1987	180.5	174.3	165.5	148.4	135.2	113.5					107.3
1988	211.4	204.1	193.8	173.8	158.3	132.9					117.1
1989	247.8	239.3	227.1	203.7	185.5	155.8					117.2
1990	265.3	256.2	243.2	218.2	198.7	166.9					107.1
1991	282.1	272.4	258.6	231.9	211.2	177.4	106.3				106.3
1992	305.5	295.0	280.0	251.2	228.7	192.1	115.1				108.3
1993	349.1	337.2	320.1	287.1	261.4	219.6	131.6				114.3
1994	429.8	415.1	394.0	353.4	321.8	270.3	162.0				123.1
1995	503.3	486.0	461.4	413.8	376.8	316.5	189.7				117.1
1996	537.5	519.1	492.7	442.0	402.4	338.0	202.6	106.8			106.8
1997	557.9	538.8	511.5	458.8	417.7	350.9	210.3	110.9			103.8
1998	557.9	538.8	511.5	458.8	417.7	350.9	210.3	110.9			100.0
1999	550.7	531.8	504.8	452.8	412.3	346.3	207.5	109.4			98.7
2000	548.5	529.7	502.8	451.0	410.6	344.9	206.7	109.0			99.6
2001	557.3	538.2	510.8	458.2	417.2	350.4	210.0	110.7	101.6		101.6
2002	553.9	534.9	507.8	455.5	414.7	348.3	208.8	110.1	101.0		99.4
2003	563.3	544.0	516.4	463.2	421.8	354.3	212.3	111.9	102.7		101.7
2004	584.2	564.2	535.5	480.4	437.4	367.4	220.2	116.1	106.5		103.7
2005	592.9	572.6	543.6	487.6	443.9	372.9	223.5	117.8	108.1		101.5
2006	604.2	583.5	553.9	496.8	452.4	380.0	227.7	120.1	110.2	101.9	101.9
2007	636.8	615.0	583.8	523.7	476.8	400.5	240.0	126.5	116.1	107.4	105.4
2008	691.0	667.3	633.4	568.2	517.3	434.5	260.4	137.3	126.0	116.5	108.5
2009	695.8	672.0	637.8	572.1	520.9	437.6	262.2	138.2	126.9	117.3	100.7
2010	724.3	699.5	664.0	595.6	542.3	455.5	273.0	143.9	132.1	122.2	104.1
2011	770.0	743.6	705.8	633.1	576.5	484.2	290.2	153.0	140.4	129.9	106.3
2012	785.4	758.5	719.9	645.8	588.0	493.9	296.0	156.0	143.2	132.5	102.0
2013	812.1	784.2	744.4	667.7	608.0	510.7	306.1	161.4	148.1	137.0	103.4
2014	827.5	799.1	758.6	680.4	619.5	520.4	311.9	164.4	150.9	139.6	101.9
2015	836.6	807.9	766.9	687.9	626.3	526.1	315.3	166.2	152.5	141.1	101.1

3-2 主要年份全区城市居民消费价格总指数
Consumer Price Indices of Urban Households in Main Years

年 份 Year	以1957年价格为100 Year of 1957=100	以1965年价格为100 Year of 1965=100	以1970年价格为100 Year of 1970=100	以1978年价格为100 Year of 1978=100	以1985年价格为100 Year of 1985=100	以1990年价格为100 Year of 1990=100	以1995年价格为100 Year of 1995=100	以2000年价格为100 Year of 2000=100	以2005年价格为100 Year of 2005=100	以上年价格为100 preceding Year=100
1958	102.4									102.4
1959	105.4									102.9
1960	109.9									104.3
1961	132.1									120.2
1962	125.6									95.1
1963	111.7									88.9
1964	106.0									94.9
1965	103.5									97.7
1966	101.7	98.2								98.2
1967	104.2	100.7								102.5
1968	105.6	102.0								101.3
1969	108.2	104.5								102.5
1970	109.1	105.3								100.8
1971	108.9	105.1	99.8							99.8
1972	109.3	105.6	100.2							100.4
1973	109.6	105.9	100.5							100.3
1974	110.1	106.3	100.9							100.4
1975	110.7	106.9	101.5							100.6
1976	111.7	107.9	102.4							100.9
1977	120.9	116.7	110.8							108.2
1978	121.6	117.4	111.5							100.6
1979	123.6	119.3	113.3	101.6						101.6
1980	133.6	129.0	122.4	109.8						108.1
1981	136.4	131.7	125.0	112.1						102.1
1982	140.3	135.5	128.6	115.4						102.9
1983	142.6	137.7	130.7	117.2						101.6
1984	147.3	142.2	135.0	121.1						103.3
1985	159.9	154.5	146.6	131.5						108.6
1986	169.5	163.7	155.4	139.4	106.0					106.0
1987	186.3	179.9	170.8	153.2	116.5					109.9
1988	219.3	211.8	201.0	180.3	137.1					117.7
1989	254.8	246.1	233.6	209.5	159.3					116.2
1990	268.9	259.6	246.5	221.1	168.1					105.5
1991	287.4	277.6	263.5	236.3	179.7	106.9				106.9
1992	314.1	303.4	288.0	258.3	196.4	116.8				109.3
1993	361.9	349.5	331.7	297.6	226.3	134.6				115.2
1994	451.6	436.1	414.0	371.4	282.4	168.0				124.8
1995	529.8	511.6	485.6	435.6	331.2	197.0				117.3
1996	564.7	545.4	517.7	464.3	353.1	210.0	106.6			106.6
1997	586.7	566.6	537.9	482.5	366.8	218.2	110.8			103.9
1998	586.7	566.6	537.9	482.5	366.8	218.2	110.8			100.0
1999	581.5	561.5	533.0	478.1	363.5	216.3	109.8			99.1
2000	579.7	559.8	531.4	476.7	362.4	215.6	109.4			99.7
2001	587.3	567.1	538.3	482.9	367.2	218.4	110.9	101.3		101.3
2002	583.7	563.7	535.1	480.0	365.0	217.1	110.2	100.7		99.4
2003	592.5	572.2	543.1	487.2	370.4	220.4	111.8	102.2		101.5
2004	612.0	591.1	561.1	503.3	382.7	227.6	115.5	105.6		103.3
2005	621.8	600.5	570.0	511.3	388.8	231.3	117.4	107.3		101.6
2006	632.4	610.7	579.7	520.0	395.4	235.2	119.4	109.1	101.7	101.7
2007	664.7	641.9	609.3	546.5	415.5	247.2	125.5	114.7	106.9	105.1
2008	717.2	692.6	657.4	589.7	448.4	266.8	135.4	123.7	115.3	107.9
2009	719.3	694.7	659.4	591.5	449.7	267.6	135.8	124.1	115.7	100.3
2010	746.3	720.7	684.1	613.6	466.6	277.6	140.9	128.7	120.0	103.7
2011	789.6	762.5	723.8	649.2	493.6	293.7	149.0	136.2	127.0	105.8
2012	806.9	779.3	739.7	663.5	504.5	300.1	152.3	139.2	129.8	102.2
2013	833.5	805.0	764.1	685.4	521.1	310.0	157.3	143.8	134.0	103.3
2014	850.2	821.1	779.4	699.1	531.6	316.2	160.5	146.7	136.7	102.0
2015	860.4	830.9	788.7	707.5	537.9	320.0	162.4	148.4	138.4	101.2

3-3 主要年份全区农村居民消费价格总指数

Consumer Price Indices of Rural Households in Main Years

年 份 Year	以1957年价格为100 Year of 1957=100	以1965年价格为100 Year of 1965=100	以1970年价格为100 Year of 1970=100	以1978年价格为100 Year of 1978=100	以1980年价格为100 Year of 1980=100	以1985年价格为100 Year of 1985=100	以1990年价格为100 Year of 1990=100	以1995年价格为100 Year of 1995=100	以2000年价格为100 Year of 2000=100	以2005年价格为100 Year of 2005=100	以上年价格为100 preceding Year=100
1958	102.4										102.4
1959	105.4										102.9
1960	109.9										104.3
1961	132.1										120.2
1962	125.6										95.1
1963	111.7										88.9
1964	106.0										94.9
1965	103.5										97.7
1966	101.7	98.2									98.2
1967	104.2	100.7									102.5
1968	105.6	102.0									101.3
1969	108.2	104.5									102.5
1970	109.1	105.3									100.8
1971	108.9	105.1	99.8								99.8
1972	109.3	105.6	100.2								100.4
1973	109.6	105.9	100.5								100.3
1974	110.1	106.3	100.9								100.4
1975	110.7	106.9	101.5								100.6
1976	111.7	107.9	102.4								100.9
1977	120.9	116.7	110.8								108.2
1978	121.6	117.4	111.5								100.6
1979	123.6	119.3	113.3	101.6							101.6
1980	133.6	129.0	122.4	109.8							108.1
1981	136.4	131.7	125.0	112.1							102.1
1982	140.3	135.5	128.6	115.4							102.9
1983	142.6	137.7	130.7	117.2							101.6
1984	144.9	139.9	132.8	119.1							101.6
1985	156.9	151.5	143.8	129.0	108.3						108.3
1986	164.9	159.2	151.[illegible]	135.6	113.8	105.1					105.1
1987	173.6	167.7	159.2	142.8	119.9	110.7					105.3
1988	200.9	194.0	184.1	165.2	138.7	128.0					115.7
1989	238.0	229.9	218.2	195.7	164.3	151.7					118.5
1990	259.5	250.6	237.3	213.3	179.1	165.4					109.0
1991	273.2	263.8	250.5	224.7	188.6	174.2	105.3				105.3
1992	291.0	281.0	266.7	239.3	200.9	185.5	112.1				106.5
1993	331.1	319.8	303.5	272.3	228.6	211.1	127.6				113.8
1994	402.7	388.8	369.1	331.1	278.0	256.7	155.2				121.6
1995	468.7	452.6	429.6	385.4	323.6	298.8	180.6				116.4
1996	501.0	483.9	459.3	412.0	345.9	319.4	193.1	106.9			106.9
1997	518.6	500.8	475.4	426.4	358.0	330.5	199.9	110.6			103.5
1998	517.5	499.8	474.4	425.5	357.3	329.9	199.5	110.4			99.8
1999	507.7	490.3	465.4	417.5	350.5	323.6	195.7	108.3			98.1
2000	505.2	487.8	463.1	415.4	348.7	322.0	194.7	107.8			99.5
2001	516.3	498.6	473.3	424.5	356.4	329.1	199.0	110.2	102.2		102.2
2002	513.7	496.1	470.9	422.4	354.6	327.4	198.0	109.6	101.7		99.5
2003	524.0	506.0	480.3	430.8	361.7	334.0	201.9	111.8	103.7		102.0
2004	547.5	528.8	501.9	450.2	378.0	349.0	211.0	116.8	108.4		104.5
2005	554.1	535.1	507.9	455.6	382.5	353.2	213.6	118.2	109.7		101.2
2006	566.9	547.4	519.6	466.1	391.3	361.3	218.5	120.9	112.2	102.3	102.3
2007	600.3	579.7	550.3	493.6	414.4	382.6	231.4	128.1	118.8	108.3	105.9
2008	659.7	637.1	604.8	542.5	455.4	420.5	254.3	140.8	130.6	119.1	109.9
2009	669.6	646.7	613.8	550.6	462.3	426.8	258.1	142.9	132.6	120.8	101.5
2010	700.7	676.7	642.3	576.1	483.7	446.6	270.0	149.5	138.7	126.5	104.6
2011	751.8	726.1	689.2	618.2	519.0	479.2	289.8	160.4	148.8	135.7	107.3
2012	764.6	738.4	700.9	628.7	527.8	487.4	294.7	163.1	151.4	138.0	101.7
2013	793.7	766.5	727.5	652.6	547.9	505.9	305.9	169.3	157.1	143.2	103.8
2014	806.4	778.7	739.2	663.0	556.7	514.0	310.8	172.0	159.6	145.5	101.6
2015	814.4	786.5	746.6	669.7	562.2	519.1	313.9	173.8	161.2	147.0	101.0

3-4 主要年份全区商品零售价格总指数

Retail Price Indices in Main Years

年 份 Year	以1957年价格为100 Year of 1957=100	以1965年价格为100 Year of 1965=100	以1970年价格为100 Year of 1970=100	以1978年价格为100 Year of 1978=100	以1980年价格为100 Year of 1980=100	以1985年价格为100 Year of 1985=100	以1990年价格为100 Year of 1990=100	以1995年价格为100 Year of 1995=100	以2000年价格为100 Year of 2000=100	以2005年价格为100 Year of 2005=100	以上年价格为100 preceding Year=100
1958	101.0										101.0
1959	102.5										101.5
1960	105.6										103.0
1961	124.4										117.8
1962	119.8										96.3
1963	107.1										89.4
1964	102.5										95.7
1965	100.0										97.6
1966	98.1	98.1									98.1
1967	100.0	100.0									101.9
1968	100.8	100.8									100.8
1969	102.3	102.3									101.5
1970	102.8	102.8									100.5
1971	101.8	101.8	99.0								99.0
1972	101.9	101.9	99.1								100.1
1973	102.2	102.2	99.4								100.3
1974	102.3	102.3	99.5								100.1
1975	102.6	102.6	99.8								100.3
1976	103.0	103.0	100.2								100.4
1977	110.7	110.7	107.7								107.5
1978	110.7	110.7	107.7								100.0
1979	112.2	112.1	109.1	101.3							101.3
1980	118.7	118.7	115.4	107.2							105.8
1981	121.1	121.0	117.7	109.3	102.0						102.0
1982	124.1	124.1	120.7	112.1	104.6						102.5
1983	125.4	125.4	122.0	113.3	105.7						101.1
1984	129.5	129.4	125.9	116.9	109.1						103.2
1985	139.6	139.5	135.7	126.0	117.6						107.8
1986	146.4	146.4	142.4	132.2	123.4	104.9					104.9
1987	158.1	158.1	153.8	142.8	133.2	113.3					108.0
1988	185.8	185.7	180.7	167.8	156.5	133.1					117.5
1989	218.8	218.8	212.9	197.6	184.4	156.8					117.8
1990	228.0	228.0	221.8	205.9	192.1	163.4					104.2
1991	241.5	241.4	234.9	218.1	203.5	173.0	105.9				105.9
1992	261.0	261.0	253.9	235.7	220.0	187.1	114.5				108.1
1993	292.6	292.6	284.6	264.3	246.6	209.7	128.3				112.1
1994	351.5	351.4	341.9	317.4	296.1	251.8	154.1				120.1
1995	405.2	405.1	394.2	365.9	341.4	290.4	177.7				115.3
1996	432.4	432.3	420.6	390.5	364.3	309.8	189.6	106.7			106.7
1997	441.9	441.8	429.8	399.1	372.3	316.6	193.8	109.0			102.2
1998	430.8	430.7	419.1	389.1	363.0	308.7	188.9	106.3			97.5
1999	421.8	421.7	410.3	380.9	355.4	302.2	185.0	104.1			97.9
2000	411.7	411.6	400.4	371.8	346.9	295.0	180.5	101.6			97.6
2001	411.7	411.6	400.4	371.8	346.9	295.0	180.5	101.6	100.0		100.0
2002	405.5	405.4	394.4	366.2	341.7	290.6	177.8	100.1	98.5		98.5
2003	403.5	403.4	392.4	364.4	340.0	289.1	176.9	99.6	98.0		99.5
2004	414.8	414.7	403.4	374.6	349.5	297.2	181.9	102.4	100.8		102.8
2005	416.4	416.3	405.0	376.1	350.9	298.4	182.6	102.8	101.2		100.4
2006	421.8	421.7	410.3	380.9	355.4	302.3	185.0	104.1	102.5	101.3	101.3
2007	439.1	439.0	427.1	396.6	370.0	314.7	192.6	108.4	106.7	105.5	104.1
2008	476.5	476.4	463.4	430.3	401.5	341.4	208.9	117.6	115.7	114.4	108.5
2009	474.1	474.0	461.1	428.1	399.5	339.7	207.9	117.0	115.2	113.8	99.5
2010	489.2	489.1	475.9	441.8	412.2	350.6	214.5	120.7	118.8	117.5	103.2
2011	515.1	515.0	501.1	465.2	434.1	369.1	225.9	127.1	125.1	123.7	105.3
2012	520.3	520.2	506.1	469.9	438.4	372.8	228.2	128.4	126.4	124.9	101.0
2013	532.8	532.7	518.2	481.1	448.9	381.8	233.6	131.5	129.4	127.9	102.4
2014	537.6	537.5	522.9	485.5	453.0	385.2	235.7	132.7	130.6	129.1	100.9
2015	538.1	538.0	523.4	486.0	453.4	385.6	236.0	132.8	130.7	129.2	100.1

3-5 主要年份全区城市商品零售价格总指数

Retail Price Indices of Urban in Main Years

年份 Year	以1957年价格为100 Year of 1957=100	以1965年价格为100 Year of 1965=100	以1970年价格为100 Year of 1970=100	以1978年价格为100 Year of 1978=100	以1980年价格为100 Year of 1980=100	以1985年价格为100 Year of 1985=100	以1990年价格为100 Year of 1990=100	以1995年价格为100 Year of 1995=100	以2000年价格为100 Year of 2000=100	以2005年价格为100 Year of 2005=100	以上年价格为100 preceding Year=100
1958	101.7										101.7
1959	103.7										102.0
1960	106.8										103.0
1961	128.9										120.6
1962	122.8										95.3
1963	109.4										89.1
1964	104.7										95.7
1965	102.1										97.5
1966	100.2	98.1									98.1
1967	102.7	100.6									102.5
1968	104.0	101.9									101.3
1969	106.6	104.4									102.5
1970	107.4	105.2									100.8
1971	107.1	104.9	99.7								99.7
1972	107.5	105.3	100.1								100.4
1973	107.9	105.7	100.4								100.3
1974	108.3	106.1	100.8								100.4
1975	109.1	106.8	101.5								100.7
1976	110.3	108.0	102.6								101.1
1977	119.5	117.1	111.2								108.4
1978	120.4	117.9	112.0								100.7
1979	122.4	119.9	113.9	101.7							101.7
1980	132.4	129.7	123.3	110.0							108.2
1981	135.1	132.3	125.7	112.2	102.0						102.0
1982	139.1	136.3	129.5	115.6	105.1						103.0
1983	141.2	138.3	131.4	117.3	106.6						101.5
1984	145.8	142.8	135.7	121.1	110.0						103.2
1985	158.1	154.9	147.2	131.4	119.4						108.5
1986	167.2	163.7	155.6	138.9	126.2	105.7					105.7
1987	184.9	181.1	172.1	153.6	139.6	116.9					110.6
1988	218.9	214.4	203.7	181.9	165.3	138.4					118.4
1989	255.2	250.0	237.5	212.1	192.7	161.4					116.6
1990	261.1	255.7	243.0	216.9	197.1	165.1					102.3
1991	278.3	272.6	259.0	231.2	210.1	176.0	106.6				106.6
1992	303.7	297.4	282.6	252.3	229.3	192.0	116.3				109.1
1993	341.3	334.3	317.7	283.6	257.7	215.8	130.7				112.4
1994	409.6	401.2	381.2	340.3	309.2	259.0	156.9				120.0
1995	469.8	460.2	437.2	390.3	354.7	297.1	179.9				114.7
1996	499.4	489.1	464.8	414.9	377.0	315.8	191.3	106.3			106.3
1997	510.4	499.9	475.0	424.0	385.3	322.7	195.5	108.6			102.2
1998	496.6	486.4	462.2	412.6	374.9	314.0	190.2	105.7			97.3
1999	488.6	478.6	454.8	406.0	368.9	309.0	187.1	104.0			98.4
2000	477.9	468.1	444.8	397.0	360.8	302.2	183.0	101.7			97.8
2001	479.3	469.5	446.1	398.2	361.9	303.1	183.6	102.0	100.3		100.3
2002	472.6	462.9	439.9	392.7	356.8	298.9	181.0	100.6	98.9		98.6
2003	468.8	459.2	436.3	389.5	354.0	296.5	179.6	99.8	98.1		99.2
2004	478.7	468.9	445.5	397.7	361.4	302.7	183.3	101.9	100.2		102.1
2005	481.1	471.2	447.7	399.7	363.2	304.2	184.2	102.4	100.7		100.5
2006	486.8	476.9	453.1	404.5	367.6	307.9	186.5	103.6	101.9	101.2	101.2
2007	504.9	494.5	469.9	419.5	381.2	319.2	193.4	107.5	105.6	104.9	103.7
2008	540.7	529.6	503.2	449.2	408.2	341.9	207.1	115.1	113.1	112.4	107.1
2009	537.5	526.4	500.2	446.5	405.8	339.9	205.8	114.4	112.5	111.7	99.4
2010	552.2	540.9	514.0	458.8	417.0	349.2	211.5	117.6	115.6	114.8	102.7
2011	579.8	568.0	539.7	481.8	437.8	366.7	222.1	123.4	121.3	120.5	105.0
2012	585.1	573.1	544.5	486.1	441.7	370.0	224.1	124.5	122.4	121.6	100.9
2013	599.1	586.8	557.6	497.8	452.3	378.8	229.5	127.5	125.4	124.5	102.4
2014	604.5	592.1	562.6	502.2	456.4	382.2	231.5	128.7	126.5	125.7	100.9
2015	605.1	592.7	563.2	502.7	456.9	382.6	231.8	128.8	126.6	125.8	100.1

3-6 主要年份全区农村商品零售价格总指数

Retail Price Indices of Rural in Main Years

年 份 Year	以1957年价格为100 Year of 1957=100	以1965年价格为100 Year of 1965=100	以1970年价格为100 Year of 1970=100	以1978年价格为100 Year of 1978=100	以1980年价格为100 Year of 1980=100	以1985年价格为100 Year of 1985=100	以1990年价格为100 Year of 1990=100	以1995年价格为100 Year of 1995=100	以2000年价格为100 Year of 2000=100	以2005年价格为100 Year of 2005=100	以上年价格为100 preceding Year=100
1958	100.0										100.0
1959	100.8										100.8
1960	101.8										101.0
1961	115.6										113.5
1962	119.8										103.7
1963	116.7										97.4
1964	114.5										98.1
1965	111.9										97.7
1966	110.2	98.5									98.5
1967	111.6	99.8									101.3
1968	111.6	99.8									100.0
1969	111.6	99.8									100.0
1970	111.6	99.8									100.0
1971	109.4	97.8	98.0								98.0
1972	109.2	97.6	97.8								99.8
1973	109.5	97.9	98.1								100.3
1974	109.4	97.8	98.0								99.9
1975	109.4	97.8	98.0								100.0
1976	109.4	97.8	98.0								100.0
1977	116.9	104.5	104.8								106.9
1978	116.6	104.2	104.4								99.7
1979	117.9	105.4	105.6	101.1							101.1
1980	122.6	109.6	109.8	105.1							104.0
1981	124.8	111.6	111.8	107.0	101.8						101.8
1982	127.4	113.9	114.1	109.3	103.9						102.1
1983	128.3	114.7	114.9	110.0	104.7						100.7
1984	131.9	117.9	118.2	113.1	107.6						102.8
1985	139.9	125.1	125.3	120.0	114.1						106.1
1986	145.5	130.1	130.4	124.8	118.7	104.0					104.0
1987	154.5	138.1	138.4	132.5	126.1	110.4					106.2
1988	179.4	160.4	160.7	153.9	146.4	128.2					116.1
1989	213.3	190.7	191.1	183.0	174.0	152.5					118.9
1990	225.5	201.6	202.0	193.4	183.9	161.2					105.7
1991	236.5	211.4	211.9	202.9	193.0	169.1	104.9				104.9
1992	251.2	224.5	225.0	215.5	204.9	179.5	111.4				106.2
1993	281.1	251.3	251.8	241.1	229.3	200.9	124.7				111.9
1994	338.1	302.3	302.9	290.0	275.8	241.7	150.0				120.3
1995	391.9	350.3	351.1	336.2	319.7	280.1	173.8				115.9
1996	420.9	376.3	377.1	361.0	343.4	300.8	186.7	107.4			107.4
1997	429.7	384.2	385.0	368.6	350.6	307.2	190.6	109.7			102.1
1998	420.7	376.1	376.9	360.9	343.2	300.7	186.6	107.4			97.9
1999	408.1	364.8	365.6	350.0	332.9	291.7	181.0	104.1			97.0
2000	397.5	355.3	356.1	340.9	324.3	284.1	176.3	101.4			97.4
2001	395.9	353.9	354.7	339.6	323.0	283.0	175.6	101.0	99.6		99.6
2002	389.5	348.2	349.0	334.1	317.8	278.4	172.8	99.4	98.0		98.4
2003	389.9	348.6	349.4	334.5	318.1	278.7	172.9	99.5	98.1		100.1
2004	406.3	363.2	364.0	348.5	331.5	290.4	180.2	103.7	102.2		104.2
2005	406.7	363.6	364.4	348.9	331.8	290.7	180.4	103.8	102.3		100.1
2006	414.0	370.1	371.0	355.2	337.8	295.9	183.6	105.7	104.2	101.8	101.8
2007	436.4	390.1	391.0	374.3	356.0	311.9	193.6	111.4	109.8	107.3	105.4
2008	490.9	438.9	439.9	421.1	400.5	350.9	217.7	125.3	123.5	120.7	112.5
2009	490.9	438.9	439.9	421.1	400.5	350.9	217.7	125.3	123.5	120.7	100.0
2010	512.9	458.5	459.5	439.9	418.4	366.6	227.5	130.9	129.0	126.1	104.5
2011	552.9	494.3	495.4	474.3	451.1	395.2	245.2	141.1	139.1	135.9	107.8
2012	562.3	502.7	503.8	482.3	458.7	401.9	249.4	143.5	141.5	138.2	101.7
2013	578.6	517.2	518.4	496.3	472.0	413.6	256.6	147.6	145.6	142.3	102.9
2014	580.3	518.8	519.9	497.8	473.4	414.8	257.4	148.1	146.0	142.7	100.3
2015	579.7	518.3	519.4	497.3	473.0	414.4	257.1	147.9	145.9	142.5	99.9

3-7 主要年份全区农业生产资料价格总指数

Price Indices for Means of Agricultural Production in Main Years

年 份 Year	以1957年价格为100 Year of 1957=100	以1965年价格为100 Year of 1965=100	以1970年价格为100 Year of 1970=100	以1978年价格为100 Year of 1978=100	以1980年价格为100 Year of 1980=100	以1985年价格为100 Year of 1985=100	以1990年价格为100 Year of 1990=100	以1995年价格为100 Year of 1995=100	以2000年价格为100 Year of 2000=100	以2005年价格为100 Year of 2005=100	以上年价格为100 preceding Year=100
1978	92.7	91.8	99.7								99.7
1979	93.4	92.5	100.5	100.8							100.8
1980	94.8	93.9	102.0	102.3	101.5						101.5
1981	95.4	94.5	102.6	102.9	102.1						100.6
1982	95.8	94.9	103.0	103.3	102.5						100.4
1983	99.1	98.2	106.6	107.0	106.1						103.5
1984	104.6	103.6	112.5	112.8	111.9						105.5
1985	108.6	107.5	116.8	117.1	116.2						103.8
1986	110.5	109.5	118.9	119.2	118.3	101.8					101.8
1987	118.9	117.8	127.9	128.3	127.3	109.5					107.6
1988	136.8	135.4	149.8	150.2	149.0	128.3					117.1
1989	162.0	160.3	177.3	177.9	176.5	151.9					118.4
1990	171.0	169.3	187.3	187.8	186.3	160.4					105.6
1991	178.9	177.1	195.9	196.5	194.9	167.8	104.6				104.6
1992	186.1	184.2	203.7	204.3	202.7	174.5	108.8				104.0
1993	216.4	214.2	236.9	237.6	235.8	202.9	126.5				116.3
1994	266.8	264.1	292.1	293.0	290.7	250.2	156.0				123.3
1995	347.9	344.4	380.9	382.1	379.1	326.2	203.4				130.4
1996	379.2	375.4	415.2	416.5	413.2	355.6	221.7	109.0			109.0
1997	372.4	368.6	407.8	409.0	405.7	349.2	217.7	107.0			98.2
1998	357.9	354.2	391.9	393.0	389.9	335.6	209.2	102.9			96.1
1999	334.3	330.8	366.0	367.1	364.2	313.4	195.4	96.1			93.4
2000	320.9	317.6	351.4	352.4	349.6	300.9	187.6	92.2			96.0
2001	327.3	324.0	358.4	359.5	356.6	306.9	191.4	94.1	102.0		102.0
2002	338.8	335.3	370.9	372.0	369.1	317.6	198.1	97.4	105.6		103.5
2003	336.7	333.3	368.7	369.8	366.9	315.7	196.9	96.8	104.9		99.4
2004	382.2	378.3	418.5	419.7	416.4	358.4	223.5	109.9	119.1		113.5
2005	417.7	413.5	457.4	458.8	455.1	391.7	244.2	120.1	130.2		109.3
2006	421.1	416.8	461.0	462.4	458.8	394.8	246.2	121.0	131.2	100.8	100.8
2007	472.5	467.6	517.3	518.9	514.7	443.0	276.2	135.8	147.2	113.1	112.2
2008	596.2	590.1	652.8	654.8	649.6	559.1	348.6	171.4	185.8	142.7	126.2
2009	574.2	568.3	628.7	630.6	625.6	538.4	335.7	165.0	178.9	137.4	96.3
2010	599.5	593.4	656.4	658.4	653.1	562.1	350.5	172.3	186.8	143.5	104.4
2011	683.4	676.4	748.3	750.5	744.6	640.8	399.6	196.4	213.0	163.6	114.0
2012	735.4	727.8	805.1	807.6	801.2	689.5	429.9	211.4	229.2	176.0	107.6
2013	747.1	739.5	818.0	820.5	814.0	700.5	436.8	214.7	232.8	178.8	101.6
2014	724.0	716.5	792.7	795.0	788.7	678.8	423.3	208.1	225.6	173.3	96.9
2015	714.5	707.2	782.4	784.7	778.5	670.0	417.8	205.4	222.7	171.0	98.7

3-8 2015年城乡居民消费价格分类指数

Consumer Price Indices by Category (2015)

(以上年价格为100) (preceding year=100)

项目名称	Item	全 区 General	城 市 Urban Household	农 村 Rural Household
居民消费价格总指数	**Consumer Price Index**	**101.1**	**101.2**	**101.0**
服务项目价格指数	**Service Items Price Index**	**103.3**	**103.2**	**103.5**
消费品价格指数	**Consumer Goods Price Index**	**100.6**	**100.7**	**100.5**
一、食品	Food	100.4	100.1	101.1
1.粮食	Grain	101.9	101.5	102.3
大　米	Rice	102.4	102.5	102.3
面　粉	Flour	101.4	101.1	101.7
粮食制品	Cereal Product	100.7	100.7	100.6
其　他	Others	108.8	105.4	110.1
2.淀粉及制品	Starch and Products	100.9	101.1	100.2
淀粉及制品	Starch and Products	100.9	101.1	100.2
3.干豆类及豆制品	Beans and Bean Products	101.6	101.3	102.8
干　豆	Beans	103.4	103.3	103.5
豆 制 品	Bean Products	101.3	101.0	102.6
4.油脂	Oil or Fat	98.8	98.7	98.9
食用植物油	Edible Vegetable Oil	99.1	99.2	99.0
植物油制品	Vegetable Oil Products	98.0	97.7	98.7
其　他	Others	99.2	104.0	96.7
5.肉禽及其制品	Meat,Poultry and Processed Products	99.0	99.0	99.0
(1)食用畜肉及副产品	Meat and Byproducts	98.0	97.9	98.3
猪　肉	Pork	108.0	107.0	109.9
牛　肉	Beef	98.7	98.8	98.4
羊　肉	Mutton	88.2	89.8	83.5
畜肉副产品	Byproducts	97.6	97.0	99.7
其　他	Others	100.8	100.0	105.3
(2)禽	Poultry	102.4	102.4	102.2
鸡	Chicken	101.8	101.7	102.0
鸭	Duck	99.6	99.3	104.5
其　他	Others	111.0	113.1	104.3
(3)加工肉禽	Processed Products of Meat and Poultry	101.4	101.5	101.0
畜肉制品	Processed Products of Meat	100.2	100.1	100.3
禽 制 品	Processed Products of Poultry	103.2	103.3	102.6
6.蛋	Eggs	89.7	89.8	89.6
鲜　蛋	Fresh Egg	88.4	88.2	88.7
蛋 制 品	Processed Products of Egg	101.9	101.7	103.0
7.水产品	Aquatic Products	99.4	99.3	100.5
(1)鱼	Fish	99.9	99.7	100.3
淡 水 鱼	Freshwater Fish	100.6	100.8	100.1
海 水 鱼	Seawater Fish	98.2	97.8	101.3
(2)其他水产品	Others	98.6	98.4	101.2
虾 蟹 类	Shrimp and Crab	97.4	97.4	97.4
其　他	Others	100.5	100.1	107.5

3-8 续表 1 continued

(以上年价格为100) (preceding year=100)

项目名称	Item	全 区 General	城 市 Urban Household	农 村 Rural Household
8.菜	Vegetables	107.8	107.3	108.8
鲜 菜	Fresh Vegetables	108.5	108.1	109.1
干菜及菜制品	Dried Vegetables and Processed Products	106.5	106.4	107.1
薯 类	Tubers	97.4	95.9	102.6
9.调 味 品	Flavoring	104.0	104.1	103.9
食 用 盐	Salt	101.0	100.0	102.0
酱 油	Soy	108.8	111.8	100.7
食 醋	Vinegar	100.4	100.5	100.2
味 精	Aginomoto	103.7	104.2	102.6
其 他	Others	106.4	102.3	110.2
10.糖	Carbohydrate	100.2	101.2	98.1
食 糖	Sugar	99.1	100.6	97.0
糖 果	Candy	100.5	101.1	99.0
巧克力制品	Processed Products of Chocolate	103.1	104.3	99.0
糖类小食品	Carbohydrate Foods	99.8	99.9	99.7
11.茶及饮料	Tea and Beverages	100.2	100.2	100.2
(1)茶叶	Tea	99.9	100.0	99.8
茶 叶	Tea	99.9	100.0	99.8
(2)饮料	Beverages	100.4	100.3	100.6
固体饮料	Solid Beverages	101.9	102.3	101.0
液体饮料	Liquid Beverages	100.0	99.9	100.5
冷冻饮品	Freeze Beverages	100.1	100.0	100.4
12.干鲜瓜果	Dried and Fresh Melons and Fruits	94.6	94.0	96.2
鲜 瓜 果	Fresh Melons and Fruits	93.3	92.4	95.5
干(坚)果	Dried Melons and Fruits	100.4	100.3	100.4
13.糕点饼干面包	Cake,Biscuit and Bread	101.4	101.7	100.5
糕 点	Cake	102.1	102.6	100.0
饼 干	Biscui	101.3	101.5	100.8
面 包	Bread	100.5	100.5	100.4
14.液体乳及乳制品	Milk and Processed Products	99.6	100.0	97.9
巴氏杀菌乳或灭菌乳	Pasteurization Milk or Disinfection Milk	97.6	98.0	96.3
酸 牛 乳	Acidophilus Milk	100.5	101.1	97.9
乳 粉	Milk Powder	101.0	101.2	100.5
其 他	Others	110.5	112.4	104.0
15.在外用膳食品	Dining Out	101.4	101.0	102.8
主 食	Staple Food	102.4	101.7	104.1
炒 菜	Fried Dish	99.3	98.5	102.3
地方小吃	Local Snack	106.0	106.5	102.5
其 他	Others	102.2	102.9	100.1
16.其他食品	Others Food	101.3	101.1	101.7
其他食品	Others Food	101.3	101.1	101.7
二、烟酒	Cigarettes and Wine	102.6	102.6	102.7
1.烟草	Tobacco	104.2	104.4	103.8
高档卷烟	Domestic Cigarette	104.4	104.4	104.6
中档卷烟	Import Cigarette	104.7	105.4	103.7
其 他	Others	102.3	102.1	105.9

3-8 续表 2 continued

(以上年价格为100) (preceding year=100)

项目名称	Item	全 区 General	城 市 Urban Household	农 村 Rural Household
2.酒	Liquor	99.3	99.0	100.2
白 酒	Spirit	98.1	98.1	98.1
葡萄酒	Wine	99.6	99.9	98.0
啤 酒	Beer	101.5	100.5	103.7
其 他	Others	100.4	100.0	101.8
三、衣着	Clothing	102.8	102.9	102.7
1.服 装	Garments	102.4	102.4	102.6
(1)男式服装	Men's	102.6	102.6	102.7
大 衣	Overcoat	101.3	101.3	101.4
毛线衣	Sweater	102.0	101.8	102.4
夹克衫	Jacket	106.8	108.7	104.9
衬 衫	Shirt	104.1	105.1	100.7
T恤衫	T-shirt	103.7	104.2	102.6
裤 子	Trousers	100.7	100.8	100.6
西 服	Western-style clothes	102.5	101.9	105.6
运动衫裤	Sport Shirt and Trousers	101.0	100.4	103.2
内 衣	Underclothes	101.1	101.0	102.1
羽绒衣	Down Wear	101.8	101.2	103.2
其 他	Others	103.5	105.0	99.0
(2)女式服装	Women's	102.2	102.2	102.1
大 衣	Coat	102.9	103.1	102.2
毛线衣	Sweater	102.4	103.2	100.3
羽绒衣	Down Wear	103.2	103.9	102.1
套 装	Suit	99.2	97.0	103.8
衬 衫	Shirt	105.9	105.9	106.3
T恤衫	T-shirt	101.4	100.8	103.6
裙 子	Skirt	103.5	103.8	102.5
裤 子	Trousers	101.8	102.0	101.3
运动衫裤	Sport Shirt and Trousers	101.7	101.5	102.8
内 衣	Underclothes	100.9	100.8	101.2
其 他	Others	103.6	105.3	101.1
(3)儿童服装	Children's	102.9	102.0	104.2
上 衣	Coat	102.4	100.8	103.7
裤 子	Trousers	103.7	102.1	106.8
裙 子	Skirt	102.7	102.9	102.3
其 他	Others	103.2	103.4	102.5
2.衣着材料	Clothing Material	101.4	101.4	101.5
棉 布	Cotton	100.7	100.3	101.6
化纤布	Chemical Fibre	102.2	102.8	100.8
毛 线	Knitting Wool	101.3	100.0	102.3
其 他	Others	102.0	103.0	100.0
3.鞋袜帽	Footgear and Hats	104.0	104.4	103.2
(1)鞋	Shoes	104.3	104.7	103.5

3-8 续表 3 continued

(以上年价格为100) (preceding year=100)

项目名称	Item	全区 General	城市 Urban Household	农村 Rural Household
男鞋	Shoes of Men's	104.5	104.6	104.1
女鞋	Shoes of Women's	104.2	104.5	103.6
童鞋	Shoes of Children's	104.2	105.0	102.2
(2)袜子	Socks	102.1	102.9	100.5
男袜	Socks of Men's	102.0	103.0	99.9
女袜	Socks of Women's	102.2	102.8	100.9
(3)帽子	Hats	102.5	101.8	103.5
男帽	Hats of Men's	101.5	101.5	101.5
女帽	Hats of Women's	103.3	102.0	105.3
4.衣着加工服务费	Clothing Manufacturing Services	102.7	102.2	106.0
缝纫	Sewing	105.7	106.0	104.6
清洗	Cleaning	101.2	100.6	108.2
其他	Others	100.2	100.1	100.4
四、家庭设备用品及维修服务	Household Facilities, Articles and Services	101.4	101.8	100.4
1.耐用消费品	Durable Consumer Goods	100.9	101.5	99.3
(1)家具	Furniture	100.0	100.4	99.3
柜	Cupboard	101.0	102.3	98.2
床	Bed	99.8	99.9	99.7
桌	Desk	99.6	99.7	99.2
椅	Chair	100.0	100.0	99.9
沙发	Sofa	99.8	100.1	99.4
其他	Others	99.3	99.6	98.9
(2)家庭设备	Household Facilities	101.5	102.1	99.4
洗衣机	Washing Machine	102.7	104.5	99.3
电风扇	Electric Fans	101.2	101.5	100.8
电冰箱(柜)	Refrigerator	104.1	105.2	100.5
吸排油烟机	Ventilator	99.9	100.3	98.3
空调器	Air Conditioner	99.7	99.8	99.2
热水器	Water Heater for Shower	100.0	100.1	98.3
微波炉	Microwave Oven	99.3	99.5	98.1
其他	Others	100.6	101.3	99.2
2.室内装饰品	Interior Decorations	103.8	104.7	101.5
纺织装饰品	Textile Decorations	107.3	108.9	103.4
装饰灯具	Decorate Lanterms	99.3	99.1	99.9
其他	Others	99.9	101.0	96.6
3.床上用品	Bed Articles	100.2	101.1	98.3
被子	Quilt	101.1	102.3	99.0
床上套件	Bed Cover	100.2	101.5	97.2
其他	Others	98.1	97.6	99.5
4.家庭日用杂品	Daily Use Household Articles	101.4	101.7	100.8
茶具	Tea Set	101.7	102.0	100.8
餐具	Tableware	100.7	100.7	100.9
厨具	Kitchce Ware	102.9	103.8	99.9
家用手工工具	Household Handwork Tool	100.7	100.1	101.1
洗涤用品	Washing Articles	100.7	100.9	100.4
其他	Others	101.4	101.3	101.9

3-8 续表 4 continued

(以上年价格为100) (preceding year=100)

项目名称	Item	全 区 General	城 市 Urban Household	农 村 Rural Household
5.家庭服务及加工维修服务	Family Services and Processing and Maintenance Services	104.3	103.3	107.6
家庭服务	Family Services	104.6	104.7	103.9
加工维修服务	Processing and Maintenance Services	104.2	102.2	109.1
五、医疗保健和个人用品	Health Care and Personal Articles	101.0	100.8	101.4
1.医疗保健	Health Care	101.0	100.9	101.4
(1)医疗器具及用品	Medical Instrument and Articles	101.9	102.1	100.4
医疗器具及用品	Medical Instrument and Articles	101.9	102.1	100.4
(2)中药材及中成药	Traditional Chinese Medicine	100.2	100.2	100.3
中 药 材	Traditional Chinese Medicine	99.7	100.2	98.5
中 成 药	Traditional Chinese Medicine	100.6	100.1	102.2
(3)西药	Western Medicine	100.2	99.2	102.3
抗菌素(抗感染药)	Antimicrobial Drug	97.4	98.1	96.0
消化系统用药	Digest System Drug	98.3	96.5	102.4
呼吸系统用药	Breathe System Drug	99.1	97.7	101.9
解热镇痛药	Antipyretic and Analgesic	99.3	98.4	100.9
抗肿瘤药	Antineoplastic Drug	101.5	99.7	103.6
激素类药	Hormone Drug	107.3	104.9	112.6
心血管系统用药	Cardiovascular System Drugs	101.4	100.5	103.8
中枢神经系统用药	Central Nervous System Drugs	103.2	96.9	111.9
消毒防腐及创伤外科用药	Disinfection and Trauma Drug	99.6	99.4	100.0
泌尿系统用药	Urinary system Drug	102.0	101.0	104.9
维生素类	Professional Drug	100.6	101.8	98.3
其 他	Others	100.4	100.0	104.2
(4)保健器具及用品	Health Care Appliances and Articles	104.9	104.5	106.8
保健器具	Health Care Appliances	100.3	100.4	100.0
滋补保健用品	Health Products	105.4	105.0	107.6
(5)医疗保健服务	Health Care Services	102.1	103.2	100.5
挂号诊疗费	Registration Fee	107.5	111.8	100.0
注 射 费	Injection Fee	104.1	106.1	100.0
检 查 费	Laboratory Fee	100.4	100.0	100.7
手 术 费	Operation Fee	101.4	102.0	100.0
床 位 费	Bed fee	104.3	105.7	100.8
理 疗 费	Physiotherapy Fee	100.0	100.0	100.0
化 验 费	Assay Fee	100.4	100.0	101.4
其 他	Others	100.5	100.0	101.1
2.个人用品及服务	Personal Articles and Service	100.9	100.7	101.5
(1)化妆美容用品	Cosmetics	100.6	100.3	101.2
化妆美容器具	Cosmetic Utensil	100.8	100.7	101.5
美容化妆品	Beautify Cosmetics	100.6	100.3	101.1
护 肤 品	Cream	100.4	100.4	100.5
护发美容品	Hair Care	100.7	100.1	102.4
(2)清洁类化妆品	Sanitation Articles	100.9	101.1	100.3

3-8 续表 5 continued

(以上年价格为100) (preceding year=100)

项目名称	Item	全 区 General	城 市 Urban Household	农 村 Rural Household
洗发用品	Hairdressing Articles	100.4	100.5	99.7
洗浴用品	Bath Articles	101.7	101.8	101.0
其　他	Others	101.0	101.0	101.0
(3)个人饰品	Personal Ornament	97.5	97.2	98.4
首　饰	Jewelry	94.3	93.2	96.7
皮　件	Leather Goods	100.3	100.2	100.4
手　表	Watch	100.5	100.6	100.1
领　带	Necktie	99.4	99.1	100.0
其　他	Others	97.1	96.3	98.5
(4)个人服务	Personal Services	103.0	102.6	104.3
美　容	Beauty	101.1	100.5	103.2
理(烫)发	Hair Cut and Hair Perm	102.9	101.6	107.5
洗　浴	Bath	106.0	107.4	101.4
其　他	Others	103.0	104.1	102.5
六、交通和通信	Transportation and Communication	98.6	99.1	97.5
1.交通	Transportation	97.8	98.6	96.1
(1)交通工具	Transportation Facility	98.3	98.8	97.5
助动自行车	Power-assist Bicycle	98.6	100.6	96.2
自 行 车	Bycycle	96.6	95.3	98.3
轿　车	Car	99.2	99.3	98.9
其　他	Others	99.3	99.3	99.2
(2)车用燃料及零配件	Fuels and Parts	85.5	86.0	84.9
汽　油	Gasoline	80.3	80.9	79.6
柴　油	Diesel Oil	77.5	79.2	76.2
零 配 件	Parts	100.8	100.9	100.7
其　他	Others	98.4	99.1	97.9
(3)车辆使用及维修费	Fees for Vehicles Use and Maintenance	104.0	104.4	103.4
保 险 费	Insurance	100.0	100.0	100.0
停 车 费	Parking Fee	99.3	100.0	96.4
车辆修理服务费	Vehicles Maintenance Service Fees	109.7	111.7	106.7
其　他	Others	100.6	99.9	103.2
(4)市区公共交通费	Incity Traffic Fare	98.4	97.9	100.4
公共汽车票	Bus Ticket	96.4	95.4	100.0
出租汽车	Taxi	100.0	100.0	99.8
其　他	Others	100.1	89.9	102.2
(5)城市间交通费	Intercity Traffic Fare	101.4	101.6	100.7
飞 机 票	Plane Ticket	107.8	107.5	113.1
火 车 票	Train Ticket	100.0	100.0	100.0
长途汽车	Long-distance Bus	100.0	100.0	100.0
短途汽车	Short Journey Car	100.0	100.0	100.0
其　他	Others	100.0	100.0	100.0
2.通信	Communication	99.9	99.9	99.8
(1)通信工具	Communication Facility	98.5	98.9	97.9
固定电话机	Telephone	99.5	99.0	100.3

3-8 续表 6 continued

(以上年价格为100) (preceding year=100)

项目名称	Item	全区 General	城市 Urban Household	农村 Rural Household
移动电话机	Mobile Telephone	97.8	98.4	96.7
其　　他	Others	99.9	99.9	100.0
(2)通信服务	Communication Service	100.1	100.1	100.3
移动通信费	Mobile Telephone Communication Expenses	100.0	100.0	100.0
市内电话费	Incity Correspondence Fee	100.0	100.0	100.0
长途电话费	Long-distance Correspondence Fee	100.0	100.0	100.0
月 租 费	Monthly Fee	100.0	100.0	100.0
上 网 费	Internet Fee	101.1	100.3	105.0
邮政邮寄	Post	100.0	100.0	100.0
其他邮寄	Other mail	100.5	101.8	100.0
其　　他	Others	101.4	101.8	100.0
七、娱乐教育文化用品及服务	Recreation, Education, Culture Articles and Service	105.7	106.1	104.7
1.文娱用耐用消费品及服务	Durable Consumer Goods for Cultural and Recreational Use and Services	99.1	99.7	97.3
电 视 机	TV Set	95.6	95.6	95.7
激光视盘机	High Definition FVD	101.3	104.1	96.3
摄 像 机	Video Camera	101.0	101.1	99.7
照 相 机	Camera	101.6	102.1	98.5
家用音响	Family Sound	100.1	100.3	99.6
便携式音响	Portable Sound	100.0	100.0	100.2
电　　脑	Computer	100.4	100.5	99.5
修理服务	Repair Service	100.9	102.0	99.6
其　　他	Others	99.6	98.2	100.3
2.教育	Education	109.9	110.9	107.7
(1)教材及参考书	Teaching Materials and Reference Books	107.8	107.8	107.8
工 具 书	Reference Books	101.6	102.4	100.3
教　　材	Teaching Materials	111.3	109.5	115.3
参 考 书	Reference Books	107.8	108.7	104.1
教育软件	Education Software	99.9	100.0	99.6
(2)教育服务	Tuition and Child Care	110.3	111.5	107.7
学前教育	Preschool Education	105.5	105.1	106.6
中等教育	Secondary Education	100.7	101.2	100.0
高等教育	Higher Education	117.9	116.7	121.5
专业技能培训	Professional Skill Training	109.7	111.5	105.8
其　　他	Others	118.6	123.0	107.2
3.文化娱乐类	Cultural and Recreational	102.8	102.5	103.7
(1)文化娱乐用品	Cultural Articles	100.5	100.0	101.7
乐　　器	Musical Instrument	101.1	100.4	102.5
音像光盘和视盘	Audio and Video CD and DVD	100.0	100.0	100.0
电子存储器	Film and Memory Card	98.4	99.7	94.6
儿童玩具	Toy for Children	101.0	100.9	101.4
纸张本册	Papers	100.2	99.7	101.0
文　　具	Stationery	101.8	100.1	105.3
体育用品	Sports Articles	99.1	98.7	100.1

3-8 续表 7 continued

(以上年价格为100) (preceding year=100)

项目名称	Item	全 区 General	城 市 Urban Household	农 村 Rural Household
其　　他	Others	101.3	101.4	101.2
(2)书报杂志	Newspapers and Magazines	108.5	108.9	107.9
书　　籍	Books	100.0	100.1	100.0
报　　纸	Newspapers	112.2	114.3	108.4
杂　　志	Magazines	118.2	116.3	120.8
(3)文娱费	Expenditure on Cultural and Recreation	101.9	102.0	100.9
电 影 票	Movie Ticket	100.0	99.9	101.3
景点门票	Scenery Spot Entrance Ticket	108.6	109.0	104.9
有线电视	Wired TV	100.0	100.0	100.0
健身活动	Fitness Activities	102.3	102.4	100.3
其　　他	Others	101.4	101.3	101.6
4.旅游	Touring and Outing	101.7	102.1	100.0
旅行社收费	Travel Agency Fees	99.8	99.5	102.2
宾馆住宿	Accommodation	106.0	108.7	96.5
其他住宿	Other Lodging	105.9	108.1	98.0
八、居住	Residence	100.3	100.5	99.7
1.建房及装修材料	Building and Building Decoration Materials	98.2	99.1	97.2
木　　材	Timber	96.7	98.4	95.6
木 地 板	Wooden Floor	99.8	99.5	101.6
砖	Brick	98.1	98.7	97.7
水　　泥	Cement	92.7	96.5	89.7
涂　　料	Dope	100.7	99.7	101.8
板　　材	Veneer	99.0	99.2	98.8
玻　　璃	Glass	98.7	99.1	98.2
粘　　胶	Mucilage Glue	98.9	99.0	98.7
厨卫设备	Kitchen Equipment	100.4	101.4	99.1
其　　他	Others	100.3	99.7	102.6
2.住房租金	Renting	94.6	93.0	108.6
公房房租	Public Rent	100.0	100.0	100.0
私房房租	Private Rent	93.3	91.3	108.9
其他费用	Other Fees	101.0	100.6	105.7
3.自有住房	Private Housing	103.7	103.3	104.9
住房估算租金	Estimate Rent	94.0	92.8	102.7
物业管理费用	Estate Management Fees	107.1	105.7	115.1
维护修理费用	Maintenance and Renovation Fees	112.4	122.7	103.9
其　　他	Others	100.2	100.0	101.6
4.水、电、燃料	Water,Electricity and Fuels	100.6	100.8	99.9
水	Water	101.2	101.0	102.4
电	Electricity	100.1	100.1	100.2
液化石油气	Liquefied Petroleum Gas	103.4	104.2	101.4
管道燃气	Pipeline Fuel Gas	100.0	100.0	100.0
其他燃料	Other Fuels	99.0	99.5	98.8

3-9 2015年城乡商品零售价格分类指数

Retail Price Indices by Category of Commodities (2015)

(以上年价格为100) (preceding year=100)

项目名称	Item	全区 General	城市 Urban Household	农村 Rural Household
商品零售价格总指数	**Retail Price Index**	**100.1**	**100.1**	**99.9**
一、食品	Food	100.6	100.6	100.9
1.粮食	Grain	101.6	101.5	102.1
大米	Rice	102.5	102.4	102.7
面粉	Flour	101.2	101.1	101.2
粮食制品	Cereal Product	100.6	100.5	100.6
其他	Others	105.1	103.8	108.4
2.淀粉及制品	Starch and products	101.2	101.4	99.9
淀粉及制品	Starch and products	101.2	101.4	99.9
3.干豆类及豆制品	Beans and Bean Products	101.3	101.2	102.5
干豆	Beans	101.9	101.7	104.7
豆制品	Bean Products	101.0	100.9	101.6
4.油脂	Oil or Fat	98.5	98.3	99.3
食用植物油	Edible Vegetable Oil	99.0	98.9	99.4
植物油制品	Vegetable Oil Products	97.6	97.3	99.3
其他	Others	100.6	103.7	96.8
5.肉禽及其制品	Meat,Poultry and Processed Products	99.0	99.0	99.0
(1)食用畜肉及副产品	Meat and Byproducts	97.6	97.5	98.3
猪肉	Pork	107.7	107.1	110.5
牛肉	Beef	98.7	98.8	98.3
羊肉	Mutton	89.1	89.7	83.9
畜肉副产品	Byproducts	97.6	97.6	98.3
其他	Others	100.5	100.0	104.9
(2)禽	Poultry	102.7	102.7	102.5
鸡	Chicken	101.9	101.8	102.2
鸭	Duck	100.2	99.4	108.4
其他	Others	112.5	112.9	103.6
(3)加工肉禽	Processed Meat and Poultry	101.3	101.3	101.0
畜肉制品	Processed Products of Meat	100.1	100.1	100.4
禽制品	Processed Products of Poultry	103.6	103.6	102.4
6.蛋	Eggs	93.5	94.0	89.5
鲜蛋	Fresh Egg	88.3	88.3	88.2
蛋制品	Processed Products of Egg	101.7	101.7	102.2
7.水产品	Aquatic Products	98.8	98.8	100.2
(1)鱼	Fish	99.0	98.9	100.3
淡水鱼	Freshwater Fish	100.4	100.4	100.1
海水鱼	Seawater Fish	97.3	97.2	100.8
(2)其他水产品	Others	98.7	98.7	100.2
虾蟹类	Shrimp and Crab	97.8	97.8	97.7
其他	Others	100.0	100.0	106.4
8.菜	Vegetables	107.0	106.8	108.2
鲜菜	Fresh Vegetables	108.4	108.3	108.8
干菜及菜制品	Dried Vegetables and Processed Products	106.2	106.4	105.2
薯类	Tubers	97.3	97.2	99.6

3-9 续表 1 continued

(以上年价格为100) (preceding year=100)

项目名称	Item	全区 General	城市 Urban Household	农村 Rural Household
9.调味品	Flavoring	104.5	104.6	103.2
食用盐	Salt	100.5	100.0	102.7
酱　油	Soy	112.8	113.7	100.3
食　醋	Vinegar	100.5	100.5	100.2
味　精	Aginomoto	104.8	104.9	101.4
其　他	Others	102.2	101.5	111.3
10.糖	Carbohydrate	101.7	101.8	98.7
食　糖	Sugar	100.5	100.7	97.5
糖　果	Candy	101.3	101.3	99.4
巧克力制品	Processed Products of Chocolate	105.6	105.7	99.5
糖类小食品	Carbohydrate Foods	99.8	99.8	99.7
11.干鲜瓜果	Dried and Fresh Melons and Fruits	94.5	94.3	96.8
鲜瓜果	Fresh Melons and Fruits	92.7	92.4	96.0
干(坚)果	Dried Melons and Fruits	100.5	100.5	100.5
12.糕点饼干面包	Cake,Biscuit and Bread	101.7	101.7	100.2
糕　点	Cake	103.0	103.0	100.0
饼　干	Biscui	101.4	101.5	100.5
面　包	Bread	100.0	100.0	100.1
13.液体乳及乳制品	Milk and Processed Products	101.3	101.6	96.7
巴氏杀菌奶或消毒奶	Pasteurization Milk or Disinfection Milk	97.8	98.0	94.7
酸牛乳	Acidophilus Milk	100.5	101.0	95.5
乳　粉	Milk Powder	101.3	101.4	100.1
其　他	Others	111.1	111.6	102.3
14.在外用膳食品	Dining Out	101.9	101.9	102.5
主　食	Staple Food	101.9	101.7	103.0
炒　菜	Fried Dish	99.1	98.8	102.3
地方小吃	Local Snack	106.9	107.1	102.1
其　他	Others	100.1	102.9	100.1
15.其他食品	Others Food	100.9	100.7	101.6
其他食品	Others Food	100.9	100.7	101.6
二、饮料、烟酒	Beverages,Tobacco,Liquor and Articles	101.1	101.1	102.1
1.茶及饮料	Tea and Beverages	100.0	100.0	100.1
(1)茶叶	Tea	99.9	99.9	99.8
茶　叶	Tea	99.9	99.9	99.8
(2)饮料	Beverages	100.1	100.1	100.4
固体饮料	Solid Beverages	102.2	102.3	100.7
液体饮料	Liquid Beverages	99.9	99.9	100.4
冷冻饮品	Freeze Beverages	100.0	99.9	100.0
2.烟草	Tobacco	104.8	104.8	104.5
高档卷烟	High-grade Cigarette	104.4	104.4	104.4
中档卷烟	Mid-range cigarette	105.4	105.5	103.7
其　他	Others	102.9	101.9	105.2

3-9 续表 2 continued

(以上年价格为100) (preceding year=100)

项目名称	Item	全 区 General	城 市 Urban Household	农 村 Rural Household
3.酒	Liquor	99.0	99.0	99.7
白 酒	Spirit	98.0	97.9	98.3
葡萄酒	Wine	99.8	99.9	97.7
啤 酒	Beer	100.7	100.5	102.8
其 他	Others	100.2	100.0	101.3
三、服装、鞋帽	Garments,Shoes and Hats	103.1	103.1	102.9
1.服装	Garments	102.5	102.4	103.0
(1)男式服装	Men's	102.7	102.7	102.9
大 衣	Overcoat	101.0	101.3	100.1
毛线衣	Sweater	102.5	102.6	102.0
夹克衫	Jacket	108.4	109.8	105.0
衬 衫	Shirt	105.2	105.8	100.9
T 恤衫	T-shirt	104.5	104.7	102.8
裤 子	Trousers	101.3	101.4	100.8
西 服	Western-style clothes	102.4	102.0	106.9
运动衫裤	Sport Shirt and Trousers	100.1	100.0	103.7
内 衣	Underclothes	101.0	100.9	103.3
羽绒衣	Down Wear	101.5	101.2	103.9
其 他	Others	103.1	104.9	98.7
(2)女式服装	Women's	102.3	102.2	102.8
大 衣	Coat	103.2	103.3	102.0
毛线衣	Sweater	103.4	103.6	100.6
羽绒衣	Down Wear	103.9	104.1	102.1
套 装	Suit	98.0	96.6	106.3
衬 衫	Shirt	105.8	105.6	107.1
T 恤衫	T-shirt	101.6	101.5	103.9
裙 子	Skirt	103.9	103.9	102.3
裤 子	Trousers	101.9	101.9	101.7
运动衫裤	Sport Shirt and Trousers	100.9	100.7	103.0
内 衣	Underclothes	100.6	100.5	101.7
其 他	Others	104.1	104.6	101.3
(3)儿童服装	Children's	102.8	102.5	103.9
上 衣	Coat	102.3	101.7	104.0
裤 子	Trousers	103.6	102.6	107.3
裙 子	Skirt	102.4	102.9	101.0
其 他	Others	103.3	103.4	102.8
2.鞋袜帽	Footgear and Hats	104.8	105.1	102.8
(1)鞋	Shoes	105.1	105.3	103.1
男 鞋	Shoes of Men's	104.8	104.9	103.6
女 鞋	Shoes of Women's	105.5	105.7	103.5
童 鞋	Shoes of Children's	104.4	105.0	100.7
(2)袜子	Socks	103.9	104.2	99.9
男 袜	Socks of Men's	104.1	104.5	99.4
女 袜	Socks of Women's	103.8	104.0	100.4

3-9 续表 3 continued

(以上年价格为100) (preceding year=100)

项目名称	Item	全 区 General	城 市 Urban Household	农 村 Rural Household
(3)帽子	Hats	101.8	101.3	103.3
男 帽	Hats of Men's	100.9	100.6	101.5
女 帽	Hats of Women's	102.5	101.8	105.3
3.其他	Others	98.8	98.7	99.8
领 带	Necktie	98.8	98.7	99.8
四、纺织品	Textiles	102.7	102.9	100.0
1.衣着材料	Clothing	101.8	101.8	101.6
棉 布	Cotton	100.3	100.2	100.9
化 纤 布	Chemical Fabric	102.7	102.8	101.1
毛 线	Chemical Fibre	100.5	100.0	103.2
其 他	Knitting Wool	103.0	103.2	100.0
2.床上用品	Bedding	103.1	103.4	99.3
被 子	Quilt	103.5	103.7	99.8
床上套件	Bed Cover	102.5	102.8	98.9
五、家用电器及音像器材	Household Appliances,Music and Video Equipment	101.4	101.7	97.7
1.家庭设备	Household Facilities	103.0	103.2	99.1
洗 衣 机	Washing Machine	106.5	106.8	98.2
电 风 扇	Electric Fans	101.3	101.4	100.1
电冰箱(柜)	Refrigerator	105.6	105.9	100.4
吸排油烟机	Ventilator	100.4	100.5	98.5
空 调 器	Air Conditioner	100.4	100.5	99.9
热 水 器	Water Heater for Shower	99.9	100.1	97.5
微 波 炉	Microwave Oven	99.5	99.6	98.0
其 他	Others	101.0	101.2	100.0
2.文娱用耐用消费品	Durable Consumer Goods for Cultural and Recreational Use and Services	99.0	99.3	96.0
电 视 机	TV Set	95.9	96.1	94.3
激光视盘机	High Definition FVD	103.5	104.5	95.0
摄 像 机	Video Camera	101.2	101.2	99.7
照 相 机	Camera	103.3	103.6	98.7
家用音响	Family Sound	100.2	100.2	99.9
便携式音响	Portable Sound	100.0	100.0	100.3
其 他	Others	98.8	98.4	100.0
3.专业音像器材	Specialty Sound Facilities	100.4	100.4	98.6
专业音响器材	Specialty Sound Facilities	100.0	100.0	99.8
专业声像器材	Specialty Acoustic Image Facilities	100.9	101.1	97.5
六、文化办公用品	Cultural and Office Appliances	98.9	98.9	99.9
纸张本册	Papers	99.5	99.6	96.3
文 具	Stationery	100.4	100.0	108.0
电 脑	Computer	101.0	101.1	99.1
电脑附件	Computer Parts	99.6	99.7	98.5
电子存储器	Electron Resevoir	99.3	99.7	96.4
打印机及配件	Printer and Parts	98.6	98.5	99.7
扫 描 仪	Scanner	96.3	96.2	99.9
复 印 机	Copier	93.3	93.3	97.5

3-9 续表 4 continued

(以上年价格为100) (preceding year=100)

项目名称	Item	全区 General	城市 Urban Household	农村 Rural Household
计 算 器	Calculator	99.6	99.8	96.6
教学设备	Teaching Device	96.8	96.6	102.6
其 他	Others	100.0	100.0	100.0
七、日用品	Articles for Daily Use	100.5	100.5	100.3
1.日用百货	General Merchandise for Daily Use	99.7	99.9	99.1
自 行 车	Bicycle	99.3	99.4	98.6
助动自行车	Power-assist Bicycle	97.7	100.2	94.8
雨 具	Rain Gear	100.4	100.1	101.2
剃须刀具	Shaver	100.7	101.0	100.0
电 池	Cell	99.4	99.4	100.0
卫生用纸制品	Hygiene Paper Products	100.6	100.7	100.2
其 他	Others	100.0	100.0	100.1
2.日用杂品	Miscellaneous for Daily Use	102.0	102.2	100.0
茶 具	Tea Set	101.9	102.1	99.9
餐 具	Tableware	100.7	100.7	100.3
厨 具	Kitchce Ware	103.2	103.6	99.9
其 他	others	100.9	100.6	101.2
3.洗涤用品	Washing Articles	100.5	100.5	100.5
洗衣粉(液)	Washing Powder	101.6	101.8	100.0
肥 皂 类	Soap	100.9	101.1	99.9
清洁洗涤剂	Cleaning Detergent	99.6	99.5	102.7
4.其他日用品	Other Articles	100.1	99.9	102.0
儿童玩具	Toy for Children	100.8	100.7	101.3
照明器具	Luminaire	99.0	99.0	99.8
钟表眼镜及配件	Horologe,Glasses and Parts	98.9	98.6	101.9
日用普通饰品	General Ornament for Daily Use	101.5	100.9	106.7
日用皮革制品	Leather Products for Daily Use	100.3	100.2	100.7
其 他	Others	101.2	101.2	99.5
八、体育娱乐用品	Sports and Recreation Articles	99.8	99.7	101.6
1.体育用品	Sports Articles	99.5	99.4	101.1
球 类	Balls	100.1	100.1	100.3
棋 牌	Chess	100.1	100.0	101.4
健身器材	Fitness Equipment	98.2	98.0	101.9
2.娱乐用品	Recreation Articles	100.1	100.0	102.6
游艺器材	Enterainment Articles	99.8	99.7	101.7
乐 器	Musical Instrument	100.2	100.1	104.0
九、交通、通信用品	Transportation and Communication Appliances	98.7	98.6	100.0
1.交通运输机械	Transport Machinery	98.3	98.1	101.3
轿 车	Car	95.3	95.2	98.3
客 车	Passenger Car	101.7	101.3	107.6
货 车	Truck	98.0	97.8	99.6
其 他	Others	101.7	101.8	100.6
2.通信器材	Communication Apparatus	99.9	100.1	97.6
固定电话机	Telephone	99.8	99.8	100.3

3-9 续表 5 continued

(以上年价格为100) (preceding year=100)

项目名称	Item	全 区 General	城 市 Urban Household	农 村 Rural Household
移动电话机	Mobile Telephone	99.6	100.1	96.4
传 真 机	Fax Machine	100.7	100.8	99.3
其 他	Others	99.6	100.0	90.6
十、家具	Furniture	100.2	100.3	98.9
柜	Cupboard	102.0	102.4	97.2
床	Bed	99.9	99.9	99.6
桌	Desk	99.7	99.8	98.7
椅	Chair	100.0	100.0	99.6
沙 发	Sofa	100.1	100.1	99.9
其 他	Others	99.4	99.6	97.8
十一、化妆品	Cosmetics	100.9	100.9	101.0
护 肤 品	Cream	100.2	100.1	101.0
美容、装饰类化妆品	Beauty Decoration Class Cosmetics	100.4	100.3	101.5
护发美容品	Hair Care Cosmetics	100.3	100.1	101.5
洗发用品	Hairdressing	100.5	100.5	99.7
洗浴用品	Scouring Bath	101.7	101.7	102.5
药物美容用品	Medicine Beautify	104.4	104.5	100.7
十二、金银珠宝	Gold ,Silver and Jewel	94.1	94.0	95.5
金 饰 品	Gold	94.4	94.3	95.4
银 饰 品	Silver	94.2	94.1	94.6
铂金饰品	Platinum	93.2	93.1	95.4
其 他	Others	100.0	100.0	99.6
十三、中西药品及医疗保健用品	Traditional Chinese and Western Medicines and Health Care Articles	100.3	100.1	101.3
1.医疗器具及用品	Medical Apparatus and Article	101.4	101.5	100.1
医疗器具及用品	Medical Apparatus and Article	101.4	101.5	100.1
2.中药材及中成药	Traditional Chinese Medicinal Materials and Medicines	100.3	100.4	99.0
中 药 材	Traditional Chinese Medicinal Materials	100.2	100.5	96.0
中 成 药	Medicines	100.5	100.3	101.5
3.西药	Western Medicines	99.6	99.1	102.5
抗菌素(抗感染药)	Antimicrobial Drug	98.0	98.1	97.5
消化系统用药	Digestsystem Drug	97.4	96.7	101.9
呼吸系统用药	Breathesystem Drug	99.3	97.9	102.2
解热镇痛药	Antipyretic and Analgesic	98.5	98.3	100.4
抗肿瘤药	Antineoplastic Drug	101.0	99.6	103.3
激素类药	Hormone Drug	106.0	105.6	109.7
心血管系统用药	Cardiovascular System Drugs	99.9	98.7	107.0
中枢神经系统用药	Central Nervous System Drugs	97.6	95.4	111.3
消毒防腐及创伤外科用药	Disinfection and Trauma Drug	99.4	99.6	98.1
泌尿系统用药	Urinary system Drug	101.5	101.1	107.1
维生素类	Professional Drug	99.9	100.2	97.9
其 他	Others	100.1	100.0	101.9
4.保健器具及用品	Health Care Equipment and Supplies	104.2	103.9	106.2
保健器具	Health Care Apparatus	100.4	100.5	100.0
滋补保健用品	Health Products	105.2	104.9	106.5

3-9 续表 6 continued

(以上年价格为100) (preceding year=100)

项目名称	Item	全 区 General	城 市 Urban Household	农 村 Rural Household
十四、书报杂志及电子出版物	Books,Newspapers,Magazines and Electronic Publications	108.4	108.7	106.3
1.教材及参考书	Teaching Materials and Reference Books	106.9	106.9	106.6
工 具 书	Reference Books	101.5	101.8	100.6
教 材	Teaching Materials	108.8	107.8	113.6
参 考 书	Reference Books	108.2	109.0	104.1
教育软件	Education Software	100.1	100.0	100.4
2.书报杂志	Books,Newspapers and Magazines	110.7	111.0	107.2
书 籍	Books	100.1	100.1	100.0
报 纸	Newspapers	115.5	116.1	106.7
杂 志	Magazines	116.7	116.4	120.8
3.电子音像制品	Electromin Publications	99.6	99.5	100.0
音像光盘和视盘	Sound CD and Tape	100.0	100.0	100.0
计算机软件	Computer Software	97.8	96.8	100.0
十五、燃料	Feuls	91.4	91.4	91.0
1.煤炭及制品	Coal and Processed Products	98.9	99.4	98.0
原 煤	Origiral Coal	98.2	99.7	97.7
煤 制 品	Coal Processed Products	99.3	99.4	98.9
2.石油及制品	Petroleum and Processed Products	89.5	90.0	82.1
液化石油气	Liquefied Petroleum Gas	104.6	104.7	101.0
管道燃气	Pipeline Fuel Gas	100.0	100.0	100.0
汽 油	Gasoline	80.8	80.9	79.1
柴 油	Diesel Fuel	79.1	79.7	74.4
其 他	Others	97.5	97.0	100.7
十六、建筑材料及五金电料	Building Materials and Hardware	97.9	98.4	96.2
1.建筑装璜材料	Building Decoration Materials	96.4	97.1	94.4
木 材	Timber	98.3	98.9	97.3
木 地 板	Wooden Floor	99.9	99.7	101.2
钢 材	Steel	80.3	79.4	81.9
砖	Brick	98.3	98.4	98.2
水 泥	Cement	93.9	96.6	88.4
涂 料	Dope	99.8	99.8	99.7
板 材	Veneer	99.2	99.3	98.9
玻 璃	Glass	99.0	99.1	97.9
粘 胶	Mucilage Glue	98.6	98.7	97.6
管 材	Tubing	100.0	100.0	100.0
厨卫设备	Kitchce and Restroom Ware	101.1	101.4	99.7
其 他	Others	99.8	99.7	100.2
2.五金电料	Hardware	100.3	100.3	100.2
五金工具	Hardware Tools	100.9	100.5	102.8
电工电料	Electrician Material	100.4	100.8	99.0
水暖器材	Heat Equipment	99.8	99.8	100.0
其 他	Others	98.4	100.0	97.1

3-10　2015年全区农业生产资料价格分类指数

Price Indices for Means of Agricultural Production by Category (2015)

项目名称	Item	上年同期=100	2010年=100
农业生产资料价格指数	**General index**	**98.7**	**117.6**
一、农用手工工具	Farm Handtools	100.0	118.2
农用手工工具	Farm Handtools	100.0	118.2
二、饲料	Forage	95.4	104.6
混合饲料	Mix Forage	98.9	115.6
其　他	Others	92.2	95.1
三、产品畜	Commodity Animals	104.6	204.1
幼禽家畜	Poult and Livestock	104.6	204.1
四、半机械化农具	Semi-mechanized Farm Tools	97.2	98.4
半机械化农具	Semi-mechanized Farm Tools	97.2	98.4
五、机械化农具	Mechanized Farm Machinery	99.9	107.7
农用机械	Mechanized Farm Machinery	99.9	107.7
六、化学肥料	Chemical Fertilizer	98.9	101.6
氮　肥	Nitrogenous Fertilizer	100.2	99.2
磷　肥	Phosphatic Fertilizer	98.5	107.0
钾　肥	Potassic Fertilizer	99.8	103.2
复合肥料	Compound Fertilizer	97.1	102.3
七、农药及农药器械	Pesticide and Its Appliances	101.0	113.1
1.化学农药	Chemistry Pesticide	101.2	112.7
杀 虫 剂	Insecticide	100.5	109.3
杀 菌 剂	Germicide	103.5	121.7
除 草 剂	Herbicide	100.1	110.8
2.农药器械	Pesticide Appliances	98.9	116.3
农药器械	Pesticide Appliances	98.9	116.3
八、农用机油	Oil for Farm Machinery	84.0	97.4
农用机油	Oil for Farm Machinery	84.0	97.4
九、其他农业生产资料	Other Means of Agricultural Production	104.3	134.0
1.农用种子	Farm Seed	107.9	147.6
农用种子	Farm Seed	107.9	147.6
2.其他	Others	95.7	107.3
农用薄膜	Farm Film	93.9	103.0
其　他	Others	100.0	118.3
十、农业生产服务	Service for Agricultural Product	100.5	125.8
排 灌 费	Drain and Irrigate Fees	100.5	109.8
机械作业费	Machinery Operating Cost	100.8	141.5
农业用电	Agricultural Electricity	100.0	100.7
农业用工	Agricultural Labor	100.5	162.2

3-11　2015年全区各月居民消费价格指数

Monthly Consumer Price Indices (2015)

(以上年同月价格为100)　　(preceding year=100)

月份 Month	居民消费价格总指数 Consumer Price Indices	食品 Food	烟酒及用品 Tobacco, Liquor and Articles	衣着 Clothing	家庭设备用品及维修服务费 Household Facilities, Articles and Services	医疗保健和个人用品 Health Care and Personal Articles	交通和通信 Transportation and Communication	娱乐教育文化用品及服务 Recreation, Education and Culture Articles	居住 Residence
一　月 Jan.	101.2	100.2	99.7	102.9	102.4	100.9	99.0	105.8	101.0
二　月 Feb.	101.4	100.3	99.7	102.7	102.1	101.4	98.1	108.9	100.9
三　月 Mar.	101.2	100.2	99.7	103.2	102.0	101.0	98.4	106.4	101.0
四　月 Apr.	101.7	101.0	99.5	104.5	102.6	101.0	98.6	106.6	101.1
五　月 May	101.4	99.8	102.1	104.5	102.4	101.1	98.3	107.3	101.3
六　月 June	101.7	100.5	104.4	104.4	101.6	101.4	98.8	107.7	100.5
七　月 July	101.5	100.1	104.4	104.1	101.2	100.9	99.5	107.7	100.3
八　月 Aug.	101.7	101.5	104.2	102.4	101.1	100.9	99.1	107.5	100.2
九　月 Sept.	101.1	101.1	104.3	102.3	100.7	100.9	97.9	103.6	100.3
十　月 Oct.	100.4	99.8	104.6	102.0	100.6	100.8	98.3	103.2	99.1
十一月 Nov.	100.3	100.0	104.5	101.4	100.4	100.8	98.8	102.3	98.8
十二月 Dec.	100.1	100.1	104.4	99.8	100.1	100.7	98.8	102.4	98.6

3-12　2015年全区各月商品零售及农业生产资料价格指数
Monthly Price Indices for Retail and Agricultural Production (2015)

(以上年同月价格为100)　　(preceding year=100)

月份	Month	商品零售价格总指数 Retail Price Indices	食品 Food	饮料、烟酒 Beverages, Tobacco, Liquor	服装、鞋帽 Garments, Shoes and Hats	纺织品 Textiles	家用电器及音像器材 Household Appliances, Music and Video Equipment	文化办公用品 Cultural and Office Appliances	日用品 Articles for Daily Use	体育娱乐用品 Sports and Recreation Articles
一　月	Jan.	100.1	100.5	100.1	102.8	101.1	102.4	96.4	101.1	99.8
二　月	Feb.	99.9	100.4	100.2	102.5	101.4	102.3	96.5	100.5	99.6
三　月	Mar.	100.2	100.5	100.2	103.3	100.5	102.6	96.6	100.0	99.8
四　月	Apr.	100.7	101.2	99.8	105.3	102.0	104.0	97.3	100.3	99.8
五　月	May	100.6	100.4	100.9	105.6	100.0	104.0	100.3	100.3	99.7
六　月	June	100.7	101.0	102.4	105.3	104.5	101.9	99.9	100.7	99.6
七　月	July	100.2	100.5	102.4	105.1	103.8	101.0	99.9	100.6	100.0
八　月	Aug.	100.2	101.6	101.7	102.8	105.0	100.2	99.9	100.6	100.0
九　月	Sept.	100.0	101.3	101.6	102.1	104.6	100.4	100.1	100.2	99.9
十　月	Oct.	99.5	100.0	101.3	101.7	104.5	99.8	100.1	100.5	99.8
十一月	Nov.	99.7	100.2	101.6	101.5	104.2	99.2	100.1	100.7	99.8
十二月	Dec.	99.4	100.2	101.6	99.5	100.8	99.4	100.2	100.4	99.8

3-12　续表　continued

(以上年同月价格为100)　　(preceding year=100)

月份	Month	交通、通信用品 Transportation and Communication Appliances	家具 Furniture	化妆品 Cosmetics	金银珠宝 Gold, Silver and Jewelry	中西药品及医疗保健用品 Traditional Chinese and Western Medicines and Health Care Articles	书报杂志及电子出版物 Books, Newspapers, Magazines and Electronic Publications	燃料 Feuls	建筑材料及五金电料 Building Materials and Hardware	农业生产资料价格指数 Agricultural Production Price Index
一　月	Jan.	99.9	100.3	101.1	98.9	101.2	109.5	90.6	98.1	96.8
二　月	Feb.	99.9	100.5	100.8	96.7	101.5	109.1	89.9	97.8	96.0
三　月	Mar.	100.5	100.5	100.8	93.3	101.9	108.6	91.8	98.2	96.6
四　月	Apr.	100.3	100.6	100.7	92.8	101.0	108.6	91.9	98.1	96.6
五　月	May	100.2	100.5	101.0	92.8	100.7	108.6	94.0	98.1	97.3
六　月	June	100.1	100.3	101.1	94.1	101.0	108.6	91.8	97.8	98.2
七　月	July	99.7	100.0	100.9	91.8	99.4	108.6	90.6	97.9	99.4
八　月	Aug.	98.7	100.0	100.9	90.8	99.4	108.5	89.2	98.0	100.9
九　月	Sept.	98.5	100.0	100.7	92.5	99.3	107.7	89.2	97.9	100.9
十　月	Oct.	96.4	100.0	100.7	95.5	99.4	107.6	91.1	97.7	101.1
十一月	Nov.	95.3	100.0	100.8	97.4	99.3	107.6	93.0	97.7	100.5
十二月	Dec.	95.4	99.9	101.1	92.9	99.2	107.6	93.5	97.6	100.7

3-13 2015年调查市县居民消费价格指数

Consumer Price Indices by City and Country (2015)

(以上年价格为100) (preceding Year =100)

分类名称	Item	银川市辖区 Yinchuan	石嘴山市辖区 Shizuishan	利通区 Litong	原州区 Yuanzhou	沙坡头区 Shapotou	平罗县 Pingluo	海原县 Haiyuan
居民消费价格总指数	**Consumer Price Index**	**101.6**	**100.3**	**100.3**	**101.6**	**101.8**	**99.9**	**100.6**
消费品价格指数	**Consumer Goods Price Index**	**101.1**	**100.0**	**100.0**	**101.1**	**101.1**	**99.2**	**100.2**
一、食品	Food	100.6	99.4	99.4	102.4	100.6	99.5	100.7
1.粮食	Grain	101.6	101.3	101.0	102.8	101.3	102.3	102.7
大　米	Rice	102.3	102.8	102.6	102.2	102.0	102.4	104.6
面　粉	Flour	101.5	100.7	100.0	102.1	101.8	100.1	100.1
粮食制品	Cereal Product	101.2	100.0	100.2	100.6	99.8	102.1	100.0
其　他	Others	102.9	107.5	106.1	112.7	103.5	106.2	112.5
2.淀粉及制品	Starch and Products	101.0	100.3	103.9	104.7	95.8	100.0	99.5
淀粉及制品	Starch and Products	101.0	100.3	103.9	104.7	95.8	100.0	99.5
3.干豆类及豆制品	Beans and Bean Products	100.8	103.1	100.2	102.7	103.8	101.0	93.5
干　豆	Beans	100.3	107.2	101.7	103.1	103.1	110.4	101.5
豆制品	Bean Products	100.9	101.7	100.0	102.5	103.9	100.1	90.3
4.油脂	Oil or Fat	99.0	99.6	94.6	95.6	100.6	100.8	99.8
食用植物油	Edible Vegetable Oil	98.5	100.8	99.8	95.8	101.0	101.0	100.0
植物油制品	Vegetable Oil Products	99.0	98.3	85.3	94.9	99.7	100.0	100.0
其　他	Others	105.7	102.6	98.8	95.4	95.7	100.3	85.6
5.肉禽及其制品	Meat,Poultry and Processed Products	100.3	97.5	95.7	97.9	100.5	97.2	97.0
(1)食用畜肉及副产品	Meat and Byproducts	99.5	95.8	94.0	97.6	100.4	94.4	96.3
猪　肉	Pork	107.5	105.5	110.0	107.5	113.7	105.8	115.3
牛　肉	Beef	99.0	96.9	99.5	98.5	98.6	98.4	97.7
羊　肉	Mutton	92.8	84.1	85.9	83.9	83.5	82.8	89.4
畜肉副产品	Byproducts	97.7	93.0	102.9	102.8	97.4	96.1	100.0
其　他	Others		100.0	100.0	105.7		105.2	100.0
(2)禽	Poultry	103.2	100.0	102.3	98.4	100.7	109.8	101.0
鸡	Chicken	102.2	99.9	102.3	98.1	100.5	109.9	101.1
鸭	Duck	99.8	96.5	100.0		99.3	113.6	100.0
其　他	Others	114.2	106.1	106.7	110.0	102.9	104.7	100.0
(3)加工肉禽	Processed Products of Meat and Poultry	101.8	100.6	101.9	101.0	101.5	100.7	99.3
畜肉制品	Processed Products of Meat	99.9	100.0	102.8	99.2	100.9	100.8	97.9
禽制品	Processed Products of Poultry	104.4	101.9	100.9	104.3	102.8	100.0	100.6
6.蛋	Eggs	89.7	90.7	90.0	93.9	87.1	92.0	87.9
鲜　蛋	Fresh Egg	87.8	89.4	89.0	91.9	85.9	91.8	86.8
蛋制品	Processed Products of Egg	101.7	101.1	104.4	105.7	100.0	100.0	101.0
7.水产品	Aquatic Products	98.5	100.4	102.1	104.2	97.4	100.8	103.5
(1)鱼	Fish	98.4	102.5	102.2	105.3	97.0	100.8	103.9
淡水鱼	Freshwater Fish	99.5	103.6	102.3	105.8	96.3	101.1	105.1
海水鱼	Seawater Fish	96.6	100.6	101.8	103.9	99.8	100.0	99.9
(2)其他水产品	Others	98.6	97.4	101.9	100.2	101.7	101.0	100.0
虾蟹类	Shrimp and Crab	97.8	95.4	100.2	97.4	96.0	100.8	100.1
其　他	Others	100.0	99.7	105.0	104.8	117.6	101.7	100.0

3-13 续表 1 continued

(以上年价格为100) (preceding Year =100)

分类名称	Item	银川市辖区 Yinchuan	石嘴山市辖区 Shizuishan	利通区 Litong	原州区 Yuanzhou	沙坡头区 Shapotou	平罗县 Pingluo	海原县 Haiyuan
8.菜	Vegetables	106.6	105.5	115.3	110.4	107.9	106.9	106.5
鲜　　菜	Fresh Vegetables	107.6	106.2	116.4	110.7	108.5	107.2	107.4
干菜及菜制品	Dried Vegetables and Processed Products	104.8	112.1	106.2	101.6	114.6	101.3	99.3
薯　　类	Tubers	97.7	92.3	98.4	110.4	95.1	101.3	99.4
9.调 味 品	Flavoring	105.3	101.2	102.6	103.9	102.5	103.2	105.1
食 用 盐	Salt	100.0	100.0	100.0	100.0	100.0	107.3	100.0
酱　　油	Soy	115.9	100.0	105.7	101.6	99.0	101.4	100.0
食　　醋	Vinegar	100.4	100.0	102.4	100.0	100.5	100.0	100.0
味　　精	Aginomoto	105.2	100.0	104.7	104.2	102.6	100.2	100.0
其　　他	Others	101.2	106.5	101.4	120.1	109.6	101.2	124.3
10.糖	Carbohydrate	101.7	100.0	101.1	100.1	99.0	96.0	100.4
食　　糖	Sugar	100.8	100.0	100.7	103.9	97.4	94.8	100.0
糖　　果	Candy	101.3	100.0	102.9	97.7	100.0	100.0	102.1
巧克力制品	Processed Products of Chocolate	105.9	100.0	100.5	97.9	100.1	100.0	100.0
糖类小食品	Carbohydrate Foods	99.8	100.0	100.0	99.2	100.0	99.5	100.0
11.茶及饮料	Tea and Beverages	100.4	100.3	99.9	100.5	100.3	100.0	100.0
(1)茶叶	Tea	99.6	101.8	100.0	100.0	100.0	99.5	100.0
茶　　叶	Tea	99.6	101.8	100.0	100.0	100.0	99.5	100.0
(2)饮料	Beverages	100.8	99.9	99.9	101.0	100.3	100.6	100.0
固体饮料	Solid Beverages	103.8	100.0	87.8	102.1	100.5	100.0	100.0
液体饮料	Liquid Beverages	99.5	99.8	102.0	100.7	100.0	101.5	100.0
冷冻饮品	Freeze Beverages	99.9	100.0	100.0	100.0	100.9	100.0	100.0
12.干鲜瓜果	Dried and Fresh Melons and Fruits	94.5	94.8	92.4	100.9	91.5	94.2	98.7
鲜 瓜 果	Fresh Melons and Fruits	92.4	93.5	90.6	100.9	90.1	93.3	98.3
干(坚)果	Dried Melons and Fruits	100.9	98.6	100.9	101.1	97.9	104.3	100.0
13.糕点饼干面包	Cake,Biscuit and Bread	101.4	101.7	103.6	102.0	99.9	100.0	100.0
糕　　点	Cake	103.2	101.2	102.8	98.7	100.6	100.0	100.0
饼　　干	Biscui	101.3	101.2	103.9	102.9	99.7	100.0	100.0
面　　包	Bread	99.6	102.7	104.6	104.6	99.1	100.0	100.0
14.液体乳及乳制品	Milk and Processed Products	100.3	101.8	98.6	100.9	100.0	93.0	97.5
巴氏杀菌乳或灭菌乳	Pasteurization Milk or Disinfection Milk	97.9	99.4	94.6	99.9	99.4	91.7	96.6
酸 牛 乳	Acidophilus Milk	100.8	103.8	100.0	103.3	98.8	86.5	95.7
乳　　粉	Milk Powder	101.5	100.7	100.0	101.1	99.3	103.7	100.0
其　　他	Others	110.5	128.0	107.1	100.0	106.9	102.3	100.0
15.在外用膳食品	Dining Out	101.9	98.8	101.0	105.2	102.6	100.0	99.7
主　　食	Staple Food	102.2	99.2	100.0	107.0	101.4	100.1	100.0
炒　　菜	Fried Dish	99.5	94.2	100.1	104.9	102.6	100.0	99.4
地方小吃	Local Snack	107.7	104.2	103.7	102.7	104.3	100.0	100.0
其　　他	Others	101.6	105.4	100.0	101.2	100.0	100.0	100.0
16.其他食品	Others Food	101.5	100.0	100.0	103.5	100.4	102.7	101.2
其他食品	Others Food	101.5	100.0	100.0	103.5	100.4	102.7	101.2
二、烟酒	Cigarettes and Wine	102.5	103.8	101.0	103.0	102.6	102.6	102.4
1.烟草	Tobacco	104.1	105.5	103.6	102.7	105.7	103.7	103.3
高档卷烟	High-grade Cigarette	104.3	104.5	104.5	104.9	104.5	104.1	105.1
中档卷烟	Mid-range cigarette	105.1	106.6	104.4	102.2	106.2	103.1	103.2
其　　他	Others	102.2	103.1	100.0	100.0	106.3	107.0	106.3

3-13 续表 2 continued

(以上年价格为100) (preceding Year =100)

分类名称	Item	银川市辖区 Yinchuan	石嘴山市辖区 Shizuishan	利通区 Litong	原州区 Yuanzhou	沙坡头区 Shapotou	平罗县 Pingluo	海原县 Haiyuan
2.酒	Liquor	99.0	100.2	96.2	103.5	96.9	100.0	100.0
白　酒	Spirit	98.2	100.0	93.3	100.5	95.4	100.0	100.0
葡萄酒	Wine	99.8	100.0	100.0	100.0	96.6	100.0	100.0
啤　酒	Beer	100.4	100.9	100.0	109.0	99.6	100.0	100.0
其　他	Others	100.0	100.0	100.0	100.0	103.2	100.0	100.0
三、衣着	Clothing	103.5	100.7	103.0	102.2	103.9	102.2	102.3
1.服　装	Garments	102.7	101.0	103.9	101.9	103.4	102.6	101.9
(1)男式服装	Men's	103.3	100.3	103.9	102.1	103.5	103.1	98.8
大　衣	Overcoat	101.5	99.1	104.5	100.5	102.5	103.0	88.6
毛线衣	Sweater	103.7	97.0	103.3	103.9	102.5	99.1	100.2
夹克衫	Jacket	110.0	102.2	116.8	103.7	102.3	111.2	97.8
衬　衫	Shirt	107.2	100.6	99.8	100.1	100.6	102.3	100.5
T恤衫	T-shirt	104.8	100.1	109.6	102.6	104.7	100.0	103.5
裤　子	Trousers	102.7	96.0	102.3	99.9	100.6	101.5	101.1
西　服	Western-style clothes	102.3	101.5	100.0	102.6	112.0	102.2	97.9
运动衫裤	Sport Shirt and Trousers	99.8	100.6	106.4	101.9	104.8	100.8	106.0
内　衣	Underclothes	100.3	104.2	99.2	100.0	104.6	100.6	105.8
羽绒衣	Down Wear	100.6	101.7	106.4	101.9	105.3	103.6	99.9
其　他	Others	105.5	105.6	101.1	100.0	100.7	98.5	101.8
(2)女式服装	Women's	102.5	101.1	103.5	101.4	102.9	101.9	103.7
大　衣	Coat	103.7	100.9	104.0	101.3	105.1	100.6	94.6
毛线衣	Sweater	104.0	100.2	102.5	103.6	99.8	97.5	101.4
羽绒衣	Down Wear	104.2	101.0	109.7	101.8	102.4	102.4	98.5
套　装	Suit	95.5	99.4	103.2	100.4	110.2	100.9	109.8
衬　衫	Shirt	107.6	97.9	100.0	107.5	103.6	107.0	109.1
T恤衫	T-shirt	100.8	93.9	114.5	102.1	102.0	106.3	104.7
裙　子	Skirt	104.5	103.2	98.4	99.5	103.2	104.9	93.2
裤　子	Trousers	101.3	102.8	105.1	100.5	100.8	104.1	104.3
运动衫裤	Sport Shirt and Trousers	100.1	103.2	104.8	102.1	102.8	103.8	105.2
内　衣	Underclothes	100.1	104.4	98.7	100.0	101.1	102.0	110.2
其　他	Others	105.8	106.0	101.0	101.5	100.7	101.3	102.2
(3)儿童服装	Children's	100.4	104.2	105.6	103.1	105.4	104.8	102.9
上　衣	Coat	97.9	104.8	105.6	103.1	104.4	104.6	102.3
裤　子	Trousers	101.7	99.9	108.7	104.3	109.1	107.9	99.8
裙　子	Skirt	99.6	108.1	105.5	103.0	103.6	99.1	105.7
其　他	Others	103.7	103.9	100.0	100.9	103.9	101.6	126.2
2.衣着材料	Clothing Material	101.8	100.8	100.3	101.3	102.5	100.0	101.5
棉　布	Cotton	100.0	101.8	100.0	102.2	100.8	100.0	100.0
化纤布	Chemical Fibre	103.2	100.4	102.2	100.0	105.5	100.0	100.0
毛　线	Knitting Wool	100.0	100.0	100.0	100.0	106.8	100.0	104.3
其　他	Others	105.3	100.6	100.0	100.0	100.0	100.0	100.0
3.鞋袜帽	Footgear and Hats	106.4	99.7	100.6	102.8	105.5	101.3	103.2
(1)鞋	Shoes	106.7	99.7	100.6	103.0	105.9	101.1	104.5

3-13 续表 3 continued

(以上年价格为100) (preceding Year =100)

分类名称	Item	银川市辖区 Yinchuan	石嘴山市辖区 Shizuishan	利通区 Litong	原州区 Yuanzhou	沙坡头区 Shapotou	平罗县 Pingluo	海原县 Haiyuan
男　　鞋	Shoes of Men's	105.7	101.6	100.8	104.6	105.4	101.5	104.6
女　　鞋	Shoes of Women's	107.9	98.0	99.6	102.4	106.1	102.4	106.1
童　　鞋	Shoes of Children's	106.6	100.4	102.6	101.2	106.4	97.5	100.7
(2)袜子	Socks	105.1	98.8	100.0	100.0	101.4	100.0	96.1
男　　袜	Socks of Men's	105.5	98.8	100.0	100.0	100.0	100.0	95.2
女　　袜	Socks of Women's	104.8	98.7	100.0	100.0	102.4	100.0	96.7
(3)帽子	Hats	100.9	104.6	101.7	100.0	106.2	104.9	100.0
男　　帽	Hats of Men's	100.2	104.9	102.3	100.0	101.8	103.2	100.0
女　　帽	Hats of Women's	101.3	104.5	101.1	100.0	109.1	106.6	100.0
4.衣着加工服务费	Clothing Manufacturing Services	102.6	100.0	103.5	109.5	102.8	102.1	111.7
缝　　纫	Sewing	109.4	100.0	100.0	107.1	101.0	101.9	120.0
清　　洗	Cleaning	100.0	100.0	106.7	113.0	105.0	103.1	104.6
其　　他	Others	100.0	100.0	100.7	102.1	100.0	101.4	100.0
四、家庭设备用品及维修服务	Household Facilities , Articles and Services	102.8	100.1	99.9	101.2	100.0	99.7	99.1
1.耐用消费品	Durable Consumer Goods	102.7	98.7	99.7	100.7	98.7	98.5	97.0
(1)家　　具	Furniture	100.8	100.0	99.7	101.3	99.2	96.8	97.2
柜	Cupboard	103.8	100.0	99.7	102.2	97.7	91.5	101.4
床	Bed	100.0	100.0	99.0	100.0	98.5	100.6	99.5
桌	Desk	99.6	100.0	100.0	99.5	100.0	98.9	92.3
椅	Chair	100.0	100.0	100.0	100.0	100.0	100.0	96.4
沙　　发	Sofa	100.2	100.0	100.0	102.6	100.9	94.2	96.1
其　　他	Others	99.2	100.0	100.0	100.0	96.0	99.7	93.6
(2)家庭设备	Household Facilities	103.7	97.4	99.7	100.0	98.2	100.4	96.5
洗 衣 机	Washing Machine	110.1	94.6	100.0	100.1	98.0	100.0	92.6
电 风 扇	Electric Fans	101.8	100.5	100.0	100.0	98.3	102.1	100.0
电冰箱(柜)	Refrigerator	107.5	96.8	100.2	100.9	98.8	102.4	98.1
吸排油烟机	Ventilator	101.0	97.0	100.0	97.7	98.4	99.1	96.7
空 调 器	Air Conditioner	101.1	96.7	97.6	101.3	97.2	100.9	100.0
热 水 器	Water Heater for Shower	100.3	99.7	99.5	99.4	98.4	96.9	99.4
微 波 炉	Microwave Oven	99.5	99.0	100.0	99.9	96.9	97.8	95.6
其　　他	Others	102.0	100.0	100.0	99.5	98.1	100.4	104.0
2.室内装饰品	Interior Decorations	106.4	100.8	101.9	103.5	97.8	104.6	100.8
纺织装饰品	Textile Decorations	112.1	101.6	104.0	106.4	98.5	106.6	101.3
装饰灯具	Decorate Lanterms	98.8	100.0	98.6	100.0	100.0	99.6	99.8
其　　他	Others	101.6	99.7	100.0	97.3	86.2	106.0	100.0
3.床上用品	Bed Articles	101.7	99.0	100.0	98.4	97.4	99.6	103.7
被　　子	Quilt	104.8	99.2	100.0	99.1	97.8	100.0	104.4
床上套件	Bed Cover	103.5	99.0	100.0	97.2	95.2	100.0	104.8
其　　他	Others	96.2	98.9	100.0	98.7	100.0	98.5	102.0
4.家庭日用杂品	Daily Use Household Articles	101.8	102.3	99.9	100.9	101.0	100.5	100.3
茶　　具	Tea Set	102.8	100.0	100.0	100.0	101.8	99.3	100.0
餐　　具	Tableware	100.9	100.2	100.0	100.0	101.9	99.8	100.0
厨　　具	Kitchce Ware	103.2	107.8	99.1	100.0	100.1	98.8	102.7
家用手工工具	Household Handwork Tool	100.2	99.7	100.0	100.0	100.2	106.5	100.0
洗涤用品	Washing Articles	100.9	101.7	100.2	100.0	100.6	101.2	99.6
其　　他	Others	101.7	100.0	100.0	104.3	101.8	100.4	100.0

3-13 续表 4 continued

(以上年价格为100) (preceding Year =100)

分类名称	Item	银川市辖区 Yinchuan	石嘴山市辖区 Shizuishan	利通区 Litong	原州区 Yuanzhou	沙坡头区 Shapotou	平罗县 Pingluo	海原县 Haiyuan
5.家庭服务及加工维修服务	Family Services and Processing and Maintenance Services	105.1	100.8	100.5	106.1	108.4	106.7	100.2
家庭服务	Family Services	105.7	101.4	101.3	100.0	104.1	119.1	101.0
加工维修服务	Processing and Maintenance Services	103.6	100.0	100.0	110.2	111.8	100.0	100.0
五、医疗保健和个人用品	Health Care and Personal Articles	100.5	101.2	100.9	100.5	103.1	101.0	99.9
1.医疗保健	Health Care	100.4	101.7	100.6	100.2	103.7	101.2	98.6
(1)医疗器具及用品	Medical Instrument and Articles	101.2	104.4	102.5	101.4	100.0	100.0	100.0
医疗器具及用品	Medical Instrument and Articles	101.2	104.4	102.5	101.4	100.0	100.0	100.0
(2)中药材及中成药	Traditional Chinese Medicine	99.7	100.9	101.2	98.5	105.7	98.2	94.1
中 药 材	Traditional Chinese Medicine	100.4	98.3	103.8	95.4	109.8	88.8	94.2
中 成 药	Traditional Chinese Medicine	99.2	103.0	98.9	100.8	102.8	102.7	93.9
(3)西药	Western Medicine	98.1	101.6	99.9	101.2	103.7	103.5	99.5
抗菌素(抗感染药)	Antimicrobial Drug	97.2	99.0	100.0	89.0	100.0	99.3	102.0
消化系统用药	Digestsystem Drug	94.7	102.5	97.1	105.6	100.0	101.2	100.0
呼吸系统用药	Breathesystem Drug	96.8	99.6	99.4	100.7	99.9	106.6	100.0
解热镇痛药	Antipyretic and Analgesic	97.1	100.0	103.6	97.8	105.2	100.0	100.0
抗肿瘤药	Antineoplastic Drug	99.5	100.0	100.0	104.8	100.0	104.7	100.0
激素类药	Hormone Drug	107.4	99.9	100.0	126.1	102.8	112.9	98.7
心血管系统用药	Cardiovascular System Drugs	96.5	108.7	101.1	100.0	109.3	101.0	93.8
中枢神经系统用药	Central Nervous System Drugs	93.5	110.6	100.0	114.0	111.6	110.6	95.9
消毒防腐及创伤外科用药	Disinfection and Trauma Drug Surgical Medicine	98.6	100.0	102.4	88.7	110.6	99.0	100.7
泌尿系统用药	Urinary System Drug	101.3	100.0	100.0	100.1	102.3	112.3	101.4
维生素类	Professional Drug	103.3	98.1	97.4	95.8	100.8	100.0	100.0
其 他	Others	97.7	106.7	99.8	96.0	100.0	108.8	100.0
(4)保健器具及用品	Health Care Appliances and Articles	104.5	104.5	103.3	99.8	108.8	103.3	100.0
保健器具	Health Care Appliances	100.5	100.0	100.0	100.0	100.0	100.0	100.0
滋补保健用品	Health Products	105.0	105.5	103.6	99.8	110.2	103.9	100.0
(5)医疗保健服务	Health Care Services	103.1	101.8	100.0	100.1	100.0	102.1	100.0
挂号诊疗费	Registration Fee	115.1	100.0	100.0	100.0	100.0	100.0	100.0
注 射 费	Injection Fee	108.5	100.0	100.0	100.0	100.0	100.0	100.0
检 查 费	Laboratory Fee	100.0	100.0	100.0	100.0	100.0	102.5	100.0
手 术 费	Operation Fee	103.1	100.0	100.0	100.0	100.0	100.0	100.0
床 位 费	Bed fee	101.5	112.2	100.0	102.4	99.9	99.6	100.0
理 疗 费	Physiotherapy Fee	100.0	100.0	100.0	100.0	100.0	100.0	100.0
化 验 费	Assay Fee	100.0	100.0	100.0	100.0	100.0	105.3	100.0
其 他	Others	100.0	100.0	100.0	100.0	100.0	103.4	100.0
2.个人用品及服务	Personal Articles and Service	100.6	100.1	101.5	101.3	101.7	100.2	103.9
(1)化妆美容用品	Cosmetics	100.1	101.0	100.0	100.1	101.5	101.1	107.1
化妆美容器具	Cosmetic Utensil	100.2	101.9	100.4	100.0	101.6	99.3	133.3
美容化妆品	Beautify Cosmetics	100.0	101.1	100.0	100.0	102.0	100.6	105.2
护 肤 品	Cream	100.0	101.2	100.0	100.0	101.3	99.9	103.2
护发美容品	Hair Care	100.1	100.0	100.0	100.9	100.6	105.1	105.8

3-13 续表 5 continued

(以上年价格为100) (preceding Year =100)

分类名称	Item	银川市辖区 Yinchuan	石嘴山市辖区 Shizuishan	利通区 Litong	原州区 Yuanzhou	沙坡头区 Shapotou	平罗县 Pingluo	海原县 Haiyuan
(2)清洁类化妆品	Sanitation Articles	100.9	102.1	100.6	101.6	99.6	99.9	102.8
洗发用品	Hairdressing Articles	100.6	100.3	100.7	100.0	99.3	100.1	103.3
洗浴用品	Bath Articles	101.5	103.9	100.6	106.4	99.7	99.2	100.0
其　　他	Others	100.5	103.7	100.0	102.4	100.2	100.0	100.0
(3)个人饰品	Personal Ornament	97.5	95.3	99.0	99.1	98.2	96.3	91.1
首　　饰	Jewelry	94.3	90.2	97.1	98.3	97.5	93.7	83.2
皮　　件	Leather Goods	100.3	100.0	100.0	100.0	101.4	100.0	101.8
手　　表	Watch	100.7	100.6	100.0	100.0	100.3	100.0	100.0
领　　带	Necktie	98.4	100.0	100.0	100.0	100.0	100.0	96.9
其　　他	Others	92.7	100.0	103.3	100.0	94.1	100.0	106.1
(4)个人服务	Personal Services	102.5	100.9	106.9	104.9	105.3	102.3	109.2
美　　容	Beauty	100.7	100.0	100.0	109.5	98.3	100.0	100.0
理(烫)发	Hair Cut and Hair Perm	101.1	100.0	110.0	103.3	110.8	104.2	114.0
洗　　浴	Bath	108.1	104.1	110.3	101.9	100.0	106.6	100.0
其　　他	Others	107.7	100.0	100.0	103.6	102.3	98.2	122.4
六、交通和通信	Transportation and Communication	99.4	98.7	99.0	96.9	99.5	97.6	97.3
1.交通	Transportation	98.8	98.3	98.6	95.0	99.2	96.6	95.3
(1)交通工具	Transportation Facility	98.2	99.2	98.9	94.7	99.5	100.0	97.2
助动自行车	Power-assist Bicycle	101.4	100.0	97.5	92.2	100.9	100.0	95.5
轿　　车	Car	94.4	96.0	99.5	98.6	98.1		96.6
自 行 车	Bycycle	98.6	102.2	98.6	94.8	99.2	100.0	103.8
其　　他	Others	98.9	101.8	100.0	97.1	100.0	100.0	100.0
(2)车用燃料及零配件	Fuels and Parts	86.5	85.8	84.7	83.1	83.0	84.8	80.7
汽　　油	Gasoline	80.9	80.9	81.0	81.0	81.0	76.5	76.5
柴　　油	Diesel Oil	79.9	77.5	80.0	77.4	77.6	71.6	71.5
零 配 件	Parts	102.0	100.0	94.4	106.6	96.2	100.1	100.0
其　　他	Others	99.4	98.2	100.0	96.2	100.5	98.2	100.0
(3)车辆使用及维修费	Fees for Vehicles Use and Maintenance	106.0	99.9	100.3	100.7	102.4	107.0	100.0
保 险 费	Insurance	100.0	100.0	100.0	100.0	100.0	100.0	100.0
停 车 费	Parking Fee	100.0	100.0	100.0	88.6	100.0	100.0	100.0
车辆修理服务费	Vehicles Maintenance Service Fees	117.7	100.0	100.0	103.3	106.5	121.6	100.0
其　　他	Others	99.8	99.6	109.4	104.3	103.0	100.3	100.0
(4)市区公共交通费	Incity Traffic Fare	97.7	100.0	100.0	100.8	100.0	99.7	101.1
公共汽车票	Bus Ticket	91.5	100.0	100.0	100.0	100.0	100.0	100.0
出租汽车	Taxi	100.0	100.0	100.0	100.0	100.0	98.7	101.0
其　　他	Others	83.4		100.0	109.1		100.0	102.1
(5)城市间交通费	Intercity Traffic Fare	102.4	100.0	100.0	100.3	103.9	100.0	100.0
飞 机 票	Plane Ticket	107.5			107.2	113.7		
火 车 票	Train Ticket	100.0	100.0	100.0	100.0	100.0	100.0	100.0
长途汽车	Long-distance Bus	100.0	100.0	100.0	100.0	100.0	100.0	100.0
短途汽车	Short Journey Car	100.0	100.0	100.0	100.0	100.0	100.0	100.0
其　　他	Others	100.0				100.0	100.0	102.1

3-13 续表 6 continued

(以上年价格为100) (preceding Year =100)

分类名称	Item	银川市辖区 Yinchuan	石嘴山市辖区 Shizuishan	利通区 Litong	原州区 Yuanzhou	沙坡头区 Shapotou	平罗县 Pingluo	海原县 Haiyuan
2.通信	Communication	100.5	99.2	99.5	100.3	100.1	99.2	100.4
(1)通信工具	Communication Facility	102.2	94.3	99.1	100.3	96.4	96.1	101.0
固定电话机	Telephone	100.2	95.7	100.0	100.9	100.0	100.0	100.0
移动电话机	Mobile Telephone	105.5	92.5	98.8	100.0	95.4	94.3	102.1
其　他	Others	99.8	100.0	100.0	100.0	100.0	100.0	87.3
(2)通信服务	Communication Service	100.3	100.3	99.6	100.3	100.7	100.0	100.2
移动通信费	Mobile Telephone Communication	100.0	100.0	100.0	100.0	100.0	100.0	100.0
市内电话费	Incity Correspondence Fee	100.0	100.0	100.0	100.0	100.0	100.0	100.0
长途电话费	Long-distance Correspondence Fee	100.0	100.0	100.0	100.0	100.0	100.0	100.0
月 租 费	Monthly Fee	100.0	100.0	100.0	100.0	100.0	100.0	100.0
上 网 费	Internet Fee	100.0	102.3	96.3	103.3	107.6	101.7	103.5
邮政邮寄	Post	100.0	100.0	100.0	100.0	100.0	100.0	100.0
其他邮寄	Other mail	102.4	100.0	100.4	100.0	100.0	100.0	100.0
其　他	Others	102.0	100.0	100.0	100.0	100.0	100.0	100.0
七、娱乐教育文化用品及服务	Recreation, Education, Culture Articles and Service	107.8	103.6	101.8	106.4	103.5	103.9	103.0
1.文娱用耐用消费品及服务	Durable Consumer Goods for Cultural and Recreational Use and Services	100.9	98.7	95.9	100.4	96.4	95.4	96.6
电 视 机	TV Set	97.0	95.7	91.3	99.7	92.2	93.1	92.4
激光视盘机	High Definition FVD	106.5	101.6	100.0	100.0	92.6	94.6	96.6
摄 像 机	Video Camera	101.6	99.9	100.0	99.7	99.4	100.0	100.0
照 相 机	Camera	104.6	100.0	95.6	101.9	95.7	100.0	100.0
家用音响	Family Sound	100.3	101.8	96.9	100.0	97.8	100.0	98.6
便携式音响	Portable Sound	100.0	100.0	100.0	104.0	95.6	100.0	99.5
电　脑	Computer	101.8	99.1	99.1	101.7	98.0	98.3	99.3
修理服务	Repair Service	104.2	100.0	100.0	100.0	101.6	95.3	100.0
其　他	Others	98.5	99.6	93.5	100.0	100.0	102.8	94.9
2.教育	Education	112.7	110.0	103.1	110.2	105.9	108.3	104.0
(1)教材及参考书	Teaching Materials and Reference Books	107.9	108.5	100.0	102.9	109.8	111.5	105.0
工 具 书	Reference Books	100.0	104.9	104.5	100.0	100.0	102.3	100.0
教　材	Teaching Materials	106.5	119.2	96.9	114.6	119.9	112.7	107.8
参 考 书	Reference Books	110.2	104.0	104.4	100.0	105.8	112.1	100.0
教育软件	Education Software	100.0	100.0	100.0	97.1	102.0	100.0	100.0
(2)教育服务	Tuition and Child Care	113.7	110.8	103.8	111.3	105.3	107.8	103.8
学前教育	Preschool Education	105.6	101.2	107.0	106.9	115.9	100.0	109.1
中等教育	Secondary Education	100.0	104.8	100.0	100.0	100.0	100.0	100.0
高等教育	Higher Education	119.1	114.1	100.0	130.4	113.3	116.3	100.0
专业技能培训	Professional Skill Training	107.7	123.9	114.9	105.8	102.0	118.2	112.8
其　他	Others	125.2	104.7	100.0	113.1	100.0	111.0	100.0
3.文化娱乐类	Cultural and Recreational	103.3	100.6	102.2	101.2	105.1	101.9	101.8
(1)文化娱乐用品	Cultural Articles	99.8	100.8	99.9	100.4	102.5	102.1	100.4
乐　器	Musical Instrument	99.8	101.5	100.9	103.7	100.5	103.2	108.1
音像光盘和视盘	Audio and Video CD and DVD	100.0	100.0	100.0	100.0	100.0	100.0	100.0
电子存储器	Film and Memory Card	99.8	100.0	97.6	97.7	89.9	97.2	93.2
儿童玩具	Toy for Children	100.3	102.3	100.0	100.0	101.3	103.0	100.0
纸张本册	Papers	99.5	100.0	100.0	100.9	107.5	92.1	100.0

3-13 续表 7 continued

(以上年价格为100) (preceding Year =100)

分类名称	Item	银川市辖区 Yinchuan	石嘴山市辖区 Shizuishan	利通区 Litong	原州区 Yuanzhou	沙坡头区 Shapotou	平罗县 Pingluo	海原县 Haiyuan
文　　具	Stationery	100.0	100.3	100.0	100.0	106.5	113.4	100.0
体育用品	Sports Articles	97.9	100.0	100.0	100.0	100.0	100.5	100.0
其　　他	Others	101.7	100.9	100.0	100.0	100.4	102.9	104.1
(2)书报杂志	Newspapers and Magazines	111.2	102.3	107.1	102.0	116.5	102.7	102.8
书　　籍	Books	100.1	100.0	100.0	100.0	100.0	100.0	100.0
报　　纸	Newspapers	118.9	100.0	103.6	100.0	126.0	100.0	100.0
杂　　志	Magazines	115.0	114.5	127.9	114.5	129.0	113.8	114.5
(3)文娱费	Expenditure on Cultural and Recreation	102.7	99.6	101.3	101.6	100.6	100.6	102.7
电 影 票	Movie Ticket	100.0	100.0	95.7	102.6	100.0	100.0	100.0
景点门票	Scenery Spot Entrance Ticket	115.9	96.9	100.0	110.8	104.4	96.9	100.0
有线电视	Wired TV	100.0	100.0	100.0	100.0	100.0	100.0	100.0
健身活动	Fitness Activities	102.6	100.0	103.1	100.0	100.0	101.8	112.0
其　　他	Others	100.0	100.0	120.0	100.0	100.0	118.5	100.0
4.旅游	Touring and Outing	103.6	97.3	105.6	96.6	101.1	102.6	107.5
旅行社收费	Travel Agency Fees	99.6	96.0	107.3	99.9	104.2	100.6	112.7
宾馆住宿	Accommodation	112.6	100.0	100.0	93.7	93.0	116.4	100.0
其他住宿	Other Lodging	110.7	100.0	100.0	91.7	101.8	100.0	100.0
八、居住	Residence	100.0	100.1	100.4	100.3	102.7	98.2	100.3
1.建房及装修材料	Building and Building Decoration Materials	99.3	99.5	98.7	98.8	99.8	94.2	99.0
木　　材	Timber	97.0	100.0	100.4	100.4	106.8	88.1	100.3
木 地 板	Wooden Floor	99.0	100.0	100.0	104.2	101.0	100.0	100.0
砖	Brick	98.5	100.0	96.3	97.9	100.0	96.2	98.1
水　　泥	Cement	97.4	93.0	99.7	88.2	85.1	92.5	91.0
涂　　料	Dope	100.0	99.1	100.0	107.2	97.3	100.0	100.0
板　　材	Veneer	100.0	100.0	95.1	100.0	99.1	96.7	100.0
玻　　璃	Glass	99.2	99.3	98.3	100.0	98.2	96.8	100.0
粘　　胶	Mucilage Glue	100.0	100.0	93.1	100.0	97.0	100.0	100.0
厨卫设备	Hutch Defends Equipment	101.7	100.0	102.3	100.0	96.9	100.0	107.7
其　　他	Others	99.8	100.0	99.4	100.0	103.5	100.0	92.8
2.住房租金	Renting	91.2	100.0	94.8	103.9	112.0	100.0	100.2
公房房租	Public Rent	100.0	100.0	100.0	100.0	100.0	100.0	
私房房租	Private Rent	89.2	100.0	91.5	105.2	112.5	100.0	100.2
其他费用	Other Fees	100.0	100.0	109.1	100.0	111.1	100.0	100.0
3.自有住房	Private Housing	101.2	100.5	103.1	102.8	106.4	105.8	100.0
住房估算租金	Estimate Rent	90.6	100.0	92.9	103.9	102.8	100.0	100.2
物业管理费用	Estate Management Fees	105.1	102.1	124.5	108.1	122.9	100.0	100.0
维护修理费用	Maintenance and Renovation Fees	133.3	100.4	100.0	100.0	100.6	109.7	100.0
其　　他	Others	100.0	100.0	100.0	100.0	100.0	109.0	100.0
4.水、电、燃料	Water,Electricity and Fuels	101.2	100.2	100.7	100.1	100.0	99.1	101.4
水	Water	101.5	100.0	100.0	100.9	100.0	112.1	103.4
电	Electricity	100.0	100.7	100.0	100.0	100.0	101.2	100.0
液化石油气	Liquefied Petroleum Gas	105.5	100.0	103.5	103.0	99.8	100.0	102.9
管道燃气	Pipeline Fuel Gas	100.0	100.0	100.0		100.0	100.0	
其他燃料	Other Fuels	100.0	98.4	100.0	99.0	100.2	94.7	101.3

3-14 2015年调查市县商品零售价格指数

Retail Price Indices by City and Country (2015)

(以上年价格为100) (preceding Year =100)

分类名称	Item	银川市辖区 Yinchuan	石嘴山市辖区 Shizuishan	利通区 Litong	原州区 Yuanzhou	沙坡头区 Shapotou	平罗县 Pingluo	海原县 Haiyuan
商品零售价格总指数	**Retail Price Index**	**100.2**	**99.1**	**99.6**	**100.5**	**100.5**	**98.4**	**99.4**
一、食品	Food	101.1	99.4	99.5	102.5	101.4	99.5	100.7
1.粮食	Grain	101.8	101.3	100.9	102.8	101.6	102.0	102.7
大　米	Rice	102.3	102.8	102.6	102.2	102.0	102.4	104.6
面　粉	Flour	101.5	100.7	100.0	102.1	101.8	100.1	100.1
粮食制品	Cereal Product	101.2	100.0	100.2	100.6	99.8	102.1	100.0
其　他	Others	102.9	107.5	106.1	112.7	103.5	106.2	112.5
2.淀粉及制品	Starch and products	101.0	100.3	103.9	104.7	95.8	100.0	99.5
淀粉及制品	Starch and products	101.0	100.3	103.9	104.7	95.8	100.0	99.5
3.干豆类及豆制品	Beans and Bean Products	100.6	103.1	100.1	102.7	103.8	102.7	93.0
干　豆	Beans	100.3	107.2	101.7	103.1	103.1	110.4	101.5
豆 制 品	Bean Products	100.9	101.7	100.0	102.5	103.9	100.1	90.3
4.油脂	Oil or Fat	98.8	99.6	94.2	95.6	100.6	100.6	99.9
食用植物油	Edible Vegetable Oil	98.5	100.8	99.8	95.8	101.0	101.0	100.0
植物油制品	Vegetable Oil Products	99.0	98.3	85.3	94.9	99.7	100.0	100.0
其　他	Others	105.7	102.6	98.8	95.4	95.7	100.3	85.6
5.肉禽及其制品	Meat,Poultry and Processed Products	100.2	97.5	95.8	98.0	101.4	97.8	97.0
(1)食用畜肉及副产品	Meat and Byproducts	99.0	95.8	94.1	97.6	101.5	95.6	96.3
猪　肉	Pork	107.5	105.5	110.0	107.5	113.7	105.8	115.3
牛　肉	Beef	99.0	96.9	99.5	98.5	98.6	98.4	97.7
羊　肉	Mutton	92.8	84.1	85.9	83.9	83.5	82.8	89.4
畜肉副产品	Byproducts	97.7	93.0	102.9	102.8	97.4	96.1	100.0
其　他	Others		100.0	100.0	105.7		105.2	100.0
(2)禽	Poultry	103.2	100.0	102.4	98.4	100.7	110.1	101.1
鸡	Chicken	102.2	99.9	102.3	98.1	100.5	109.9	101.1
鸭	Duck	99.8	96.5	100.0		99.3	113.6	100.0
其　他	Others	114.2	106.1	106.7	110.0	102.9	104.7	100.0
(3)加工肉禽	Processed Meat and Poultry	101.4	100.6	102.1	102.0	101.5	100.7	99.0
畜肉制品	Processed Products of Meat	99.9	100.0	102.8	99.2	100.9	100.8	97.9
禽 制 品	Processed Products of Poultry	104.4	101.9	100.9	104.3	102.8	100.0	100.6
6.蛋	Eggs	94.0	90.6	89.9	93.9	86.5	92.8	88.1
鲜　蛋	Fresh Egg	87.8	89.4	89.0	91.9	85.9	91.8	86.8
蛋 制 品	Processed Products of Egg	101.7	101.1	104.4	105.7	100.0	100.0	101.0
7.水产品	Aquatic Products	98.4	100.4	101.8	104.2	97.3	100.8	103.0
(1)鱼	Fish	98.1	102.5	102.2	105.3	97.0	100.8	103.4
淡 水 鱼	Freshwater Fish	99.5	103.6	102.3	105.8	96.3	101.1	105.1
海 水 鱼	Seawater Fish	96.6	100.6	101.8	103.9	99.8	100.0	99.9
(2)其他水产品	Others	98.7	97.4	100.8	100.2	99.5	100.9	100.0
虾 蟹 类	Shrimp and Crab	97.8	95.4	100.2	97.4	96.0	100.8	100.1
其　他	Others	100.0	99.7	105.0	104.8	117.6	101.7	100.0
8.菜	Vegetables	106.0	105.5	115.0	110.4	107.5	106.3	106.4
鲜　菜	Fresh Vegetables	107.6	106.2	116.4	110.7	108.5	107.2	107.4
干菜及菜制品	Dried Vegetables and Processed Products	104.8	112.1	106.2	101.6	114.6	101.3	99.3
薯　类	Tubers	97.7	92.3	98.4	110.4	95.1	101.3	99.4

3-14 续表 1 continued

(以上年价格为100) (preceding Year =100)

分类名称	Item	银川市辖区 Yinchuan	石嘴山市辖区 Shizuishan	利通区 Litong	原州区 Yuanzhou	沙坡头区 Shapotou	平罗县 Pingluo	海原县 Haiyuan
9.调味品	Flavoring	105.3	101.2	103.1	103.9	102.3	102.9	104.7
食用盐	Salt	100.0	100.0	100,0	100.0	100.0	107.3	100.0
酱　油	Soy	115.9	100.0	105.7	101.6	99.0	101.4	100.0
食　醋	Vinegar	100.4	100.0	102.4	100.0	100.5	100.0	100.0
味　精	Aginomoto	105.2	100.0	104.7	104.2	102.6	100.2	100.0
其　他	Others	101.2	106.5	101.4	120.1	109.6	101.2	124.3
10.糖	Carbohydrate	102.3	100.0	101.0	100.1	99.3	97.1	100.4
食　糖	Sugar	100.8	100.0	100.7	103.9	97.4	94.8	100.0
糖　果	Candy	101.3	100.0	102.9	97.7	100.0	100.0	102.1
巧克力制品	Processed Products of Chocolate	105.9	100.0	100.5	97.9	100.1	100.0	100.0
糖类小食品	Carbohydrate Foods	99.8	100.0	100.0	99.2	100.0	99.5	100.0
11.干鲜瓜果	Dried and Fresh Melons and Fruits	94.7	94.8	92.4	100.9	93.8	95.0	98.6
鲜瓜果	Fresh Melons and Fruits	92.4	93.5	90.6	100.9	90.1	93.3	98.3
干(坚)果	Dried Melons and Fruits	100.9	98.6	100.9	101.1	97.9	104.3	100.0
12.糕点饼干面包	Cake,Biscuit and Bread	101.5	101.7	103.7	102.0	99.7	100.0	100.0
糕　点	Cake	103.2	101.2	102.8	98.7	100.6	100.0	100.0
饼　干	Biscui	101.3	101.2	103.9	102.9	99.7	100.0	100.0
面　包	Bread	99.6	102.7	104.6	104.6	99.1	100.0	100.0
13.液体乳及乳制品	Milk and Processed Products	101.4	101.8	98.3	100.9	99.5	93.4	97.5
巴氏杀菌奶或消毒奶	Pasteurization Milk or Disinfection Milk	97.9	99.4	94.6	99.9	99.4	91.7	96.6
酸牛乳	Acidophilus Milk	100.8	103.8	100.0	103.3	98.8	86.5	95.7
乳　粉	Milk Powder	101.5	100.7	100.0	101.1	99.3	103.7	100.0
其　他	Others	110.5	128.0	107.1	100.0	106.9	102.3	100.0
14.在外用膳食品	Dining Out	102.6	98.8	100.6	105.2	102.4	100.0	99.7
主　食	Staple Food	102.2	99.2	100.0	107.0	101.4	100.1	100.0
炒　菜	Fried Dish	99.5	94.2	100.1	104.9	102.6	100.0	99.4
地方小吃	Local Snack	107.7	104.2	103.7	102.7	104.3	100.0	100.0
其　他	Others	101.6	105.4	100.0	101.2	100.0	100.0	100.0
15.其他食品	Others Food	101.5	100.0	100.0	103.5	100.4	102.7	101.2
其他食品	Others Food	101.5	100.0	100.0	103.5	100.4	102.7	101.2
二、饮料、烟酒	Beverages,Tobacco,Liquor and Articles	100.6	102.6	100.0	102.6	101.7	101.7	101.9
1.茶及饮料	Tea and Beverages	100.2	100.4	99.7	100.5	100.1	99.9	100.0
(1)茶叶	Tea	99.6	101.8	100.0	100.0	100.0	99.5	100.0
茶　叶	Tea	99.6	101.8	100.0	100.0	100.0	99.5	100.0
(2)饮料	Beverages	100.7	99.9	99.5	101.0	100.2	100.3	100.0
固体饮料	Solid Beverages	103.8	100.0	87.8	102.1	100.5	100.0	100.0
液体饮料	Liquid Beverages	99.5	99.8	102.0	100.7	100.0	101.5	100.0
冷冻饮品	Freeze Beverages	99.9	100.0	100.0	100.0	100.9	100.0	100.0
2.烟草	Tobacco	104.0	105.5	103.2	102.7	105.3	103.9	103.3
高档卷烟	High-grade Cigarette	104.3	104.5	104.5	104.9	104.5	104.1	105.1
中档卷烟	Mid-range cigarette	105.1	106.6	104.4	102.2	106.2	103.1	103.2
其　他	Others	102.2	103.1	100.0	100.0	106.3	107.0	106.3
3.酒	Liquor	99.0	100.2	95.8	103.5	96.6	100.0	100.0
白　酒	Spirit	98.2	100.0	93.3	100.5	95.4	100.0	100.0

3-14 续表 2 continued

(以上年价格为100) (preceding Year =100)

分类名称	Item	银川市辖区 Yinchuan	石嘴山市辖区 Shizuishan	利通区 Litong	原州区 Yuanzhou	沙坡头区 Shapotou	平罗县 Pingluo	海原县 Haiyuan
葡萄酒	Wine	99.8	100.0	100.0	100.0	96.6	100.0	100.0
啤 酒	Beer	100.4	100.9	100.0	109.0	99.6	100.0	100.0
其 他	Others	100.0	100.0	100.0	100.0	103.2	100.0	100.0
三、服装、鞋帽	Garments,Shoes and Hats	103.5	100.7	103.4	102.1	104.3	102.4	102.3
1.服装	Garments	102.4	101.2	104.5	101.9	104.3	102.8	101.9
(1)男式服装	Men's	102.9	100.3	104.9	102.1	104.7	103.1	98.8
大 衣	Overcoat	101.5	99.1	104.5	100.5	102.5	103.0	88.6
毛线衣	Sweater	103.7	97.0	103.3	103.9	102.5	99.1	100.2
夹克衫	Jacket	110.0	102.2	116.8	103.7	102.3	111.2	97.8
衬 衫	Shirt	107.2	100.6	99.8	100.1	100.6	102.3	100.5
T 恤衫	T-shirt	104.8	100.1	109.6	102.6	104.7	100.0	103.5
裤 子	Trousers	102.7	96.0	102.3	99.9	100.6	101.5	101.1
西 服	Western-style clothes	102.3	101.5	100.0	102.6	112.0	102.2	97.9
运动衫裤	Sport Shirt and Trousers	99.8	100.6	106.4	101.9	104.8	100.8	106.0
内 衣	Underclothes	100.3	104.2	99.2	100.0	104.6	100.6	105.8
羽绒衣	Down Wear	100.6	101.7	106.4	101.9	105.3	103.6	99.9
其 他	Others	105.5	105.6	101.1	100.0	100.7	98.5	101.8
(2)女式服装	Women's	102.2	101.0	103.9	101.4	103.4	102.5	103.7
大 衣	Coat	103.7	100.9	104.0	101.3	105.1	100.6	94.6
毛线衣	Sweater	104.0	100.2	102.5	103.6	99.8	97.5	101.4
羽绒衣	Down Wear	104.2	101.0	109.7	101.8	102.4	102.4	98.5
套 装	Suit	95.5	99.4	103.2	100.4	110.2	100.9	109.8
衬 衫	Shirt	107.6	97.9	100.0	107.5	103.6	107.0	109.1
T 恤衫	T-shirt	100.8	93.9	114.5	102.1	102.0	106.3	104.7
裙 子	Skirt	104.5	103.2	98.4	99.5	103.2	104.9	93.2
裤 子	Trousers	101.3	102.8	105.1	100.5	100.8	104.1	104.3
运动衫裤	Sport Shirt and Trousers	100.1	103.2	104.8	102.1	102.8	103.8	105.2
内 衣	Underclothes	100.1	104.4	98.7	100.0	101.1	102.0	110.2
其 他	Others	105.8	106.0	101.0	101.5	100.7	101.3	102.2
(3)儿童服装	Children's	100.9	104.2	105.7	103.1	105.5	102.3	102.9
上 衣	Coat	97.9	104.8	105.6	103.1	104.4	104.6	102.3
裤 子	Trousers	101.7	99.9	108.7	104.3	109.1	107.9	99.8
裙 子	Skirt	99.6	108.1	105.5	103.0	103.6	99.1	105.7
其 他	Others	103.7	103.9	100.0	100.9	103.9	101.6	126.2
2.鞋袜帽	Footgear and Hats	106.2	99.8	100.3	102.8	105.3	101.5	103.5
(1)鞋	Shoes	106.8	99.7	100.3	103.0	105.8	101.5	104.6
男 鞋	Shoes of Men's	105.7	101.6	100.8	104.6	105.4	101.5	104.6
女 鞋	Shoes of Women's	107.9	98.0	99.6	102.4	106.1	102.4	106.1
童 鞋	Shoes of Children's	106.6	100.4	102.6	101.2	106.4	97.5	100.7
(2)袜子	Socks	105.1	98.8	100.0	100.0	101.4	100.0	96.1
男 袜	Socks of Men's	105.5	98.8	100.0	100.0	100.0	100.0	95.2
女 袜	Socks of Women's	104.8	98.7	100.0	100.0	102.4	100.0	96.7
(3)帽子	Hats	100.8	104.6	101.5	100.0	106.2	104.9	100.0
男 帽	Hats of Men's	100.2	104.9	102.3	100.0	101.8	103.2	100.0
女 帽	Hats of Women's	101.3	104.5	101.1	100.0	109.1	106.6	100.0

3-14 续表 3 continued

(以上年价格为100) (preceding Year =100)

分类名称	Item	银川市辖区 Yinchuan	石嘴山市辖区 Shizuishan	利通区 Litong	原州区 Yuanzhou	沙坡头区 Shapotou	平罗县 Pingluo	海原县 Haiyuan
3.其他	Others	98.4	100.0	100.0	100.0	100.0	100.0	96.9
领　　带	Necktie	98.4	100.0	100.0	100.0	100.0	100.0	96.9
四、纺织品	Textiles	103.3	99.5	100.2	99.1	99.4	100.0	103.1
1.衣着材料	Clothing	101.3	100.8	100.5	101.3	104.2	100.0	101.2
棉　　布	Cotton	100.0	101.8	100.0	102.2	100.8	100.0	100.0
化 纤 布	Chemical Fibre	103.2	100.4	102.2	100.0	105.5	100.0	100.0
毛　　线	Knitting Wool	100.0	100.0	100.0	100.0	106.8	100.0	104.3
其　　他	Others	105.3	100.6	100.0	100.0	100.0	100.0	100.0
2.床上用品	Bedding	104.0	99.0	100.0	98.4	96.3	100.0	104.6
被　　子	Quilt	104.8	99.2	100.0	99.1	97.8	100.0	104.4
床上套件	Bed Cover	103.5	99.0	100.0	97.2	95.2	100.0	104.8
五、家用电器及音像器材	Household Appliances,Music and Video Equipment	102.3	98.0	102.9	100.2	95.4	98.4	96.2
1.家庭设备	Household Facilities	104.5	97.3	99.8	100.0	98.3	99.6	96.5
洗 衣 机	Washing Machine	110.1	94.6	100.0	100.1	98.0	100.0	92.6
电 风 扇	Electric Fans	101.8	100.5	100.0	100.0	98.3	102.1	100.0
电冰箱(柜)	Refrigerator	107.5	96.8	100.2	100.9	98.8	102.4	98.1
吸排油烟机	Ventilator	101.0	97.0	100.0	97.7	98.4	99.1	96.7
空 调 器	Air Conditioner	101.1	96.7	97.6	101.3	97.2	100.9	100.0
热 水 器	Water Heater for Shower	100.3	99.7	99.5	99.4	98.4	96.9	99.4
微 波 炉	Microwave Oven	99.5	99.0	100.0	99.9	96.9	97.8	95.6
其　　他	Others	102.0	100.0	100.0	99.5	98.1	100.4	104.0
2.文娱用耐用消费品	Durable Consumer Goods for Cultural and Recreational Use and Services	100.3	98.6	95.2	100.4	93.6	96.5	95.8
电 视 机	TV Set	97.0	95.7	91.3	99.7	92.2	93.1	92.4
激光视盘机	High Definition FVD	106.5	101.6	100.0	100.0	92.6	94.6	96.6
摄 像 机	Video Camera	101.6	99.9	100.0	99.7	99.4	100.0	100.0
照 相 机	Camera	104.6	100.0	95.6	101.9	95.7	100.0	100.0
家用音响	Family Sound	100.3	101.8	96.9	100.0	97.8	100.0	98.6
便携式音响	Portable Sound	100.0	100.0	100.0	104.0	95.6	100.0	99.5
其　　他	Others	98.5	99.6	93.5	100.0	100.0	102.8	94.9
3.专业音像器材	Specialty Sound Facilities	96.3	99.9	157.3	100.0	95.7	100.0	100.0
专业音响器材	Specialty Sound Facilities	100.0	100.0	100.0	100.0	98.5		100.0
专业声像器材	Specialty Acoustic Image Facilities	92.5	99.8	298.2		93.5	100.0	100.0
六、文化办公用品	Cultural and Office Appliances	98.8	99.2	99.2	100.3	99.0	100.5	100.2
纸张本册	Papers	99.5	100.0	100.0	100.9	107.5	92.1	100.0
文　　具	Stationery	100.0	100.3	100.0	100.0	106.5	113.4	100.0
电　　脑	Computer	101.8	99.1	99.1	101.7	98.0	98.3	99.3
电脑附件	Computer Parts	100.0	98.7	100.0	100.0	98.3	100.0	95.0
电子存储器	Electron Resevoir	99.8	100.0	97.6	97.7	89.9	97.2	93.2
打印机及配件	Printer and Parts	98.1	99.6	101.3	100.0	98.9	100.0	96.2
扫 描 仪	Scanner	95.5	98.7	100.0	100.0	97.1	100.0	100.0
复 印 机	Copier	92.8	96.6	92.2	96.9	94.9	100.0	96.6
计 算 器	Calculator	100.0	98.6	100.0	100.0	100.0	94.3	107.1
教学设备	Teaching Device	95.2	100.7	100.0	100.0	100.0		123.0
其　　他	Others	100.0	100.0	100.0	100.0	100.1	100.0	100.0

3-14 续表 4 continued

(以上年价格为100) (preceding Year =100)

分类名称	Item	银川市辖区 Yinchuan	石嘴山市辖区 Shizuishan	利通区 Litong	原州区 Yuanzhou	沙坡头区 Shapotou	平罗县 Pingluo	海原县 Haiyuan
七、日用品	Articles for Daily Use	100.6	101.4	99.5	97.9	100.5	101.1	100.7
1.日用百货	General Merchandise for Daily Use	100.2	101.1	98.6	95.6	100.3	99.9	101.3
自 行 车	Bicycle	98.6	102.2	98.6	94.8	99.2	100.0	103.8
助动自行车	Power-assist Bicycle	101.4	100.0	97.5	92.2	100.9	100.0	95.5
雨 具	Rain Gear	100.3	100.0	100.0	106.0	99.8	98.8	100.9
剃须刀具	Shaver	99.2	104.6	104.0	100.0	100.0	100.0	100.0
电 池	Cell	100.0	100.0	96.4	100.0	99.9	100.0	100.0
卫生用纸制品	Hygiene Paper Products	100.4	101.7	100.0	100.0	100.1	100.0	101.6
其 他	Others	100.0	100.0	100.0	100.0	101.0		100.0
2.日用杂品	Miscellaneous for Daily Use	102.3	103.1	99.7	100.1	101.1	99.3	101.1
茶 具	Tea Set	102.8	100.0	100.0	100.0	101.8	99.3	100.0
餐 具	Tableware	100.9	100.2	100.0	100.0	101.9	99.8	100.0
厨 具	Kitchce Ware	103.2	107.8	99.1	100.0	100.1	98.8	102.7
其 他	others	101.7	100.0	100.0	104.3	101.8	100.4	100.0
3.洗涤用品	Washing Articles	100.8	101.1	100.2	100.0	99.8	102.4	99.9
洗衣粉(液)	Washing Powder	102.0	102.1	100.3	100.0	99.9	100.0	100.0
肥 皂 类	Soap	101.2	100.6	100.0	100.0	99.9	100.0	99.2
清洁洗涤剂	Cleaning Detergent	99.5	100.0	100.0	100.0	99.6	108.5	100.0
4.其他日用品	Other Articles	99.6	100.9	99.9	100.2	101.3	103.0	100.3
儿童玩具	Toy for Children	100.3	102.3	100.0	100.0	101.3	103.0	100.0
照明器具	Luminaire	98.8	100.0	98.6	100.0	100.0	99.6	99.8
钟表眼镜及配件	Horologe,Glasses and Parts	98.1	100.6	100.8	102.0	98.9	102.7	100.0
日用普通饰品	General Ornament for Daily Use	100.9	101.6	100.0	100.0	105.5	111.1	100.0
日用皮革制品	Leather Products for Daily Use	100.3	100.0	100.0	100.0	101.4	100.0	101.8
其 他	Others	102.7	100.0		100.0	98.6		
八、体育娱乐用品	Sports and Recreation Articles	99.3	100.9	100.6	100.8	100.5	101.5	107.2
1.体育用品	Sports Articles	99.1	100.0	100.9	100.0	100.6	100.0	107.9
球 类	Balls	99.9	100.0	102.1	100.0	101.2	100.0	100.0
棋 牌	Chess	100.0	100.0	100.0	100.0	100.2	100.0	125.2
健身器材	Fitness Equipment	97.3	100.0	100.0	100.0	100.0	100.0	112.1
2.娱乐用品	Recreation Articles	99.5	101.9	100.4	101.3	100.1	104.9	105.7
游艺器材	Enterainment Articles	99.3	102.1	100.0	100.0	100.0	106.7	100.0
乐 器	Musical Instrument	99.8	101.5	100.9	103.7	100.5	103.2	108.1
九、交通、通信用品	Transportation and Communication Appliances	98.7	97.6	98.2	99.4	97.8	98.3	99.5
1.交通运输机械	Transport Machinery	97.5	99.0	97.8	99.2	98.3	100.0	98.9
轿 车	Car	94.4	96.0	99.5	98.6	98.1		96.6
客 车	Passenger Car	100.7	102.9	103.1				107.6
货 车	Truck	98.3	98.6	89.9			100.0	97.4
其 他	Others		101.8		101.0	100.0		99.8
2.通信器材	Communication Apparatus	101.9	94.1	99.2	99.9	96.8	96.1	101.4
固定电话机	Telephone	100.2	95.7	100.0	100.9	100.0	100.0	100.0
移动电话机	Mobile Telephone	105.5	92.5	98.8	100.0	95.4	94.3	102.1
传 真 机	Fax Machine	101.1	99.4	100.0	96.3	100.0	100.0	100.0
其 他	Others	100.0				87.9		101.5

3-14 续表 5 continued

(以上年价格为100) (preceding Year =100)

分类名称	Item	银川市辖区 Yinchuan	石嘴山市辖区 Shizuishan	利通区 Litong	原州区 Yuanzhou	沙坡头区 Shapotou	平罗县 Pingluo	海原县 Haiyuan
十、家具	Furniture	100.8	100.0	99.8	101.3	99.2	96.5	97.0
柜	Cupboard	103.8	100.0	99.7	102.2	97.7	91.5	101.4
床	Bed	100.0	100.0	99.0	100.0	98.5	100.6	99.5
桌	Desk	99.6	100.0	100.0	99.5	100.0	98.9	92.3
椅	Chair	100.0	100.0	100.0	100.0	100.0	100.0	96.4
沙　发	Sofa	100.2	100.0	100.0	102.6	100.9	94.2	96.1
其　他	Others	99.2	100.0	100.0	100.0	96.0	99.7	93.6
十一、化妆品	Cosmetics	100.7	101.0	100.2	100.9	100.9	101.0	103.6
护 肤 品	Cream	100.0	101.2	100.0	100.0	101.3	99.9	103.2
美容、装饰类化妆品	Beauty Decoration Class Cosmetics Cosmetic	100.0	101.1	100.0	100.0	102.0	100.6	105.2
护发美容品	Hair Care Cosmetics	100.1	100.0	100.0	100.9	100.6	105.1	105.8
洗发用品	Hairdressing	100.6	100.3	100.7	100.0	99.3	100.1	103.3
洗浴用品	Scouring Bath	101.5	103.9	100.6	106.4	99.7	99.2	100.0
药物美容用品	Medicine Beautify	105.9	100.9	100.9	100.0	101.3	100.9	100.0
十二、金银珠宝	Gold ,Silver and Jewel	94.6	90.6	98.8	97.3	97.0	93.5	87.5
金 饰 品	Gold	94.2	92.6	97.9	96.6	95.9	94.1	92.4
银 饰 品	Silver	93.0	94.7	98.9	100.0	106.7	93.7	75.0
铂金饰品	Platinum	93.5	88.0	98.1	96.4	98.7	92.2	98.3
其　他	Others	99.7		104.4	100.0	99.4	100.0	98.5
十三、中西药品及医疗保健用品	Traditional Chinese and Western Medicines and Health Care Articles	99.7	101.8	101.1	100.0	106.1	100.1	97.2
1.医疗器具及用品	Medical Apparatus and Article	101.2	104.4	102.5	101.4	100.0	100.0	100.0
医疗器具及用品	Medical Apparatus and Article	101.2	104.4	102.5	101.4	100.0	100.0	100.0
2.中药材及中成药	Traditional Chinese Medicinal Materials and Medicines	100.2	100.9	101.8	98.5	104.6	95.4	94.1
中 药 材	Traditional Chinese Medicinal Materials	100.4	98.3	103.8	95.4	109.8	88.8	94.2
中 成 药	Medicines	99.2	103.0	98.9	100.8	102.8	102.7	93.9
3.西药	Western Medicines	98.1	101.6	100.0	101.2	106.7	102.9	99.5
抗菌素(抗感染药)	Antimicrobial Drug	97.2	99.0	100.0	89.0	100.0	99.3	102.0
消化系统用药	Digestsystem Drug	94.7	102.5	97.1	105.6	100.0	101.2	100.0
呼吸系统用药	Breathesystem Drug	96.8	99.6	99.4	100.7	99.9	106.6	100.0
解热镇痛药	Antipyretic and Analgesic	97.1	100.0	103.6	97.8	105.2	100.0	100.0
抗肿瘤药	Antineoplastic Drug	99.5	100.0	100.0	104.8	100.0	104.7	100.0
激素类药	Hormone Drug	107.4	99.9	100.0	126.1	102.8	112.9	98.7
心血管系统用药	Cardiovascular System Drugs	96.5	108.7	101.1	100.0	109.3	101.0	93.8
中枢神经系统用药	Central Nervous System Drugs	93.5	110.6	100.0	114.0	111.6	110.6	95.9
消毒防腐及创伤外科用药	Disinfection and Trauma Drug Surgical Medicine	98.6	100.0	102.4	88.7	110.6	99.0	100.7
泌尿系统用药	Urinary System Drug	101.3	100.0	100.0	100.1	102.3	112.3	101.4
维生素类	Professional Drug	103.3	98.1	97.4	95.8	100.8	100.0	100.0
其　他	Others	97.7	106.7	99.8	96.0	100.0	108.8	100.0
4.保健器具及用品	Health Care Equipment and Supplies	103.4	104.8	102.7	99.8	109.6	103.6	100.0
保健器具	Health Care Apparatus	100.5	100.0	100.0	100.0	100.0	100.0	100.0
滋补保健用品	Health Products	105.0	105.5	103.6	99.8	110.2	103.9	100.0

3-14 续表 6 continued

(以上年价格为100) (preceding Year =100)

分类名称	Item	银川市辖区 Yinchuan	石嘴山市辖区 Shizuishan	利通区 Litong	原州区 Yuanzhou	沙坡头区 Shapotou	平罗县 Pingluo	海原县 Haiyuan
十四、书报杂志及电子出版物	Books,Newspapers,Magazines and Electronic Publications	109.9	105.1	101.6	102.4	111.7	106.6	103.7
1.教材及参考书	Teaching Materials and Reference Books	107.6	108.5	101.2	102.9	108.8	109.9	105.0
工 具 书	Reference Books	100.0	104.9	104.5	100.0	100.0	102.3	100.0
教　　材	Teaching Materials	106.5	119.2	96.9	114.6	119.9	112.7	107.8
参 考 书	Reference Books	110.2	104.0	104.4	100.0	105.8	112.1	100.0
教育软件	Education Software	100.0	100.0	100.0	97.1	102.0	100.0	100.0
2.书报杂志	Books,Newspapers and Magazines	111.9	102.3	108.5	102.0	119.9	101.6	102.8
书　　籍	Books	100.1	100.0	100.0	100.0	100.0	100.0	100.0
报　　纸	Newspapers	118.9	100.0	103.6	100.0	126.0	100.0	100.0
杂　　志	Magazines	115.0	114.5	127.9	114.5	129.0	113.8	114.5
3.电子音像制品	Electromin Publications	104.0	100.0	87.2	100.0	100.0	100.0	100.0
音像光盘和视盘	Sound CD and Tape	100.0	100.0	100.0	100.0	100.0	100.0	100.0
计算机软件	Computer Software	123.6	100.0	76.7	100.0	100.0	100.0	100.0
十五、燃料	Feuls	90.3	92.3	90.7	93.6	91.6	84.8	91.3
1.煤炭及制品	Coal and Processed Products	100.0	98.9	100.0	99.0	97.9	94.7	101.7
原　　煤	Origiral Coal		99.6	100.0	99.0	96.5	94.7	101.7
煤 制 品	Coal Processed Products	100.0	98.4	100.0		100.2	94.7	101.3
2.石油及制品	Petroleum and Processed Products	89.6	88.9	88.8	84.6	84.0	77.8	77.4
液化石油气	Liquefied Petroleum Gas	105.5	100.0	103.5	103.0	99.8	100.0	102.9
管道燃气	Pipeline Fuel Gas	100.0	100.0	100.0		100.0	100.0	
汽　　油	Gasoline	80.9	80.9	81.0	81.0	81.0	76.5	76.5
柴　　油	Diesel Fuel	79.9	77.5	80.0	77.4	77.6	71.6	71.5
其　　他	Others	95.4	98.2		101.8	97.3	100.0	100.0
十六、建筑材料及五金电料	Building Materials and Hardware Hordware and Electrical Materials	98.5	96.4	99.8	94.9	95.0	93.5	97.5
1.建筑装璜材料	Building Decoration Materials	97.5	95.0	98.9	93.2	94.0	90.6	96.5
木　　材	Timber	97.0	100.0	100.4	100.4	106.8	88.1	100.3
木 地 板	Wooden Floor	99.0	100.0	100.0	104.2	101.0	100.0	100.0
钢　　材	Steel	77.2	74.4	99.6	75.8	86.6	75.8	78.9
砖	Brick	98.5	100.0	96.3	97.9	100.0	96.2	98.1
水　　泥	Cement	97.4	93.0	99.7	88.2	85.1	92.5	91.0
涂　　料	Dope	100.0	99.1	100.0	107.2	97.3	100.0	100.0
板　　材	Veneer	100.0	100.0	95.1	100.0	99.1	96.7	100.0
玻　　璃	Glass	99.2	99.3	98.3	100.0	98.2	96.8	100.0
粘　　胶	Mucilage Glue	100.0	100.0	93.1	100.0	97.0	100.0	100.0
管　　材	Tubing	100.0	100.0	100.0	100.0	100.0	100.0	100.0
厨卫设备	Kitchce and Restroom Ware	101.7	100.0	102.3	100.0	96.9	100.0	107.7
其　　他	Others	99.8	100.0	99.4	100.0	103.5	100.0	92.8
2.五金电料	Hardware	100.1	99.9	101.5	100.0	100.0	100.8	99.4
五金工具	Hardware Tools	101.1	99.7	100.0	100.0	100.2	105.5	100.0
电工电料	Electrician Material	100.0	100.0	104.8	100.0	100.0	97.3	100.0
水暖器材	Heat Equipment	99.6	100.0	100.0	100.0	100.0	100.0	100.0
其　　他	Others	100.0	100.0		100.0	100.0	100.0	93.1

3-15　2015年调查市县农业生产资料价格指数

Price Indices for Means of Agricultural Production by City and Country (2015)

(以上年价格为100)　　(preceding Year=100)

分类名称	Item	原州区 Yuanzhou	沙坡头区 Shapotou	平罗县 Pingluo	海原县 Haiyuan
农业生产资料价格指数	**General index**	**97.3**	**96.8**	**101.0**	**95.6**
一、农用手工工具	Farm Handtools	100.0	100.0	100.0	100.0
农用手工工具	Farm Handtools	100.0	100.0	100.0	100.0
二、饲料	Forage	95.1	93.3	97.7	95.4
混合饲料	Mix Forage	98.6	96.6	100.5	100.0
其　他	Others	92.2	90.5	94.0	92.8
三、产品畜	Commodity Animals	98.0	97.5	113.3	92.0
幼禽家畜	Poult and Livestock	98.0	97.5	113.3	92.0
四、半机械化农具	Semi-mechanized Farm Tools	100.0	93.1	100.0	100.0
半机械化农具	Semi-mechanized Farm Tools	100.0	93.1	100.0	100.0
五、机械化农具	Mechanized Farm Machinery	98.8	97.2	100.0	101.7
农用机械	Mechanized Farm Machinery	98.8	97.2	100.0	101.7
六、化学肥料	Chemical Fertilizer	98.0	97.5	102.6	89.9
氮　肥	Nitrogenous Fertilizer	99.4	98.4	105.6	90.1
磷　肥	Phosphatic Fertilizer	96.5	99.2	98.9	96.0
钾　肥	Potassic Fertilizer	97.0	100.0	100.0	100.0
复合肥料	Compound Fertilizer	97.0	95.6	101.0	87.0
七、农药及农药器械	Pesticide and Its Appliances	100.7	102.1	100.1	100.3
1.化学农药	Chemistry Pesticide	100.8	102.3	100.4	100.3
杀虫剂	Insecticide	100.0	100.9	100.4	100.0
杀菌剂	Germicide	105.2	105.7	100.0	101.5
除草剂	Herbicide	96.9	100.0	100.8	100.0
2.农药器械	Pesticide Appliances	100.0	100.0	97.1	100.0
农药器械	Pesticide Appliances	100.0	100.0	97.1	100.0
八、农用机油	Oil for Farm Machinery	84.3	84.1	80.0	99.4
农用机油	Oil for Farm Machinery	84.3	84.1	80.0	99.4
九、其他农业生产资料	Other Means of Agricultural Production	100.9	105.7	105.5	97.9
1.农用种子	Farm Seed	102.3	108.6	110.7	100.3
农用种子	Farm Seed	102.3	108.6	110.7	100.3
2.其他	Others	98.3	97.4	95.1	94.4
农用薄膜	Farm Film	97.7	96.6	92.3	88.1
其　他	Others	100.0	100.0	100.0	100.0
十、农业生产服务	Service for Agricultural Product	100.8	101.0	100.0	100.6
排灌费	Drain and Irrigate Fees	101.1	100.8	100.0	100.5
机械作业费	Machinery Operating Cost	100.0	101.8	100.0	100.0
农业用电	Electricity for Agriculture	100.0	100.0	100.0	100.0
农业用工	Employee for Agriculture	101.6	100.8	100.0	103.6

3-16 主要年份全区农产品生产者价格指数

指　标	Item	2002	2003	2004	2005
合　计	**Total**	**93.40**	**104.40**	**114.23**	**103.26**
一、农业产品	**Farm Products**		**108.80**	**120.21**	**103.00**
1.谷物及其他作物	Grain and Other Crops				105.43
(1)谷物(原粮)	Grain(unprocessed)		101.10	125.85	106.62
①小　麦	Wheat		100.00	129.63	108.51
②稻　谷	Rice		100.00	129.29	108.92
③玉　米	Corn		100.00	119.32	99.36
④杂　粮	Coarse Cereals		100.00	110.47	
⑤谷物副产品	Grain Processed Products				124.85
(2)薯　类	Tubers		103.80	97.65	109.32
(3)油　料	Oil-bearing		105.90	116.54	99.89
(4)豆　类	Soybeans		100.00	110.01	93.03
(5)棉花(籽棉)	Cotton				
(6)麻　类	Bastfibreplants				
(7)糖　料	Sugar Material				
(8)烟　草	Tobacco				
(9)其他农作物	Other				
2.蔬菜、园艺作物	Vegetables and Gardening Crops		122.60	112.08	93.41
(1)蔬　菜	Vegetables		122.60	112.08	93.41
①叶菜类	Leaf Vegetables		97.80	106.76	95.23
②瓜菜类	Melon Vegetables		119.00	101.08	79.28
③块根、块茎菜类	Roots and Tubers		101.40	123.40	107.99
④茄果菜类	Eggplant Fruit		144.50	104.35	85.11
⑤葱蒜类	Shallot and Garlic		100.00	108.38	103.13
⑥菜用豆类	Beans for Vegetable use		85.90	148.00	104.71
⑦水生菜类	Hydrophilous Vegetables				
⑧食用菌(干鲜混合)	Edible Fungi				
⑨其他蔬菜	Other Vegetables				
3.水果、坚果、饮料和香料	Fruits,Nuts,Beverage and Perfume		107.60	119.24	105.69
①园林水果	Garden Fruits		107.60	119.24	83.60
②瓜果类	Melon and Fruit				114.41
③坚果类	Nuts				
4.中药材	Chinese Medicinal Plant				93.96
二、牧业(畜产品)	**Animal Husbandry(Animal Products)**		**101.00**	**109.22**	**103.47**
1.牲畜的饲养	Feeding of Livestock		100.90	105.48	99.80
(1)牛的饲养	Feeding of Cattle		106.60	102.61	102.16
(2)羊的饲养	Feeding of Sheep		98.40	101.76	100.36
(3)其他牲畜饲养	Feeding of Other Livestock				
(4)奶产品	Milk				97.68
(5)毛绒产品	Wool Products				114.33
(6)其他牲畜产品	Other Livestock Products				
2.猪的饲养	Feeding of Hog		90.50	122.59	104.92
3.家禽	Poultry		97.10	109.39	113.24
(1)肉禽(毛重)	Poultry(Gross Weight)				123.93
(2)禽　蛋	Eggs		97.70	111.02	109.14
(3)羽　绒	Eiderdown				
4.狩猎和捕捉动物	Hunting and Catch Animal				
5.其他畜牧业	Other				
三、渔业	**Fishery**		**103.20**	**132.87**	**106.33**
(1)淡水鱼类	Fresh Water Fish		103.20	132.87	106.33
(2)淡水虾蟹类	Fresh Water Shrimp and Crab				
(3)淡水贝类	Fresh Water Shellfish				
(4)其他淡水养殖产品	Other Fresh Water Aquaculture Products				

Producer Price Indices for Farm Products in Main Years

2006	2007	2008	2009	2010	2011	2012	2013	2014	2015
101.20	**114.95**	**118.70**	**99.39**	**117.03**	**111.34**	**103.61**	**106.69**	**98.27**	**98.37**
103.23	**111.89**	**110.60**	**106.27**	**118.69**	**107.15**	**103.85**	**106.08**	**100.11**	**104.92**
105.80	108.99	107.10	103.06	119.45	108.59	103.34	102.42	101.96	100.76
103.63	108.11	107.70	104.85	114.12	108.59	103.34	102.42	101.96	100.76
99.43	101.60	113.20	110.12	108.78	110.79	103.71	104.89	108.64	103.8
103.66	104.05	104.10	108.58	117.47	106.62	99.70	100.36	98.22	107.45
107.99	118.93	105.40	97.37	118.58	108.62	105.55	102.48	100.97	95.24
105.67	108.95	104.80	94.15	105.35					
118.70	100.55	93.80	102.99	162.68	82.46	108.18	136.36	101.6	76.56
109.54	119.54	114.00	97.33	111.37	115.75	108.20	108.65	89.5	112.18
97.57	118.06	115.70	92.41	106.33					
103.77	112.05	113.60	115.88	114.43	102.67	107.52	109.39	90.77	122.30
103.77	112.05	113.60	115.88	114.43	102.67	107.52	109.39	90.77	122.30
100.81	96.80	120.40	114.01	110.22	106.60	115.95	113.09	77.59	127.55
95.57	102.57	111.80	123.75	111.19	106.37	99.86	114.53	80.43	114.57
112.10	113.25	130.80	103.82	125.65	113.01	90.33	100.38	92.08	106.79
105.40	140.19	80.20	122.91	118.31	104.38	109.88	96.49	95.07	107.70
113.93	109.41	120.00	119.47		119.01	96.99	108.23	85.72	108.99
106.68	136.84	137.50	110.93	104.26	103.21	108.73	92.44	99.82	109.74
85.67	119.00	127.30	120.21	109.16	115.82	109.03	98.49	99.57	114.69
102.21	121.09	88.10	93.89	137.31	115.82	109.03	98.49	99.57	114.69
79.15	118.18	142.80	130.59	98.09					
112.26	144.85	104.00	69.35	161.25	113.45	83.26	99.08	117.2	112.79
99.11	**118.36**	**127.80**	**91.78**	**115.59**	**115.84**	**102.75**	**108.93**	**96.22**	**91.28**
102.20	114.12	126.40	89.18	122.21	115.84	107.17	109.69	93.13	95.78
101.18	115.53	133.70	97.65	103.93	112.48	113.32	116.86	98.97	95.4
101.62	116.67	125.80	97.13	104.10	115.60	110.91	110.53	90.22	82.63
103.02	111.99	123.20	78.88	145.79	106.81	96.90	110.48	98.12	82.44
106.69	99.55	114.80	90.61						
91.82	130.05	146.80	85.46	99.87	138.80	93.67	97.99	87.74	111.46
95.23	122.46	118.50	103.96	107.34	111.17	101.29	105.61	106.44	95.19
102.43	119.47	115.90	98.53	106.96					
92.47	123.61	119.40	106.04	107.48	115.96	89.63	101.90	111.11	85.68
96.64	**111.65**	**103.70**	**104.94**	**102.96**	**110.22**	**112.13**	**84.38**	**99.92**	**100.7**
96.64	111.65	103.70	104.94	102.96	110.22	112.13	84.38	99.92	100.7

3-17 主要年份全区工业生产者出厂价格指数

指 标	Item	2001	2002	2003	2004
全部工业品	**Total Industry Products**	**100.29**	**99.68**	**103.85**	**109.97**
其中：轻工业	Light Industry	100.73	98.84	101.37	102.6
以农产品为原料	Raw Material of Agricultural Products	100.72	98.81	101.37	103.61
以非农产品为原料	Raw Material of Non-Agricultural Products	100.94	99.08	101.43	101.73
重工业	Heavy Industry	100.2	99.84	104.86	112.72
采掘	Mining & Quarrying	100.99	108.64	102.05	128.62
原料	Raw Material	100.44	97.65	105.4	111.55
加工	Processing	99.75	100	104.44	112.43
其中：生产资料	Means of Production	100.33	99.82	104.26	110.57
采掘	Mining & Quarrying	100.94	108.39	101.57	133.6
原料	Raw Material	100.4	97.59	105.92	109.07
加工	Processing	100	99.98	102.93	107.4
生活资料	Consumer Goods	100.1	98.77	100.36	103.21
食品	Food	99.57	98.69	99.68	104.55
衣着	Clothing	103.62	100.42	103.12	101.02
一般日用品	Articles for Daily Use	101.65	97.73	97.19	100.35
耐用消费品	Durable Consumer Goods	100.69	92.47	97.16	97.47
按工业部门分:	By Industry Branch				
冶金工业	Metallurgy Industry	96.12	92.84	103.25	113.56
电力工业	Electric Power Industry	106.07	100.81	103.32	107.21
煤炭及炼焦工业	Coal and Coking Industry	102.02	112.16	103.02	133.53
石油工业	Petroleum Industry	99.41	96.58	116.52	110.72
化学工业	Chemistry Industry	99.39	101.55	104.5	106.58
机械工业	Machinery Industry	100.79	97.9	99.13	102.8
建筑材料工业	Building Materials Industry	99.78	102.16	100.85	105.36
森林工业	Forest Industry	100.38	100.54	97.71	95.12
食品工业	Food Industry	99.31	98.66	100.02	105.03
纺织工业	Textile Industry	98.42	82.01	101.47	105.15
缝纫工业	Sewing Industry	103.67	98.95	100.76	100.91
皮革工业	Leather Industry	101.33	99.34	113.12	103.76
造纸工业	Papermaking Industry	103.94	99.13	98.01	100.92
文教艺术用品工业	Culture and Education Articles Industry		99.41	100.89	100.05
其它工业	Other Industry	113.09	103.14	101.56	107.65
按工业行业分:	By Industry Sector				
煤炭开采和洗选业	Mining and Washing of Coal	101.06	113.21	101.58	133.66
石油和天然气开采业	Extraction of Petroleum and Natural Gas	99.51	98.88		
黑色金属矿采选业	Mining and Dressing of Ferrous Metal				
有色金属矿采选业	Mining and Dressing of Non-Ferrous Metal				
非金属矿采选业	Mining and Processing of Non-ferrous Metal Ores	101.38	99.44	99.92	97.82
其他采矿业	Other Mining and Dressing				
农副食品加工业	Processing of Food from Agricultural Products	100.11	97.68	101.38	109.92
食品制造业	Manufacture of Foods	99.29	97.74	98.44	101.43
饮料制造业	Manufacture of Beverages	98.04	101.01	100.01	104.25
烟草制品业	Processing of Tobacco		100.06	100	100.06

Producer Price Indices for Industrial Products in Main Years

2005	2006	2007	2008	2009	2010	2011	2012	2013	2014	2015
106.23	**106.17**	**103.70**	**112.85**	**93.93**	**109.13**	**109.5**	**97.4**	**96.0**	**96.3**	**93.7**
102.47	102.48	103.47	112.07	97.50	107.14	114.4	100.4	99.4	99.9	98.8
104.14	101.09	102.83	110.46	93.76	110.71	114.8	101.3	100.8	100.4	98.9
100.74	103.92	104.14	113.89	101.81	102.77	111.6	94.7	89.6	96.2	98.5
107.48	107.38	103.77	113.12	92.98	109.78	108.6	96.9	95.4	95.6	92.9
123.78	110.21	105.90	131.66	100.25	116.13	107.3	97.8	91.6	96.1	92.2
108.74	109.21	103.65	110.33	92.57	110.17	109.6	97.4	95.5	95.5	92.5
99.41	101.66	103.53	115.29	91.46	105.46	106.6	95.3	96.5	95.8	94.1
106.47	106.60	103.61	113.39	93.53	109.37	109.4	97.4	95.8	96.1	93.4
128.56	111.29	106.98	136.30	93.92	114.37	107.3	97.8	91.6	96.1	92.2
106.18	108.80	103.13	106.87	93.40	109.65	109.6	97.5	95.6	95.4	92.1
100.62	102.26	103.27	115.33	93.55	106.52	109.5	97.2	97.2	97.3	95.9
103.44	101.75	104.51	107.74	98.50	106.56	110.4	97.9	98.7	98.5	98.2
104.86	103.61	106.15	108.33	99.29	108.1	108.7	100.4	102.7	99.8	97.9
98.78	96.15	100.76	98.02	96.25	105.61	124.8	111.4	105.1	106.6	95.1
102.67	101.21	102.88	113.10	97.88	102.39	114.1	90	87.0	92.7	99.4
99.55	99.15	99.79	105.77	100.25	112.74	100.6	99.7	98.6	100.1	100.3
96.87	108.65	103.83	109.12	82.89	110.72	115.6	91.3	95.4	94.7	91.8
104.32	103.36	102.87	101.21	101.48	104.57	101.1	102.9	99.7	98.9	98.2
127.73	111.00	107.12	135.60	93.60	114.41	108.7	96.5	89.6	92.3	88.7
118.86	121.52	103.46	120.26	97.39	113.65	113.5	107.2	97.7	97.2	80.8
104.72	100.42	103.40	117.64	90.66	109.25	111.9	92.0	92.9	94.5	96.4
106.02	106.77	102.01	106.39	97.19	100.19	102.7	99.9	98.2	99.0	98.7
99.34	101.72	102.46	114.14	114.92	97.42	97.9	93.7	99.6	96.1	92.5
98.84	99.15	101.05	102.84	100.26	104.36	100.5	100.4	100.6	100.4	100.8
103.84	101.89	105.26	111.56	99.25	108.79	108.8	100.6	103.0	100.0	97.6
111.83	103.33	100.99	98.71	86.79	116.15	126.4	102.9	99.4	100.5	100.0
98.79	95.77	100.32	98.02	96.22	104.81	110.1	105.5	100.5	104.4	100.5
103.56	100.43	101.67	99.56	93.44	104.56	129.5	113.0	107.8	105.9	91.5
103.56	101.23	101.33	119.83	86.91	108.46	107.3	98.5	98.2	100.6	99.9
100.78	103.71	110.34	110.72	97.19	98.85	101.9	101.7	101.6	100.1	99.4
106.93	106.89	108.24	121.09	92.09	107.51	104.8	96.8	96.3	97.4	97.2
128.63	111.34	107.06	136.70	93.91	114.48	110.2	96.9	89.3	93.1	91.1
						128.9	113.2	105.3	97.0	71.0
						124.4	88.4	88.2	99.3	89.3
95.62	98.40	100.00	100.00	105.82	99.25	103.3	106.5	100.0	106.8	108.4
103.15	103.61	110.89	112.77	96.92	109.85	113.6	99.2	104.5	99.9	98.3
106.44	99.89	101.88	114.25	99.51	111.09	110.3	96.6	94.3	96.5	93.7
101.92	102.11	101.86	107.99	103.00	102.45	106.9	103.4	100.4	99.5	100.7
100.01	99.97	100.07	100.50	98.24	99.58	100.3	101.1	100.8	100.6	106.7

3-17 续表

指　标	Item	2001	2002	2003
纺织业	Manufacture of Textile	99.08	83.72	101.65
纺织服装、鞋、帽制造业	Manufacture of Textile Wearing Apparel,Footware and Caps	116.14	100.42	99.99
皮革、毛皮、羽毛(绒)及其制品业	Manufacture of Leather,Fur,Feather and Related Products	101.33	96.19	113.12
木材加工及木、竹、藤、棕、草制品业	Processing of Timber,Manufacture of Wood,Bamboo,Rattan, Palm and Straw Products			
家具制造业	Manufacture of Furniture	100.69	92.47	96.48
造纸及纸制品业	Manufacture of Paper and Paper Products	103.88	99.09	98.01
印刷业和记录媒介的复制	Printing,Reproduction of Recording Media	102.98	102.03	101.07
文教体育用品制造业	Manufacture of Articles For Culture,Education and Sport Activities		96.94	88.89
石油加工、炼焦及核燃料加工业	Processing of Petroleum,Coking,Processing of Nuclear Fuel	105.22	98.12	117.37
化学原料及化学制品制造业	Manufacture of Raw Chemical Materials and Chemical Products	99.18	102.58	105.99
医药制造业	Manufacture of Medicines	102.85	101.44	100.19
化学纤维制造业	Manufacture of Chemical Fibers	102.21	87.86	95.49
橡胶制品业	Manufacture of Rubber	98.95	100	100.06
塑料制品业	Manufacture of Plastics	104.47	95.86	106.42
非金属矿物制品业	Manufacture of Non-metallic Mineral Products	99.76	102.18	100.95
黑色金属冶炼及压延加工业	Smelting and Pressing of Ferrous Metals	104.99	99.53	114.58
有色金属冶炼及压延加工业	Smelting and Pressing of Non-ferrous Metals	89.52	90.65	99.37
金属制品业	Manufacture of Metal Products	98.05	93.09	106.27
通用设备制造业	Manufacture of General Purpose Machinery	103.06	96.76	96.97
专用设备制造业	Manufacture of Special Purpose Machinery	89.92	104.21	102.82
交通运输设备制造业	Manufacture of Transport Equipment		104.44	101.31
电气机械及器材制造业	Manufacture of Electrical Machinery and Equipment	99.46	96.54	99.86
通信设备、计算机及其他电子设备制造业	Manufacture of Communication Equipment,Computers and Other Electronic Equipment		86.83	100.25
仪器仪表及文化、办公用机械制造业	Manufacture of Measuring Instruments and Machinery for Cultural Activity and Office Work	99.04	96.15	99.75
工艺品及其他制造业	Manufacture of Artwork and Other Manufacturing		99.47	106.6
废弃资源和废旧材料回收加工业	Recycling and Pressing of Abandoned Resources and Wasteandscrap			
电力、热力的生产和供应业	Production and Supply of Electric Power,Steam and Hot Water	106.08	100.81	103.32
燃气生产和供应业	Production and Supply of Gas		100.5	104.66
水的生产和供应业	Production and Supply of Tap Water	117.47	104.25	100.73
全部原材料	**Total Raw Materials**	**102.49**	**97.81**	**106.83**
燃料、动力类	Fuels and Powers	103.54	103.67	108.03
黑色金属材料类	Ferrous Metals Materials	98.92	97.98	110.15
其中：钢材	Steels	99	97.58	109.13
其它	Others	97.9	99.36	114.26
有色金属材料和电线类	Non-Ferrous Metals Materials and Electric Wires	84.88	69.99	108.43
化工原料类	Chemical Rawmaterials	98.5	98.61	103.11
木材及纸浆类	Timbers and Pulps	103.12	100.51	100.59
建筑材料及非金属矿类	Building Materials and Non-metallic Mineral	103.92	99.89	101.1
其它工业原材料及半成品类	Other Industry Rawmaterials and Semi-manufactures	110.57	98.41	99.45
农副产品类	Agricultural Products	123.65	97.39	115.05
纺织原料类	Textile Rawmaterials	98.07	79.22	80.52

continued

2004	2005	2006	2007	2008	2009	2010	2011	2012	2013	2014	2015
104.56	106	99.65	100.68	98.23	91.36	115.46	126.2	102.9	99.4	100.6	100.0
99.2	100.03	100.07	100.12	100.88	103.26	100.3	103	102.2	101.7	101.0	100.0
103.76	103.56	100.43	101.67	99.56	93.44	104.56	129.5	113	107.8	105.9	91.5
			102.50	100.00	101.34	101.04	98.9	100.3	100.7	100.6	101.1
97.25	99.75	99.15	99.84	106.14	100.23	105.87	102	100.4	100.6	100.2	100.4
100.92	103.56	101.23	101.33	119.83	86.92	108.46	107.3	98.5	98.2	100.6	99.9
100.05	100.78	103.71	110.34	110.72	97.12	97.7	102.2	101.7	101.6	100.1	99.4
111.71	118.26	121.33	103.78	123.14	96.36	114.07	110.1	103.2	95.5	94.2	78.8
112.75	107.44	96.96	102.93	122.35	88.52	110.46	111.1	93.6	94.4	95.6	96.6
99.11	98.56	99.16	106.31	110.49	98.17	102.72	106.8	88.7	93.8	98.0	102.7
115.78	104.11	98.45	101.67	99.86	94.10	90.89					
88.58	98.42	110.96	104.39	112.02	97.67	108.38	117.8	85.1	87.2	85.7	89.8
102.68	104.28	101.79	102.14	103.22	90.24	104.85	104.9	97.7	99.6	101.7	94.9
105.87	99.75	101.98	103.21	121.67	109.27	101.36	100.2	94.4	98.2	96.1	93.4
119.54	87.85	98.75	109.13	129.70	81.58	113.84	110.5	92.9	95.7	95.1	87.8
110.62	101.58	114.72	100.61	96.66	82.93	110.4	119	90.1	95.1	94.3	93.7
122.45	98.89	103.60	105.49	121.98	94.18	97.73	107.3	96.1	97.1	97.0	93.1
101.43	102.68	102.01	101.20	106.13	98.80	101.49	103.9	100.3	99.9	99.9	99.9
114.16	115.65	122.90	104.80	113.90	93.92	101.78	104.8	100.3	98.2	97.9	96.5
100	100	100.53	103.02	104.15	101.05	107.54	104.1	97.8	99.7	100.0	100.0
105.89	102.92	110.66	101.98	103.28	97.59	96.22	99	98.8	95.1	99.0	98.8
101.75	99.93	93.72	95.53	92.69	91.71	104.81	108.1	94	99.5	95.5	100.1
91.1	106.79	100.16	100.72	103.16	98.17	98.81	101.2	102.7	100.7	99.0	100.0
100.16	106.01	102.70	100.00	100.00							
107.21	104.32	103.36	102.87	101.21	101.48	104.57	101.1	102.9	99.7	98.9	98.2
111	126.37	103.38	105.12	105.59	100.33	99.18	99.4	111	104.9	112.0	102.2
104.93	113.2	113.40	111.82	102.33	99.94	100.63	100.5	100.1	101.3	101.4	102.1
117.29	**109.69**	**108.48**	**107.14**	**121.80**	**94.69**	**114.06**	**112.8**	**99.5**	**97.0**	**97.0**	**92.1**
116.52	113.62	107.86	107.45	126.78	103.47	112.34	112.2	101.3	96.1	96.4	89.0
134.44	105.75	90.17	108.36	136.56	81.08	111.74	108.7	92.5	92.6	93.4	88.7
133.29	103.77	89.67	106.52	133.33	81.70	108.98	109.9	93	90.6	94.8	90.6
139.65	114.35	94.48	116.06	148.75	77.52	118.76	105.4	91.1	98.0	89.9	83.2
114.75	101.93	129.64	108.40	105.07	81.22	129.89	111.8	91.4	96.0	97.2	96.3
114.53	110.46	99.17	104.31	116.73	93.26	109.25	117	100.3	94.7	95.6	92.5
108.49	117.2	101.22	102.99	113.04	93.48	107.87	104.1	98.2	98.0	98.3	99.8
110.98	109.49	105.01	104.55	127.00	103.56	103.69	120.2	100.5	97.5	95.1	95.5
109.57	103.81	105.62	106.29	113.66	92.35	108.96	109.5	101.5	102.1	98.2	96.2
117.27	108.76	102.49	108.74	125.96	89.49	118.7	115.3	101.3	101.8	101.0	96.3
100.67	122.67	100.67	100.85	99.52	95.57	108.6	108.5	98.5	99.4	100.3	99.9

3-18 主要年份全区固定资产投资价格指数

Price Indices for Investment in Fixed Assets in Main Years

指　　标	Item	2000	2001	2002	2003	2004	2005	2006
固定资产投资	**Investment in Fixed Assets**	**104.5**	**101.5**	**100.7**	**102.3**	**104.9**	**102.1**	**101.3**
建筑安装、装饰工程	Construction and Installation	106.3	102.0	102.1	103.7	107.1	102.2	101.2
人工费	Cost for Labor	106.0	105.3	111.1	106.7	106.2	104.6	106.8
材料费	Cost of Materials	106.2	101.1	99.9	103.8	108.6	101.6	99.6
其中：钢材	Steels	109.0	97.9	100.0	110.4	122.4	100.3	95.4
木材	Timbers	98.8	98.7	98.1	99.6	106.5	100.3	103.4
水泥	Cement	101.0	104.0	100.2	101.7	101.9	102.3	100.5
地方建筑材料	Local Building Materials	108.4	102.9	100.4	100.1	101.1	103.0	101.8
化工材料	Chemical Materials	115.2	106.8	97.9	100.0	103.8	105.5	104.7
电料	Electrical Materials	100.1	101.0	99.1	102.4	102.1	102.5	102.8
其他材料	Other Materials	102.9	99.5	100.1	101.6	101.9	101.2	101.9
机械使用费	Charge for Use of Machinery	107.4	101.6	103.0	99.2	100.8	101.9	101.9
设备、工器具购置	Purchase of Equipment and Instruments	99.5	100.7	97.0	96.9	99.1	101.3	102.4
其他费用	Other	103.9	100.7	100.0	103.2	102.6	101.8	99.9

3-18 续表 continued

指　　标	Item	2007	2008	2009	2010	2011	2012	2013	2014	2015
固定资产投资	**Investment in Fixed Assets**	**103.2**	**109.0**	**100.2**	**104.2**	**107.5**	**101.5**	**99.8**	**100.8**	**97.5**
建筑安装、装饰工程	Construction and Installation	104.1	110.6	100.7	105.3	109.1	101.9	99.9	101.1	96.9
人工费	Cost for Labor	106.6	113.9	109.3	111.7	122.1	114.1	106.6	107.4	106.7
材料费	Cost of Materials	103.6	110.4	98.7	104.8	107.3	100.4	98.0	99.0	93.3
其中：钢材	Steels	104.3	116.7	84.2	104.6	109.4	97.0	92.5	95.6	89.5
木材	Timbers	104.9	108.0	101.9	103.5	112.9	95.7	101.5	100.5	100.5
水泥	Cement	102.3	109.7	111.7	102.9	99.9	95.8	97.9	99.1	96.4
地方建筑材料	Local Building Materials	104.0	108.4	104.7	104.7	112.4	103.9	99.2	100.3	96.7
化工材料	Chemical Materials	102.4	104.1	98.0	107.7	108.2	102.4	100.1	99.6	84.3
电料	Electrical Materials	103.3	117.9	101.4	103.3	108.6	106.2	103.9	101.1	97.4
其他材料	Other Materials	104.3	105.3	105.5	102.6	103.9	103.8	102.8	104.1	100.4
机械使用费	Charge for Use of Machinery	102.9	107.1	101.4	102.8	104.7	102.4	102.9	102	101.7
设备、工器具购置	Purchase of Equipment and Instruments	100.4	101.9	97.4	100.2	101.5	99.8	99.1	99.6	99.1
其他费用	Other	101.0	106.4	101.1	100	102.5	100.0	100.0	100.0	100.1

主要指标解释

居民消费价格指数（CPI） 居民消费价格指数是度量一组代表性消费商品及服务项目价格水平随着时间而变动的相对数，反映居民家庭购买的消费品及服务价格水平的变动情况。它是宏观经济分析和决策、价格总水平监测和调控以及国民经济核算的重要指标。其按年度计算的变动率通常被用来作为反映通货膨胀(或紧缩)程度的指标。

商品的零售价格指数 商品的零售价格是商品在流通过程中最后一个环节的价格，是工业、商业、餐饮业和其他零售企业向城乡居民、机关团体出售生活消费品和办公用品的价格。商品零售价格调查的任务是系统地调查、搜集和整理市场商品零售价格资料，编制商品零售价格指数，以此反映市场商品零售价格的变动趋势和变动程度。其目的在于掌握商品价格的变动趋势，为国家宏观调控和国民经济核算提供参考依据。同时，还可以在此基础上编制其他派生价格指数。

农业生产资料价格指数 农业生产资料价格是农业生产资料在流通领域的最后一个环节价格，是工业、商业及其他单位和个人向农民出售农业生产资料的价格。农业生产资料价格调查的任务是系统地调查、搜集和整理市场农业生产资料价格资料，编制农业生产资料价格指数，据此测定全国市场农业生产资料价格变动趋势和变动程度。其目的在于掌握农业生产资料的平均价格水平，为国家制定经济政策提供依据；同时，为研究城乡市场流通和国民经济核算提供参考依据。

农产品生产者价格指数 反映一定时期内，农产品生产者出售的农产品价格水平变动趋势及幅度的相对数。农产品生产者价格是指农产品生产者第一手（直接）出售其产品时实际获得的单位产品价格。

工业生产者出厂价格指数（PPI） PPI是工业生产者出厂价格指数(Producer Price Index)的简称，反映工业企业产品第一次出售时的出厂价格的变化趋势和变动幅度。与CPI相比，CPI是从消费者的角度反映市场物价的变化趋势，PPI 是从生产者的角度反映产品的价格变动情况。

工业生产者购进价格指数（IPI） IPI是工业生产者购进价格指数的简称，反映工业企业作为中间投入的原材料、燃料、动力的购进价格的变化趋势和变动幅度。

固定资产投资价格指数 反映全社会及各类工程固定资产投资中涉及的各类投资品和取费项目价格的变动趋势和变动幅度。

建筑安装工程价格指数 反映建筑安装工程产值中建筑材料、人工费以及各种费用标准变动趋势及变动幅度的相对数。

Explanatory Notes on Main Statistical Indicators

Consumer Price Indices(CPI) reflect the relative change in prices of consumer goods and services in a certain period of time. Formation of consumer price index aims to study the impact of consumer price changes on the actual living cost of urban and rural residents and to provide scientific basis for central government and relevant departments to draw up consumer policy, price policy, wage policy and monetary policy and to account the nation economy. It is also a key index reflecting the inflation rate.

Retail Price Indices reflect the prices at which industrial, commercial, catering and other retail enterprises sell daily consumer goods to urban and rural residents and products for office use to institutions and social organizations. It reflects the general change in prices of retail commodities in a certain period of time. Formation of retail price index aims to keep abreast of price fluctuation of retail commodities and provide the reference basis for the central government to work out economic policies. At the same time, it can also compile other derived price index on this basis.

Price Indices for Means of Agricultural Production reflect the prices at which industrial, commercial, catering and other retail enterprises sell agricultural means of production to peasants for office use to institutions and social organizations. It reflects the general change in prices of agricultural means of production in a certain period of time. Formation of retail price index aims to keep abreast of price fluctuation of agricultural means of production and provide the reference basis for the central government to work out economic policies. At the same time, it can also provide the reference for the study of circulation of urban and rural markets and national economic accounting.

Producer Prices Indices for Farm Products reflect the trend and degree of changes in the prices of the means of agricultural production during a given period. It is the actual price of the unit product sold by producer of agricultural products firsthand.

Producer Price Indices for Industrial Products(PPI) PPI is the abbreviation of Producer Price Index for industrial products, which is reflecting the trend and degree of changes in the prices for industrial products sold firsthand. Comparing with CPI, CPI reflects the trend of market price from the consumer perspective. PPI reflects the degree of changes in the prices for industrial products from the producer perspective.

Purchasing Price Indices for Industrial Producers(IPI) IPI is the abbreviation of purchasing price indices for industrial producers, which is reflecting the trend and degree of changes in the intermediate input raw materials, fuel, power purchase price.

Price Indices for Investment in Fixed Assets reflect the trend and degree of relative changes in fixed assets involved in the various types of investment products and costs of project price of whole society and all kinds of engineering investment.

Price Indices for Construction and Installation Engineering reflect the trend and degree of relative changes in the building materials costs, labor costs and other costs for construction and installation engineering

第四篇

农业调查

Agriculture Survey

简要说明

粮食及畜牧业生产调查数据包括粮食播种面积、粮食产量，猪、牛、羊、家禽存出栏数及产品产量等。其中粮食播种面积、粮食产量是根据抽样方法抽取的分布在全区 20 个市县（区）范围的 198 个调查村样本资料分级推算加总取得；猪、牛、羊、家禽存出栏数及产品产量调查点分布在全区 22 个市县（区），调查对象为全区范围内的所有大型养殖场（户）和抽中的中小型养殖场（户）以及 164 个散养户调查小区（涉及 1 万多农户），自治区、市、县（市、区）数据是根据调查样本分级推算加总取得。

Brief Introduction

Data of agriculture and animal husbandry include sown area of crops, grain yield, number of livestock bred and slaughtered of pork, beef, mutton and poultry, output of livestock products. Data of sown area of crops and grain yield are collected according to the sampling method. This method chooses 198 survey villages at 20 cities and counties in Ningxia and amounts the data. Survey points of bred and slaughtered livestock number of pork, beef, mutton and poultry and output of livestock products distribute at 20 cities and counties in Ningxia. Survey objects include all scale households and production units, as well as 316 scattered households involving 22 thousand farmers. Data at all levels are achieved based on survey sample calculating and amounting.

2015 年全区粮食产量减 5.2 万吨

据国家统计局宁夏调查总队对全区 20 个市、县（区）198 个调查网点农业生产经营户的抽样调查和农业生产经营单位的全面统计，2015 年全区粮食产量 372.6 万吨，与上年相比减产 5.2 万吨，减 1.4%。

一、粮食生产主要特点

（一）灌区粮食产量增加，中南部山区粮食产量下降。2015 年灌区粮食产量 219.0 万吨，与上年相比增加 5.0 万吨，增 2.3%。受干旱影响，中南部山区秋收粮食作物单产下降，导致粮食产量与上年相比减少 10.2 万吨，产量下降至 153.6 万吨，降 6.2%。

（二）夏秋粮食产量同减。2015 年全区夏收粮食产量 41.9 万吨，与上年相比减 1.8%；秋收粮食产量 330.7 万吨，与上年相比减 1.3%。

（三）玉米产量增加，小麦、水稻、马铃薯产量下降。小麦、水稻、玉米、马铃薯是宁夏的四大粮食作物，2015 年宁夏玉米产量与上年相比增加 2.8 万吨，达到 226.9 万吨。小麦、水稻、马铃薯产量分别为 39.6 万吨、60.8 万吨、37.2 万吨，与上年相比分别下降 2.2%、1.6%、11.6%。

2015 年主要粮食作物产量对比表

单位：万吨、%

	2015 年	2014 年	增减	
			绝对值	幅度
小　麦	39.6	40.5	-0.9	-2.2
水　稻	60.8	61.8	-1	-1.6
马铃薯	37.2	42.1	-4.9	-11.6
玉　米	226.9	224.1	2.8	1.2

二、影响因素

2015 年全区继续调整种植结构，持续发展旱作节水农业，集成推广优新品种、高效技术，但因受高温干旱不利气象条件的影响，粮食产量略有下降。

（一）不利因素

1.遭受持续干旱，农作物不同程度受灾，单产水平降低,是产量减少的主因

2015 年 6-8 月宁夏中南部山区大部地区降水较常年同期偏少三成以上，出现了不同程度的干旱。据相关部门监测，8 月 23 日，中部干旱带 0-40cm 土壤含水量平均值为 9.2%，较去年同期降 5.3 个百分点，属中旱；南部山区 0-40cm 土壤含水量平均值为 10.8%，与去年同期相比降 6.8 个百分点，属中旱。期间，正值玉米抽雄、吐丝和灌浆初期，是需水高峰期和产量形成的关键期，干旱致使旱作区玉米植株枯萎，不能有效授粉，秃尖率增加，穗粒数减少；马铃薯植株矮小、叶片打卷，块茎膨大受阻。据实割实测结果显示，2015 年玉米、马铃薯（折粮）亩产水平分别为 501.2 公斤、145.4 公斤，与上年相比分别减少 16.1 公斤、12.9 公斤。

2.玉米病虫害中度发生

7 月底灌区部分市县玉米红蜘蛛发生，但此时期玉米植株高，田间郁闭，防治较困难，病虫害总体中度发生。玉米大斑病在中南部山区部分地区中度发生，对产量造成不良影响。

（二）有利因素

1.种植结构优化，高产作物玉米播种面积继续加大

针对宁夏中南部山区干旱少雨及黄河来水偏少的实际情况，宁夏进一步加大结构调整力度，持续实施压夏增秋战略，扩大节水耐旱作物玉米的种植面积。玉米播种面积占全年粮食播种面积的比重由上年的37.4%提高到39.2%，提高了1.8个百分点。其中：灌区玉米播种面积占粮食播种面积的比重由上年的55.8%提高到58.0%，提高了2.2个百分点；中南部山区玉米播种面积占粮食播种面积的比重是27.8%，与上年相比增加了1.3个百分点。由于玉米单产水平高，是同一区域种植的小麦和马铃薯单产的1.5-3倍，因此，玉米播种面积比重的上升对粮食单产水平的拉动作用较大。

2.病虫害防控有力，小麦、水稻、马铃薯病虫害轻度发生

全区小麦条锈病、白粉病及小麦蚜虫均有发病，种植户在小麦穗期及时喷施杀虫剂、杀菌剂等，有效防控病虫害的发展蔓延，总体发病情况与前两年相比偏轻；持续的高温干旱天气抑制了水稻稻瘟病病菌的浸染、扩散，统防统治技术等新技术使病虫害减低，是2010年以来最轻的一年；马铃薯早疫病总体中度发生，但晚疫病轻度发生，发生面积较去年减少40%左右。

3.依靠科技，推进粮食生产能力提升

2015年自治区安排水稻大棚集中育秧项目资金1802.5万元，水稻种植采用精良穴播、保墒旱直播等技术，使水稻亩播量下降，田间植株群体分布合理，后期倒伏减少，病虫害减低，达到优质高产。全区范围内玉米种植应用激光平地、精量机械化播种、机械中耕、深施肥等新技术，使播种进度加快、耕种质量提高，保证了播种质量和出苗率的提高。中南部山区玉米高产品种种植面积已达到75%以上，大部分实现了地膜覆盖种植，玉米全膜双垄沟播技术、种子包衣等技术措施的普及应用，有效促进了玉米出苗和生长，减弱不利气象条件对作物生长的影响。科技配套使用，对粮食生产能力的提升起到积极作用。

（牛海莉）

2015年宁夏主要畜禽生产运行情况分析

据主要畜禽监测调查数据显示，2015年宁夏畜牧业生产喜忧参半。生猪生产效益逐步回升，生产能力下降；肉牛生产平稳发展，价格坚挺；奶牛养殖转型升级加快，牛奶价格下行压力依然较大；肉羊养殖困难加剧，效益持续下滑；家禽养殖存出栏双降。

一、总体运行情况

监测结果显示，2015年，宁夏生猪存栏65.5万头，比上年下降13.2%，其中，能繁母猪存栏7.7万头，同比下降13.4%；出栏91.5万头，同比下降9.6%。牛存栏107.6万头，比上年增长4.3%，其中，奶牛存栏35.4万头，同比下降5.2%；出栏64.4万头，同比增长9.7%；生牛奶产量136.5万吨，与上年持平略增。羊存栏587.8万只，比上年下降4%；出栏579.7万只，同比增长5%。家禽存栏933.9万只，比上年下降9.5%，其中，蛋鸡存栏601.9万只，同比下降2.6%；出栏1019万只，同比下降15.4%；禽蛋产量8.8万吨，同比增长5.7%。全年主要畜禽肉产量28.9万吨，比上年增长2.5%，其中，猪、牛、羊、禽肉产量分别为7.1、9.8、10.1和1.9万吨，牛、羊肉产量同比分别增长10.8%和6.3%，猪肉、禽肉产量同比分别下降7.4%和12.6%。

二、主要运行特点

（一）生猪生产效益逐步回升

2015年，宁夏生猪生产呈现生产能力下降，养殖效益逐步提高的态势。一是生猪生产形势总体呈现下降趋势，影响猪肉供给。分季度看，四个季度末生猪存栏分别为60.7万头、62.8万头、65.1万头和65.5万头，同比分别下降9.3%、12.3%、14.7%和13.2%；出栏分别为31.8万头、21万头、17.5万头和21.1万头，同比分别下降9.4%、10.5%、5.9%和12%，累计出栏91.5万头，比上年下降9.6%；各季度猪肉产量分别为2.5万吨、1.7万吨、1.2万吨和1.7万吨，同比分别下降6.6%、7.9%、4.9%和9.9%，累计产肉7.1万吨，比上年下降7.4%。二是猪粮比明显上升，养殖效益逐步提高。2015年一季度，生猪出栏价格为13.2元/公斤，同比下降6.8%，二季度开始生猪价格开始回暖，逐步攀升。2-4季度出栏均价分别为13.9元/公斤、17.4元/公斤和16.6元/公斤，同比分别增长9.9%、19%和20.2%。调查显示，受猪价上升和玉米价格下降双重因素影响，一至四季度猪粮比逐季提高，分别为5.8:1、6.3:1、7.2:1和9.2:1，养猪利润在逐步提升。

（二）肉牛生产势头良好

各级政府对肉牛养殖政策扶持力度加大，“见犊补母”政策效果明显，清真牛肉品牌效应增强，加上牛奶价格下跌肉牛养殖具有一定盈利空间，调动了养殖户的积极性。2015年末，宁夏牛存栏107.6万头，其中，肉牛存栏72.1万头，比上年增长9.7%；全年牛出栏64.4万头，比上年增长9.7%。一至四季度肉牛每公斤平均出售价分别为24.3元、24.6元、24.7元和23.9元，比上年分别下降14.1%、9.6%、7.9%和8.1%，与其他畜种比较，肉牛价格持续高位运行。

（三）奶牛养殖转型升级加快

2015年，受多重因素影响，宁夏生牛奶价格持续低迷，为适应发展，宁夏奶牛生产转型升级步伐加快。一是奶牛存栏小幅回落。分季度看，一季度末奶牛存栏36.7万头，同比增长4.4%；二季度末奶牛存栏36.8万头，同比增长1.4%；三季度末奶牛存栏36.3万头，同比下降1.3%；四季度末奶牛存栏35.4万头，同比下降5.2%。二是奶产业规模化程度不断提升。2015年末，奶牛规模养殖量达84.6%，比上年提高了13.5

个百分点。从规模户（单位）结构构成看，年末存栏1000-3000头占比最高，达到39.2%；5000-10000头占14.0%，同比提高8.3个百分点，增长最快；100-500头占8.0%，同比下降5.7个百分点，下降最多。2015年末规模户和生产单位养殖户数同比减少36户，但存栏量同比增加2.5万头。为了规避风险，部分园区和规模户逐步向更加专业化、抗风险能力更强、卫生条件更好、单产量及品质更高的超大型企业转型升级，助推规模养殖快速扩张。三是奶牛单产增加。随着规模化程度不断提高，大集团依靠设备先进、科学饲养满足乳品企业卫生和营养指标要求，奶牛单产水平不断提高，牛奶品质显著改善。部分规模化牧场奶牛日均单产在30公斤左右，年平均单产水平达到9吨，个别高产泌乳牛年产甚至可达10-11吨的水平。由于规模化程度提高，单产增加，全年生牛奶产量136.5万吨，比上年增加0.8万吨，增长0.6%。

（四）肉羊养殖困难加剧

2015年，宁夏肉羊养殖受价格持续下降、效益下滑的影响，生产呈现前期压栏惜售、后期大量出栏的现象。一是存栏减少。从存栏量看，肉羊养殖没有延续前5年逐季增长的趋势，前三个季度期末存栏维持在600万只以上，逐季小幅增加，但四季度末存栏量下降至587.8万只，同比下降4%，是2012年三季度以来增速首次下降。二是产量增加。2015年肉羊出栏579.7万只，比上年增长5%；羊肉产量10.1万吨，比上年增长6.3%。分季度看，一季度肉羊出栏170.6万只，同比下降0.3%；二季度肉羊出栏122.3万只，同比下降4.5%；三季度肉羊出栏135.7万只，同比增长12.3%；四季度肉羊出栏151.2万只，同比增长14.4%。三是规模化养殖有所恢复。宁夏规模养殖户大多以育肥养殖为主，2015年末肉羊规模化养殖率达到9.4%，比上年提高1个百分点，由于效益不佳，养殖户观望情绪依然较重，规模化率仍不及2013年的水平。

（五）家禽存出栏双降

2015年宁夏家禽养殖呈现以下特点：一是家禽存栏下降。2015年末，家禽存栏933.9万只，比上年下降9.5%。其中，肉鸡存栏323.2万只，下降17.6%；蛋鸡存栏601.9万只，同比下降2.6%。二是禽蛋增加禽肉减少。全年禽蛋产量8.8万吨，比上年增长5.7%。禽肉产量1.9万吨，同比下降12.6%。三是活家禽出栏减少。2015年活家禽出栏1019万只，比上年下降15.4%。四是禽蛋价格下跌。据禽蛋主产区沙坡头区反映，除2015年一季度鸡蛋价格同比上涨9.6%外，二季度后同比分别下降了17.4%、32.8%和21.3%，全年零售均价8.1元/公斤，同比下降16.9%。

三、存在的主要问题

（一）生猪生产后劲不足。生猪价格波动频繁，养殖户养殖积极性不高。监测结果显示，2015年1-4季度，能繁母猪存栏分别为8.1、8.0、7.8和7.7万头，同比分别下降13.8%、15.2%、17.5%和13.4%。能繁母猪大量减少，可供自繁自养和销售的仔猪短缺，导致仔猪价格高位运行，养殖户大量出售仔猪，以最直接的方式获利，二至四季度25公斤以下仔猪出售均价分别为每公斤28.9元、33.9元、28.9元，同比涨幅分别为1.9%、24.3%、20.5%，对后期生猪生产带来一定影响。

（二）奶价持续下滑。2015年牛奶价格继续下跌，“卖奶难”现象再度出现。据调查，9月下旬，普通农户奶价1.5-1.8元/公斤，同比下降32.6%；规模户奶价2.1-2.9元/公斤，同比下降24.2%；牧场奶价3.5-3.9元/公斤，同比下降2.6%。大多数规模养殖场由于与蒙牛、伊利、夏进、金河等企业签订了限量收购合同，牛奶销售基本有保障，能够勉强维持生产，但部分散养户牛奶滞销，只能自家零售或用鲜奶饲喂小牛，多数散养户退出奶牛养殖行业。

（三）肉羊价格连续下降。肉羊出栏价格持续下跌，养殖户生产效益下降。从分季度毛重出售价格来看，一季度20.8元/公斤，同比下降18.4%，环比下降10.3%，降至2011年初的水平；二季度17.5元/公斤，同比下降28.4%，环比下降15.7%，跌破20元大关；三季度17.1元/公斤，同比下降27.8%，环比下降2.5%；四季度下跌至16.4元/公斤，同比下降29.4%，环比下降4.3%。价格下跌，直接影响肉羊产业的健康发展。

（四）融资困难制约发展。调查中了解到，养殖户周转资金困难依然较大。目前，多数规模养殖户融资途径有限，一是向民间借贷，利息高，月息一般在3%左右；二是向农村信用社小额贷款，额度有限，抵押物要求高，手续繁杂，放款不及时。

（五）进口肉及奶制品冲击。进口肉和奶粉等的冲击，给宁夏市场带来一定影响。据 12 月份调研了解，我国贸易开放后，进口自俄罗斯、越南的口岸猪肉价格仅为 16 元/公斤，比 12 月份银川猪肉均价 27.9 元/公斤低 11.9 元/公斤，低于四季度宁夏生猪出栏均价 16.4 元/公斤，本地生猪生产失去价格优势。

（撰稿：刘春水 王娟）

4-1 主要年份全区粮食生产情况

Basic Statistics of Grain Production in Main Years

单位：亩、公斤、吨 (mu,kg,ton)

年 份 Year	粮食 Grain			一、夏粮 Summer Harvest			#小麦 Wheat			二、秋粮 Autumn Harvest		
	播种面积 Sown Area	亩产 Yield per Unit	总产量 Total Output	播种面积 Sown Area	亩产 Yield per Unit	总产量 Total Output	播种面积 Sown Area	亩产 Yield per Unit	总产量 Total Output	播种面积 Sown Area	亩产 Yield per Unit	总产量 Total Output
1984	10212118	151.1	1545000	5400059	148.7	803085	4621767	162.1	748960	4812059	153.5	739125
1985	9689000	147.5	1430000	4967000	136.9	680000	4268000	146.3	625000	4722000	158.9	750000
1986	9854000	157.8	1555000	5192000	150.5	781000	4388000	163.6	718000	4662000	166.0	774000
1987	10081000	141.9	1430000	4337000	120.8	523000	3633000	131.8	479000	5744000	157.9	907000
1988	10552146	156.2	1648626	5230898	132.1	690890	4336000	147.8	641000	5321248	180.0	957736
1989	10588584	166.7	1765360	5423726	142.6	773636	4489000	158.4	711000	5164858	192.0	991724
1990	10832120	177.0	1917028	5558997	149.5	830819	4607000	169.3	780000	5273123	206.0	1086209
1991	10882240	183.6	1997842	5606339	164.4	921848	4707201	181.6	854630	5275901	203.9	1075994
1992	10945659	170.7	1868109	4600953	163.3	751304	3727501	185.8	692752	6344706	176.0	1116805
1993	10963521	187.2	2052813	5794614	163.9	949508	4700340	183.0	860070	5168907	213.4	1103305
1994	11050493	182.1	2012208	5558364	148.3	824158	4357212	158.9	692319	5492129	216.3	1188050
1995	11426471	177.9	2032529	5268742	141.8	747142	4415209	156.0	688702	6157729	208.7	1285387
1996	11728530	219.9	2578678	5628691	172.7	972045	4708372	185.4	872939	6099839	263.4	1606633
1997	11727493	218.8	2566049	5642835	159.6	900538	4685544	175.3	821561	6084658	273.7	1665511
1998	12260722	240.5	2948595	5612387	181.0	1015811	4752382	197.4	938304	6648335	290.7	1932784
1999	12550272	233.7	2932805	4650544	180.9	841227	4025990	194.3	782139	7899728	264.8	2091578
2000	12106089	208.8	2527416	4983930	155.8	776648	4388836	169.7	744618	7122159	245.8	1750768
2001	11721052	234.4	2747954	5327290	163.8	872487	4488843	186.2	836029	6393762	293.3	1875467
2002	13216999	228.4	3019142	6738362	157.8	1063153	5563086	172.8	961159	6478637	301.9	1955989
2003	12079807	223.7	2701743	6191291	135.2	837026	4789152	157.9	756142	5888516	316.7	1864717
2004	11874849	244.6	2904883	5152893	170.2	877023	4185385	192.1	804188	6721956	301.7	2027860
2005	11638712	257.6	2998089	4927863	171.7	845969	4140270	191.8	794139	6710849	320.7	2152120
2006	11934180	260.5	3109369	3981459	201.5	802351	3221019	215.6	694474	7952721	290.1	2307018
2007	12845639	251.8	3235003	3678249	172.5	634636	3505997	175.7	616005	9167390	283.7	2600367
2008	12392463	265.7	3292404	3669525	185.0	678704	3064305	209.1	640737	8722938	299.6	2613700
2009	12409138	274.6	3407028	3730982	204.6	763236	3276869	224.5	735631	8678156	304.6	2643792
2010	12660739	281.6	3565096	3654077	200.6	732959	3170550	221.8	703325	9006662	314.4	2832137
2011	12786622	280.7	3589471	3446648	190.2	655389	3031512	207.7	629758	9339974	314.1	2934082
2012	12424055	301.9	3750337	3026713	214.4	648948	2684701	231.1	620447	9397342	330.0	3101389
2013	12024047	310.5	3734013	2473415	194.4	480871	2232375	207.5	463158	9550632	340.6	3253142
2014	11569990	326.6	3778932	2180775	195.7	426832	1912047	212.1	405490	9389215	357.0	3352100
2015	11556340	322.5	3726450	2097812	199.8	419092	1836792	215.8	396361	9458528	349.7	3307358

4-1 续表 continued

单位：亩、公斤、吨 (mu,kg,ton)

年 份 Year	#1.水稻 Rice 播种面积 Sown Area	亩产 Yield per Unit	总产量 Total Output	2.玉米 Corn 播种面积 Sown Area	亩产 Yield per Unit	总产量 Total Output	3.马铃薯 Tubers 播种面积 Sown Area	亩产 Yield per Unit	总产量 Total Output
1984	762539	547.8	417735	484123	236.8	114650			
1985	738000	568.7	420000	531708	267.3	142135			
1986	761000	551.6	420000	694776	249.1	173095			
1987	785000	558.0	438000	945503	307.3	290518			
1988	815000	557.6	453000	1127000	259.1	292000			
1989	852000	566.9	483000	996000	334.3	333000			
1990	904000	600.7	543000	1132000	332.3	376000			
1991	907140	617.9	560558	1138381	327.0	372268			
1992	936758	461.8	432559	1077274	380.4	409815			
1993	939903	463.1	435241	1051561	414.7	436065			
1994	853767	544.8	465125	1181981	418.5	494718			
1995	931461	495.5	461531	1425241	426.9	608485			
1996	960718	562.0	539928	1822937	437.1	796745			
1997	1008377	594.3	599259	1976540	420.9	831922			
1998	997442	630.2	628558	2147850	463.6	995797			
1999	1062782	618.7	657493	2440433	441.0	1076200			
2000	1150920	542.0	623764	1966162	416.8	819549	1146188	154.0	176485
2001	1113264	555.3	618212	2216335	427.6	947715	1217419	163.6	199202
2002	1145517	573.3	656686	2325883	448.3	1042723	1138147	142.5	162206
2003	700650	528.7	370423	2645027	453.4	1199260	1315319	171.9	226058
2004	965672	543.3	524620	2817790	417.7	1176885	1553468	170.1	264219
2005	1068722	571.3	610580	2675812	453.8	1214150	1759014	156.5	275235
2006	1224961	579.1	709368	2617748	464.3	1215411	2803579	115.8	324612
2007	1155006	523.8	605003	3090002	474.4	1466001	3010003	137.5	414002
2008	1204327	551.2	663810	3127872	479.4	1499400	3499117	120.8	422753
2009	1173687	550.0	645538	3226160	484.7	1563817	3264612	119.7	390648
2010	1247374	561.1	699862	3351079	494.8	1658047	3328313	127.7	425016
2011	1259133	561.9	707553	3466567	497.4	1724292	3367775	132.2	445201
2012	1265102	563.8	713259	3688433	518.3	1911770	3235540	130.6	422443
2013	1232159	559.1	688949	3930306	524.8	2062431	3231317	136.2	439966
2014	1170677	528.2	618346	4331316	517.3	2240724	2660268	158.3	421101
2015	1115146	544.8	607535	4526615	501.2	2268820	2557730	145.4	371950

4-2 主要年份各市县粮食产量

Output of Grain by City and County in Main Years

单位：吨 (ton)

地 区	Region	1978	1980	1990	2000	2005	2006	2007
全 区	**Total**	**1119810**	**1201770**	**1917030**	**2527410**	**2998090**	**3109369**	**3235003**
沿黄地区	**Plain**	**774820**	**857630**	**1402370**	**1977750**	**2035970**	**2125563**	**2043187**
中南部地区	**Mountain Area**	**395090**	**345940**	**514670**	**549660**	**962120**	**983806**	**1191816**
银川市	**Yinchuan**	**227570**	**303740**	**517970**	**681980**	**696110**	**724312**	**637036**
银川市辖区	District	48550	48570	80770	110340	118660	120595	114392
永宁县	Yongning	35610	94980	173480	194590	223400	231733	168355
贺兰县	Helan	69350	72410	140890	197730	202600	219769	235577
灵武市	Lingwu	74060	87780	122830	179320	151440	152215	118712
石嘴山市	**Shizuishan**	**123860**	**128260**	**213150**	**335900**	**344170**	**353962**	**368531**
石嘴山市辖区	District	34170	36650	53190	70980	81470	80595	81863
平罗县	Pingluo	82390	84800	140470	232950	262700	273367	286668
吴忠市	**Wuzhong**	**245150**	**235270**	**408460**	**533540**	**687650**	**752818**	**827814**
利通区	Litong	77230	84920	123120	154260	164270	175655	164437
红寺堡区	Hongsipu				9530	95660	71401	114110
盐池县	Yanchi	25520	7500	37000	28000	59860	135145	73822
同心县	Tongxin	45980	31810	70630	102180	106560	109058.52	216083
青铜峡市	Qingtongxia	96420	111040	177710	242320	261300	261558	259362
固原市	**Guyuan**	**261330**	**263880**	**342980**	**337300**	**604470**	**563794**	**626945**
原州区	Yuanzhou	88540	84210	104620	96470	158530	139138	160107
西吉县	Xiji	68870	87060	95400	97940	205490	185559	220562
隆德县	Longde	42270	39480	52620	60260	76570	71792	61599
泾源县	Jingyuan	18620	19360	24240	26350	43440	41280	38864
彭阳县	Pengyang	43030	33770	66100	56280	120430	126025	145813
中卫市	**Zhongwei**	**195560**	**201640**	**314050**	**413380**	**418980**	**437330**	**446358**
沙坡头区	Shapotou	82500	96460	139500	159990	139560	139095	131765
中宁县	Zhongning	50800	62430	110490	180740	183850	193828	153737
海原县	Haiyuan	62260	42750	64060	72650	95570	104407	160856
区 属	**Qushu**	**66340**	**68980**	**120420**	**222560**	**246720**	**277153**	**328319**
农 垦	NongKen							

注：1988年起粮食产量为抽样调查数据。
Note: Data in this table are obtained from the sample surveys on total grain since 1988.

4-2 续表 continued

单位：吨 (ton)

地 区	Region	2008	2009	2010	2011	2012	2013	2014	2015
全 区	**Total**	**3292404**	**3407028**	**3565096**	**3589471**	**3750337**	**3734013**	**3778932**	**3726450**
沿黄地区	**Plain**	**2145157**	**2203602**	**2159870**	**2177229**	**2255389**	**2212249**	**2140630**	**2190489**
中南部地区	**Mountain Area**	**1147247**	**1203426**	**1405227**	**1412242**	**1494948**	**1521764**	**1638302**	**1535961**
银川市	**Yinchuan**	**712650**	**731788**	**706356**	**693716**	**708452**	**662274**	**618601**	**639505**
银川市辖区	District	123948	129299	133083	127256	128613	105756	102911	102994
永宁县	Yongning	218240	223673	212689	215175	225496	231289	222562	227232
贺兰县	Helan	214851	213230	208884	207043	213152	180853	157558	171428
灵武市	Lingwu	155611	165586	151700	144241	141191	144376	135570	137851
石嘴山市	**Shizuishan**	**369471**	**398880**	**387742**	**394851**	**405993**	**407662**	**409695**	**410362**
石嘴山市辖区	District	71494	77690	67701	70904	73863	72898	73407	76220
平罗县	Pingluo	297977	321190	320041	323947	332130	334764	336288	334142
吴忠市	**Wuzhong**	**816460**	**831049**	**888678**	**902592**	**899943**	**904891**	**940287**	**906774**
利通区	Litong	171465	161350	163748	153285	158995	156951	150909	151695
红寺堡区	Hongsipu	100763	101690	106414	101905	106973	112219	120651	113015
盐池县	Yanchi	69264	86836	96836	99358	88964	96595	105951	87599
同心县	Tongxin	210114	216135	266573	289244	277813	284193	313244	301759
青铜峡市	Qingtongxia	264854	265038	255107	258800	267199	254933	249532	252706
固原市	**Guyuan**	**609546**	**646014**	**745828**	**728740**	**803273**	**798556**	**847596**	**794654**
原州区	Yuanzhou	133642	146777	176527	170186	184770	187708	198025	183138
西吉县	Xiji	203098	210787	248531	249047	273174	276389	306301	292999
隆德县	Longde	87578	88837	92987	90409	95100	88161	83289	76316
泾源县	Jingyuan	39670	39687	38315	34055	29810	25673	24044	16777
彭阳县	Pengyang	145558	159926	189468	185044	220419	220625	235937	225424
中卫市	**Zhongwei**	**479677**	**477767**	**525657**	**542147**	**587396**	**601220**	**604765**	**603687**
沙坡头区	Shapotou	136067	138194	142470	145849	149071	151713	141233	151987
中宁县	Zhongning	186050	186822	193610	203303	220399	219306	212672	212766
海原县	Haiyuan	157560	152751	189577	192995	217926	230201	250860	238934
区 属	**Qushu**	**304600**	**321529**	**310835**	**327427**	**345280**	**359410**	**357988**	**371468**
农 垦	NongKen	263941	316922	308486	324777	340566	356666	354186	364230

注：1988年起粮食产量为抽样调查数据。
Note: Data in this table are obtained from the sample surveys on total grain since 1988.

4-3 2015年各市县粮食生产情况

Basic Statistics of Grain Production by City and County (2014)

单位：亩、公斤、吨 (mu,kg,ton)

		2014年			2015年			2015年比2014年增减 Growth					
		播种面积 Sown Area	亩产 Yield per Unit	总产量 Total Output	播种面积 Sown Area	亩产 Yield per Unit	总产量 Total Output	播种面积 Sown Area		亩产 Yield per Unit		总产量 Total Output	
								绝对值 Level	% %	绝对值 Level	% %	绝对值 Level	% %
全　区	**Total**	**11569990**	**326.6**	**3778932**	**11556340**	**322.5**	**3726450**	**-13650**	**-0.1**	**-4.1**	**-1.3**	**-52482**	**-1.4**
沿黄地区	**Plain**	**4315441**	**496.0**	**2140630**	**4338932**	**504.8**	**2190489**	**23491**	**0.5**	**8.8**	**1.8**	**49859**	**2.3**
中南部地区	**Mountain Area**	**7254549**	**225.8**	**1638302**	**7217408**	**212.8**	**1535961**	**-37141**	**-0.5**	**-13.0**	**-5.8**	**-102341**	**-6.2**
银川市	**Yinchuan**	**1299038**	**476.2**	**618601**	**1280550**	**499.4**	**639505**	**-18488**	**-1.4**	**23.2**	**4.9**	**20904**	**3.4**
银川市辖区	District	219488	468.9	102911	216000	476.8	102994	-3488	-1.6	7.9	1.7	83	0.1
永宁县	Yongning	465000	478.6	222562	456000	498.3	227232	-9000	-1.9	19.7	4.1	4670	2.1
贺兰县	Helan	324050	486.2	157558	346550	494.7	171428	22500	6.9	8.5	1.7	13870	8.8
灵武市	Lingwu	290500	466.7	135570	262000	526.1	137851	-28500	-9.8	59.4	12.7	2281	1.7
石嘴山市	**Shizuishan**	**912392**	**449.0**	**409695**	**929130**	**441.7**	**410362**	**16738**	**1.8**	**-7.3**	**-1.6**	**667**	**0.2**
大武口区	Dawukou	33112	357.7	11845	32930	357.1	11759	-182	-0.5	-0.6	-0.2	-86	-0.7
惠农区	Huinong	137330	448.3	61562	145100	444.3	64461	7770	5.7	-4.0	-0.9	2899	4.7
平罗县	Pingluo	741950	453.2	336288	751100	444.9	334142	9150	1.2	-8.3	-1.8	-2146	-0.6
吴忠市	**Wuzhong**	**2991778**	**314.3**	**940287**	**3042598**	**298.0**	**906774**	**50820**	**1.7**	**-16.3**	**-5.2**	**-33513**	**-3.6**
利通区	Litong	300100	502.9	150909	289300	524.4	151695	-10800	-3.6	21.5	4.3	786	0.5
红寺堡区	Hongsipu	328239	367.6	120651	316283	357.3	113015	-11956	-3.6	-10.3	-2.8	-7636	-6.3
盐池县	Yanchi	689000	153.8	105951	715595	122.4	87599	26595	3.9	-31.4	-20.4	-18352	-17.3
同心县	Tongxin	1126850	278.0	313244	1172550	257.4	301759	45700	4.1	-20.6	-7.4	-11485	-3.7
青铜峡市	Qingtongxia	547589	455.7	249532	548870	460.4	252706	1281	0.2	4.7	1.0	3174	1.3
固原市	**Guyuan**	**3685460**	**230.0**	**847596**	**3581780**	**221.9**	**794654**	**-103680**	**-2.8**	**-8.1**	**-3.5**	**-52942**	**-6.2**
原州区	Yuanzhou	830100	238.6	198025	798250	229.4	183138	-31850	-3.8	-9.2	-3.9	-14887	-7.5
西吉县	Xiji	1615450	189.6	306301	1610250	182.0	292999	-5200	-0.3	-7.6	-4.0	-13302	-4.3
隆德县	Longde	325950	255.5	83289	306500	249.0	76316	-19450	-6.0	-6.5	-2.5	-6973	-8.4
泾源县	Jingyuan	113650	211.6	24044	80100	209.5	16777	-33550	-29.5	-2.1	-1.0	-7267	-30.2
彭阳县	Pengyang	800310	294.8	235937	786680	286.6	225424	-13630	-1.7	-8.2	-2.8	-10513	-4.5
中卫市	**Zhongwei**	**2141882**	**282.4**	**604765**	**2171167**	**278.0**	**603687**	**29285**	**1.4**	**-4.4**	**-1.6**	**-1078**	**-0.2**
沙坡头区	Shapotou	297600	474.6	141233	301000	504.9	151987	3400	1.1	30.3	6.4	10754	7.6
中宁县	Zhongning	419282	507.2	212672	438967	484.7	212766	19685	4.7	-22.5	-4.4	94	
海原县	Haiyuan	1425000	176.0	250860	1431200	166.9	238934	6200	0.4	-9.1	-5.2	-11926	-4.8
区　属	Qushu	539440	663.6	357988	551115	674.0	371468	11675	2.2	10.4	1.6	13480	3.8
# 农　垦	NongKen	532185	665.5	354186	537885	677.2	364230	5700	1.1	11.7	1.8	10044	2.8

4-4 2015年各市县夏收粮食生产情况

Basic Statistics of Summer Harvest Production by City and County (2014)

单位：亩、公斤、吨 (mu,kg,ton)

市县	Region	2014年			2015年			2015年比2014年增减 Growth					
		播种面积 Sown Area	亩产 Yield per Unit	总产量 Total Output	播种面积 Sown Area	亩产 Yield per Unit	总产量 Total Output	播种面积 Sown Area		亩产 Yield per Unit		总产量 Total Output	
								绝对值 Level	%	绝对值 Level	%	绝对值 Level	%
全　区	**Total**	**2180775**	**195.7**	**426832**	**2097812**	**199.8**	**419092**	**-82963**	**-3.8**	**4.1**	**2.1**	**-7740**	**-1.8**
沿黄地区	**Plain**	**587047**	**339.0**	**199005**	**559692**	**333.3**	**186556**	**-27355**	**-4.7**	**-5.7**	**-1.7**	**-12449**	**-6.3**
中南部地区	**Mountain Area**	**1593728**	**143.0**	**227827**	**1538120**	**151.2**	**232536**	**-55608**	**-3.5**	**8.2**	**5.7**	**4709**	**2.1**
银川市	**Yinchuan**	**234351**	**338.1**	**79231**	**212779**	**354.7**	**75478**	**-21572**	**-9.2**	**16.6**	**4.9**	**-3753**	**-4.7**
银川市辖区	District	28851	307.8	8880	26079	318.5	8306	-2772	-9.6	10.7	3.5	-574	-6.5
永宁县	Yongning	116000	344.8	39997	102000	356.7	36383	-14000	-12.1	11.9	3.5	-3614	-9.0
贺兰县	Helan	67500	353.3	23848	76700	367.0	28149	9200	13.6	13.7	3.9	4301	18.0
灵武市	Lingwu	22000	295.7	6506	8000	330.0	2640	-14000	-63.6	34.3	11.6	-3866	-59.4
石嘴山市	**Shizuishan**	**126556**	**320.2**	**40518**	**137905**	**326.7**	**45055**	**11349**	**9.0**	**6.5**	**2.0**	**4537**	**11.2**
大武口区	Dawukou	13506	296.0	3998	14505	301.9	4379	999	7.4	5.9	2.0	381	9.5
惠农区	Huinong	17350	323.3	5609	18400	324.1	5963	1050	6.1	0.8	0.2	354	6.3
平罗县	Pingluo	95700	323.0	30911	105000	330.6	34713	9300	9.7	7.6	2.4	3802	12.3
吴忠市	**Wuzhong**	**508178**	**183.1**	**93032**	**524240**	**170.3**	**89255**	**16062**	**3.2**	**-12.8**	**-7.0**	**-3777**	**-4.1**
利通区	Litong	59900	382.2	22894	32000	357.0	11424	-27900	-46.6	-25.2	-6.6	-11470	-50.1
红寺堡区	Hongsipu	32418	294.0	9531	34205	303.0	10364	1787	5.5	9.0	3.1	833	8.7
盐池县	Yanchi	13500	36.8	497	13005	36.5	475	-495	-3.7	-0.3	-0.8	-22	-4.4
同心县	Tongxin	310250	90.1	27964	357850	100.2	35869	47600	15.3	10.1	11.2	7905	28.3
青铜峡市	Qingtongxia	92110	349.0	32146	87180	357.0	31123	-4930	-5.4	8.0	2.3	-1023	-3.2
固原市	**Guyuan**	**1032560**	**157.7**	**162799**	**917060**	**169.7**	**155603**	**-115500**	**-11.2**	**12.0**	**7.6**	**-7196**	**-4.4**
原州区	Yuanzhou	171850	145.6	25016	161150	161.0	25938	-10700	-6.2	15.4	10.6	922	3.7
西吉县	Xiji	483900	147.7	71459	452950	160.1	72513	-30950	-6.4	12.4	8.4	1054	1.5
隆德县	Longde	129600	188.0	24370	100000	200.0	20000	-29600	-22.8	12.0	6.4	-4370	-17.9
泾源县	Jingyuan	47950	180.6	8662	33000	180.0	5940	-14950	-31.2	-0.6	-0.3	-2722	-31.4
彭阳县	Pengyang	199260	167.1	33292	169960	183.6	31212	-29300	-14.7	16.5	9.9	-2080	-6.2
中卫市	**Zhongwei**	**261250**	**165.9**	**43331**	**291565**	**162.0**	**47241**	**30315**	**11.6**	**-3.9**	**-2.4**	**3910**	**9.0**
沙波头区	Shapotou	33000	271.8	8969	35500	266.0	9442	2500	7.6	-5.8	-2.1	473	5.3
中宁县	Zhongning	23250	315.1	7326	40065	189.0	7574	16815	72.3	-126.1	-40.0	248	3.4
海原县	Haiyuan	205000	131.9	27036	216000	139.9	30225	11000	5.4	8.0	6.1	3189	11.8
区　属	**Qushu**	**17880**	**443.0**	**7921**	**14263**	**452.9**	**6460**	**-3617**	**-20.2**	**9.9**	**2.2**	**-1461**	**-18.4**
#农　垦	NongKen	12825	442.8	5679	12210	451.6	5514	-615	-4.8	8.8	2.0	-165	-2.9

4-5 2015年各市县秋收粮食生产情况

Basic Statistics of Autumn Harvest Production by City and County (2014)

单位：亩、公斤、吨　　　　(mu,kg,ton)

市　县	Region	2014年			2015年			2015年比2014年增减 Growth					
		播种面积 Sown Area	亩产 Yield per Unit	总产量 Total Output	播种面积 Sown Area	亩产 Yield per Unit	总产量 Total Output	播种面积 Sown Area 绝对值 Level	播种面积 Sown Area %	亩产 Yield per Unit 绝对值 Level	亩产 Yield per Unit %	总产量 Total Output 绝对值 Level	总产量 Total Output %
全　区	**Total**	**9389215**	**357.0**	**3352100**	**9458528**	**349.7**	**3307358**	**69313**	**0.7**	**-7.3**	**-2.0**	**-44742**	**-1.3**
沿黄地区	**Plain**	**3728394**	**520.8**	**1941625**	**3779240**	**530.2**	**2003933**	**50846**	**1.4**	**9.4**	**1.8**	**62308**	**3.2**
中南部地区	**Mountain Area**	**5660821**	**249.2**	**1410475**	**5679288**	**229.5**	**1303425**	**18467**	**0.3**	**-19.7**	**-7.9**	**-107050**	**-7.6**
银川市	**Yinchuan**	**1064687**	**506.6**	**539370**	**1067771**	**528.2**	**564027**	**3084**	**0.3**	**21.6**	**4.3**	**24657**	**4.6**
银川市辖区	District	190637	493.2	94031	189921	498.6	94688	-716	-0.4	5.4	1.1	657	0.7
永宁县	Yongning	349000	523.1	182565	354000	539.1	190849	5000	1.4	16.0	3.1	8284	4.5
贺兰县	Helan	256550	521.2	133710	269850	531.0	143279	13300	5.2	9.8	1.9	9569	7.2
灵武市	Lingwu	268500	480.7	129064	254000	532.3	135211	-14500	-5.4	51.6	10.7	6147	4.8
石嘴山市	**Shizuishan**	**785836**	**469.8**	**369177**	**791225**	**461.7**	**365307**	**5389**	**0.7**	**-8.1**	**-1.7**	**-3870**	**-1.0**
大武口区	Dawukou	19606	400.2	7847	18425	400.5	7380	-1181	-6.0	0.3	0.1	-467	-6.0
惠农区	Huinong	119980	466.4	55953	126700	461.7	58498	6720	5.6	-4.7	-1.0	2545	4.5
平罗县	Pingluo	646250	472.5	305377	646100	463.4	299429	-150		-9.1	-1.9	-5948	-1.9
吴忠市	**Wuzhong**	**2483600**	**341.1**	**847255**	**2518358**	**324.6**	**817519**	**34758**	**1.4**	**-16.5**	**-4.8**	**-29736**	**-3.5**
利通区	Litong	240200	533.0	128015	257300	545.2	140271	17100	7.1	12.2	2.3	12256	9.6
红寺堡区	Hongsipu	295821	375.6	111120	282078	363.9	102651	-13743	-4.6	-11.7	-3.1	-8469	-7.6
盐池县	Yanchi	675500	156.1	105454	702590	124.0	87124	27090	4.0	-32.1	-20.6	-18330	-17.4
同心县	Tongxin	816600	349.4	285280	814700	326.4	265890	-1900	-0.2	-23.0	-6.6	-19390	-6.8
青铜峡市	Qingtongxia	455479	477.3	217386	461690	479.9	221583	6211	1.4	2.6	0.5	4197	1.9
固原市	**Guyuan**	**2652900**	**258.1**	**684797**	**2664720**	**239.8**	**639051**	**11820**	**0.4**	**-18.3**	**-7.1**	**-45746**	**-6.7**
原州区	Yuanzhou	658250	262.8	173009	637100	246.7	157200	-21150	-3.2	-16.1	-6.1	-15809	-9.1
西吉县	Xiji	1131550	207.5	234842	1157300	190.5	220486	25750	2.3	-17.0	-8.2	-14356	-6.1
隆德县	Longde	196350	300.1	58919	206500	272.7	56316	10150	5.2	-27.4	-9.1	-2603	-4.4
泾源县	Jingyuan	65700	234.1	15382	47100	230.1	10837	-18600	-28.3	-4.0	-1.7	-4545	-29.5
彭阳县	Pengyang	601050	337.2	202645	616720	314.9	194212	15670	2.6	-22.3	-6.6	-8433	-4.2
中卫市	**Zhongwei**	**1880632**	**298.5**	**561434**	**1879602**	**296.0**	**556446**	**-1030**	**-0.1**	**-2.5**	**-0.8**	**-4988**	**-0.9**
沙坡头区	Shapotou	264600	499.9	132264	265500	536.9	142545	900	0.3	37.0	7.4	10281	7.8
中宁县	Zhongning	396032	518.5	205346	398902	514.4	205192	2870	0.7	-4.1	-0.8	-154	-0.1
海原县	Haiyuan	1220000	183.5	223824	1215200	171.7	208709	-4800	-0.4	-11.8	-6.4	-15115	-6.8
区　属	**Qushu**	**521560**	**671.2**	**350067**	**536852**	**679.9**	**365008**	**15292**	**2.9**	**8.7**	**1.3**	**14941**	**4.3**
#农　垦	NongKen	519360	671.0	348507	525675	682.4	358716	6315	1.2	11.4	1.7	10209	2.9

4-6 2015年各市县小麦生产情况

Basic Statistics of Wheat Production by City and County (2014)

单位：亩、公斤、吨 (mu,kg,ton)

市县	Region	2014年			2015年			2015年比2014年增减 Growth					
		播种面积	亩产	总产量	播种面积	亩产	总产量	播种面积 Sown Area		亩产 Yield per Unit		总产量 Total Output	
		Sown Area	Yield per Unit	Total Output	Sown Area	Yield per Unit	Total Output	绝对值 Level	% %	绝对值 Level	% %	绝对值 Level	% %
全　区	**Total**	**1912047**	**212.1**	**405490**	**1836792**	**215.8**	**396361**	**-75255**	**-3.9**	**3.7**	**1.7**	**-9129**	**-2.3**
沿黄地区	**Plain**	**581079**	**341.6**	**198491**	**554172**	**335.4**	**185870**	**-26907**	**-4.6**	**-6.2**	**-1.8**	**-12621**	**-6.4**
中南部地区	**Mountain Area**	**1330968**	**155.5**	**206999**	**1282620**	**164.1**	**210491**	**-48348**	**-3.6**	**8.6**	**5.5**	**3492**	**1.7**
银川市	**Yinchuan**	**232351**	**340.7**	**79161**	**212779**	**354.7**	**75478**	**-19572**	**-8.4**	**14.0**	**4.1**	**-3683**	**-4.7**
银川市辖区	District	28851	307.8	8880	26079	318.5	8306	-2772	-9.6	10.7	3.5	-574	-6.5
永宁县	Yongning	116000	344.8	39997	102000	356.7	36383	-14000	-12.1	11.9	3.5	-3614	-9.0
贺兰县	Helan	67500	353.3	23848	76700	367.0	28149	9200	13.6	13.7	3.9	4301	18.0
灵武市	Lingwu	20000	321.8	6436	8000	330.0	2640	-12000	-60.0	8.2	2.5	-3796	-59.0
石嘴山市	**Shizuishan**	**126556**	**320.2**	**40518**	**137905**	**326.7**	**45055**	**11349**	**9.0**	**6.5**	**2.0**	**4537**	**11.2**
大武口区	Dawukou	13506	296.0	3998	14505	301.9	4379	999	7.4	5.9	2.0	381	9.5
惠农区	Huinong	17350	323.3	5609	18400	324.1	5963	1050	6.1	0.8	0.2	354	6.3
平罗县	Pingluo	95700	323.0	30911	105000	330.6	34713	9300	9.7	7.6	2.4	3802	12.3
吴忠市	**Wuzhong**	**493228**	**187.8**	**92619**	**510390**	**174.4**	**88990**	**17162**	**3.5**	**-13.4**	**-7.1**	**-3629**	**-3.9**
利通区	Litong	59900	382.2	22894	32000	357.0	11424	-27900	-46.6	-25.2	-6.6	-11470	-50.1
红寺堡区	Hongsipu	32418	294.0	9531	34205	303.0	10364	1787	5.5	9.0	3.1	833	8.7
盐池县	Yanchi	13500	36.8	497	13005	36.5	475	-495	-3.7	-0.3	-0.8	-22	-4.4
同心县	Tongxin	295300	93.3	27551	344000	103.5	35604	48700	16.5	10.2	10.9	8053	29.2
青铜峡市	Qingtongxia	92110	349.0	32146	87180	357.0	31123	-4930	-5.4	8.0	2.3	-1023	-3.2
固原市	**Guyuan**	**859750**	**171.9**	**147762**	**751410**	**186.8**	**140374**	**-108340**	**-12.6**	**14.9**	**8.7**	**-7388**	**-5.0**
原州区	Yuanzhou	149600	154.7	23143	141050	170.6	24063	-8550	-5.7	15.9	10.3	920	4.0
西吉县	Xiji	396000	167.2	66211	363900	183.9	66921	-32100	-8.1	16.7	10.0	710	1.1
隆德县	Longde	89000	216.8	19295	60000	240.0	14400	-29000	-32.6	23.2	10.7	-4895	-25.4
泾源县	Jingyuan	46000	184.7	8496	33000	180.0	5940	-13000	-28.3	-4.7	-2.5	-2556	-30.1
彭阳县	Pengyang	179150	170.9	30617	153460	189.3	29050	-25690	-14.3	18.4	10.8	-1567	-5.1
中卫市	**Zhongwei**	**182282**	**205.8**	**37509**	**210045**	**190.5**	**40004**	**27763**	**15.2**	**-15.3**	**-7.4**	**2495**	**6.7**
沙坡头区	Shapotou	31500	279.0	8789	33500	272.9	9142	2000	6.3	-6.1	-2.2	353	4.0
中宁县	Zhongning	20782	339.8	7062	36545	196.7	7188	15763	75.8	-143.1	-42.1	126	1.8
海原县	Haiyuan	130000	166.6	21658	140000	169.1	23674	10000	7.7	2.5	1.5	2016	9.3
区　属	**Qushu**	**17880**	**443.0**	**7921**	**14263**	**452.9**	**6460**	**-3617**	**-20.2**	**9.9**	**2.2**	**-1461**	**-18.4**
#农　垦	NongKen	12825	442.8	5679	12210	451.6	5514	-615	-4.8	8.8	2.0	-165	-2.9

4-7 2015年各市县水稻生产情况

Basic Statistics of Rice Production by City and County (2014)

单位：亩、公斤、吨 (mu,kg,ton)

市 县	Region	2014年			2015年			2015年比2014年增减 Growth					
		播种面积	亩产	总产量	播种面积	亩产	总产量	播种面积 Sown Area		亩产 Yield per Unit		总产量 Total Output	
		Sown Area	Yield per Unit	Total Output	Sown Area	Yield per Unit	Total Output	绝对值 Level	% %	绝对值 Level	% %	绝对值 Level	% %
全 区	**Total**	**1170677**	**528.2**	**618346**	**1115146**	**544.8**	**607535**	**-55531**	**-4.7**	**16.6**	**3.1**	**-10811**	**-1.7**
沿黄地区	**Plain**	**1170677**	**528.2**	**618346**	**1115146**	**544.8**	**607535**	**-55531**	**-4.7**	**16.6**	**3.1**	**-10811**	**-1.7**
中南部地区	**Mountain Area**												
银川市	**Yinchuan**	**512817**	**547.7**	**280864**	**484724**	**555.4**	**269226**	**-28093**	**-5.5**	**7.7**	**1.4**	**-11638**	**-4.1**
银川市辖区	District	91567	523.8	47963	90324	520.8	47041	-1243	-1.4	-3.0	-0.6	-922	-1.9
永宁县	Yongning	121000	599.7	72564	116000	617.3	71607	-5000	-4.1	17.6	2.9	-957	-1.3
贺兰县	Helan	161750	528.2	85436	177400	534.7	94856	15650	9.7	6.5	1.2	9420	11.0
灵武市	Lingwu	138500	540.8	74901	101000	551.7	55722	-37500	-27.1	10.9	2.0	-19179	-25.6
石嘴山市	**Shizuishan**	**171360**	**447.2**	**76633**	**166640**	**452.4**	**75385**	**-4720**	**-2.8**	**5.2**	**1.2**	**-1248**	**-1.6**
大武口区	Dawukou	500	420.5	210	500	420.0	210			-0.5	-0.1		
惠农区	Huinong	5860	427.1	2503	6140	439.0	2695	280	4.8	11.9	2.8	192	7.7
平罗县	Pingluo	165000	448.0	73920	160000	453.0	72480	-5000	-3.0	5.0	1.1	-1440	-1.9
吴忠市	**Wuzhong**	**213225**	**554.5**	**118233**	**219360**	**576.6**	**126483**	**6135**	**2.9**	**22.1**	**4.0**	**8250**	**7.0**
利通区	Litong	70000	496.8	34776	74100	541.7	40140	4100	5.9	44.9	9.0	5364	15.4
红寺堡区	Hongsipu												
盐池县	Yanchi												
同心县	Tongxin												
青铜峡市	Qingtongxia	143225	582.7	83457	145260	594.4	86343	2035	1.4	11.7	2.0	2886	3.5
固原市	**Guyuan**												
原州区	Yuanzhou												
西吉县	Xiji												
隆德县	Longde												
泾源县	Jingyuan												
彭阳县	Pengyang												
中卫市	**Zhongwei**	**112475**	**511.0**	**57472**	**97402**	**575.2**	**56021**	**-15073**	**-13.4**	**64.2**	**12.6**	**-1451**	**-2.5**
沙坡头区	Shapotou	73000	492.3	35938	69000	580.7	40068	-4000	-5.5	88.4	18.0	4130	11.5
中宁县	Zhongning	39475	545.5	21534	28402	561.7	15953	-11073	-28.1	16.2	3.0	-5581	-25.9
海原县	Haiyuan												
区 属	**Qushu**	**160800**	**529.5**	**85144**	**147020**	**547.0**	**80420**	**-13780**	**-8.6**	**17.5**	**3.3**	**-4724**	**-5.5**
#农 垦	NongKen	160500	529.5	84985	145800	547.0	79753	-14700	-9.2	17.5	3.3	-5232	-6.2

4-8 2015年各市县玉米生产情况

Basic Statistics of Corn Production by City and County (2014)

单位：亩、公斤、吨 (mu,kg,ton)

市 县	Region	2014年			2015年			2015年比2014年增减 Growth					
		播种面积	亩产	总产量	播种面积	亩产	总产量	播种面积 Sown Area		亩产 Yield per Unit		总产量 Total Output	
		Sown Area	Yield per Unit	Total Output	Sown Area	Yield per Unit	Total Output	绝对值 Level	% %	绝对值 Level	% %	绝对值 Level	% %
全　区	**Total**	**4331316**	**517.3**	**2240724**	**4526615**	**501.2**	**2268820**	**195299**	**4.5**	**-16.1**	**-3.1**	**28096**	**1.3**
沿黄地区	**Plain**	**2408016**	**546.9**	**1316926**	**2518152**	**551.6**	**1389042**	**110136**	**4.6**	**4.7**	**0.9**	**72116**	**5.5**
中南部地区	**Mountain Area**	**1923300**	**480.3**	**923798**	**2008463**	**438.0**	**879778**	**85163**	**4.4**	**-42.3**	**-8.8**	**-44020**	**-4.8**
银川市	**Yinchuan**	**512370**	**501.5**	**256960**	**552297**	**531.5**	**293568**	**39927**	**7.8**	**30.0**	**6.0**	**36608**	**14.2**
银川市辖区	District	99070	465.0	46068	99597	478.4	47647	527	0.5	13.4	2.9	1579	3.4
永宁县	Yongning	218000	502.3	109501	228000	520.8	118742	10000	4.6	18.5	3.7	9241	8.4
贺兰县	Helan	93300	516.7	48208	91700	527.7	48390	-1600	-1.7	11.0	2.1	182	0.4
灵武市	Lingwu	102000	521.4	53183	133000	592.4	78789	31000	30.4	71.0	13.6	25606	48.1
石嘴山市	**Shizuishan**	**595991**	**489.4**	**291652**	**606025**	**476.9**	**289000**	**10034**	**1.7**	**-12.5**	**-2.6**	**-2652**	**-0.9**
大武口区	Dawukou	19091	400.0	7636	17925	400.0	7170	-1166	-6.1			-466	-6.1
惠农区	Huinong	113900	469.2	53442	120100	464.5	55786	6200	5.4	-4.7	-1.0	2344	4.4
平罗县	Pingluo	463000	498.0	230574	468000	483.0	226044	5000	1.1	-15.0	-3.0	-4530	-2.0
吴忠市	Wuzhong	**1159040**	**564.1**	**653810**	**1187093**	**535.3**	**635394**	**28053**	**2.4**	**-28.8**	**-5.1**	**-18416**	**-2.8**
利通区	Litong	167200	557.2	93164	180200	555.0	100011	13000	7.8	-2.2	-0.4	6847	7.3
红寺堡区	Hongsipu	202750	499.5	101274	210213	463.0	97329	7463	3.7	-36.5	-7.3	-3945	-3.9
盐池县	Yanchi	176450	445.4	78591	167800	395.5	66365	-8650	-4.9	-49.9	-11.2	-12226	-15.6
同心县	Tongxin	353800	703.0	248721	373500	639.6	238891	19700	5.6	-63.4	-9.0	-9830	-4.0
青铜峡市	Qingtongxia	258840	510.2	132060	255380	520.0	132798	-3460	-1.3	9.8	1.9	738	0.6
固原市	**Guyuan**	**940300**	**399.0**	**375212**	**986950**	**364.5**	**359743**	**46650**	**5.0**	**-34.5**	**-8.6**	**-15469**	**-4.1**
原州区	Yuanzhou	234400	433.0	101495	250600	389.0	97483	16200	6.9	-44.0	-10.2	-4012	-4.0
西吉县	Xiji	194300	290.3	56405	202250	263.0	53192	7950	4.1	-27.3	-9.4	-3213	-5.7
隆德县	Longde	85000	387.0	32895	90000	350.3	31527	5000	5.9	-36.7	-9.5	-1368	-4.2
泾源县	Jingyuan	19000	267.0	5073	16000	260.0	4160	-3000	-15.8	-7.0	-2.6	-913	-18.0
彭阳县	Pengyang	407600	440.0	179344	428100	405.0	173381	20500	5.0	-35.0	-8.0	-5963	-3.3
中卫市	**Zhongwei**	**764625**	**521.0**	**398371**	**806900**	**504.2**	**406800**	**42275**	**5.5**	**-16.8**	**-3.2**	**8429**	**2.1**
沙坡头区	Shapotou	170000	559.0	95030	175000	576.0	100800	5000	2.9	17.0	3.0	5770	6.1
中宁县	Zhongning	344625	532.0	183341	361900	521.0	188550	17275	5.0	-11.0	-2.1	5209	2.8
海原县	Haiyuan	250000	480.0	120000	270000	435.0	117450	20000	8.0	-45.0	-9.4	-2550	-2.1
区　属	**Qushu**	**358990**	**737.4**	**264719**	**387350**	**734.0**	**284315**	**28360**	**7.9**	**-3.4**	**-0.5**	**19596**	**7.4**
#农　垦	NongKen	357090	737.4	263318	377670	738.0	278720	20580	5.8	0.6	0.1	15402	5.8

4-9 2015年各市县马铃薯生产情况

Basic Statistics of Tubers Production by City and County (2014)

单位：亩、公斤、吨 (mu,kg,ton)

市 县	Region	2014年			2015年			2015年比2014年增减 Growth					
		播种面积	亩产	总产量	播种面积	亩产	总产量	播种面积 Sown Area		亩产 Yield per Unit		总产量 Total Output	
		Sown Area	Yield per Unit	Total Output	Sown Area	Yield per Unit	Total Output	绝对值 Level	% %	绝对值 Level	% %	绝对值 Level	% %
全 区	**Total**	**2660268**	**158.3**	**421101**	**2557730**	**145.4**	**371950**	**-102538**	**-3.9**	**-12.9**	**-8.1**	**-49151**	**-11.7**
沿黄地区	**Plain**												
中南部地区	**Mountain Area**	**2660268**	**158.3**	**421101**	**2557730**	**145.4**	**371950**	**-102538**	**-3.9**	**-12.9**	**-8.1**	**-49151**	**-11.7**
银川市	**Yinchuan**												
银川市辖区	District												
永宁县	Yongning												
贺兰县	Helan												
灵武市	Lingwu												
石嘴山市	**Shizuishan**												
大武口区	Dawukou												
惠农区	Huinong												
平罗县	Pingluo												
吴忠市	**Wuzhong**	**421468**	**104.9**	**44233**	**396030**	**88.5**	**35056**	**-25438**	**-6.0**	**-16.4**	**-15.6**	**-9177**	**-20.7**
利通区	Litong												
红寺堡区	Hongsipu	44818	182.0	8157	27580	148.0	4082	-17238	-38.5	-34.0	-18.7	-4075	-50.0
盐池县	Yanchi	169000	90.6	15311	175000	77.5	13563	6000	3.6	-13.1	-14.5	-1748	-11.4
同心县	Tongxin	207650	100.0	20765	193450	90.0	17411	-14200	-6.8	-10.0	-10.0	-3354	-16.2
青铜峡市	Qingtongxia												
固原市	**Guyuan**	**1588800**	**188.1**	**298868**	**1546700**	**174.1**	**269244**	**-42100**	**-2.6**	**-14.0**	**-7.4**	**-29624**	**-9.9**
原州区	Yuanzhou	402350	174.0	70009	361650	161.0	58226	-40700	-10.1	-13.0	-7.5	-11783	-16.8
西吉县	Xiji	876450	197.0	172661	887500	182.0	161525	11050	1.3	-15.0	-7.6	-11136	-6.4
隆德县	Longde	109500	235.0	25733	115000	213.8	24587	5500	5.0	-21.2	-9.0	-1146	-4.5
泾源县	Jingyuan	44000	230.0	10120	30000	220.0	6600	-14000	-31.8	-10.0	-4.3	-3520	-34.8
彭阳县	Pengyang	156500	130.0	20345	152550	120.0	18306	-3950	-2.5	-10.0	-7.7	-2039	-10.0
中卫市	**Zhongwei**	**650000**	**120.0**	**78000**	**615000**	**110.0**	**67650**	**-35000**	**-5.4**	**-10.0**	**-8.3**	**-10350**	**-13.3**
沙波头区	Shapotou												
中宁县	Zhongning												
海原县	Haiyuan	650000	120.0	78000	615000	110.0	67650	-35000	-5.4	-10.0	-8.3	-10350	-13.3
区 属	Qushu												
#农 垦	NongKen												

4-10 2015年各市县猪、牛、羊、禽存栏情况

Breeding Stock of Livestock by City and County (2015)

市县	Region	存栏 Breeding Stock						
		生猪(头)		牛(头)		羊(只)	家禽(百只)	
		Hog (head)	#能繁母猪 Sow	Cattle and Buffaloes (head)	#奶牛 Dairy Cow	Sheep (head)	Poultry (100 head)	#蛋鸡 Egg-laying
全　区	**Total**	**654708**	**76899**	**1075661**	**354422**	**5877796**	**93393**	**60194**
沿黄地区	**Plain**	**441805**	**55988**	**530407**	**348090**	**2346582**	**73629**	**51568**
中南部地区	**Mountain Area**	**212903**	**20911**	**545254**	**6332**	**3531214**	**19764**	**8626**
银川市	**Yinchuan**	**140091**	**19192**	**188119**	**125612**	**669591**	**21655**	**15584**
银川市辖区	District	24838	2847	69568	54009	93892	3732	3050
永宁县	Yongning	23798	3537	40654	13319	148082	11753	9161
贺兰县	Helan	15771	2112	53328	39052	106707	3071	2283
灵武市	Lingwu	75685	10696	24569	19232	320910	3099	1090
石嘴山市	**Shizuishan**	**40808**	**4289**	**62655**	**25991**	**614848**	**6795**	**3549**
石嘴山市辖区	District	18117	2369	26048	19807	233042	2335	543
平罗县	Pingluo	22691	1919	36607	6184	381807	4460	3006
吴忠市	**Wuzhong**	**149195**	**17275**	**285090**	**169957**	**2215266**	**26792**	**13208**
利通区	Litong	11762	1988	156183	120388	299425	3480	1478
红寺堡区	Hongsipu	8529	668	20708	145	317558	926	877
盐池县	Yanchi	52102	5389	5454	4904	783076	1087	622
同心县	Tongxin	4406	72	47653	759	620660	3604	446
青铜峡市	Qingtongxia	72397	9159	55092	43761	194546	17696	9785
固原市	**Guyuan**	**135724**	**13792**	**425767**	**523**	**1094357**	**9737**	**3764**
原州区	Yuanzhou	29148	2971	90814	523	356803	3889	2685
西吉县	Xiji	38962	3054	122485		378075	1300	659
隆德县	Longde	31549	4822	56119		45670	1786	130
泾源县	Jingyuan	2420	161	67644		48591	592	60
彭阳县	Pengyang	33645	2783	88705		265217	2171	230
中卫市	**Zhongwei**	**188889**	**22351**	**114029**	**32339**	**1283735**	**28414**	**24089**
沙波头区	Shapotou	61597	8070	31584	20908	222383	19444	18119
中宁县	Zhongning	115149	13289	36774	11431	345790	4560	3053
海原县	Haiyuan	12142	991	45672		715562	4410	2916

注：从2012年开始，区属部分按照属地原则统计在各市、县(区)，不再单列。

Note:From 2012, according to the principle of territoriality , Qushu belongs to city and county (district), no longer single.

4-10 续表 continued

市 县	Region	比2014年增减%						
		猪 Hog	#能繁母猪 Sow	牛 Cattle and Buffaloes	#奶牛 Dairy Cow	羊 Sheep	家禽 Poultry	#蛋鸡 Egg-laying
全 区	**Total**	**-13.2**	**-13.4**	**4.3**	**-5.2**	**-4.0**	**-9.5**	**-2.6**
沿黄地区	**Plain**	**-10.1**	**-12.8**	**0.8**	**-5.7**	**-2.7**	**-9.4**	**-3.5**
中南部地区	**Mountain Area**	**-19.0**	**-15.1**	**7.9**	**38.9**	**-4.8**	**-9.9**	**3.1**
银川市	**Yinchuan**	**-14.4**	**-14.4**	**-4.0**	**-12.7**	**0.4**	**-20.9**	**-18.8**
银川市辖区	District	-25.1	-18.1	-7.9	-18.5	1.5	-28.2	-33.8
永宁县	Yongning	-34.3	-42.0	-3.4	-16.4	-2.7	-18.9	-13.2
贺兰县	Helan	-5.6	-0.9	4.2	0.2	3.1	-21.1	-9.8
灵武市	Lingwu	-2.5	-0.1	-9.6	-15.3	0.7	-18.8	-27.6
石嘴山市	**Shizuishan**	**-8.4**	**-2.5**	**18.5**	**22.6**	**-2.9**	**-23.0**	**-3.0**
石嘴山市辖区	District	-12.4	4.0	33.2	30.3	6.9	-46.4	-22.5
平罗县	Pingluo	-4.9	-9.6	9.9	3.0	-8.0	-0.1	1.6
吴忠市	**Wuzhong**	**-8.4**	**-14.9**	**3.3**	**-4.3**	**-3.1**	**5.8**	**13.0**
利通区	Litong	-9.6	-12.3	-0.7	-9.3	-4.1	3.9	12.6
红寺堡区	Hongsipu	3.7	-4.0	23.6	18.9	5.9	44.7	150.1
盐池县	Yanchi	0.0	-4.5	84.8	140.7	2.8	1.2	41.9
同心县	Tongxin	-21.9	60.0	3.7	2.6	-12.8	11.1	190.2
青铜峡市	Qingtongxia	-13.7	-21.4	3.8	4.3	-3.3	3.9	3.8
固原市	**Guyuan**	**-25.8**	**-20.2**	**7.7**	**-68.5**	**-5.3**	**-22.2**	**-22.6**
原州区	Yuanzhou	-28.8	-23.9	4.3	-68.5	-6.4	-39.2	-38.2
西吉县	Xiji	-28.9	-28.1	6.8		-1.4	-11.9	59.1
隆德县	Longde	-36.6	-22.3	19.0		-26.4	77.0	21.0
泾源县	Jingyuan	-34.8	19.0	5.4		1.4	19.7	
彭阳县	Pengyang	0.0	-0.3	8.0		-5.6	-30.8	
中卫市	**Zhongwei**	**-5.7**	**-8.6**	**2.7**	**10.4**	**-6.8**	**-2.6**	**7.4**
沙波头区	Shapotou	-15.0	-4.7	15.1	30.5	-10.9	-3.5	7.3
中宁县	Zhongning	1.1	-11.5	-6.5	-13.8	-1.1	-0.1	2.4
海原县	Haiyuan	-13.4	2.0	3.1		-8.1	-1.1	14.0

注：从2012年开始，区属部分按照属地原则统计在各市、县(区)，不再单列。
Note:From 2012, according to the principle of territoriality , Qushu belongs to city and county (district), no longer single.

4-11 2015年各市县猪、牛、羊、禽出栏情况

Slaughtered of Livestock by City and County (2015)

市县	Region	出栏 Number of Animals on Hand				比2014年增减%			
		生猪(头) Hog (head)	牛(头) Cattle and Buffaloes (head)	羊(只) Sheep (head)	家禽(百只) Poultry (100 head)	猪 Hog	牛 Cattle and Buffaloes	羊 Sheep	家禽 Poultry
全区	**Total**	**914595**	**643956**	**5796846**	**101905**	**-9.6**	**9.7**	**5.0**	**-15.4**
沿黄地区	**Plain**	**645887**	**237042**	**2424028**	**75431**	**-7.9**	**11.8**	**2.9**	**-9.1**
中南部地区	**Mountain Area**	**268708**	**406914**	**3372818**	**26474**	**-13.5**	**8.5**	**6.6**	**-29.4**
银川市	**Yinchuan**	**187714**	**103259**	**812146**	**27435**	**-16.1**	**3.8**	**2.2**	**1.8**
银川市辖区	District	33817	29739	81198	3291	6.2	-0.3	2.8	-22.6
永宁县	Yongning	45041	33282	184616	15425	-28.0	6.7	18.7	29.1
贺兰县	Helan	25528	19974	86600	3502	-20.0	-0.5	-8.3	-9.1
灵武市	Lingwu	83327	20264	459732	5217	-14.4	10.6	-1.3	-24.4
石嘴山市	**Shizuishan**	**60931**	**39366**	**558236**	**14916**	**-7.5**	**13.5**	**3.0**	**0.7**
石嘴山市辖区	District	18749	9793	164433	6204	-15.4	8.5	-2.0	11.4
平罗县	Pingluo	42182	29573	393803	8712	-3.5	15.3	5.2	-5.8
吴忠市	**Wuzhong**	**183876**	**132128**	**2325044**	**18850**	**-18.7**	**14.9**	**2.7**	**-25.4**
利通区	Litong	15417	42596	285678	5727	-20.7	44.6	0.8	-8.9
红寺堡区	Hongsipu	9557	18808	219034	944	-9.6	11.4	16.1	-24.0
盐池县	Yanchi	51849	1256	756568	1165	-15.7	42.2	1.0	-40.6
同心县	Tongxin	4034	54121	828108	4616	-20.8	3.4	2.6	-31.8
青铜峡市	Qingtongxia	103020	15347	235656	6398	-20.5	-0.5	0.2	-29.1
固原市	**Guyuan**	**190229**	**299629**	**1060782**	**16995**	**-12.5**	**10.6**	**9.5**	**-29.6**
原州区	Yuanzhou	41384	53360	346161	7321	3.4	10.2	8.3	-39.9
西吉县	Xiji	54095	70497	267893	1907	-6.3	8.3	15.0	-17.4
隆德县	Longde	51487	34344	57725	1688	-24.1	18.7	6.3	-11.9
泾源县	Jingyuan	4065	75997	67702	1203	-7.9	14.3	7.2	6.3
彭阳县	Pengyang	39198	65432	321301	4877	-17.2	5.6	7.6	-26.1
中卫市	**Zhongwei**	**291845**	**69574**	**1040638**	**23708**	**4.6**	**3.8**	**9.3**	**-18.9**
沙坡头区	Shapotou	94800	16771	193073	14467	15.5	27.2	8.5	-28.9
中宁县	Zhongning	184007	19702	339238	6488	1.8	-0.2	5.2	17.3
海原县	Haiyuan	13039	33100	508326	2753	-18.7	-3.0	12.6	-18.2

注：从2012年开始，区属部分按照属地原则统计在各市、县(区)，不再单列。
Note:From 2012, according to the principle of territoriality , Qushu belongs to city and county (district), no longer single.

4-12 2015年各市县猪、牛、羊、禽肉产量

Output of Livestock Products by City and Country (2015)

单位：吨 (ton)

市 县	Region	猪 Hog	牛 Cattle and Buffaloes	羊 Sheep	家禽 Poultry
全 区	**Total**	**70832**	**97467**	**101114**	**19441**
沿黄地区	**Plain**	**49960**	**35976**	**41732**	**14240**
中南部地区	**Mountain Area**	**20872**	**61491**	**59382**	**5201**
银川市	**Yinchuan**	**14590**	**15645**	**14138**	**5225**
银川市辖区	District	2599	4533	1428	658
永宁县	Yongning	3535	5033	3181	2861
贺兰县	Helan	1995	3027	1508	670
灵武市	Lingwu	6461	3052	8020	1036
石嘴山市	**Shizuishan**	**4686**	**5951**	**9290**	**2884**
石嘴山市辖区	District	1468	1485	2854	1196
平罗县	Pingluo	3218	4466	6436	1688
吴忠市	**Wuzhong**	**14269**	**20020**	**41285**	**3558**
利通区	Litong	1181	6423	5003	1096
红寺堡区	Hongsipu	744	2844	3676	194
盐池县	Yanchi	4036	201	13967	230
同心县	Tongxin	313	8192	14513	849
青铜峡市	Qingtongxia	7995	2360	4126	1188
固原市	**Guyuan**	**14754**	**45247**	**18306**	**3419**
原州区	Yuanzhou	3206	8230	5924	1562
西吉县	Xiji	4187	10334	4518	373
隆德县	Longde	3999	5302	993	320
泾源县	Jingyuan	316	11389	1186	234
彭阳县	Pengyang	3046	9991	5684	931
中卫市	**Zhongwei**	**22533**	**10604**	**18095**	**4355**
沙波头区	Shapotou	7259	2555	3353	2563
中宁县	Zhongning	14250	3043	5822	1285
海原县	Haiyuan	1024	5005	8920	508

注：从2012年开始，区属部分按照属地原则统计在各市、县(区)，不再单列。
Note:From 2012, according to the principle of territoriality , Qushu belongs to city and county (district), no longer single.

4-13 主要年份各市县猪、牛、羊、禽肉产量

Output of Livestock Products by City and Country in Main Years

单位：吨 (ton)

市　县	Region	1978年	1980年	1990年	2000年	2005年	2006年	2007年
全　区	**Total**	**12253**	**21491**	**62791**	**159364**	**222783**	**216001**	**228062**
沿黄地区	**Plain**	**7703**	**14224**	**38107**	**118955**	**146647**	**129029**	**133729**
中南部地区	**Mountain Area**	**4550**	**7267**	**24684**	**40409**	**76136**	**86972**	**94333**
银川市	**Yinchuan**	**2191**	**4935**	**11543**	**35144**	**38812**	**35634**	**35905**
银川市辖区	District	454	1098	2917	9149	11347	7468	8792
永宁县	Yongning	681	1167	4060	7322	11170	13035	11661
贺兰县	Helan	567	1161	3065	6429	8234	8156	7272
灵武市	Lingwu	489	1509	1501	12244	8061	6976	8180
石嘴山市	**Shizuishan**	**1402**	**2442**	**6571**	**19009**	**22026**	**21428**	**20977**
大武口区	Dawukou	493	976	2427	4942	7103	1433	1358
惠农区	Huinong						5236	5240
平罗县	Pingluo	748	1229	3585	12511	14923	14759	14379
吴忠市	**Wuzhong**	**2862**	**4147**	**14388**	**39357**	**58899**	**58884**	**60935**
利通区	Litong	1190	1759	5198	7096	11719	12828	12287
红寺堡区	Hongsipu	405	813	1395	9763	12822	2344	3526
盐池县	Yanchi	498	476	3191	6920	9897	11081	12207
同心县	Tongxin	344	1958	3457	3182		10546	10206
青铜峡市	Qingtongxia	769	1099	4604	15734	21279	22085	22709
固原市	**Guyuan**	**2352**	**4339**	**13350**	**22354**	**39532**	**47360**	**58014**
原州区	Yuanzhou	1118	2853	2774	5133	11783	12044	13838
西吉县	Xiji	693	990	2563	4239	9126	11057	15426
隆德县	Longde	496	419	3170	5266	5441	5263	6180
泾源县	Jingyuan	45	77	1044	1606	4447	5157	6010
彭阳县	Pengyang			3799	6110	8735	13839	16560
中卫市	**Zhongwei**	**2202**	**3111**	**14863**	**38907**	**58076**	**47337**	**47225**
沙坡头区	Shapotou	1002	1364	6626	17195	21586	17442	13511
中宁县	Zhongning	690	1054	5292	18017	24684	19612	23334
海原县	Haiyuan	510	693	2945	3695	11806	10283	10380
区　属	Qushu	**1244**	**2517**	**2076**	**4093**	**5438**	**5358**	**5006**

注：从2012年开始，区属部分按照属地原则统计在各市、县(区)，不再单列；惠农区数据包含大武口区。

Note:From 2012, according to the principle of territoriality , Qushu belongs to city and county (district), no longer single.

4-13 续表 continued

单位：吨 (ton)

市 县	Region	2008年	2009年	2010年	2011年	2012年	2013年	2014年	2015年
全 区	**Total**	**232396**	**251855**	**254182**	**247448**	**261244**	**270247**	**281839**	**288854**
沿黄地区	**Plain**	**137409**	**146333**	**141369**	**134079**	**136609**	**136888**	**139935**	**141909**
中南部地区	**Mountain Area**	**94987**	**105522**	**112813**	**113369**	**124635**	**133359**	**141904**	**146945**
银川市	**Yinchuan**	**38679**	**41923**	**44589**	**45055**	**49323**	**52430**	**50569**	**49597**
银川市辖区	District	9723	9587	11128	10900	10707	10715	9117	9218
永宁县	Yongning	11558	12704	12803	12518	12603	13791	14318	14610
贺兰县	Helan	7443	7891	7562	7086	7261	7580	7766	7200
灵武市	Lingwu	9955	11741	13096	14548	18752	20344	19369	18569
石嘴山市	**Shizuishan**	**20208**	**19654**	**20372**	**20268**	**19483**	**20837**	**21840**	**22812**
大武口区	Dawukou	1221	1394	1379	1491				
惠农区	Huinong	5409	4921	5349	5418	5613	5949	6935	7003
平罗县	Pingluo	13578	13339	13644	13358	13871	14888	14905	15809
吴忠市	**Wuzhong**	**61907**	**68272**	**63968**	**60796**	**73289**	**73860**	**78539**	**79132**
利通区	Litong	12506	13491	12080	10446	11253	11378	11924	13703
红寺堡区	Hongsipu	3557	4403	4034	4365	5636	6802	6723	7458
盐池县	Yanchi	12141	12821	15201	15054	16450	14826	18769	18434
同心县	Tongxin	10525	13192	14427	15714	20214	23507	23451	23868
青铜峡市	Qingtongxia	23178	24365	18226	15216	19735	17346	17672	15669
固原市	**Guyuan**	**58076**	**63858**	**66963**	**66269**	**68706**	**74041**	**78116**	**81727**
原州区	Yuanzhou	13928	14832	15578	15405	16651	17600	18352	18922
西吉县	Xiji	15299	15774	16336	15775	16200	17425	18147	19412
隆德县	Longde	6224	7679	8480	8557	9291	10083	10895	10615
泾源县	Jingyuan	6232	6992	7580	7894	9465	10427	11448	13125
彭阳县	Pengyang	16393	18581	18989	18636	17100	18506	19275	19653
中卫市	**Zhongwei**	**47937**	**52164**	**51999**	**48804**	**50413**	**49120**	**52775**	**55587**
沙坡头区	Shapotou	13123	16113	16106	14266	11720	12423	14714	15730
中宁县	Zhongning	24126	24803	23705	22573	25064	22473	23216	24400
海原县	Haiyuan	10688	11248	12188	11967	13629	14224	14845	15458
区 属	Qushu	**5589**	**5984**	**6291**	**6256**				

注：从2012年开始，区属部分按照属地原则统计在各市、县(区)，不再单列；惠农区数据包含大武口区。
Note:From 2012, according to the principle of territoriality , Qushu belongs to city and county (district), no longer single.

4-14 主要年份各市县牛奶产量

Output of Milk by City and Country in Main Years

单位：吨 (ton)

市 县	Region	1978年	1980年	1990年	2000年	2005年	2006年	2007年
全 区	**Total**	**3720**	**4152**	**40704**	**236042**	**578500**	**636667**	**795033**
沿黄地区	**Plain**	**3662**	**4061**	**40250**	**233462**	**563609**	**621096**	**778768**
中南部地区	**Mountain Area**	**58**	**91**	**454**	**2580**	**14891**	**15571**	**16265**
银川市	**Yinchuan**	**578**	**706**	**17344**	**68049**	**168727**	**156540**	**215570**
银川市辖区	District	491	572	12166	20948	68994	55124	102934
永宁县	Yongning	35	65	2372	16943	27873	29175	35697
贺兰县	Helan	28	36	2649	6380	22911	23608	23611
灵武市	Lingwu	24	33	157	23778	48949	48634	53328
石嘴山市	**Shizuishan**	**135**	**183**	**188**	**5739**	**20393**	**8967**	**26555**
大武口区	Dawukou	57	74	97	4802	13819	1225	886
惠农区	Huinong						30	17791
平罗县	Pingluo	78	105	91	925	6574	7712	7878
吴忠市	**Wuzhong**	**620**	**723**	**13197**	**135884**	**308910**	**356026**	**445992**
利通区	Litong	515	708	11951	120600	263721	299163	382532
红寺堡区	Hongsipu					1611	654	852
盐池县	Yanchi		15	72	2404	8732	10035	10184
同心县	Tongxin				85	27	20	34
青铜峡市	Qingtongxia	105		1174	12795	34819	46154	52390
固原市	**Guyuan**	**58**	**68**	**379**	**91**	**4301**	**4632**	**4965**
原州区	Yuanzhou	40	48	131	90	3572	4018	4404
西吉县	Xiji			108		20	22	30
隆德县	Longde	4	1			99	110	115
泾源县	Jingyuan	14	19	140		379	262	200
彭阳县	Pengyang				1	231	220	216
中卫市	**Zhongwei**	**83**	**111**	**330**	**7945**	**25602**	**30426**	**31337**
沙波头区	Shapotou	48	44	230	3044	6634	15743	7161
中宁县	Zhongning	35	67	100	4901	18748	14454	23946
海原县	Haiyuan					220	230	230
区 属	Qushu	**2246**	**2361**	**9266**	**18334**	**50567**	**80075**	**70614**

注：从2012年开始，区属部分按照属地原则统计在各市、县(区)，不再单列；惠农区数据包含大武口区。

Note:From 2012, according to the principle of territoriality , Qushu belongs to city and county (district), no longer single.

4-14 续表 continued

单位：吨 (ton)

市 县	Region	2008年	2009年	2010年	2011年	2012年	2013年	2014年	2015年
全 区	**Total**	**893830**	**811437**	**845882**	**960602**	**1034945**	**1041933**	**1357400**	**1365312**
沿黄地区	**Plain**	**878860**	**801172**	**837823**	**955396**	**1029291**	**1033915**	**1342893**	**1352194**
中南部地区	**Mountain Area**	**14970**	**10265**	**8059**	**5207**	**5654**	**8018**	**14507**	**13118**
银川市	**Yinchuan**	**266499**	**248632**	**271455**	**293280**	**401076**	**416489**	**534253**	**493392**
银川市辖区	District	141659	131832	144260	153220	214892	214858	259648	212223
永宁县	Yongning	41737	41439	44330	48586	59369	53450	60058	55537
贺兰县	Helan	26162	25807	33619	38913	59475	74840	122814	137898
灵武市	Lingwu	56941	49554	49246	52561	67340	73341	91734	87734
石嘴山市	**Shizuishan**	**36372**	**29777**	**38562**	**43759**	**54743**	**59934**	**77511**	**90351**
大武口区	Dawukou	881		1244	1257				
惠农区	Huinong	24050	18395	26085	30114	38488	45260	57100	67806
平罗县	Pingluo	11441	11382	11233	12388	16255	14674	20411	22545
吴忠市	**Wuzhong**	**470627**	**411679**	**397931**	**468240**	**526607**	**502292**	**650297**	**668158**
利通区	Litong	399837	342150	329883	384094	424384	392167	498284	501621
红寺堡区	Hongsipu	542	719	738	649	764	829	722	850
盐池县	Yanchi	8070	6932	5669	3138	2991	3087	6166	6908
同心县	Tongxin	142	139	108	120	25	1158	2362	2307
青铜峡市	Qingtongxia	62036	61739	61533	80239	98442	105050	142762	156472
固原市	**Guyuan**	**5654**	**2389**	**1474**	**1299**	**1743**	**2826**	**5256**	**3053**
原州区	Yuanzhou	5062	1656	1050	1225	1603	2783	5211	3053
西吉县	Xiji	68							
隆德县	Longde	137	156	126	74	139	43	46	
泾源县	Jingyuan	235							
彭阳县	Pengyang	152	577	298					
中卫市	**Zhongwei**	**33538**	**31921**	**36948**	**37690**	**51687**	**60393**	**90083**	**110359**
沙波头区	Shapotou	13877	12738	14997	14870	20809	28892	49239	65678
中宁县	Zhongning	19099	19097	21881	22820	30747	31383	40844	44680
海原县	Haiyuan	562	86	70		131	118		
区 属	Qushu	**81140**	**87039**	**99512**	**116334**				

注：从2012年开始，区属部分按照属地原则统计在各市、县(区)，不再单列；惠农区数据包含大武口区。

Note:From 2012, according to the principle of territoriality , Qushu belongs to city and county (district), no longer single.

主要指标解释

农作物播种面积　指实际播种或移植有农作物的面积。凡是实际种植有农作物的面积，不论种植在耕地上还是种植在非耕地上，均包括在农作物播种面积中。在播种季节基本结束后，因遭灾而重新改种和补种的农作物面积，也包括在内。它是反映我国耕地面积利用情况的一个重要指标。目前，农作物播种面积主要包括粮食、棉花、油料、糖料、麻类、烟叶、蔬菜和瓜类、药材和其它农作物九大类。

粮食产量　指农业生产经营者日历年度内生产的全部粮食数量。按收获季节包括夏收粮食、早稻和秋收粮食，按作物品种包括谷物、薯类和豆类。其中谷物包括小麦、玉米、早稻、中稻和一季晚稻、双季晚稻、大麦、高粱、谷子、荞麦等禾本科和蓼科粮食作物；薯类只包括马铃薯、甘薯，木薯统计在其他农作物，芋头等其它薯统计在其它蔬菜；豆类包括大豆、绿豆、红小豆、杂豆等。谷物产量按脱粒后的原粮计算，山区生产的薯类按鲜薯重量的5:1折算为原粮，豆类按去荚后的干豆计算。

肉类总产量　指调查期内各种牲畜及家禽、兔等动物肉产量总计。猪、牛、羊、马、驴、骡、骆驼肉产量按去掉头蹄下水后带骨肉的胴体重量计算,兔禽肉产量按屠宰后去毛和内脏后的重量计算。猪牛羊禽四个品种肉产量由主要畜禽监测抽样调查获得。

当年出栏的畜禽数　指当年(报告期内)乡村各种经济组织和国营农场、农民个人、机关、团体、学校、工矿企业、部队等单位以及城镇居民饲养的，已屠宰或以消费为目的出售的畜禽数，包括集市上出售和农民自食的部分。不包括个别地区习惯吃的“烤小猪”以及为取得“二毛皮”而宰杀的羔羊。

期初(末)畜禽存栏头(只)数　指报告期初(末)农村各种经济组织和国营农场、农民个人、机关、团体、学校、工矿企业、部队等单位以及城镇居民饲养的大牲畜、猪、羊、家禽等畜禽的存栏数。不分大小、公母、品种和用途，一律包括在内。

Explanatory Notes on Main Statistical Indicators

Sown Area of Crops refers to area of land sown or trans-planted with crops regardless of being in cultivated area or non-cultivated area. Area of land sown due to natural disasters is also included. At present, the sown area of crops mainly include the following 9 categories of crops: grain, cotton, oil-bearing crops, sugar crops, fiber crops, tobacco, vegetables and melons, medicinal materials and other farm crops.

Grain Output refers to the total output of grains produced by agricultural producers within a calendar year. It includes summer grain, early rice and autumn grain if classified by harvest seasons; it covers cereal, tubers and beans if classified by type of crops. Cereal include wheat, corn, early rice, semilate rice, one season rice, two season rice, barley, sorghum, millet, buckwheat. The tubers include potatoes and sweet potatoes, not including taros and cassava. Beans include soybean, mung bean, red bean, mixed beans and so on. Output of cereal should be limited to husked grain only. The output of tubers are converted into that of grain at the ratio 5:1. Output of beans refers to dry beans without pods.

Total Meat Output refers to the total production of various livestock and poultry, rabbits and other animal meat during the investigation period. Meat output refers to the meat of slaughtered hogs, cattle, sheep, horses, donkeys, mules and camels with head, feet and offal taken away. Meat output refers to the meat of slaughtered rabbit and poultry with hair and offal taken away. The data on the main livestock such as hog, cattle, sheep and poultry became the official data based on the sampling survey.

Number of Livestock or Poultry Slaughtered refers to the numbers of slaughtered or sold livestock and poultry bred by rural cooperative organizations, state farms, rural individuals, government agencies, schools, industrial and mining enterprises, army and urban residents. It includes numbers sold on markets and ate by farmers and not includes obtaining the "two fur" to slaughter the lamb.

Number of Livestock or Poultry in Stock at Beginning (or End) of Period refers to the total number of large animals, pigs, sheep, fowls, etc. raised by rural cooperative organizations, state farms, rural individuals, government agencies, schools, industrial and mining enterprises, army, and urban residents at the beginning(or end) of the reference period. Regardless of size, male or female, variety and use, shall be included.

第五篇

企业调查

Enterprise Survey

简要说明

规模以下工业调查资料是根据全区年主营业务收入 2000 万元以下的 820 家工业企业、150 个行政村的所有个体工业单位调查数据加权推算形成的。

Brief Introduction

Data of the industrial enterprises below designated size are taken from 820 industrial enterprises with revenue from principal business below 20 million yuan and all individual industrial units from 150 villages and weighting calculated.

2015年宁夏规下工业累计完成工业总产值90.4亿元

受国内经济整体下行，下游企业生产销售不旺等多种因素影响，2015年宁夏规模以下工业累计完成现价工业总产值90.4亿元，实现工业增加值29.4亿元，可比价增速为2.2%，与年初相比增速回落6.5个百分点。分季度看，增幅呈现逐季回落走势。

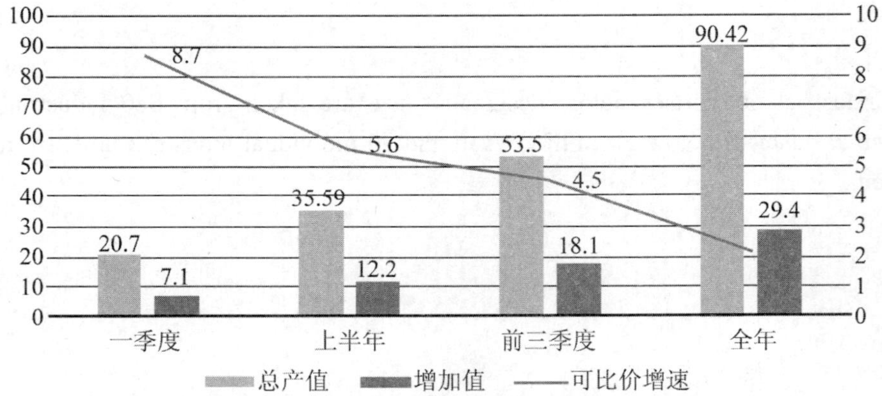

宁夏规模以下工业2015年各季度累计总产值、增加值及可比价增速

一、企业生产经营呈现两极分化

据抽样调查数据推算，2015年末，宁夏规模以下工业企业2566家，与年初相比减少63家；工业企业从业人员31926人，与2014年相比减少4.4%,企业资产总计达到15.6亿元，与2014年相比增长9.5%。全年累计实现主营业务收入70.5亿元，与2014年相比减少2.5%，累计实现利润总额2.9亿元。

调查的705家规模以下工业企业中，生产经营正常的有326家，占46.2%；因生产经营良好而升入规模以上的企业46家，占6.5%；转产企业28家，占4%；另有29家关闭，270家停产，6家被合并，占全部调查企业的43.3%。

据对全区345家规模以下工业企业的问卷调查结果显示：188家企业认为四季度企业综合经营状况一般，占54.5%；37家企业认为良好，占10.7%；120家认为不佳，占34.8%。其中，有181家企业认为四季度企业面临的最突出问题是“市场需求不足”，135家企业认为“用工成本上升快”是企业面临的最突出问题，有126家企业认为存在“资金紧张”情况，另有116家企业认为“原材料成本上升快”是企业目前面临的最突出问题。

在对2016年1季度生产形势的预期中，有160家企业认为增速将减缓，占46.4%；有172家认为持平，占49.8%；13家企业认为将加快，占3.8%。

二、工业企业产成品库存增加，应收账款增加

据调查数据推算，2015年末，全区2566家规模以下工业企业产成品库存约为33.9亿元，与2014年相比增长5.1%；企业应收账款20.3亿元，同比增长5.7%。在全部调查的36个行业大类中，酒饮料和精制茶制造业、石油加工炼焦和核燃料加工业、煤炭开采和洗选业产品库存较大，与2014年同期相比，库存量均超过50%；橡胶和塑料制品业、非金属矿采选业、纺织业、农副食品加工业、煤炭开采业应收账款额度较大，均超过30%。

调查的345家企业中，有169家企业认为四季度企业产品订货量低于正常水平，占49%，有167家认

为处于正常水平，占48.4%。

三、大多数企业无招工需求，企业从业人员数量明显减少

2015年2566家规模以下工业企业应付职工薪酬9.29亿元，与2014年相比提高3.3%；企业从业人数约为31926人，与2014年相比下降4.4%，企业职工人均薪酬约为2423.9元/月，与2014年相比增加179元/月。

调查的345家企业中仅有34家企业反映招工难，占调查企业数的9.9%。有276家企业表示四季度企业无招工需求，占调查企业数的80%。

四、企业税负负担有所减少

2015年宁夏规下工业企业实现利润总额2.9亿元，同比增长3.1%，受国家及自治区出台的各项继续减半征收小微企业所得税，以及将月销售额低于2万元的小微企业增值税、营业税免征期延长等多项税收优惠政策影响，2015年宁夏规下工业企业累计上缴税金2.4亿元，与2014年相比减少13.3%，企业税费负担有所减轻。但调查的345家企业中仍有218家企业没有享受到国家减半征收企业所得税政策，占63.2%。

分工业行业看，调查的36个行业中，煤炭开采洗选业、非金属矿物制品业、专用设备制造业等14个行业上缴税金总额低于上年水平，农副食品加工业、食品制造业、纺织业、石油加工炼焦业、电力热力生产供应业等17个行业上缴税金总额高于上年水平。

五、企业资金紧张情况依然存在

调查的345家工业企业中，2015年四季度有189家企业流动资金基本正常，占54.78%；资金缺口在1-20%之间的有110家，占31.88%； 资金缺口在20%以上的企业有45家，占13.04%。有126家企业认为四季度企业面临的最突出问题是资金紧张，占调查企业的36.5%。其中65家企业从银行贷款，46家企业向个人借款，另有15家从其它非银行金融机构贷款。

六、个体工业生产经营较为平稳

2015年末，宁夏规模以下个体工业单位数量为11658个，完成营业收入18.98亿元，从业人员21106人，生产经营支出11.2亿元，个体工业户均营业收入16.3万元，户均资产11.6万元，户均从业人数为1.8人，户均生产经营支出为9.6万元，其中人均薪酬3.7万元。全年累计完成工业总产值19.2亿元。

（潘瑜）

5-1 2015年全区规模以下工业主要经济指标

Main Indicators of Industrial Enterprises Below Designated Size (2015)

单位：亿元、%　　(100 million yuan，%)

指标名称	indicator	全年 Annual	可比价增长速度 Growth Rate at Constant Prices
1.现价工业总产值	Gross Industrial Output Value in Current Prices	90.42	—
#企业工业总产值	Gross Industrial Output Value of Enterprises	71.25	—
个体营业收入	Revenue from Individual Business	19.17	—
2.工业增加值	Value-added of Industry	29.40	2.2

5-2 2015年各市、县(区)规模以下工业主要经济指标
Main Indicators of Industrial Enterprises Below Designated Size by City and County (2015)

地区	Region	现价工业总产值(万元) Gross Industrial Output Value in Current Prices(10000 yuan)	工业增加值(万元) Value-added of Industry (10000 yuan)	可比价增长速度(%) Growth Rate at Constant Prices(%)
全　区	**Total**	**904200**	**294000**	**2.2**
银川市	**Yinchuan**	**282981**	**92003**	**0.6**
兴庆区	Xingqing	14764	4800	5.0
西夏区	Xixia	28778	9356	-15.1
金凤区	Jinfeng	26594	8646	1.6
永宁县	Yongning	47904	15575	7.9
贺兰县	Helan	130077	42290	4.4
灵武市	Lingwu	34865	11335	-3.3
石嘴山市	**Shizuishan**	**125673**	**40859**	**-3.2**
大武口区	Dawukou	24489	7962	-15.5
惠农区	Huinong	47000	16100	-3.2
平罗县	Pingluo	54200	16800	1.2
吴忠市	**Wuzhong**	**168998**	**54944**	**5.0**
利通区	Litong	18162	5905	-0.9
盐池县	Yanchi	36547	11882	9.5
同心县	Tongxin	46251	15037	6.5
青铜峡市	Qingtongxia	33063	10749	-17.8
红寺堡区	Hongsipu	34976	11371	9.6
固原市	**Guyuan**	**182200**	**58973**	**9.8**
原州区	Yuanzhou	92165	29826	10.3
西吉县	Xiji	18406	5956	9.6
隆德县	Longde	17124	5542	10.1
泾源县	Jingyuan	20629	6676	4.5
彭阳县	Pengyang	33835	11000	9.8
中卫市	**Zhongwei**	**144300**	**47255**	**-4.9**
沙坡头区	Shapotou	34196	11211	-3.7
中宁县	Zhongning	56078	18386	-9.2
海原县	Haiyuan	53982	17698	-3.6

主要指标解释

规模以下工业 年主营业务收入 2000 万元以下的工业企业和全部个体经营工业单位。规模以下工业企业和全部个体经营工业单位具体包括调查年初在册的规模以下工业企业、全部个体经营工业单位以及当年新建的规模以下工业企业和新增的全部个体经营工业单位。

工业总产值（当年价格） 指工业企业在报告期内生产的以货币形式表现的工业最终产品和提供工业劳务活动的总价值量。工业总产值包括三部分：生产的成品价值、对外加工费收入、自制半成品在制品期末期初差额价值。

主营业务收入 指企业确认的销售商品、提供劳务等主营业务的收入。根据会计“主营业务收入”科目的期末贷方余额填报。执行 2006 年《企业会计准则》或 2011 年《小企业会计准则》的企业，如未设置该科目，以“营业收入”代替填报。

从业人员期末人数 指报告期在本单位工作，取得工资或其他形式劳动报酬的期末实有人员数，是在岗职工、劳务派遣人员及其他从业人员期末人数之和。不包括离开本单位仍保留劳动关系的职工。

规模以下工业总产值 指规模以下工业企业和个体工业在报告期内生产的以货币形式表现的工业最终产品和提供工业劳务活动的总价值量。规模以下工业企业工业总产值=主营业务收入+期末产成品存货-年初产成品存货，个体工业以营业收入代替。

规模以下工业增加值 以调查制度核定的工业总产值增加值率计算。

规模以下工业增长速度 以当期工业价格指数缩减计算工业企业和个体工业加权计算的工业总产值可比价增长速度。

Explanatory Notes on Main Statistical Indicators

Industrial Enterprises Below Designated Size refers to industrial enterprises with revenue from principal business below 20million yuan and all individual industrial units. They include registered industrial enterprises below designated size at the beginning of the year, all individual industrial units and new industrial enterprises, individual industrial units in this year.

Gross Industrial Output Value refers to the total volume of final industrial products produced and industrial services provided in this year. Gross industrial output value consists of 3 components: value of the finished products during the reference period, income from processing for external parties and value of change in semi-finished products between the end and the beginning of the reference period.

The Main Business Income refers to the enterprise to confirm the sales of goods, provision of services such as the main business income. According to the accounting "the main business income" course at the end of a credit balance report. Implementation of the 2006 or 2011 "accounting standards for business enterprises" of the enterprise, if not set the subjects, in order to "revenue" instead of reporting.

Number of Employees refers to receiving wages or other forms of labor remuneration final real personnel, was laid-off workers, labor dispatch personnel and other employees in the final number . Not including leaving the unit still retain labor relations workers.

Gross Industrial Output Value of Below Designated Size refers to the total volume of final industrial products produced and industrial services provided in this year. Gross industrial output value equal to main business income add final finished goods inventory subtract early year finished goods inventory. Individual industry is place by business income.

Value-Added of Industrial Below Designated Size calculated by industrial output value added value rate approved by investigation system.

Growth rate of Industrial Below Designated Size refers to industrial gross output value comparable growth rate weighted calculated of industrial enterprises and individual industry which are reduced calculated by current industrial price index.

第六篇

农民工调查

Migrant Workers Survey

简要说明

农民工监测调查以第六次人口普查为抽样框资料，以全区为总体，采用多层、多阶段、PPS 抽样方法随机抽选调查小区，在全区 22 个县（市、区）抽中调查点 115 个，共有 1160 户调查户数据资料参与汇总推算，调查数据结果主要反映农民工数量、流向、结构、就业、收支、生活、社会保障及创业等情况。

Brief Description

Migrant workers monitoring survey base on the sixth census data as sampling frame, overall for district, by adopting the method of multi-level, multi-stage, PPS sampling, randomly selected survey area, selected 115 deals in 22 counties (cities, districts), participate in the summary estimate total of 1160 households, results mainly reflects the number of migrant workers, flow, structure, employment, income, life, social security and business, and so on and so forth.

2015年宁夏农民工总量减少　收入增速放缓

2015年，宁夏各级党委、政府积极主动适应经济新常态，采取一系列政策措施，抓创业促就业，保障了农民工积极、稳定就业，农民工工资水平有所提高，就业形势稳中趋好。但在不断加大的经济下行压力和持续低迷的房地产经济双重影响下，宁夏农民工总量有所减少，月均收入增速放缓，社会保障有待提高。

一、农民工基本情况

（一）农民工总量减少，返乡就业成主流

2015年，工业企业开工不足，建筑工地开工减少，宁夏农民工普遍反映活难找，外出务工困难，部分农民工选择返乡务农，导致全区农民工总量减少。大部分农村劳动力选择返乡就业，或在家中边务农边打零工，本地农民工数量较上年有较大增长。据农民工监测调查结果显示，2015年宁夏农民工（外出或从事本地非农务工和非农自营活动6个月以上的从业人员）为85.2万人，比上年减少2.1万人，降幅为2.4%。其中：外出农民工65.4万人，比上年减少4.3万人，下降6.2%；本地农民工19.8万人，比上年增长2.2万人，增长12.5%。

（二）女性比例上升，新生代农民工数量下降

2015年，随着促改革、调结构的力度继续深入，传统的建筑业、制造业等劳动密集型产业吸纳农民工的能力也逐步下降，宁夏农民工中男性人数下降，女性比例上升。据农民工监测调查结果显示，2015年，宁夏农民工85.2万人中，男性农民工为60.4万人，比上年减少4.2万人，下降6.5%；女性农民工为24.8万人，比上年增加2.1万人，增长9.3%。男女比例由2014年的74:26转变为2015年的71:29。

随着年龄的增长，以70、80后为主体的宁夏农民工逐渐步入中年，16-34岁新生代农民工人数和比重双下降，35-50岁农民工占比超四成。据调查，2015年宁夏新生代农民工为38.9万人，占农民工总量的45.7%，比上年减少6.5万人，比重下降6.3个百分点。35-50岁农民工有34.7万人，比上年增加2.9万人，占比为40.8%，比上年提高4.3个百分点。

（三）中学学历居多，高学历农民工人数减少

2015年，宁夏农民工结构发生变化，女性比例升高，整体受教育程度有所下降，近七成农民工为初、高中学历，大学专科及以上农民工人数减少。据农民工监测调查资料显示，2015年宁夏农民工85.2万人中，学历以初中、高中人数最多，占比为69.4%，比上年同期提高1个百分点；大学专科及以上学历农民工比例为8.7%，比上年同期下降1.8个百分点；未上过学人数增加，占比由2014年的2.7%上升至2015年的3.5%，提高了0.8个百分点。

二、农民工收入及就业情况

（一）农民工整体月均收入小幅增加，但增速放缓

调查数据显示，2015年宁夏农民工整体月均收入为3232元，比上年增加91元，增长2.9%，增速比上年同期的9.8%降低6.9个百分点。其中，外出农民工月均收入为3489元，比上年增加230元，增长7.1%。从月均收入高低看，最高为外出自营的6010元，其次是外出务工的3230元，再次是本地非农务工，月均2688元，本地非农自营收入相对较低，为2556元。此外，高收入外出农民工比重提高较快，月收入水平在3000元以上的人数继续增加，比重提高到62.6%，比上年提高4.5个百分点。

（二）农民工就业以“近”为主，乡内、区内人数增加

调查数据显示，2015年，在自治区以内从业的农民工比重由上年的90.8%提高到91.7%，提高0.9个

百分点，在自治区以外从业的农民工比例下降到 8.3%。从农民工分布情况看，“区内”农民工较多选择在居住地附近就业，乡内、乡外县内就业人数比例升高，分别占 32.0%、32.9%，县外区内就业比例有所下降，占 26.7%；“区外”农民工主要集中在西部和东部地区，并且呈现东减西增的趋势，东部地区占比由上年 32.1% 减少到 26.1%，西部地区占比由上年 63.6%增加到 69.1%；其中西部地区主要集中在陕西、青海、新疆、内蒙和甘肃五省区，比重达到 89.2%；东部地区主要集中在广东、北京、上海和浙江等地。

（三）农民工就业集中六大行业，三产人数比重持续提高

2015 年，农民工从事的传统六大行业没有变化，但结构比重发生变化。从事第二产业人数比重下降至 41.7%，比上年降低 4.1 个百分点。从事第三产业人数明显增多，比重持续提高，2015 年为 57.2%，比 2014 年提高 3.6 个百分点，比 2013 年提高 9.1 个百分点。第二产业中的建筑业和制造业人数比重分别下降 2.1 和 0.4 个百分点，第三产业中的交通运输、仓储和邮政业、批发和零售业、住宿和餐饮业比重分别提高 2.2、2.6、0.2 个百分点，居民服务、修理和其他服务业比重下降 1 个百分点。

（四）农民工从业时间超过 8 个月，外出务工时间略增

2015 年，宁夏农民工全年平均从业时间 8.7 个月，比上年增加 0.1 个月。其中，外出务工和外出自营农民工全年平均从业时间较长，分别为 9.0 和 8.9 个月，与上年持平；本地非农自营和本地非农务工农民工年均从业时间，分别为 8.5 和 7.9 个月，分别比上年增加 0.3 和 0.6 个月。调查结果显示，2015 年外出农民工平均每月工作天数 24.9 天，平均每天工作时间为 8.8 个小时，分别比上年增加 0.2 天和 0.1 个小时。

三、外出农民工从业环境及社会保障情况

（一）外出农民工中五成有食宿保障，比 2014 年有所下降

据农民工年度监测问卷显示，2015 年，宁夏外出农民工 65.4 万人中，有 54.3%享受单位或雇主提供伙食，41.4%享受单位或雇主提供住宿，两者比重分别比上年降低 5.2 和 5.7 个百分点。主要原因是受外部经济环境影响，2015 年宁夏外出农民工中，52.1%从事第三产业，从事传统提供食宿的制造业和建筑业人数比重下降。此外，在乡外县内就业人数增多、打工不离家，外出农民工中虽在乡外从业但回家居住人数比例升高，占 31.9%，比上年提高 3.5 个百分点。

（二）外出农民工“五险一金”缴纳人数增多，占比不高

据农民工年度监测问卷显示，与 2013、2014 年相比，2015 年宁夏外出农民工中缴纳养老保险、工伤保险、医疗保险、失业保险、生育保险及住房公积金的人数持续增多，比重有所上升，但比重值仍不高。缴纳工伤保险的人数最多，占 14.3%，养老保险、医疗保险和失业保险缴纳人数均在 10%左右，生育保险和住房公积金缴纳人数最少，只占 7%和 6%。

（三）外出农民工就业签订劳动合同比重与上年持平

据农民工年度监测问卷显示，2015 年宁夏外出农民工中签订劳动合同的占 21.3%，与上年持平。其中，以签订一年及以上劳动合同工为主，占 16.0%，比上年提高 5.2 个百分点；无固定期限劳动合同工占 2.9%；一年以下劳动合同工占 2.5%。没有签订劳动合同的农民工比重虽比 2014 年降低了 2.3 个百分点，但比重值仍居高不下，为 68.2%，且比重值的降低主要原因是由于外出自营人数比重增加了 2.8 个百分点，由此体现出我区外出务工农民工维权意识仍有待提高。

四、宁夏农民工就业存在的主要问题

2015 年，经济新常态下，外出务工难度加大，宁夏农民工群体向乡内、区内回流现象已经发生。同时，宁夏农民工群体的性别和年龄结构发生了变化，社会保障水平低，都会对 2016 年农民工的就业择业、收入增加和权益保障产生一定的影响。

一是农民工群体中男性人数骁减、女性比例上升，整体文化素质下降，未上过学人数比例增加，增大了就业择业的难度。

二是新生代农民工数量下降，农民工整体缺乏活力。老一代农民工多从事的是新生代农民工不愿从事

的苦、累、脏、险的建筑业和制造业等工作。新生代农民工宁愿待业在家，也不愿步入后尘，不利于农民工群体收入的提高。

三是农民工外出务工收入虽有所增加，但外出务工人数下降，阻滞外出务工整体效益的增长，将降低外出务工收入对农村居民收入增长的贡献度。

四是外出农民工社会保障水平停滞不前，缴纳“五险一金”人数比重和签订劳动合同人数比重较低，不利于农民工自身权益的保障。

五、促进宁夏农民工就业的政策建议

一是针对经济新常态，及时调整农民工就业政策，大力发展县域经济，以劳务输出向提供本地就业岗位转变。

二是加强农民工的职业技能与创业培训，大力开展符合女性农民工和新生代农民工特色的技能培训，满足各类农民工在职业发展中的需求，最终改善个体收入状况，提高整体农村居民收入。

三是进一步加强外出农民工的权益保护。所有用人单位必须依法与农民工签订劳动合同、缴纳“五险一金”，建立外出农民工在工作地的归属感，促进农民工市民化和城镇化建设步伐。

（潘晶）

6-1 2015年全区农民工监测调查资料

Migrant Workers Monitoring Survey Data (2015)

指标名称	Item	单位	unit	数量
一、农民工主要推算数据(加权汇总)	**Basic Calculating Statistics of Migrant Workers**			
(一)总量	Total	万人	ten thousand	85.20
其中：外出农民工	Migrant Workers out	万人	ten thousand	65.40
本地农民工	Local Migrant Workers	万人	ten thousand	19.80
(二)外出从业时间	Working Time of Migrant Workers out	月	month	8.99
(三)外出从业月均收入	Average Monthly Income of Migrant Workers out	元	yuan	3489.00
二、农民工基本情况(调查样本数据)	**Basic Statistics of Migrant Workers**			
(一)性别	Gender	人	person	889
1.男性	Male	人	person	634
2.女性	Female	人	person	255
(二)年龄	Age	人	person	889
1.5岁及以下	Aged 5 and Under	人	person	
2.6-15岁	Aged 6-15	人	person	
3.16-19岁	Aged 16-19	人	person	43
4.20-24岁	Aged 20-24	人	person	157
5.25-29岁	Aged 25-29	人	person	118
6.30-34岁	Aged 30-34	人	person	88
7.35-40岁	Aged 35-40	人	person	122
8.41-50岁	Aged 41-50	人	person	238
9.51-60岁	Aged 51-60	人	person	106
10.61-65岁	Aged 61-65	人	person	12
11.66岁及以上	Aged 66 and Over	人	person	5
(三)6周岁及以上住户成员受教育程度	Culture Level of Household Member 6 years of age and older	人	person	889
1.未上过学	Illiterate and Semi-illiterate	人	person	34
2.小学	Primary School	人	person	175
3.初中	Junior Middle School	人	person	474
4.高中	Senior Middle School	人	person	129
5.大学专科	Junior College	人	person	57
6.大学本科	Undergraduate College	人	person	19
7.研究生	Postgraduate	人	person	1
(四)参加医疗保险情况	Condition of Joining Medical Insurance	人	person	889
1.新型农村合作医疗	New Rural Co-operative Medical System	人	person	793
2.城镇职工基本医疗保险	Urban Employee Basic Medical Care Insurance	人	person	28
3.(城镇)居民基本医疗保险	Urban Household Basic Medical Insurance	人	person	63
4.公费医疗	Free Medical Insurance	人	person	
5.商业医疗保险	Commercial Medical Insurance	人	person	3
6.其他医疗保险	Other Medical Insurance	人	person	1
7.没有参加任何医疗保险	No Medical Insurance	人	person	3
(五)参加养老保险情况	Condition of Joining Pension Insurance	人	person	889
1.新型农村社会养老保险	New Rural Social Pension Insurance	人	person	563
2.城镇职工基本养老保险	Urban Employee Basic Pension Insurance	人	person	58
3.(城镇)居民社会养老保险	Urban Household Social Pension Insurance	人	person	27
4.商业养老保险	Commercial Pension Insurance	人	person	5
5.其他养老保险	Other Pension Insurance	人	person	14
6.没有参加任何养老保险	No Pension Insurance	人	person	222
三、农民工全年从业情况(调查样本数据)	**Basic Statistics of Migrant Workers Employment**			
(一)本年度主要从业地区	Main Working Region This Year	人	person	889
1.乡内	Town	人	person	293
2.乡外县内	Town out County in	人	person	289
3.县外省内	County out Province in	人	person	234
4.省外国内	Province out Nation in	人	person	72
5.国外及港澳台地区	Nation out and Hong Kong,Macao,Taiwan Region	人	person	1

6-1 续表 1 continued

指 标 名 称	Item	单位 unit	数量
(二)本年度从事主要行业	Working on Main Industry This Year	人 person	889
1.第一产业	Primary Industry	人 person	9
(1)农、林、牧、渔业	Agriculture,Forestry,Animal Husbandry and Fishery	人 person	9
2.第二产业	Secondary Industry	人 person	377
(2)采矿业	Mining	人 person	29
(3)制造业	Manufacturing	人 person	116
(4)电力、热力、燃气及水的生产和供应业	Production and Supply of Electricity,Gas and Water	人 person	22
(5)建筑业	Construction	人 person	210
3.第三产业	Tertiary Industry	人 person	503
(6)批发和零售业	Wholesale and Retail Trades	人 person	128
(7)交通运输、仓储和邮政业	Transport,Storage and Post	人 person	110
(8)住宿和餐饮业	Hotels and Catering Services	人 person	77
(9)信息传输、软件和信息技术服务业	Information Transmission,Computer Services and Sofeware	人 person	10
(10)金融业	Financial Intermediation	人 person	2
(11)房地产业	Real Estate	人 person	5
(12)租赁和商务服务业	Leasing and Business Services	人 person	2
(13)科学研究和技术服务	Scientific Research and Technical Services	人 person	3
(14)水利、环境和公共设施管理业	Management of Water Conservancy,Environment and Public Facilities	人 person	4
(15)居民服务、修理和其他服务业	Services to Households and Other Services	人 person	87
(16)教育	Education	人 person	14
(17)卫生、社会工作	Health and Social Work	人 person	26
(18)文化、体育和娱乐业	Culture,Sports and Entertainment	人 person	6
(19)公共管理、社会保障和社会组织	Public Management,Social Securities and Organizations	人 person	29
(20)国际组织	International Organizations	人 person	
四、外出从业农民工情况(调查样本数据)	Basic Statistics of Migrant Workers Employment out		
(一)外出地区	Working Region	人 person	596
1.本省	Province in	人 person	522
(1)乡外县内	Town out County in	人 person	288
(2)县外省内	County out Province in	人 person	234
2.省外	Province out	人 person	74
(1)东部地区	Eastern Provinces	人 person	20
北京	Beijing	人 person	5
天津	Tianjin	人 person	3
河北	Hebei	人 person	1
辽宁	Liaoning	人 person	
上海	Shanghai	人 person	2
江苏	Jiangsu	人 person	2
浙江	Zhejiang	人 person	2
福建	Fujian	人 person	
山东	Shandong	人 person	1
广东	Guangdong	人 person	4
海南	Hainan	人 person	
(2)中部地区	Central Provinces	人 person	2
山西	Shanxi	人 person	1
吉林	Jilin	人 person	
黑龙江	Heilongjiang	人 person	
安徽	Anhui	人 person	
江西	Jiangxi	人 person	
河南	Henan	人 person	
湖北	Hubei	人 person	
湖南	Hunan	人 person	1

6-1 续表 2 continued

指标名称	Item	单位 unit	数量
(3)西部地区	Western Provinces	人 person	51
内蒙古	Inner Mongolia	人 person	11
广西	Guangxi	人 person	1
重庆	Chongqing	人 person	
四川	Sichuan	人 person	2
贵州	Guizhou	人 person	2
云南	Yunnan	人 person	
西藏	Tibet	人 person	
陕西	Shaanxi	人 person	11
甘肃	Gansu	人 person	6
青海	Qinghai	人 person	9
宁夏	Ningxia	人 person	522
新疆	Xinjiang	人 person	9
(4)其他地区	Others	人 person	1
港澳台	Hong Kong,Macao and Taiwan	人 person	
国外	Foreign	人 person	1
(二)外出地区类型	Type of out Working Region	人 person	596
1.直辖市	Municipality Directly under the Central Government	人 person	14
2.省会城市	Provincial Capital	人 person	137
3.地级市	Cities at Prefecture Level	人 person	117
4.县市城区	County	人 person	274
5.建制镇	Towns	人 person	42
6.村委会	Village Committee	人 person	2
7.其他地区	Others	人 person	10
(三)外出方式	Pattern of out Working	人 person	596
1.政府(单位)组织	Organized by Government	人 person	3
2.中介组织介绍	Introduced by Intermediary Agent	人 person	2
3.亲朋好友介绍	Introduced by Relatives and Friends	人 person	133
4.自发	Spontaneous	人 person	438
5.其他	Others	人 person	20
(四)本年度从事主要行业	Working on Main Industry This Year	人 person	596
1.第一产业	Primary Industry	人 person	9
(1)农、林、牧、渔业	Agriculture,Forestry,Animal Husbandry and Fishery	人 person	9
2.第二产业	Secondary Industry	人 person	291
(2)采矿业	Mining	人 person	30
(3)制造业	Manufacturing	人 person	76
(4)电力、热力、燃气及水的生产和供应业	Production and Supply of Electricity,Gas and Water	人 person	19
(5)建筑业	Construction	人 person	166
3.第三产业	Tertiary Industry	人 person	296
(6)批发和零售业	Wholesale and Retail Trades	人 person	51
(7)交通运输、仓储和邮政业	Transport,Storage and Post	人 person	72
(8)住宿和餐饮业	Hotels and Catering Services	人 person	63
(9)信息传输、软件和信息技术服务业	Information Transmission,Computer Services and Software	人 person	10
(10)金融业	Financial Intermediation	人 person	2
(11)房地产业	Real Estate	人 person	2
(12)租赁和商务服务业	Leasing and Business Services	人 person	1
(13)科学研究和技术服务	Scientific Research and Technical Services	人 person	2
(14)水利、环境和公共设施管理业	Management of Water Conservancy,Environment and Public Facilities	人 person	3
(15)居民服务、修理和其他服务业	Services to Households and Other Services	人 person	53
(16)教育	Education	人 person	7

6-1 续表 3 continued

指标名称	Item	单位	unit	数量
(17)卫生、社会工作	Health and Social Work	人	person	17
(18)文化、体育和娱乐业	Culture,Sports and Entertainment	人	person	4
(19)公共管理、社会保障和社会组织	Public Management,Social Securities and Organizations	人	person	9
(20)国际组织	International Organizations	人	person	
(五)外出从业住所类型	Type of Residence out Working	人	person	596
1.单位宿舍	Employer's Dormitory	人	person	142
2.工地工棚	Working Shed in Construction Sites	人	person	69
3.生产经营场所	The sites of Production and Business Operation	人	person	33
4.与人合租住房	Renting Room with Others	人	person	52
5.独立租赁住房	Renting a Room Oneself	人	person	71
6.务工地自购房	Buying House in Working Place	人	person	14
7.乡外从业但回家居住(老家)	Working out of Village but Living in old home	人	person	193
8.其他	Others	人	person	22
(六)外出从业时间	Time of Working outside	人	person	596
1.从事当前工作的时间	Time of Working outside at present	月	month	20310
其中：1年以下	1 year and under	人	person	192
1-2年	1-2 years	人	person	163
2-5年	2-5 years	人	person	138
5年及以上	5 years and over	人	person	103
2.每月平均工作的天数	Working Days on Average per Month	天	day	14770
其中：15天以下	15 days and under	人	person	8
15-22天	15-22 days	人	person	126
22-26天	22-26 days	人	person	286
26天以上	26 days and over	人	person	176
3.每天平均工作的小时数	Working Hours on Average per Day	小时	hour	5227
其中：6小时以下	6 hours and under	人	person	5
6-8小时	6-8 hours	人	person	14
8-10小时	8-10 hours	人	person	374
其中：8小时	8 hours	人	person	326
10-12小时	10-12 hours	人	person	184
12小时及以上	12 hours and over	人	person	19
(七)外出月收支情况	Condition of Income and Expenses per Month	人	person	596
1.每月平均收入	Income on Average per Month	元	yuan	2080357.00
其中：800元以下	Less Than 800 Yuan	人	person	7
800-1000元	800-1000 Yuan	人	person	1
1000-1500元	1000-1500 Yuan	人	person	25
1500-2000元	1500-2000 Yuan	人	person	52
2000-3000元	2000-3000 Yuan	人	person	134
3000-5000元	3000-5000 Yuan	人	person	277
5000元及以上	5000 Yuan and over	人	person	99
2.每月平均居住支出	Living Expenses on Average per Month	元	yuan	89744
其中：200元以下	Less Than 200 Yuan	人	person	60
200-500元	200-500 Yuan	人	person	55
500-1000元	500-1000 Yuan	人	person	56
1000元及以上	1000 Yuan and over	人	person	24
(八)社会保障与福利情况	Social Security and Welfare Condition	人	person	596
1.外出从业的劳动关系	Labor Relation of Working outside	人	person	596
①无固定期限劳动合同工	Labor Contract With Non-fixed Term	人	person	18
②一年及以上劳动合同工	A year or More Labor Contract	人	person	91
③一年以下劳动合同工	A year and under Labor Contract	人	person	15

6-1 续表 4 continued

指标名称	Item	单位	unit	数量
④没有劳动合同	No Labor Contract	人	person	409
⑤自营	Self-support	人	person	63
⑥其他	Others	人	person	
2.单位或雇主提供伙食情况	Condition of Meals Providing by Employers	人	person	533
①每天提供三顿	Three Meals per Day	人	person	135
②每天提供两顿	Two Meals per Day	人	person	96
③每天提供一顿	One Meal per Day	人	person	53
④不提供，但补贴部分伙食费	No Providing but with some Subsidies	人	person	17
⑤不提供，也没有补贴	No Providing and Subsidies	人	person	232
3.单位或雇主提供住宿情况	Condition of Accommodation Providing by Employers	人	person	533
①提供住宿	Providing Accommodation	人	person	251
②不提供住宿，但住房有补贴	No Accommodation but with some Subsidies	人	person	12
③不提供住宿，也没有住房补贴	No Accommodation and Subsidies	人	person	270
4.单位或雇主拖欠工资情况	Condition of Unpaid Wages by Employers	人	person	
①被拖欠工资人数	Numbers of Unpaid Wages	人	person	47
②被拖欠工资的金额	Sum of Unpaid Wages	元	yuan	533313
5.五险一金缴纳情况	Condition of Social Security Payment	人	person	596
①缴纳养老保险	Pension Insurance Payment	人	person	67
②缴纳工伤保险	Injury Insurance Payment	人	person	85
③缴纳医疗保险	Medical Insurance Payment	人	person	74
④缴纳失业保险	Unemployment Insurance Payment	人	person	64
⑤缴纳生育保险	Maternity Insurance Payment	人	person	39
⑥缴纳住房公积金	Housing Fund Payment	人	person	36
(九)返乡情况	Condition of Return Home	人	person	
1.返乡人数	Numbers of Return Home	人	person	97
其中：外出时间超过1个月的	Numbers of Return Home Working outside One Month and over	人	person	97
2.返乡原因	Reasons of Return Home	人	person	
①回家过年	Have the Spring Festival	人	person	20
②企业裁员	Downsizing	人	person	1
③收入低	Low Salary	人	person	1
④家庭原因	Family Reason	人	person	4
⑤找不到工作	Can't Find a Job	人	person	10
⑥家中农业生产缺乏劳动力	Lack of Agricultural Labour Force	人	person	1
⑦想回本地就业	Find a Local Job	人	person	6
⑧只是临时回家	Return Home Temporarily	人	person	36
⑨其他原因	Others	人	person	18
(十)今后的就业打算	Future Working Plans	人	person	62
1.本地务农	Local Farming	人	person	1
2.本地非农自营	Local Self-support	人	person	161
3.本地非农务工	Have a Job Locally	人	person	105
4.回返乡前务工地找工作	Find a Job at Previous Place	人	person	38
5.去另一个地方找工作	Find a Job at Other Place	人	person	18
6.不确定	Uncertainty	人	person	32
7.其他	Others	人	person	5
(十一)务工期间更换工作人数	Changing Jobs during Working Time	人	person	139
1.更换工作的次数	Times of Changing Jobs	人	person	225
2.更换过工作的人数	Numbers of Changing Jobs	人	person	
其中：换过1次工作	Changing Jobs for One Time	人	person	
换过2次工作	Changing Jobs Twice	人	person	
换过超3次以上工作	Changing Jobs Three Times and More	人	person	

第七篇

农村贫困调查

Rural Poverty Survey

简要说明

贫困监测调查在盐池、同心、原州区、西吉、隆德、泾源、彭阳和海原 8 县区开展，主要监测居民现金和实物收支情况、住户成员及劳动力从业情况、居民家庭住房和耐用消费品拥有情况、家庭经营和生产投资情况、社区基本情况、县（市）社会经济基本情况和到县扶贫项目实施情况、以及村和户的扶贫参与情况等。本书提供的宁夏扶贫重点县相关数据资料均为贫困监测调查 52 个调查点数据简单汇总所得。

Brief Description

Poverty monitoring survey carried out in Yanchi, Tongxin, Yuanzhou, Xiji, Longde, Jingyuan, Pengyang and Haiyuan, mainly monitoring the condition of residents in cash and in-kind, household members and labor employment, resident housing and consumer durables, investment and production, community basic situation, social and economic situation of the county (city) and poverty alleviation project implementation, poverty participation of village and household, etc. The Yearbook provides the related data of key poverty county of Ningxia which simply consolidated as 52 poverty monitoring survey areas.

7-1 2015年扶贫重点县住户基本情况
Basic Statistics of Key Poverty Alleviation County (2015)

指 标 名 称	Item	单位	unit	总计
一、调查户类别	**Category of Households Surveyed**	*	*	
(一)调查户数	Numbers of Households Surveyed	户	household	446
(二)低保户	Households Enjoying the Minimum Living Guarantee	户	household	201
(三)五保户	Households Enjoying the Five Guarantees	户	household	4
(四)建档立卡户	Households Establishing Files	户	household	132
(五)退耕还林户	Households Returning the Grain Plots to Forestry	户	household	271
二、住房及生活设施	**Housing and Domestic Installation**	*	*	
一、期末现住房情况	Owning House Condition of Term End	--	--	
(一)本住户居住类型	Residence Type	户	household	446
1.普通住宅	General Residence	户	household	446
2.集体宿舍和工棚	Dormitory and Shed	户	household	
3.工作地住宿	Working Places	户	household	
(二)本住户居住空间样式	House Construction Space Style	户	household	446
1.单栋楼房	Single Building	户	household	4
2.单栋平房	Single Bungalow	户	household	423
3.四居室及以上单元房	House With Four Bedrooms and Above	户	household	
4.三居室单元房	House With Three Bedrooms	户	household	2
5.二居室单元房	House With Two Bedrooms	户	household	
6.一居室单元房	House With One Bedrooms	户	household	
7.筒子楼或连片平房	Tube-shaped or Closely Bungalow	户	household	
8.其他	Others	户	household	17
(三)主要建筑材料	Main Building Materials	户	household	446
1.钢筋混凝土	Reinforced Concrete	户	household	1
2.砖混材料	Brick and Concrete	户	household	44
3.砖瓦砖木	Brick and Wood	户	household	332
4.竹草土坯	Bamboo Grass Adobe	户	household	58
5.其他	Others	户	household	11
(四)现住房房屋来源	Source of Current Housing	户	household	446
1.租赁公房	Public House Leasing	户	household	1
2.租赁私房	Private House Leasing	户	household	6
3.自建住房	Self-Built housing	户	household	421
4.购买商品房	Commercial Residential Building	户	household	6
5.购买房改住房	Reformed housing	户	household	1
6.购买保障性住房	Security housing	户	household	
7.拆迁安置房	Removal settlement housing	户	household	8
8.继承或获赠住房	Inheritance or Gift Housing	户	household	

7-1 续表 1 continued

指标名称	Item	单位	unit	总计
9.免费借用房	Borrow Housing for Free	户	household	1
10.雇主提供免费住房	Free Housing of Employer Offer	户	household	
11.其他来源	Others	户	household	2
(五)现住房建筑面积	Floor Space of Current Residential Buildings	平方米	sq.m	48090
1.10平方米以内	Less than 10sq.m	户	household	
2.10-20平方米	10-20sq.m	户	household	2
3.20-30平方米	20-30sq.m	户	household	1
4.30-60平方米	30-60sq.m	户	household	59
5.60-90平方米	60-90sq.m	户	household	124
6.90-120平方米	90-120sq.m	户	household	140
7.120-200平方米	120-200sq.m	户	household	103
8.200平方米以上	200sq.m Above	户	household	17
(六)住宅外道路路面情况	Road Pavement Outside Housing	户	household	446
1.水泥或柏油路面	Cement or Asphalt	户	household	198
2.沙石或石板等硬质路面	Hard Surfacing of Gravel or Slabstone	户	household	74
3.其他	Others	户	household	174
(七)住宅有管道供水情况	Pipeline Water Supplying of Residential Buildings	户	household	446
1.管道供水入户	Pipeline Water Supplying in the Home	户	household	301
2.管道供水至公共取水点	Pipeline Water Supplying to Public Water Intaking Spot	户	household	3
3.没有管道设施	No Pipeline Infrastructure	户	household	142
(八)住户主要饮用水来源情况	Souce of Drinking Water for Household	户	household	446
1.经过净化处理的自来水	Tap Water for Cleaning Treatment	户	household	235
2.受保护的井水和泉水	Well Water and Spring for Protected	户	household	111
3.不受保护的井水和泉水	Well Water and Spring for Nonn-protected	户	household	18
4.江河湖泊水	Rivers and Lakes	户	household	37
5.收集雨水	Raniwater	户	household	25
6.桶装水	Barrelled Water	户	household	
7.其他水源	Others	户	household	20
(九)住户获取饮用水的主要困难	Main Difficulty for Gaining Dringking Water	户	household	446
1.单次取水往返时间超过半小时	More Than Half an Hour of Getting Water from a Single Round-trip Time	户	household	26
2.间断或定时供水	Water Supply for Gap or Timing	户	household	12
3.当年连续缺水时间超过16天	More Than 16days for Continous Hydropenia of the Year	户	household	9
4.无上述困难	No Difficulty	户	household	399
(十)住户饮用水使用前采取的主要处理措施	Main Treatment Measure before Drinking	户	household	446
1.煮沸	Boiling	户	household	403
2.加漂白剂/氯等	Adding Bleach or Chlorine	户	household	
3.使用水过滤器	Using Water Filter	户	household	
4.其他处理措施	Other Treatment Measures	户	household	2
5.没有任何水处理措施	No any Treatment Measures	户	household	41

7-1 续表 2 continued

指标名称	Item	单位	unit	总计
(十一)住户厕所类型	Residence Toilet Type	户	household	446
1.水冲式卫生厕所	Water Flushing Sanitary Toilet	户	household	8
2.水冲式非卫生厕所	Water Flushing Insanitary Toilet	户	household	
3.卫生旱厕	Sanitary Pit Latrine	户	household	38
4.普通旱厕	General Pit Latrine	户	household	400
5.无厕所	No Toilet	户	household	
(十二)住户厕所使用情况	Using Condition of Residence Toilet	户	household	446
1.本住户独用	Exclusive Use	户	household	442
2.几户合用	Sharing with Several households	户	household	2
3.公用厕所	Public Toilet	户	household	2
(十三)住户洗澡设施情况	Residence Shower Equipment Condition	户	household	446
1.统一供热水	Unified Supply Hot Water	户	household	
2.家庭自装热水器	House Self-Installing Water Heater	户	household	139
3.其他	Others	户	household	75
4.无洗澡设施	No Shower Equipment	户	household	232
(十四)住户主要取暖设备状况	Residence Main Heating Equipment Condition	户	household	446
1.由市政或小区集中供暖	Central Heating by Government or Housing Estate	户	household	
2.自行供暖	Self Heating	户	household	438
3.无取暖设备	No Heating Equipment	户	household	8
(十五)住户主要取暖用能源状况	Residence Main Heating Energy Condition	户	household	446
1.柴草	Firewood	户	household	13
2.煤炭	Coal	户	household	433
3.罐装液化石油气	Liquefied Petroleum Gas of Can Pack	户	household	
4.管道液化石油气	Liquefied Petroleum Gas of Pipeline	户	household	
5.管道煤气	Coal Gas of Pipeline	户	household	
6.管道天然气	Natural Gas of Pipeline	户	household	
7.电	Electricity	户	household	
8.燃料用油	Fuel Oils	户	household	
9.沼气	Biogas	户	household	
10.其他	Others	户	household	
11.无取暖行为	No Heating Behavior	户	household	
(十六)主要炊用能源状况	Main Condition of Cooking Energy	户	household	446
1.柴草	Firewood	户	household	66
2.煤炭	Coal	户	household	143
3.罐装液化石油气	Liquefied Petroleum Gas of Can Pack	户	household	2
4.管道液化石油气	Liquefied Petroleum Gas of Pipeline	户	household	
5.管道煤气	Coal Gas of Pipeline	户	household	
6.管道天然气	Natural Gas of Pipeline	户	household	
7.电	Electricity	户	household	235

7-1 续表 3 continued

指 标 名 称	Item	单位	unit	总计
8.燃料用油	Fuel Oils	户	household	
9.沼气	Biogas	户	household	
10.其他	Others	户	household	
11.无炊用行为	No Heating Behavior	户	household	
二、自有现住房情况	Condition of Own Current Housing	--	--	
（一）自有现住房建筑年份	Year of Built	年	year	
1.当年新建	New Construction of the Year	户	household	25
2.1-5年	1-5 year	户	household	130
3.6-10年	6-10 year	户	household	92
4.11-20年	11-20 year	户	household	88
5.21-50年	21-50 year	户	household	54
6.51-99年	51-99 year	户	household	
7.100年以上	Morn Than 100 years	户	household	5
（二）现住房购（建）房时间	Time of Built	年	year	
（三）购（建）房总 金额	Amount of Built	万元	10000 yuan	2452
（四）购（建）房时借贷款总额（不含利息）	Total Loan of Built	万元	10000 yuan	238
其中：按揭贷款 金额	Mortgage Loan	万元	10000 yuan	45
（五）购（建）房时借贷款总利息	Loan Interest of Built	万元	10000 yuan	26
（六）借贷款还款总年限	Loan Years	年	year	
1.10年以下	Below 10 years	户	household	66
2.11-20年	11-20 years	户	household	
3.21-30年	21-30 years	户	household	
4.30年以上	Morn Than30 years	户	household	
（七）现在是否还在还款	Wheather in the Payment at Present	户	household	66
1.现在还在还款	Yes	户	household	24
2.现在已经还完借贷款	Pay Off the Loans at Present	户	household	42
三、租赁住房情况	Condition of Leasing Housing	--	--	
（一）租赁住房房屋来源	Source of Leasing Housing	户	household	
1.租赁公房	Public House Leasing	户	household	1
2.租赁私房	Private House Leasing	户	household	6
（二）租赁住房实际月租金	The Market Rent Per Month of Leasing Housing	元	yuan	
1.租赁公房实际月租金	The Market Rent Per Month of Public House Leasing	元	yuan	150
2.租赁私房实际月租金	The Market Rent Per Month of Private House Leasing	元	yuan	1470
四、期末拥有房屋情况	Condition of Own House Term End	--	--	
（一）期末拥有房屋面积	House Floor Space of Term End	平方米	sq.m	49193
1.自有现住房面积	Floor Space of Current Housing	平方米	sq.m	47520
2.出租住房面积	Floor Space of Rent Housing	平方米	sq.m	480
3.出租商用建筑物面积	Floor Space of Commercial Building	平方米	sq.m	
4.偶尔居住房面积	Floor Space of Residing Occasionally	平方米	sq.m	803
5.空宅或其他用途房面积	Floor Space of Empty House or Other Using	平方米	sq.m	390

7-1 续表 4 continued

指标名称	Item	单位	unit	总计
(二)期末拥有房屋价值	Value of Own House Term End	万元	10000 yuan	
1.自有现住房市场价估计值	Value of Current Housing	万元	10000 yuan	3238
2.出租住房市场价估计值	Value of Rent Housing	万元	10000 yuan	44
3.出租商用建筑物市场价估计值	Value of Commercial Building	万元	10000 yuan	
4.偶尔居住房市场价估计值	Value of Residing Occasionally	万元	10000 yuan	117
5.空宅或其他用途房市场价估计值	Value of Empty House or Other Using	万元	10000 yuan	74
(三)期末拥有房屋市场价月租金	The Market Rent Per Month of Own House Term End	元	yuan	
1.自有现住房市场价月租金	The Market Rent Per Month of Current Housing	元	yuan	79281
2.出租住房市场价月租金	The Market Rent Per Month of Rent Housing	元	yuan	1900
3.出租商用建筑物市场价月租金	The Market Rent Per Month of Commercial Building	元	yuan	
五、期内新购住房情况	Condition of Newly Bought Residential Buildings During Period	--	--	
(一)期内新购住房建筑面积	Floor Space of Newly Bought Residential Buildings	平方米	sq.m	
1.10平方米以内	Less than 10 sq.m	户	household	
2.10-20平方米	10-20 sq.m	户	household	
3.20-30平方米	20-30 sq.m	户	household	
4.30-60平方米	30-60 sq.m	户	household	3
5.60-90平方米	60-90 sq.m	户	household	
6.90-120平方米	90-120 sq.m	户	household	1
7.120-200平方米	120-200 sq.m	户	household	1
8.200平方米以上	Morn than 200 sq.m	户	household	
(二)新购住房购买时间	Purchasing Date	年	year	
(三)新购住房总金额	Total Amount	万元	10000 yuan	61
(四)新购住房借贷款总额(不含利息)	Total Loan	万元	10000 yuan	29
其中：按揭贷款金额	Mortgage Loan	万元	10000 yuan	20
(五)新购住房借贷款总利息	Loan Interest	万元	10000 yuan	3
(六)新购住房借贷款还款总年限	Loan Years	年	year	
1.10年以下	Below 10 years	户	household	1
2.11-20年	11-20 years	户	household	1
3.21-30年	21-30 years	户	household	
4.30年以上	Morn Than30 years	户	household	
六、期内新建住房情况	Condition of Newly Built Residential Buildings During Period	--	--	
(一)期内新建住房竣工建筑面积	Floor Space of Newly Built Residential Buildings	平方米	sq.m	
1.10平方米以内	Less than 10 sq.m	户	household	
2.10-20平方米	10-20 sq.m	户	household	1
3.20-30平方米	20-30 sq.m	户	household	2
4.30-60平方米	30-60 sq.m	户	household	15
5.60-90平方米	60-90 sq.m	户	household	15
6.90-120平方米	90-120 sq.m	户	household	10
7.120-200平方米	120-200 sq.m	户	household	6
8.200平方米以上	Morn than 200 sq.m	户	household	1
（二）新建住房建成时间	Purchasing Date	年	year	100582
（三）新建住房总费用	Total Cost	万元	10000yuan	339
（四）新建住房资金来源	Capital Source of Newly Built Residential Buildings	万元	10000yuan	344
1.银行信用社贷款	Loans from Bank and Credit Cooperative	万元	10000yuan	20
2.亲友借款	Debt from Relatives and Friends	万元	10000yuan	75
3.自筹资金	Self-collected Funds	万元	10000yuan	222
4.其他资金	Others	万元	10000yuan	28

7-2 2015年扶贫重点县耐用消费品拥有情况

Ownership of Durable Consumer Goods of Key Poverty Alleviation County (2015)

单位：百户均 (per 100 household)

指标名称	Item	单位	unit	总计
家用汽车	Family Car	辆	unit	20
摩托车	Motorcycle	辆	unit	91
助力车	Moped	台	set	26
洗衣机	Washing Machine	台	set	94
电冰箱(柜)	Refrigerator	台	set	78
微波炉	Microwave Oven	台	set	5
彩色电视机	Color TV Set	台	set	118
其中：接入有线电视网	Cable Television	台	set	19
空调	Air Conditioner	台	set	0
热水器	Water Heater	台	set	51
其中：太阳能热水器	Solar Water Heater	台	set	45
消毒碗柜	Disinfection Cupboard	台	set	0
洗碗机	Dishwasher	台	set	
排油烟机	Ventilator	台	set	3
固定电话	Telephone	线	set	15
移动电话	Mobile Telephone	部	set	287
其中：接入互联网	Internet Mobile Telephone	部	set	106
计算机	Computer	台	set	16
其中：接入互联网	Internet Computer	台	set	6
摄像机	Video Camera	台	set	
照相机	Camera	台	set	3
中高档乐器	Middle and Top Grade Instruments	架	set	
健身器材	Body-building Apparatus	台	set	
组合音响	Music Center	套	set	6

7-3 2015年扶贫重点县社区基础设施和基本社会服务情况

Base Installation and Community Service of the Community in 2015

指标名称	Item	单位	unit	总计
一、社区基础设施和基本社会服务情况	**Base Installation and Community Service of the Community**	--	--	
(一)本社区的土地性质主要属于	Land Status	--	--	
1.国有土地	State Owned	户	household	90
2.集体土地	Collective	户	household	356
(二)本社区是否通公路	Whether Connected Roads	--	--	
1.通公路	Yes	户	household	446
2.不通公路	No	户	household	
(三)本社区能否便利地乘坐公共汽车	Whether Conveniently by Bus	--	--	
1.能便利地乘坐公共汽车	Yes	户	household	383
2.不能便利地乘坐公共汽车	No	户	household	63
(四)本社区是否通电	Whether Electrify	--	--	
1.通电	Yes	户	household	446
2.不通电	No	户	household	
(五)本社区是否通电话	Whether on the Phone	--	--	
1.通电话	Yes	户	household	446
2.不通电话	No	户	household	
(六)本社区能否接收有线电视信号	Whether Receive Cable TV Signal	--	--	
1.能接收有线电视信号	Yes	户	household	406
2.不能接收有线电视信号	No	户	household	40
(七)本社区饮用水是否经过集中净化处理	Whether Purified of Drinking Water	--	--	
1.饮用水经过集中净化处理	Yes	户	household	284
2.饮用水没有经过集中净化处理	No	户	household	162
(八)本社区主要饮用水水源中是否含有化学污染	Whether Chemical Contamination in Drinking Water	--	--	
1.高氟	Fluoride	户	household	10
2.高砷	Arsenic	户	household	
3.其他化学污染	Other Chemical Pollution	户	household	10
4.没有化学污染	None Chemical Pollution	户	household	426
(九)本社区是否开通了管道燃气	Whether Launched Pipeline Gas	--	--	
1.开通管道燃气	Yes	户	household	
2.未开通管道燃气	No	户	household	446
(十)本社区是否有市政或小区集中供暖	Whether Central Heating by Municipal or Community	--	--	
1.有市政或小区集中供暖	Yes	户	household	
2.没有市政或小区集中供暖	No	户	household	336
3.不适用	Inapplicability	户	household	110
(十一)进入社区道路的路面状况	Road Condition Outside the Community	--	--	
1.水泥或柏油路面	Cement or Asphalt	户	household	406
2.沙石或石板等硬质路面	Hard Surfacing of Gravel or Slabstone	户	household	40
3.其他	Others	户	household	
(十二)社区内主要道路路面状况	Road Condition in the Community	--	--	
1.水泥或柏油路面	Cement or Asphalt	户	household	316
2.沙石或石板等硬质路面	Hard Surfacing of Gravel or Slabstone	户	household	110
3.其他	Others	户	household	20
(十三)社区内主要道路是否有路灯	Whether Have Street Light	--		
1.主要道路有路灯	Yes	户	household	51
2.主要道路没有路灯	No	户	household	395

7-3 续表 1 continued

指标名称	Item	单位	unit	总计
（十四）社区内垃圾是否能够做到集中处理	Whether Centralized Processing of Rubbish	--	--	
1.垃圾集中处理	Yes	户	household	183
2.垃圾不能集中处理	No	户	household	263
（十五）社区内是否有健身器材	Whether Have Fitness Equipment	--	--	
1.有健身器材	Yes	户	household	144
2.没有健身器材	No	户	household	302
（十六）社区内是否有绿化园林景观设计	Whether Have Garden Design	--	--	
1.有绿化园林景观设计	Yes	户	household	32
2.没有绿化园林景观设计	No	户	household	414
（十七）社区是否有卫生站（室）	Whether Have Health Station	--	--	
1.有卫生站（室）	Yes	户	household	415
2.没有卫生站（室）	No	户	household	31
（十八）上幼儿园或学前班的便利程度如何	How Cconvenient is Kindergarten or Preschool	--	--	
1.社区内有，且便利	Yes,and Convenient	户	household	191
2.社区内无，但入园较便利	No,but Kindergarten is Convenient	户	household	114
3.不便利	Inconvenience	户	household	141
（十九）上小学的便利程度如何	How Convenient is in Primary School	--	--	
1.社区内有，且便利	Yes,and Convenient	户	household	324
2.社区内无，但入学较便利	No,but Entrance is Convenient	户	household	51
3.不便利	Inconvenience	户	household	71
（二十）社区是否在本年度发生过盗窃或其他刑事案件	Whether Happened Theft or Other Criminal Cases This Year	--	--	
1.发生过盗窃或其他刑事案件	Yes	户	household	20
2.没有发生过盗窃或其他刑事案件	No	户	household	426
（二十一）社区是否有专职安全保卫人员	Whether Have Full-time Security Personnel	--	--	
1.有专职安全保卫人员	Yes	户	household	49
2.没有专职安全保卫人员	No	户	household	397
（二十二）本社区是否通宽带	Whether Through Broadband Network	--	--	
1.已通宽带	Yes	户	household	223
2.未通宽带	No	户	household	223
（二十三）本村所处地势	Village Terrain	--	--	
1.平原	Plain	户	household	50
2.丘陵（半山区）	Hill	户	household	140
3.山区	Mountainous	户	household	256
（二十四）本村是否少数民族村	Whether is Minority Village	--	--	
1.少数民族村	Yes	户	household	224
2.不是少数民族村	No	户	household	222
（二十五）本村是否开展退耕还林还草工作	Whether Returning Farmland to Forest and Grass	--	--	
1.开展退耕还林还草工作	Yes	户	household	345
2.没有开展退耕还林还草工作	No	户	household	101
（二十六）本村到最近县城的距离	Distance of the Village to the Nearest County	--	--	
1.2公里以内	Less than 2 km	户	household	
2.2-5公里	2-5 km	户	household	41
3.5-10公里	5-10 km	户	household	81
4.10-20公里	10-20 km	户	household	62
5.20公里以上	Morn than 20 km	户	household	262

7-3 续表 2 continued

指 标 名 称	Item	单位	unit	总计
(二十七)本村到最近乡镇的距离	Distance of the Village to the Nearest Town	--	--	
1.2公里以内	Less than 2 km	户	household	92
2.2-5公里	2-5 km	户	household	160
3.5-10公里	5-10 km	户	household	153
4.10-20公里	10-20 km	户	household	31
5.20公里以上	Morn than 20 km	户	household	10
(二十八)本村到最近火车站/汽车站/码头的距离	Distance of the Village to the Nearest Railway Station or Bus Station	--	--	
1.2公里以内	Less than 2 km	户	household	112
2.2-5公里	2-5 km	户	household	130
3.5-10公里	5-10 km	户	household	113
4.10-20公里	10-20 km	户	household	51
5.20公里以上	Morn than 20 km	户	household	40
(二十九)本村到最近邮局的距离	Distance of the Village to the Nearest Post-office	--	--	
1.2公里以内	Less than 2 km	户	household	72
2.2-5公里	2-5 km	户	household	150
3.5-10公里	5-10 km	户	household	153
4.10-20公里	10-20 km	户	household	61
5.20公里以上	Morn than 20 km	户	household	10
(三十)本村到最近集市的距离	Distance of the Village to the Nearest Market	--	--	
1.2公里以内	Less than 2 km	户	household	82
2.2-5公里	2-5 km	户	household	170
3.5-10公里	5-10 km	户	household	163
4.10-20公里	10-20 km	户	household	31
5.20公里以上	Morn than 20 km	户	household	
(三十一)本村到能购买化肥等农资的商店的距离	Distance of the Village to the Nearest Shop for Purchasing Agricultural Materials	--	--	
1.2公里以内	Less than 2 km	户	household	92
2.2-5公里	2-5 km	户	household	170
3.5-10公里	5-10 km	户	household	143
4.10-20公里	10-20 km	户	household	31
5.20公里以上	Morn than 20 km	户	household	10
(三十二)本村是否有拥有合法行医证的医生	Whether Have a Legal Certificate of Practicing Medicine Doctor	--	--	
1.有拥有合法行医证的医生	Yes	户	household	426
2.没有拥有合法行医证的医生	No	户	household	20
(三十三)本村是否有合格接生员	Whether Have a Qualified Midwives	--	--	
1.有合格接生员	Yes	户	household	142
2.没有合格接生员	No	户	household	304

7-3 续表 3 continued

指标名称	Item	单位	unit	总计
(八)当年外出打工人数	Numbers of out Working	人	person	428
(九)外出方式	Pattern of out Working			428
1.政府或单位组织	Organized by Government	人	person	3
2.中介组织介绍	Introduced by Intermediary Agent	人	person	2
3.亲戚朋友介绍	Introduced by Relatives and Friends	人	person	92
4.自发	Spontaneous	人	person	316
5.其他	Others	人	person	15
(十)劳动力外出地区	Main Working Region out			426
1.县内乡外	Town out County in	人	person	151
2.省内县外	County out Province in	人	person	194
3.省外	Province out	人	person	81
(十一)在外从事行业	Working on Main Industry out			
(1)农业	Agriculture	人	person	17
(2)采矿业	Mining	人	person	10
(3)制造业	Manufacturing	人	person	14
(4)电、煤及水的生产和供应业	Production and Supply of Electricity,Gas and Water	人	person	10
(5)建筑业	Construction	人	person	225
(6)交通运输仓储和邮政业	Transport,Storage and Post	人	person	15
(7)信息传输、计算机服务和软件业	Information Transmission,Computer Services and Sofeware	人	person	33
(8)批发和零售业	Wholesale and Retail Trades	人	person	56
(9)住宿和餐饮业	Hotels and Catering Services	人	person	1
(10)金融业	Financial Intermediation	人	person	1
(11)房地产业	Real Estate	人	person	
(12)租赁和商务服务业	Leasing and Business Services	人	person	2
(13)科学研究、技术服务和地质勘察业	Scientific Research,Echnical Services and Geological Survey	人	person	
(14)水利、环境和公共设施管理业	Management of Water Conservancy,Environment and Public Facilities	人	person	4
(15)居民服务和其他服务业	Services to Households and Other Services	人	person	21
(16)教育	Education	人	person	2
(17)卫生、社会保障和社会福利业	Health,Social Insurance and Social Welfare	人	person	5
(18)文化、体育和娱乐业	Culture,Sports and Entertainment	人	person	2
(19)公共管理和社会组织	Public Management and Organizations	人	person	10
(20)国际组织	International Organizations	人	person	
(十二)本年度在外务工人数	Numbers of out Working This Year	人	person	428
1.0—6个月	0-6 Months	人	person	196
2.6个月以上	Over 6 Months	人	person	232
(十三)在外务工总收入	Total Income of out Working	元	yuan	8046005
1.自己生活消费总支出	Living Consumption Expenditure Oneself	元	yuan	1858283
2.寄回或带回的现金及实物	Send or Bring back Cash and Material	元	yuan	4660610

附 录

Appendix

附-1 主要年份全国各省、直辖市、自治区农村居民家庭人均纯收入

Per Capita Annual Net Income of Rural Households by Region in Main Years

单位：元 (yuan)

省\直辖市\自治区	Region	1980	1981	1982	1983	1984	1985	1986	1987	1988
全　国	**National**	**191**	**223**	**270**	**310**	**355**	**398**	**424**	**463**	**545**
北　京	Beijing	290	351	433	519	664	775	823	916	1063
天　津	Tianjin	278	298	326	412	505	565	635	749	891
河　北	Hebei	176	204	236	298	344	385	408	444	547
山　西	Shanxi	156	180	227	276	351	358	345	377	439
内蒙古	Inner Mongolia	181	225	273	294	336	360	340	389	500
辽　宁	Liaoning	273	307	334	452	477	468	533	599	700
吉　林	Jilin	236	293	333	462	487	414	457	523	628
黑龙江	Heilongjiang	205	221	250	388	444	398	476	474	553
上　海	Shanghai	397	444	530	563	785	806	937	1059	1301
江　苏	Jiangsu	218	258	309	357	448	493	561	626	797
浙　江	Zhejiang	219	280	346	359	446	549	609	725	902
安　徽	Anhui	185	246	269	305	323	369	397	429	486
福　建	Fujian	172	232	268	301	345	396	419	485	613
江　西	Jiangxi	181	227	270	302	334	377	396	429	488
山　东	Shandong	194	232	304	368	404	408	449	518	584
河　南	Henan	161	216	217	272	301	329	433	378	401
湖　北	Hubei	170	217	286	299	392	421	445	461	498
湖　南	Hunan	220	242	284	316	348	395	440	471	515
广　东	Guangdong	274	325	382	396	425	495	546	645	809
广　西	Guangxi	174	204	235	262	267	303	316	354	424
海　南	Hainan									567
重　庆	Chongqing									
四　川	Sichuan	188	221	256	258	287	315	338	369	449
贵　州	Guizhou	161	209	223	225	263	288	304	342	398
云　南	Yunnan	150	178	232	267	310	338	338	365	428
西　藏	Tibet						353	344	348	374
陕　西	Shaanxi	142	177	218	236	263	295	299	329	404
甘　肃	Gansu	153	159	174	213	221	255	269	296	340
青　海	Qinghai		158	201	252	294	343	369	392	493
宁　夏	**Ningxia**	**178**	**202**	**229**	**274**	**299**	**326**	**379**	**387**	**480**
新　疆	Xinjiang	198	236	277	307	363	394	420	453	496

注：2014年按照城乡一体化改革后计算新的口径为农村居民人均可支配收入。

note:According to the integration of urban and rural reform in 2014 calculated the new diameter for the rural residents per capita disposable income.

附-1 续表 1 continued

单位：元 (yuan)

省\直辖市\自治区	Region	1989	1990	1991	1992	1993	1994	1995	1996	1997
全　国	**National**	**602**	**686**	**709**	**784**	**921**	**1221**	**1578**	**1926**	**2090**
北　京	Beijing	1231	1297	1422	1572	1883	2401	3224	3562	3662
天　津	Tianjin	1020	1069	1169	1309	1473	1836	2406	3000	3244
河　北	Hebei	589	622	657	683	804	1107	1669	2055	2286
山　西	Shanxi	514	604	568	627	728	884	1208	1557	1738
内蒙古	Inner Mongolia	478	607	618	672	778	970	1208	1602	1780
辽　宁	Liaoning	740	836	897	995	1161	1423	1757	2150	2301
吉　林	Jilin	624	804	748	807	892	1272	1610	2126	2186
黑龙江	Heilongjiang	535	760	735	949	1028	1394	1766	2182	2308
上　海	Shanghai	1380	1907	2003	2226	2727	3437	4246	4846	5277
江　苏	Jiangsu	876	959	921	1061	1267	1832	2457	3029	3270
浙　江	Zhejiang	1011	1099	1211	1359	1746	2225	2966	3463	3684
安　徽	Anhui	516	539	446	574	725	973	1303	1608	1809
福　建	Fujian	697	764	850	984	1211	1578	2049	2492	2786
江　西	Jiangxi	559	670	703	768	870	1218	1537	1870	2107
山　东	Shandong	631	680	764	803	953	1320	1715	2086	2292
河　南	Henan	457	527	539	588	696	910	1232	1579	1734
湖　北	Hubei	572	671	627	678	783	1173	1511	1864	2102
湖　南	Hunan	558	664	689	739	852	1155	1425	1792	2037
广　东	Guangdong	955	1043	1143	1308	1675	2182	2699	3183	3468
广　西	Guangxi	483	640	658	732	892	1107	1446	1703	1875
海　南	Hainan	674	696	730	843	992	1305	1520	1746	1917
重　庆	Chongqing									1643
四　川	Sichuan	494	558	590	634	698	946	1158	1453	1681
贵　州	Guizhou	430	435	466	506	580	787	1087	1277	1299
云　南	Yunnan	478	541	573	618	675	803	1011	1229	1376
西　藏	Tibet	397	650	707	830	889	976	1200	1353	1195
陕　西	Shaanxi	434	531	534	559	653	805	963	1165	1273
甘　肃	Gansu	366	431	446	489	556	724	880	1101	1185
青　海	Qinghai	458	560	556	603	673	869	1030	1174	1321
宁　夏	**Ningxia**	**538**	**594**	**608**	**619**	**667**	**910**	**1037**	**1416**	**1545**
新　疆	Xinjiang	546	684	703	740	778	947	1136	1290	1504

附-1　续表 2　continued

单位：元　　　　(yuan)

省\直辖市\自治区	Region	1998	1999	2000	2001	2002	2003	2004	2005
全　国	**National**	**2162**	**2210**	**2253**	**2366**	**2476**	**2622**	**2936**	**3255**
北　京	Beijing	3952	4227	4605	5026	5398	5752	6170	7346
天　津	Tianjin	3396	3411	3622	5026	4279	4566	5020	5580
河　北	Hebei	2405	2412	2479	3948	2685	2853	3171	3482
山　西	Shanxi	1859	1773	1906	2604	2150	2299	2590	2891
内蒙古	Inner Mongolia	1981	2003	2038	1956	2086	2268	2606	2989
辽　宁	Liaoning	2580	2501	2356	2558	2751	2934	3307	3690
吉　林	Jilin	2384	2261	2023	2182	2301	2530	3000	3264
黑龙江	Heilongjiang	2253	2166	2148	2280	2405	2509	3005	3221
上　海	Shanghai	5407	5409	5596	5871	6224	6654	7066	8248
江　苏	Jiangsu	3377	3495	3595	3785	3980	4239	4754	5276
浙　江	Zhejiang	3815	3948	4254	4582	4940	5389	5944	6660
安　徽	Anhui	1863	1900	1935	2020	2118	2127	2499	2641
福　建	Fujian	2946	3091	3230	3381	3539	3734	4089	4450
江　西	Jiangxi	2048	2129	2135	2232	2306	2458	2787	3129
山　东	Shandong	2453	2550	2659	2805	2948	3150	3507	3931
河　南	Henan	1864	1948	1986	2098	2216	2236	2553	2871
湖　北	Hubei	2172	2217	2269	2352	2444	2567	2890	3099
湖　南	Hunan	2065	2127	2197	2300	2398	2533	2838	3118
广　东	Guangdong	3527	3629	3654	3770	3912	4055	4366	4690
广　西	Guangxi	1972	2048	1865	1944	2013	2095	2305	2495
海　南	Hainan	2018	2087	2182	2227	2423	2588	2818	3004
重　庆	Chongqing	1720	1737	1892	1971	2098	2215	2510	2809
四　川	Sichuan	1789	1843	1904	1987	2108	2230	2519	2803
贵　州	Guizhou	1334	1363	1374	1412	1490	1565	1722	1877
云　南	Yunnan	1387	1438	1479	1534	1609	1697	1864	2042
西　藏	Tibet	1232	1309	1331	1404	1463	1562	1861	2078
陕　西	Shaanxi	1406	1456	1444	1491	1596	1676	1867	2052
甘　肃	Gansu	1393	1357	1429	1509	1590	1673	1852	1980
青　海	Qinghai	1425	1467	1490	1557	1669	1794	1958	2151
宁　夏	**Ningxia**	**1756**	**1791**	**1724**	**1823**	**1917**	**2043**	**2320**	**2509**
新　疆	Xinjiang	1600	1473	1618	1710	1863	2106	2245	2482

附-1 续表 3 continued

单位：元 (yuan)

省\直辖市\自治区	Region	2006	2007	2008	2009	2010	2011	2012	2013	2014	2015
全 国	**National**	**3587**	**4140**	**4761**	**5153**	**5919**	**6977**	**7917**	**8896**	**10489**	**11422**
北 京	Beijing	8620	9559	10662	11669	13262	14736	16476	18337	18867	20569
天 津	Tianjin	7942	8752	7911	8688	10075	12321	14026	15841	17014	18482
河 北	Hebei	3802	4293	4795	5150	5958	7120	8081	9102	10186	11051
山 西	Shanxi	3181	3666	4097	4244	4736	5601	6357	7154	8809	9454
内蒙古	Inner Mongolia	3342	3953	4656	4938	5530	6642	7611	8596	9976	10776
辽 宁	Liaoning	4090	4773	5576	5958	6908	8297	9384	10523	11191	12057
吉 林	Jilin	3640	4190	4933	5266	6237	7510	8598	9621	10780	11326
黑龙江	Heilongjiang	3552	4132	4856	5207	6211	7591	8604	9634	10453	11095
上 海	Shanghai	9213	10222	11440	12483	13978	16054	17804	19595	21192	23205
江 苏	Jiangsu	5813	6561	7356	8004	9118	10805	12202	13598	14958	16257
浙 江	Zhejiang	7335	8265	9258	10007	11303	13071	14552	16106	19373	21125
安 徽	Anhui	2969	3556	4202	4504	5285	6232	7161	8098	9916	10821
福 建	Fujian	4833	5467	6196	6680	7427	8779	9967	11184	12650	13793
江 西	Jiangxi	3585	4098	4697	5075	5789	6892	7829	8781	10117	11139
山 东	Shandong	4368	4985	5641	6119	6990	8342	9447	10620	11882	12930
河 南	Henan	3261	3852	4454	4807	5524	6604	7525	8475	9966	10853
湖 北	Hubei	3419	3997	4656	5035	5832	6898	7852	8867	10849	11844
湖 南	Hunan	3256	3904	4512	4909	5622	6567	7440	8372	10060	10993
广 东	Guangdong	5079	5624	6400	6907	7890	9372	10543	11669	12246	13360
广 西	Guangxi	2771	3224	3690	3980	4543	5231	6008	6791	8683	9467
海 南	Hainan	3256	3791	4390	4744	5275	6446	7408	8343	9913	10858
重 庆	Chongqing	2874	3506	4126	4478	5277	6480	7383	8332	9490	10505
四 川	Sichuan	3013	3547	4121	4462	5087	6129	7001	7895	9348	10247
贵 州	Guizhou	1985	2374	2797	3005	3472	4145	4753	5434	6671	7387
云 南	Yunnan	2251	2634	3103	3369	3952	4722	5417	6141	7456	8242
西 藏	Tibet	2435	2788	3176	3532	4139	4904	5719	6578	7359	8244
陕 西	Shaanxi	2260	2645	3136	3438	4105	5028	5763	6503	7932	8689
甘 肃	Gansu	2134	2329	2724	2980	3425	3909	4507	5108	6277	6936
青 海	Qinghai	2358	2684	3061	3346	3863	4608	5364	6196	7283	7933
宁 夏	**Ningxia**	**2760**	**3181**	**3681**	**4048**	**4675**	**5410**	**6180**	**6931**	**8410**	**9119**
新 疆	Xinjiang	2737	3183	3503	3883	4643	5442	6394	7296	8724	9425

附-2　主要年份全国各省、直辖市、自治区农村居民家庭平均每人生活消费支出

Per Capita Living Expenditure of Rural Households by Region in Main Years

单位：元

省\直辖市\自治区	Region	1980	1981	1982	1983	1984	1985	1986	1987	1988
全　国	**National**	**162**	**191**	**220**	**248**	**274**	**317**	**357**	**398**	**477**
北　京	Beijing	253	313	362	384	435	510	644	706	883
天　津	Tianjin	208	249	267	336	371	426	480	539	714
河　北	Hebei	142	165	175	225	243	298	333	365	446
山　西	Shanxi	134	148	168	203	224	273	287	313	354
内蒙古	Inner Mongolia	157	177	205	227	246	291	307	349	404
辽　宁	Liaoning	228	259	266	307	335	402	434	472	567
吉　林	Jilin	216	246	253	275	336	364	389	442	516
黑龙江	Heilongjiang	164	175	201	214	239	307	338	361	424
上　海	Shanghai	322	390	445	512	619	778	896	977	1115
江　苏	Jiangsu	195	226	261	322	360	416	499	579	747
浙　江	Zhejiang	192	266	302	326	369	474	561	659	839
安　徽	Anhui	163	193	240	258	263	299	340	383	455
福　建	Fujian	158	199	231	261	288	351	394	443	571
江　西	Jiangxi	156	194	220	252	270	303	341	390	477
山　东	Shandong	146	179	230	264	287	322	365	406	482
河　南	Henan	136	166	178	196	220	260	292	310	347
湖　北	Hubei	153	184	227	252	305	335	374	409	451
湖　南	Hunan	193	208	249	274	293	348	386	435	481
广　东	Guangdong	222	266	312	329	346	388	454	532	685
广　西	Guangxi	151	171	210	224	238	268	284	309	362
海　南	Hainan									466
重　庆	Chongqing									
四　川	Sichuan	159	184	208	231	252	276	311	348	426
贵　州	Guizhou	139	163	187	185	209	255	272	304	360
云　南	Yunnan	125	138	186	224	261	267	305	326	389
西　藏	Tibet						270	258	246	271
陕　西	Shaanxi	140	148	169	203	214	233	263	286	345
甘　肃	Gansu	127	135	141	163	178	205	233	253	277
青　海	Qinghai		153	153	202	225	275	314	345	400
宁　夏	**Ningxia**	**135**	**142**	**179**	**209**	**232**	**264**	**301**	**330**	**398**
新　疆	Xinjiang	151	169	203	228	251	290	317	360	414

注：2014年按照城乡一体化改革后计算新口径的消费性支出。

附-2 续表 1 continued

单位：元

省\直辖市\自治区	Region	1989	1990	1991	1992	1993	1994	1995	1996	1997
全 国	**National**	**535**	**585**	**620**	**659**	**770**	**1017**	**1310**	**1572**	**1617**
北 京	Beijing	976	981	1100	1149	1255	1584	2336	2565	2693
天 津	Tianjin	781	733	796	847	938	1161	1548	1957	1882
河 北	Hebei	495	486	558	579	697	779	1104	1399	1395
山 西	Shanxi	409	488	496	493	599	674	928	1174	1145
内蒙古	Inner Mongolia	448	492	571	600	695	835	1180	1438	1560
辽 宁	Liaoning	668	679	767	799	940	1241	1472	1764	1790
吉 林	Jilin	563	633	648	643	670	854	1495	1513	1624
黑龙江	Heilongjiang	482	586	619	674	751	1043	1480	1537	1549
上 海	Shanghai	1208	1505	1540	1967	2200	2715	3387	3868	4228
江 苏	Jiangsu	804	843	878	953	1059	1501	1938	2414	2488
浙 江	Zhejiang	927	946	1027	1112	1262	1680	2378	2702	2839
安 徽	Anhui	498	515	475	502	609	934	1071	1309	1337
福 建	Fujian	653	708	747	821	1070	1440	1794	1913	1994
江 西	Jiangxi	520	577	597	648	712	1031	1256	1553	1569
山 东	Shandong	513	547	613	656	724	996	1338	1653	1626
河 南	Henan	390	438	455	473	565	732	929	1206	1271
湖 北	Hubei	540	608	615	612	722	1014	1245	1636	1660
湖 南	Hunan	516	609	656	708	817	1089	1367	1737	1816
广 东	Guangdong	871	933	942	1060	1391	1882	2255	2584	2618
广 西	Guangxi	419	537	581	616	705	926	1203	1399	1376
海 南	Hainan	578	566	560	672	726	1019	1080	1289	1287
重 庆	Chongqing								1367	1390
四 川	Sichuan	474	509	552	569	647	904	1093	1358	1440
贵 州	Guizhou	407	403	420	454	550	684	931	1068	1066
云 南	Yunnan	436	485	501	536	625	765	981	1209	1318
西 藏	Tibet	290	491	490	541	638	564	897	773	805
陕 西	Shaanxi	383	477	487	498	560	737	914	1098	1215
甘 肃	Gansu	296	339	403	420	538	674	915	986	976
青 海	Qinghai	413	475	486	496	639	746	914	1052	1085
宁 夏	**Ningxia**	**459**	**486**	**519**	**561**	**606**	**831**	**1058**	**1234**	**1282**
新 疆	Xinjiang	453	507	580	611	704	850	942	1347	1395

附-2 续表 2 continued

单位：元

省\直辖市\自治区	Region	1998	1999	2000	2001	2002	2003	2004	2005
全 国	**National**	**1590**	**1577**	**1670**	**1741**	**1834**	**1943**	**2185**	**2555**
北 京	Beijing	2873	3122	3426	3552	3732	4147	4617	5316
天 津	Tianjin	1977	1905	1996	2051	2164	2320	2642	3036
河 北	Hebei	1299	1338	1365	1430	1476	1600	1835	2166
山 西	Shanxi	1056	1047	1149	1222	1355	1434	1637	1878
内蒙古	Inner Mongolia	1577	1534	1615	1555	1647	1771	2083	2446
辽 宁	Liaoning	1703	1618	1754	1786	1781	1884	2073	2806
吉 林	Jilin	1471	1348	1553	1662	1680	1816	1971	2306
黑龙江	Heilongjiang	1465	1372	1540	1605	1674	1662	1837	2545
上 海	Shanghai	4207	3867	4138	4753	5302	5670	6329	7278
江 苏	Jiangsu	2337	2294	2338	2375	2620	2704	2993	3567
浙 江	Zhejiang	2891	2807	3231	3479	3693	4285	4659	5433
安 徽	Anhui	1333	1302	1322	1412	1476	1596	1814	2196
福 建	Fujian	2025	2039	2410	2503	2583	2716	3016	3293
江 西	Jiangxi	1538	1607	1643	1720	1785	1908	2096	2484
山 东	Shandong	1595	1680	1771	1905	1998	2133	2389	2736
河 南	Henan	1240	1164	1316	1376	1452	1445	1664	1892
湖 北	Hubei	1699	1573	1556	1649	1746	1802	2089	2430
湖 南	Hunan	1889	1904	1943	1990	2069	2139	2472	2756
广 东	Guangdong	2683	2646	2646	2703	2825	2927	3241	3708
广 西	Guangxi	1415	1457	1488	1551	1686	1751	1929	2350
海 南	Hainan	1246	1261	1484	1357	1603	1645	1745	1969
重 庆	Chongqing	1343	1329	1396	1475	1498	1583	1854	2142
四 川	Sichuan	1441	1426	1485	1498	1592	1747	2016	2274
贵 州	Guizhou	1094	1070	1097	1098	1138	1185	1296	1552
云 南	Yunnan	1312	1269	1271	1336	1382	1406	1571	1789
西 藏	Tibet	710	767	1117	1124	1000	1030	1471	1724
陕 西	Shaanxi	1181	1161	1251	1331	1491	1455	1618	1897
甘 肃	Gansu	940	881	1084	1127	1153	1337	1464	1820
青 海	Qinghai	1118	1134	1218	1331	1386	1563	1676	1976
宁 夏	**Ningxia**	**1350**	**1330**	**1417**	**1381**	**1418**	**1637**	**1927**	**2094**
新 疆	Xinjiang	1450	1282	1236	1350	1412	1465	1690	1924

附-2 续表 3 continued

单位：元

省\直辖市\自治区	Region	2006	2007	2008	2009	2010	2011	2012	2013	2014	2015
全 国	**National**	**2829**	**3224**	**3661**	**3993**	**4382**	**5221**	**5908**	**6626**	**8383**	**9223**
北 京	Beijing	5725	6399	7285	8898	9255	11078	11879	13553	14535	15811
天 津	Tianjin	3341	3538	3825	4273	4937	6725	8337	10155	13739	14739
河 北	Hebei	2495	2787	3126	3350	3845	4711	5364	6134	8248	9023
山 西	Shanxi	2253	2683	3098	3305	3664	4587	5566	5813	6992	7421
内蒙古	Inner Mongolia	2772	3256	3618	3968	4461	5508	6382	7268	9972	10637
辽 宁	Liaoning	3067	3368	3814	4254	4490	5406	5998	7159	7801	8873
吉 林	Jilin	2701	3065	3443	3903	4147	5306	6186	7380	8140	8783
黑龙江	Heilongjiang	2618	3117	3845	4241	4391	5334	5718	6814	7830	8391
上 海	Shanghai	8006	8845	9120	9804	10210	11049	11972	14235	14820	16152
江 苏	Jiangsu	4135	4786	5328	5804	6543	8095	9138	9910	11820	12883
浙 江	Zhejiang	6057	6802	7534	7732	8929	9965	10653	11760	14498	16108
安 徽	Anhui	2421	2754	3284	3655	4013	4957	5556	5725	7981	8975
福 建	Fujian	3591	4053	4662	5016	5498	6541	7402	8151	11056	11961
江 西	Jiangxi	2677	2994	3309	3533	3912	4660	5130	5654	7548	8486
山 东	Shandong	3144	3622	4077	4417	4807	5901	6776	7393	7962	8748
河 南	Henan	2229	2676	3044	3388	3682	4320	5032	5628	7277	7887
湖 北	Hubei	2733	3090	3653	3725	4091	5011	5727	6280	8681	9803
湖 南	Hunan	3013	3377	3805	4021	4310	5179	5870	6610	9025	9691
广 东	Guangdong	3886	4202	4872	5020	5516	6726	7459	8343	10043	11103
广 西	Guangxi	2414	2747	2985	3231	3455	4211	4934	5206	6675	7582
海 南	Hainan	2232	2557	2883	3089	3446	4166	4776	5466	7029	8210
重 庆	Chongqing	2205	2527	2885	3142	3625	4502	5019	5796	7983	8938
四 川	Sichuan	2395	2747	3128	4141	3898	4675	5367	6309	8301	9251
贵 州	Guizhou	1627	1914	2166	2422	2852	3456	3902	4740	5970	6645
云 南	Yunnan	2196	2637	2991	2925	3398	4000	4561	4744	6030	6830
西 藏	Tibet	2002	2218	2200	2399	2667	2742	2968	3574	4822	5580
陕 西	Shaanxi	2181	2560	2979	3349	3794	4492	5115	5724	7252	7901
甘 肃	Gansu	1856	2017	2401	2766	2942	3665	4146	4850	6148	6830
青 海	Qinghai	2179	2447	2897	3209	3775	4537	5339	6060	8235	8566
宁 夏	**Ningxia**	**2247**	**2529**	**3095**	**3348**	**4013**	**4727**	**5633**	**6465**	**7676**	**8415**
新 疆	Xinjiang	2032	2351	2692	2951	3458	4398	5301	6119	7365	7698

附-3 主要年份全国各省、直辖市、自治区城镇居民人均可支配收入
Per Capita Annual Disposable Income of Urban Households by Region in Main Years

单位：元 (yuan)

省/直辖市/自治区	Region	1980	1981	1982	1983	1984	1985	1986	1987	1988
全 国	**National**	**439**	**458**	**495**	**526**	**608**	**685**	**828**	**916**	**1119**
北 京	Beijing	501	514	561	591	694	908	1068	1182	1437
天 津	Tianjin	492	501	529	553	671	812	988	1095	1232
河 北	Hebei	401	402	433	449	519	631	766	855	1080
山 西	Shanxi	346	370	403	416	487	560	657	727	847
内 蒙	Inner Mongolia	370	380	412	431	499	615	703	745	833
辽 宁	Liaoning	467	467	494	511	586	689	844	943	1152
吉 林	Jilin		364	393	421	462	563	698	752	912
黑 龙 江	Heilongjiang	388	391	426	475	532	678	749	797	908
上 海	Shanghai	560	589	606	641	787	1012	1215	1347	1616
江 苏	Jiangsu	433	448	484	498	656	766	960	1005	1218
浙 江	Zhejiang	430	479	481	505	617	840	1012	1122	1453
安 徽	Anhui		398	421	453	518	584	750	816	976
福 建	Fujian	391	422	493	525	539	673	847	913	1110
江 西	Jiangxi	365	377	402	408	463	545	676	728	865
山 东	Shandong	415	460	489	501	598	700	790	909	1084
河 南	Henan	393	407	431	450	503	611	729	816	943
湖 北	Hubei	380	418	445	477	553	652	783	863	1028
湖 南	Hunan	438	463	463	501	580	679	796	888	1105
广 东	Guangdong	462	550	626	680	775	901	1033	1261	1474
广 西	Guangxi	371	429	427	444	563	683	784	899	1159
海 南	Hainan						746	896	973	1068
重 庆	Chongqing									
四 川	Sichuan	360	389	420	460	543	644	786	869	1037
贵 州	Guizhou	316	391	414	435	502	614	742	812	981
云 南	Yunnan	404	429	474	495	558	703	807	914	1056
西 藏	Tibet		487	551	656	752	984	1031	1257	1421
陕 西	Shaanxi	381	399	426	449	515	608	756	838	962
甘 肃	Gansu	403	448	474	491	572	641	777	870	979
青 海	Qinghai				467	606	749	875	947	1026
宁 夏	**Ningxia**	**438**	**449**	**479**	**486**	**577**	**673**	**803**	**855**	**981**
新 疆	Xinjiang	427	482	513	548	649	735	843	920	1068

注：本表收入为空格者均无资料，1997年城镇居民收入指标由生活费收入改为可支配收入，1994、1995、1996年宁夏数据已做同口径调整，1994年之前均为生活费收入。

Note: Blank space indicates that data are not available.Since 1997, the object of disposable income is changed from living cost income.Data from 1994 to 1996 are calculated according to the new standard, before 1994 referred to living cost income.

附-3　续表 1　continued

单位：元 (yuan)

省/直辖市/自治区	Region	1989	1990	1991	1992	1993	1994	1995	1996	1997
全　国	**National**	**1261**	**1387**	**1544**	**2027**	**2336**	**3496**	**4282**	**4838**	**5160**
北　京	Beijing	1597	1787	2040	2556	3296	5085	6235	7332	7813
天　津	Tianjin	1375	1522	1699	2238	2579	3982	4929	5968	6608
河　北	Hebei	1257	1398	1433	1872	2115	3177	3921	4443	4959
山　西	Shanxi	1041	1145	1230	1623	1714	2566	3306	3703	3990
内　蒙	Inner Mongolia	957	1050	1177	1495	1712	2498	2863	3432	3945
辽　宁	Liaoning	1289	1399	1542	1949	2065	3063	3707	4207	4518
吉　林	Jilin	1020	1128	1259	1637	1761	2561	3174	3806	4191
黑龙江	Heilongjiang	1034	1090	1240	1630	1745	2597	3375	3768	4091
上　海	Shanghai	1860	2050	2334	3027	4057	5889	7192	8178	8439
江　苏	Jiangsu	1372	1464	1623	2138	2526	3779	4634	5186	5765
浙　江	Zhejiang	1649	1769	1950	2619	3370	5066	6221	6956	7359
安　徽	Anhui	1134	1224	1341	1808	2025	3048	3795	4513	4599
福　建	Fujian	1398	1566	1669	2283	2525	3673	4507	5173	6144
江　西	Jiangxi	997	1094	1177	1528	1726	2773	3377	3780	4071
山　东	Shandong	1254	1408	1566	1974	2338	3444	4264	4890	5191
河　南	Henan	1125	1153	1250	1608	1793	2619	3299	3755	4094
湖　北	Hubei	1146	1295	1432	1883	2191	3356	4028	4364	4673
湖　南	Hunan	1304	1488	2094	2312	1368	3888	5052	5052	5210
广　东	Guangdong	1947	2135	2536	3477	4277	6367	7439	8158	8562
广　西	Guangxi	1304	1448	1614	2104	2612	3981	4792	5033	5110
海　南	Hainan	1314	1575	1726	2318	2774	3920	4770	4926	4850
重　庆	Chongqing									5323
四　川	Sichuan	1226	1354	1537	2001	2179	3311	4003	4483	4763
贵　州	Guizhou	1110	1217	1302	1900	2006	3220	3931	4221	4442
云　南	Yunnan	1184	1367	1529	2076	2375	3452	4085	4978	5558
西　藏	Tibet	1533		2111	2561		4014		6556	
陕　西	Shaanxi	1148	1263	1368	1718	1920	2684	3309	3810	4001
甘　肃	Gansu	1133	1197	1369	1708	1839	2658	3152	3354	3592
青　海	Qinghai	1140	1199	1306	1806	1917	2813	3320	3834	3999
宁　夏	**Ningxia**	**1105**	**1271**	**1392**	**1821**	**1906**	**2986**	**3383**	**3612**	**3837**
新　疆	Xinjiang	1223	1356	1476	1952	2215	3170	4163	4650	4845

注：本表收入为空格者均无资料，1997年城镇居民收入指标由生活费收入改为可支配收入，1994、1995、1996年宁夏数据已做同口径调整，1994年之前均为生活费收入。

Note: Blank space indicates that data are not available.Since 1997, the object of disposable income is changed from living cost income.Data from 1994 to 1996 are calculated according to the new standard, before 1994 referred to living cost income.

附-3 续表 2 continued

单位：元 (yuan)

省/直辖市/自治区	Region	1998	1999	2000	2001	2002	2003	2004	2005
全　国	**National**	**5425**	**5854**	**6280**	**6860**	**7703**	**8472**	**9422**	**10493**
北　京	Beijing	8472	9183	10350	11578	12464	13883	15638	17653
天　津	Tianjin	7111	7650	8141	8959	9338	10313	11467	12639
河　北	Hebei	5085	5365	5661	5985	6680	7239	7951	9107
山　西	Shanxi	4099	4342	4724	5391	6234	7005	7903	8914
内　蒙	Inner Mongolia	4353	4771	5129	5536	6051	7013	8123	9137
辽　宁	Liaoning	4617	4899	5358	5797	6525	7241	8008	9108
吉　林	Jilin	4207	4480	4810	5340	6260	7005	7841	8691
黑龙江	Heilongjiang	4269	4595	4913	5426	6100	6679	7471	8273
上　海	Shanghai	8773	10932	11718	12883	13250	14867	16683	18645
江　苏	Jiangsu	6018	6538	6800	7375	8178	9262	10482	12319
浙　江	Zhejiang	7837	8428	9279	10465	11716	13180	14546	16294
安　徽	Anhui	4770	5065	5294	5669	6032	6778	7511	8471
福　建	Fujian	6486	6860	7432	8313	9189	10000	11175	12321
江　西	Jiangxi	4251	4721	5104	5506	6336	6901	7560	8620
山　东	Shandong	5380	5809	6490	7101	7614	8400	9438	10745
河　南	Henan	4219	4532	4766	5267	6245	6926	7705	8668
湖　北	Hubei	4826	5213	5525	5856	6789	7322	8023	8786
湖　南	Hunan	5434	5815	6219	6781	6959	7674	8617	9524
广　东	Guangdong	8840	9126	9762	10415	11137	12380	13628	14770
广　西	Guangxi	5412	5620	5834	6666	7315	7785	8690	9287
海　南	Hainan	4853	5338	5358	5839	6823	7259	7736	8124
重　庆	Chongqing	5467	5896	6276	6721	7238	8094	9221	10243
四　川	Sichuan	5127	5478	5894	6360	6611	7042	7710	8386
贵　州	Guizhou	4565	4934	5122	5452	5944	6569	7322	8151
云　南	Yunnan	6043	6179	6325	6798	7241	7644	8871	9266
西　藏	Tibet		6909	7426	7869	8079	8765	9167	9431
陕　西	Shaanxi	4220	4654	5124	5484	6331	6806	7492	8272
甘　肃	Gansu	4010	4475	4916	5383	6151	6657	7377	8087
青　海	Qinghai	4240	4703	5170	5854	6171	6732	7320	8058
宁　夏	**Ningxia**	**4112**	**4473**	**4912**	**5544**	**6067**	**6530**	**7218**	**8094**
新　疆	Xinjiang	5001	5320	5645	6395	6899	7174	7503	7990

注：本表收入为空格者均无资料，1997年城镇居民收入指标由生活费收入改为可支配收入，1994、1995、1996年宁夏数据已做同口径调整，1994年之前均为生活费收入。

Note: Blank space indicates that data are not available.Since 1997, the object of disposable income is changed from living cost income.Data from 1994 to 1996 are calculated according to the new standard, before 1994 referred to living cost income.

附-3 续表 3 continued

单位：元 (yuan)

省/直辖市/自治区	Region	2006	2007	2008	2009	2010	2011	2012	2013	2014	2015
全　国	**National**	**11759**	**13786**	**15781**	**17175**	**19109**	**21810**	**24565**	**26955**	**28844**	**31195**
北　京	Beijing	19978	21989	24725	26738	29073	32903	36469	40321	48532	52859
天　津	Tianjin	14283	16357	19423	21402	24293	26921	29626	32294	31506	34101
河　北	Hebei	10305	11690	13441	14718	16263	18292	20543	22580	24141	26152
山　西	Shanxi	10028	11565	13119	13997	15648	18124	20412	22456	24069	25828
内　蒙	Inner Mongolia	10358	12378	14431	15849	17698	20408	23150	25497	28350	30594
辽　宁	Liaoning	10370	12300	14393	15761	17713	20467	23223	25578	29082	31126
吉　林	Jilin	9775	11286	12829	14006	15411	17797	20208	22275	23218	24901
黑龙江	Heilongjiang	9182	10245	11581	12566	13857	15696	17760	19597	22609	24203
上　海	Shanghai	20668	23623	26675	28838	31838	36230	40188	43851	48841	52962
江　苏	Jiangsu	14084	16378	18680	20552	22944	26341	29677	32538	34346	37173
浙　江	Zhejiang	18265	20574	22727	24611	27359	30971	34550	37851	40393	43714
安　徽	Anhui	9771	11474	12990	14086	15788	18606	21024	23114	24839	26936
福　建	Fujian	13753	15505	17961	19577	21781	24907	28055	30816	30722	33275
江　西	Jiangxi	9551	11452	12866	14022	15481	17495	19860	21873	24309	26500
山　东	Shandong	12192	14265	16305	17811	19946	22792	25755	28264	29222	31545
河　南	Henan	9810	11477	13231	14372	15930	18195	20443	22398	23672	25576
湖　北	Hubei	9803	11486	13153	14367	16058	18374	20840	22906	24852	27051
湖　南	Hunan	10505	12294	13821	15084	16566	18844	21319	23414	26570	28838
广　东	Guangdong	16016	17699	19733	21575	23898	26897	30227	33090	32148	34757
广　西	Guangxi	9899	12200	14146	15451	17064	18854	21243	23305	24669	26416
海　南	Hainan	9395	10997	12608	13751	15581	18369	20918	22929	24487	26356
重　庆	Chongqing	11570	12591	14368	15749	17532	20250	22968	25216	25147	27239
四　川	Sichuan	9350	11098	12633	13839	15461	17899	20307	22368	24234	26205
贵　州	Guizhou	9117	10678	11759	12863	14143	16495	18701	20667	22548	24580
云　南	Yunnan	10070	11496	13250	14424	16065	18576	21075	23236	24299	26373
西　藏	Tibet	8941	11131	12482	13544	14980	16196	18028	20023	22016	25457
陕　西	Shaanxi	9268	10763	12858	14129	15695	18245	20734	22858	24366	26420
甘　肃	Gansu	8921	10012	10969	11930	13189	14989	17157	18965	21804	23767
青　海	Qinghai	9000	10276	11648	12692	13855	15603	17566	19499	22307	24542
宁　夏	**Ningxia**	**9177**	**10859**	**12932**	**14025**	**15344**	**17579**	**19831**	**21833**	**23285**	**25186**
新　疆	Xinjiang	8871	10313	11432	12258	13644	15514	17921	19874	23214	26275

注：本表收入为空格者均无资料，1997年城镇居民收入指标由生活费收入改为可支配收入，1994、1995、1996年宁夏数据已做同口径调整，1994年之前均为生活费收入。

Note: Blank space indicates that data are not available.Since 1997, the object of disposable income is changed from living cost income.Data from 1994 to 1996 are calculated according to the new standard, before 1994 referred to living cost income.

附-4 主要年份全国各省、直辖市、自治区城镇居民人均生活消费支出

Per Capita Annual Consumption Expenditure of Urban Households by Region in Main Years

单位：元 (yuan)

省/直辖市/自治区	Region	1980	1981	1982	1983	1984	1985	1986	1987	1988
全　国	**National**		**457**	**471**	**506**	**559**	**673**	**799**	**884**	**1104**
北　京	Beijing	490	511	535	574	667	923	1067	1148	1456
天　津	Tianjin	475	486	497	521	600	771	949	1071	1279
河　北	Hebei	365	401	401	420	476	606	718	800	1119
山　西	Shanxi	357	373	390	394	433	533	635	708	856
内　蒙	Inner Mongolia	353	378	397	411	449	595	680	712	844
辽　宁	Liaoning	426	455	460	487	545	655	794	937	1203
吉　林	Jilin		348	367	397	425	554	662	715	901
黑龙江	Heilongjiang	361	378	405	459	505	651	726	771	933
上　海	Shanghai	553	585	576	615	726	992	1170	1282	1648
江　苏	Jiangsu	435	441	452	487	578	720	866	953	1239
浙　江	Zhejiang	428	476	471	484	562	795	969	1100	1453
安　徽	Anhui		392	403	435	479	566	718	806	1120
福　建	Fujian	392	405	466	504	494	675	790	893	1077
江　西	Jiangxi	382	374	374	387	436	521	631	703	876
山　东	Shandong	396	450	455	473	521	667	751	813	1026
河　南	Henan	384	396	408	431	460	605	705	780	985
湖　北	Hubei	369	423	431	465	516	644	752	836	1059
湖　南	Hunan	426	466	449	493	541	685	775	872	1143
广　东	Guangdong	486	517	592	660	744	890	999	1248	1507
广　西	Guangxi		423	399	427	492	664	740	860	1198
海　南	Hainan						711	863	921	1030
重　庆	Chongqing									
四　川	Sichuan	364	396	407	457	517	680	787	889	1086
贵　州	Guizhou	333	393	404	426	480	618	722	789	1050
云　南	Yunnan	381	412	456	480	527	704	814	884	1143
西　藏	Tibet		519	522	602	619	909	820	1008	1211
陕　西	Shaanxi	371	379	392	417	457	585	698	772	983
甘　肃	Gansu	399	433	447	482	552	625	737	829	1027
青　海	Qinghai				450	581	679	777	828	1048
宁　夏	**Ningxia**	**403**	**423**	**471**	**449**	**533**	**645**	**745**	**792**	**1014**
新　疆	Xinjiang		446	456	472	564	651	722	790	956

附-4 续表 1 continued

单位：元 (yuan)

省/直辖市/自治区	Region	1989	1990	1991	1992	1993	1994	1995	1996	1997
全 国	**National**	**1211**	**1279**	**1454**	**1672**	**2111**	**2851**	**3538**	**3919**	**4186**
北 京	Beijing	1520	1764	1860	2135	2940	4134	5020	5730	6532
天 津	Tianjin	1291	1702	1586	1907	2322	3301	4064	4680	5204
河 北	Hebei	1188	1411	1293	1547	1898	2513	3162	3424	4004
山 西	Shanxi	994	1224	1171	1303	1560	2043	2641	3036	3229
内 蒙	Inner Mongolia	913	1066	1136	1254	1585	2111	2482	2768	3032
辽 宁	Liaoning	1276	1700	1484	1639	1977	2588	3113	3493	3720
吉 林	Jilin	967	1288	1194	1375	1596	2096	2598	3037	3408
黑龙江	Heilongjiang	1004	1404	1227	1378	1660	2164	2776	3111	3213
上 海	Shanghai	1812	2172	2167	2509	3530	4669	5868	6763	6820
江 苏	Jiangsu	1301	1354	1529	1769	2311	3080	3772	4058	4534
浙 江	Zhejiang	1556	1495	1806	2154	2856	4079	5263	5764	6170
安 徽	Anhui	1039	1190	1297	1521	1846	2551	3161	3607	3694
福 建	Fujian	1340	1385	1595	1884	2341	3157	3848	4248	4936
江 西	Jiangxi	978	993	1086	1253	1577	2200	2712	2942	3200
山 东	Shandong	1161	1245	1407	1599	1947	2635	3286	3771	4041
河 南	Henan	1075	1193	1200	1343	1609	2155	2674	3009	3378
湖 北	Hubei	1131	1237	1380	1578	2048	2733	3434	3714	3856
湖 南	Hunan	1234	1290	1368	1654	2087	3138	3886	4098	4317
广 东	Guangdong	1920	1768	2389	2831	3777	5181	6254	6736	6853
广 西	Guangxi	1296	1196	1584	1740	2303	3327	4046	4339	4453
海 南	Hainan	1196	1344	1589	1851	2404	3014	3760	3815	3909
重 庆	Chongqing									4938
四 川	Sichuan	1184	1302	1488	1651	2034	2806	3429	3788	4093
贵 州	Guizhou	1103	1107	1275	1564	1876	2532	3251	3573	3556
云 南	Yunnan	1141	1307	1428	1704	2186	2844	3448	4007	4537
西 藏	Tibet	1432	2329	1696	1887		3094		4537	
陕 西	Shaanxi	1066	1336	1276	1405	1714	2246	2838	3211	3462
甘 肃	Gansu	1065	1402	1235	1457	1680	2209	2618	2839	2946
青 海	Qinghai	1069	1365	1250	1533	1870	2422	2870	3178	3300
宁 夏	**Ningxia**	**1089**	**1212**	**1354**	**1506**	**1877**	**2478**	**2866**	**3039**	**3271**
新 疆	Xinjiang	998	1209	1266	1491	1835	2479	3187	3457	3887

附-4 续表 2 continued

单位：元 (yuan)

省/直辖市/自治区	Region	1998	1999	2000	2001	2002	2003	2004	2005
全　国	**National**	**4332**	**4616**	**4998**	**5309**	**6030**	**6511**	**7182**	**7943**
北　京	Beijing	6971	7498	8493	8923	10285	11124	12200	13244
天　津	Tianjin	5471	5852	6121	6987	7192	7868	8802	9653
河　北	Hebei	3834	4026	4348	4480	5069	5340	5819	6700
山　西	Shanxi	3268	3493	3942	4123	4711	5105	5654	6343
内　蒙	Inner Mongolia	3106	3469	3928	4196	4860	5419	6219	6929
辽　宁	Liaoning	3891	3990	4356	4654	5343	6078	6543	7369
吉　林	Jilin	3450	3662	4021	4337	4974	5492	6069	6795
黑龙江	Heilongjiang	3303	3482	3824	4192	4462	5015	5568	6178
上　海	Shanghai	6866	8248	8868	9336	10464	11040	12631	13773
江　苏	Jiangsu	4889	5011	5323	5533	6043	6709	7332	8622
浙　江	Zhejiang	6218	6522	7020	7952	8713	9713	10636	12254
安　徽	Anhui	3777	3902	4233	4518	4737	5064	5711	6368
福　建	Fujian	5181	5267	5639	6015	6632	7356	8161	8794
江　西	Jiangxi	3267	3482	3624	3895	4549	4915	5338	6109
山　东	Shandong	4144	4515	5022	5252	5596	6069	6674	7457
河　南	Henan	3416	3498	3831	4110	4505	4942	5294	6038
湖　北	Hubei	4074	4341	4645	4805	5609	5963	6399	6737
湖　南	Hunan	4371	4800	5219	5546	5575	6083	6885	7505
广　东	Guangdong	7054	7518	8017	8100	8988	9636	10695	11810
广　西	Guangxi	4381	4587	4852	5225	5413	5764	6446	7033
海　南	Hainan	3832	4018	4083	4368	5460	5502	5802	5929
重　庆	Chongqing	4977	5444	5570	5874	6360	7118	7973	8623
四　川	Sichuan	4383	4499	4856	5176	5413	5759	6371	6891
贵　州	Guizhou	3799	3964	4278	4274	4598	4949	5494	6159
云　南	Yunnan	5033	4941	5185	5253	5828	6024	6837	6997
西　藏	Tibet		5309	5554	5994	6952	8045	8446	8617
陕　西	Shaanxi	3539	3953	4277	4638	5378	5667	6233	6656
甘　肃	Gansu	3099	3682	4126	4420	5064	5299	5937	6529
青　海	Qinghai	3580	3904	4186	4699	5043	5400	5759	6245
宁　夏	**Ningxia**	**3380**	**3548**	**4201**	**4595**	**5105**	**5330**	**5821**	**6404**
新　疆	Xinjiang	3714	4164	4423	4931	5636	5541	5774	6208

附-4 续表 3 continued

单位：元 (yuan)

省/直辖市/自治区	Region	2006	2007	2008	2009	2010	2011	2012	2013	2014	2015
全　国	**National**	**8697**	**9997**	**11243**	**12265**	**13471**	**15161**	**16674**	**18023**	**19968**	**21392**
北　京	Beijing	14825	15330	16460	17893	19934	21984	24046	26275	33717	36642
天　津	Tianjin	10548	12029	13422	14801	16562	18424	20024	21712	24290	26230
河　北	Hebei	7343	8235	9087	9679	10318	11609	12531	13641	16204	17587
山　西	Shanxi	7171	8102	8807	9355	9793	11354	12212	13166	14637	15819
内　蒙	Inner Mongolia	7667	9281	10827	12370	13995	15878	17717	19249	20885	21876
辽　宁	Liaoning	7987	9430	11231	12325	13280	14790	16594	18030	20520	21557
吉　林	Jilin	7353	8560	9729	10914	11679	13011	14614	15932	17156	17973
黑龙江	Heilongjiang	6655	7519	8623	9630	10684	12054	12984	14162	16467	17152
上　海	Shanghai	14762	17255	19398	20992	23200	25102	26253	28155	35182	36946
江　苏	Jiangsu	9629	10715	11978	13153	14357	16782	18825	20371	23476	24966
浙　江	Zhejiang	13349	14091	15158	16683	17858	20437	21545	23257	27242	28661
安　徽	Anhui	7295	8532	9524	10234	11513	13181	15012	16285	16107	17234
福　建	Fujian	9808	11055	12501	13451	14750	16661	18593	20093	22204	23520
江　西	Jiangxi	6646	7811	8717	9740	10619	11747	12776	13851	15142	16732
山　东	Shandong	8468	9667	11007	12013	13118	14561	15778	17112	18323	19854
河　南	Henan	6685	7827	8837	9567	10838	12336	13733	14822	16184	17154
湖　北	Hubei	7397	8701	9478	10294	11451	13164	14496	15749	16681	18192
湖　南	Hunan	8169	8991	9946	10828	11825	13403	14609	15887	18335	19501
广　东	Guangdong	12432	14337	15528	16858	18490	20252	22396	24133	23612	25673
广　西	Guangxi	6792	8151	9627	10352	11490	12848	14244	15418	15045	16321
海　南	Hainan	7127	8293	9408	10087	10927	12643	14457	15593	17514	18448
重　庆	Chongqing	9399	9890	11147	12144	13335	14974	16573	17814	18279	19742
四　川	Sichuan	7525	8692	9679	10860	12105	13696	15050	16343	17760	19277
贵　州	Guizhou	6848	7759	8349	9048	10058	11353	12586	13703	15255	16914
云　南	Yunnan	7380	7922	9077	10202	11074	12248	13884	15156	16268	17675
西　藏	Tibet	6193	7532	8324	9034	9686	10399	11184	12232	15669	17022
陕　西	Shaanxi	7553	8427	9772	10706	11822	13783	15333	16680	17546	18464
甘　肃	Gansu	6974	7876	8309	8891	9895	11189	12847	14021	15942	17451
青　海	Qinghai	6530	7512	8203	8787	9614	10955	12346	13540	17493	19201
宁　夏	**Ningxia**	**7206**	**7817**	**9558**	**10280**	**11334**	**12896**	**14067**	**15321**	**17216**	**18984**
新　疆	Xinjiang	6730	7874	8669	9328	10197	11839	13892	15206	17685	19415

附-5　主要年份全国各省、直辖市、自治区全体居民人均可支配收入(新品径)

Per Capita Disposable Income of Urban and Rural Households by Region in Main Years

单位：元

省/直辖市/自治区	Region	2010	2011	2012	2013	2014	2015
全　国	**National**	**12520**	**14551**	**16510**	**18311**	**20167**	**21966**
北　京	Beijing	29228	33176	36817	40830	44489	48458
天　津	Tianjin	19266	21714	24030	26359	28832	31291
河　北	Hebei	10428	12059	13647	15190	16647	18118
山　西	Shanxi	10149	11959	13592	15120	16538	17854
内　蒙	Inner Mongolia	12538	14715	16800	18693	20559	22310
辽　宁	Liaoning	13953	16429	18761	20818	22820	24576
吉　林	Jilin	10798	12621	14395	15998	17520	18684
黑龙江	Heilongjiang	10846	12605	14302	15903	17404	18593
上　海	Shanghai	30436	34731	38550	42174	45966	49867
江　苏	Jiangsu	17006	19820	22432	24776	27173	29539
浙　江	Zhejiang	21159	24195	27020	29775	32658	35537
安　徽	Anhui	9955	11873	13593	15154	16796	18363
福　建	Fujian	14566	16909	19141	21218	23331	25404
江　西	Jiangxi	10217	11870	13567	15100	16734	18437
山　东	Shandong	12922	15077	17127	19008	20864	22703
河　南	Henan	9520	11206	12772	14204	15695	17125
湖　北	Hubei	11069	12941	14809	16472	18283	20026
湖　南	Hunan	10861	12612	14391	16005	17622	19317
广　东	Guangdong	16579	18916	21268	23421	25685	27859
广　西	Guangxi	9739	11054	12644	14082	15557	16873
海　南	Hainan	10342	12392	14180	15733	17476	18979
重　庆	Chongqing	10984	13037	14924	16569	18352	20110
四　川	Sichuan	9373	11130	12753	14231	15749	17221
贵　州	Guizhou	7226	8594	9850	11083	12371	13697
云　南	Yunnan	8184	9739	11233	12578	13772	15223
西　藏	Tibet	6628	7510	8568	9740	10730	12254
陕　西	Shaanxi	9412	11229	12885	14372	15837	17395
甘　肃	Gansu	7358	8463	9768	10954	12185	13467
青　海	Qinghai	8659	10024	11470	12948	14374	15813
宁　夏	**Ningxia**	**9864**	**11480**	**13104**	**14566**	**15907**	**17329**
新　疆	Xinjiang	9042	10443	12151	13670	15097	16859

附-6 主要年份全国各省、直辖市、自治区农村居民人均可支配收入(新口径)

Per Capita Disposable Income of Rural Households by Region in Main Years

单位：元

省/直辖市/自治区	Region	2010	2011	2012	2013	2014	2015
全　国	**National**	**6272**	**7394**	**8389**	**9430**	**10489**	**11422**
北　京	Beijing	12368	13742	15365	17101	18867	20569
天　津	Tianjin	9764	11941	13593	15353	17014	18482
河　北	Hebei	6014	7187	8158	9188	10186	11051
山　西	Shanxi	5263	6225	7064	7949	8809	9454
内　蒙	Inner Mongolia	5780	6942	7956	8985	9976	10776
辽　宁	Liaoning	6671	8011	9061	10161	11191	12057
吉　林	Jilin	6341	7634	8741	9781	10780	11326
黑龙江	Heilongjiang	6040	7382	8367	9369	10453	11095
上　海	Shanghai	13702	15737	17452	19208	21192	23205
江　苏	Jiangsu	9067	10744	12133	13521	14958	16257
浙　江	Zhejiang	12277	14197	15806	17494	19373	21125
安　徽	Anhui	5776	6811	7826	8850	9916	10821
福　建	Fujian	7573	8952	10164	11405	12650	13793
江　西	Jiangxi	5991	7133	8103	9089	10117	11139
山　东	Shandong	7034	8395	9506	10687	11882	12930
河　南	Henan	5846	6989	7963	8969	9966	10853
湖　北	Hubei	6375	7540	8582	9692	10849	11844
湖　南	Hunan	6063	7082	8024	9029	10060	10993
广　东	Guangdong	7484	8889	9999	11068	12246	13360
广　西	Guangxi	5214	6003	6894	7793	8683	9467
海　南	Hainan	5566	6801	7816	8802	9913	10858
重　庆	Chongqing	5378	6605	7526	8493	9490	10505
四　川	Sichuan	5400	6505	7432	8381	9348	10247
贵　州	Guizhou	3768	4499	5159	5898	6671	7387
云　南	Yunnan	4327	5170	5930	6724	7456	8242
西　藏	Tibet	4123	4886	5698	6553	7359	8244
陕　西	Shaanxi	4477	5484	6285	7092	7932	8689
甘　肃	Gansu	3747	4278	4931	5589	6277	6936
青　海	Qinghai	4028	4806	5594	6462	7283	7933
宁　夏	**Ningxia**	**5125**	**5931**	**6776**	**7599**	**8410**	**9119**
新　疆	Xinjiang	4993	5853	6876	7847	8724	9425

附-7 主要年份全国各省、直辖市、自治区城镇居民人均可支配收入(新口径)

Per Capita Disposable Income of Urban Households by Region in Main Years

单位: 元

省/直辖市/自治区	Region	2010	2011	2012	2013	2014	2015
全 国	**National**	**18779**	**21427**	**24127**	**26467**	**28844**	**31195**
北 京	Beijing	32132	36365	40306	44564	48532	52859
天 津	Tianjin	21800	24158	26586	28980	31506	34101
河 北	Hebei	16009	18006	20222	22227	24141	26152
山 西	Shanxi	15510	17965	20232	22258	24069	25828
内 蒙	Inner Mongolia	18050	20813	23611	26004	28350	30594
辽 宁	Liaoning	18487	21362	24238	26697	29082	31126
吉 林	Jilin	14759	17043	19352	21331	23218	24901
黑龙江	Heilongjiang	14741	16699	18894	20848	22609	24203
上 海	Shanghai	32584	37079	41130	44878	48841	52962
江 苏	Jiangsu	22273	25570	28808	31585	34346	37173
浙 江	Zhejiang	26802	30340	33846	37080	40393	43714
安 徽	Anhui	15566	18345	20729	22789	24839	26936
福 建	Fujian	19914	22772	25650	28174	30722	33275
江 西	Jiangxi	15656	17692	20085	22120	24309	26500
山 东	Shandong	18971	21678	24496	26882	29222	31545
河 南	Henan	15463	17661	19843	21741	23672	25576
湖 北	Hubei	15891	18183	20623	22668	24852	27051
湖 南	Hunan	17229	19599	22173	24352	26570	28838
广 东	Guangdong	21332	24010	26981	29537	32148	34757
广 西	Guangxi	16613	18356	20681	22689	24669	26416
海 南	Hainan	15229	17954	20446	22411	24487	26356
重 庆	Chongqing	16032	18517	21003	23058	25147	27239
四 川	Sichuan	15364	17787	20180	22228	24234	26205
贵 州	Guizhou	14073	16413	18608	20565	22548	24580
云 南	Yunnan	15528	17956	20371	22460	24299	26373
西 藏	Tibet	15258	16496	18362	20394	22016	25457
陕 西	Shaanxi	15343	17836	20269	22346	24366	26420
甘 肃	Gansu	13820	15707	17979	19873	21804	23767
青 海	Qinghai	14462	16287	18336	20352	22307	24542
宁 夏	**Ningxia**	**15093**	**17291**	**19507**	**21476**	**23285**	**25186**
新 疆	Xinjiang	14480	16464	19019	21091	23214	26275

附-8　2015年全国各省、直辖市、自治区居民消费和商品零售价格指数

Price Indices for Consumer and Retail by Region (2015)

地　区	Region	居民消费价格指数 Consumer Price Index		商品零售价格指数 Retail Price Index	
		2010年=100	上年同期=100	2010年=100	上年同期=100
全　国	**National**	**115.6**	**101.4**	**110.0**	**100.1**
北　京	Beijing	116.9	101.8	100.8	98.5
天　津	Tianjin	115.4	101.7	111.0	100.3
河　北	Hebei	115.8	100.9	112.1	100.2
山　西	Shanxi	114.8	100.6	108.9	99.3
内蒙古	Inner Mongolia	116.0	101.1	111.8	100.5
辽　宁	Liaoning	115.6	101.4	111.6	100.5
吉　林	Jilin	116.7	101.7	110.5	99.8
黑龙江	Heilongjiang	115.9	101.1	110.0	100.1
上　海	Shanghai	117.2	102.4	107.8	101.1
江　苏	Jiangsu	116.0	101.7	111.1	100.6
浙　江	Zhejiang	114.7	101.4	109.5	99.9
安　徽	Anhui	114.3	101.3	108.9	99.7
福　建	Fujian	114.8	101.7	108.5	99.9
江　西	Jiangxi	115.9	101.5	110.7	100.5
山　东	Shandong	113.8	101.2	109.7	100.2
河　南	Henan	115.8	101.3	111.2	99.8
湖　北	Hubei	116.1	101.5	111.8	100.5
湖　南	Hunan	114.6	101.4	110.5	99.9
广　东	Guangdong	115.8	101.5	109.8	99.6
广　西	Guangxi	116.7	101.5	111.6	100.1
海　南	Hainan	117.1	101.0	110.9	99.8
重　庆	Chongqing	114.6	101.3	109.5	100.2
四　川	Sichuan	114.8	101.5	108.9	100.2
贵　州	Guizhou	116.0	101.8	110.5	100.1
云　南	Yunnan	116.9	101.9	113.7	100.8
西　藏	Tibet	119.3	102.0	115.0	101.4
陕　西	Shaanxi	115.5	101.0	109.8	99.8
甘　肃	Gansu	117.3	101.6	114.7	101.0
青　海	Qinghai	120.5	102.6	113.1	101.0
宁　夏	**Ningxia**	**115.7**	**101.1**	**109.5**	**100.1**
新　疆	Xinjiang	118.0	100.6	114.0	99.6

附-9　2015年全国居民消费、商品零售和农业生产资料价格指数

Price Indices for Consumer and Retail and Means of Agricultural Production of Nation (2015)

项目名称	Item	上年同期=100			2010年=100		
		合计 General	城市 Urban Household	农村 Rural Household	合计 General	城市 Urban Household	农村 Rural Household
居民消费价格总指数	**Consumer Price Index**	**101.4**	**101.5**	**101.3**	**115.6**	**115.6**	**115.7**
一、食品	Food	102.3	102.3	102.4	131.0	131.2	130.4
粮　　食	Grain	102.0	102.2	101.7	129.0	129.5	128.0
肉禽及其制品	Meat,Poultry and Processed Products	105.0	104.8	105.5	141.5	142.1	140.0
蛋	Eggs	93.0	93.1	92.9	118.8	119.3	117.4
水 产 品	Aquatic Products	101.8	101.7	102.2	132.0	131.8	132.7
鲜　　菜	Fresh Vegetables	107.4	107.5	107.1	145.4	144.3	149.0
鲜　　果	Fresh Fruits	96.2	96.0	96.9	130.6	130.2	131.9
二、烟酒及用品	Tobacco,Liquor and Articles	102.1	102.0	102.3	109.3	109.1	109.8
三、衣着	Clothing	102.7	102.8	102.3	114.9	114.8	115.2
四、家庭设备用品及维修服务	Household Facilities and Articles	101.0	101.0	100.9	108.5	109.1	106.6
五、医疗保健和个人用品	Health Care and Personal Articles	102.0	101.9	102.3	111.6	111.1	113.0
六、交通和通信	Transportation and Communication	98.3	98.4	98.1	97.3	96.7	99.1
七、娱乐教育文化用品及服务	Recreation,Education , Culture Articles and Service	101.4	101.4	101.4	106.0	105.7	107.4
八、居住	Residence	100.7	101.0	99.7	113.9	114.6	111.8
商品零售价格总指数	**Retail Price Index**	**100.1**	**100.0**	**100.3**	**110.0**	**109.4**	**111.5**
一、食品	Food	102.2	102.1	102.4	130.9	131.2	130.2
二、饮料、烟酒	Beverages,Tobacco and Liquor	101.9	101.8	101.9	110.6	110.7	110.4
三、服装、鞋帽	Garments,Shoes and Hats	102.8	102.9	102.3	114.3	114.5	113.8
四、纺织品	Textiles	100.6	100.5	100.8	110.4	109.9	111.6
五、家用电器及音像器材	Household Appliances,Music and Video Equipment	98.9	98.6	99.6	90.0	88.7	93.8
六、文化办公用品	Cultural and Office Appliances	99.6	99.5	100.2	93.0	91.6	98.4
七、日用品	Articles for Daily Use	100.6	100.6	100.6	106.7	106.8	106.5
八、体育娱乐用品	Sports and Recreation Articles	100.6	100.4	101.0	103.8	103.9	103.7
九、交通、通信用品	Transportation and Communication Appliances	98.3	98.1	98.9	86.0	84.9	89.8
十、家具	Furniture	101.1	101.1	101.2	108.1	108.9	105.6
十一、化妆品	Cosmetics	100.6	100.6	100.7	106.7	106.8	106.4
十二、金银珠宝	Gold,Silver and Jewelry	93.3	93.0	95.0	86.7	85.4	92.5
十三、中西药品及医疗保健用品	Traditional Chinese and Western Medicines and Health Care Articles	102.4	102.4	102.4	113.6	113.6	113.7
十四、书报杂志及电子出版物	Books,Newspapers,Magazines and Electronic Publications	102.6	102.7	102.1	107.6	107.7	107.2
十五、燃料	Feuls	87.7	87.9	87.1	95.4	95.5	94.8
十六、建筑材料及五金电料	Building Materials and Hardware	99.1	99.2	98.8	104.6	104.4	104.9
农业生产资料价格指数	**Agricultural Production Index**	**100.4**			**118.4**		

附-10　2015年全国各省、直辖市、自治区工业生产者价格指数
Producer Price Indices for Manufactured Goods by Region (2014)

省/直辖市/自治区	Region	出厂 Manufacturer's Price Index	购进 Purchasing Price Index
全　国	**National**	**94.8**	**93.9**
北　京	Beijing	96.9	93.7
天　津	Tianjin	90.3	92.4
河　北	Hebei	89.1	90.3
山　西	Shanxi	87.7	93.1
内蒙古	Inner Mongolia	94.0	95.9
辽　宁	Liaoning	93.9	93.5
吉　林	Jilin	95.3	96.6
黑龙江	Heilongjiang	86.0	88.2
上　海	Shanghai	96.1	90.6
江　苏	Jiangsu	95.3	92.1
浙　江	Zhejiang	96.4	94.5
安　徽	Anhui	93.9	93.5
福　建	Fujian	97.0	96.1
江　西	Jiangxi	93.7	93.6
山　东	Shandong	95.2	95.0
河　南	Henan	95.4	95.4
湖　北	Hubei	96.7	92.8
湖　南	Hunan	96.3	94.5
广　东	Guangdong	96.8	95.3
广　西	Guangxi	97.0	95.7
海　南	Hainan	89.8	88.5
四　川	Sichuan	96.4	96.7
贵　州	Guizhou	96.1	97.5
云　南	Yunnan	94.9	96.9
西　藏	Tibet	93.2	
重　庆	Chongqing	97.2	97.1
陕　西	Shaanxi	90.8	95.2
甘　肃	Gansu	87.0	87.0
青　海	Qinghai	93.1	97.7
宁　夏	**Ningxia**	**93.7**	**92.1**
新　疆	Xinjiang	82.4	84.3

附-11 2015年全国各省、直辖市、自治区粮食生产情况

Basic Statistics of Grain Production by Region (2015)

单位：万亩、公斤、万吨 (10000mu,kg,10000ton)

地 区	Region	播种面积 Sown Area	亩产 Yield per Unit	总产量 Total Output
全国总计	**National**	**113340.5**	**5482.9**	**62143.5**
北 京	Beijing	104.5	5996.6	62.6
天 津	Tianjin	350	5192.2	181.7
河 北	Hebei	6392.5	5262.1	3363.8
山 西	Shanxi	3287.2	3831.8	1259.6
内 蒙 古	Inner Mongolia	5726.7	4936.6	2827
辽 宁	Liaoning	3297.4	6073.1	2002.5
吉 林	Jilin	5078	7182.1	3647
黑 龙 江	Heilongjiang	11765.2	5375.1	6324
上 海	Shanghai	161.9	6921.2	112.1
江 苏	Jiangsu	5424.6	6565.1	3561.3
浙 江	Zhejiang	1277.8	5886.4	752.2
安 徽	Anhui	6632.9	5334.2	3538.1
福 建	Fujian	1193.2	5540.5	661.1
江 西	Jiangxi	3705.6	5798.6	2148.7
山 东	Shandong	7492.1	6290.2	4712.7
河 南	Henan	10267.2	5909.2	6067.1
湖 北	Hubei	4466	6053	2703.3
湖 南	Hunan	4944.7	6073.1	3002.9
广 东	Guangdong	2505.8	5419.9	1358.1
广 西	Guangxi	3059.3	4983.9	1524.8
海 南	Hainan	375.6	4898.4	184
重 庆	Chongqing	2234	5169.7	1154.9
四 川	Sichuan	6453.9	5334.4	3442.8
贵 州	Guizhou	3114.9	3788.1	1180
云 南	Yunnan	4487.3	4181.5	1876.4
西 藏	Tibet	176.6	5680.3	100.3
陕 西	Shanxi	3073.5	3991.5	1226.8
甘 肃	Gansu	2849.6	4109.8	1171.1
青 海	Qinghai	277.1	3707.5	102.7
宁 夏	**Ningxia**	770.4	4835.7	372.6
新 疆	Xinjiang	2395	6351.8	1521.3

注：由于小数位计算机自动进位问题，分省数合计与全国数略有差异。

附-12 2015年全国70个大中城市新建住宅价格指数

Price Indices for Newly Built House by 70 Large and Medium-Sized Cities (2015)

(上年=100) (preceding year=100)

城市	City	一月 January	二月 February	三月 March	四月 April	五月 May	六月 June	七月 July	八月 August	九月 September	十月 October	十一月 November	十二月 December
北京	Beijing	96.8	96.4	96.3	96.8	97.7	98.9	101	103	104.7	106.5	107.7	108.3
天津	Tianjin	96.4	96	95.9	95.9	96.1	96.9	97.8	99	100.3	101.3	102.1	103.1
石家庄	Shijiazhuang	96.1	95.3	95.3	95.5	96.3	96.4	97.6	99.2	100.5	101	101.5	101.7
太原	Taiyuan	95.3	94.7	94.7	94.7	94.8	95.2	96.9	98.1	99.5	100.2	100.9	101.4
呼和浩特	Hohhot	94.1	92.8	92.7	92.2	91.9	91.8	92.6	94.1	95.3	95.5	96.5	97.5
沈阳	Shenyang	91.6	90.8	90.3	90.2	90.4	91.6	93.5	95.3	96.2	97.1	98.2	99.1
大连	Dalian	92.8	92.1	91.5	91.5	91.5	91.9	93.3	94.8	95.5	96.1	97.3	98.2
长春	Changchun	95.6	95	94.5	93.8	93.4	93.9	94.8	95.8	96.9	97.4	97.8	98.3
哈尔滨	Harbin	95.3	94.9	94.4	94.5	94.5	94.5	95.5	96	97.1	98.6	98.9	99.5
上海	Shanghai	95.8	95.3	95	95.3	97.7	100.3	103.1	105.6	108.3	110.9	113.1	115.5
南京	Nanjing	97.6	97.2	97	96.8	97	97.8	99.3	101.3	102.6	104	105.2	106.3
杭州	Hangzhou	89.9	89.6	89.2	90.1	91.8	94.6	97.7	100.3	102	103	104.1	105.6
宁波	Ningbo	94.1	93.6	93.5	93.7	94.9	96.9	98.9	100.1	100.9	101.7	102.7	103.4
合肥	Hefei	97.6	96.9	96.5	96.3	96.5	97	98	98.6	99.7	100.2	100.7	101.3
福州	Fuzhou	93.5	92.5	92.1	92	92	93	94.7	95.9	97.9	99.2	100.6	101.8
厦门	Xiamen	100.8	100	99.6	99.4	99.4	99.5	99.8	100.1	101.1	102.9	104.5	106.4
南昌	Nanchang	94.6	93.8	93.5	93.5	93.9	94.5	95.4	96.9	98.3	99.9	100.7	101.6
济南	Jinan	95.3	94.7	94.1	94	94.7	95.4	96.4	97.9	98.8	99.6	100.2	100.8
青岛	Qingdao	92.7	91.7	91.1	90.7	90.6	91.2	92.5	93.4	94.7	95.9	96.7	97.8
郑州	Zhengzhou	99.3	98.7	98.5	98.2	97.9	98.4	98.9	99.9	101.2	101.9	102.2	102.7
武汉	Wuhan	95.5	95.2	95	95.1	95.3	96	98	100.3	101.8	102.5	103.5	104.3
长沙	Changsha	92.4	91.6	91.4	91.2	91.4	92.2	93.6	95	96.2	97.5	98.4	99.5
广州	Guangzhou	94.6	94	93.6	93.9	95.2	97.3	99.7	102	104.9	107	108.1	109.1
深圳	Shenzhen	98.7	98.6	99.1	100.7	107.5	115.7	123.6	131.3	137.6	139.9	143.9	146.8
南宁	Nanning	94.9	94.1	94.1	94.3	94.2	95.2	96.3	97.8	99.2	100.1	100.8	101.7
海口	Haikou	94.4	93.8	94	93.6	93.7	94.2	95	95.9	97	97.9	98	98.9
重庆	Chongqing	94	93.2	92.6	92.3	92.3	93.1	94.2	95.5	97.2	97.9	98.3	99
成都	Chengdu	94.5	93.7	92.9	92.7	93.1	93.8	95.3	96.7	97.9	99.1	100.2	100.6
贵阳	Guiyang	96.8	96.2	96.3	95.8	95.5	95.4	96	97.6	98.3	98.8	99	99.2
昆明	Kunming	95.4	94.9	94.7	94.3	94.1	94.5	95	95.6	96.3	96.8	97.3	97.9
西安	Xi'an	95.7	95	94.6	94	94.2	94.2	95	96.4	97.5	98.4	99.3	100
兰州	Lanzhou	96.5	95.9	95.7	95	95	95.4	95.8	96.1	97	97.7	98.1	98.4
西宁	Xining	96.2	95.5	95.1	94.7	94.3	93.7	93	94	95	95.7	96.1	96
银川	**Yinchuan**	**96.3**	**95.5**	**94.7**	**94**	**93.7**	**93.3**	**93.6**	**94.9**	**95.4**	**95.6**	**96.7**	**96.6**
乌鲁木齐	Urumqi	95.5	94.8	94	93.7	93.6	93.9	94.5	95.6	96.3	96.7	97.6	98
唐山	Tangshan	95.9	95.7	95.3	95	95	95	95.2	95.9	96.5	97.6	97.6	97.4
秦皇岛	Qinhuangdao	94.4	93.7	93.4	92.6	92.6	92.8	93.3	94.1	94.8	96.2	96.8	97
包头	Baotou	93.5	92.7	92.6	92.3	92.4	92.7	93.4	94.8	95.4	95.8	96.4	96.9
丹东	Dandong	92.1	91.4	91	90.6	90.4	90.7	91.2	91.4	92.9	93.8	95.1	94.7
锦州	Jinzhou	93	91.6	91.4	90.9	91.1	91.6	91.2	92	93.1	94.2	94.7	95
吉林	Jilin	95.2	94.6	94.4	94.1	94.3	94.7	95.3	95.9	97.1	97.5	97.6	97.4
牡丹江	Mudanjiang	96.9	96.7	96.5	96.2	96.2	96.3	96.1	96.6	97	97.4	97.5	97.9
无锡	Wuxi	95.1	94.7	94.5	94.5	95.3	96.1	96.4	97.1	97.7	98	98.8	98.7
扬州	Yangzhou	94.1	93.5	93	92.9	92.8	93	94.6	96.1	96.8	98.1	98.4	99
徐州	Xuzhou	95.4	94.8	94.7	94.9	95.5	95.7	95.8	97.3	98.3	98.8	99.5	99.6
温州	Wenzhou	96.4	96	96	96.7	96.9	97.6	97.8	98	98.9	99.9	100.8	101.7
金华	Jinhua	94.4	93.5	93.1	93.9	94.7	95.4	96.3	98.3	99.2	100.1	100.6	101.4
蚌埠	Bengbu	93.6	92.7	91.8	91.5	91.6	91.8	91.8	92.3	93.8	95.3	95.8	95.9
安庆	Anqing	93.9	93.6	93.6	93.7	93.9	94.1	95.3	96	97.2	97.9	98.7	99
泉州	Quanzhou	92.3	91.2	91.1	90.9	90.9	91.6	92.7	93.6	94.9	95.9	97	97.6
九江	Jiujiang	94.5	94.1	93.7	93.4	93.9	94.3	95	95.7	96.5	96.7	96.9	97.5
赣州	Ganzhou	94.1	94	93.6	93.8	93.6	94.2	95.4	97.3	98.2	98.6	99	99.4
烟台	Yantai	94.2	93.4	93	92.6	92.5	92.7	93.3	94.6	95.6	96.1	97.2	98.2
济宁	Jining	96.4	96.1	95.7	95.4	94.8	95.1	94.9	95.3	96.2	96.4	96.6	96.7
洛阳	Luoyang	94.8	93.8	93.4	93	92.8	93.9	94.6	95.6	96.3	96.7	97	97.4
平顶山	Pingdingshan	95.1	94.6	94.2	93.8	93.6	94	95.2	96	97.1	97.7	98.4	99
宜昌	Yichang	94.7	94.4	94.2	93.7	93.6	94	94.7	95.6	96.6	97	98.2	98.4
襄阳	Xiangyang	94.5	93.4	92.9	92.3	92.6	93	93.9	94.5	95.1	95	95.5	96
岳阳	Yueyang	97.3	96.8	96.5	96.3	96	95.7	96	96.6	96.9	96.7	97.3	97.6
常德	Changde	95.5	94.4	94.2	93.4	93.5	93.7	94.4	95.3	96.1	96.5	97	96.7
惠州	Huizhou	94	92.8	91.7	91.5	91.2	91.2	91.8	93.7	95.4	96.6	97.2	97.7
湛江	Zhanjiang	94.2	92.6	91.6	91.1	90.6	90.2	90.3	91.4	92.6	93.5	94.4	95
韶关	Shaoguan	92	91.4	91.1	90.6	90.8	91.2	92.4	93.3	94	95.1	96.3	97
桂林	Guilin	92	91.1	90.6	90.3	90.1	90.9	92	93.2	94.6	95.5	96.7	97.3
北海	Beihai	94.6	94.1	93.6	93.1	92.9	93.3	93.7	95.5	97	97.4	98.2	98.6
三亚	Sanya	95.1	94.7	94.2	93.8	93.6	93.6	96	96.8	97.2	97.8	98.1	99.2
泸州	Luzhou	92.3	92.1	91.6	90.9	90.5	90.9	92.4	93.6	96.2	97	97.2	98.5
南充	Nanchong	94.1	93.4	92.5	92.2	91.7	91.8	92.4	93.4	94.2	95.5	96.1	96.3
遵义	Zunyi	95.9	95.2	94.7	94.2	94.2	94.2	94.8	96	96.4	96.8	97.1	97.1
大理	Dali	96.3	95.8	95.7	95.1	94.8	94.7	94.6	95.4	96	96.6	97.2	97.6

附-13 2015年全国70个大中城市新建商品住宅价格指数
Price Indices for Newly Built Commercial House by 70 Large and Medium-Sized Cities (2015)

(上年=100) (preceding year=100)

城 市	City	一月 January	二月 February	三月 March	四月 April	五月 May	六月 June	七月 July	八月 August	九月 September	十月 October	十一月 November	十二月 December
北 京*	Beijing	96	95.5	95.3	96	97.1	98.6	101.2	103.7	105.9	108.1	109.6	110.4
天 津	Tianjin	95.9	95.4	95.3	95.3	95.5	96.5	97.5	98.8	100.3	101.4	102.2	103.4
石 家 庄	Shijiazhuang	96	95.2	95.2	95.5	96.2	96.3	97.5	99.2	100.6	101	101.5	101.7
太 原	Taiyuan	95.2	94.6	94.5	94.6	94.6	95.1	96.8	98	99.5	100.2	100.9	101.5
呼和浩特	Hohhot	93.9	92.6	92.5	92	91.7	91.5	92.4	94	95.1	95.3	96.4	97.4
沈 阳	Shenyang	91.6	90.8	90.2	90.1	90.3	91.6	93.4	95.2	96.2	97.1	98.2	99.1
大 连	Dalian	92.7	92.1	91.4	91.4	91.4	91.8	93.3	94.7	95.4	96	97.2	98.2
长 春	Changchun	95.5	94.9	94.3	93.6	93.3	93.8	94.6	95.7	96.9	97.4	97.8	98.2
哈 尔 滨	Harbin	95.1	94.6	94.1	94.3	94.3	94.3	95.3	95.8	96.9	98.5	98.8	99.4
上 海	Shanghai	95.1	94.5	94.1	94.5	97.2	100.2	103.6	106.5	109.7	112.7	115.4	118.2
南 京	Nanjing	96.9	96.4	96	95.9	96	97	99	101.5	103.2	105.1	106.5	107.9
杭 州	Hangzhou	89.5	89.2	88.8	89.7	91.5	94.4	97.6	100.3	102.1	103.2	104.3	105.8
宁 波	Ningbo	93.8	93.2	93.1	93.4	94.6	96.7	98.8	100.1	101	101.8	102.9	103.6
合 肥	Hefei	97.4	96.6	96.2	96	96.2	96.7	97.8	98.5	99.6	100.2	100.7	101.4
福 州	Fuzhou	93.4	92.4	92	91.9	91.9	92.9	94.6	95.8	97.9	99.2	100.6	101.8
厦 门	Xiamen	100.8	100	99.6	99.4	99.3	99.5	99.7	100.1	101.1	102.9	104.6	106.5
南 昌	Nanchang	94.4	93.5	93.2	93.2	93.6	94.3	95.1	96.7	98.2	99.9	100.7	101.7
济 南	Jinan	95.3	94.7	94.1	94	94.7	95.4	96.4	97.9	98.8	99.6	100.2	100.8
青 岛	Qingdao	92.3	91.3	90.7	90.3	90.2	90.8	92.1	93.1	94.4	95.7	96.5	97.6
郑 州	Zhengzhou	99.3	98.7	98.4	98.2	97.9	98.4	98.8	99.9	101.3	101.9	102.3	102.7
武 汉	Wuhan	95.3	95	94.7	94.9	95	95.8	97.9	100.3	101.8	102.6	103.7	104.5
长 沙	Changsha	92.3	91.5	91.3	91.1	91.3	92.1	93.6	94.9	96.1	97.5	98.4	99.5
广 州	Guangzhou	94.6	93.9	93.5	93.8	95.2	97.2	99.7	102	104.9	107.1	108.2	109.2
深 圳	Shenzhen	98.6	98.6	99.1	100.7	107.7	115.9	124	131.8	138.3	140.5	144.6	147.5
南 宁	Nanning	94.8	94	93.9	94.2	94	95.1	96.2	97.7	99.2	100.1	100.8	101.7
海 口	Haikou	94.3	93.7	93.9	93.5	93.5	94	94.9	95.8	96.9	97.8	98	98.8
重 庆	Chongqing	93.9	93.1	92.5	92.2	92.2	93	94.1	95.4	97.2	97.9	98.3	99
成 都	Chengdu	94.5	93.6	92.9	92.6	93.1	93.8	95.2	96.7	97.9	99.1	100.2	100.6
贵 阳	Guiyang	96.5	95.8	95.9	95.4	95	94.9	95.6	97.3	98.1	98.6	98.9	99.1
昆 明	Kunming	94.6	94	93.7	93.2	92.9	93.4	94	94.7	95.5	96.1	96.6	97.4
西 安	Xian	95.2	94.4	94	93.4	93.6	93.6	94.4	96	97.1	98.2	99.2	99.9
兰 州	Lanzhou	96.5	95.8	95.6	94.9	95	95.3	95.7	96	97	97.7	98	98.4
西 宁	Xi'an	96.2	95.5	95.1	94.7	94.3	93.7	93	94	95	95.7	96.1	96
银 川	**Yinchuan**	**96**	**95.2**	**94.3**	**93.6**	**93.2**	**92.8**	**93.2**	**94.5**	**95.1**	**95.3**	**96.4**	**96.3**
乌鲁木齐	Urumqi	95.5	94.8	93.9	93.6	93.6	93.9	94.5	95.6	96.3	96.7	97.6	98
唐 山	Tangshan	95.6	95.3	94.9	94.6	94.5	94.6	94.8	95.6	96.2	97.4	97.4	97.2
秦 皇 岛	Qinhuangdao	93.8	93.1	92.7	91.9	91.9	92.1	92.6	93.5	94.3	95.8	96.5	96.7
包 头	Baotou	92.5	91.5	91.3	91	91.1	91.4	92.3	93.9	94.5	95	95.8	96.3
丹 东	Dandong	92	91.3	90.9	90.5	90.3	90.6	91.1	91.3	92.8	93.8	95	94.7
锦 州	Jinzhou	93	91.6	91.4	90.9	91.1	91.6	91.2	92	93.1	94.2	94.7	95
吉 林	Jilin	95	94.4	94.1	93.8	94	94.5	95.1	95.7	96.9	97.4	97.5	97.3
牡 丹 江	Mudanjiang	96.8	96.7	96.5	96.2	96.2	96.2	96	96.6	97	97.4	97.5	97.8
无 锡	Wuxi	94.3	93.7	93.5	93.6	94.5	95.4	95.8	96.6	97.3	97.7	98.6	98.5
扬 州	Yangzhou	93.9	93.2	92.8	92.6	92.5	92.7	94.4	96	96.7	98	98.3	99
徐 州	Xuzhou	95.2	94.5	94.5	94.6	95.3	95.5	95.6	97.2	98.2	98.7	99.4	99.5
温 州	Wenzhou	96.1	95.7	95.7	96.4	96.6	97.4	97.7	97.9	98.8	99.9	100.8	101.8
金 华	Jinhua	94.4	93.4	93.1	93.8	94.6	95.4	96.3	98.3	99.2	100.1	100.6	101.4
蚌 埠	Bengbu	93.4	92.5	91.6	91.3	91.4	91.6	91.6	92.2	93.6	95.2	95.7	95.8
安 庆	Anqing	93.5	93.3	93.3	93.3	93.6	93.8	95	95.8	97.1	97.7	98.6	99
泉 州	Quanzhou	92	90.8	90.6	90.4	90.4	91.2	92.3	93.3	94.7	95.7	96.9	97.5
九 江	Jiujiang	94.2	93.8	93.4	93.1	93.6	94	94.8	95.5	96.3	96.6	96.7	97.4
赣 州	Ganzhou	94.1	93.9	93.6	93.8	93.6	94.2	95.4	97.3	98.2	98.6	99	99.4
烟 台	Yantai	94.1	93.3	92.9	92.5	92.3	92.6	93.2	94.5	95.5	96	97.2	98.1
济 宁	Jining	96.3	96	95.6	95.2	94.7	94.9	94.8	95.2	96.1	96.3	96.5	96.6
洛 阳	Luoyang	94.8	93.7	93.3	92.9	92.7	93.8	94.5	95.5	96.2	96.7	96.9	97.4
平 顶 山	Pingdingshan	95	94.5	94.1	93.7	93.5	94	95.1	96	97	97.7	98.3	99
宜 昌	Yichang	94.6	94.3	94.1	93.6	93.5	93.9	94.6	95.5	96.5	97	98.2	98.4
襄 阳	Xiangyang	94.4	93.3	92.9	92.2	92.5	92.9	93.8	94.4	95	94.9	95.5	95.9
岳 阳	Yueyang	95.6	94.6	94.2	93.8	93.4	92.9	93.3	94.2	94.7	94.4	95.3	95.8
常 德	Changde	95.4	94.3	94.1	93.3	93.4	93.6	94.4	95.2	96	96.5	97	96.6
惠 州	Huizhou	94	92.8	91.6	91.4	91.2	91.2	91.8	93.7	95.4	96.6	97.2	97.7
湛 江	Zhanjiang	94.2	92.6	91.6	91.1	90.6	90.2	90.3	91.4	92.6	93.5	94.4	95
韶 关	Shaoguan	91.8	91.2	90.9	90.4	90.5	91	92.2	93.2	93.8	95	96.2	96.9
桂 林	Guilin	91.9	90.9	90.4	90.2	89.9	90.7	91.8	93.1	94.5	95.4	96.7	97.2
北 海	Beihai	94.5	94	93.6	93.1	92.9	93.2	93.7	95.5	97	97.4	98.2	98.5
三 亚	Sanya	95.1	94.6	94.1	93.8	93.5	93.6	96	96.8	97.2	97.8	98.1	99.2
泸 州	Luzhou	92.1	91.8	91.3	90.6	90.2	90.6	92.2	93.3	96	96.9	97.1	98.5
南 充	Nanchong	94.1	93.3	92.5	92.1	91.6	91.7	92.3	93.3	94.1	95.4	96.1	96.3
遵 义	Zunyi	95.4	94.7	94.1	93.6	93.5	93.5	94.1	95.5	95.9	96.4	96.7	96.7
大 理	Dali	95.9	95.4	95.2	94.5	94.3	94.2	94.1	94.9	95.6	96.2	96.9	97.4

附-14 2015年全国70个大中城市二手住宅价格指数

Price Indices for Second-Hand House by 70 Large and Medium-Sized Cities (2015)

(上年=100) (preceding year=100)

城 市	City	一月 January	二月 February	三月 March	四月 April	五月 May	六月 June	七月 July	八月 August	九月 September	十月 October	十一月 November	十二月 December
北 京	Beijing	96	95.9	96.2	98.4	103.5	107.2	110.9	114.1	117.3	118.4	119.1	120.8
天 津	Tianjin	97.2	96.7	96.4	96.2	96.5	97	98.4	100	101.5	101.9	103.1	103.8
石家庄	Shijiazhuang	98.1	97.8	97.8	97.7	97.9	98.1	98.6	99	99.9	100.7	101.1	101.4
太 原	Taiyuan	96.2	95.5	95.4	95.1	95.2	95.6	97	97.9	99	100.1	100.7	101.2
呼和浩特	Hohhot	95.2	95	95.2	95.2	95.3	95.7	96.4	97.3	98	98.9	99.5	99.8
沈 阳	Shenyang	97.1	96.5	96.2	96.2	96.5	97.1	98.8	99.4	100.3	100.2	100.6	101.1
大 连	Dalian	95.1	94.6	94.4	94.7	95.2	96.1	97.2	97.9	98.6	99.4	99.7	99.5
长 春	Changchun	95.5	94.9	94.2	94	94.4	95.2	96.1	97.2	98.5	99.4	99.8	100.2
哈尔滨	Harbin	95.9	95	94.4	93.9	94	94.9	95.8	96.8	97.5	98.6	100.6	101
上 海	Shanghai	98.4	97.9	97.6	98.2	100.6	102.5	105	106.9	108.8	109.7	110.8	111.7
南 京	Nanjing	98.1	98	98	98.1	98	98.9	100.5	101.6	103.7	104.6	105.3	106.3
杭 州	Hangzhou	94.6	94.8	94.8	95.7	96.4	97.9	99.5	100.6	101.7	101.6	102.4	103.7
宁 波	Ningbo	93.5	93.1	93.1	93.3	93.8	94.8	96.3	97.6	98.9	100.2	101.5	102.8
合 肥	Hefei	97.4	96.6	96	96.5	96.6	97.7	98.7	99	100.5	102	102.7	103.6
福 州	Fuzhou	94.8	93.8	93.8	94.2	95.2	96.2	97.6	98.3	99.5	100.6	101.5	102.3
厦 门	Xiamen	100.2	98.4	97.5	97.3	97.1	97.5	98	98.7	99.9	101.4	102.3	103.8
南 昌	Nanchang	96.1	95.2	95.3	95.5	95.9	96.8	98.1	99.4	100.9	101.7	102.5	102.5
济 南	Jinan	94.9	94.3	94.1	94.2	94.4	95	96.4	97.2	98.2	99.2	100.2	101.3
青 岛	Qingdao	94.2	93.5	93.2	93.4	93.7	94.3	95.5	96.4	97.5	98.6	99.3	99.7
郑 州	Zhengzhou	100.2	99.5	98.7	98.5	98.3	98.5	98.9	99.5	100.6	101.8	102.3	102.7
武 汉	Wuhan	95.8	95.5	95.1	95.2	95.6	96.4	98.1	99.4	100.8	101.9	102.9	103.8
长 沙	Changsha	96.8	96.2	95.8	95.4	95.4	95.4	96.9	97.7	98.8	99.6	100.2	100.7
广 州	Guangzhou	97.2	96.6	96.5	96.9	99.1	101.2	103.6	106.1	108.7	109.9	110.7	111.7
深 圳	Shenzhen	101.5	101	100.4	102.8	109.1	117.3	124.3	130.3	135.5	136.8	138.9	142.6
南 宁	Nanning	95.3	95.1	95.6	95.4	97.3	98	99.5	100.8	103	104	103.2	104.2
海 口	Haikou	94.2	93.5	93.4	92.9	92.4	92.6	92.8	93.5	94.3	95	95.4	96.2
重 庆	Chongqing	95.1	94.6	94.6	94.6	95.1	95.9	97	98.1	99.4	100.1	100.5	100.6
成 都	Chengdu	95.1	94.7	94.3	94.3	93.8	94.6	96.1	97.1	98.4	99	99.4	99.3
贵 阳	Guiyang	97.6	97.2	97.1	97.1	96.8	96.8	97.4	97.8	98.7	99.6	100.2	100.3
昆 明	Kunming	94.2	93.8	93.2	92.2	92.4	93.4	94.1	94.8	95.9	96.9	98	98.9
西 安	Xi'an	93.5	93	92.4	92	91.9	92	92.5	93.5	94.1	94.6	94.8	94.8
兰 州	Lanzhou	96.2	96.2	96.1	95.7	95.8	95.7	96	96.7	98	98.5	99.1	99.2
西 宁	Xining	97.5	97.2	97.3	97.2	97.2	97.3	97.4	98.1	99.1	99.9	99.8	100.5
银 川	**Yinchuan**	**96.2**	**95.5**	**94.9**	**94.4**	**94.1**	**93.9**	**94.2**	**95.1**	**96.3**	**97.1**	**97.2**	**97.9**
乌鲁木齐	Urumqi	98.4	97.7	97.2	97.2	97.6	98.4	99.4	99.6	100.8	102.3	102.8	102.9
唐 山	Tangshan	96.8	96.5	96.1	95.9	95.9	96.3	96.3	96.5	97.1	97.9	98.4	98.4
秦皇岛	Qinhuangdao	93.8	93.3	93.2	93	93.4	93.8	94.8	95.8	96.5	97.3	97.5	97.3
包 头	Baotou	94.3	93.5	93	92.9	93.3	94	95.2	95.7	96.6	97.6	97.4	97.4
丹 东	Dandong	93.1	92.6	92.4	92.2	92.3	92.6	93.2	94	94.7	95.9	96.7	97.7
锦 州	Jinzhou	93.3	92.1	91.5	91.1	90.6	90.2	90	89.8	89.8	90.5	90.6	91.4
吉 林	Jilin	94.4	93.9	94	94	94.4	95	95.7	96.6	97.2	98.5	99.2	99.2
牡丹江	Mudanjiang	86.1	85.8	86.5	87.6	87.2	88.6	89	90.6	92.8	94.6	96.7	98.5
无 锡	Wuxi	95.8	95.6	95.1	95.1	95.6	95.9	96.7	97.5	98.2	99	99.2	99.2
扬 州	Yangzhou	97.3	96.9	96.8	97	97	97	97.1	98.1	98.7	99.5	99.8	99.9
徐 州	Xuzhou	95.9	95.4	95.3	95.1	95	95.3	95.5	96.2	97	98.1	98.6	98.7
温 州	Wenzhou	91.6	91.7	91.8	92.8	93.9	95.6	97.1	98.2	99	99.8	100.9	101.6
金 华	Jinhua	93.2	92.9	93.6	93.7	94	94.8	95.9	97	98.4	99.6	100.3	100.5
蚌 埠	Bengbu	94.7	93.5	92.5	91.8	91.5	91.7	92.3	93.4	94.2	95.5	96.3	96.5
安 庆	Anqing	95.3	95.2	95.1	95	94.4	94.4	94.9	96	96.8	97.6	98.2	98.1
泉 州	Quanzhou	94.5	94.2	94.1	94	93.7	94.2	95.3	96.4	97.4	98.5	99	99.1
九 江	Jiujiang	95.5	95.7	95.9	96.1	96.7	97.3	97.9	99	100	101.1	101.7	101.7
赣 州	Ganzhou	93.9	94.2	94.5	94.6	94.7	95.1	96.4	98.2	99.3	100.3	100.1	100.3
烟 台	Yantai	93.9	93.5	93	92.6	92.5	92.7	93.6	94.7	95.7	96.8	97.6	98.1
济 宁	Jining	95.2	94.6	94.2	94.1	93.9	94.1	94.8	96	96.7	97.4	97.7	98.1
洛 阳	Luoyang	96.8	96	95	94.3	93.8	93.5	94.4	95.4	96.4	97.3	97.9	98.1
平顶山	Pingdingshan	95.9	95.1	94.5	94.2	94	93.8	94.9	96	96.7	97.4	97.7	98.2
宜 昌	Yichang	95.3	94.8	94.4	94.5	94.6	94.9	96	97	98	99.3	100	100.4
襄 阳	Xiangyang	94.9	94.1	94.1	94.1	94.7	95.2	95.7	96.6	98	98.5	98.7	99.2
岳 阳	Yueyang	96.2	95.5	95.2	95	94.8	94.8	95.4	96.4	97.3	98	98.5	98.6
常 德	Changde	96.7	96.1	96.1	95.9	96	96.1	96.5	97.3	98.1	98.8	99.1	99.5
惠 州	Huizhou	95.2	94.4	93.7	93.1	92.5	92.8	94.2	95.1	96.3	97.5	98.1	99.1
湛 江	Zhanjiang	95.5	94.6	94	93.5	93.2	92.9	93.1	93.4	94	94.8	95.4	95.7
韶 关	Shaoguan	93.2	92.8	92.7	93.5	93.2	94.3	95.7	96.6	98.2	99.6	100.1	100.3
桂 林	Guilin	94.2	93.5	92.7	92.6	92.4	92.3	93	93.6	94.5	95.6	95.9	96.4
北 海	Beihai	93.2	92.7	92.7	93	93.6	94.2	95.4	96.9	98.5	100	101	102.2
三 亚	Sanya	97.2	97	96.8	96.6	96.6	96.5	97.2	98.1	98.9	100.4	100.4	100.7
泸 州	Luzhou	96.4	96.1	95.9	95.9	96.1	96.7	98.1	99.1	100.3	102.1	102.6	102.8
南 充	Nanchong	95.1	95	94.8	94.8	95	95.1	95.7	96.6	97.8	99.3	99.8	100
遵 义	Zunyi	98.1	97.5	97.1	97.1	97	97	98	97.7	97.9	97.7	97.2	97.2
大 理	Dali	94.1	94.1	93.6	92.9	93.3	93.3	93.6	93.7	93.9	94.4	94.6	96.1